Ullstein Sachbuch

Populäre Kultur
Lektorat: Martin Compart
Ullstein Sachbuch Nr. 36515
im Verlag Ullstein GmbH,
Frankfurt/M – Berlin – Wien

Originalausgabe

Umschlagentwurf:
Hansbernd Lindemann
Illustration:
Art & Co.

Herstellung:
Silvia Menczykalski
Printed in Germany 1985
Gesamtherstellung:
Ebner Ulm
ISBN 3 548 36515 9

September 1985

CIP-Kurztitelaufnahme
der Deutschen Bibliothek

Skodzik, Peter:
Deutsche Comic-Bibliographie / Peter Skodzik.
Mit e. Vorw. von Andreas C. Knigge. – Orig.-Ausg. –
Frankfurt/M; Berlin; Wien: Ullstein, 1985.
(Ullstein-Buch; Nr. 36515:
Ullstein-Sachbuch:
Populäre Kultur)
ISBN 3-548-36515-9

NE: HST; GT

Peter Skodzik

Deutsche Comic Bibliographie

Mit einem Vorwort von Andreas C. Knigge

Populäre Kultur

Mein besonderer Dank gilt den Sammlern
Norbert Breling, Heinz-Jürgen Ehrig, Norbert Hethke, Frank Kirchner, Andreas C. Knigge, Eberhard Kroll, Gernot Kunze, Detlef Lorenz, Günter Mücke und Horst Schattner sowie Heiner Jahncke, der viele Daten beisteuerte.

Für zahlreiche wertvolle Daten und Hinweise, insbesondere zu italienischen Zeichnern und Autoren sowie zu den aus Italien stammenden Comicserien, danke ich Stefan Doeller.

INHALT

VII Vorwort

1 Einleitung

8 Titelalphabet

457 Personenregister

VORWORT

Der Nebel – um das Bild aufzugreifen, das Walter Benjamin 1931 für seine »Kleine Geschichte der Fotographie« verwendete –, der noch vor wenigen Jahren über der Historie der deutschen Comics lag, hat sich weitgehend gelichtet. Diese Tatsache ist nicht das Verdienst wissenschaftlicher Forschung, sondern das der von ihr oft belächelten Sammler, die aus einem wie auch immer motivierten Vollständigkeitstrieb heraus immer neue Hefte und Serien aufspürten, archivierten und – vornehmlich in Form von Suchlisten – erfaßten. Daß diese Listen keinen Aufschluß geben konnten über die Struktur und Entwicklung des deutschen Comic-Marktes, ist nur verständlich.

Im Jahre 1972 gab Peter Skodzik eine hektografierte Liste heraus, in der auf sieben Seiten erstmals die zum damaligen Zeitpunkt bekannten, in Deutschland veröffentlichten Comic-Heftserien aufgelistet waren. Die von ihm drei Jahre später zusammengestellte Comic-Chronologie im Anhang des Buches »Massenzeichenware« von Wiltraud Ulrike Drechsel, Jörg Funhoff und Michael Hoffmann hatte bereits einen Umfang von 34 Taschenbuchseiten. 1978 erschien schließlich die »Deutsche Comic-Bibliographie«, in der Skodzik über 18 700 Einzelpublikationen aus dem Zeitraum von 1946 bis 1970 erfaßt hatte. Dieses Standardwerk bildet seitdem die Grundlage für die Beschäftigung mit der deutschen Comic-Produktion.

Wenn hier von einer deutschen Comic-Produktion gesprochen wird, dann ist damit in erster Linie die deutschsprachige Veröffentlichung ausländischer Lizenzserien gemeint. Zwar sind Phänomene wie die Münchner und Neuruppiner Bilderbogen oder die Werke Wilhelm Buschs – seine Bildergeschichte »Max und Moritz« diente der ältesten heute noch erscheinenden Strip-Serie »The Katzenjammer-Kids« als unmittelbare Vorlage – wichtige Stationen in der Geschichte erzählender Bilderfolgen, die Comics als Massenmedium jedoch entwickelten sich in den USA. Die Serien, die seit der Jahrhundertwende auf den Seiten der Skandalpresse und später auch in Comic-Book-Form veröffentlicht wurden, wurden auch nach Europa exportiert und gaben in den jeweiligen Ländern Anstöße zu eigenen Produktionen. Daß diese Entwicklung an Deutschland vorbeiging, liegt ursächlich ohne Zweifel in dem verkrampften Verhältnis der Deutschen zu allen Formen trivialer Unterhaltung begründet. So blieben die Bildergeschichten zur Zeit

Weimars hauptsächlich eingebunden in den Rahmen der politisch-satirischen Presse; später isolierte das nationalsozialistische Regime das Deutsche Reich gegen Einflüsse von außen.
Erst als nach Ende des II. Weltkrieges amerikanische Comic-Books in den Rucksäcken der GIs nach Deutschland kamen, begannen auch hierzulande diverse Kleinverlage mit der Produktion von Comic-Heften. Doch fehlte es an Tradition und Erfahrung und vor allem an ausreichenden Mitteln. Die fünfziger Jahre waren gekennzeichnet durch eine Phase chaotischer Produktion. Zahlreiche Kleinanbieter rangen verzweifelt um Marktanteile und gaben nach Veröffentlichung zumeist kurzlebiger Serien die Aktivitäten oft schnell wieder auf. Einzig das 1951 vom Ehapa Verlag gestartete »Micky Maus«-Heft konnte sich dank der finanziellen Rückendeckung der dänischen Mutterfirma Gutenberghus langfristig auf dem Markt behaupten. Die überzogenen Aktivitäten der 1954 gegründeten Bundesprüfstelle für jugendgefährdende Schriften sowie die ökonomischen Verhältnisse sorgten in den sechziger Jahren für eine Bereinigung des Marktes und eine Konzentration des Comic-Angebotes auf wenige große Verlage. Dabei hat es sich in der Regel als praktikabler und kostengünstiger erwiesen, im Ausland bereits erschienenes Material einzudeutschen, als eigene Serien zu produzieren.
Viel länger als in anderen Ländern haben sich in der Bundesrepublik die Vorurteile gegenüber dem Medium Comic als »verrohende und zu Analphabetismus führende, minderwertige Schundliteratur« gehalten. Im benachbarten Frankreich hingegen setzte mit der Innovation der Comic-Inhalte durch Serien wie Asterix (1959) und Barbarella (1962) eine Intellektualisierung der Gattung ein: 1961 wurde der »Club des Amis de la Bande Dessinée« gegründet, 1965 erschien die erste Ausgabe der renommierten Comic-Fachzeitschrift »Phénix«, und zwei Jahre später wurde die Ausstellung »Bande Dessinée et Figuration Narrative« im Pariser Louvre gezeigt. Die in Frankreich gesetzten Akzente wurden jenseits der Landesgrenzen wahrgenommen: In der italienischen Riviera-Stadt Bordighera fand 1965 der erste europäische Comic-Kongreß statt, in Schweden wurde im gleichen Jahr die Svenska Serieakademien gegründet, und die Berliner Akademie der Künste zeigte 1970 die Ausstellung »Comic-Strips – Geschichte, Struktur, Wirkung und Verbreitung der Bildergeschichten«. Diese Ausstellung gab schließlich das Signal für eine breitere Auseinandersetzung mit dem Medium Comic in der Bundesrepublik. Dennoch dauerte es bis in die achtziger Jahre hinein, bis auch hierzulande die Comics in ihrem gesamten Spektrum

erzählerischer und künstlerischer Erscheinungsformen wahrgenommen und – zögernd – gewürdigt wurden.
Die Beschäftigung mit dem Massenmedium Comic in der Bundesrepublik hat zwei Wurzeln. Zum einen erfuhren die Bildergeschichten zu Beginn der siebziger Jahre ein breites Interesse als Gegenstand des Kunst- und Deutschunterrichts in den Schulen, was sich in einer wahren Flut soziologisch und didaktisch orientierter Publikationen äußerte. Etwa gleichzeitig schlossen sich einige Comic-Fans und -Sammler zu einem Verein zusammen, in dessen erster Mitteilung es hieß: »Am Sonntag, dem 23. August 1970, diskutierten nach einer der Veranstaltungen auf dem 28. World-Science-Fiction-Convent sieben Mitglieder des Science Fiction Club Deutschland e. V. über die Vor- und Nachteile des gegenwärtigen modischen Trends, sich mit der ›neuen‹ Literatur der Comic Strips zu beschäftigen. Ergebnis dieser Diskussion war die Gründung der Interessengemeinschaft Comic Strip – INCOS – noch am gleichen Tage.«
Die Mitgliederzahl wuchs rasch und beständig, und mit ihr das Bündel der Zielsetzungen: In den regelmäßig erscheinenden »INCOS Nachrichten« wurde über das internationale Comic-Geschehen und über Vereinsaktivitäten berichtet, und eine »INCOS Sonderband«-Reihe sollte rare Klassiker der deutschen Comic-Historie wieder zugänglich machen (erschienen ist nur ein erster Band, der die drei 1950 vom Supermann Verlag veröffentlichten Supermann-Hefte enthält). Im April 1973 wurde schließlich zum »1. Deutschen Comic-Congress« nach Berlin geladen. Doch während in anderen europäischen Ländern das Interesse an der Unterhaltungsware Comic immer stärker wurde, traf der mit viel Aufwand vorbereitete Berliner Kongreß nur auf mäßige Resonanz und bewirkte als Konsequenz der allgemeinen Enttäuschung ein Erlahmen der Aktivitäten. Erst im Januar 1974 meldete sich die INCOS wieder mit ihrem neuen »Informations- und Nachrichtenblatt für Comic-Leser und -Sammler«, »Comic Fan«, in dessen erster Ausgabe die Herausgeber schrieben: »1973 wird als Jahr der Rückschläge und des Stillstandes in der Geschichte der INCOS eingehen. Nach dem ›1. Deutschen Comic-Congress‹, der vom 21. bis 23. 4. in Berlin stattfand und immerhin 750 Besucher anlockte, trat eine unnatürlich lange Pause ein ... Die Committee-Mitglieder waren enttäuscht über die finanzielle Pleite des Cons und mußten sich erst einmal von der immerhin einjährigen Vorbereitungszeit erholen, die der Congress gefordert hatte.«

Doch auch der Elan dieses Neubeginns währte nicht lange. Bereits ein halbes Jahr später hieß es im »Comic Fan«: »Als am 24. 8. 1970 sieben Mitglieder des Science Fiction Club Deutschland e. V. die INCOS gründeten, führten sie in ihrem Gründungsprotokoll unter 7. auf: ›Die INCOS bezweckt die kritische Beschäftigung mit dem Phänomen Comic Strip in all seinen Erscheinungsformen und Wirkungsbereichen.‹ Rückblickend muß auch der optimistischste Comic-Fan zugeben, daß gerade dieser Punkt kaum erfüllt wurde. Die Gründe hierfür sind vielfältiger Natur und ähneln den Gründen in jedem anderen ähnlich gelagerten Verein. Inaktivität der großen Zahl der Mitglieder, reines Zweckdenken, sterile Sammelwut, unkritische Beschäftigung mit einem nur ungenau bekannten Sammelgebiet.« Im April 1975 erschien mit der Nr. 9 die letzte Ausgabe des in Berlin herausgegebenen »Comic Fan«.

Daß einer zugleich kritischen und lustbetonten Beschäftigung mit Comics der Boden entzogen wurde, liegt nur zum Teil in den oben angeführten Ursachen begründet. Mir erscheint es sehr viel wesentlicher, daß die Aktivitäten der Comic-Sammler und -Fans weder von den Medienwissenschaften noch vom hiesigen Kulturbetrieb ernstgenommen wurden. Während sich z. B. in Paris der »Club des Amis de la Bande Dessinée« zum bald berühmt gewordenen CELEG (Centre d'Etudes des Literatures d'Expression Graphique) mauserte, zu dessen Gründungsmitgliedern u. a. Alain Resnais, Federico Fellini und René Goscinny zählten, versagte man denjenigen, die sich in der Bundesrepublik mit Comics beschäftigten, jede Form von Unterstützung und Anerkennung. Statt dessen wurde ihnen ein Ghetto potentieller Analphabeten zugewiesen, über das die Medien nur zu berichten wußten, wenn das erste Heft der »Micky-Maus« gerade zu einem vierstelligen Betrag den Besitzer gewechselt hatte.

Verantwortlich für den dürftigen Forschungsstand in Sachen Comics sind in erster Linie die Berührungsängste zwischen den beiden so entstandenen Gruppen: Auf der einen Seite befinden sich die Fans, die oft stur und in jeglicher Ignoranz fragwürdiger Inhalte und künstlerischer Entwicklung ihren Jugendträumen hinterhereilend vor sich hin sammeln, auf der anderen Seite diejenigen, die sich – meist ohne tiefere Kenntnis der speziellen Eigenarten der deutschen Comic-Tradition – alle paar Jahre vom Frankfurter Institut für Jugendbuchforschung in den Elfenbeinturm der wissenschaftlichen Diskussion zusammenrufen lassen.

Ich sehe in Peter Skodziks »Comic Bibliographie« auch eine Möglichkeit der Brückenbildung. Die vorliegende, neu überarbeitete Ausgabe, die erstmals die in der Bundesrepublik erschienenen Publikationen bis 1980 erfaßt, wendet sich sowohl an diejenigen, denen das Sammeln von Comics Spaß bereitet, als auch an die, die für das Erarbeiten wissenschaftlicher Dokumentationen zuverlässige und fundierte Daten suchen. Die wie auch immer motivierte Beschäftigung mit den Erscheinungsformen der Comics, wie wir sie heute vorfinden, setzt eine Kenntnis des historischen Prozesses ihrer Entwicklung voraus. Die Basisinformationen hierzu hat Peter Skodzik in diesem Buch zusammengetragen.

Um eine Kontinuität der Information zu gewährleisten und den Gebrauchswert dieses Werkes zu wahren, wird der Autor seine Bibliographie in dem »Comic-Jahrbuch«, das ab Dezember 1985 regelmäßig in der Reihe »Populäre Kultur« im Ullstein Verlag erscheint, fortsetzen und somit die aktuelle Entwicklung der Comic-Produktion in der Bundesrepublik dokumentieren. Außerdem ist in der gleichen Reihe das Buch »Fortsetzung folgt – Beiträge zur Entwicklungsgeschichte der deutschen Comics« in Vorbereitung, das in Form eines Readers die Zusammenhänge und Dimensionen herstellen wird, die durch die alphabetische Struktur dieser Bibliographie nicht erfaßt werden können.

Andreas C. Knigge

EINLEITUNG

Zielsetzung der »Comic-Bibliographie«

Für Sammler enthält dieses Verzeichnis eine Fülle von Material. Nicht nur, daß hier ausschließlich wirklich erschienene Hefte enthalten sind – und damit das Suchen nach gar nicht existierenden Heften entfallen kann –, enthält der Band auch noch eine Reihe von zusätzlichen Angaben, die gerade die Beschäftigung mit Teilgebieten erleichtern kann. Angesichts der Schwierigkeiten bei der Beschaffung der alten Ausgaben und der Preisentwicklung der letzten Jahre ist ja das Sammeln des gesamten Gebietes nur noch wenigen möglich. Leichter sind dagegen Sammlungen, die sich auf bestimmte Verlage (»Walter Lehning-Verlag« oder »Bildschriftenverlag«), bestimmte Serien (»Micky Maus« oder »Marvel«), bestimmte Gattungen (»Ritterserien« oder »Horrorcomics«), bestimmte regionale Gebiete (»DDR-Comics«) oder gar bestimmte Zeichner (»Carl Barks« oder »Hansrudi Wäscher«), bestimmte Formate (»Piccolo-Hefte«), bestimmte Zeitabschnitte (»Vorkriegscomics« oder »1949–1956«) oder Sondergebiete (»3-D Comics« oder »Nullnummern und Werbecomics«) beziehen.
Bei dem Aufbau einiger Teilgebiete können die sehr weitgehenden Angaben dieser Bibliographie helfen. Aus diesem Grunde geht der Autor bei den aufgenommenen Angaben auch wesentlich weiter, als dies bei üblichen Bibliographien der Fall ist. So z. B. bei den Angaben hinsichtlich der Formate. Die Aufnahme nach »kl 8°«, »8°« oder »gr 8°« würde einem Sammler keinen ausreichenden Hinweis auf die häufig wechselnden Formate innerhalb einer laufenden Serie bringen.
Neben den rein bibliographischen Angaben hat der Autor bei einer Reihe von wesentlichen Serien auch den Inhalt aufgeschlüsselt und unter anderem Gegenüberstellungen verschiedener Auflagen mit den Kürzungen und Retuschen aufgenommen, die aufgrund der Arbeit der »Bundesprüfstelle« von den Verlagen vorgenommen wurden.
Aus Platz- und Zeitgründen hat er diese Arbeit nicht bei allen Serien vorgenommen, da Untersuchungen wichtiger Teilgebiete – z. B. der »Micky Maus« – inzwischen in verschiedenen deutschen Fan-Publikationen begonnen wurden. In diesem Zusammenhang muß allerdings darauf hingewiesen werden, daß die enthaltenen Aufschlüsselungen durchweg Arbeiten des Autors sind und teilweise seit Jahren im

Manuskript vorlagen. Es handelt sich also nicht um Übernahmen aus den sogenannten »Checklisten« verschiedener Fan-Publikationen. Obwohl es in Deutschland Bibliographien zu den unterschiedlichsten Themen gibt, wurde ein Gebiet bisher sehr vernachlässigt. Es handelt sich hierbei um Bibliographien zu den verschiedensten Gebieten der Massenliteratur. Mit zunehmender Beschäftigung der unterschiedlichen wissenschaftlichen Fachdisziplinen mit den verschiedensten Aspekten dieser Literaturgattung macht sich das Fehlen derartiger Grundlagen nachteilig bemerkbar. Wegen der mehr als spärlichen Angaben sind Studenten und Wissenschaftler häufig neben den geringen Beständen dieser Literatur in öffentlichen Bibliotheken oder der Zufallsauswahl selbst gekaufter Hefte auf die durchweg fehlerhafte ältere Sekundärliteratur angewiesen. Das führt dazu, daß Fehler, die ursprünglich einmal aus Unkenntnis entstanden, im Laufe der Jahre zu gesicherten wissenschaftlichen Erkenntnissen werden. Die Angaben in dieser Bibliographie wurden daher bewußt weiter gefaßt als im »Deutschen Bücherverzeichnis«. Als Grundlage diente bei den Heftausgaben jeweils das äußere Umschlagbild, weil aus diesem alle wesentlichen Angaben entnommen werden können.

Sonstiges

Diese Arbeit ist an Umfang, Vollständigkeit und Sorgfalt ein auch im Vergleich mit den Arbeiten von Comic-Fachleuten anderer Länder einmaliges Projekt. Sicher erleichtert dadurch, daß bei der relativ geringen Zahl von Publikationen – verglichen etwa mit den USA oder Italien – ein Überblick noch gewahrt werden konnte, erschwert aber andererseits durch die negative Einstellung der Öffentlichkeit diesem Medium gegenüber, wodurch die Ermittlungen wesentlich mühseliger und zeitraubender waren als etwa im Ausland. Im Ausland handelt es sich bei vergleichbaren Auflistungen meist um sogenannte »Preis-Kataloge« (z. B. den bekannten Overstreet »Comic Price Guide«).

Inhalt der »Comic-Bibliographie«

Vor der Aufnahme der Hefte, Broschüren und Bücher mußten erst einmal die Kriterien festgelegt werden, die bei der Aufnahme Berücksichtigung finden sollten.

INHALT:

Ein Comic ist eine fortlaufende, in Bildern dargestellte Handlung, die üblicherweise mit Texten in Form von Sprechblasen versehen ist. Allerdings sind auch Comics ohne Text (etwa die bekannten Serien »Henry« oder »Der kleine König«) oder mit einem in das Bild eingearbeiteten Text (z. B. »Prinz Eisenherz« von Hal Foster oder »Tarzan« von Burne Hogarth) möglich. Selbst Comics mit einem unterhalb des Bildrahmens angebrachten Text werden akzeptiert (siehe etwa die Serie »Kapitän Rob«, die in Holland in dieser Form publiziert wird, während die ausländischen Lizenznehmer häufig nachträglich Sprechblasen in die Bilder einarbeiten). Nicht aufgenommen wurden reine Bilderbücher, d. h. Bücher, bei denen die Bilder ausschließlich als Illustration zum Text zu werten sind und bei denen der Handlungsablauf ohne den Text völlig unverständlich bleibt. Mit einigen Ausnahmen: Die Publikationen, bei denen nach den Comics Bücher mit einigen eingearbeiteten Comic-Bildern hergestellt wurden (etwa die 11 Prinz-Eisenherz-Bücher und die »Abenteuer zweier Ritterknaben« aus dem Badischen Verlag oder die »Kapitän Rob«-Broschüren des Comel-Verlages) sind enthalten. Daneben sind als Sondergebiet die sogenannten »Foto-Strips« mit enthalten, bei denen die Zeichnungen des Comics durch Fotos ersetzt werden.

SPRACHE:

Es wurden alle bekannten Publikationen aufgenommen, die in deutscher Sprache getextet wurden. D. h. der Band enthält neben den Publikationen aus der Bundesrepublik Deutschland ebenso Veröffentlichungen aus der DDR, Österreich und der Schweiz sowie für den deutschen Markt in deutscher Sprache produzierte Comics dänischer, französischer, italienischer, argentinischer und schwedischer Verlage.

UMFANG:

Neben den reinen Comic-Heften existierten früher eine ganze Reihe von Kinderzeitschriften, die neben anderen Beiträgen auch Comics enthielten. Um hier eine Abgrenzung zu finden, wurden die Serien aufgenommen, die zu einem *wesentlichen* Teil Comics enthalten. Es wurde darauf verzichtet, sich auf einen bestimmten Anteil – etwa 50 % – festzulegen, weil der Anteil an Comics innerhalb einzelner Serien schwankt und damit eine klare Trennung unmöglich wird. In den Grenzbereichen hat der Autor daher eher eine Serie mehr aufgenommen als eine Serie ganz wegzulassen.

VERKAUF:
Aufgenommen wurden nur die Publikationen, die zumindestens regional durch Kauf im Buch- oder Zeitschriftenhandel erworben werden konnten. Da die sogenannten »Wundertüten-Hefte«, die speziell für den Verkauf an Kinder gedruckt wurden, in gewisser Weise auch durch Kauf erworben werden konnten, wurden diese mit aufgenommen. Nicht aufgenommen wurden alle Arten von Werbecomics, »educational comics«, Raubdrucke und Plagiate, wie Asterix und das Atomkraftwerk.

Aufgrund dieser Kriterien entfallen folgende Arten:

1. Die vor 1945 erschienenen Comics. Die Zahl der bisher bekannten Einzelhefte und Broschüren liegt zwischen 2000 bis 3000. Verhältnismäßig gutbekannt sind darunter die Zeitschriften »Blauband-Woche«, »Dideldum«, »Der heitere Fridolin«, »Kiebitz«, »Papagei« und »Schmetterling«.
2. Die bereits erwähnten Werbecomics, »educational comics«.
3. Die »Zeitungs-Strips«, d. h. die in Zeitungen und Zeitschriften veröffentlichten »comic-strips«. Ist dieses Gebiet schon für die Zeit nach 1945 weitgehend unerforscht, so ist die Situation bei den zwanziger und dreißiger Jahren völlig unüberschaubar.
4. Alle noch nicht geprüften Broschüren. Im »Deutschen Bücherverzeichnis« sind z. B. noch Bände enthalten, die von als Comic-Zeichner einschlägig bekannten Autoren stammen. Soweit bei diesen Bänden eine Prüfung des Inhaltes – ob es sich tatsächlich um Comics handelt – bisher nicht möglich war, wurde auf die Aufnahme derartiger Publikationen verzichtet. Z. B. enthält das »Deutsche Bücherverzeichnis« einen in Argentinien in deutscher Sprache erschienenen Band des bekannten Zeichners e.o. plauen.
5. Alle in Deutschland publizierten Comics in fremden Sprachen.
6. Alle nach dem 31. 12. 1980 erstmals erschienenen Comics und Comic-Serien.

Darüber hinaus ist nicht auszuschließen, daß bei einigen Serien, bei denen bis heute nicht zweifelsfrei geklärt werden konnte, ob das gegenwärtig bekannte höchste Heft tatsächlich die letzte erschienene Ausgabe ist, noch weitere Hefte entdeckt werden können.
Im Schnitt sind in den letzten Jahren jährlich noch etwa 10 bisher unbekannte Publikationen entdeckt worden. Ebenso können natürlich

immer noch ganze Serien auftauchen, die bisher niemand kannte. Mithin erhebt diese Bibliographie nicht den Anspruch hundertprozentig komplett zu sein, aber mehr als 95 % der Gesamtproduktion sind ohne Zweifel verzeichnet.
Trotz der siebzehnjährigen Arbeit stellt die Bibliographie einen Kompromiß dar zwischen dem Wunsch, eine perfekte Arbeit zu liefern, und der Gefahr, niemals fertig zu werden.
Der Autor ist daran interessiert, daß ihm seine Leser Fehler oder fehlende Angaben nachweisen und ihn benachrichtigen (Adresse: Peter Skodzik, Goltzstr. 35, 1000 Berlin 30).
Während die Angaben zu den verzeichneten Serien im großen und ganzen vollständig sein werden, kann gleiches für den Anhang über die Zeichner nicht in Anspruch genommen werden. Hier sind ausschließlich signierte Comics, aus ausländischen Nachschlagewerken einwandfrei ermittelte Zeichner und Comics aufgeschlüsselt worden, bei denen – auch ohne Signatur – der Zeichner auf einen Blick zweifelsfrei ermittelt werden konnte. Alle Angaben, bei denen nur aus umfangreichen Stilvergleichen oder noch unbekannten Nachschlagewerken zusätzlich Zeichner ermittelt werden können, mußten späteren Einzeluntersuchungen vorbehalten bleiben.
Verzeichnis der in deutscher Sprache zwischen dem 8. Mai 1945 und dem 31. Dezember 1980 erschienenen Comic-Serien und -Einzelveröffentlichungen des In- und Auslandes, bei laufenden Serien fortgesetzt bis zur Einstellung bzw. bis zum 31. Dezember 1984.
Die Aufnahmen wurden grundsätzlich nach dem äußeren Umschlagbild vorgenommen. Alle Änderungen wurden verzeichnet, ebenso alle unterschiedlichen Schreibweisen.
Die Aufnahme erfolgte ausschließlich in alphabetischer Ordnung nach dem Haupttitel. Verfassernamen blieben unberücksichtigt.
Die Angaben wurden wie folgt aufgegliedert (bei fehlenden Angaben wurden die nachfolgenden vorgezogen):

HAUPTTITEL:

Die Aufnahme erfolgte in Fettschrift nach dem Titel des ersten Bandes, wobei bestimmte und unbestimmte Artikel außer acht gelassen wurden. Alle Titeländerungen wurden mit Angabe des Wechsels festgehalten. Erschienen von einer Serie die Mehrzahl der Hefte unter einem anderen Titel, wurde die Aufnahme dort vorgenommen. Beim ursprünglichen Haupttitel befindet sich dann ein Verweis.

OBERTITEL/ UNTERTITEL:
Alle auf dem Umschlagtitel enthaltenen Ober- und Untertitel wurden mit den Änderungen verzeichnet.

VERLAG:
Der Verlag wurde mit Verlagsort und Verlagsbezeichnung mit allen Änderungen verzeichnet, bei ausländischen Verlagen folgt in Klammern die Angabe des Landes.

DATUM:
Erscheinungsjahr und -monat oder der Zeitraum wurde nach vorhandenen Unterlagen verzeichnet oder sorgfältig geschätzt, Schwankungen um einen Monat sind möglich. Bei am 31. Dezember 1984 noch erscheinenden Serien wurde der Vermerk »Serie erscheint noch« angebracht.

FORMAT:
Das Format wurde in Zentimetern festgehalten und meist auf 0,5 cm auf- oder abgerundet. Alle Angaben wurden in der Reihenfolge Breite mal Höhe aufgenommen. Bei Serien wurde das Durchschnittsmaß gewählt, leichte Schwankungen sind durch den Beschnitt möglich.

EINBAND:
Die Publikationen wurden nach Buch, Taschenbuch, Broschüre oder Heft unterschieden.

DRUCKART:
Bei dem Druck wurde unterschieden zwischen einfarbigen, zweifarbigen, dreifarbigen und farbigen Comics. Mischungen wurden ebenfalls verzeichnet.

ANZAHL:
Die Bandnummern wurden angegeben, soweit die Hefte tatsächlich erschienen sind. Steht nicht genau fest, ob ein Heft das tatsächlich letzte einer Serie ist, wurde die höchste innerhalb der Sammler bekannte Nummer angegeben und mit einem ? versehen. Unnumerierte Hefte wurden besonders mit Klammern gekennzeichnet. Bei laufenden Serien enthält die Bibliographie das letzte vor dem 31. Dezember 1984 erschienene Heft.

ZEICHNER/ TEXTER:
Soweit der Zeichner aus dem Band selbst zu erkennen oder aus Nachschlagewerken oder sonstigen Unterlagen zu ermitteln war bzw. zweifelsfrei nach dem Zeichenstil erkannt wurde, wurde er mit seinem Nachnamen verzeichnet. Nähere Angaben enthält – soweit bekannt – der Index. Wichtige Titelbildzeichner sind besonders aufgeführt. Haben mehrere Zeichner oder Texter mitgearbeitet, so wurden die Namen zusammen mit der Inhaltsangabe in der Sparte »Inhalt/Titel« aufgeführt.

BEMERKUNGEN:
Zusätzliche Angaben, wie z. B. Hinweise auf mehrere Auflagen, Aufnahme in die Liste der jugendgefährdenden Schriften, Grenzfälle, Nachdrucke etc.

INHALT/TITEL:
Je nach Art der Serien wurde der Inhalt vollständig mit Angabe der entsprechenden Bandnummern aufgenommen. Bei weniger wichtigen oder sehr umfangreichen Serien nur mit Angabe der ersten Bandnummer. Bei unwichtigen Serien wurden nur eine Auswahl der enthaltenen Einzelserien aufgenommen
Bei Serien mit von Heft zu Heft wechselndem Inhalt – also reinen Einzelstories – wurden die gesamten Titel aufgenommen.

Abkürzungen

Abo = Abonnement; Aufl. = Auflage; BAnz. = Bundesanzeiger; Bd. = Band; ca. = circa; cm = Zentimeter; DDR = Deutsche Demokratische Republik; d. i. = das ist; ENr. = Entscheidungsnummer; ff. = Folgende; Jg. = Jahrgang; Nr. = Nummer; P.s. = Pseudonym; S.a. = Siehe auch; T. = Texter; u.a. = unter anderem; Vlg. = Verlag; Z. = Zeichner.

A

Aar-Cartoon

Bd. 1–10, 14, 15,17: Ein Peanuts-Buch

Bd. 18, 19 und Peanuts 16–31: Peanuts-Geschichten

Götzenhain: Aar-Verlag, ab Bd. 28: Wiesbaden: Aar-Verlag

Mitte 1969–Ende 1980

14 × 14 cm

Taschenbuch

Einfarbig

Bd. 1–19 und Peanuts 16–31

Peanuts-Zeichner: SCHULZ

Bemerkungen:

Bd. 11–13 und 16 sind keine Peanuts, daher nach Bd. 19 nicht mehr mitgezählt. Spätere Auflagen mancher Bände erweitert.

Titel:

1: Beethoven . . . du bist der Größte! 1969 Peanuts 1

2: Linus oder: Wo ist meine Schmusedecke? 1969 Peanuts 2

3: Hallo, Snoopy! 1970 Peanuts 3

4: Snoopy oder: Dein Hund ist auf dem Mond, Charlie Brown! 1969 Peanuts 4

5: Zieh Leine, Charlie Braun! 1969 Peanuts 5

6: Luzie oder: Wer mag seine große Schwester? 1969 Peanuts 6

7: Happy Birthday, lieber Beethoven! 1970 Peanuts 7

8: Snoopy Pfoten-Power . . . und die Peanuts-Knirpse 1970 Peanuts 8

9: Bleib am Ball, Charlie Braun! 1970 Peanuts 9

10: Doktor Luzie oder: Psychologie ist ein Kinderspiel 1970 Peanuts 10

11: Heisse Colts (Z.: RYAN) 1970

12: Pixies Spaß mit Lettern, Ziffern, Zeichen (Z.: WOHL) 1970

13: Liebe Tante Hulda (Z.: REES) 1969 kein Comic

14: Lebenskünstler Snoopy 1971 Peanuts 11

15: Immer wieder Peanuts 1971 Peanuts 12

16: Zurück in die Steinzeit, B. C. (Z.: HART) 1971

17: Au weia, Charlie Braun! 1971 Peanuts 13

18: Snoopy der Bruchpilot. 1971 Peanuts 14

19: Linus – Oder: Wo bleibt der große Kürbis? 1971 Peanuts 15

Die weiteren Bände sind als Peanuts 16–29 erschienen

16: Snoopy schreibt ein Buch. 1972

17: Dein Snoopy hat Sorgen, Charlie Braun! 1972

18: Frohe Ferien, Charlie Braun! 1972

19: Liebe tut weh, Charlie Braun! 1972

20: Die Mannschaft braucht Dich, Charlie Braun! 1972

21: Snoopys große Liebe. 1973

22: Du bist süß, Charlie Braun! 1973

23: Der weltberühmte Snoopy. 1973

24: Fröhliche Weihnachten, Charlie Braun! 1973

25: Neue Peanuts-Geschichten. 1973

26: Hier kommt Snoopy. 1975
27: Viel Spaß mit Peanuts. 1975
28: Niemand ist vollkommen, Charlie Brown 1976
29: Wir lieben dich, Snoopy 1976
30: Luzie – oder: Die Kratzbürste 1979
31: Snoopy – Die Sportskanone 1980

ABC-Geschichten von Adam bis Zufall
Frankfurt/M.: Insel Verlag
Januar 1975
10,8 × 17,7 cm
Taschenbuch it 99
Einfarbig
Z.: HILLMANN
Bemerkungen:
Metamorphosen von Dingen zu ihren Bezeichnungen.

Die Abenteuer der drei Musketiere
Duisburg: Walter Mohr Verlag
1957
14,8 × 6,8 cm
Heft, Einfarbig
Bd. 1–3

Die Abenteuer der 3 Musketiere
Siehe: ***Die Abenteuer des Grafen von Monte Christo***

Die Abenteuer der Phoebe Zeit-Geist
Hamburg: Konkret Buchverlag
1970
21 × 27,5 cm
Broschüre
Farbig, zweifarbig und einfarbig
Z.: SPRINGER/T.: O'DONOGHUE

Die Abenteuer der Phoebe Zeit-Geist
Darmstadt: Brummcomix (Melzer)
1973
20,9 × 27,5 cm
Broschüre
Zweifarbig, farbig und einfarbig
Z.: SPRINGER/T.: O'DONOGHUE
Bemerkungen:
Auf der Liste der jugendgefährdenden Schriften:
E Nr. 2481 – BAnz. Nr. 53 vom 16. 3. 74.
Um 13 Zwischentitelseiten gekürzter Nachdruck der Konkret-Ausgabe.

Die Abenteuer der Sweet Gwendoline
Frankfurt/M.: Widder Press
1974
21 × 27,5 cm
Zwei Ausgaben Soft- und Hardcover.
Einfarbig,
ein geringer Teil farbig
Z.: WILLIE
Bemerkungen:
Je mit Schutzumschlag.
Es existiert ein Raubdruck, der die farbigen Seiten nur einfarbig bringt.

Die Abenteuer der Sweet Gwendoline
Frankfurt/M.: Zweitausendeins
1974
21 × 27,5 cm
Broschüre
Einfarbig,
ein geringer Teil farbig
Z.: WILLIE
Bemerkungen:
Mit glattem und rauhem Umschlag bekannt.

Abenteuer der Weltgeschichte
Bd. 34–50 und Bd. 53–68:
Die interessante Jugendzeitschrift

Bd. 51–68: Spannende Tatsachenberichte aus dem Leben aller Völker
ab Bd. 69: Die spannendsten Abenteuer
Interessante Tatsachen aus Der Weltgeschichte
Frankfurt: Regentenverlag
ab. Bd. 7: Hannover: Lehning Verlag
Dezember 1953–Oktober 1958
15,5 × 24 cm
Heft
Zweifarbig, ab Bd. 21: einfarbig
(Bd. 2 auch einfarbig bekannt)
Bd. 1–84
Z.:
Bd. 1, 2, 4, 18, 22, 23, 24 und 28: BLUMENTRITT
Bd. 3, 4, 7, 9, 12, 14, 16, 19 und 21: LINKERT
Bd. 5, 8 und 11: DITTMANN
Bd. 6, 10, 13, 15, 17 und 20: HAHN
Bd. 27, 31 und 32: WÄSCHER
Bd. 33–84: BOOD
T.:
LINDEN: Bd. 1–28
KNOOP: Bd. 29–84
Bemerkungen:
Von Bd. 51 existieren zwei Ausgaben.
1. Rückseitentext: Japanischer Seeoffizier um 1900.
2. Seeoffizier aus Japan um die Jahrhundertwende (auch die Seiten 2 haben verschiedene Texte).
Bd. 25, 26, 29 und 30 kein Comic
Titel:
1: Ein Mann erobert ein Weltreich
2: Die Verschwörer von Cartagena
3: Ein Verräter trägt die Krone
4: Die Geisterreiter
5: Flammen über Florenz
6: Piraten der Freiheit
7: Gesprengte Ketten
8: Schwert des Nordens
9: Der stählerne Strang
10: Trenck, der Pandur
11: Kaperfahrt gegen Spanien
12: Der Pol ruft
13: Das große Wagnis
14: Der Löwe von Karthago
15: Verrat am Thermopylenpaß
16: Der rote Ritter
17: Der Läufer von Marathon
18: Der Schatz des Ministers
19: Alexander der Große
20: Die Türken vor Wien
21: Stützpunkt Arktis
22: Im Lande der Inka
23: Die Abenteuer des Marco Polo
24: Gefahr am Khaiber-Paß
25: Dschingis Chan (kein Comic)
26: Dschingis Chan (kein Comic)
27: Kampf mit dem Bären
28: Die Eidechsenritter
29: Temudschin (kein Comic)
30: Dschingis Chan (kein Comic)
31: Troja in Flammen
32: Andreas Hofer
33: Columbus
34: Wallenstein
35: Nelson
36: Hermann der Cherusker
37: Afrika lockt
38: Amundsen
39: Aufstand gegen Napoleon
40: Nero
41: Der Freiheit eine Gasse
42: Die Trommel ruft
43: Schrecken der Meere
44: Attila, König der Hunnen
45: Graf Zeppelin
46: Wasserweg durch die Wüste
47: Goldrausch in Kalifornien
48: Der Löwe von Flandern
49: Ferdinand Magellan
50: Richard Löwenherz
51: Die Hölle von Tsushima
52: Karl der Große
53: Die Seidenstraße

54: Käpt'n Cook
55: Wolkenstürmer über dem Atlantik
56: Alfred Nobel
57: Die Guillotine regiert
58: Durch Steppe und Eis
59: Gaius Julius Caesar
60: Kautschuk
61: Giganten am Nil
62: Simon Bolivar
63: Wilhelm Bauer
64: Sitting Bull
65: Maximilian
66: Hölle in China
67: Gustav Erikson Wasa
68: Mit Mann und Roß und Wagen
69: Alarich, König der Westgoten
70: Prinz Eugen
71: Der große Treck
72: Heinrich der Löwe
73: Vom Sturm zerblasen
74: Leonardo da Vinci
75: Marsch der Rothemden
76: Oliver Cromwell
77: Angriff auf den Thron der Götter
78: Retter Europas
79: Katharina die Große
80: Durch Wüstensand und Sonnenglut
81: Schiff ahoi!
82: Johanna von Orléans
83: Von Morgarten bis Appenzell
84: Auf die Barrikaden

Abenteuer der Weltgeschichte
Frankfurt/M.: Comic-Buch-Club
Oktober 1978
15,5 × 24 cm
Heft
Einfarbig
Bd. 27, 31–32
Z.: WÄSCHER
T.: Bd. 27: LINDEN, Bd. 31–32: KNOOP
Bemerkungen:
Nachdruck von 3 Heften der Serie von 1953.

Die Abenteuer des Grafen von Monte Christo
ab Bd. 5: ***Die Abenteuer der 3 Musketiere***
Zürich (Schweiz): Verlag Arotal
Mai 1977–September 1977
18,2 × 26 cm
Heft
Farbig
Bd. 1–9
Inhalt:
Tücke des Objekts: Bd. 1
Der Graf von Monte Christo (Z.: NIKKEL), Nachdruck: Bd. 1–4
Ohne Titel (Z.: OLIVIERI): Bd. 2
Rosita (Z.: CHRIS): Bd. 2
Fruggy (Nachdruck): Bd. 3–9
Die Abenteuer der 3 Musketiere (Z.:NICKEL), Nachdruck: Bd. 5–9

Die Abenteuer des Kalifen Harun al Pussah
Siehe: ***Isnogud***

Abenteuer des Kapitän Rob
Köln: Comel Verlag
1952–1953
13 × 19 cm
Broschüre
Einfarbig
Bd. 1–3 unnumeriert
Z.: KUHN/T.: WERKMAN
Bemerkungen:
Roman mit Comic-Illustrationen.
Titel:
1: Das Rätsel der Venus (1952)
2: Kapitän ROB und das Erdölgeheimnis (1952)
3: Kampf um Uran (1953)

Die Abenteuer des Vasco da Gama
Duisburg: Walter Mohr Verlag
1957
14,8 × 6,8 cm
Heft
Einfarbig
Bd. 1–14
Z.: MOHR

Abenteuer in Haithabu
Siehe: ***Erik der Wikinger***

Abenteuer in Marokko
Marienheide: Bibellesebund e. V.
1978
21 × 29,7 cm
Heft, Einfarbig
Z./T.: JOHN UND GIBSON

Die Abenteuer von Blake und Mortimer
Reinbek: Carlsen Verlag
1978–September 1981
22 × 29,5 cm
Broschüre
Farbig
Bd. 1–7
Z: JACOBS

Die Abenteuer von Fritz Pfiffig
Amsterdam (Niederlande): Verlag Mulder & Zoon N. V.
21 × 29 cm
Buch
Farbig
Bd. 1–2 unnumeriert
Z.: KOELEMAN
Bemerkungen:
Inhalt identisch mit Großband 1–8.
Titel:
1: Großes Autorennen
2: Das Geheimnis des Goldenen Tempels

Die Abenteuer von Fritz Pfiffig
Emmerich-Amsterdam (Niederlande): Mulder Verlag
20,5 × 28,5 cm
Heft
Farbig
Bd. 1–8
Z.: KOELEMAN

Die Abenteuer von Hannibal Möhrenzahn
Siehe: ***Hannibal Möhrenzahn***

Die Abenteuer von Jo, Jette und Jocko
Reinbek: Carlsen Verlag
1978–1980
22 × 29,5 cm
Broschüre
Bd. 1–5
Z.: HERGÉ

Die Abenteuer von Karl und Liesel
Bd. 1 und 2: ***Die lustigen Streiche und Abenteuer vom Karl und der Liesel***
Speyer: Verlag Klambt KG
wahrscheinlich 1951–1959
22 × 26 cm
Heft, Einfarbig
Bd. (1)–12
Z.: BECHERLE

Die Abenteuer von Nero und Co.
Köln: Rädler Verlag
1972–1973
21 × 27,2 cm
Heft
Farbig
Bd. 1–12
Z.: SLEEN

Die Abenteuer von Popeye
Siehe: ***Popeye, Die Abenteuer von***

Die Abenteuer von Ringgi und Zofi
ab Bd. 5: ***Ringgi und Zofi***
Ringiers Kinderbuch Mehrfarbig
Zofingen (Schweiz): Ringier & Co AG
1948–1965
23,5 × 32,5 cm
Broschüre
Farbig
Bd. 1–18? (Bd. 1 unnumeriert)
Z.: LAUBI/T.: EGG/Verse: TSCHUDI, später Z.: MOHLER/T.: SCHMEZER/Verse: TSCHUDI
Bemerkungen:
Je zur Hälfte Comics und illustr. Textgeschichten.

Die Abenteuer von Rosalie
Abi Melzer Productions
1978
24,2 × 31,4 cm
Buch
Farbig
Z.: CALVO

Die Abenteuer von Wastl & Hiasl
Bayern-Comic
München: Knecht-Druck
1978–1979
21 × 29 cm
Broschüre
Farbig
Bd. 1–2
Z.: BÜCKING
T.: LAUTENSCHLÄGER UND PALME

Abenteuer von Weltruf
Siehe: ***Berühmte Geschichten***

Die Abenteuer zweier Ritterknaben
Freiburg: Badischer Verlag
1958
14 × 21,5 cm
Buch
Einfarbig
Z.: FOSTER
Bemerkungen:
Roman mit Bildern aus dem amerikanischen Comic Strip »Mediaeval Castle«

Die Abenteuer zweier Ritterknaben
Wien (Österr.): Pollischansky Verlag
1975
20 × 27 cm
Broschüre
Farbig
Z.: FOSTER

Die Abenteuer zweier Ritterknaben
Siehe: ***Comic Taschen Buch***

Aber Klärchen!
München: Heimeran
1949
13,5 × 20 cm
Buch
Einfarbig
Z.: BERTINA
Bemerkungen:
Nachdruck der Ausgabe von 1941. Aufl. vor 1945 insgesamt 24 Tsd., 1949 ab 25. Tsd.

Die acht Geschichten aus Ernies Kneipe
Hamburg: Bartels Comicproduktion & Publication
1976
21 × 14,8 cm
Heft
Einfarbig
Z./T.: BARTELS

Bemerkungen:
Nur jede zweite Seite bedruckt. Als »limitierter und handsignierter Sonderdruck« bezeichnet.

Action
schließt Lücken
Wien (Österr.): Verein Action
1975
21,1 × 29,8 cm
Heft
Einfarbig
Bd. 1–2
Inhalt:
Flash Gordon (Z.: BARRY): Bd. 1–2
Conan (Z.: SMITH/T.: THOMAS): Bd. 1–2
Iron Fist: Bd. 1–2
EC Classic: Bd. 1–2
Horus (Z.: PETERKA/T.: FARKAS): Bd. 1–2

Action Comic
Siehe: ***Comic Action Album***

Die Actionhelden
Bd. 1: ***Die Superhelden***
Comic-Taschenbuch
Frankfurt/M.: Condor Verlag
1978–1982
13,3 × 18,4 cm
Taschenbuch
Farbig
Bd. 1–14
Bemerkungen:
Magnus und Doktor Solar sind Nachdrucke der entsprechenden Serien von BSV.
Inhalt:
Magnus (Z.: außer Bd. 10–12: MANNING): Bd. 1–14
Dagar (Z.: SANTOS/T.: GLUT): Bd. 1–8
Turok (Z.: GIOLITTI/T.: NEWMAN): Bd. 1–14
Weltraum-Ranger Robinson (d. i. Astronautenfamilie Robinson), (Z.: SPIEGLE/T.: DUBOIS): Bd. 1–14
Die Eiszeit: Bd. 1
Die junge Erde: Bd. 2,6
Die ersten Menschen: Bd. 3
Unsere Erde: Bd. 5
Lanu: Bd. 7, 10
Tragg (Z.: SANTOS): Bd. 9–10
Doktor Solar (Z.: FUJITANI): Bd. 10–12, 14
Buck Rogers (Z.: McWILLIAMS, Bd. 14: ROY/T.: NEWMAN, Bd. 14: WATSON): Bd. 11–14
Professor Harbinger (Z.: CRAWFORD): Bd. 13–14

Action Super Comic
Zug (Schweiz): Gevacur
1976
21,7 × 27,9 cm
Broschüre
Farbig
Bd. 1–3
Inhalt:
Cosmos Crew (Z.: MAROTO): Bd. 1–3
Delta 99 (Z.: GIMÉNEZ): Bd. 1–3

Adalbert Abhängig
Berlin: Fuchs
1976
21 × 29,5 cm
Heft
Einfarbig
Z.: FUCHS

Die Adam-Familie
Szenen aus der Welt von – Morgen?!
Stuttgart: Illu Press
1978
11,6 × 19 cm
Taschenbuch
Einfarbig
Bd. 1
Z.: BOTTARO

Adamo Link
Hannover: Haselmann
1978
23 × 32,4 cm
Heft
Einfarbig
Z.: HASELMANN

Adamson
Reinbek: Rowohlt Verlag
April 1954
11,5 × 19 cm
Taschenbuch, rororo 108
Einfarbig
Z.: JACOBSSON
Bemerkungen:
Zwei unterschiedliche Versionen
1. *Version: 228 Seiten mit 51 Geschichten und Adamson-Werbestrip.*
2. *Version: 164 Seiten mit 70 Geschichten und einem anderen Werbestrip.*

Adamson
Hamburg: Blüchert Verlag
1956
23,7 × 19,5 cm
Buch
Einfarbig
Z.: JACOBSSON
Bemerkungen:
Entspricht inhaltlich dem erweiterten Rowohlt-Taschenbuch minus 4 Geschichten. Vorwort leicht überarbeitet.

Adamson
Reinbek: Rowohlt Verlag
März 1975
9,5 × 14,9 cm
Buch
Einfarbig
Z.: JACOBSSON
Bemerkungen:
Reihe »Rowohlt-Nachttisch-Büchlein«. Mit Schutzumschlag.

Adamson
Zug (Schweiz): Ingse Verlag
1976
20,9 × 18,5 cm
Buch
Einfarbig
Z.: JACOBSSON
Bemerkungen:
Edition Sven Erik Bergh.

Adamson
Gütersloh: Bertelsmann Lesering (u. a. Buchgemeinschaften)
1976
20,8 × 18,4 cm
Buch
Einfarbig
Z.: JACOBSSON
Bemerkungen:
Inhalt identisch mit der Ingse-Ausgabe.

Adam und Evchen
Berlin (DDR): Eulenspiegel Verlag
1965
Verschiedene Formate, je nach Auflage
Heft/Buch
Einfarbig
Z.: SCHMITT
Bemerkungen:
Mehrere Auflagen, auch als Wendeband zusammen mit Kollege Blech (Format: 12 × 19 cm)

Adam & Evchen
Die schönsten Bildergeschichten der ZEIT
Hamburg: Hoffmann und Campe Verlag

1972
15,3 × 9,5 cm
Buch
Einfarbig
Z.: LANKOR
Bemerkungen:
Gesammelte Strips aus der ZEIT. Nicht identisch mit der DDR-Ausgabe.

Adelheid
Comiczeit mit
Bullwinkel, Mr. Magoo & Co.
Frankfurt/M.: Condor Verlag
November 1974–1977
18,1 × 26 cm
Heft
Farbig und wenig einfarbig
Bd. 1–25
Inhalt:
Mister Magoo
Bullwinkel und Rocky (Z.: FUNG)
Dudley Doright
Tiffy, Uron & Max (Z.: ERIK)
Märchen in moderner Form
Adelheid
Schöne Grüsse vom Klempner
Professor Peabody
Der böse kleine Hans
Äsop & Sohn
Alfred
Boris und Natasha

AF Comix
Bremen: Verlag Schöngeist
1973
Bd. 0: 15,7 × 22,6 cm
Bd. 1–3: 14,9 × 21 cm
Heft
Einfarbig
Bd. 0, 1, 2/3
Z./T.:
DETLEF: Bd. 0
DIRX: Bd. 1
FRIEBEL: Bd. 1
FABRI: Bd. 1
GERHARDT: Bd. 0, 1
HOIER: Bd. 0, 1
MALI: Bd. 0, 1, 2/3
PÉDRO: Bd. 2/3
PIGNON: Bd. 2/3
RAUSCHENBACH: Bd. 2/3
ROSENTHAL: Bd. 2/3
WERNER: Bd. 0, 1, 2/3
JOHANNES WERNER: Bd. 2/3

Affe besiegt den Weiß-Knochen-Geist
Nürnberg: UPN Volksverlag
1973
21 × 29,5 cm
Broschüre
Einfarbig
Z./T.: CHAO, CHIEN UND WANG
Bemerkungen:
*Neuübersetzter und in der Gestaltung veränderter Nachdruck von **Sun Wu-Kung besiegt das Weisse-Knochen-Gespenst dreimal.***

Agent X 9
ab Bd. 6: ***Agent X 9 Comic***
Bd. 1–5: Comic Serien Magazin
Stuttgart: Illu Press
1976–1977
Bd. 1–5: 15 × 21,7 cm
Bd. 6–10: 17 × 26,1 cm
Broschüre
Einfarbig
Bd.1–10
Inhalt:
Jessie Fox (d. i. Modesty Blaise), (Z.: ROMERO/T.: O'DONNELL). Bd. 1–10
Welt der Aquanauten (Z.: WEINBERG): Bd. 1, 4, 5
Geheimagent Corrigan (Z.: WILLIAMSON/T.: GOODWIN): Bd. 1–3, 6, 8–10
Cisco the Kid (Z.: SALINAS/T.: REED): Bd. 1–3, 6

Rip Kirby (Z.: PRENTICE, Bd. 8: RAYMOND/T.: DICKENSON): Bd. 4–10
Spürhunde (Z.: BURNS/T.: DOUGLAS): Bd. 5, 7
Schindel-Schwinger: Bd. 10

Ahoi
Berlin: Gerstmayer Verlag
1957
16,5 × 24 cm
Heft
Einfarbig
Bd. 9–14
Z.: RORI
Bemerkungen:
Bd. 1–8: Romanheftserie »Blaue Jungs«
Inhalt:
Mico
Kapitän Alvaro

Ahoi
Berlin: Gerstmayer Verlag
1957
17 × 7 cm
Heft
Einfarbig
Bd. 1–18
Z.: RORI
Bemerkungen:
Heinerle-Piccolos.
Nachdruck aus Fruggy und Ahoi. Von Bd. 18 sind verschiedene Bände erschienen.
Vorliegende Titel:
»Mauerblümchen«
»Dumme Ausreden«

Akim
der Sohn des Dschungels
Hannover: Walter Lehning Verlag
Juli 1953–Dezember 1954
17 × 7,5 cm
Heft
Einfarbig
Bd. 1–78
Z.: PEDRAZZA (auch Cover)
T.: RENZI
Bemerkungen:
Auf der Liste der jugendgefährdenden Schriften:
Bd. 59: E Nr. 13 – BAnz. Nr. 182 vom 22. 9. 54
Bd. 66: E Nr. 23 – BAnz. Nr. 203 und 207 vom 21. und 27. 10. 54
Bd. 72 und für 3 Monate: E Nr. 34 – BAnz. Nr. 241 vom 15. 12. 54
Inhalt:
Bd. 1–27 enthält auf der 2. Umschlagseite: »Die Feuerrakete« (Z.: PEDRAZZA/T.: RENZI)

Akim, der Große
Hannover: Walter Lehning Verlag
März 1955–Oktober 1955
17 × 24 cm
Heft
Farbig
Bd. 1–21
Z.: PEDRAZZA (auch Cover)
T.: RENZI
Bemerkungen:
Nachdruck der Serie.
Akim der Sohn des Dschungels
Bd. 1–21

Akim
Neue Abenteuer
Hannover: Walter Lehning Verlag
Januar 1956–September 1959
17 × 7,5 cm
Heft
Einfarbig
Bd. 1–196
Z./T.: WÄSCHER
Bemerkungen:
*Es existiert ein Nachdruck unter dem Titel **KIM,** siehe da.*

Akim
Held des Dschungels
Hannover: Walter Lehning Verlag
März 1958–Oktober 1959
17 × 24 cm
Heft
Farbig
Bd. 1–40
Z.: Bd. 1–28: PEDRAZZA
Bd. 28–40: WÄSCHER
Alle Titelbilder: WÄSCHER
T.: Bd. 1–28: RENZI
Bd. 28–40: WÄSCHER
Bemerkungen:
Es existiert eine österreichische Ausgabe (S-Preis), die nicht so stark retuschiert wurde und andere redaktionelle Beiträge enthält. Bd. 1–35 bekannt.
Nachdruck:
Bd. 1–14: AKIM Sohn des Dschungels Bd. 1–28, *Bd. 15:* AKIM Sohn Bd. 29 Seite 1–3, AKIM Sohn Bd. 32 Seite 29 Bild 2, AKIM Sohn Bd. 33 Seite 2, 3, AKIM Sohn Bd. 29 Seite 19, AKIM Sohn Bd. 38 Seite 10–32, AKIM Sohn Bd. 39 Seite 1–32, *Bd. 16:* AKIM Sohn Bd. 40–41, *Bd. 17–20:* AKIM Sohn Bd. 42–49, *Bd. 21:* AKIM Sohn Bd. 50 Seite 1–19, 21–32, AKIM Sohn Bd. 51, *Bd. 22:* AKIM Sohn Bd. 52 Seite 1–24, 27–32, AKIM Sohn Bd. 53, *Bd. 23:* AKIM Sohn Bd. 54 Seite 1, 2 (1. Bild verlängert), 3–11, 13–32, AKIM Sohn Bd. 55 Seite 1–10, 12–32, *Bd. 24:* AKIM Sohn Bd. 56, AKIM Sohn Bd. 57 Seite 1–8, 11–32, *Bd. 25:* AKIM Sohn Bd. 58 Seite 1, 3–6, 15, 18–25, AKIM Sohn Bd. 67 Seite 14–22, 24–29, 32, AKIM Sohn Bd. 68 Seite 1–3 (nur 1. Bild um Hälfte verlängert), 4–13, 16, 17, 20–32, AKIM Sohn Bd. 69 Seite 2–5 (nur 1. Bild), *Bd. 26:* AKIM Sohn Bd. 69 Seite 5 (2. Bild) –16, 18, 20–32, AKIM Sohn Bd. 70, AKIM Sohn Bd. 71 Seite 2–7 (Bild 1), *Bd. 27:* AKIM Sohn Bd. 71 Seite 7 (Bild 2) –25, 27–32, AKIM Sohn Bd. 72 Seite 2–8, 23–32, AKIM Sohn Bd. 73 Seite 2–22, AKIM Sohn Bd. 74 Seite 25 (1. Bild), *Bd. 28:* AKIM Sohn Bd. 74 Seite 26 (Bild 1), 27–29, AKIM Sohn Bd. 75 Seite 2–7, 12, Herr des Dschungels Bd. 24 Seite 12–32, AKIM Neue Abenteuer Bd. 1 Seite 1–32, *Bd. 29–40:* AKIM Neue Abenteuer Bd. 2–25.
Retuschen und teilweise umgeschriebene Sprechblasen und umgezeichnete Bilder.

Akim
Neue Serie
Rom (Italien): Franco Bozzesi Verlag
Oktober 1960–September 1961
16 × 7,5 cm
ab Bd. 25: 16,5 × 14,5 cm
Heft
Einfarbig
Bd. 1–48
Z.: PEDRAZZA
Titelbilder: Bd. 1–24: PEDRAZZA
Titelköpfe: Bd. 1–48: PEDRAZZA
T.: RENZI
Bemerkungen:
Auf der Liste der jugendgefährdenden Schriften:
Bd. 5 und 11: E Nr. 887–BAnz Nr. 74 vom 18. 4. 61
Bd. 26, 29–33, 40 und 41: E Nr. 958–BAnz Nr. 174 vom 9. 9. 61
Inhalt:
Bd. 1–32 enthält auf der 2. Umschlagseite: »Die rote Orchidee« (Z.: PEDRAZZA/T.: RENZI)
Bd. 32–48 enthält auf der 2. Umschlagseite: »Igor« (Z.: PEDRAZZA/T.: RENZI)

Akim
Konstanz: Lange Haak Verlag
1976
16,7 × 8 cm
Heft
Einfarbig
Bd. 1–50
Z.: PEDRAZZA (auch Cover)
T.: RENZI
Bemerkungen:
*Bd. 1–33 (Seite 4), sowie Bd. 47 (Seite 23)–50 sind deutsche Erstveröffentlichungen. Dazwischen liegen Nachdrucke von **Akim Neue Serie.***

Akim
Herr des Dschungels
Schönau: Norbert Hethke Verlag
1977–1978
14,4 × 20,7 cm
Heft
Einfarbig
Bd. 1–6
Z.: PEDRAZZA (auch Cover)
T.: RENZI

Akim
der Sohn des Dschungels
Schönau: Norbert Hethke Verlag
Juni 1978–Oktober 1978
17 × 7,5 cm
Heft
Einfarbig
Bd. 1–80
Z.: PEDRAZZA (auch Cover)
T.: RENZI
Bemerkungen:
Bd. 1–78: Nachdruck der Serie von 1953.
Bd. 79 und 80 sind Erstveröffentlichungen.

Akim
Kampf im Norden
Schönau: Norbert Hethke Verlag
Dezember 1978
17 × 23,9 cm
Heft
Einfarbig
Z.: PEDRAZZA
T.: RENZI
Bemerkungen:
Mit Akim-Checkliste.

Akim
Die Diamanten des Dschungels
Schönau: Norbert Hethke Verlag
Januar 1979
17 × 23,9 cm
Heft
Farbig
Z.: PEDRAZZA
T.: RENZI

Akims grosses Abenteuer
Siehe: ***Piccolo Sonderband***

Akim-Sonderband
Siehe: ***Piccolo Sonderband***

Akin
Kein KKW im Dschungel
ohne Verlag
ca. 1979
17,3 × 6,7 cm
Heft
Einfarbig
Z./T.: BAUMGART
Bemerkungen:
Eine 24seitige Version erschien schon im Oktober 1978 als Teil von COM-MIX 13 (einfarbig und zum Selberbasteln). Das entsprechende Blatt wurde ab COM-MIX 16 (April–Mai–Juni 1979) auch einzeln für 0,50 DM angeboten.

Aktuell Comic-Sonderband
Berge/Dalvers: Ewald Schröer
Ende 1978
21 × 29,7 cm
Geklammerte Einzelblätter
Farbig
Bd. 1
Bemerkungen:
Sonderband zum Fanzine »Aktuell«.
Inhalt:
Die van de Welk-Bande (Z.: SCHNABEL/T.: SCHRÖER)
Starbuc (Z./T.: SCHNABEL)

Aladdin
Siehe: ***Klassiker-Comics***

Alan Frank
Abenteuer im Weltraum
Bd. 1–3: Liliput-Serie
Hamburg-Altona: Richard Danehl's Vlg.
Oktober 1953–Dezember 1953
9,5 × 12 cm
Heft
Bd. 1–3 abwechselnd farbig und einfarbig
Bd. 5 einfarbig
Bd. 1–3, 5 (Bd. 4 nicht erschienen)
Z.: NORRIS
Bemerkungen:
Alan Frank d. i. Brick Bradford.

Alarm um Terry
Marienheide: Bibellesebund e. V.
1979
21 × 29,7 cm
Heft, Einfarbig
Z./T.: JOHN UND GIBSON

Albert Enzian
Stuttgart: Delta Verlag
Februar 1976 – Serie erscheint noch
21,9 × 28,9 cm
Broschüre und Buch
Farbig
Bd. 1–9 . . .
Z./T.: GREG
Bemerkungen:
Es existiert eine Hardcover-Ausgabe von Bd. 1–4.

Alexander von Humboldt
Ein deutscher Weltreisender und Naturforscher
Berlin (DDR): Altberliner Verlag Lucie Groszer
1959
18,5 × 27 cm
Heft
Farbig
Z.: SCHÖNFELDER/T.: PIANA

Alfi der Superpiep
Ravensburg: Otto Maier Verlag
1974
21,3 × 21,5 cm
Buch
Farbig
Z.: SCHWEIGGERT

Alice im Wunderland
Chevron (Belgien): Hemma
1978
23,5 × 30,5 cm
Buch
Farbig
Bemerkungen:
Bd. (2) der Hemma-Märchenbände, s. d.

Alice im Wunderland
Bergisch Gladbach: Bastei Verlag
1979
18 × 26 cm
Heft
Farbig
Z.: RUÉ

Bemerkungen:
*Nachdruck aus **FELIX** Sonderheft Weihnachten 1968 und **BASTEI** Sonderband 1.*

Alice im Wunderland
Siehe: ***Berühmte Geschichten***

Alien
Das unheimliche Wesen aus einer fremden Welt
Die Geschichte im Bild
Rastatt: Moewig Verlag
1979
20,7 × 27,5 cm
Broschüre
Farbig
Z.: SIMONSON
T.: GOODWIN

Ali Khim der Dieb von Bagdad
Hannover: Walter Lehning Verlag
1953
16,5 × 23,5 cm
Broschüre
Farbig

Alix
Reinbek: Carlsen Verlag
1974–1983
22 × 29,5 cm
Broschüre, Farbig
Bd. 1–10
Z.: MARTIN

Alle dürfen, bloß ich nicht!
München: Weismann/Frauenbuch
1976
21 × 14,8 cm
Broschüre, Einfarbig
Z.: MARCKS

Also sprach Buchhändler Brönge . . .
Düsseldorf und Wien: Econ Verlag
1980
14,4 × 24,6 cm
Buch
Einfarbig
Z.: KÖPF
T.: ALBRECHT
Bemerkungen:
Nur jede 2. Seite bedruckt.

Als Zaddelpaddel kam
Frankfurt/M.: Insel Verlag
1972
20,4 × 29 cm
Buch
Farbig und einfarbig
Z.: VRIES
T.: BORCHERS

Am Anfang war das Huhn
Frankfurt/M.: Insel Verlag
1976
10,8 × 17,7 cm
Taschenbuch it 185
Einfarbig und zweifarbig
Z.: HERAS
Bemerkungen:
Enthält auch einige Cartoons.

Amateur-Comic
Bd. 1–7: Das Comic-Magazin mit den Amateur-Comics
Frankfurt/M.: Klaus Wagner
Januar 1976–Februar 1980
29,7 × 21 cm
Heft
Einfarbig
Bd. 1–10
Z./T.:
CENTNER: Bd. 7–9
CONWAY: Bd. 8
DIERL: Bd. 3
GASPAROVIC: Bd. 4, 9–10
GLUSCHKE: Bd. 1–2, 4, 7

GROHS: Bd. 5
LOCHMANN: Bd. 1–8
MUCH: Bd. 9–10
REINKNECHT: Bd. 4
RICK: Bd. 2
TONN: Bd. 9–10
VARGA: Bd. 8–10
WAGNER: Bd. 1–9
WESER: Bd. 1

Analo
Wien/München: Jugend und Volk
1973
12,4 × 20,4 cm
Broschüre
Einfarbig
Z.: AIGNER
T. und Entwürfe: KOFLER
Fotos: SCHATZL
Bemerkungen:
Edition Literaturproduzenten, hrsg. vom Arbeitskreis österr. Literaturproduzenten.

Andy und das Monster
München: Parabel Vlg. Willi Weismann
1973
27,5 × 21,7 cm
Buch
Farbig
Z./T.: PAPAN

Andy und das Monster
Frankfurt/M., Wien, Zürich: Büchergilde Gutenberg
1974
27,4 × 21,3 cm
Buch
Farbig
Z./T.: PAPAN

Angela
Bildergeschichten der Liebe
Stuttgart: Ehapa Verlag
März 1980 – Serie erscheint noch
21 × 28 cm
Heft
Farbig
Bd. 7–68 . . .
Bemerkungen:
Foto-Comic.

Angelino
Das bunte Kinderheft
Hannover: Ditzell und Co. (Vertrieb)
1966
18 × 25 cm
Heft
Farbig
Bd. 1–5
Inhalt:
Angelino (Z.: CAMPANI)
Fido
Boc + Buc
Toto und Tata (Z.: CAMPANI)
Stellino (Z.: CAMPANI)
Geronio (Z.: CAMPANI)
Sembra Facile
Die Fratze
Schnuk + Schnek
Svanitella
Pot-Pot
Waldfabel
Ping Pong
Der boshafte Clown
Im Westen passiert
Schwindellinchen

Annas Traum
Selbstverlag (Hellmich)
1978
20,9 × 29,5 cm
Broschüre
Einfarbig
Z.: HELLMICH
T.: SANTUARIO
Bemerkungen:

Enthält eine Seite Vorwort, 11 Seiten Comic und 3 Seiten Zeichnungen. 200 numerierte und signierte Exemplare.

Anne und Hans
Linden: Volksverlag
1980
21 × 29,8 cm
Buch
Einfarbig
Z.: BOOGAARD
Bemerkungen:
Enthält als Beilage ein Poster. Auf der Liste der jugendgefährdenden Schriften.

Anne und Hans kriegen ihre Chance!!
Frankfurt/M.: Brummcomix (Melzer)
1970
19 × 26 cm
Broschüre
Einfarbig
Z.: BOOGAARD
Bemerkungen:
1. Auflage: laminiert, Frankfurt.
2. Auflage: matt, Darmstadt. (1973)
Es existieren mehrere Raubdrucke.
Auf der Liste der jugendgefährdenden Schriften.

Anne & Louise
Siehe: ***Die erotischen Abenteuer von Anne & Louise***

Aquaman
Superman präsentiert:
Stuttgart: Ehapa Verlag
Dezember 1976–Juli 1984
21,8 × 28,7 cm
Broschüre
Farbig
Bd. 1–9
Z./T.:
ADKINS: Bd. 7
APARO: Bd. 1–4, 8–9
BERUBE: Bd. 3–4
CONWAY: Bd. 1
COSTANZA: Bd. 6
GAFFORD: Bd. 2
GIORDANO: Bd. 6
HECK: Bd. 6–7
LEFERMAN: Bd. 7
LEVITZ: Bd. 1–2
MATTEIS: Bd. 6–7
McLEOD: Bd. 5
MICHELINIE: Bd. 1, 3–5
MITCHELL: Bd. 6
NEWTON: Bd, 5, 7
NORRIS: Bd. 1
ODA: Bd. 6–7
PASKO: Bd. 2
ROY: Bd. 5–7
ROZAKIS: Bd. 7
SERPE: Bd. 3, 6–7
SKEATES: Bd. 3, 8–9
SMITH:Bd. 7
SNAPINN: Bd. 5–7
WEIN: Bd. 7
WEISINGER: Bd. 1

Arca Bildhefte
die spannende Jugendlektüre
Rastatt/Baden: Arca, K. L. Grundberger und A. Schabath
ca. 1956
12 × 17 cm
Heft
Einfarbig
Bd. 1– 48
Titel:
Bd. 1– 3: Das Schmugglergespenst
Bd. 4– 6: Wong und Pete auf Erforschungsreisen
Bd. 7– 9: Verloren im Lande des roten Mannes
Bd. 10–12: Solak der Wolfshund

Bd. 13–15: Gwen und der lustige Straßenräuber
Bd. 16–18: Die Tochter des Geächteten
Bd. 19–21: Eine Dschungelgeschichte
Bd. 22–23: Ferien-Reise
Bd. 23–24: Auf der Zigeunerspur
Bd. 25–27: Das Mädchen aus dem Silbertreck
Bd. 28–30: Verschwörung am Königshof
Bd. 31–33: Chinesische Abenteuer
Bd. 34–36: Flucht in die Freiheit
Bd. 37–39: Das Geheimnis des Berges
Bd. 40–42: Treulose Freunde aus dem Orient
Bd. 43–45: Larry und die Kickers
Bd. 46–48: Mary und der maskierte Pirat

Die Arche Noah
Dresden (DDR): Verlag der Kunst
1953
15,5 × 21,5 cm
Buch
Einfarbig
Reihe: Frischer Wind Bd. 4
Z.: SCHMITT

Die Arche Noah
Berlin (DDR): Eulenspiegel Verlag
1962
17 × 12 cm
Heft
Einfarbig
Z.: SCHMITT
Bemerkungen:
Mehrere Auflagen.

Archie
Stuttgart: Ehapa Verlag
Januar 1976
13,3 × 18,5 cm
Taschenbuch
Farbig
Bd. 1

Ardan
Kirkor Yalengadian
Frankreich: Artima
Auslieferung: Defra, Essen
Oktober 1960–April 1961
17,5 × 23 cm
Heft
Einfarbig
Bd. 1–6
Inhalt:
Bd. 4–6 enthält die Dschungelgeschichte »Rugha«

Arlan
Er kam aus dem All
Konstanz: Lange-Haak Verlag
1976
16,7 × 8 cm
Heft
Einfarbig
Bd. (1–4)
Z.: MESSERSCHMIDT
Bemerkungen:
Von Bd. 1 existiert eine Testausgabe mit Numerierung.

Arthur King
Sonderband
Abenteuer in den Tiefen der Galaxis
Weinheim: Arno Dierl
1978–1979
14,8 × 20,8 cm
Heft
Einfarbig, Bd. 2: 2 Seiten farbig
Bd. 2, 4
Z.: Bd. 2: DIERL
Z.: Bd. 4: BECKHAUS
T.: DIERL
Bemerkungen:

Bd. 1 und 3: ***Ingold Sonderband.***

AS 1
Abenteuer im Weltraum
Hannover: Walter Lehning Verlag
Januar 1968– April 1968
17 × 8 cm
Heft
Farbig
Bd. 1–17
Z.: SPEER

Asterix
Grosser Sonderband
ab Bd. 3: Grosser Asterix-Band
Stuttgart: Ehapa Verlag, ab Bd. 20 sowie spätere Auflagen von Bd. 1–19: Stuttgart: Delta Verlag
1968 – Serie erscheint noch
22 × 29 cm
Broschüre und Buch
Farbig
Bd. 1–27 . . .
Z.: UDERZO
T.: Bd. 1–24: GOSCINNY
Bd. 25–27: UDERZO
Bemerkungen:
Mehrere Auflagen mit angepaßten Preisen. Die Erstauflage von Bd. 1–2 hat keinen Preisaufdruck.
Alle Bände auch als Hardcover-Ausgabe.

Asterix-Büchlein
Erlangen: Pestalozzi Verlag
ab 1973
ca. 10 × 12 cm
Heft
Farbig
Bd. 1–9
Z.: UDERZO
T.: GOSCINNY
Bemerkungen:
Mehr nicht bekannt.

Comicstreifen und Untertexte. Bd. 9 etwas anders gestaltet (nicht so comicmäßig).

Astrein
Comix & Cartoons
Dortmund: Citronenpresse
Mai 1975
20,9 × 29,4 cm
Heft
Einfarbig
Bd. 1
Z./T.: FREIBERG UND SONTOWSKI

Astronautenfamilie Robinson
Aachen: Bildschriftenverlag
Dezember 1966–Februar 1970
18 × 25 cm
Heft
Einfarbig
Bd. 1–17
Z.: SPIEGLE
Inhalt:
Ab Bd. 6: Commander Wagner (auch: Kommander Kühn, Captain W., Kapitän W., Kommander Wagnis, Kommander Wagner.)
Bd. 13: Ein Traum aus der Zukunft

Atom
Superman präsentiert:
Stuttgart: Ehapa Verlag
Februar 1979 – Serie erscheint noch
21,8 × 28,8 cm
Broschüre
Farbig
Bd. 1–6 . . .
Z./T.:
BATES: Bd. 2
BLAISDELL: Bd. 1
CHIARAMONTE: Bd. 1, 5
COLLETTA: Bd. 4–5
DILLIN: Bd. 1–3, 5
FOX: Bd. 2–3, 5–6

GIORDANO: Bd. 5
GREENE: Bd. 2–3, 5–6
KANE: Bd. 2–3, 5–6
MAGGIN: Bd. 2, 5
MULDER: Bd. 4
O'NEIL: Bd. 3
PASKO: Bd. 1
ROZAKIS: Bd. 1, 4–5
SAVIUK: Bd. 1, 4–5
SNAPINN: Bd. 4
TANGHAL: Bd. 4
WEIN: Bd. 4

Atom Comic
Lübeck: BI (Bürgerinitiative) Lübeck gegen Kernenergiegefahren
Februar 1978
18,3 × 25,5 cm
Heft
Einfarbig
Z.: RIFAS

Atom Comic
Frankfurt/M.: Nexus Verlag
1980
20,8 × 29,1 cm
Heft
Einfarbig
Z.: RIFAS
Bemerkungen:
*Entspricht inhaltlich weitgehend dem **Atom Komix**-Band (s. d.), aber anderer Umschlag, statt Quizseite ein Lied und eigene Übersetzung.*

Atom Comics
Siehe: ***U-Comix Extra***

Atomino
Berlin (DDR): Verlag Junge Welt
1960–1969
11,5 × 7 cm
Heft
Einfarbig und farbig
15 verschiedene Hefte bekannt, davon ein Bd. mit der Bezeichnung 1/1969
Z.: BERTI/T.: ARGILLI
Bemerkungen:
*Beilage der Kinderzeitschrift **Frösi** und im Einzelverkauf.*

Atom Kids
Frankreich: Artima
Auslieferung: Defra, Essen
Oktober 1960–April 1961
17,5 × 23 cm
Heft
Einfarbig
Bd. 1–6
Z.: BAYO
Inhalt
Bd. 6: Ray Comet

Atom Komix
Bremen: Ully Jenkins
1978
17,7 × 25,5 cm
Heft
Einfarbig
Z.: RIFAS
Bemerkungen:
Bd. 3 der Reihe »Kopf aus dem Sand« (die sonst keine Comics enthält).

Atomkraft für Anfänger
Siehe: ***Sach-Comic***

Atze
Teilweise: Für Leser von 9 Jahren an.
Berlin (DDR): Verlag Junge Welt
Januar 1955 – Serie erscheint noch
16,8 × 23,5 cm, später 20,5 × 19,3 cm, später 14 × 20,5 cm, später 14,8 × 21 cm
Heft
Farbig, zweifarbig und einfarbig
Jg. 1955: Bd. 1–13

Jg. 1956: Bd. 1–18
alle anderen Jahrgänge wahrscheinlich 1–12
Inhalt: nur eine Auswahl
Bimbo (Z.: KIESER)
Fix und Fax (Z.: KIESER) ab Jg. 58, Bd. 1
Mohri, Jumbo und der Affe Jonathan (Z.: KIESER)
Als Kundschafterin im Hinterland (Z.: HAIN)
Pats Reiseabenteuer (Z.: SCHLEGEL)
Sturm an der Nerva (Z.: KLÖPFEL/T.: MICHEL)
»Hektors« neue Freunde (Z.: HAIN/T.: PETERS)
Die schwarzen Jäger (Z.: LAHR)
Sieg über das Eis (Z.: LAHR)
Die Verteidiger der Roten Zitadelle (Z.: HAIN)
Die indische Seilbahn (Z.: HAIN)
Befreites Land (Z.: HAIN)
Streiter für den Kelch (Z.: HAIN)
Die Helden der Weserplatte (Z.: HAIN)
Der Spion von Hammelspring (Z.: HAIN)
Matrosen geben das Signal (Z.: LAHR/T.: BELLMANN)
Scharfrichter auf dem Greifenstein (Z.: KIESER)
Kampf gegen Haie und Kraken (Z.: FISCHER/T.: ALTENBURGER)
Riko in Afrika (Z.: KIESER)
Start frei zum Mars (Z.: RÄDE)
Lützows wilde Jäger (Z.: MÜLLER)
Atzes Brief (Z.: KIESER)
Der Freund des Spartakus (Z.: HORVATH/T.: ZORAD)
SOS im Weltenraum (Z.: KIESER)
Die Geschichte von Kalif Storch (Z.: FISCHER)
Füchslein Gernegroß (Z.: KIESER)
Pimpi (Z.: RAMMELT)
»Kampfauftrag erfüllt, Genosse Kommandeur« (Z.: HAIN)
Atze (Z.: KIESER UND FISCHER/T.: KRUMBACH)
Gulliver in Liliput (Z.: FISCHER)
Ein feuchtes Erlebnis (Z.: KIESER)
Sportfest im Walde (Z.: KIESER)
Quambo macht eine Reise (Z.: KIESER)
Wie der Maulwurf durch Schaden klug wurde (Z.: KIESER)
Eine merkwürdige Verfolgung (Z.: KIESER)
Bimbos Heldentat (Z.: KIESER)
Nächtliche Dressur (Z.: RIEBE)
Die Fahne des Pfeiferhänslein (Z.: EBEL)
Kirchleins Rache
Der Kampf um das Treibstoffdepot (Z.: BETCKE/T.: MEYER)
Das Opossum und das Kaninchen (Z.: MÜLLER/T.: THYROFF)
Die letzten Zeugen (Z.: FISCHER)
Gefahrvolle Falterjagd (Z.: FISCHER)
Der Rote Admiral von Kiel (Z.: BETCKE)
Flugzeug jagt Wölfe (Z.: RAMMELT)
Zwei Freunde (Z.: FISCHER/T.: KORN)
Dalu und der Tiger (Z. und Idee: SCHULZ)
Fritzchen Möchteviel (Z.: NAWROTZKI/T.: KRUMBACH)
Pinguin Patt (Z./T.: HAMBACH)
Jans Rettung (Z.: HAIN)
Ostergeschichten ohne Titel (Z.: RESCHKE/T.: KRUMBACH)
Klaus Störtebecker (Z.: REHFELDT/T.: BAUM)
Geschichten ohne Titel (Z.: GÜNTHER)
Der hohle Zahn (Z.: MOESE/T.: KRUMBACH)
Die Befreiung (Z../T.: REHFELDT)
Es begann am 26. Juli (Z.-/T.: ALTENBURGER)
Spinne am Morgen . . . (Z.: MOESE/T.: DEREGOSLEI)
Rädchen und Welle (Z.: GOLZ/T.: ALTENBURGER)

Stups beim Karneval (Z./T.: HAMBACH)
Professor Filutek (Z.: LENGREN)
Die heilsame Dusche (Z.: PAUE/T.: SCHITTERS)
Ein Kaiser mußte gehen (Z.: ZÜHLKE)
Der Sonderauftrag unterwegs nach Tschita (Z.: KLÖPFEL)
Max und Maxi (Z.: SCHLEGEL)
Kurier der »Roten Feldpost« (Z.: GÜNTER)
Wellen in der Laubenkolonie (Z.: SCHULZE)
Weitere Z. u. T.: BUT, BUTTER, DMITRJUK, ELISCHER, ERDMANN, FEUSTEL, FRIEBEL, GEBHARD, GRUBE, GÜRTZIG, HINZE, JAZDZEWSKI, KLOSS, LEHMANN, OBST, RESCHKE, RIEDIGER, SALZMANN, SCHABANOW UND TESSLER

Auch ich will zur Schule gehen
Mailand (Italien): Esperantisches Zentrum gegen den Sprach-Imperialismus
1977
19 × 14,5 cm
Broschüre
Einfarbig
Z.: PEN UND UNG
T.: GIAU

Aufruhr im Himmel
Peking (China): Vlg. für fremdsprachige Literatur
1979
18,6 × 21,5 cm
Buch
Farbig
Z.: FANG, GAO, LIN, LU, PU UND YAN
T.: TANG

Auf Tierfang durch die weite Welt
Düsseldorf: Bildbuchverlag Hartmann & Co
1947
Heft
Z.: HEILIGER
Bemerkungen:
Bd. (1) einer gemischten Reihe, s. a. ***Bumm macht das Rennen*** *und* ***Jackel und Bastel****. Möglicherweise kein Comic.*

Der Auftrag ...
Hamburg: Eckart Sackmann
Ende der 70er Jahre
15 × 21 cm
Faltblatt mit Einlage (6. S.)
Einfarbig
Z./T.: SACKMANN

Aus dem Leben einer Wohngemeinschaft
Reutlingen: Trotzdem-Verlag
August 1980
20,8 × 29 cm
Heft
Einfarbig
Z.: REICHELT

Aus der Traumküche des Winsor McCay
Frankfurt/M.: Insel Verlag
1976
10,7 × 17,7 cm
Taschenbuch it 193
Farbig
Z.: McCAY
Bemerkungen:
Stark gekürzter Nachdruck von ***Die sonderbaren Träume des Feinschmeckers ...***

Ausgerechnet Österreich?
Frankfurt/M.: Pardon/Zweitausendeins
1975
16,8 × 24 cm
Broschüre

Einfarbig
Z.: POTH

Ausgelacht und angelacht
Dresden (DDR): Verlag der Kunst
1953
Buch
Reihe: Frischer Wind Bd. 2
Einfarbig
Z.: BIDSTRUP

Ausgelacht und angelacht
Berlin (DDR): Eulenspiegel-Verlag
1955
Buch
Z.: BIDSTRUP

Aus Hergé's Archiv
Reinbek: Carlsen Verlag
1977
22 × 29,5 cm
Broschüre
Einfarbig
Z.: HERGÉ
Inhalt:
Außergewöhnliche Abenteuer von Totor
Tim im Lande der Sowjets

Die außergewöhnlichen Abenteuer von Zizi und Peter Panpan
Linden: Volksverlag
1980
23,9 × 32 cm
Buch
Farbig
Z.: LAUZIER

Die aussergewöhnliche Welt des Richard Corben
Linden: Volksverlag
1977–1980
21 × 27,5 cm
Broschüre
Farbig und einfarbig
Bd. 1–2
Z.: CORBEN

Auto Katz und Motor Maus
Alsdorf: Bildschriftenverlag, Abt. Williams, Bd. 6: Hamburg: Bildschriftenverlag, Abt. Williams, Bd. 7: Hamburg: Williams Verlag
Anfang 1973
17,5 × 25 cm
Heft
Farbig
Bd. 1–7
Z.: HANNA-BARBERA-STUDIO
Inhalt:
Auto Katz und Motor Maus
Decker

B

Bags Bunny
Siehe: ***Zeichentrickfilm Klassiker***

Balduin
Münchner Buchverlag
Anfang 1952
Farbig?
Z.: TRUDE RICHTER
T.: FELIX RICHTER

Balthasar
Ein Comic-Abenteuer
Luzern (Schweiz): Harlekin Verlag
1972–1974
Bd. 1: 21,8 × 29,1 cm, Bd. 2: 21,3 × 28,5 cm
Buch, ab Bd. 2: Broschüre
Farbig
Z.: ANDERSEN
T.: ROTH
Bemerkungen:
Bd. 1–2 bekannt.
Bd. 1: Balthasar der Eidgenosse
Bd. 2: Balthasar und die Nibelungen

Bambino
ab Bd. 21: Tim und Tobby
Frankfurt: Panorama-Verlag Rudl und Co. KG
September 1953–August 1954
18,5 × 7,5 cm,
ab Bd. 5: 17 × 7,5 cm,
ab Bd. 21: 20 × 15 cm
Heft
abwechselnd farbig und einfarbig
Bd. 1–25
Z.: Bd. 4, 7, 9, 15 und 17: TUSCO
Bd. 1–3, 5, 6, 8, 10–14, 16, 18–20: JACOBY UND HERST
Bd. 21–25: BECKER-KASCH

Bambuli Bilderpost
Siehe: ***Bilderpost***

Bambuli die lustige Bilderpost
Siehe: ***Bilderpost***

Bangro-Comics
Killgon
Berlin: Bangro-Comic-Team
Dezember 1976
16 × 22,5 cm
Heft
Einfarbig
Bd. 1
Inhalt:
Killgon (Z./T.: GROTH)
Herkules (Z./T.: GROTH)
Bob Cody (Z./T.: BANEMANN), Nachdruck der Piccolos Bd. 1 und 2 (Seite 1–10).

Barbapapa
Huizen (Niederlande): Classics Lektuur
Oktober 1978–November 1978
20,1 × 27,7 cm
Heft
Farbig
Bd. 1–2
Z. u. T.: BOUHUYS, DOORN, MÜLLER, SCHELTENS U. A.
Bemerkungen:
Zur TV-Serie. Mehr nicht bekannt.

Barbarella
Bremen: Schünemann Verlag
1966
21 × 30 cm
Buch und Broschüre
Zweifarbig
Z.: FOREST
Bemerkungen:
Es existieren drei Auflagen.
1. Auflage mit Beiblatt.
2. Auflage erschien 1967.
3. Auflage (nicht so bezeichnet) erschien 1968 als Broschüre.
Siehe auch: ***Die neuen Abenteuer der Barbarella.***

Barbarella
Gütersloh u. a.: Bertelsmann u. a.
1968?
21 × 30 cm
Zweifarbig
Z.: FOREST
Bemerkungen:

*Buchgemeinschaftsausgabe mit neuem Cover. Siehe auch: **Die neuen Abenteuer der Barbarella.***

Die barfüßige Ärztin
Berlin: Oberbaum Verlag
Juni 1973
14 × 20,5 cm
Broschüre
Einfarbig
Z./T.: AUTORENGRUPPE AUS DEM DISTRIKT CHUNSHA
Bemerkungen:
Internationale Reihe 2. Bd. 1: kein Comic.

Basil
Bd. 1, 2, 5: Der Katzenkönig
Bd. 1–3: Liliput-Serie
Hamburg-Altona: Richard Danehl's Vlg.
Oktober 1953–Dezember 1953
9,5 × 12 cm
Heft
Bd. 1–3 abwechselnd farbig und einfarbig
Bd. 5 einfarbig
Bd. 1–3, 5 (Bd. 4 nicht erschienen)
Bemerkungen:
Fortsetzung der Serie in Horrido.

Bastei Comic
Bergisch Gladbach: Bastei Verlag
1972–1975
21,7 × 28,8 cm
Broschüre
Farbig
Inhalt:
1: Attila der Meisterdetektiv (Z./T.: DERIB UND ROSY)
2: Jolle der Wikinger (Z.: REMACLE)
3: Attila der Meisterdetektiv (Z./T.: DERIB UND ROSY)
4: Jolle der Wikinger (Z.: REMACLE)
5: Attila der Meisterdetektiv (Z./T.: DERIB, ROSY UND KORNBLUM)
6: Sibylline (Z.: MACHEROT)
7: Jolle der Wikinger (Z.: REMACLE)
8: San-Antonio (Z.: STUDIO DESCLEZ/T.: DARD)
9: Rataton (Z.: MACHEROT)
10: Sibylline (Z.: MACHEROT)
11: Billi Bombom (Z.: CEZARD)
12: San-Antonio (Z.: STUDIO DESCLEZ/T.: DARD)
13: Billi Bombom (Z.: CEZARD)
14: Sibylline (Z.: MACHEROT)
15: Jolle der Wikinger (Z./T.: VITTORIO UND TILLIEUX)
16: San Antonio (Z.: STUDIO DESCLEZ/T.: DARD)
17: San-Antonio (Z.: STUDIO DESCLEZ/T.: DARD)
18: San-Antonio (Z.: STUDIO DESCLEZ/T.: DARD)
19: Dennis

Bastei Sonderband
Siehe: ***Berühmte Geschichten***

Bastei Sonderheft
Luchsauge – Das Schlitzohr aus dem Wilden Westen
Bergisch Gladbach: Bastei Verlag
1969
18 × 26 cm
Heft, Farbig
Bd. 1 (unnumeriert)
Z.: DOUAY

Bastelbuch für alle Jungen
Köln: Inter Verlag
1976
21,9 × 31,8 cm
Buch
Farbig und zweifarbig
Bemerkungen:
Auch zusammen mit ***Bastelbuch für alle Mädchen*** *in einem Band erschienen.*

Bastelbuch für alle Mädchen
Köln: Inter Verlag
1976
21,9 × 31,8 cm
Buch
Farbig und zweifarbig
Bemerkungen:
Auch zusammen mit ***Bastelbuch für alle Jungen*** *in einem Band erschienen.*

Batman
Sonderheft
Stuttgart: Ehapa Verlag
März 1976 – Serie erscheint noch
17,7 × 26 cm
Heft
Farbig
Bd. 1–38 . . .
Inhalt:
Aquaman: Bd. 13
Atom: Bd. 16
Batgirl: Bd. 11, 22, 25
Batman: Bd. 1–38
Black Lightning: Bd. 19
Blitzschwalbe: Bd. 11
Dämon: Bd. 9
Falke: Bd. 20, 28
Grüne Leuchte: Bd. 24
Halo: Bd. 38
Junge Giganten: Bd. 35
Karate Boy: Bd. 31
Legion der Super-Helden: Bd. 26
Man-Bat: Bd. 20, 32
Metallos (Metallmenschen): Bd. 27
Mister Mirakel: Bd. 5, 10
Nemesis: Bd. 30
Phantas: Bd. 14
Ra's Al Ghul der Herr des Bösen!: Bd. 17
Redhead: Bd. 19
Robin: Bd. 15, 22
Supergirl: Bd. 14
Zatanna: Bd. 21
Zatara: Bd. 21
Z. u. T.:
ADAMS: Bd. 13
ADKINS: Bd. 19–20, 22–23, 25
ALCALA: Bd. 37–38
APARO: Bd. 5–6, 10–11, 13–17, 21, 24, 27–29, 35
BARR: Bd. 21–22, 29, 31, 35–36, 38
BOATNER: Bd. 27
BURKETT: Bd. 15, 19, 30
CALNAN: Bd. 9, 12, 14
CARLO: Bd. 26, 38
CHIANG: Bd. 31
CHIARAMONTE: Bd. 15
CHUA: Bd. 1–2, 4–6
COHN: Bd. 28–29
COLAN: Bd. 27, 33–34
COLLETTA: Bd. 6, 11, 21, 32
COLON: Bd. 26
CONWAY: Bd. 14, 21–25, 27
COSTANZA: Bd. 26
D'ANGELO: Bd. 29, 32
EEDEN: Bd. 28
GAFFORD: Bd. 30
GARCIA-LOPEZ: Bd. 1, 3, 20
GIACOIA: Bd. 5
GIBBONS: Bd. 36
GIELLA: Bd. 22
GIORDANO: Bd. 4, 9, 12–13, 19, 22, 25, 33–34
GONZALES: Bd. 26, 31

GRELL: Bd. 7
HANEY: Bd. 5–6, 9–11, 13–14, 16
HARRIS: Bd. 15
HECK: Bd. 25
HUNT: Bd. 14, 16
INFANTINO: Bd. 29
JANSON: Bd. 27
JONES: Bd. 31
KLEIN: Bd. 31
KUBERT: Bd. 30
KUPPERBERG: Bd. 19
MAGGIN: Bd. 4
MAHLSTEDT: Bd. 28
MARTIN: Bd. 36
MATTEIS: Bd. 20
McLAUGHLIN: Bd. 3, 17–18
McLEOD: Bd. 9
MILLER: Bd. 28
MISHKIN: Bd. 28–29
MITCHELL: Bd. 20, 22, 28
MOENCH: Bd. 32–34, 37–38
NEWTON: Bd. 16, 19–20, 22–23, 25, 32, 37–38
NOVICK: Bd. 3, 9, 17–18
ODA: Bd. 11–12, 14, 17–18, 22, 32
O'NEIL: Bd. 9, 13, 17, 28
ORTIZ: Bd. 11
PASKO: Bd. 3, 20, 26
REED: Bd. 1–5, 7, 12
ROBBINS: Bd. 25
ROY: Bd. 21, 24, 26–27, 31, 35–36
ROVER: Bd. 2
ROZAKIS: Bd. 3, 11, 16, 32
SCHAFFENBERGER: Bd. 15
SERPE: Bd. 7, 10–12, 14, 17
SMITH: Bd. 18
SNYDER: Bd. 26, 28
SPIEGLE: Bd. 30
TANGHAL: Bd. 21, 32
TRAPANI: Bd. 29
WEIN, GLYNIS: Bd. 17–18
WEIN, LEN: Bd. 6, 17–18
WIACEK: Bd. 7
WILLINGHAM: Bd. 38
WOLFMAN: Bd. 35
ZIUKO: Bd. 31

Batman
Superband
Stuttgart: Ehapa Verlag
1974 – Serie erscheint noch
19,1 × 28 cm
Broschüre
Farbig
Bd. 1–20 . . .
Bemerkungen:
Teilweise Nachdrucke aus Superman-Heft. Bd. 1 ab 2. Auflage eine Geschichte weniger.
Inhalt:
Atom: Bd. 5
Batgirl: Bd. 4
Batman: Bd. 1–20
Blitzschwalbe: Bd. 12
Catman: Bd. 20
Grüne Leuchte: Bd. 11
Grüner Pfeil: Bd. 5, 12
Kamandi: Bd. 11
Metamorpho: Bd. 7
Nemesis: Bd. 13
Plastic Man: Bd. 7
Robin: Bd. 6
Superboy: Bd. 1
Superman: Bd. 2
Z. u. T.:
ADAMS: Bd. 9–10, 17
ADKINS: Bd. 14, 17
ALCALA: Bd. 17–20
AMENDOLA, SAL: Bd. 11, 13
AMENDOLA, VIN: Bd. 13
APARO: Bd. 3, 5, 7, 11, 13–16
AUSTIN: Bd. 12
BARR: Bd. 14
BLAISDELL: Bd. 6, 8, 19
BRENNERT: Bd. 15
BROWN: Bd. 13
BUCKLER: Bd. 6, 14
BURKETT: Bd. 13

CALNAN: Bd. 8
CHUA: Bd. 3–6, 8
COLAN: Bd. 15, 19–20
COLLETTA: Bd. 8, 12
CONWAY: Bd. 6, 12, 14–15, 17–18
COSTANZA: Bd. 15
D'ANGELO: Bd. 12
EEDEN: Bd. 12, 16
ENGLEHART: Bd. 13
FLEISHER: Bd. 8, 12
GAFFORD: Bd. 15
GARCIA-LOPEZ: Bd. 4, 14, 17
GIORDANO: Bd. 2–3, 9, 11–14, 18
GOODWIN: Bd. 11
HANEY: Bd. 5, 7, 11
JANSON: Bd. 15
KANE: Bd. 1, 3
KANIGHER: Bd. 16
LEROSE: Bd. 9
MARCOS: Bd. 16
McLAUGHLIN: Bd. 5–6, 11–12, 14–15
MOENCH: Bd. 19–20
NEWTON: Bd. 14, 17–20
NOVICK: Bd. 2, 9, 11–12, 14–15, 18–19
ODA: Bd. 8, 11–12
O'NEIL: Bd. 2, 9, 13–14, 17, 19
PASKO: Bd. 14
REED: Bd. 4, 6, 8
ROBBINS: Bd. 2, 9, 12, 18
RODRIGUEZ: Bd. 18
ROY: Bd. 9, 12, 14–16
ROZAKIS: Bd. 5
SERPE: Bd. 8, 11
SIMONSON: Bd. 11
SLIFER: Bd. 16
SMITH: Bd. 19
SPIEGLE: Bd. 13
SWAN: Bd. 18
TOLLIN: Bd. 9
USLAN: Bd. 5
WEIN, GLYNIS: Bd. 11
WEIN, LEN: Bd. 3, 9, 11–12
WOOD: Bd. 9
WRIGHTSON: Bd. 8–9

Batman
Siehe: ***Superman***

Batman Extra
Stuttgart: Ehapa Verlag
März 1980 – Serie erscheint noch
13,3 × 18,5 cm
Taschenbuch
Farbig
Bd. 1–10 . . .
Inhalt:
Aquaman: Bd. 9
Batgirl: Bd. 3, 5–7, 9
Batman: Bd. 1–10
Batmaus: Bd. 3
Falke: Bd. 10
Die Katze: Bd. 7–8
Nemesis: Bd. 6
Robin: Bd. 1, 5–6, 9
Spectre: Bd. 8
Superboy: Bd. 7
Superman: Bd. 2, 10
Wähle »H« für Held: Bd. 5
Z. u. T.:
ADAMS: Bd. 1, 7–8
ADKINS: Bd. 2–3, 5
ALCALA: Bd. 9
ANDERSON: Bd. 5, 9
ANDRU: Bd. 1, 8
APARO: Bd. 6–7, 9–10
BARR: Bd. 7–8, 10
BLAISDELL: Bd. 8–9
BRENNERT: Bd. 6
BROOME: Bd. 1
BROWN: Bd. 1–2, 4, 6, 8
BURKETT: Bd. 3, 5–6
CALNAN: Bd. 8, 10
CARDY: Bd. 2
CARLO: Bd. 10
CHIANG: Bd. 10
CHIARAMONTE: Bd. 6, 10
CHUA: Bd. 7

COLAN: Bd. 9
COLLETTA: Bd. 4–5
CONWAY: Bd. 5, 9
COSTANZA: Bd. 7
D'ANGELO: Bd. 3, 9
DELBO: Bd. 3, 5–6
DILLIN: Bd. 6
EEDEN: Bd. 7
ESPOSITO: Bd. 1
FELIX: Bd. 10
FLEISHER: Bd. 9
FOX: Bd. 4
FRIEDRICH: Bd. 1, 5, 9
GIACOIA: Bd. 1–6, 8
GIORDANO: Bd. 1–2, 4–9
GOLDEN: Bd. 3, 10
HANEY: Bd. 6, 9–10
HOBERG: Bd. 8
INFANTINO: Bd. 10
KANE: Bd. 5, 7, 9
KLEIN: Bd. 3, 10
KUBERT: Bd. 7
MAGGIN: Bd. 6
McLAUGHLIN: Bd. 1, 4
MOENCH: Bd. 9
NEWTON: Bd. 2–3, 5–6, 9
NOVICK: Bd. 1, 3–6, 8–9
ODA: Bd. 1, 9
O'NEIL: Bd. 1–5, 7–9
REED: Bd. 3
ROBBINS: Bd. 1–8
RODRIGUEZ: Bd. 10
ROGERS: Bd. 7
ROY: Bd. 3, 9–10
ROZAKIS: Bd. 3, 7–8, 10
SAVIUK: Bd. 10
SERPE: Bd. 10
SMITH: Bd. 3, 9
SNAPINN: Bd. 3, 9
SPIEGLE: Bd. 6
SWAN: Bd. 10
TANGHAL: Bd. 9
TOLLIN: Bd. 3
VARLEY: Bd. 7
WEIN, GLYNIS: Bd. 1
WEIN, LEN: Bd. 1, 6–7
WOLFMAN: Bd. 1, 4
ZIUKO: Bd. 7

Batman Taschenbuch
Stuttgart: Ehapa Verlag
Juni 1978 – Serie erscheint noch
13,3 × 18,5 cm
Taschenbuch
Farbig
Bd. 1–26 . . .
Inhalt:
Adam Strange: Bd 9
Batgirl: Bd. 4, 7–8, 10–11, 14, 18–20
Batman: Bd. 1–26
Batman Team: Bd. 24, 26
Creeper: Bd. 15
Elastoman: Bd. 15
Grüner Pfeil: Bd. 4, 11, 26
Joker: Bd. 9
Junge Giganten: Bd. 6
Kamandi: Bd. 5
Die Katze: Bd. 13
Manbat: Bd. 16
Plasticman: Bd. 7
Das Privatleben von Bruce Wayne: Bd. 3
Robin: Bd. 4, 6, 8–9, 13–15, 18–19
Roter Blitz: Bd. 6
Roter Tornado: Bd. 7
Sumpfding: Bd. 4
Supergirl: Bd. 9
Superman: Bd. 1, 18
Z. u. T.:
ABEL: Bd. 8
ADAMS, CORY: Bd. 3
ADAMS, NEAL: Bd. 16
ADKINS: Bd. 8, 10–12, 14–16
ALCALA: Bd. 19, 21–23, 25
ANDERSON: Bd. 18
APARO: Bd. 4–7, 9, 11, 15, 21, 24, 26
AUSTIN: Bd. 2
BARR: Bd. 15, 19, 21, 24, 26

BLAISDELL: Bd. 1
BRENNERT: Bd. 15
BROWN: Bd. 20, 25
BURKETT: Bd. 7–11, 14, 18–19
CALNAN: Bd. 1, 3, 5, 20
CELARDO: Bd. 4, 7, 13
CHIARAMONTE: Bd. 3, 8, 17–18
COLAN: Bd. 16–17, 19, 23, 25
COLLETTA: Bd. 8
CONWAY, GENE: Bd. 16
CONWAY, GERRY: Bd. 9, 12, 14–22
COSTANZA: Bd. 17
D'ANGELO: Bd. 8–9, 18
DAY: Bd. 23
DELBO: Bd. 8, 11, 14, 18–19
ENGLEHART: Bd. 2
FLEISHER: Bd. 11
FRIEDRICH: Bd. 14, 18
GARCIA-LOPEZ : Bd. 14
GIACOIA: Bd. 21
GIELLA: Bd. 10–12, 14, 18–19, 25
GIORDANO: Bd. 3, 5, 7–9, 12, 14, 16, 20, 22
GOLDEN: Bd. 3
HANEY: Bd. 1, 4–7, 21
HANNIGAN: Bd. 22
HARRIS: Bd. 7–8
HECK: Bd. 4, 7
HUNT: Bd. 4, 6, 9
JANSON: Bd. 16–17, 23
JENSEN: Bd. 19
JURGENS: Bd. 22
KANE: Bd. 18
KANIGHER: Bd. 21, 25
KLEIN: Bd. 4, 7
KUPPERBERG: Bd. 9, 18, 20
LEVITZ: Bd. 19
LIGHTLE: Bd. 26
MAHLSTEDT: Bd. 15
MARCOS: Bd. 23
McKENZIE: Bd. 10
McLAUGHLIN: Bd. 1, 11, 13–14
MITCHELL: Bd. 8, 10, 15–16
MOENCH: Bd. 23, 25
MORTIMER: Bd. 3
NASSER: Bd. 3
NEWTON: Bd. 7–8, 10–12, 14–23, 25
NOVICK: Bd. 7, 9–14, 16, 18, 21
ODA: Bd. 2–3, 6, 8, 10, 13, 21, 23, 25–26
O'NEIL: Bd. 3–4, 8–9, 12
ORTIZ: Bd. 4, 6
PATTERSON: Bd. 4, 15
POTTS: Bd. 1
REED: Bd. 1, 3
ROBBINS: Bd. 12, 16, 20
ROBINS: Bd. 3–4
ROGERS: Bd. 2, 4
ROY: Bd. 4, 6, 8, 13, 15, 17, 20–21, 23, 25–26
ROZAKIS: Bd. 1, 4, 6, 14
RUBINSTEIN: Bd. 3
RUSSELL: Bd. 3, 5
SCHAFFENBERGER: Bd. 1, 6, 8–9
SEN: Bd. 4
SERPE: Bd. 1–4, 6–9
SIMEK: Bd. 4
SIMONSON: Bd. 7
SMITH: Bd. 7, 25
SNAPINN: Bd. 3, 8
STARLIN: Bd. 5
STATON: Bd. 7
STEVENS: Bd. 4
TRAPANI: Bd. 21, 26
WEIN, LEN: Bd. 5, 7, 10
WOLFMAN: Bd. 11, 13
WORKMAN: Bd. 2
ZABOK: Bd. 6
ZUNIGA: Bd. 19

Die Bautzen . . .
Ravensburg: Otto Maier Verlag
1972–1973
11,5 × 18 cm
Taschenbuch
Einfarbig
Z.: COLLINS
T.: DODD

Inhalt:
(1): Tb 236: Die Bautzen sind los!
(2): Tb 266: Mehr von den Bautzen
3: Tb 294: Bautzen bleiben Bautzen!

Bautzen bleiben Bautzen!
Siehe: ***Die Bautzen...***

Die Bautzen sind los!
Siehe: ***Die Bautzen...***

Beauties
Köln: Wolfgang Hake Verlag
1967
20 × 20 cm
Broschüre
Einfarbig
Z./T.: SPESSHARDT
Bemerkungen:
Auflage 500 Exemplare, davon die ersten 100 numeriert und Blatt für Blatt signiert. Mit Schutzumschlag. Nur jede 2. Seite bedruckt.

Beetle Bailey
Siehe ***Ole'! Serie***

Bei Dir
Bd. 5–8: Glück und Freude Bei Dir
Bd. 9–34: Glück Bei Dir
Bd. 11–14: Die neuartige Illustrierte
Bd. 15–23: Zeitschrift für alle
Bd. 35–38: Familienzeitschrift für Alle
Bd. 39–52: Illustrierte Familienzeitschrift für Alle
Hamburg: Mondial-Verlag GmbH
März 1954–März 1955
22 × 30,5 cm
Heft
Einfarbig
Bd. 1–52
Inhalt:
Auf Befehl des Königs: Bd. 1–28
Wo Du hingehst...: Bd. 1–23
Sieben goldene Tränen: Bd. 1–18
Der Glöckner von Notre Dame: Bd. 24–52
Die Liebe fiel vom Himmel: Bd. 24–47
Das Schicksal der Baronin v. K....: Bd. 29–52

Die bemalte Haut
Peking (China): Vlg. für fremdsprachige Literatur
1957
13 × 18,5 cm
Heft
Farbig
Z./T.: TSCHEN

Benni Bärenstark
Reinbek: Carlsen Verlag
1980 – Serie erscheint noch
22 × 29,5 cm
Broschüre
Farbig
Bd. 1–7 ...
Z.:
BLESTEAU: Bd. 7
PEYO: Bd. 1–4
WALTHERY: Bd. 3–6
Entwurf:
BLESTEAU: Bd. 7
DELPORTE: Bd. 3
GOS: Bd. 4–6
PEYO: Bd. 3–7
Idee:
PEYO: Bd. 5–7

Berlin ohne Worte
Berlin-Wilmersdorf und Stuttgart: Pontes Verlag
Oktober 1947
13,8 × 17,3 cm
Taschenbuch
Einfarbig

Z.: MÖLLENDORF
Bemerkungen:
Auflage 5000 Exemplare. Titel und Einleitung in deutsch, englisch, französisch und russisch. Mit Schutzumschlag. Nur jede 2. Seite bedruckt.

Berlin ohne Worte

Berlin-Meinerzhagen: Hans-Joachim Heidenreich
70er Jahre
13,8 × 17,3 cm
Taschenbuch
Einfarbig
Z.: MÖLLENDORF
Bemerkungen:
Nachdruck der Ausgabe von 1947. Titel und Einleitung in deutsch, englisch, französisch und russisch. Mit neuem zusätzlichen Schutzumschlag.

Bernard und Bianca

Die Mäusepolizei
Stuttgart: Ehapa Verlag
Januar 1978
17,5 × 26 cm
Heft
Farbig
Inhalt:
Aristokittens
Bernard und Bianca
Strolchi

Bernie der Milliardenflipper

Berlin: Rotbuch-Verlag
1974
11,5 × 19,9 cm
Taschenbuch, Rotbuch 128
Einfarbig
Z.: MALI UND WERNER
T.: PELLIZZI

Berühmte Geschichten

Bd. 1– 3: ***Bastei Sonderband***
Bd. 4–13: ***Berühmte Geschichten/ Bastei Sonderband***
Bd. 40–44: ***Abenteuer von Weltruf***
Bd. 14–39: Meisterwerke aller Zeiten in vielen bunten Bildern nacherzählt
Bergisch Gladbach: Bastei Verlag
März 1970–Juni 1973
18 × 26 cm
Heft
Farbig
Bd. 1–44 (Bd. 1–3 unnumeriert)
Z.: teilweise GIOLITTI-STUDIO
Titelbild von Bd. 44: DILL
Titel:
1: Alice im Wunderland (Z.: RUÉ) (Nachdruck aus Felix Sonderheft Weihnachten 1968)
2: Tom Sawyers Abenteuer (Z.: RAF) (Nachdruck aus Felix Sonderheft Ostern 1969)
3: Heidi (Nachdruck aus Felix Sonderheft Weihnachten 1969)
4: Gullivers Reise nach Lilliput (Nachdruck aus Felix Extra Bd. 1)
5: Peter Pan (Nachdruck aus Felix Sonderheft Ostern 1970)
6: Gulliver im Land der Riesen (Z.: RAF) (Nachdruck aus Felix Extra Bd. 2)
7: Sigismund Rüstig (Z.: BALCELLS)
8: Onkel Toms Hütte (Z.: BALCELLS)
9: Ivanhoe
10: Der Kurier des Zaren
11: Das Wirtshaus im Spessart
12: Ein Sohn der Sonne (Z.: BALCELLS)
13: Till Eulenspiegel (Z.: BALCELLS)
14: Die Meuterei auf der Bounty
15: Die Flusspiraten vom Mississippi
16: Der Seewolf
17: Stunde der Vergeltung
18: In 80 Tagen um die Welt
19: Die Schildbürger (Z.: VALERIANI)
20: Durch Wüste und Wildnis
21: Jerry der Insulaner (Z.: ANDRES)

22: Klaus Störtebecker, 1. Teil
23: Die Rache der Verdammten (Klaus Störtebecker, 2. Teil)
24: Robinson Crusoe (Z.: STUDIO ORTEGA) (Nachdruck aus Felix Extra Bd. 3)
25: Tom Sawyer reist um die Welt
26: Daniel Boone
27: Ein Yankee am Hofe König Arthurs
28: Abenteuer am Polarkreis
29: Captain Singleton – Pirat der Krone
30: Huckleberry Finn (Nachdruck aus Felix Extra Bd. 5)
31: Oliver Twist (Nachdruck aus Felix Sonderheft Ferien 1970)
32: Davy Crockett
33: Tobby und die Wunderbohne (Z.: STUDIO A.L.I.) (Nachdruck aus Felix Extra Bd. 6)
34: In der Urwaldhölle
35: Sindbad, der Seefahrer (Z.: JULIAN) (Nachdruck aus Felix Extra Bd. 14)
36: Talisman (Z.: CARRILLO)
37: Heidi
38: Der Schatz im Silbersee
39: Der Teufelskapitän
40: Der Stern des Südens
41: Der Wildtöter
42: Der schwarze Pfeil
43: Der rote Freibeuter (Z.: SAM.)
44: Der Goldfluch von Kentucky
Bd. 3–6: zusätzlich mit ***Felix***

Die berühmten 5
München-Wien: Franz Schneider Verlag
1979
13 × 19 cm
Buch
Einfarbig
Bd. 1–5
Z.: SIDOBRE
T.: VOILIER NACH ENID BLYTON
Bemerkungen:
Roman mit etlichen Comicseiten. Mit Schutzumschlag.
Titel:
1: ... in der Geisterstadt
... und der geheimnisvolle Sonnengott
2: ... als Schatzsucher
... in der Fledermaushöhle
3: ... und die Perlenschmuggler
... und die schwarze Maske
4: ... und die verschwundene Raubkatze
... und die geheimnisvollen Zauberstrahlen
5: ... beim Tanz der Spione
... und die goldene Truhe

Die berühmten 5
München-Wien-Hollywood/Florida (USA):
Franz Schneider Verlag
1980–1982
12 × 18,3 cm
Taschenbuch
Einfarbig
Bd. (1–4)
Z.: SIDOBRE
T.: VOILIER NACH ENID BLYTON
Bemerkungen:
Roman mit etlichen Comicseiten.
Titel:
1: ... im Fernsehen
2: ... und das Geheimnis des Blaubären
3: ... und das geheimnisvolle Schiffswrack
4: ... und der geheimnisvolle Medizinmann

Berufswahl ein Glücksspiel?
Fischerhude: Atelier im Bauernhaus
1975

14,8 × 21 cm
Heft
Einfarbig
Z./T.: FALKENBERG

Die besonderen Vorkommnisse des Philbert Desanex alias Wonder Wart-Hog
Frankfurt/M.: Zweitausendeins
1977
16,5 × 23,9 cm
Broschüre
Einfarbig
Z./T.: SHELTON
Mitarbeit: BELL, BROWN, KILLEEN
Bemerkungen:
Als zweiter Band bezeichnet. Der erste war ***Die 128 Seiten der Fabulous Furry Freak Brothers,*** *siehe da.*

Bessy
Bd. 146–454: Bessy-Band
Bergisch Gladbach: Bastei Verlag
1965 – Serie erscheint noch
18 × 26 cm
Heft
Farbig
Bd. 1–970 . . .
Z.: U. A. VANDERSTEEN, VERSCHUERE UND SELS
Titelbilder von DILL UND MARU

Bessy
2. Auflage
Bergisch Gladbach: Bastei Verlag
Juni 1976–August 1980
18 × 26 cm
Heft
Farbig
Bd. 1–110
Z.: U. A. VANDERSTEEN, VERSCHUERE UND SELS
Titelbilder von DILL UND MARU
Bemerkungen:
Nachdruck der Bessy-Serie.

Bessy
Doppelband
Zwei Abenteuer in einem Band
Bergisch Gladbach: Bastei Verlag
Januar 1969–Juni 1973
18 × 26 cm
Heft
Farbig
Bd. 1–80
Z.: U. A. VANDERSTEEN, VERSCHUERE
Titelbilder von DILL UND MARU
Bemerkungen:
Nachdruck der Bessy-Serie. Eigentliche 2. Auflage.

Bessy
Bd. 1–26: Western Technik Weltraum Safari
Bd. 27–34: Western Action Abenteuer
Bd. 1–26: Das neue Taschenbuch mit vielen Abenteuern
Bd. 27: Die spannenden Taschenbücher von Bastei
Bd. 28–34: Die spannenden Comic-Bücher von Bastei
Bergisch Gladbach: Bastei Verlag
1973–1981
13,1 × 18 cm
Taschenbuch
Zweifarbig und farbig
Bd. 1–34
Inhalt:
Bessy (Z.: STUDIO VANDERSTEEN): Bd. 1–34
Bill Holden: Bd. 1–5, 7
Rahan (Z.: CHÉRET UND ZAM/T.: LECUREUX): Bd. 1–29
Cowboy Joe (Z.: BUXADE): Bd. 1, 6, 8–9
Mike Flanner: Bd. 1–7
Axel Lind: Bd. 1, 3–7

Der schwarze Wolf (Z.: KLINE/T.: OLLIVIER): Bd. 2–5
Im Namen des Gesetzes: Bd. 2
Der Mann, der Liberty Valance erschoß: Bd. 2
Wer findet den Täter?: Bd. 3–8
Ringo Raven (Z.: BUXADE): Bd. 4–34
Wrommm: Bd. 8, 10–23
Galax (Z.: GAREL) : Bd. 8–25
Dr. John Patrick (Z.: MARCELLO/T.: OLLIVIER): Bd. 8–30
Der Mann aus Java (Z.: CARRILLO): Bd. 9–16
Das Kastell der Verschwörer: Bd. 17
Witze (Z.: ENRICH): Bd. 18
Der Gehetzte von Florenz: Bd. 18
Der Sklave von Florenz: Bd. 19
Vier Fäuste für Armand: Bd. 20
Die Stadt der gespenstischen Ritter: Bd. 21
Im Schatten des Galgens: Bd. 22
Der Brief des Verräters: Bd. 23
Das Rätsel des Bogenschützen: Bd. 24
Karim (Z.: LEGUEN/T.: LECUREUX): Bd. 24–34
Der Kampf der wilden Recken: Bd. 25
Der Fluch des Ritterbanners: Bd. 26
Kalari (Z.: U. A. MARCO): Bd. 27–32
Verschwörer im Palast des Sultans: Bd. 27
Verschwörung auf Schloß Blackwood: Bd. 28
Der Zauber des namenlosen Ritters: Bd. 29
Olaf: Bd. 30–34
Jeff Hunter: Bd. 31–34

Das Beste aus Fix und Foxi
Siehe: ***Kauka Super-Serie***

Der beste Horror aller Zeiten
Hamburg: Williams Verlag
1973
23,8 × 33,5 cm
Broschüre
Farbig und einfarbig
Z.: CRAIG, CRANDALL, DAVIS, INGELS, KAMEN, KRIGSTEIN, ORLANDO, TORRES, WILLIAMSON UND WOOD

Die besten Bon(n)bons
Hamburg: Hoffmann und Campe
1972
15,5 × 24,5 cm
Buch
Einfarbig
Foto-Comic von KORTMANN
Bemerkungen:
Dieser Band gehört in die Reihe: »Bon(n)bons«

Die Bestie ist tot
Der zweite Weltkrieg bei den Tieren
Dreieich: Abi Melzer Verlag
1977
22,4 × 30,7 cm
Buch
Farbig
Z.: CALVO
T.: DANCETTE

Besuch im Schloß
Starkes Bildserienmagazin
60er Jahre
10,1 × 14,3 cm
Heft
Zweifarbig
Z.: HAZÉT

Betzhupferl
München: Annette Betz Verlag
1976
15,8 × 23 cm
Heft
Bd. 155: zweifarbig, Bd. 156–157: zweifarbig und einfarbig, Bd. 158: einfarbig
Z./T.: Bd. 1–2: LOBE UND WEIGEL

Z./T.: Bd. 3–4: MAYER-SKUMANZ UND TREIBER
Bd. 155: Die Zaubermasche
Bd. 156: Das Schloßgespenst
Bd. 157: Kukumatz und Draxolotl
Bd. 158: Murkl und der Wolf

Bianca Torturata
Bonn: Verlag H. M. Hieronimi
1971
21,1 × 30 cm
Broschüre
Einfarbig
Z.: CREPAX
Bemerkungen:
Es existiert ein Raubdruck.

Bianca Torturata/Valentina
Frankfurt/M.: Zweitausendeins
1975
23 × 30 cm
Broschüre
Einfarbig
Z.: CREPAX
Bemerkungen:
1. Auflage orangefarbenes Cover. Nachauflagen mit weißem Cover.

Die Bibel des Bruder Barnabas
Oldenburg: Gerhard Stalling Verlag
1974
15,7 × 23,5 cm
Buch
Einfarbig
Z./T.: JEFFERY

Die Bibel im Bild
Bielefeld: von Cansteinsche Bibelanstalt
ab Bd. 7 (1–6 Neuauflage) Stuttgart: Deutsche Bibelstiftung und von Cansteinsche Bibelanstalt
1976–1978
16,5 × 23,5 cm
Heft
Farbig
Bd. 1–15
Bemerkungen:
Bd. 1–6 der 1. Auflage außen ohne Hefttitel und mit anderer Covergestaltung.

Biber Komix
Wellen: Biberstudio Klaus Weber
ca. 1980
24,2 × 34,6 cm
Heft
Einfarbig
Bd. 1
Z./T.: WEBER
Bemerkungen:
Öko-Comic.

Die Biene Maja
Der grosse Fernseh-Erfolg
Bergisch Gladbach: Bastei Verlag
August 1976–Juli 1981
18 × 26 cm
Heft
Farbig
Bd. 1–163
Z.: ATELIER ROCHE

Die Biene Maja
Zweitauflage – 2. Abenteuer
Bergisch Gladbach: Bastei Verlag
ab Juli 1977
18 × 26 cm
Heft
Farbig
Bd. 1–51
Z.: ATELIER ROCHE
Bemerkungen:
Nachdruck der 1. Serie.

Die Biene Maja
Bergisch Gladbach: Bastei Verlag
Juni 1977–November 1979

12,8 × 17,5 cm
Taschenbuch
Farbig
Bd. 1–17
Z.: ATELIER ROCHE, BORILLO, SUBIRATS
Bemerkungen:
Von Bd. 1 und 2 existiert eine 2. Auflage zu 4.– DM, statt 3,80 DM.

Die Biene Maja
Bd. 1–2, 6: Geschenkband
Bd. 3–5: Das große Album
Bergisch Gladbach: Bastei Verlag
Oktober 1977–1980
21,5 × 29 cm
Broschüre
Farbig
Bd. 1–6
Z.: ATELIER ROCHE: Bd. 1, 5–6
BORILLO: Bd. 2–4

Die Biene Maja
Die fröhlichen Taschenbücher von Bastei
Bergisch Gladbach: Bastei Verlag
Juli 1980–November 1981
13 × 18,1 cm
Taschenbuch
Farbig
Bd. 1–7

Big Ben Bolt
Wien (Österr.): Heinz Pollischansky Verlag
1978 – Serie erscheint noch
28,4 × 39 cm
Buch
Einfarbig
Bd. 1–2 . . .
Z.: MURPHY
T.: CAPLAN
Bemerkungen:
Zweisprachig englisch/deutsch.

Bild Abenteuer
Bd. 1: Im Kopf: Sigurd, Im Untertitel: Bild-Abenteuer
Bd. 2: Im Kopf: Tibor, Im Untertitel: Bild-Abenteuer
Bd. 3: Im Kopf: Bild Abenteuer, Im Untertitel: Sigurd-Bild-Abenteuer
Bd. 4: Im Kopf: Bild Abenteuer, Im Untertitel: Tibor-Bild-Abenteuer
Bd. 5: Im Kopf: Bild Abenteuer, Im Untertitel: Tyros-Bild-Abenteuer
Bd. 6: Im Kopf: Bild Abenteuer, Im Untertitel: Tibor-Bild-Abenteuer
Bd. 7: Im Kopf: Bild Abenteuer, Im Untertitel: Blauer Pfeil, der edelmütige Indianer
Bd. 8: Im Kopf: Bild Abenteuer, Im Untertitel: Tibor, Held des Dschungels
Bd. 9: Im Kopf: Bild Abenteuer, Im Untertitel: Nick, Pionier des Weltalls
Bd. 10: Im Kopf: Bild Abenteuer, Im Untertitel: Tibor, Held des Dschungels
Bd. 11–21: Im Kopf: Bild Abenteuer
Bd. 22–36: alle geraden Nummern: Im Kopf: Bild Abenteuer, Im Untertitel: Sip Conway, Spezial-Detektiv für internationale Aufgaben
Bd. 23–35: alle ungeraden Nummern: Im Kopf: Bild Abenteuer
Bd. 37–50: Im Kopf: Bild Abenteuer
Hannover: Walter Lehning Verlag
Mai 1965–Juni 1967

17 × 24 cm
Heft
Farbig
Bd. 1–50
Titel:

1: Sigurd – Schatten über Hohenstein (Z.: WÄSCHER) (Nachdruck von Piccolo Sonderband Bd. 22)
2: Tibor – Kampf im Diamantental (Z.: WÄSCHER) (Nachdruck von Piccolo Sonderband Bd. 23, dort als Akim)
3: Bund der schwarzen Teufel (Sigurd) (Z.: WÄSCHER) (Nachdruck von Piccolo Sonderband Bd. 27)
4: Das Geheimnis der Lagune (Tibor) (Z.: WÄSCHER) (Nachdruck von Piccolo Sonderband Bd. 24, dort als Akim)
5: Der schwarze Edelstein (Tyros) (Z.: WÄSCHER) (Nachdruck von Piccolo Sonderband Bd. 11, dort als Jezab)
6: Fluch der Dschungel-Farm (Tibor) (Z.: WÄSCHER) (Nachdruck von Piccolo Sonderband Bd. 25, dort als Akim)
7: Das grosse Rennen (Blauer Pfeil) (Z.: CHIOMENTI/Neues Titelbild von WÄSCHER) (Nachdruck von Piccolo Sonderband Bd. 12)
8: Trommeln des Todes (Tibor) (Z.: WÄSCHER) (Nachdruck von Piccolo Sonderband Bd. 28, dort als Akim)
9: Jagd auf R 3 (Nick) (Z.: WÄSCHER) (Nachdruck von Piccolo Sonderband Bd. 29)
10: Morgo, der Schrecken des Dschungels (Tibor) (Z.: WÄSCHER) (Nachdruck von Piccolo Sonderband Bd. 26, dort als Akim)
11: Ausgeraubt! (Falk) (Z.: WÄSCHER)
12: Gefährlicher Tausch (Sigurd) (Z.: WÄSCHER)
13: Das Ungeheuer der Kuna-Bucht (Tibor) (Z.: WÄSCHER)
14: Nur ein Windstoss (Falk) (Z.: WÄSCHER)
15: Tödliche Briefe (Sigurd) (Z.: WÄSCHER)
16: Der verlorene Schatten (Sip Conway)
17: Der Fluch des Zauberers (Tibor) (Z.: WÄSCHER)
18: Der gelbe Drache (Sip Conway)
19: Bingo in der Klemme (Falk) (Z.: WÄSCHER)
20: Die Todesfalle (Sip Conway)
21: Der Schatz unter dem Salz (Sigurd) (Z.: WÄSCHER)
22: Sip Conway – Der Fall Daniel Potter
23: Tibor und die »Mixpickles« (Z.: WÄSCHER)
24: Sip Conway – Die Spur führt nach Mexico
25: Wer andern eine Grube gräbt . . . (Falk) (Z.: WÄSCHER)
26: Sip Conway – Der Blinde aus Las Vegas
27: Der Mann mit der Ledermaske (Sigurd) (Z.: WÄSCHER)
28: Sip Conway – Späte Rache
29: Die gestohlene Krone (Tibor) (Z.: WÄSCHER)
30: Sip Conway – Es geschah um Mitternacht
31: Der Drachentöter (Falk)

(Z.: WÄSCHER)
32: Sip Conway – Vance Bogart kam zu spät
33: Die Prophezeiungen des Eremiten (Sigurd)
(Z.: WÄSCHER)
34: Sip Conway – Der geheimnisvolle Saphir
35: Das Urteil der Ogks (Tibor)
(Z.: WÄSCHER)
36: Sip Conway – Der Unheimliche
37: Der Einzelgänger (Falk)
(Z.: WÄSCHER)
38: Angriff aus dem Weltall (Nick)
(Z.: WÄSCHER) (Nachdruck von Piccolo Sonderband Bd. 33 mit neuem Titelbild)
39: Unheimliche Wiederkehr (Sigurd)
(Z.: WÄSCHER)
40: Schiffbruch im Weltraum (Nick)
(Z.: WÄSCHER) (Nachdruck von Piccolo Sonderband Bd. 32 mit neuem Titelbild)
41: Krogk, der Unbesiegbare (Tibor)
(Z.: WÄSCHER)
42: Ivanhoe der Ritter ohne Erbe
(Z.: SCARPELLI/T.: OLLIVIER/Titelbild: WÄSCHER) (Nachdruck aus Ivanhoe Bd. 1 Seite 3–19, 21, 25–34, 48–50)
43: Ein verhängnisvoller Irrtum (Falk)
(Z.: WÄSCHER)
44: Die Gedankenbombe (Nick)
(Z.: WÄSCHER) (Nachdruck aus Nick Großband Bd. 120 Seite 4–31 nur die Comicseiten, Seite 3 ist neu gezeichnet, Bd. 121 Seite 2–32 nur die Comicseiten, Titelbild neu)
45: Cassim bewährt sich! (Sigurd)
(Z.: WÄSCHER)
46: Die Gefährtin Ivanhoes
(Z.: SCARPELLI/T.: OLLIVIER/Titelbild: WÄSCHER) (Nachdruck aus Ivanhoe Bd. 2 Seite 1, 3, 4, 8–15, 19, 20, 22–26, 28, 30–33, 35–37, 39, 42, 47–50)
47: Der weisse Elefant (Tibor)
(Z.: WÄSCHER)
48: Das Gottesurteil (Ivanhoe)
(Z.: SCARPELLI/T.: OLLIVIER/Titelbild: WÄSCHER) (Nachdruck aus Ivanhoe Bd. 3 Seite 1–3, 6–8, 11–13, 16, 18–23, 25, 26, 30–32, 35, 36, 38–42, 46, 47, 49, 50)
49: Kampf um Benaic (Lancelot)
(Z.: D'AMICO/T.: OLLIVIER)
(Nachdruck aus Lancelot Bd. 1 Seite 1, 4–5, 7–31, 37–40)
50: Die Verschwörung (Brik)
(Z.: ALFEREZ?/T.: OLLIVIER)
(Nachdruck aus Brik Bd. 21 Seite 13–43, 44 Bild 1–3)

Bilder aus der Provinz
Bergisch Gladbach: Gustav Lübbe Verlag
1972
19,3 × 24,5 cm
Buch, Einfarbig
Z./T.: WOLF

Bilderbuch
(Reihe des Beltz-Verlages)
Siehe: 1: ***Bilderbuch Nummer 1***
2: ***Der schwarze Mann und der große Hund***
3: ***Brülle ich zum Fenster raus:***
6: ***Wenn ich großen Hunger hab, fang ich an zu kochen***
7: ***Die Tinten-Männchen***
8: ***Familiengeschichten***
12: ***Trinkmann's Traumreisen***
13: ***Zwei an einem Dienstag***
(15): ***Superdaniel***
17: ***Irma sucht Eugen***

Bemerkungen:
Die übrigen Bände enthalten, soweit bekannt, keine (oder nur geringe Anteile) Comics.

Bilderbuch für Überlebende
Stuttgart/Hamburg:
Rowohlt Verlag
Januar 1947
25 × 18,5 cm
Buch
Einfarbig
Z.: SCHMIDT

Bilderbuch für Überlebende
Bregenz (Österreich): West-Verlag
1947
Buch
Einfarbig
Z.: SCHMIDT

Bilderbuch Nummer 1
Weinheim: Beltz Verlag
1973
16,5 × 24 cm
Broschüre
Farbig und einfarbig
Z.: BREMBS, BUBENHEIM, ENSIKAT, FECHNER, GEBERT, GEWESSLER, GOLDBERG, HANCK, HÜBBE, JANOSCH, KLUSEMANN, MARCKS, PETRIDES, PINCKERNELLE, ROTHFUSS, SCHÄLICKE, SCHINDLER, SCHLUNK, STOLZE, WAECHTER, WELLENDORF
Bemerkungen:
Programm Beltz & Gelberg.

Bildergeschichten
Hannover: Hermann Schroedel Verlag
1972
20,9 × 20 cm
Heft
Einfarbig
Bemerkungen:
Überwiegend Nachdrucke. Mit teilweise fehlenden Schlußbildern. Es existiert ein »Lehrerbegleitheft«, das auch die fehlenden Schlußbilder enthält.
Inhalt: 54 Bildergeschichten
Z.: PRESS (Mein kleiner Freund Jakob)
PETERSEN
KOSSATZ (Willi und Familie Kaiser)
PLAUEN (Vater und Sohn)
JACOBSSON (Adamson)
BUSCH(Kurze Auszüge aus Plisch und Plum, Hans Huckebein und Die fromme Helene)
GUERNEY
CANZLER
STE
MOREZ
SOGLOW (Nicht Der kleine König)
CEM
FREMURA
AUGUSTIN
LORIOT

Bildermärchen
ab Bd. 141 ***Pelefant***
ab Bd. 169: Kinder Comic
Hamburg: Bildschriftenverlag, ab Bd. 68: Aachen: Bildschriftenverlag, später: Alsdorf: Bildschriftenverlag, später: Hamburg: Williams Verlag
1957–1974
18 × 25 cm
Heft
Farbig
Bd. 1–178
Z.: alle Pelefant: ANDREASSON, Titelbilder teilweise von: PRICHARD und ANDREASSON (auch frühe Bände)
Bemerkungen:
Mehrere Auflagen.
Bd. 170 (mit Golfplatzmotiv) ist in Wirklichkeit Bd. 171, ein Teil der Auflage hat einen Überkleber.

Die Hefte der Erstauflage haben von Bd. 1–36 einen Umfang von 32 Seiten. Die Bände ab 37 haben 36 Seiten. Alle Nachauflagen haben 36 Seiten. Damit enthalten die Nachauflagen von Heften aus dem Nummernbereich 1–36 drei zusätzliche Inhaltsseiten. Bei den Nachauflagen ab Bd. 37 variiert der Inhalt der Zusatzseiten teilweise.

Titel:

1: Das häßliche Entlein
2: Herzelieb und das Untier
3: Der Rattenfänger von Hameln (Z.: BROWNE)
4: Rumpelstilzchen
5: Der gestiefelte Kater
6: Die goldene Gans
7: Der Schweinehirt
8: Rapunzel
9: Die zertanzten Schuhe
10: Schneewittchen und die sieben Zwerge
11: König Midas
12: Rotkäppchen und der Wolf
13: Pinocchio
14: Cinderella
15: Goldilocks und die drei Bären
16: Hans und die Bohnenranke
17: Aladin und die Wunderlampe
18: Das tapfere Schneiderlein
19: Der Riese mit den goldenen Haaren
20: Der Froschkönig
21: Der Zauberbrunnen
22: Zuk der Zauberer
23: Die drei guten Feen
24: Der Fischer und seine Frau
25: Die drei kleinen Schweinchen
26: Dornröschen
27: Der verzauberte Prinz (Z.: CAMPBELL)
28: Johnny Appleseed
29: Schneeweißchen und Rosenrot
30: Der arme Müllerbursch und das Kätzchen
31: Der goldene Vogel
32: Der König vom goldenen Fluß
33: Die Hirtin und der Schornsteinfeger
34: Das Haus im Walde
35: Der gläserne Berg
36: Die drei Männlein im Walde
37: Die seltsamen Diener
38: Das verzauberte Schloß
39: Der vergrabene Schatz
40: Die Stiere und das goldene Vlies
41: Tischleindeckdich
42: Die Bremer Stadtmusikanten (Z.: CAMPBELL)
43: König Drosselbart
44: Der Zauberkrug
45: Der standhafte Zinnsoldat
46: Brüderchen und Schwesterchen (Z.: SINNOTT)
47: Die wilden Schwäne
48: Die weiße Schlange
49: Däumelinchen
50: Die japanische Laterne (Z.: PELTZ)
51: Das Feuerzeug
52: Prinzessin Winzigklein
53: Der Elfenhügel
54: Das wundersame weiße Pony
55: Der Wunschbrunnen
56: Der dumme Hansel (Z.: PELTZ)
57: Der Salzberg
58: Das dumme Prinzeßchen
59: Die drei Schlaumeier
60: Der Soldat im Bärenfell
61: Paul Bunyan
62: Der vergnügte Igel
63: Die drei Riesen
64: Der törichte Willi
65: Die Perlenprinzessin
66: Wie das Feuer zu den Indianern kam

67: Die drei goldenen Äpfel
68: Der kleine Trommler
69: Die gläserne Kugel
70: Der verkleidete König
71: Die kleine Meerjungfrau
72: Der glückliche Prinz
73: Das Sternenkind
(Z.: H. und B. SM.)
74: Der furchtlose Prinz
(Z.: BORIS)
75: Der Schütze und die Taube
76: Die Prinzessin die alles sah
77: Der böse Troll
(Z.: ANDREASSON)
78: Der herzlose Riese
79: Der Prinz und die Tiere
80: Die Mondprinzessin
81: Der verschwundene Reiskuchen
82: Pelefant in Schlaraffenland
83: Der Töpfer als General
84: Kapitän Binny der Biber
(Z.: NILSEN)
85: Der Fischprinz
(Z.: MAINOU)
86: Die drei Zauberkugeln
87: Pelefant und der Zauberer Abraka
88: Das Geisterschloß
89: Der Schneekönig
90: Wie der Drache überlistet wurde
91: Wer ist klüger?
92: Die Schwanen-Schwestern
93: Pelefant der Retter
94: Das Zauberwasser
95: Wo Diamanten vom Himmel fallen
96: Prinzessin Petersilchen
97: Pelefant & Co.
98: Pelefant
99: Pelefant und Co.
100, 101: Pelefant und Co.
102, 103 105: Pelefant
104, 106–135: Pelefant und Co.
136, 140: Pelefant & Co.
137, 138, 144–161: Pelefant und Co.
139, 141–143: Pelefant & Co. KG
162–178: Pelefant und seine Freunde

Bildermärchen Album
Alsdorf: Bildschriftenverlag
Februar 1972
19 × 25,9 cm
Broschüre
Farbig
Bd. 1–4
1: Drei kleine Schweinchen
2: Der gestiefelte Kater
3: Rotkäppchen und der Wolf
4: Pinocchio
Bemerkungen:
*Nachdruck aus **Bildermärchen.***

Bilderpost
ab Bd. 9: ***Bilderpost Krambambuli***
ab Bd. 11: ***Bambuli Bilderpost***
ab Bd. 11: Die lustige Bilderpost
Rastatt: Erich Pabel Verlag
September 1953–Dezember 1953
31,6 × 46,6 cm,
ab Bd. 4: 23,3 × 31,6 cm,
ab Bd. 11: 15,5 × 22,8 cm
Heft
Einfarbig, ab Bd. 4: teilweise farbig
Bd. 1–15 (Bd. 1: unnumeriert)
Inhalt:
Inka: Bd. 1–7
Bill Rocky: Bd. 1–6, 8
Balu: Bd. 1–11
Geheimschrift in Knoten: Bd. 3
Münchhausen: Bd. 1–3
Familie Lustig: Bd. 1–7
Fix und Foxi: Bd. 4–12?
Peppo und Peppi: Bd. 7–15
Cowboy Jimmy: Bd. 11–15
Knickebein und Brummel (auch nur Knickebein): Bd. 7, 8, 12–14?
Maxi: Bd. 12
Bürschi: Bd. 12
Alle Texte von: KAUKA

Bildgeschichten
Paderborn: Schöningh Verlag
1968
13,3 × 21,3 cm
Broschüre
Einfarbig
Z./T.: BUSCH UND PLAUEN
Bemerkungen:
Enthält verschiedenes von Busch und Vater und Sohn.

Bildschirm Abenteuer
Aachen: Bildschriftenverlag
1962–1963
18 × 25 cm (Format schwankend)
Heft
Farbig
Bd. 601–617
Titel:
601: Johnny Jason der Jugendreporter
602: Feinde im Weltraum
603: Dr. Kildare
(Z.: BALD)
604: Abenteuer unter Wasser
605: Pearl Harbor
(Z.: GLANZMAN)
606: Leutnant Kennedy
(Z.: GIORDANO?)
607: Ben Casey – Auf des Messers Schneide
608: Laurel und Hardy
(Z.: HARMON)
609: Der Gast aus China (d. i. Dr. Kildare)
(Z.: BALD)
610: Blinder Hass
611: Froschmänner – Tauch 'mal nach Gold
612: Der Alptraum (d. i. Dr. Kildare)
(Z.: BALD)
613: Geister im Operationssaal? (d. i. Dr. Kildare)
(Z.: BALD)
614: Mörder sitzen zu Gericht
615: Sabotage unter Wasser
616: Der Wüstenkrieg
617: Fliegende Festungen
(Z.: GLANZMAN)

Bildschirm Detektiv
Aachen: Bildschriftenverlag
1962–1963
18 × 25 cm
Heft
Farbig
Bd. 701–714
Titel:
701: Der Raketen-Detektiv
(d. i. Drift Marlo)
(Z.: COOKE)
702: Das gestohlene Manuskript
(d. i. Mary Perkins)
(Z.: STARR)
703: Wer ist der Mann im Hintergrund?
704: Gefährliche Insel
(d. i. Phil Corrigan)
(Z.: GRAFF)
705: Der Doppelgänger
(d. i. Paul Temple)
(Z.: SINDALL)
706: James Bond – WXN antwortet nicht
(Z.: NODEL)
707: Die Spur im Bergwerk
(d. i. Phil Corrigan)
(Z.: GRAFF)
708: Verbrechen im Boxring
709: Paul Temple – Brandstiftung?
(Z.: SINDALL)
710: Paul Temple – Das Geheimnis der Zeugin
(Z.: SINDALL)
711: Die geheimnisvolle Dame
(d. i. Drift Marlo)
(Z.: COOKE)
712: Die Gangsterfirma
(d. i. Phil Corrigan)

(Z.: GRAFF)
713: Gasangriff auf Londons Banken!
714: Das Geheimnis der Grotte (d. i. Phil Corrigan) (Z.: GRAFF)

Bildschirm Klassiker
Aachen: Bildschriftenverlag
1962–1963
18 × 25 cm
Heft
Farbig
Bd. 801–814
Titel:
801: Die japanische Flotte greift an (Z.: GLANZMAN)
802: Idaho
803: Indiz Glasauge (d. i. Perry Mason)
804: Oregons Fluch
805: Bomben auf Monte Cassino (Z.: GLANZMAN)
806: Das erste Gefecht (Z.: GLANZMAN)
807: Tödlicher Irrtum
808: Der Feind im Dschungel (Z.: GLANZMAN)
809: Kommissar Burke – Wir alle kennen den Mörder
810: Kampf auf dem Missouri
811: Ivanhoe
812: Perry Mason – Der Fall des verschwiegenen Mädchens
813: Zulu
814: Der Auftrag heißt: Tod (Z.: GLANZMAN)

Bill aus dem blutigen Eimer und die Söhne des Himmels
Berlin: Basis Verlag
Dezember 1974
13,6 × 20,4 cm
Broschüre
Einfarbig
Z.: HOFFMANN'S COMIC THEATER

Bill der Grenzreiter
Hannover: Walter Lehning Verlag
August 1959–September 1960
17 × 7,5 cm
Heft
Einfarbig
Bd. 1–57
Z.: OTTO?
T.: ADLER

Bill der Grenzreiter
Bill-Sonderband
Hannover: Walter Lehning Verlag
1960
17 × 24 cm
Heft
Farbig
Z.: OTTO?
T.: ADLER
Titel:
Die Hütte im blauen Tal

Bill der Grenzreiter und Jim der Cowboy
Siehe: ***Bill der rote Reiter***

Bill der rote Reiter
ab Bd. 13: ***Sergeant Bill***
ab Bd. 34: ***Sergeant Bill/ Jim der Cowboy***
ab Bd. 57: ***Bill der Grenzreiter/ Jim der Cowboy***
Hannover: Walter Lehning Verlag
Februar 1960–November 1962
17 × 24 cm
Heft
Farbig, ab Bd. 38: zweifarbig und farbig
Bd. 1–67
Z.: Bd. 1–12: OTTO? (auch Cover)
Bd. 13–30 Seite 7: BUFFOLENTE
Bd. 30 Seite 8–Bd. 56: MARCELLO

Bd. 57–67: zum Teil PALUDETTI, zum Teil TACCONI
Titelbilder: Bd. 13–67: WÄSCHER
T.: Bd. 1–12: ADLER
Bd. 13–67: TORELLI, auch BARBIERI?
Inhalt:
Gerts großes Abenteuer (Z.: WÄSCHER/T.: JAGELITZ): Bd. 1–24
Heiko (d. i. Jörg) (Z.: WÄSCHER/T.: ADLER): Bd. 25–33
Jim der Cowboy: Bd. 34–67
Nachdrucke:
Gerts großes Abenteuer:
In Bd. 1–11: Gert Bd. 1–11 unverändert, Bd. 12: Gert Bd. 12: Seite 1, 3–8, 10–32, Bd. 13: Gert Bd. 13: Seite 1–5, 7–17, 19–32, Bd. 14: Gert Bd. 14: Seite 1–15, 18–32, Bd. 15: Gert Bd. 15: Seite 1–7, 9–16, 18–32, Bd. 16: Gert Bd. 16: Seite 1, 2, 4, 5, 7–32, Bd. 17: Gert Bd. 17: Seite 1, 3–16, 18–32, Bd. 18: Gert Bd. 18: Seite 1–13, 15, 16, 18–32, Bd. 19: Gert Bd. 19: Seite 1, 2, 4–14, 16–32, Bd. 20: Gert Bd. 20: Seite 1–8, 10–20, 22–32, Bd. 21: Gert Bd. 21: Seite 1, 3–12, 14–32, Bd. 22: Gert Bd. 22: Seite 1–9, 12–32, Bd. 23: Gert Bd. 23: Seite 1–17, 19–22, 24–32, Bd. 24: Gert Bd. 24: Seite 1–4, 6–13, 15–32.
Heiko:
In Bd. 25: Jörg Bd. 1: Seite 1–18, 19–22, 24–32, Bd. 26: Jörg Bd. 2: Seite 1–15, 16–30, 32, Bd. 27: Jörg Bd. 3: Seite 1–3, 6–32, Bd. 28: Jörg Bd. 4: Seite 1–24, 27–32, Bd. 29: Jörg Bd. 5: Seite 1, 2, 4–17, 19–32, Bd. 30: Jörg Bd. 6: Seite 1–12, 14–28, 30–32, Bd. 31: Jörg Bd. 7: Seite 1, 3–5, 7–32, Bd. 32: Jörg Bd. 8: Seite 1–25, 28–32, Bd. 33: Jörg Bd. 9: Seite 1–28, 30, 32.
Teilweise umgearbeitete Sprechblasen und Retuschen.
Ab Bd. 57: Bill der Grenzreiter
Nachdruck von: Harry der Grenzreiter Bd. 2–12 unverändert.

Bill Tornado

Frankreich: Artima
Auslieferung: Defra, Essen
Oktober 1960–April 1961
17,5 × 23 cm
Heft
Einfarbig
Bd. 1–6
Z.: DAN
Inhalt:
Bd. 2: Rubin-Jim

Bimbo

Hannover: Fackelträger-Verlag Schmidt-Küster GmbH
März 1950–März 1951
21 × 14,4 cm
Broschüre
Einfarbig
Bd. 1–2
Z.: STROBEL
Titel:
1: Die Streiche und Abenteuer von Bimbo
2: Bimbos neue Abenteuer

Eine Biographie

Berlin: Karin Kramer Verlag
1978
24 × 32,9 cm
Broschüre
Einfarbig
T. u. Collagen: CHUMEZ
Bemerkungen:
Collagen-Comic in der Art von Max Ernst mit Bildmaterial aus alten spanischen Zeitschriften.

Bizarre Schule
Berlin: Dominique
70er Jahre
21 × 26,9 cm
Heft, Einfarbig
Z./T.: WIGME
Cover: CARM

Black Beauty
Bd. 1: Die Abenteuer des schwarzen Hengstes
Bd. 2: Neue Abenteuer des schwarzen Hengstes
Bergisch Gladbach: Bastei Verlag
1976
18 × 25,8 cm
Heft
Farbig
Bd. 1–2
Z.: NOBLE

Blake und Mortimer
Siehe: ***Die Abenteuer von Blake und Mortimer***

Die blauen Panther
Abenteuer der verschworenen Fünf
Bergisch Gladbach: Bastei Verlag
Juli 1980–1981
21 × 29,1 cm
Heft
Farbig
Bd. 1–22
Z.: TACQ
T.: CHARLIER

Blauer Pfeil
Hannover: Walter Lehning Verlag
Oktober 1954–April 1955
17 × 7,5 cm
Heft
Einfarbig
Bd. 1–24
Z.: V. CHIOMENTI (auch Cover)
Bleistiftvorzeichnung: A. CHIOMENTI
T.: A. CHIOMENTI
Bemerkungen:
Auf der Liste der jugendgefährdenden Schriften:
Bd. 17: E Nr. 62 – BAnz. Nr. 39 und 52 vom 25. 2. und 16. 3. 55
Bd. 13 und 18 und für 6 Monate: E Nr. 62 – BAnz. Nr. 52 vom 16. 3. 55

Blauer Pfeil
Schönau: Norbert Hethke Verlag
1977
17 × 7,5 cm
Heft
Einfarbig
Bd. 1–54
Z.: V. CHIOMENTI (auch Cover)
Bleistiftvorzeichnung: A. CHIOMENTI
T.: A. CHIOMENTI
Bemerkungen:
Bd. 1–24 sind Nachdrucke.
Bd. 25–54 sind deutsche Erstveröffentlichungen

Blitz Abenteuer im Weltraum
Siehe: ***Nick***

Blitz der Zeitungsjunge
Hannover: Walter Lehning Verlag
Januar 1955–November 1955
17 × 7,5 cm
Heft
Einfarbig
Bd. 1–27
Z.: PEDRAZZA
T.: RENZI

Blitz der Zeitungsjunge
Schönau: Norbert Hethke Verlag
Dezember 1978
17 × 7,5 cm
Heft
Einfarbig

Bd. 1–7
Z.: PEDRAZZA
T.: RENZI
Bemerkungen:
Nachdruck.

Blitz Gordon
Stockholm: Semic Press
Auslieferung: Aachen: Bildschriftenverlag
1967–1968
17 × 26 cm
Heft
Farbig
Bd. 1–6
Inhalt:
Bd. 1: Blitz Gordon (d. i. Flash Gordon)
(Z.: WILLIAMSON)
Mandra (Z.: FREDERICKS)
Bd. 2: Blitz Gordon (d. i. Flash Gordon)
(Z.: BOLLE)
Phantom
Mandra (Z.: FREDERICKS)
Bd. 3: Blitz Gordon (d. i. Flash Gordon)
(Z.: ESTRADA)
Phantom
Mandra (Z.: FREDERICKS)
Bd. 4: Blitz Gordon (d. i. Flash Gordon)
(Z.: WILLIAMSON)
Tom Trick (d. i. Brick Bradford)
(Z.: GRAY/T.: RITT)
Mandra (Z.: FREDERICKS)
Bd. 5: Blitz Gordon (d. i. Flash Gordon)
(Z.: WILLIAMSON)
Mandra (Z.: FREDERICKS)
Tom Trick (d. i. Brick Bradford)
(Z.: GRAY/T.: RITT)
Bd. 6: Blitz Gordon (d. i. Flash Gordon)
(Z.: CRANDALL)
Cäsars Triumph (Z.: JONES)
Mandra (Z.: FREDERICKS)

Blitzmann
Siehe: ***Top Comics***

Blonder Panther
Hamburg: Serienverlag Frank Märtins
Februar 1950–Juni 1950
21 × 28,5 cm
Heft
Zweifarbig
Bd. 1–19
Z.: Bd. 1–14: INGAM
Titelbilder: INGAM
T.: DALMASSO

Blonder Panther
Schönau: Norbert Hethke Verlag
Mai 1978–Februar 1981
21 × 28,5 cm
Heft
Einfarbig
Bd. 1–108
Z.: Bd. 1–14: INGAM (und alle Cover) Mitarbeit anderer Zeichner ab Bd. 28: PINI, V. CHIOMENTI, ARFELLI UND GUARNIERI, ab ca. Bd. 80 meistens: SAVI
T.: DALMASSO
Bemerkungen:
Bd. 1–19 sind Nachdrucke.
Bd. 20–108 sind deutsche Erstveröffentlichungen.
Es existieren 10 Sammelbände mit allen 108 Heften.
Inhalt:
Sheriff Teddy (Z.: D'AMI): Bd. 61–108, Fortsetzung der Sheriff Teddy-Serie
Im Tal der Könige (Z./T.: A. + V. CHIOMENTI): Bd. 21–34
Kampf im Pazifik (Z./T.: A. + V. CHIOMENTI): Bd. 35–48, 60 (Bd. 60 enthält Nachdruck aus Bd. 35)

Die Eroberer des Ozeans (Z./T.: A. + V. CHIOMENTI): Bd. 49–59

Blondie
München: Wilhelm Goldmann Verlag
1976
11,5 × 17,9 cm
Taschenbuch 3463
Einfarbig
Z.: RAYMOND UND YOUNG

Blondie
Wien (Österr.): Heinz Pollischansky Verlag
November 1977–1978
20 × 27 cm
Broschüre
Farbig
Bd. 1–3
Z.: RAYMOND UND YOUNG

Blondie
Das neue Comic-Taschenbuch
Comic-Gags und Pointen am laufenden Band
Frankfurt/M.: Condor Verlag
Februar 1980
13,3 × 18,5 cm
Taschenbuch
Farbig
Bd. 1
Z.: RAYMOND UND YOUNG

Blondie
Siehe: ***Phantom-Heft***

Blondie und Dankwart
ab Bd. 11: ***Das Schmunzelmagazin***
Bd. 5–10: Das Schmunzelmagazin
Hannover: Walter Lehning Verlag
November 1962–Juni 1963
17 × 24 cm
Heft
Einfarbig
Bd. 1–16
Inhalt:
Blondie (Z.: YOUNG): Bd. 1–16
Oberst Bumm und die Herzogin (Z.: YOUNG): Bd. 1–15
Oma Plüsch (Z.: KUHN): Bd. 1–4, 7, 9, 11, 13, 14
Doppel-Plage (auch: Doppeltes Leid, auch: Doppelte Sorgen, auch: Muntere Früchtchen) (Z.: MacLEAN): Bd. 2–10, 13, 14
Die lieben Kleinen (d. i. Katzenjammer Kids) (Z.: KNERR): Bd. 2, 3, 6, 13
Der kleine König (Z.: SOGLOW): Bd. 6, 12–15
Popeye (auch: Oskar, auch: Emil und Oskar) (Z./T.: SIMS UND ZABOLY): Bd. 9, 10, 12, 14, 15
Klein Erna (d. i. Klein Margot) (Z.: HATLO): Bd. 10, 13
Hasenfuss: Bd. 11
Spass im Zoo (Z.: McCARTHY): Bd. 12, 13, 15

Bob Cody
Spezialagent
Berlin: Bangro-Comic-Team
Mai 1975–Juni 1976
19,8 × 9,5 cm
Heft
Einfarbig
Bd. 1–3
Z./T.: BANEMANN

Bob Cody
Berlin: Bangro-Comic-Team
Dezember 1979
14,9 × 20,8 cm
Broschüre, Einfarbig
Z./T.: BANEMANN
Bemerkungen:
Nachdruck der drei Piccolos plus 4 neue Fortsetzungen.

Bob Evans
Abenteuer in Rio
Berlin: CIC (Schnell)
September 1980
17 × 24 cm
Heft
Einfarbig
Z.: HEINZ

Bob und Ben
die fliegenden Abenteurer
Hannover: Walter Lehning Verlag
Februar 1963–April 1963
17 × 7,5 cm
Heft
Einfarbig
Bd. 1–9
Z.: WÄSCHER
Bemerkungen:
Es existiert ein Nachdruck.

Bon und Ben
die fliegenden Abenteurer
Hannover:
Walter Lehning Verlag
April 1963–März 1964
17 × 24 cm
Heft
Farbig und einfarbig abwechselnd
Bd. 1–24
Z.: Bd. 1–14: WÄSCHER
Titelköpfe alle: WÄSCHER

Bob und Frank
Siehe: ***Comic Taschen Buch***

Bolo
Comic
Stuttgart: Unipart-Verlag
März 1975
21,5 × 28,5 cm
Broschüre
Farbig
Z.: MARCULETA

Bonanza
Aachen: Bildschriftenverlag
1969–April 1971
18 × 25 cm
Heft
Einfarbig, ab Bd. 7: farbig
Bd. 1–21
Z.: TRIMPE?
VERPOORTEN?
Bemerkungen:
Comic nach der Fernsehserie.
Inhalt:
Bedrock Barnes Prospector: Bd. 1–7, 9–13, 15–21.
Kleiner Bär (Z.: MAXON): Bd. 6
Ben Bowie und seine Getreuen: Bd. 8
Der Einsame Reiter (d. i. Lone Ranger) (Z.: TRIMPE? UND VERPOORTEN?): Bd. 16

Bonanza
Bd. 1–16: Der Fernseh-Welterfolg als Bastei Comic
Bd. 17–103: Der Fernseh-Welterfolg
Bergisch Gladbach:
Bastei Verlag
Oktober 1973–September 1977
18 × 26 cm
Heft
Farbig
Bd. 1–103
Inhalt:
Bonanza (Z.: SAGÉDITION UND SUBIRATS): Bd. 1–103
Rancher Old Joe und sein Cowboy Appletree (Z.: B. K. UND BUXADE): Bd. 15–17, 30, 32–33, 35–36, 38–41, 50–103

Bonanza-Buch
Siehe: ***Das Original Bonanza-Buch***

Bonbon
Das fröhliche Taschenheft von Bastei
Bergisch Gladbach: Bastei Verlag

Februar 1973–Juni 1977
13 × 17,7 cm
Heft
Farbig und zweifarbig
Bd. 1–182
Inhalt:
Babyfant
Bauz und Bommel
Drops und Dattel
Käptn Kuddel (Z.: GIRE UND GIROUD)
Paulchen
Piff & Paffy
Robbie (Z.: ARBOL)
Sabu (Z.: BALI)
Die Schlauli (Z.: RICHTER)
Stöpsel
Wippy (Z.: BORILLO)
Wonnetou (Z.: PAUL)

Bon(n)bons
Bergisch Gladbach: Bastei Verlag
1965
23 × 16,5 cm
Buch
Einfarbig
Foto-Comic von KORTMANN UND WOLF
Bemerkungen:
Dieser Band gehört in die Reihe: »Bon(n)bons«

Bonner Bilderbogen
Olms Presse
1980
28 × 37 cm
Broschüre?
Einfarbig
Z.: ROTHKIRCH
T.: WICKERT
Bemerkungen:
Nur jede 2. Seite bedruckt.

Bonny
ab Bd. 11: ***Ronny***
Bd. 14: ***Super Ronny***
Lustig und spannend
Braunschweig: NB-Verlag
1968
22 × 30 cm
Heft
Bd. 1: einfarbig/3. Umschlagseite farbig
Bd. 2–3: einfarbig
Bd. 4–14: abwechselnd einfarbig, zweifarbig und farbig
Bd. 1–14
Inhalt
Tubby: Bd. 1–11
Galaxus: Bd. 1–14
James Pond: Bd. 1–5
Die glückliche Familie »Day's«: Bd. 1–14
Andy: Bd. 1–8, 10, 12–14
Höhlenkinder: Bd. 1–4, 8–8, 10–14
»Cracker« Craine: Bd. 1–4, 8–11, 13, 14
Thunderbolt: Bd. 1–14
Unsere Stina ist süss: Bd. 1, 2, in Bd. 12 unter dem Titel: Klein Stina
Die Piraten: (T.: ROGER): Bd. 1–14
Des Teufels Spielzeug: Bd. 1–14
Nutty Slack: Bd. 1–14
Rennfahrer: Bd. 1–14
Charlie Peace: Bd. 1–14
Sonny Boy: Bd. 1–6, 9, 10
Whacko: Bd. 1
Buster's Tagebuch (ab Bd. 5 umbenannt in Bonny's Tagebuch, ab Bd. 12 Ronny's Tagebuch): Bd. 1, 4–14
Die verhinderten Helden: Bd. 5–7
Der Schatz im Silbersee: Bd. 8–14

Boris Karloff
Bd. 5–6, 8–9: Geschichten des Grauens
Aachen: Bildschriftenverlag
1967–Mai 1969
18 × 25 cm
Heft

Einfarbig
Bd. 1–9
In Bd. 9: 8 Seiten Z.: WILLIAMSON
Bemerkungen:
Inhalt verschiedene Horror-Geschichten.

El Bravo
Hannover: Walter Lehning Verlag
Juli 1953–Februar 1955
17 × 7,5 cm
Heft
Einfarbig
Bd. 1–86
Z.: BIGNOTTI
Titelbilder: Bd. 1–2: TACCONI, Bd. 3–86: BIGNOTTI
T.: DALMASSO
Bemerkungen:
Fast alle Cover stark retuschiert. Tacconi hat allem Anschein nach für die deutsche Ausgabe 1–2 eine eigene, von der italienischen abweichende, Version des Covers geliefert.
Auf der Liste der jugendgefährdenden Schriften:
Bd. 71 und 72: E Nr. 34 – BAnz. Nr. 241 vom 15. 12. 54
Bd. 85 und 86 und für 12 Monate: E Nr. 60 – BAnz. Nr. 38 und 52 vom 24. 2. und 16. 3. 55

El Bravo
Schönau: Norbert Hethke Verlag
März 1979–August 1980
17 × 7,5 cm
Heft
Einfarbig
Bd. 1–86
Z.: BIGNOTTI
Titelbilder: Bd. 1–2: TACCONI, Bd. 3–86. BIGNOTTI
T.: DALMASSO
Bemerkungen:
Nachdruck. Siehe bei ***El Bravo.***

Brik
Pirat der sieben Meere
Hannover: Walter Lehning Verlag
November 1962–November 1964
15 × 21 cm
Heft
Einfarbig
Bd. 1–52
Z.: ALFÉREZ?
T.: OLLIVIER
Titelbilder zum Teil von EHRT
Inhalt:
Bd. 1–9: Jim der Cowboy (Fortsetzung von Jim der Cowboy Großband)

Brönner Best Comix
Siehe: ***Brönner Klasse Comix***
Das Ende der Rockfüller-Bande

Brönner Klasse Comix
Bd. 4: ***Brönner Best Comix***
Frankfurt/M.: Brönner Kinderbuchverlag, Breidenstein KG
1972
18 × 24 cm
Broschüre
Farbig
Bd. 1–4
Z./T.: LANDOLFI: Bd. 2–4
Z./T.: ORAZI: Bd. 1
Bemerkungen:
Bd. 1: Das Schloßgespenst,
Bd. 2–4: Don Quichotte.

Broomm
Bd. 1–6: Männer Mädchen Motoren
Bd. 7–33: Abenteuer auf heißen Rädern
Bergisch Gladbach: Bastei Verlag
Januar 1979–1980
21,5 × 29 cm

Heft
Farbig
Bd. 1–33
Bemerkungen:
Ab Bd. 34 Fortsetzung als ***Heisse Räder.***
Inhalt:
Broomm (Z.: ANDRES, COMOS UND GIOLITTI): Bd. 1–33
Camaro (Z.: BLASQUES, FORNS UND GIOLITTI): Bd. 1–33
Von Auspuff bis Zylinderkopf (Z.: DOMENECH): Bd. 1–33
Wheeler (Z.: MOLINS, MONES UND SUSO): Bd. 1–8, 10–25, 27–33

Brülle ich zum Fenster raus:
Weinheim und Basel: Beltz Verlag
1973
16,5 × 24 cm
Broschüre
Einfarbig und farbig
Z./T.: WAECHTER
Fotos: HAMMERICH
Bemerkungen:
In dieser Form zwei Auflagen mit zusammen 20 Tsd. Exemplaren (1.–15. und 16.–20. Tsd.). Ab der 3. Auflage (1977: 21.–25. Tsd.) als Buch, 17 × 24,5 cm. Diese Ausgabe mit neuem Titelbild und anderen kleinen Veränderungen. Als Broschüre: Bilderbuch Bd. 3. Programm Beltz & Gelberg.

Buck Rogers
Siehe: ***UFO***

Buffalo Bill
Hamburg: Mondial-Verlag GmbH
Februar 1955–Februar 1956
17 × 22 cm
Heft
Einfarbig
Bd. 1–27
Z.: GIFFEY
Titelbilder teilweise von: UGGERI
Inhalt:
Timor der Südsee-Pirat: Bd. 16–18
Der Prinz der Berge: Bd. 19–21
Das Königsschiff: Bd. 24–26
Die weiße Maske: Bd 27

Buffalo Bill
Der Held des Wilden Westens
Bergisch Gladbach: Bastei Verlag
Januar 1975–Dezember 1984
18 × 26 cm
Heft
Farbig
Bd. 377–671
Z.: WÄSCHER: Bd. 377, 379, 380, 383, 384, 388, 393, 396, 397, 398, 404, 405, 409, 415, 419, 422, 427, 432, 434, 436, 439, 441, 444, 447, 451, 453, 457, 460, 462, 466, 469, 471, 473, 475, 478, 479, 482, 484, 486, 488, 490, 492, 494, 495, 497, 498, 500, 502, 504, 505, 507, 510, 512, 513, 515, 516–519, 521, 523, 525, 527–529, 531–533, 535, 537–539, 541–543, 545–547, 549, 551–553, 555, 557–561, 563–565, 567–571, 573, 575–577, 579–581, 583, 585, 587, 589, 591–611, 614
Sonst verschiedene Zeichner u. a.: ROJO, SOLÉ UND VERSCHUERE.
Bemerkungen:
Ab Bd. 593–614 größtenteils nur Wäscher-Nachdrucke. Bd. 1–376 erschien innerhalb der ***Lasso****-Serie.*
Inhalt:
Flammender Speer (Z.: NORMA/T.: LECUREUX): Bd. 611–671

Buffalo Bill
Siehe: ***Lasso***

Bugs Bunny
Die tolldreisten Abenteuer des Fernseh-Hasen
Hamburg: Willms Verlag,
ab Bd. 42: Frankfurt/M.: Condor Verlag
Juni 1972–November 1978
17,5 × 26 cm
Heft
Farbig
Bd. 1–76
Inhalt:
Cicero
Daffy Duck
Elmer
Karl, der Coyote
Merlin die Zaubermaus
Pancho Vanilla
Petunia
Porky
Schweinchen Dick
Tweety und Sylvester
Yosemite Sam

Bully Boys
Siehe: ***Froggy Frogg***

Bumm macht das Rennen
Eine Bilderfolge voller Abenteuer
Düsseldorf: Bildbuch-Verlag Hartmann & Co
November 1947
14,6 × 20,8 cm
Heft
Einfarbig
Z.: PIELERT
Bemerkungen:
Bd. (2) einer gemischten Reihe, siehe auch ***Auf Tierfang durch die weite Welt*** *sowie* ***Jackel und Bastel.***

Bumskopp & Co.
München: Wilhelm Goldmann Verlag
1977
11,5 × 17,9 cm
Taschenbuch 3489
Einfarbig
Z.: RAYMOND UND YOUNG

Bunte Kiste
Berlin (DDR): Verlag Junge Welt
1966
15 × 22 cm
Buch
Zweifarbig
Z.: MOESE

Die bunten Abenteuer von Peter und Alexander
Siehe: ***Peter + Alexander***

Buntes Allerlei
ab 1953 Bd. 42–47 und 1954 Bd. 1–14 und 16: Supermann
1954 Bd. 15: Ludwig und Bruder Langohr
1954 Bd. 17: Flip und Flop
Hamburg-Altona: Verlag Aller GmbH
ab 1953 Bd. 5: Hamburg: Verlag Aller GmbH
Januar 1953–August 1954
18 × 25 cm
Heft
Farbig, zweifarbig und einfarbig
ab 1953 Bd. 43: farbig
1953 Bd. 1–47
1954 Bd. 1–17
Bemerkungen:
1954 Bd. 12: ohne Titel Buntes Allerlei.
Inhalt:
Phantom (Z.: RAY MOORE/T.: FALK): 1953 Bd. 1–42
King der Grenzreiter (Z.: GARY/T.: GREY): 1953 Bd. 1–42
Rip Korby (Z.: RAYMOND): 1953 Bd. 1–42

Die Katzenjammer Kids (Z.: WINNER): 1953 Bd. 1–41
Schmerbauch (d. i. Bringing Up Father) (Z.: McMANUS): 1953 Bd. 1–41
Kasper und Liesel (Z.: JIMMY MURPHY): 1953 Bd. 1–42
Ein lustiger Vagabund (Z.: RUSSELL): 1953 Bd. 1–42
Oma (Z.: KUHN): 1953 Bd. 1–42
Gorden (d. i. Flash Gordon) (Z.: RABOY/T.: DON MOORE): 1953 Bd. 1–41
Die liebe Familie (Z.: STERRETT): 1953 Bd. 1–42
Präriewolf (d. i. Lone Ranger) (Z.: STRIKER): 1953 Bd. 1–42
Ricki (Z.: GODWIN): 1953 Bd. 1–41
Hannelore (Z.: ROBINSON): 1953 Bd. 1–42
Zirkusvolk (Z.: LEHTI): 1953 Bd. 1–39
Mandra (Z.: DAVIS/T.: FALK): 1953 Bd. 1–41
Blondie (Z.: YOUNG): 1953 Bd. 1–41
Theobald (d. i. Henry) (Z.: ANDERSON): 1953 Bd. 1–42
Der Oberst und die Herzogin (Z.: YOUNG): 1953 Bd. 1–42
Meisterdetektiv »X9« (d. i. Agent X9): 1953 Bd. 1–20
Schifferkarl (d. i. Popeye): 1953 Bd. 1–42
Bob Holm (Z.: JOHN CULLEN MURPHY): 1953 Bd. 21–42
Supermann: 1953 Bd. 42–46, 1954 Bd. 1, 3, 5, 7, 9, 11, 13, 16
Peggy (Z.: BOLTINOFF): 1953 Bd. 43, 1954 Bd. 7, 11
Mies und Seppel: 1953 Bd. 44
Rote Maske: 1953 Bd. 44, 1954 Bd. 3, 7, 10
Fips (Z.: BOLTINOFF): 1953 Bd. 44, 1954 Bd. 16, 17
Peter (Z.: BOLTINOFF): 1953 Bd. 45, 1954 Bd. 1, 4, 5, 10, 16, 17
Kongo Bill: 1953 Bd. 45, 1954 Bd. 5, 8, 12, 16
Der Fuchs und der Rabe: 1953 Bd. 45, 1954 Bd. 4, 6, 11, 15
Tom von Morgen (d. i. Tommy Tomorrow): 1953 Bd. 45, 1954 Bd. 3, 8, 13, 16
Die Waschbären: 1953 Bd. 46, 1954 Bd. 11, 17
Der grüne Pfeil: 1953 Bd. 46, 1954 Bd. 4, 9, 12, 14
Die Schildkröte und der Hase: 1953 Bd. 46
Superknabe: 1953 Bd. 47, 1954 Bd. 2
Superboy: 1954 Bd. 4, 6, 8, 10, 12, 14
Rudy (d. i. Archie): 1953 Bd. 47, 1954 Bd. 2, 6, 9, 14, 15, 17 (auch Rudi)
Der australische Kode-Mysterium: 1953 Bd. 47
Flip und Flop: 1953 Bd. 47, 1954 Bd. 7, 8, 10, 12, 17
Viktor (Z.: BOLTINOFF): 1954 Bd. 1, 5, 8, 16
Batman und Robin (Z.: KANE): 1954 Bd. 1, 11
Anton: 1954 Bd. 1
Der schwarze Bär: 1954 Bd. 2, 9, 15
Tomahawk: 1954 Bd. 2, 6, 13
Professor Eureka (Z.: BOLTINOFF): 1954 Bd. 3, 17
Schnick und Schnack: 1954, Bd. 3, 15
Johnny Quick: 1954 Bd. 4, 7, 14
Hinz und Kunz: 1954 Bd. 5
Der Seekönig (d. i. Aquaman/Wassermann): 1954 Bd. 5, 10
Jerry (Z.: BOLTINOFF): 1954 Bd. 9, 14, 15
Revolver-Jochen: 1954 Bd. 13
Ludwig und Bruder Langohr: 1954 Bd. 15, 17
Bernhard der Lebensretter: 1954 Bd. 15
Stips und der Kater Jeronimus: 1954

Bd. 16
Peter Karnickel: 1954 Bd. 17

Bunte Welt
Die größten Abenteuer der Weltgeschichte
Hannover: Walter Lehning Verlag
Februar 1967–Juli 1967
Bd. 1–8, 12: 17 × 24 cm
Bd. 9–11: 15 × 24 cm
Heft
Farbig
Bd. 1–12
Bemerkungen:
Nachdruck von: Abenteuer der Weltgeschichte.
Titel:
1: Kaperfahrt gegen Spanien
(Z.: DITTMANN)
(Nachdruck von: Bd. 11)
2: Die Abenteuer des Marco Polo
(Z.: BLUMENTRITT)
(Nachdruck von: Bd. 23)
3: Der Schatz des Ministers
(Z.: BLUMENTRITT)
(Nachdruck von: Bd. 18)
4: Im Lande des Inka
(Z.: BLUMENTRITT)
(Nachdruck von: Bd. 22)
5: Marsch der Rothemden
(Z.: BOOD)
(Nachdruck von: Bd. 75)
6: Gefahr am Khaiberpaß
(Z.: BLUMENTRITT)
(Nachdruck von: Bd. 24)
7: Oliver Cromwell
(Z.: BOOD)
(Nachdruck von: Bd. 76)
8: Retter Europas
(Z.: BOOD)
(Nachdruck von: Bd. 78)
9: Angriff auf den Thron der Götter
(Z.: BOOD)
(Nachdruck von: Bd. 77)
10: Katharina die Große
(Z.: BOOD)
(Nachdruck von: Bd. 79)
11: Auf die Barrikaden
(Z.: BOOD)
(Nachdruck von: Bd. 84)
12: Durch Wüstensand und Sonnenglut
(Z.: BOOD)
(Nachdruck von: Bd. 80)

C

Caine
Zack präsentiert
der Meister des Kung Fu
Berlin–Hamburg: Koralle Verlag
1975
21,8 × 28,8 cm
Broschüre
Farbig
Bd. 1
Z.: ASBURY

Calimero
Alsdorf: Williams Verlag, ab Bd. 5: Alsdorf: Bildschriftenverlag Abt. Williams, ab Bd. 12: Hamburg: Bildschriftenverlag Abt. Williams, ab. Bd. 13: Hamburg: Williams Verlag
Mai 1973–März 1974

17,4 × 24,9 cm
Heft
Farbig
Bd. 1–6, 9–14
Bemerkungen:
Bd. 7 nicht erschienen. Bd. 10 existiert nur mit Aufkleber auf Bd. 8. Bd. 12 hat einen zweiten Umschlag. Der Innenumschlag hat das gleiche Titelbild wie von Bd. 11.
Inhalt
Calimero (Z.: PAGOT): Bd. 1–6, 9–14
Don Porfirio (Z.: DANI): Bd. 1–6, 9–14

Calimero
Bad Soden/Taunus: Satellit-Verlag
September 1980–1981
21,2 × 28,4 cm
Heft
Farbig
Bd. 1–10
Inhalt:
Calimero (Z.: PAGOT): Bd. 1–10
Ruby & Lugor: Bd. 1–10

Calimero
Siehe: ***Williams Maxi Album***

Cane
die schwarze Maske
Konstanz: Lange-Haak Verlag
1976
16,7 × 7,9 cm
Heft
Einfarbig
Bd. 1
Z.: SCHMIDT

Cap Comix
Bd. 1: ***Cap Comics***
Berlin: Pro Media
1973
21 × 29,7 cm
Bd. 1: Broschüre, Bd. 2–3: Heft
Einfarbig
Bd. 1–3
Z.: BUMMER: Bd. 3
CRUMB: Bd. 1–3
KIESEWETTER: Bd. 2
OSBORNE: Bd. 1
RODRIGUEZ: Bd. 2–3
WELZ: Bd. 1–3

Captain Future
Bd. 1–42, 44: Neue Abenteuer zum Fernseh-Erfolg
Bd. 48–53, 55–71, 74, 76, 78: Die große Science-Fiction-Serie
Bergisch Gladbach: Bastei Verlag
Oktober 1980–1983
18,1 × 26,1 cm
Heft
Farbig
Bd. 1–80
Titelbilder: CELAL
Inhalt:
Katinchen (Z.: BORILLO): ab Bd. 23

Captain Marvel
Siehe: ***Hit Comics***

Captain Rob
Die phantastischen Abenteuer von
Reinbek: Gotfried van der Steen Comic Verlag
1976
21,3 × 28, 1 cm
Broschüre
Einfarbig
Bd. 1
Z.: KUHN
T.: WERKMAN
Bemerkungen:
Comicbilder mit Text darunter.

Carlino Caramel
Zürich (Schweiz): Diogenes Verlag
1971

25,7 × 27,8 cm
Buch
Zweifarbig, einfarbig und eine Seite dreifarbig
Z./T.: SEMPÉ
Bemerkungen:
29. Werk im »Klub der Bibliomanen«. Mit Schutzumschlag.

Carlino Caramel
Reinbek: Rowohlt Verlag
März 1975
12,5 × 19 cm
Taschenbuch rotfuchs 80
Zweifarbig und einfarbig
Z./T.: SEMPÉ
Bemerkungen:
Gekürzter Nachdruck von Diogenes. Rückseiten-Comic von SCHNIEBEL.

Carnera
Hannover: Walter Lehning Verlag
Juli 1953–Mai 1954
17 × 7,5 cm
Heft
Einfarbig
Bd. 1–46
Z.: Bd. 1 1–15: PUGLISI (auch Cover)
Bd. 16–24: PINI (auch Cover)
Bd. 25–43: SINCHETTO (auch Cover)
Bd. 44–46: PALUDETTI (auch Cover)
Titelköpfe: Bd. 1–46: PALUDETTI
T.: TORELLI
Bemerkungen:
Bei den Titelbildern von Bd. 44–46 handelt es sich um retuschierte und colorierte Versionen von Innenbildern (Cover 44 = Bd. 45, Seite 27, Cover 45 = Bd. 45, Seite 4, Cover 46 = Bd. 46, Seite 22).
*Auf den Seiten 25–32 von Bd. 46 wird mit den ersten 8 Seiten aus **Jezab** Bd. 1 diese neue Serie vorgestellt.*
Das linke 1. Bild auf Seite 4 von Carnera Bd. 44 ist im italienischen Original nicht enthalten. Es stammt somit nicht von Paludetti, sondern wurde im Auftrag des Lehning-Verlages als Füller dazugezeichnet. Am Ende des deutschen Carnera-Heftes Bd. 43 steht als Überleitungstext zum nächsten Abenteuer eine freie Übersetzung der italienischen Originaleinleitung der von Lehning ausgelassenen italienischen Nr. 25. Der deutsche Text steht somit in keinerlei Zusammenhang mit Lehnings Bd. 44. Die Cover-Zeichnungen von Bd. 22 und 24 sind vertauscht. Die Zuordnung Titeltexte zu Heftnummern und die inhaltliche Reihenfolge sind jedoch richtig.

Carnera
Buchschlag: Abi Melzer Productions, ab Bd. 31: Schönau: Norbert Hethke Verlag
1975–1977
17 × 7,5 cm
Heft
Einfarbig
Bd. 1–46
Z.: Bd. 1–15: PUGLISI (auch Cover)
Bd. 6–24: PINI (auch Cover)
Bd. 25–43: SINCHETTO (auch Cover)
Bd. 44–46: PALUDETTI (auch Cover)
Titelköpfe: Bd. 1–46: PALUDETTI
T.: TORELLI
Bemerkungen:
Nachdruck. Siehe Serie von 1953.

Carnera boxt sich durch
Siehe: ***Piccolo Sonderband***

Cartoomic Serie
Stanmore (England): Poster Magazine
1974
gefaltet: 21,7 × 29,8 cm

Faltposter
Farbig
Bd. 1.: Der rosarote Panther
Bd. 2: The Osmonds

Casper
der kleine Geist
Alsdorf: Williams Verlag, ab Bd. 9: Alsdorf: Bildschriftenverlag Abt. Williams, ab Bd. 19: Hamburg: Bildschriftenverlag Abt. Williams, ab Bd. 21: Hamburg: Williams Verlag
1973–1974
17,5 × 25 cm
Heft
Farbig
Bd. 1–26
Inhalt:
Casper: Bd. 1–26
Das dicke Lottchen: Bd. 2, 8, 13, 20–22, 26
Flämmchen: Bd. 17
Fräulein Dottie: Bd. 3–5, 8, 10, 15–16, 18, 21–22, 24–25
Das Geister-Trio: Bd. 23
Melvin und Malvine: Bd. 1–4, 6, 8, 10, 12, 14, 16, 18–20, 22, 24–25
Ricki Reich: Bd. 1–2, 4–6, 8–9, 12, 16, 19, 24
Spooky: Bd. 1–3, 5–9, 11–23, 25–26
Die tollen Hexenschwestern und das lustige Lenchen: Bd. 11

Casper
Siehe: ***Comic Giganten***
Williams Maxi Album

Charles Rand
Krimi Klassiker
Aachen: Bildschriftenverlag
1967
18 × 25 cm
Heft
Einfarbig
Bd. 1–3

Charlie Braun und seine Freunde
Ravensburg: Otto Maier Verlag
1970
11,5 × 18 cm
Taschenbuch 184
Einfarbig
Z./T.: SCHULZ
Bemerkungen:
Mehrere Auflagen.

Charlie Brown
Siehe: ***Das große Peanuts Buch***

Charlie Chaplin
Bd. 1–2: Der kleine Mann mit dem großen Herzen . . .
Bd. 3–14: Humor Comic
Bd. 15: Kicher Comic
Alsdorf: Bildschriftenverlag, ab Bd. 6: Hamburg: Bildschriftenverlag, ab Bd. 7: Hamburg: Williams Verlag
1973–1975
17,5 × 25 cm
Heft
Farbig
Bd. 1–15
Inhalt:
Bulli & Bullo (Z.: COLEDANG): Bd. 5–15
Charlie Chaplin (Z.: GROSA): Bd. 1–15
Tom Troller (Z.: GROSA): Bd. 1–4

Charlie Chaplin
Alsdorf: Bildschriftenverlag Abt. Williams
1974
20,6 × 27,5 cm
Broschüre
Einfarbig
Bd. (1)
Z./T.: GROSA
Bemerkungen:
Malbuch mit neuen Comics.

*Folgebände siehe **Dick & Doof als Maler Klecksel.***

Children of the future
Ohne Verlag
1972
21,1 × 29,7 cm
Heft
Einfarbig
Bemerkungen:
Mit hellgrünem und rosa Umschlagpapier bekannt.
Z.: u. a. CRUMB, KIM UND SIMON DEITCH, LYNCH, OSBORNE, SHELTON, STURGEON UND WELZ.

Chinesische Comics
Gespenster, Mörder, Klassenfeinde
Düsseldorf-Köln: Eugen Diederichs Verlag
1976
11,5 × 18,5 cm
Taschenbuch Gelbe Reihe DG 11
China
Einfarbig
Z.: u. a.: CH'IEN, HSIA, HO, KU, LIU, LÜ, LUNG, PANG, WANG I-CH'IU, WANG TSE, WANG WEN-FANG, UND YÜEH

Chinesisches Horoskop
München: Friedrich W. Heye Verlag
September 1980
21 × 27 cm
Buch
Einfarbig
Z./T.: WILHELM
Bemerkungen:
Nachdruck im Herbst 1984. Broschierte Ausgabe, mit neuem Cover.

Cholera Comix
Frankfurt/M.?: Selbstverlag
ca. Anfang der 70er Jahre
15 × 21 cm
Heft
Einfarbig
Bd. 1
Z./T.: KRETSCHMER

Christine + Peter
Gießen: Brunnen Verlag
1978
14,8 × 10,5 cm
Heft
Farbig
Bd. 1–8
Z.: VALLOTTON

Cirka!
Innentitel: *Zirka*
Adliswil (Schweiz): Robert Tannen Verlag
1974
20,5 × 28,1 cm
Broschüre
Einfarbig
Z./T.: PORTMANN
Bemerkungen:
Enthält etwa zur Hälfte Cartoons u. ä. Enthält eine verpackte Rasierklinge als Beilage.

Classic Comic
Augsburg: RO-Schnelldruck
1978
21 × 29,6 cm
Broschüre
Farbig
Bd. 1
Z.: MAYRHOFER
T.: WOLFF
Bemerkungen:
Vertrieb aus Titelschutzgründen verboten.
Bd. 1: Gold in El Dorado

Classicomics
Nürnberg: Schwager & Steinlein

1974–1978
Bd. 1–9: 22 × 27 cm
Bd. 10–13: 23,1 × 28,4 cm
Broschüre
Farbig
Bd. 1–13
Bemerkungen:
Von Bd. 1–5 existiert eine Hardcover-Ausgabe.
Von Bd. 1–3 existieren mehrere Auflagen, von 2 und 3 auch mit Bandnummer.
Inhalt:
1: Robin Hood (Z.: RAMÒN DE LA FUENTE)
(2): Die Schatzinsel (Z.: RAMÒN DE LA FUENTE)
(3): Hank Morgan – Am Hofe König Arthurs (Z.: RAMÒN DE LA FUENTE)
4: In 80 Tagen um die Welt (Z.: RAMÒN DE LA FUENTE)
5: Der schwarze Pfeil (Z.: RAMÒN DE LA FUENTE)
6: Der letzte Mohikaner (Z.: REMOHI)
7: 20000 Meilen unter den Meeren (Z.: RAMÒN DE LA FUENTE)
8: Die drei Musketiere (Z.: MUSIO)
9: Michael Strogoff – Der Kurier des Zaren (Z.: RAMÒN DE LA FUENTE)
10: Cäsars Kampf in Gallien (Z.: VICTOR DE LA FUENTE UND RAPHAËL)
11: Attilas Horden (Z.: POIVET UND RIBERA/ T.: LÉCUREUX UND GODARD)
12: Der Todeskampf der Kreuzritter (Z.: MANARA UND RIBERA/T.: BASTIAN UND GODARD)
13: Karl der Grosse – Mit Kreuz und Schwert
Die Wikinger – Sturm auf Paris (Z.: COELHO/T.: OLLIVIER)

Class War Comix
Berlin: Petri
Februar 1980
17,4 × 24,5 cm
Heft, Einfarbig
Z.: HARPER

Clever & Smart
in geheimer Mission
Frankfurt/M.: Condor Verlag
1972 – Serie erscheint noch
21,5 × 29,5 cm
Broschüre
Farbig
Bd. 1–70 . . .
Z.: IBANEZ

Clever & Smart
in geheimer Mission
2. Auflage
Neuauflage der COMIC-Abenteuer von Clever & Smart
Frankfurt/M.: Condor Verlag
1979 – Serie erscheint noch
21,5 × 29,5 cm
Broschüre
Farbig
Bd. 1–30 . . .
Z.: IBANEZ
Bemerkungen:
Nachdruck Broschüren von 1972.

Clever & Smart
in geheimer Mission
Comic-Taschenbuch
Frankfurt/M.: Condor Verlag
1977 – Serie erscheint noch
13,3 × 18,4 cm
Taschenbuch, Farbig
Bd. 1–44 . . .
Z.: IBANEZ
Bemerkungen:
Es existiert eine 2. Auflage ab Nov. 1982.

Clever & Smart Sonderband
Frankfurt/M.:
Condor Verlag
Juni 1976 – Serie erscheint noch
21,6 × 29,5 cm
Broschüre
Farbig
Bd. 1–5 . . .
Z.: IBANEZ

Cobo
Esslingen: Sonja Thiel
August 1978–Februar 1979
21 × 29,7 cm
Geklammerte Einzelblätter
Bd. 1: Einfarbig
Bd. 2: Zweifarbig und einfarbig
Bd. 1–2
Z.: KORTUM: Bd. 2
MAAS: Bd. 1
RUOSS: Bd. 2
THIEL: Bd. 1
VARGA: Bd. 2

Coccobill
Zug (Schweiz): Gevacur
Juli 1975–1976
21,8 × 27,9 cm
Broschüre
Farbig
Bd. (1)–5
Z.: JACOVITTI
T.: SPIRA

Columbus
Wien (Österr.): Kronen-Vertrieb
1980 – Serie erscheint noch
30 × 22 cm
Buch
Einfarbig
Bd. 1–4 . . .
Z.: KIENBECK
KELLNER
T.: RIEDER
Bemerkungen:
Sammelbände mit Stripnachdrucken aus der Kronen-Zeitung.

Comic
Innentitel: Von dem Kinder-feindlichen zu dem Kinder-freundlichen Neubau-Wohngebiet
Hamburg: Studiengruppe der HfBK
1973
15 × 21,2 cm
Broschüre
Einfarbig
Bemerkungen:
Der Band enthält 23 Comics, die von insgesamt 53 Studenten Anfang 1973 erarbeitet und von Kindern mehrerer Schulen sowie einer Psychologin kommentiert wurden (150 Seiten Comics, 190 Seiten Kommentare u. ä.).
Z.: ALBRECHT, ARENDT, ASEFI, BACHMEISTER, BAUMANN, BEREND, BERNDT, BÖNNEMANN, BRINKMANN, DIETRICH, EVERS, FLEHER, FREITAG, GIELEN, GLUCK, GREVE, HAGEN, HAUX, HÉBERT, HERZOG, HOPFE, HUSMANN, IPSEN, ISENBERG, JOCHEN, JOST, KOTZKE, LAUTENSCHLÄGER, LEIFELD, LEKATSA, MAERZ, OHRT, ROSCHER, SCHIMMADE, SCHMITZ-MÖHR, SCHNEIDER-ESLEBEN, SCHUBERT, SEYBOTH, SIEBERTZ, SIGRIST, SIPER, SPECHT, SPYRA, TROMMER, TÜTTELMANN, TURNER, WEBER, WEGENER, WESSER, WOLFF, WURL, ZECH UND ZIPELIUS.
LEITUNG: PROF. J. P. WEBER.

Comic
Melzers
Weiterstadt: Melzer Verlag
April 1975
21 × 30,1 cm
Heft
Farbig und einfarbig
Bd. 0
Inhalt:

Patamouse (Z.: CALVO)
Flash Gordon (Z.: RAYMOND)
Vater will nicht (Z.: McMANUS)
Das tödliche Comic Heft (Z.: EISNER)
Sigurd Das Geisterschiff (Z.: WÄSCHER)
Eine mittelalterliche Burg (Z.: FOSTER)
Johnny Hazard (Z.: ROBBINS)
Little Nemo (Z.: McCAY)

Comic
Siehe: ***Kauka Comic***

Comic Action Album
ab Bd. 107: ***Action Comic***
Zug (Schweiz): Gevacur
1973–1975
Bd. 101–106: 21,7 × 27,9 cm
Bd. 107–112: 21 × 28,2 cm
Bd. 101–106: Broschüre
Bd. 107–112: Heft, Farbig
Bd. 101–112
Inhalt:
Bd. 101: Kuma (Z.: MENDEZ)
Bd. 102: Die Schatzinsel (Z.: GRUPO PREMIA 3)
Bd. 103: Andrax (Z.: BERNET/T.: WIECHMANN)
Bd. 104: Kronan (Z.: REMOHI/T.: WIECHMANN)
Bd. 105: Kuma (Z.: MENDEZ)
Bd. 106: Manos Kelly (Z.: PALACIOS)
Bd. 107: Andrax (Z.: BERNET/T.: WIECHMANN)
Bd. 108: Capitan Terror (Z.: MAROTO UND SOLÂ/T.: WIECHMANN)
Bd. 109: Cosmos Crew (Z.: MAROTO)
Bd. 110: Andrax (Z.: BERNET/T.: WIECHMANN)
Bd. 111: Cosmos Crew (Z.: MAROTO)
Bd. 112: Capitan Terror (Z.: MAROTO UND SOLÂ/T.: WIECHMANN)

Comic Archiv
Siehe: ***Comic Taschen Buch***

Comic Bestseller
Siehe: ***King Kong***
Die zehn Gebote

Comic Chance
Berlin:
Comicaze Verlagsgesellschaft
1979
20,9 × 28,5 cm
Heft
Einfarbig
Bd. 1
Z.: KAISER

Comic Express
Berlin: André Franke
1979
21,1 × 29,7 cm
Geklammerte Einzelblätter
Einfarbig
Bd. 1
Bemerkungen:
Kopien, nur jede 2. Seite bedruckt.
Inhalt:
Delta 4 (Z.: FRANKE)
Air Force (Z.: FRANKE)
Albert (Z.: FRANKE)
Detektei Anton (Z.: HEIKING)
Detektiv Schnippchen Schleicher (Z.: HEINZ), Nachdruck

Comic Gallery Piccolo
Wien (Österr.):
Heinz Pollischansky Verlag
1980 – Serie erscheint noch
26,4 × 19,7 cm
Buch
Einfarbig
Bd. 1–7 . . .
Inhalt:
Bd. 1: James Bond (Z.: McLUSKY/T.: FLEMING)
Bd. 2: Axa (Z.: ROMERO/T.: AVENELL)

Bd. 3: James Bond (Z.: McLUSKY/T.: FLEMING)
Bd. 4: Modesty Blaise (Z.: HOLDAWAY/ T.: O'DONNELL)
Bd. 5: Axa (Z.: ROMERO/T.: AVENELL)
Bd. 6: Flash Gordon (Z.: BARRY)
Bd. 7: Rip Korby (Z.: PRENTICE/T.: DIKKENSON)

Comic Giganten
Die Weltbesten
Alsdorf: Williams Verlag, Bd. 2–4, 6: Alsdorf: Bildschriftenverlag Abt. Williams, Bd. 5: Hamburg: Williams Verlag
1973
19,5 × 26,9 cm
Buch
Farbig und zweifarbig
Bd. 1–6
Inhalt:
Bd. 1: Dick & Doof
Bd. 2: Pelefant (Z.: ANDREASSON)
Bd. 3: Casper der kleine Geist
Bd. 4: Pelefant (Z.: ANDREASSON)
Bd. 5: Dick und Doof
Bd. 6: Tarzan
Äsops Fabeln: Bd. 2
Alptraum: Bd. 3
Spooky: Bd. 3
Susi (Z.: MAINOU): Bd. 2, 4
Wendy: Bd. 3

Comic-Kochbuch
Reinbek: Rowohlt Verlag
September 1979
12,5 × 19 cm
Taschenbuch rotfuchs 212
Einfarbig
Z./T.: LANGENFASS
Bemerkungen:
Am unteren Rand mit Daumenkino. Rückseiten-Comic von SCHNIEBEL.

Comic Pornostrip
Holzminden: Worldsex-press
1976
14,2 × 21 cm
Heft
Farbig
Bd. 1
Z.: HUSSER
T.: U. A. BÖNISCH

Comic Reader
Siehe: ***Melzers Comic Reader***

Comics
Bd. 1–4, 7–8: Weltbekannte Zeichenserien
Bd. 5: Sonderband Nostalgie
Reinbek: Carlsen Verlag
1971–1975
Bd. 1–2: 24,1 × 34 cm
Bd. 3–4: 24,5 × 34,7 cm
Bd. 5: 23,9 × 33,8 cm
Bd. 7–8: 22,5 × 30,5 cm
Broschüre
Einfarbig und farbig
Bd. 1–5, 7–8
Bemerkungen:
Bd. 6 nicht erschienen.
Inhalt:
Bd. 1: Peanuts (Z.: SCHULZ)
Hokuspokus (Z./T.: PARKER UND HART)
Rip Kirby (Z.: PRENTICE)
Willi Wacker (Z.: SMYTHE)
Buz Sawyer (Z.: CRANE)
Protest im Kindergarten (Z.: LAZARUS)
Balduin (Z.: WALKER)
Lolo (Z.: HANSEN)
Die Reporter (Z.: McWILLIAMS UND SAUNDERS)
Ferd'nand (Z.: MIK)
Max und Mizzi (Z.: BROWNE)
Phantom (Z.: SY BARRY/T.: FALK)

Otto und Molly (Z.: WEBER)
Comix-Mix (Z.: O'NEAL)
Belvedere (Z.: GREENWOOD), Cartoon
George (Z.: PARTCH), Cartoon
Dick Tracy (Z.: GOULD)
Blondie (Z.: YOUNG)
Hystoria (Z./T.: SHEPHARD UND COHN)
Popeye (Z.: SAGENDORF)
Rauchende Colts und rote Nasen (Z.: RYAN)

Bd. 2: Homo Sapiens (Z.: HART)
Boners Ranch (Z.: WALKER)
Peanuts (Z.: SCHULZ)
Rip Kirby (Z.: PRENTICE/T.: DIKKENSON
Brunhilde (Z.: MYERS)
Ludwig (Z.: HANAN)
Mamuschka (Z.: LAZARUS)
Phantom (Z.: McCOY/T.: FALK)
Li'l Abner (Z.: CAPP)
Paul (Z.: LÖÖF)
Mandra (Z.: DAVIS/T.: FALK)
Friday Foster (Z./T.: LAWRENCE UND LONGARON)
Alfredo (Z./T.: MOGENSEN UND CORNELIUS)
Pogo (Z.: KELLY)
Prinz Eisenherz (Z./T.: FOSTER)

Bd. 3: Steve Canyon (Z.: CANIFF)
Animal Crackers (Z.: BOLLEN)
Flash Gordon (Z.: DAN BARRY)
Der kleine König (Z.: SOGLOW)
Tiffany Jones (Z./T.: TOURRET UND BUTTERWORTH).
Ferd'nand (Z.: MIK)
Brenda Starr (Z.: MESSICK)
Barney Google (Z.: LASSWELL)
Rick O'Shay (Z.: LYNDE)
Mandra (Z.: DAVIS/T.: FALK)
Redeye (Z.: BESS)
Mary Perkins (Z.: STARR)
Winthrop (Z.: CAVALLI)
Rex Morgan (Z./T.: DALLIS, BRADLEY UND EDGINGTON)

Bd. 4: Willi Wacker (Z.: SMYTHE)
Modesty Blaise (Z.: HOLDAWAY/T.: O'DONNELL)
Barney Google (Z.: LASSWELL)
Flash Gordon (Z.: RAYMOND)
Dickie Dare (Z.: WAUGH)
Brun-Hilde (Z.: MYERS)
Scarth (Z./T.: ADDAMS UND ROCA)
Der Poet und sein Frauchen (Z.: MOGENSEN)
Terry und die Piraten (Z.: CANIFF)
Ferd'nand (Z.: MIK)

Bd. 5: Krazy Kat (Z.: HERRIMAN)
X-9 (Z.: RAYMOND)
Peanuts (Z.: SCHULZ)
Ming Fu (Z./T.: WALSH UND FANKSY)
Herr Schmerbauch (Z.: McMANUS)
Dick Tracy (Z.: GOULD)
Polly (Z.: STERRETT)
Li'l Abner (Z.: CAPP)
Die Katzenjammer Kids (Z.: KNEER)
Adamson (Z.: JACOBSSON)
Barney Baxter (Z.: MILLER)
Skippy (Z.: CROSBY)
King (Z.: GARY)
Popeye (Z.: SEGAR)
Phantom (Z.: MOORE/T.: FALK), Nachdruck aus ***Phantom*** (Aller): Bd. 8/54
Der närrische Zeichner (Z.: MOGENSEN)
Annie das Waisenkind (Z.: GRAY)
Blondie (Z.: YOUNG)
Tim (Z.: HERGÉ)
Sams Serie (Z./T.: WALKER UND DUMAS)

Bd. 7: Die Späher (Z./T.: LILLEY UND BURNS)
Li'l Abner (Z.: CAPP)
Der Poet und sein Frauchen (Z.: MOGENSEN)
Alma, Seele des Dragon (Z.: MAROTO)
Rick O'Shay (Z.: LYNDE)
Roscoe Sweeney (Z.: CRANE)
Steve Canyon (Z.: CANIFF)
Bd. 8: Romeo Brown (Z.: HOLDAWAY/T.: O'DONNELL)
Tug Transom (Z.: SINDALL/T.: O'DONNELL)
Tom Puss (Z.: TOONDER)
Spirit (Z.: EISNER)
Mamuschka (Z.: LAZARUS)
Feuerauge (Z.: BESS)
Jeff Hawke (Z.: JORDAN)
Li'l Abner (Z.: CAPP)

Die Comics
für die ganze Familie
Frankfurt/M.: Bulls Pressedienst
1978
22 × 31 cm
Heft
Farbig
Bd. 0
Inhalt:
Hägar (Z.: BROWNE)
Winnie Puuh
Woody der Komiker (Z.: HAMPLE)
Willi Wacker (Z.: SMYTHE)
Magnus der Magier (Z.: PARKER/T.: HART)
Neander aus dem Tal (Z.: HART)
Blondie (Z.: YOUNG UND RAYMOND)
Schütze A ... (Z.: WALKER)
Micky Maus
Tiger (Z.: BLAKE)
Popeye (Z.: SAGENDORF)
Prinz Eisenherz (Z./T.: MURPHY)
Teeny (Z.: HOLLEY)
Häuptling Feuerauge (Z.: BESS)
Flash Gordon (Z.: BARRY)
Modesty Blaise

Comic Spiegel
Das aktuelle Sammlermagazin
Ladenberg: Uschi und Reiner Feest Verlag
1980–1981
20,5 × 28,9 cm
Heft
Einfarbig
Bd. 1–5
Inhalt:
Axa (Z.: ROMERO/T.: AVENELL): Bd. 1–5
Insel der Gefahr (Z.: NEUBAUER): Bd. 4
Jungle Jim (Z.: RAYMOND): Bd. 1–5
Geheimagent X9 (Z.: RAYMOND): Bd. 3
Kull (Z.: JODLOMAN/T.: CONWAY): Bd. 2–5
Tim Tyler's Luck (Z.: LYMAN UND BOB YOUNG): Bd. 1–5

The Comic-Strip
Rüsselsheim: PPK-Verlag
1979
21 × 28,7 cm
Heft
Einfarbig
Z.: BECKHAUS, PAUL UND WILINSKI

Comicstrips
Siehe: ***Comix-Trips***

Comic Taschen Buch
Bd. 1: ***Comic Archiv***
Abi Melzer's Production
1976
11,8 × 18,8 cm
Taschenbuch
Einfarbig
Bd. (1)–4
Inhalt:
Bd. 1: Die Abenteuer zweier Ritter-

knaben (Z.: FOSTER), Roman mit Comicbildern
Bd. 2: Mandra der Zauberer (Z.: DAVIS/ T.: FALK)
Bd. 3: Bob und Frank (Z.: YOUNG)
Bd. 4: Tibor (Z.: WÄSCHER), Nachdruck der Bild Abenteuer Bd. 13, 17, 23, 29

Comic-Trips
(nur Innentitel)
Berlin: Rosa Winkel
1980
20,7 × 29,4 cm
Heft
Einfarbig
Z./T.: MÜLL

Die Comicwelt des Frank Frazetta
Abi Melzer's Production
1976
22 × 30 cm
Broschüre
Einfarbig
Z.: FRAZETTA

Comiczeit mit Adelheid
Siehe: ***Adelheid***

Comic Zeitung
Stuttgart: Ehapa Verlag
November 1974–1975
31,5 × 46,8 cm
Zeitung
Farbig und einfarbig
Bd. 1–4
Inhalt:
Kraftmeier (Z.: WEBER): Bd. 1–4
Herbie Groß in Fahrt : Bd. 1–4
Rip Korby (Z.: PRENTICE/T.: DICKENSON): Bd. 1–4
Blondie (Z.: YOUNG): Bd. 1–4
Donald Duck: Bd. 1–3
Damals im Neanderthal (Z.: HART): Bd. 1–4
Micky & Minnie: Bd. 1–4
Genius (Z.: OLDDEN): Bd. 1–4
Goofy: Bd. 1–4
Willi Wacker (Z.: SMYTHE): Bd. 1–4
Kieker (Z.: BLAKE): Bd. 1–4
Wizard (Z.: PARKER/T.: HART): Bd. 1–4
Bonnie's Arche (Z.: ADDISON): Bd. 1–4
Asterix (Z.: UDERZO/T.: GOSCINNY): Bd. 1–4
Wilhelm Busch: Bd. 2, 4
Cannon (Z.: ASBURY): Bd. 3
Donald's Neffen: Bd. 4
Strolchi: Bd. 4
Mausiges (Z.: SCHÄFER): Bd. 1, 4

Comix
Aus der Paradox-Serie:
Nürnberg: Panorama Verlagskooperative
Anfang der 70er Jahre
15,4 × 22,3 cm
Heft
Einfarbig
Z./T.: STUMMI UND RAINER

Comix
Siehe: ***Mickyvision***

Comixene Paperback
Siehe: ***INCOS-Sonderband***

Comixreprint
Hannover: INCOS/Comixene
Oktober 1975
15,1 × 21 cm
Heft
Einfarbig
Bd. 1
Z.: FRAZETTA
Bemerkungen:
Auflage 50 numerierte Exemplare. Dieser Band wurde anläßlich des 2.

INCOS-Kongresses nur für Mitglieder der INCOS (Interessengemeinschaft Comic Strip) herausgegeben.

Comix-Trips
ab Bd. 3: ***Comicstrips***
ab Bd. 3: International
Karlsruhe: Jürgen Maier
April 1975–April 1978
21 × 29,7 cm
Heft
Einfarbig
Bd. 1–5
Inhalt:
Bd. 1: Ein Recht auf Leben (Z.: KANE UND BUNKERS/T.: THOMAS)
Capella Frist bis . . . (Z.: HOFFMANN)
Im Schatten (Z./T.: MOSHER)
Rusty (Z./T.: LEGRAZIE)
Wo das Böse haust (Z./T.: MOSHER)
Seele, Traum & Ich (Z./T.: EISELE)
Swamp Thing (Z.: WRIGHTSON)
Bd. 2: Liebesmaschine (Z./T.: WORKMAN)
Thak (Z.: RUDEK)
Der Eremit (Z.: RUDEK)
Der Stein der Weisen (Z.: NEUMANN)
Kleine Träumereien (Z.: DREHER)
Albatross (Z./T.: VINCENT)
Dragons Ruf (Z.: PETERKA)
Conan (Z.: SMITH/T.: THOMAS)
Bd. 3: Dämona (Z./T.: JUNG)
Rawhide (Z./T.: BOLLMEYER UND EWIG)
Thak (Z.: RUDEK)
Trong Saga (Z.: PETERKA)
Tauwetter (Z.: SZYPURA)
Bd. 4: Sie nannten ihn Jzero (Z./T.: RUDEK)
Im Reiche Eden (Z./T.: RUDEK)
. . . der Welt den Frieden zu geben (Z./T.: RUDEK)
Bawarian (Z.: STARZER)
Dr. Tot (Z.: KUPNY)
Bd. 5: 2001: A Space Odyssey (Z.: STARZER)
Die Stadt der Götter (Z./T.: GLEIS)
Bawarian (Z.: STARZER)
Leben Tod Leben (Z./T.: HOLL)
Lam-Ra (Z.: HOLL)
Die Botschaft (Z.: HOLL)
Einsicht (Z.: HOLL)
Zerstörung (Z.: HOLL)
Der Mythos (Z.: HOLL)
Teil 3 . . . Fragen (Z.: HOLL)
Nervous Breakdown (Z./T.: BOLLMEYER)

Comm X
Berlin: Eduard Jakobsohn
1972
14,5 × 20,1 cm
Broschüre
Einfarbig
Z./T.: JAKOBSOHN U. A

Conan
Das Marvel-Superhelden-Comic-Taschenbuch
Der Barbar
Frankfurt/M.: Condor Verlag
1979 – Serie erscheint noch
13,5 × 18,5 cm
Taschenbuch
Farbig
Bd. 1–13 . . .
Z. u. T.:
ADAMS: Bd. 4
ADKINS: Bd. 6
BUCKLER: Bd. 5
BUNKERS: Bd. 8
BUSCEMA: Bd. 3–13

CHAN: Bd. 7, 9–13
CHAYKIN: Bd. 10–11
CHUA: Bd. 3–5
GAN: Bd. 8
GIORDANO: Bd. 6
MATTEIS: Bd. 13
McLEOD: Bd. 13
MONTANO: Bd. 7
PALMER: Bd. 6
PLOOG: Bd. 8
SINNOTT: Bd. 6
SMITH: Bd. 1–3
STARLIN: Bd. 10
THOMAS: Bd. 1–12
ZUNIGA: Bd. 11
KULL, der Eroberer in Bd.: 5–7, 10
ANDRU: Bd. 5
CHAYKIN:Bd. 7
CONWAY: Bd. 7
ENGLEHART: Bd. 7
SEVERIN, JOHN: Bd. 6–7
SEVERIN, MARIE: Bd. 6–7
THOMAS: Bd. 5–6
WOOD: Bd. 5
Der geflüchtete Planet: Bd. 4
Die Fremden aus dem All: Bd. 4
Die rote Sonja (Z.: BUSCEMA UND GIORDANO/T.: THOMAS): Bd. 5
Der scharze Ritter: Bd. 10
Das Hyborianische Zeitalter (Z.: CHAN/T.: THOMAS): Bd. 11

Conan der Barbar
Action Club Sonderausgabe
Wien (Österr.): Verein Action
1975
21 × 29,7 cm
Heft, Einfarbig
Bd. 1
Inhalt:
Conan (Z./T.: THOMAS, STARLIN, MILGROM, HOWARD UND JAKES)
Brak der Barbar (Z./T.: JAKES, MAYERIK UND SINNOTT)

Condor-Print Sonderband
Siehe: ***Clever & Smart Sonderband***

Conny
Mädchen Pferde Abenteuer
Bergisch Gladbach:
Bastei Verlag
August 1980 – Serie erscheint noch
18 × 26 cm
Heft
Farbig
Bd. 1–206 . . .

Die Coogah-Saga
Siehe: ***Roman-Comic Sonderband***

Copo
Das fröhliche Kinderbuch
Zürich (Schweiz): Bello-Verlag
Zürich (Schweiz): Aseva (Vertrieb)
Hrsg. Lebensmittelverein Zürich (LVZ)
1960–1962
21 × 21 cm
Buch
Einfarbig
Bd. 1–3
Z.: LIPS
T.: BRUGGMANN

Cosmic Ässid Comix
Ohne Verlag
1973
18,2 × 26 cm
Broschüre
Einfarbig
Z.: BODÉ, CRUMB, FOSTER, SCHRIER, SHELTON, SHERIDAN UND WALTHERS

Cowboy Kid
Siehe: ***Hartmuth Cowboy Kid***

El Coyote
Linz (Österr.): Schwicker Verlag

1951
18,6 × 26,7 cm
Heft
Titelgeschichte: farbig
Inhalt: einfarbig
Bd. 1–4
Inhalt:
El Coyote (Z.: BATET/T.: MALLORQUI)
Der Kapuzenmann (Z.: ADRIANO BLASCO/T.: HIPKISS)
Reiter im Weltenraum (Z.: DARNIS/T.: CARLOS M.)
Humor (Z.: BALLUF)
»Das Experiment Süd« (T.: PERTLWIESER)
Millionen Jahre zurück (T.: PERTLWIESER)
Billy the Kid (Z.: JESUS BLASCO/T.: ALEJANDRO BLASCO)
ab. Bd. 4: Die Perlfischer (Z.: ZECHMEISTER/T.: WACHSENEGGER)
ab Bd. 4: Abenteuer von MacLarry (Z.: ROSO/T.: GRANCH)

El Coyote
Schönau: Norbert Hethke Verlag
Januar 1979
18,5 × 26,7 cm
Heft
Einfarbig
Bd. 4
Bemerkungen:
Nachdruck. Bd. 1–3 erschien als Beilage in der »Sprechblase« Bd. 11, 13–14. Inhaltsangaben siehe Serie von 1951.

Cuno Clever
Geschäfte auf der Milchstraße
Stuttgart: Illu Press
Mai 1978
11,7 × 18 cm
Taschenbuch
Einfarbig
Bd. 1
Z./T.: REBUFFI UND CHENDI

D

Da biste Platt!
Berlin (DDR): Eulenspiegel-Verlag
1960
Buch
Einfarbig
Z.: SCHMITT

Dackel Schnipp
100 Abenteuer des Dackel Schnipp
Offenburg/Baden: A. Reiff Verlag
Nordwestdt. Presse- u. Buchvertrieb
1952
20 × 14 cm
Broschüre
Einfarbig
Bd. 1
Z.: THEO (D. I. BÖRRESEN)

Der Dämon
Siehe: ***Hit Comics***

Daffy
Bd. 55: Ostern
Hannover: Walter Lehning Verlag
Oktober 1960–April 1963
17 × 24 cm

Heft
Farbig
Bd. 1–56
Bemerkungen:
Bd. 23–29 haben an der hinteren Umschlagseite einen senkrechten Streifen mit Sammelbildern.
Inhalt:
Daffy
Pelle (d. i. Schweinchen Dick)
Susanne
Meister Reinecke
Familie Stackelbein
Der schnelle Freddy
Snurre (d. i. Bugs Bunny)
Pip und Sylvester (d. i. Tweety)
Pedro Vanilla
Petunia und Cicero
Henry Hauk
Pummel
Fast alle Serien: HANNA-BARBERA-STUDIO

Daktari
Original (Daktari) Bildergeschichten
Rastatt: Hebel-Verlag
1969?
15,5 × 23 cm
Broschüre
Farbig
Z.: SCARPELLI/JENNEY
T.: TORS/ERNST
Bemerkungen:
Es existieren zwei Auflagen:
1. Auflage: gelbes Cover (3,50 DM),
2. Auflage: grünes Cover (3,80 DM).

Dalla
erobert die Jugend
ab Bd. 12/1953: Die illustrierte Zeitung für die Jugend
ab Bd. 23/1953: Bunte Blätter für die junge Welt
Düsseldorf: Verlag Waso GmbH
Februar 1953–Juni 1954
23,3 × 31 cm,
ab Bd. 23/1953: 18,5 × 25,8 cm
Heft
Einfarbig, farbig,
ab Bd. 13/1954: teilweise zweifarbig
1. Jg. 1953: Bd. 1–26
2. Jg. 1954: Bd. 1/2, 3–24
Inhalt:
Knirps
Till Eulenspiegels lustige Streiche
Hein der Seemann (Z.: HEINZ)
Florians ganz tolle Abenteuer (Z.: CUVELIER)
Der fliegende Affe (Z.: VANDERSTEEN)
Die Königsmumie von Bagdad (Z.: HARDER)
Der Kampf ums Matterhorn
In der grünen Hölle
Allein über den Atlantik
Der Gefangene von Zenda
Ivanhoe der schwarze Ritter
Der Kampf um den Mount Everest
Die Giganten der Straße
Albert Schweitzer
Tony Jack
Professor Luftikus
Henry Dunant
Rocky Bill
Der lachende Wolf (Z.: VANDERSTEEN)
Die Rache der Rothäute
JoJo der Detektiv
Notlandung in Vichada
Der Chinese im roten Mantel (Z.: REDING)
Pitt und Patt
Tim und Struppi (Z.: HERGÉ)
Die Perlen der Königin (Z.: MACHEROT)
Unternehmen: Geissblatt (Z.: MACHEROT)
Bongo

Dan Cooper
Berlin-Hamburg: Koralle Verlag
März 1978–1981

21,9 × 28,9 cm
Broschüre
Farbig
Bd. 4–11
Z./T.: WEINBERG
Bemerkungen:
Bd. 1–3 in Zack Comic Box 18, 25 und 29.

Daniel Boone
Fess Parker
Aachen: Bildschriftenverlag
1966–November 1970
18 × 25 cm
Heft
Einfarbig, ab Bd. 14: farbig
Bd. 1–14
Z.: FREDERICKS
Bemerkungen:
Comic nach der Fernsehserie.
Bd. 4 teilweise unnumeriert.
Inhalt:
Zachariah, der Hausierer (auch: Zacharias der Indianerhändler, auch: Zacharias der Yankeehändler): Bd. 5–9, 12–14
Ben Bowie und seine Freunde: Bd. 10, 14
Gelbhaar: Bd. 9, 13
Rote Schwinge: Bd. 11

Darwin für Anfänger
Siehe: ***Sach-Comic***

Debbie
Zug (Schweiz): Omnia
November 1976
20,8 × 29,6 cm
Heft, Farbig
Bd. 1–6
Z.: BARGALLO (Cover)
Inhalt:
Reise in die Neue Welt: Bd. 1–6
Unser Lehrer, der Popstar: Bd. 1–6
Tanz auf dünnem Eis: Bd. 1–6
Belle's Boutique: Bd. 1–6
Ruf des Schicksals: Bd. 1–6
Gina: Bd. 1–6
Wanda: Bd. 1–6
Samson vom Erlenhof: Bd. 1–6
Berta und Benno (Gag-Strips, in Bd. 1 und 6 abgeschlossen, Bd. 2–5 als Fortsetzungen mit leeren Sprechblasen als Preisausschreiben)
Kommissar van Zanten (Rätsel-Strip): Bd. 1
Cupido!: Bd. 1–3
Goldmädchen: Bd. 2–6
Daisy Denzler: Bd. 4–6

Dein Lese-Kino
Siehe: ***Die gelben Hefte***

Den
Fantastische Reise nach Nirgendwo
Linden: Volksverlag
1978
21,8 × 28,7 cm
Broschüre
Farbig
Z.: CORBEN
Bemerkungen:
Es existiert eine Luxusausgabe von 100 Exemplaren, die numeriert und signiert sind. Diese Ausgabe erschien als Buch mit Schutzumschlag.

Dennis
ist der Beste
Bergisch Gladbach: Bastei Verlag
Juni 1977–Oktober 1978
18,1 × 26 cm
Heft
Farbig
Bd. 1–35
Inhalt:
Dennis
Drops & Dattel

Muckefuck (Z.: SERRAT)
Robbie (Z.: ARBO)

Dennis
Siehe: ***Fernseh Lausbub***

Detektiv Schmidtchen
Siehe: ***Mill's Comic-Leckerbissen***

Deutsches MAD
Siehe: ***MAD***

Devil-Man
Siehe: ***Hit Comics***

Die Diamanten des Dschungels
Siehe: ***Akim***

Das dicke Schmitt-Buch
Berlin (DDR): Eulenspiegel Verlag
1974
20,5 × 28,6 cm
Buch
Einfarbig
Z.: SCHMITT
Bemerkungen:
Mit Schutzumschlag.
Inhalt:
Die Arche Noah
Nixi
Kuno Wimmerzahn
Schwester Monika
Ede, der Tierparklehrling
Ede, der Tierfänger
Schmitts Tierleben
Zirkus Alberto
Berufslexikon
Kleine Auslese
Kollege Blech
Adam und Evchen
Gabels Weltraumabenteuer
Die Karikatur im Dienste der Wissenschaft

Dicklio und Dünnlio
Ein Kinder-Comic
Basel (Schweiz): Lenos Presse
1973
14,8 × 21 cm
Broschüre
Einfarbig
Z.: STEINER UND TANNER
Bemerkungen:
Bd. 73 der Reihe »Litprint«.

Dick und Doof
Bd. 1–10: ***Laurel und Hardy***
Bd. 11–116: ***Dick und Doof***
Bd. 117–198: ***Dick & Doof***
Bd. 145–164, 167, 168, 173, 174: Humor Comic
Bd. 165, 166, 169–172, 175–198: Kicher Comic
Aachen: Bildschriftenverlag
Bd. 111–129: Alsdorf/Aachen: Bildschriftenverlag
Bd. 121–130: Alsdorf: Bildschriftenverlag
Bd. 133–142: Alsdorf: Williams-Verlag
Bd. 143–152: Alsdorf: Bildschriftenverlag, Abt. Williams
Bd. 153–154: Hamburg: Bildschriftenverlag, Abt. Williams
Bd. 155–174: Hamburg, Williams-Verlag
Bd. 175–198: Hamburg: Klaus Recht GmbH
1964–November 1975
18 × 25 cm
Heft
Farbig
Bd. 1–130, 133–198 (Bd. 1, 2: unnumeriert, Bd. 3 als 3A bezeichnet)
Z.: HARMON, MAINOU U. A.
Bemerkungen:
Bd. 131 und 132 nicht erschienen.
Inhalt:

Loo (Z.: BOB WILLIAMS)
Mister Magoo
Petey (Z.: BOB WILLIAMS)
Kookie Koyote
Willi (Z.: BOB WILLIAMS)
Otto (Z.: BOB WILLIAMS)
Bozo (Z.: HARMON)

Dick und Doof
Bd. 2: Sonderausgabe
ab Bd. 4: Comic Gross Album
Aachen: Bildschriftenverlag
1968–1972
18,5 × 26 cm
Broschüre
Farbig
Bd. 1: unnumeriert, Bd. 2–4: numeriert, ein Bd. ohne Nummer (1, 95)
Bd. 10–18
Z.: HARMON, MAINOU U. A.
Bemerkungen:
Mehr nicht erschienen.

Dick und Doof
Bd. 3–4: ***Dick & Doof***
durch dick und dünn
Aachen: Bildschriftenverlag, ab
Bd. 2: Alsdorf: Bildschriftenverlag
1971–1972
12,4 × 18,2 cm
Taschenbuch
Farbig und einfarbig
Bd. 1–4
Inhalt:
Dick und Doof (Z.: MAINOU U. A.):
Bd. 1–4
Loo (Z.: WILLIAMS): Bd. 1

Dick & Doof
Siehe: ***Comic Giganten***
Williams Maxi Album

Dick & Doof als Maler Klecksel
Alsdorf: Williams Verlag
ca. 1975
20,4 × 23,5 cm
Broschüre
Einfarbig
Bd. 2
Bemerkungen:
Comic-Malbuch. Bd. 1 ist ***Charlie Chaplin.***
Siehe auch: ***Male deine Lieblinge bunt Dick & Doof, Malen und Lachen mit Dick & Doof.***

Der Dieb von Bagdad
Siehe: ***Ali Khim der Dieb von Bagdad***

Dieser Mann hat unsere Zukunft gestohlen
Köln: Rollbuch-Verlag (Virginity), Achim Schnurrer
1971
20,7 × 29,3 cm
Heft
Einfarbig
Z./T.: SCHNURRER
Bemerkungen:
Alle Angaben für 2. erweiterte Auflage. Stilistisch ein Grenzfall.

Dirty Comics
A History of the Eight-Pagers
München: Triangel Werbe- und Verlagsunion
Ohne Jahr
21,1 × 29,7 cm
Broschüre
Einfarbig
Bemerkungen:
Nachdruck von Sex in Comics, Bd. 2

Disciplin
Ohne Verlag
Ohne Jahr
14,8 × 21,1 cm
Heft

Einfarbig
Bemerkungen:
Zweisprachig dänisch und deutsch.

Disneyland
Das Lieblingsblatt aller Jungen und Mädchen
Stuttgart: Ehapa Verlag
September 1972–Juni 1974
26 × 32 cm
Heft
Farbig
1972: Bd. 1–7
1973: Bd. 1–26
1974: Bd. 1–13
Inhalt:
Dumbo: 1972: Bd. 1–7, 1973: Bd. 26, 1974: Bd. 1–9, 11, 13
Cinderella erzählt: 1972: Bd. 1–7, 1973: Bd. 1–26, 1974: Bd. 1–13
Neues vom Dschungelbuch: 1972: Bd. 1–7, 1973: Bd. 1–26, 1974: Bd. 1–13
Alice im Wunderland: 1972: Bd. 1, 3, 5, 7, 1973: Bd. 2, 4, 6, 8, 10, 12, 14, 16, 18, 20, 22–26, 1974: Bd. 1–7
Peter Pans Abenteuer: 1972: Bd. 1–7, 1973: Bd. 1–26, 1974: Bd. 1–13
Abenteuer mit Strolchi: 1972: Bd. 1–7, 1973: Bd. 1–22
Aristocats: 1972: Bd. 1–7, 1973: Bd. 1–3
Pinocchio: 1972: Bd. 2, 4, 6, 1973: Bd. 1, 3, 5, 7, 9, 11, 13, 15, 17, 19, 21, 23–26, 1974: Bd. 1–8
Donald Duck: 1972: Bd. 3
Ahörnchen und Behörnchen: 1972: Bd. 5, 1973: Bd. 10, 12
Strolchi: 1972: Bd. 7, 1973: 2–3, 5
Pongo und Perdita: 1973: Bd. 4–13
Micky Maus: 1973: Bd. 6
Blauweiss Eintracht – Gelbweiss Zwietracht: 1973: Bd. 14–22
Der Pinguin mit der Pudelmütze: 1973: Bd. 23–25
Merlin und Mim: 1973: Bd. 26, 1974: Bd. 1–3
Das große Radrennen: 1974: Bd. 4–8
Das große Sportfest: 1974: Bd. 10–13

Disney Pocket
Stuttgart: Ehapa Verlag
Oktober 1978–1983
10,5 × 17,8 cm
Taschenbuch
Einfarbig
Bd. 1–22
Bemerkungen:
Disney-Zeitungsstrips.
Inhalt:
Donald Duck: Bd. 2, 5, 8, 11, 15, 19
Goofy: Bd. 3, 9, 13, 17, 21
Micky Maus: Bd. 1, 6, 10, 14, 18, 22
Strolchi: Bd. 4, 7, 12, 16, 20

Djin-Hua und der Bär
Peking (China): Vlg. für fremdsprachige Literatur
1979
18,2 × 17,2 cm
Broschüre
Farbig
Z.: DJIANG

Doc Savage
Aachen: Bildschriftenverlag
1967
18 × 25 cm
Heft
Einfarbig
Bd. 1
Z.: SPARLING, Titelbild: BAMA

Doggy
Sonder-Ausgabe
Hannover: Walter Lehning Verlag
1961
17 × 24 cm

Heft
Farbig, zweifarbig
Bd. 1–2
Z.: HANNA-BARBERA-STUDIO
Inhalt:
Doggy (d. i. Hucky): Bd. 1, 2
Texas-Jäcki: Bd. 1
Pixi, Dixi und Kater Murr: Bd. 1, 2
Pegga: Bd. 1, 2
Kater Murr: Bd. 2
Schimmelchen Hüh: Bd. 2
Pixi und Dixi: Bd. 2

Doktor Solar
Bd. 1, 12–24: Der Atom-Mensch
Bd. 2, 15–22, 24: Der Atommensch
Bd. 23: Der Atommenschen
Aachen: Bildschriftenverlag
November 1966–1969
18 × 25 cm
Heft
Einfarbig
Bd. 1–24
Z.: Bd. 1– 5: FUJITANI
Bd. 5–19: BOLLE
Bd. 20–24: McWILLIAMS
Titelbilder Bd. 1 und 2: POWERS
Inhalt:
Professor Harbinger (Z.: CRAWFORD): Bd. 2–24
Das Ding im Meer: Bd. 11
Das Quiz-Genie (Z.: BECK-COSTANZA/ T.: EVERSON): Bd. 15
Ich schalte die Vergangenheit ein: Bd. 19
Das Ding mit dem Meteor: Bd. 20
Fliegende Untertassen greifen Südamerika an: Bd. 21
Ufos in Frankreich: Bd. 21
Der Diebstahl der Ausserirdischen: Bd. 22
Die Beobachtung des Pfadfinderführers: Bd. 22
Das Rätsel von Socorro: Bd. 23
Angriff bei Wanaque: Bd. 23
Der Pilot, der . . . ein Ufo jagte: Bd. 24
Der Nachtangriff: Bd. 24

Doktor Strange der Magier
Meister der mystischen Mächte
Hamburg: Williams Verlag
Oktober 1975–September 1976
17,6 × 26 cm
Heft
Farbig
Bd. 1–12
Inhalt
Doktor Strange: Bd. 1–12
Gib mir kein Grab!: Bd. 1
Reisen ins Mysterium: Bd. 2
Reise ohne Wiederkehr: Bd. 3
Die Spinne (Auszug aus Spinne-Heft 68): Bd. 12
Z. u. T.:
ADKINS: Bd. 1–2
COLAN: Bd. 4–10, 12
DITKO: Bd. 2–11
HOWARD: Bd. 1
KANE: Bd. 1
LEE: Bd. 2–12
MOONEY: Bd. 12
PALMER: Bd. 1, 3, 5, 7, 10, 12
ROMITA: Bd. 12
THOMAS: Bd. 1–10, 12

Dolomiti
Bd. 1: Extra
Bd. 1–3: Komik-Kiste für kluge Köpfe
Hamburg: Partner Verlag, Herausgeber: Langnese-Iglo
1978–1979
20,2 × 27 cm
Heft
Farbig
Bd. (1)–3
Bemerkungen:
Werbecomic, der verkauft wurde.
Inhalt:

Der Grünofant (Z./T.: GOLLER):
Bd. 1–3
Die Dolomiti (Z.: LANGENFASS):
Bd. 1–3
Zonga (Z.: REITZ): Bd. 1–3
Häuptling Brauner Bär (Z.: KAIP):
Bd. 1–3

Donald Duck
Stuttgart: Ehapa Verlag, ab Bd. 196 in Gemeinschaft mit Egmont Verlag, Wien-Zollikon
September 1974 – Serie erscheint noch
13,3 × 18,6 cm
Taschenbuch
Farbig
Bd. 1–329 . . .

Donald Duck
2. Auflage
Stuttgart: Ehapa Verlag, ab Bd. 47 in Gemeinschaft mit Egmont Verlag, Wien-Zollikon
Juni 1978 – Serie erscheint noch
13,3 × 18,6 cm
Taschenbuch
Farbig
Bd. 1–86 . . .
Bemerkungen:
Nachdruck der Serie von 1974. Bd. 13 ist ein Nachdruck von 17, 14/23, 17/20, 20/13, 21/14 und 23/21.

Donald Duck
Siehe: ***Die tollsten Geschichten von Donald Duck***

Donald Duck liest Brecht
Großhansdorf: Duck Museum
Dezember 1980
10,3 × 14,5 cm
Heft
Einfarbig
Z.: REICHE
Bemerkungen:
Sonderheft 7 von »Der Hamburger Donaldist«.

Don Pedro
Siehe: ***Hot Jerry***

Die Drachenbrüder
Peking (China): Vlg. für fremdsprachige Literatur
1980
16,2 × 18,3 cm
Broschüre
Farbig
Z.: GAN UND ZHANG
T.: CAN UND JIAN

Das Drachenbuch
Frankfurt/M.: Insel Verlag
1966
23,3 × 17,8 cm
Buch
Farbig
Z.: SCHMÖGNER

Das Drachenbuch
Frankfurt/M.: Büchergilde Gutenberg
1971
23,4 × 17,8 cm
Buch
Farbig
Z.: SCHMÖGNER

Das Drachenbuch
Frankfurt/M.: Insel Verlag
1972
10,9 × 17,7 cm
Taschenbuch it 10
Farbig
Z.: SCHMÖGNER

Dracula
Die Gruft von Graf

Hamburg: Williams Verlag, ab Bd. 10: Hamburg: Klaus Recht Verlag, ab Bd. 19: Williams Verlag
Januar 1974– September 1976
Bd. 1–5: 17,4 × 25,1 cm,
Bd. 6–20: 17,1 × 24,5 cm,
Bd. 21–33: 17,8 × 26 cm
Heft
Farbig
Bd. 1–33
Bemerkungen:
Bd. 5 auf der Liste der jugendgefährdenden Schriften.
Inhalt:
Dracula und andere Horrorcomics
Z. u. T.:
ABEL: Bd. 10–11
ADKINS: Bd. 1, 6
AYERS: Bd. 23
BELL: Bd. 31
BLOCH: Bd. 4
BRIEFER: Bd. 10
BROWN: Bd. 9
BRUNNER: Bd. 2
CHUA: Bd. 3, 8
COLAN: Bd. 1–33
COLLETTA: Bd. 9
CONWAY: Bd. 12
COSTA: Bd. 4
DIPRETA: Bd. 22
DITKO: Bd. 26, 32
EFFINGER: Bd. 1, 3
EVERETT: Bd. 3, 12
FOX: Bd. 3, 5–6
GANTZ: Bd. 9
GERBER: Bd. 6
GOODWIN: Bd. 3–4
GOULART: Bd. 4
HECK: Bd. 3, 30
INFANTINO: Bd. 6
KANE: Bd. 4
KIRBY: Bd. 29
LAWRENCE: Bd. 8
LEE: Bd. 6, 13, 31
LIEBER: Bd. 31
MANEELY: Bd. 16
McGREGOR: Bd. 11
PALMER: Bd. 3–7, 12–33
PIKE: Bd. 5, 7, 31
REESE: Bd. 4
REINMAN: Bd. 26, 28, 30
RUSSELL: Bd. 16
SHORES: Bd. 11
SINNOTT: Bd. 14
SKEATES: Bd. 5
THOMAS: Bd. 2
TUSKA: Bd. 27
WEIN: Bd. 8–9
WILDEY: Bd. 23
WOLFMAN: Bd. 7–33

Drago
Bibliothek der grossen Comics
Schönau: Norbert Hethke Verlag
August 1979
20,9 × 28 cm
Buch
Einfarbig
Z.: HOGARTH

Dragon Gigant des Kung-Fu
Superman präsentiert:
Stuttgart: Ehapa Verlag
Oktober 1976–1978
21,8 × 28,8 cm
Broschüre, Farbig
Bd. 1–3
Z. u. T.:
ABEL: Bd. 3
DARLIN: Bd. 1
DENNIS: Bd. 1–3
ESTRADA: Bd. 2–3
O'NEIL: Bd. 1–3
WEISS: Bd. 1
WOOD: Bd. 2

Die 3 Asse
Bd. 1–2: ***3 Asse***

Bd. 3–8: Super-Action Comic-Stories
Hamburg: Kai-Uwe Wolff, ab Bd. 3:
Berlin: Peter Bald
Mai 1977–Juni 1982
Bd. 1: 14,9 × 5,1 cm
Bd. 2: 13,8 × 4,7 cm
Bd. 3–6: 14,8 × 21 cm
Bd. 7–8: 21 × 29,7 cm
Heft
Einfarbig
Bd. 1–8
Bemerkungen:
Von Bd. 1–2 existieren Nachauflagen im größeren Format.
Inhalt:
3 Asse (Z.: WOLFF): Bd. 1–8
Das Grauen um Mitternacht (Z.: RICKY): Bd. 5
Stripmix! (Z.: KERSTEN): Bd. 5–6
Ben-Biggs (Z.: ROCKSIEN/T.: MÜLLER): Bd. 6
Donald Schluck (Z.: RICKY): Bd. 6

Die 3 Bill's
Hamburg: Alfons Semrau Verlag
Oktober 1953–April 1954
17 × 8 cm
Heft
Einfarbig
Bd. 1–27
Z.: Bd. 1– 9: BENVENUTI
Bd. 10–19: BENVENUTI UND D'AMI
Bd. 20–27: D'AMI
Titelköpfe: BENVENUTI
T.: BONELLI

Die 3 Bill's
Hamburg: Alfons Semrau Verlag
Juni 1954–August 1954
17 × 23 cm
Heft
Farbig
Bd. 1–5
Z.: BENVENUTI
T.: BONELLI
Bemerkungen:
Nachdruck:
Bd. 1: *Die 3 Bill's (Piccolo) Bd. 1 Seite 1–32*, Bd. 2: *Die 3 Bills Bd. 2 Seite 1–32*, Bd. 3: *Die 3 Bill's Bd. 3 Seite 1–32*, Bd. 4: *Die 3 Bill's Bd. 4 Seite 1–6, 8–12, 13 (3. Bild), 14 (ohne 1. Bild)–32*, Bd. 5: *Die 3 Bill's Bd. 5 Seite 1–23, 25–27, 28 (2. Bild), 29 (2. Bild), 30–32*
Inhalt:
Brainey Buster: Bd. 4
Tim (Z.: MANBERTO): Bd. 5

3-D Bilderhefte
Bd. 1: Der 3-Dimensionale Schlager Mighty Mouse
Bd. 2: Tor und Chee-Chee
Hamburg: Mondial-Verlag GmbH
November 1953–Januar 1954
19 × 26,5 cm
Heft
Zweifarbig
Bd. 1–2 (unnumeriert)
Z.: Mighty Mouse: TERRY
Tor: KUBERT/T.: MAURER
Bemerkungen:
Beide Bände in 3-D und mit Brille.

3 D-Druck
Berlin (DDR): Verlag Junge Welt
Budapest: Ifjúsági Lapkiadó Vállalat
1958
12 × 8,2 cm
Heft, Zweifarbig
Bd. 1–4 (unnumeriert)
Bemerkungen:
Bände in 3-D und mit Brille.
Titel:
1: Brimm und Brumm (Z.: SZAKMÁRY/ T.: KÁHNÁN)
2: Der süße Brei (Z.: ENDRÖDI/ T.: GORDON)

3: Hans im Glück (Z.: ENDRÖDI/ T.: GORDON)
4: Der Zauberlehrling (Z.: DARGAI/ Gedicht von Goethe)

Die drei Diebe
Eine Geschichte
vom Zundelfrieder
Frankfurt/M.: Insel Verlag
1977
10,8 × 17,7 cm
Taschenbuch it 271
Einfarbig
Z.: HÄMMERLE
T.: HEBEL

3 Musketiere
A. Dumas, ab Bd. 11: nach A. Dumas
Darmstadt: Verlag für moderne Literatur,
ab Bd. 8: Hamburg: Titanus-Verlag
April 1954–März 1955
17 × 24 cm schwankend,
ab Bd. 11: 15 × 21 cm
Heft
Farbig, ab Bd. 11: einfarbig
Bd. 1–12
Z.: NICKEL

3 Musketiere
Siehe: ***Die Abenteuer der drei Musketiere***

Das dritte große Peanuts Buch
Siehe: ***Das große Peanuts Buch***

Dritte Welt Information
Frankfurt/M.: Evangelischer Pressedienst
1976–1980
Bd. 10/76–12–13/77:
14,6 × 20,9 cm
Bd. 13–15/80: 20,9 × 29,6 cm
Bd. 16/17/80: 14,8 × 20,9 cm (8seitiges Faltblatt. Texte zum Comic)
Heft
Einfarbig
Bd. 10/76, 9–10/77, 12–13/77, 13–15/80 und 16/17/80
Bemerkungen:
Von Bd. 10/76 und 12–13/77 gibt es eine bearbeitete Neuauflage in DIN A4.
Inhalt:
Marion unterwegs (T.: HÖGERLE, RUSCH UND USZKOREIT/Z.: HÖGERLE): Bd. 10/76, 12–13/77
Ein Volk kämpft: Bd. 9–10/77
Der Reichtum der Anden (Z./T.: HÖGERLE, MAYDELL, SCHNEIDER, VALIENTE UND AYALA): Bd. 13–15/80
Es handelt sich um Bildfolgen, die für sich verständlich sein sollen (für Analphabeten) und eine darunter parallel laufende Textversion.
Beilage zum vorigen Band: Mit Erläuterungen Bd. 16/17/80

Dschungel Boy
Abenteuer eines Urwaldkindes
Hamburg: Williams Verlag
Juli 1975–April 1978
17,5 × 25 cm
Bd. 1–2: Broschüre
Bd. 3: Heft
Farbig
Bd. 1–3

E

Die echte Lassie
Siehe: ***Lassie***

Ede
die Gurke
Hamburg: Michael Götze und Otto Krause
Anfang der 70er Jahre
Heft
Einfarbig
Z.: GÖTZE UND KRAUSE
Bemerkungen:
45 Exemplare in verschiedenen Druckverfahren hergestellt: Offset-, Sieb- und Umdruck.

Ede
und sein Hamster
Hamburg: Michael Götze und Otto Krause
1975
14,7 × 20,9 cm
Heft
Einfarbig
Bd. 1
Z.: GÖTZE UND KRAUSE

Ede der Tierparklehrling
Berlin (DDR): Eulenspiegel-Verlag
1964
12 × 19,5 cm
Buch
Einfarbig
Z.: SCHMITT
Bemerkungen:
Mehrere Auflagen.

Eduard
Bayreuth: Loewes Verlag Ferdinand Carl KG
1973
15,3 × 21,5 cm
Buch
Einfarbig
Bd. 1–2
Z.: LEMKE UND PRICKEN
T.: WAGNER
Bd. 1: Eduard, der Lebensretter
Bd. 2: Eduard macht Urlaub
Bemerkungen:
Jeweils mit Malposter.

Ehapa-Filmband
Bd. 1: ***Superman der Film***
Bd. 2: ***Superman-Filmband***
Stuttgart: Ehapa Verlag, Bd. 4 in Gemeinschaft mit Egmont Verlag, Wien-Zollikon
1979 – Serie erscheint noch
Bd. 1–3, 5–7: 22,4 × 30,5 cm,
Bd. 4: 21,5 × 28,9 cm
Broschüre
Farbig
Bd. (1)–7 . . .
1: Superman der Film (Z.: SWAN, ANDERSON UND INFANTINO/T.: BRIDWELL), wenig Comics
2: Superman II, nur 2 Seiten Comics
3: Popeye, Fotocomic zusammengestellt von ANOBILE
4: Mrs. Brisby und das Geheimnis von Nimh
5: Superman III (Z.: SWAN UND AMENDOLA/T.: BATES)
6: Indiana Jones und der Tempel des Todes (Z.: GUICE, AKIN UND GARVEY/T.: MICHELINIE)
7: Star Trek III (Cover: CHAYKIN/Z.: SUTTON, VILLAGRAN UND WOLFMAN/T.: BENNETT UND BARR)

Ehapa-Sonderband
Stuttgart: Ehapa-Verlag
1966
18 × 24 cm
Heft
Farbig
Bd. 1–2 (unnumeriert)
Inhalt:
Zorro (Z.: TOTH): ein Band. Nachdruck aus Micky-Maus-Beilagen: »Zorro«, »Der Geheimgang« (Eine vollständige Beilage), »Kampf dem Adler« (Nur eine Geschichte einer Beilage). Der Nachdruck ist bis auf wenige Bildkürzungen unverändert. Die enthaltenen Geschichten: »Die Leuchter von San Portola« und »Zorro hat seinen Spaß« sind Erstveröffentlichungen.
Michael Voss (d. i. Michel Valliant) (Z.: GRATON): ein Band. »Das große Duell«: Nachdruck aus Mickyvision Bd. 3–8 von 1965.

Ehapa-Taschenbuch
Stuttgart: Ehapa Verlag
1976–1981
10,5 × 17,8 cm
Taschenbuch
Einfarbig
Bd. 1–76
Inhalt
1: Hägar (Z.: BROWNE)
2: Popeye (Z.: SAGENDORF)
3: Willi Wacker (Z.: SMYTHE)
4: Dennis (Z.: KETCHAM), kein Comic
5: Die Pfifferlinge (Z.: WALKER)
6: Willi Wacker (Z.: SMYTHE)
7: Magnus der Magier (Z.: PARKER/T.: HART)
8: Hägar (Z.: BROWNE)
9: Dennis (Z.: KETCHAM), kein Comic
10: Neander aus dem Tal (Z.: HART)
11: Popeye (Z.: SAGENDORF)
12: Magnus der Magier (Z.: PARKER/T.: HART)
13: Hägar (Z.: BROWNE)
14: Willi Wacker (Z.: SMYTHE)
15: Hermann (Z.: UNGER), kein Comic
16: Dennis (Z.: KETCHAM), kein Comic
17: Neander aus dem Tal (Z.: HART)
18: Willi Wacker (Z.: SMYTHE)
19: Hägar (Z.: BROWNE)
20: Magnus der Magier (Z.: PARKER/T.: HART)
21: Hermann (Z.: UNGER), kein Comic
22: Aktiv-Pepe (Z.: COLOMER)
23: Dennis (Z.: KETCHAM), kein Comic
24: Magnus der Magier (Z.: PARKER/T.: HART)
25: Peanuts (Z.: SCHULZ)
26: Hägar (Z.: BROWNE)
27: Willi Wacker (Z.: SMYTHE)
28: Neander aus dem Tal (Z.: HART)
29: Dennis (Z.: KETCHAM), kein Comic
30: Woody Allen (Z.: HAMPLE)
31: Hermann (Z.: UNGER), kein Comic
32: Magnus der Magier (Z.: PARKER/T.: HART)
33: Hägar (Z.: BROWNE)
34: Willi Wacker (Z.: SMYTHE)
35: Neander aus dem Tal (Z.: HART)
36: Magnus der Magier (Z.: PARKER/T.: HART)
37: Peanuts (Z.: SCHULZ)
38: Dennis (Z.: KETCHAM), kein Comic
39: Willi Wacker (Z.: SMYTHE)
40: Hägar (Z.: BROWNE)
41: Woody Allen (Z.: HAMPLE)
42: Beetle Bailey (Z.: WALKER)
43: Peanuts (Z.: SCHULZ)
44: Neander aus dem Tal (Z.: HART)
45: Hägar (Z.: BROWNE)
46: Willi Wacker (Z.: SMYTHE)
47: Hermann (Z.: UNGER), kein Comic
48: Magnus der Magier (Z.: PARKER/T.: HART)
49: Beetle Bailey (Z.: WALKER)

50: Dennis (Z.: KETCHAM), kein Comic
51: Neander aus dem Tal (Z.: HART)
52: Woody Allen (Z.: HAMPLE)
53: Hägar (Z.: BROWNE)
54: Peanuts (Z.: SCHULZ)
55: Magnus der Magier (Z.: PARKER/T.: HART)
56: Willi Wacker (Z.: SMYTHE)
57: Peanuts (Z.: SCHULZ)
58: Woody Allen (Z.: HAMPLE)
59: Neander aus dem Tal (Z.: HART)
60: Dennis (Z.: KETCHAM), kein Comic
61: Hägar (Z.: BROWNE)
62: Willi Wacker (Z.: SMYTHE)
63: Beetle Bailey (Z.: WALKER)
64: Magnus der Magier (Z.: PARKER/T.: HART)
65: Hägar (Z.: BROWNE)
66: Dennis (Z.: KETCHAM), kein Comic
67: Neander aus dem Tal (Z.: HART)
68: Woody Allen (Z.: HAMPLE)
69: Hermann (Z.: UNGER), kein Comic
70: Peanuts (Z.: SCHULZ)
71: Magnus der Magier (Z.: PARKER/T.: HART)
72: Willi Wacker (Z.: SMYTHE)
73: Peanuts (Z.: SCHULZ)
74: Woody Allen (Z.: HAMPLE)
75: Neander aus dem Tal (Z.: HART)
76: Dennis (Z.: KETCHAM), kein Comic

Eico Rifflor
Oldenburg: RCI (Bläcker)
September 1980–1981
Bd. 1: 16,9 × 24,5 cm,
Bd. 2: 14,7 × 21 cm,
Bd. 3: 14,9 × 20,9 cm
Heft
Einfarbig
Bd. 1–3
Inhalt:
Eico Rifflor (Z.: PONTIUS/T.: BAUR): Bd. 1–3
Duell in der Sierra (Z.: HAHN): Bd. 1–3

Einfälle und Reinfälle
Berlin (DDR): Eulenspiegel-Verlag
1957
Buch
Z.: BIDSTRUP/T.: KULTZSCHER

Ein Mann ein Abenteuer
Siehe: ***Mann ein Abenteuer, Ein***

Der einsame Reiter
Aachen: Bildschriftenverlag
1969–April 1971
18 × 25 cm
Heft
Einfarbig, ab Bd. 10: farbig
Bd. 1–19
Z.: TRIMPE/VERPOORTEN?
Bemerkungen:
Einsame Reiter (d. i. Lone Ranger).
Inhalt:
Die Geheimnisse des Totempfahls: Bd. 1
Kleiner Bär (Z.: MAXON): Bd. 1–4
Gelbhaar: Bd. 3, 6
Zacharias der Händler (auch Zacharias der Indianerhändler und Zachariah der Indianerhändler): Bd. 2, 8, 19
Das Leben im Westen: Bd. 4
Rote Schwinge: Bd. 7
Doc Hunter: Bd. 6, 8
Ben Bowie und seine Freunde: Bd. 8, 12, 14
Die Jagd auf den Mörder: Bd. 5
Junger Falke (Z.: MAXON außer Bd. 13 und 16): Bd. 9–19

Einstein für Anfänger
Siehe: ***Sach-Comic***

Der Eiserne
Hamburg: Williams Verlag
Oktober 1975–September 1976
17,7 × 26 cm

Heft
Farbig
Bd. 1–12
Inhalt:
Der Eiserne: Bd. 1–12
Ameisenmann: Bd. 1–12
Die letzte Rakete!: Bd. 1
Die Bergmenschen: Bd. 5
Die Bücher die lebten: Bd. 6
Des Zauberers Fluch: Bd. 8
Die Seuche: Bd. 10
Die fantastischen Vier (Auszug aus Fantastischen Vier 68): Bd. 12
Z. u. T.:
AYERS: Bd. 3–6, 10
BERNS : Bd. 2–8
BRODSKY: Bd. 7–8
DITKO: Bd. 9–11
DOXSEE: Bd. 5
HECK: Bd. 1, 5–12
KIRBY: Bd. 1–7, 12
LEE: Bd. 1–12
LIEBER: Bd. 1, 5–9, 11
REINMAN: Bd. 11
SINNOTT: Bd. 12

Der Eiserne
Siehe: ***Hit Comics***

El Bravo
Siehe: ***Bravo, El***

Elch
Held der Vorzeit
Weinheim: Arno Dierl
1978
16,6 × 7,5 cm
Heft
Einfarbig
Bd. 1–4
Z./T.: HARMS

El Coyote
Siehe: ***Coyote, El***

Das Elefantenbuch
Frankfurt/M.: Insel Verlag
1974
10,9 × 17,6 cm
Taschenbuch it 78
Einfarbig
Z./T.: SCHLOTE
Bemerkungen:
Mehrere Auflagen.

Eliane als Detektiv
Marienheide: Bibellesebund e. V.
1980
21 × 29,7 cm
Heft
Einfarbig
Z./T.: JOHN UND GIBSON

Elternalltag
Frankfurt/M.: Wolfgang Krüger Verlag
1977
13 × 20,7 cm
Broschüre
Einfarbig
Z./T.: POTH

Elternalltag
Frankfurt/M.: Fischer Taschenbuch-Verlag
Juni 1979
12,5 × 19 cm
Taschenbuch 2441
Einfarbig
Z./T.: POTH

Emmanuelle
München: Bahia Verlag
1980
21,4 × 30,2 cm
Buch, Einfarbig
Z.: CREPAX
Bemerkungen:
Auf der Liste der jugendgefährdenden Schriften.

Das Ende der Rockfüller-Bande
Frankfurt/M.: Brönner Kinderbuchverlag, Breidenstein KG
1972
24,5 × 18,8 cm
Buch
Farbig
Z./T.: JACOVITTI

Enterprise
Berlin-Hamburg: Koralle Verlag
Juli 1975
21,8 × 28,8 cm
Broschüre
Farbig
Bd. 3
Bemerkungen:
Bd. 1–2: Zack Comic Box 8 und 13.

Enterprise
Raumschiff
Die größte Science Fiction-COMIC-Serie der Welt!
Bd. 1–3: Comic-Taschenbuch
Bd. 4: Star-Trek-Comic-Taschenbuch
Frankfurt/M.: Condor Verlag
1978–1980
13,2 × 18,5 cm
Taschenbuch
Farbig
Bd. 1–4
Z. u. a.:
COCKRUM: Bd. 4
McDOWELL: Bd. 4
McWILLIAMS: Bd. 1–3
PALMER: Bd. 4
SPRINGER: Bd. 4
VILLAMONTE: Bd. 4
T. u. a.: DRAKE
KASHDAN
PASKO
Inhalt:
Enterprise: Bd. 1–4
Turok (Z.: GIOLITTI): Bd. 3
Professor Harbinger (Z.: CRAWFORD): Bd. 3
Urzeit der Erde: Bd. 3
Die Hüter der Galaxis (Z.: MILGROM/T.: GERBER): Bd. 4

Enterprise
Raumschiff
Die größte Science Fiction-COMIC-Serie der Welt
Frankfurt/M.: Condor Verlag
1978
21,6 × 29,5 cm
Broschüre
Farbig
Bd. 1–2
Z.: McWILLIAMS
T.: KASHDAN

Die Entfesselungskünstlerin
Hamburg: Sugar Co.
1975
13,9 × 20,7 cm
Heft
Einfarbig
Z.: STANTON
Bemerkungen:
Das Titelbild gehört inhaltlich zu ***Jasmin in der Patsche,*** *siehe da.*

Entwicklungspolitische Korrespondenz
Hamburg: Entwicklungspolitische Korrespondenz
1977
20,8 × 29,6 cm
Heft
Einfarbig
Bd. 1/77: Erziehung in Guinea-Bissau
Z./T.: CECCON

Epoxy
Bonn: Verlag der Europäischen Bücherei H. M. Hieronimi

1970
21 × 28 cm
Broschüre
Zweifarbig
Z.: CUVELIER/T.: HAMME

Erik der Wikinger
Großer Einführungsband
Kiel: Dreves & Partner
1976
21 × 29,7 cm
Heft, Farbig
Z.: STANGE
RAUSCH
Konzeption: GOSSMANN
DREVES
Bemerkungen:
*Erweiterte und einzeln verkaufte Fassung des Bandes **Abenteuer in Haithabu**, den es nur zusammen mit einem Puzzle (im Karton) gab.*

Die erotischen Abenteuer von Anne & Louise
Silwa Strip
70er Jahre
20,9 × 28 cm
Broschüre
Farbig

Die erregenden Abenteuer der Lulu Whiptit
Siehe: ***Lulu Whiptit***

Die erstaunlichen Abenteuer des Kapitän Ketchup
Ravensburg: Otto Maier Verlag
1972–1973
20,6 × 28 cm
Buch
Farbig
Bd. 1: Neptuns Schatz
Bd. 2: Die Reise zum Mond
Z./T.: STERN

1. FC
Bd. 1–5, 8–9: Fussball und Comic
Bd. 6: Fussball & Comic
Bd. 1: Fussball + Comic
Bd. 7: Extra
Zug (Schweiz): Gevacur
August 1975–Januar 1979
13 × 18 cm
Taschenbuch
Farbig und einfarbig
Bd. 1–9
Bemerkungen:
Ein Großteil der Bände mit viel Textbeiträgen.
Inhalt:
Die Macaronis: Bd. 1–8
Nipper: Bd. 7
Lefty: Bd. 7–9
Fußball auf Vitalienisch: Bd. 9
Jack von United: Bd. 5
Peter die Katze: Bd. 5
Das Endspiel (Z.: REMACLE): Bd. 5
Fan-Club: Bd. 5–6
Trainings-Trick Bd. 5–6
Roy Race: Bd. 6
Ersatzbank-Ede: Bd. 6

Das erste Fotoromanzine der Welt mit den Mo-Dettes
Siehe: ***Mo-Dettes***

Erziehung in Guinea-Bissau
Siehe: ***Entwicklungspolitische Korrespondenz***

Es ging um 61 Menschenleben
Peking: Verlag für fremdsprachige Literatur (China)
1962
Querformat
Broschüre, Einfarbig
Bemerkungen:
Nach einem Bericht der chinesischen Jugendzeitschrift unter demselben Ti-

tel. Illustriert von einem Künstlerkollektiv der chinesischen Akademie für bildene Kunst.

Es war einmal ... der Mensch
Die Geschichte der Menschheit in Wort und Bild
Bergisch Gladbach: Bastei Verlag
Januar 1980–März 1980
22,4 × 28,9 cm
Heft
Farbig
Bd. 1–13
Z./T.: BARILLÉ UND BARBAUD

Euch geht's zu gut!
München: Frauenbuch und Weismann Verlag
1978
21 × 14,8 cm
Broschüre
Einfarbig
Z.: MARCKS
Bemerkungen:
Mehrere Auflagen.

Die Eule
Aachen: Bildschriftenverlag
1969–Mai 1969
18 × 25 cm
Heft
Einfarbig
Bd. 1–2
Z.: VERPOORTEN?
T.: SIEGEL
Inhalt:
Das Mädchen mit dem schwarzen Umhang: Bd. 1
Das Rätsel von Exeter!: Bd. 2
Das Rätsel von Michigan: Bd. 2

Eulenspiegel
Siehe: ***Fix und Foxi***

Eulenspiegels Kunterbunt
Bd. 1/55–3/55: ***Kunterbunt***
Bd. 4/55–10/56: ***Eulenspiegels Kunterbunt***
Bd. 1/55–3/55: Die Zeitschrift für grosse und kleine Kinder
München: Eulenspiegel Verlag der G. Franz'schen Buchdruckerei G. Emil Mayer
April 1955–Oktober 1956
18,5 × 26,5 cm
Heft
Farbig, zweifarbig, einfarbig
1955: Bd. 1–10
1956: Bd. 1–10
Z.: KAUKA COMIC PRODUCTION
Inhalt:
Till und Ignaz: Bd. 1/55
Münchhausens tolle Abenteuer: Bd. 1/55–4, 6–8, 4/56–6
Tips und Taps: Bd. 1/55–3, 5–10, 1/56–3, 7–10
Till Eulenspiegel und Dagobert: Bd. 2/55, 5–7, 9–10, 10/56
Peter und Jasmin: Bd. 2/55–6, 8–10, 1/56–10
Eulenspiegel: Bd. 4/55, 9/56
Die Erfindung der Buchdruckerkunst: Bd. 4/55
Häschen Hops: Bd. 6/55
Bim und Bam: Bd. 2/56
Grips und Graps: Bd. 3/56
Die Waldpost: Bd. 4/56
Archimedes: Bd. 5/56
Kolumbus: Bd. 6/56
Hops und Stops: Bd. 8/56–10
Der Schatz des Piraten: Bd. 8/56
Emil und Teddy: Bd. 10/56
Fix-Foxi und Lupo: Bd. 10/56

Eulenspiegel Sonderheft
Siehe: ***Fix und Foxi***
Münchhausen

Eurocomics
Regensburg: Multi Language Productions,
ab Bd. 2: Trier: Paulinus-Druckerei
1973–1974
Bd. 0: 17 × 24,1 cm,
Bd. 1–5: 15,7 × 23,2 cm
Heft
Farbig
Bd. 0, 1–5
Bemerkungen:
Bd. 0 ist zweisprachig deutsch und englisch.
Bd. 1–5 sind dreisprachig deutsch, englisch und französisch.
0: Eine Geschichte aus zwei Städten (Z.: ORLANDO)
1: Goetz von Berlichingen
2: Die Räuber
3: Die drei Musketiere (Z.: KUPPINGER/T.: FELDMANN)
4: Wilhelm Tell (Z.: KUPPINGER/T.: FELDMANN)
5: Der Graf von Monte Christo (Z.: KUPPINGER/T.: FELDMANN)

Europa Requiem?!
Vertrieb: Köln: Discordia-Vertrieb
ca. 1979
21 × 27,9 cm
Heft
Einfarbig und farbig
Z.: HORTELANO
Bemerkungen:
Mit ausklappbarer Beilage.

Eva & Adam
Berlin (DDR): Eulenspiegel Verlag
1978
16,8 × 12,1 cm
Buch
Zweifarbig
Z.: DALLOS

Extra Fussball
Siehe: ***Felix-Sonderheft***

F

Fabuli
Wien und München: Jugend und Volk
1980
28,4 × 21 cm
Buch
Farbig
Z./T.: KORDON

Falk
Hannover: Walter Lehning Verlag
Februar 1960–April 1963
17 × 7,5 cm
Heft
Einfarbig, ab Bd. 33: farbig und zweifarbig, ab Bd. 78: einfarbig
Bd. 1–164
Z.: WÄSCHER
Bemerkungen:
0,20/0,30-DM-Serie.

Falk
Ritter ohne Furcht und Tadel
Hannover: Walter Lehning Verlag
April 1963–November 1967
17 × 24 cm
Heft

Farbig und zweifarbig, ab. Bd. 63: farbig
Bd. 1–119
Z.: WÄSCHER
Bemerkungen:
Nachdruck: Bd. 1–43: *Falk (Piccolo) Bd. 1–85,* Bd. 43–85: *Falk Bd. 86 bis 164 gekürzt und neue Spalten, Bd. 162 ausgelassen, Bd. 86–119: Erstveröffentlichungen.*

Falk
Ritter ohne Furcht und Tadel
Hannover: Walter Lehning Verlag
Januar 1968–April 1968
17 × 8 cm
Heft
Farbig
Bd. 1–17
Z.: WÄSCHER
Bemerkungen:
0,40-DM-Serie.

Falkenauge
Der Letzte der Apachen
Hannover: Walter Lehning Verlag
September 1954–Januar 1955
9 × 13 cm
Heft
Einfarbig
Bd. 1–20
Z.: GAMBA
T.: BONELLI
Bemerkungen:
Es existiert ein Nachdruck. Auf der Liste der jugendgefährdenden Schriften: Bd. 8: E Nr. 34 – BAnz. Nr. 241 vom 15. 12. 54

Familie Feuerstein
und andere Geschichten
Hamburg: Neuer Tessloff Verlag
Auslieferung: Bildschriftenverlag
1967–1975
17 × 24 cm
Broschüre
Farbig
Bd. 1–52
Z.: HANNA-BARBERA-STUDIO
Inhalt:
Familie Feuerstein: Bd. 1–52
Wolfi und Willi: Bd. 1, 25, 26, 31, 33
Hucky: Bd. 1–34, 36, 39–44, 50
Pixi, Dixi und Anton: Bd. 1–3, 5, 8, 9, 16, 18–25, 28–30, 32, 35, 38
Yogi Bär: Bd. 1, 2, 4, 6–8, 10–22, 24, 25, 27, 28, 30–36, 39–51
Pit und Pitty (auch: Pitt, Pitti und nur Pitti): Bd. 1, 10, 16, 23, 24, 27, 41
Eddy und Pepito: Bd. 1, 6, 26, 28–30, 32, 33, 37, 40
Familie Düsenzahn (auch: The Jetsons): Bd. 2, 3, 5, 7–9, 11, 13, 14, 16, 18, 23, 25, 28, 29
Die Höhlenkinder: Bd. 2, 3, 6–18, 23, 27, 34–39, 41–51
Leo und Hardi: Bd. 3, 26, 38, 41
Lord Musch: Bd. 3–7, 9–11, 13–17, 22, 24, 25, 29, 30, 35–38
Wally Gator: Bd. 3, 4, 18, 26, 38
Schnurri: Bd. 3, 21, 28
Schnüffel und Schnuffi (auch: Schnüffi): Bd. 5, 11, 19, 20, 23, 24, 26, 29, 30
Georg und Astro (auch: Rolly und Astro): Bd. 8, 10
Detektiv Perry (auch: Perri): Bd. 9, 10, 12, 19, 21, 23, 29, 32, 34, 37, 43
Lissie und Maxi (auch: Lissi): Bd. 22, 26, 27
Pipsi und Bulli: Bd. 27, 31, 37
Magilla Gorilla: Bd. 52

Familie Feuerstein
und Kumpane
Bd. 4: Bildergeschichten
Frankfurt: Brönner Verlag
1971

18 × 26 cm
Heft
Farbig
Bd. (1)–4
Bemerkungen:
Bilder mit Text darunter.
Inhalt:
Hucky: Bd. 1–4
Magila: Bd. 2
Yogi Bär: Bd. 1–4
Pixie und Dixie: Bd. 4

Familie Feuerstein
Bd. 8–9: Comic-Spaß aus der Steinzeit
Hamburg: Neuer Tessloff Verlag,
Bd. 6–7: Hamburg: Tessloff Verlag,
ab Bd. 8:
Frankfurt/M.: Condor Verlag zusammen mit Tessloff Verlag
1974–1979
21,5 × 30 cm
Broschüre
Bd.1–9
Bemerkungen:
Von Bd. 4 und 5 existiert eine Hardcover-Ausgabe ohne Nummer. Bd. 4: Das Geheimnis der Riesenpilze (1/77). Bd. 5: Ölrausch in Steindorf (9/76).
Inhalt:
Familie Feuerstein (Z. Bd. 1–7: GÖTZE UND KRAUSE/T.: POMPLITZ): Bd. 1–9
Yogi Bär: Bd.9

Familie Feuerstein
Yogi Bär
Comics, Spaß und gute Laune!
Frankfurt/M.: Condor Verlag
März 1978–Oktober 1978
18 × 26 cm
Heft
Farbig
Bd. 19–27
Bemerkungen:
*Bd. 1–18 als **Yogi Bär** erschienen.*
Inhalt:
Familie Feuerstein
Yogi Bär
Hucky

Familie Feuerstein
Frankfurt/M.: Condor Verlag und Hamburg: Tessloff Verlag
Oktober 1978–1980
13,2 × 18,3 cm
Taschenbuch
Farbig
Bd. 1–4
Inhalt:
Familie Feuerstein
Yogi Bär
Höhlenkinder
Pit und Pitti
Hucky
Detektiv Perry
Wally Gator
Der Superkater
Leo und Hardi
Schnurri
Jetsons
Pixi, Dixi und Anton
Wolfi und Willi
Schnüffel und Schnuffi

Familie Maulwurf
Reinbek: Carlsen Verlag
1979
10 × 10 cm
Heft Pixi-Buch 289
Farbig
Z./T.: FRELLO

Familiengeschichten
Weinheim und Basel: Beltz Verlag
1974
16,4 × 23,9 cm
Broschüre

Zweifarbig
Z./T.: PINCKERNELLE
Bemerkungen:
***Bilderbuch** Bd. 8, siehe da. Programm Beltz & Gelberg.*

Familie Redlich in der neuen Heimat
Lustige Erlebnisse in Argentinien
Buenos Aires (Argentinien): Verlag L. W. de Immel
Oktober 1956
14,2 × 19,8 cm
Taschenbuch
Einfarbig
Z.: MUTTER/Verse: HAASE
Bemerkungen:
Weitere Bände angekündigt, ob erschienen ist nicht bekannt.

Famosa Fernanda
Ein erotisch satirisches Bilderbuch
Hamburg: Telecode Verlag
1975
21 × 29,6 cm
Heft
Einfarbig
Z.: MEYER-BOTHLING
T.: EICHNER

Fantasie Comics
Linden: Volksverlag
1980
22 × 28,5 cm
Broschüre
Farbig
Bd. 1–2
Z.: von Bd. 1:
CHAYKIN, DITKO, LEIALOHA, NASSER UND RUSSELL
T. von Bd. 1:
GAFFORD, LEVITZ UND MASON
Z. von Bd. 2:
MOEBIUS
T. von Bd. 2:
DELANY, DIONNET UND O'BANNON

Fantastic Comix
Kamen: Yookx
ca. 1974
10,8 × 14,8 cm
Heft
Einfarbig
Z./T.: CRUMB, DEITCH, KLIBAN UND SHELTON

Die fantastischen Vier
Hamburg: Williams Verlag, ab Bd. 19: Hamburg: Klaus Recht, ab Bd. 37: Williams
Januar 1974–November 1978
Bd. 1–40: 17,5 × 25 cm,
Bd. 41–124: 18 × 26 cm
Heft
Farbig
Bd. 1–124
Inhalt:
Die fantastischen Vier: Bd. 1–124
Der Dämon: Bd. 1–124
Träume eines Drachentöters: Bd. 2
Der Wanderer: Bd. 3
Zum Leben zu menschlich!: Bd. 4
Z. u. T.:
ABEL: Bd. 4
ADKINS: Bd. 106
AYERS: 10, 12, 14–18, 60–62, 75–77
BELL: Bd.19–22
BILL: Bd. 57–59
BUSCEMA, JOHN: Bd. 103, 105–124
CARRABOTTA: Bd. 4
COLAN: Bd. 3, 54–121
COLLETTA: Bd. 3–4, 39–40, 108–113
CONWAY: Bd. 2
CRAIG: Bd.122–123
DITKO: Bd. 11
ELLISON: Bd. 2
EVERETT: Bd. 1–2
GIACOIA: Bd. 48–56, 60–70, 73–74,

89, 92–95, 98–99, 110
GOODWIN: Bd. 111–115
KIRBY: Bd. 1–98, 104
KLEIN: Bd. 114–121, 124
LEE: Bd.1–123
MOONEY: Bd. 115
ORLANDO: Bd. 3–4, 8–10
POWELL: Bd. 18–25
RAY: Bd. 36–41
REINMAN: Bd. 3
ROMITA: Bd. 30–53, 99–102
ROSEN: Bd. 3–4
SHORES: Bd. 2
SINNOTT: Bd. 47–48, 50–85, 87–88, 90–91, 94–98, 102–109, 111–114, 116–124
SMITH: Bd. 122–124
STONE: Bd. 29–31, 33–35
TARTAGLIONE: Bd. 78–93, 96–97, 102–105
THOMAS: Bd. 116, 123–124
TUSKA: Bd. 100–101
VERPOORTEN: Bd. 99–101
WOOD: Bd. 11–29

Die fantastischen Vier
Comic-Album
Frankfurt/M.: Condor Verlag
1979 – Serie erscheint noch
Bd. 1–2: 21,6 × 29,6 cm,
Bd. 3–11: 21 × 29,5 cm
Broschüre
Farbig
Bd. 1–11 . . .
Z. u. T.:
BUCKLER: Bd. 2–4, 7
BUSCEMA, SAL: Bd. 7, 10
BYRNE: Bd. 9,11
CLAREMONT: Bd. 8
COLLETTA: Bd. 8
CONWAY: Bd. 2, 7
ESPOSITO: Bd. 10
FORBUSH: Bd. 8
GOLDEN: Bd. 9
GREEN: Bd. 9
KIRBY: Bd. 1, 8
KUPPERBERG: Bd. 6
LEE: Bd. 1, 7–8
MACCHIO: Bd. 7
MARCOS: Bd. 6
MATTEIS: Bd. 10
McLEOD: Bd. 8
MICHELINIE: Bd. 9
MOENCH: Bd. 5
PATTERSON: Bd. 5
SIENKIEWICZ: Bd. 5
SINNOTT: Bd. 3–4
STATON: Bd. 7
STONE: Bd. 7
THOMAS: Bd. 4
WINN: Bd. 9
WOLFMAN: Bd. 3
YOMTOU: Bd. 6

Die fantastischen Vier
Die großen Marvel-Superhelden
Frankfurt/M.: Condor Verlag
1979 – Serie erscheint noch
13,5 × 18,5 cm
Taschenbuch
Farbig
Bd. 1–11 . . .
Inhalt:
Die fantastischen Vier: Bd. 1–11
Gruppe X: Bd.1–2
Vorsicht, Roboter!: Bd. 3
Die Spinne: Bd. 4
Power Man und Son of Satan: Bd.9
Z. u. T.:
BARTA: Bd. 11
BUCKLER: Bd. 6–7
BUSCEMA, JOHN: Bd. 3, 5
BUSCEMA, SAL: Bd. 4, 8
BYRNE: Bd. 4, 7–8, 10–11
CHAN: Bd. 3
CLAREMONT: Bd. 4, 7
COLLETTA: Bd. 4, 6
CONWAY: Bd. 3–5, 7

CRAIG: Bd. 8
D'AGOSTINO: Bd. 10
DAY: Bd. 7
DITKO: Bd. 7
ESPOSITO: Bd. 9–10
FALCO: Bd. 4, 9–10
GRAINGER: Bd. 8
HALL: Bd. 9
HANNIGAN: Bd. 7
HOBERG: Bd. 8
HUNT: Bd. 4
KIRBY: Bd. 1–3, 9
KRAFT: Bd. 9–10
KUPPERBERG: Bd. 9
LEE: Bd. 1–3, 7, 9
MANTLO: Bd. 8
MARCOS: Bd. 4, 8
MATTEIS: Bd. 9
MILLER: Bd. 7
MOENCH: Bd. 7–8, 11
MOONEY: Bd. 3–4
PEREZ: Bd. 4, 6
SEVERIN: Bd. 8
SHOOTER: Bd. 8
SIENKIEWICZ: Bd. 8, 11
SINNOTT: Bd. 4–9, 11
SLIFER: Bd. 4
STONE: Bd. 3, 9
THOMAS: Bd. 5–6, 8
VILLAMONTE: Bd. 10
WEIN: Bd. 3
WIACEK: Bd. 7
WILLIAMSON: Bd. 3
WILSON: Bd. 4, 7–11
WOLFMAN: Bd. 3–4, 8
ZUNIGA: Bd. 8

Die fantastischen Vier
Siehe: ***Hit Comics***

Fat Freddy's Kater
und seine Abenteuer
Frankfurt/M.: Zweitausendeins
1978
12 × 17,3 cm
Buch
Einfarbig
Z.: SHELTON
T.: ADKINS

FBI
im Kampf um Recht und Gesetz
G-man Bruce Cabot
München: Arthur Moewig Verlag
Februar 1969–Januar 1971
18 × 26 cm
Heft
Farbig
Bd. 1–22
Z.: CAMBO

Federviechereien
München: Heimeran
1978
21,4 × 21 cm
Buch
Einfarbig
Z./T.: OLSCHEWSKI
Bemerkungen:
Comic-Kochrezepte.

Feenhände
Frankfurt/M.: Verlag Arndtstraße
1977
14,7 × 20,7 cm
Broschüre
Einfarbig
Z.: PICCO

Feindliche Stellungen am Yangtse
Peking (China): Vlg. für fremdsprachige Literatur
1977
18,5 × 17,2 cm
Broschüre
Einfarbig
Z.: SHI UND WU

Felix
Bd. 129–331: mit Bessy
ab Bd. 332 ständiger Wechsel der Untertitel
Bergisch Gladbach: Bastei Verlag
Juli 1958–Juli 1981
18 × 26 cm
Heft
Farbig, zweifarbig und einfarbig
Bd. 1–1114
Inhalt:
Felix (Z.: MESSMER, ORIOLO, GROSA, BORILLO, SIMIČ, Bd. 136–139, 155–159, 167–178: SULLIVAN): alle Hefte
Katzenjammer Kids (Z.: MUSIAL): ab Bd. 10
Blondie (Z.: YOUNG): ab Bd. 1
Henry (Z.: ANDERSON, LINEY): ab Bd. 1
Kleiner Mann (Z.: LINEY): ab Bd. 7
Henrietta (Z.: ANDERSON): ab Bd. 2
Klein Eva (Z.: HATLO): ab Bd. 1
Inky und Dinky: ab Bd. 2
Oma (Z.: KUHN): ab Bd. 11
Kitty: ab Bd. 2
Flip der Hund: ab Bd. 4
Karli (Z.: HATLO) ab Bd. 58
Tippy: ab Bd. 69
Pussy: ab Bd. 12
Julius: ab Bd. 15
Lausbub Pitt: ab Bd. 71
Dschungel-Sorgen (auch: Lustiger Dschungel, Dschungel-Früchtchen): ab Bd. 73
Popey (auch: Pop, d. i. Popeye): ab Bd. 88 (Z. und T.: SIMS U. ZABOLY)
Comic ohne Titel (Z.: FLEMIG): ab Bd. 66
Danny: ab Bd. 94
Koke Koala: ab Bd. 97
Waldo: ab Bd. 101
Ernie der Elefant: ab Bd. 106
Schlaumeier Peter Schlau: ab Bd. 107
Flub: ab Bd. 9
Privatdetektiv Egon Wupp-Dich: ab Bd. 110
Papa Helle: ab. Bd. 123
Jupp Bluff: ab Bd. 125
Schweini: ab Bd. 182
Moritz: ab Bd. 114
Bongo Bimbo: ab Bd. 127
Hänschen: ab Bd. 152
Fax der Affe: ab Bd. 192
Hans Winzig: ab Bd. 196
Pipin der Kleine: ab Bd. 185
Lumpi: ab Bd. 222
Pitt und Polo (Z.: ATTANASIO): ab Bd. 237
Pablo und Rosalia: (Z. u. T.: REINDL UND DACHSEL): ab Bd. 428
Luchsauge (Z.: DOUAY): ab Bd. 557
Bessys Abenteuer (Z.: VANDERSTEEN): Bd. 135–331, Fortsetzung in Bessy
Ulla und Peter (d. i. Wastl) (Z.: VANDERSTEEN: Bd. 206–299
Bob und Bello (auch: Bob und Kookie, Bob und Koko, Pippo, Eduard, Jack Bull, Bello, Sammy u. a.): Bd. 301–424, ab Bd. 426 nicht mehr regelmäßig
Wastl (Z.: VANDERSTEEN): Bd. 332–533
Pit und Petra (auch: Pitter und Petra, Pitter) (Z.: FRANQUIN/T.: GREG, GOSCINNY U. A.): Bd. 364–458, ab Bd. 469 selten
Wups + Waldi (auch Sigi Spitz): Bd. 377–491, ab Bd. 492 nicht mehr regelmäßig
Roy Tiger: Bd. 495–502, 504, 505, 507
Silberpfeil (Z.: GIOLITTI, SELS, L.E.F.-STUDIO, U. A.): Bd. 534-690, 958–1049 (Nachdruck von Silberpfeil ab Bd. 1)
Kiko-2000 (Z.: BORILLO): Bd. 539–606, 608–611, 614, 618–619, 621–622, 627–628, 633, 636, 638, 641–646, 648–675
Whamoka: Bd. 543, 545, 547, 552–587, ab Bd. 598 nicht mehr regel-

mäßig
Motz Meier (Z.: HEINZ): Bd. 543, 547
Mick + Muff (Z.: BUXADE): Bd. 559–599, 601–603, ab Bd. 605 nicht mehr regelmäßig
Käptn Knaller (Z.: MAINOU): Bd. 577–601, ab Bd. 603 nicht mehr regelmäßig
Die Kinder des Meeres (Z.: WEISS/T.: MASCARO, PEPE): Bd. 607, 612, 630
Ledersocke und Wundernase: Bd. 608
Hadschi (Z.: KIKO): Bd. 676–678, 680–683, 685–688, 691, 693–696, 698, 700, 702, 758–760
Hannibal (d. i. Cubitus) (Z.: DUPA): Bd. 676–726
Die lustigen Strolche: Bd. 679–682, 684, 689–696, 701, 703, 704, 711
Onkel Jo erzählt (d. i. Onkel Paul): Bd. 689–690, 692–693, 696–697, 699, 701, 704–707, 710, 716, 719, 721, 724–725, 727, 729–730, 732, 736–738, 742, 749, 753, 756
Tom Patapom: Bd. 691–753
Ritter Eisenbart: Bd. 695–697, 700, 702–703, 705–707, 709, 715
Paulchen der Bengel aus der Hölle: Bd. 708, 712, 715, 717, 731, 734, 741, 748, 754–755, 757, 772, 775, 779
Dennis (Z.: KETCHAM): Bd. 713–715, 718, 720–723, 726, 728, 730, 733, 735, 738–740, 742–771, 773–774, 776–778, 780, 782, 787, 789–796, ab Bd. 797 zweifarbig–822, 824, 826–827, 829, 832–833, 835–838, ab Bd. 839 einfarbig, ab Bd. 841 farbig–844, 846–847, 849, 851–853, 856, 863, 881, 883–885, 888–889, 891, 893–918, 920–933, 935, 937–939, 941–943, 945–948, 950, 954–957, 959–962, 964–975, 977–981, 983–984, 987–988, 991, 993 und zusätzlich in Farbe: Bd. 802, 817–818, 834–836, 839
Twinky und Twist: Bd. 727–871, 873, 876, 877, 879–886, 889–890, 892–900, 902, 904–907, 909, 911, 914–919, 921, 924, 926–927, 930–931, 933, 936, 942–944, 946–1092, 1094–1114
Groggy Grips (Z.: NABAU): Bd. 761–822, ab. Bd. 823 zweifarbig, 825–826, ab Bd. 827 farbig, ab Bd. 828 zweifarbig–834, ab Bd. 835 farbig–838
Minitrick & Co (Z.: CEZARD, SERRAT, LEQUEITIO): Bd. 781–782, 784–786, 788, 790, 793, 795, ab Bd. 797 zweifarbig–828, 830–832, 834–838, ab Bd. 839 einfarbig, ab Bd. 840 farbig, 842–843, 848–882, 884, 886–887, 890, 892, 894, 897–903, 905, 907–910, 912–913, 916–920, 922–927, 929–930, 932–938, 940, 942, 944, 947, 949, 951, 953, 955, 958, 961, 963, 965, 967, 970, 972, 974, 976, 978, 980
Arthur das Gespenst (Z.: CEZARD): Bd. 786–789, 791–792, 796
Die Schlauli aus dem Schlingelland (Z.: RICHTER): Bd. 797–885
Elefantenboy (Z.: GUAL): Bd. 821–826, 828–833
Black Beauty: Bd. 837–897
Kalari (Z.: ACO, MARCO, MENDEZ, U. A.): ab Bd. 840 einfarbig–852, ab Bd. 853 farbig–957 (d. i. Kalar)
Zwei Jahre Ferien: Bd. 844–847
Roobarb: Bd. 872–948, 950–953, 955, 957, 959, 963–964
Flip & Flap (d. i. Clever und Smart) (Z.: IBANEZ): Bd. 876–1114
Fips der Löwe (Z.: SMIGULA): Bd. 980–1003
Rudi die Raupe (Z.: SMIGULA): Bd. 1040–1042, 1044–1047, 1050–

1053, 1055–1060, 1062–1068
Katinchen (Z.: BORILLO):
Bd. 1109–1114

Felix
der Kater
Hannover: Edition Becker & Knigge
1980
21 × 29,6 cm
Broschüre
Einfarbig
Z.: SULLIVAN

Felix
Siehe: ***Phantom-Heft***

Felix Extra
Bergisch Gladbach: Bastei Verlag
Februar 1970–Mai 1973
18 × 26 cm
Heft
Farbig
Bd. 1–31
Z.: teilweise GIOLITTI-STUDIO
Bemerkungen:
Serie wurde als Felix Großband fortgesetzt.
Inhalt:
Felix (Z.: BORILLO, SIMIC, U. A.)
Käptn Knaller (Z.: STUDIO ORTEGA):
Bd. 1–4, 7, 12
Mick+ Muff (Z.: STUDIO ORTEGA):
Bd. 1, 4
Luchsauge (Z.: DOUAY): Bd. 1–3, 5–6
Knautschke (Z.: GIMÉNEZ) Bd. 1
Gullivers Reise nach Lilliput: Bd. 1
Die Kinder des Meeres (Z. und T.: WEISS, PEPE, ANDRES): Bd. 2–6, 8–11, 13–22, 24, 25, 28–31
Kiko-2000 (Z.: STUDIO ORTEGA): Bd. 2, 4, 6
Ledersocke und Wundernase: Bd. 2
Gulliver im Land der Riesen (Z.: RAF):
Bd. 2
Robinson Crusoe (Z.: STUDIO ORTEGA):
Bd. 3
Huckleberry Finn: Bd. 5
Tobby und die Wunderbohne (Z.: STUDIO A.L.I.): Bd. 6
Wastl (Z.: VANDERSTEEN): Bd. 7, 15–16
Die Ritter der Tafelrunde: Bd. 7
Robin Hood: Bd. 8
Moby Dick: Bd. 9
Ali Baba und die vierzig Räuber:
Bd. 10
Der letzte der Mohikaner: Bd. 11
Kolumbus entdeckt Amerika: Bd. 12
20000 Meilen unter dem Meer (Z.: GALILEO): Bd. 13
Sinbad der Seefahrer (Z.: JULIAN):
Bd. 14
Die geheimnisvolle Insel: Bd. 15
Die drei Musketiere: Bd. 16
Hadschi (Z.: KIKO): Bd. 17–18
Hannibal (d. i. Cubitus) (Z.: DUPA):
Bd. 17, 19–21, 23
Aladin und die Wunderlampe: Bd. 17
Die lustigen Strolche: Bd. 18–21, 23
Münchhausens tollste Wette: Bd. 18
Der kleine Häwelmann: Bd. 19
Kalif Storch: Bd. 20
Onkel Jo erzählt (d. i. Onkel Paul):
Bd. 21
Die Bremer Stadtmusikanten: Bd. 21
Paulchen der Bengel aus der Hölle:
Bd. 22–24, 26–27, 29–30
Der Graf von Monte Christo: Bd. 22
Durch die Wüste: Bd. 23
David Copperfield: Bd. 24
Silberpfeil: Bd. 25
Gustav Adolfs Page: Bd. 25
Dennis (Z.: KETCHAM): Bd. 26–29, 31
Die Kinder des Captain Grant: Bd. 26
Tartarin, der Löwenschreck aus Tarascon (Z.: JULIAN): Bd. 27
Die Schneekönigin (Z.: GIMÉNEZ?):
Bd. 28
Sabu (Z.: BALI): Bd. 29

Winnetou: Bd. 30
Ein Schweizer Robinson (Z.: CERON): Bd. 31

Felix Feuerwerk
Siehe: ***Das fröhliche Feuerwerk***

Felix Grossband
Bergisch Gladbach: Bastei Verlag
Mai 1973–Februar 1977
21,5 × 28 cm
Heft, Farbig
Bd. 32–66
Bemerkungen:
Vorher unter dem Titel: ***Felix Extra.***
Inhalt:
Felix (Z.: BORILLO, SIMIĆ): Bd. 32–66
Pepi Popcorn (Z.: LANDOLFI): Bd. 32–58
Stefan der Troubadour (Z.: DESCLEZ): Bd. 32–38
Die 5 Asse (Z.: GREG): Bd. 32–66
Arthur das Gespenst (Z.: CEZARD): Bd. 32–66
Invasion vom Heulplaneten (Z.: CEZARD): Bd. 32–59
Dschungel-Jux (Z. und T.: DELINX UND GODARD): Bd. 32–38, 41–47
Rahan (Z.: CHÉRET/T.: LECUREUX): Bd. 39–66
Dennis (Z.: KETCHAM): Bd. 50, 54–66
Roobarb: Bd. 52–66
Bauz und Bille (Z.: SIMIĆ): Bd. 61–66
Happy der kleine Korsar (Z.: CEZARD): Bd. 62–66
Flip & Flap (d. i. Clever und Smart) (Z.: IBANEZ): Bd. 66
Wer findet den Täter (T. und Z.: MOALLIC UND CRESPI): fast jedes Heft

Felix Sonderhefte:

Felix Extra Sonderheft
Bergisch Gladbach: Bastei Verlag
August 1968
18 × 25,5 cm
Heft
Farbig
Inhalt:
Felix (Z.: BORILLO)
Bob und Bello
Pablo und Rosalia (Z. und T.: REINDL und DACHSEL
Sigi Spitz
Roy Tiger

Felix Sonderheft
Bergisch Gladbach:
Bastei Verlag
Juli 1969
18 × 25,5 cm
Heft
Farbig
Inhalt:
Felix (Z.: BORILLO)
Mick + Muff (Z.: BUXADE)
Bob
Whamoka
Kiko-2000 (Z.: BORILLO)
Luchsauge (Z.: DOUAY)
Die Schatzinsel

Felix Jubiläumsband
Bergisch Gladbach: Bastei Verlag
Dezember 1977
22 × 28 cm
Heft
Farbig
Inhalt:
Felix (Z.: SIMIĆ)
Die 5 Asse (Z.: GREG)
Arthur das Gespenst (Z.: CEZARD)
Rahan (Z.: CHERET/T.: LECUREUX)

Felix Frühling
Bergisch Gladbach: Bastei Verlag
1979
21,7 × 28,1 cm

Heft
Farbig
Inhalt:
Felix (Z.: SIMIĆ)
Sylvio (Z.: LUGUY/T.: LIONS)
Flip & Flap (Z.: IBANEZ)
Hadschi (Z.: KIKO)

Felix Frühling
Bergisch Gladbach: Bastei Verlag
1980
21,2 × 27,2 cm
Heft
Farbig
Inhalt:
Felix (Z.: SIMIĆ)
Arthur das Gespenst (Z.: CEZARD)
Sylvio (Z.: LUGUY)
Happy der kleine Korsar (Z.: CEZARD)
Pinocchio

Felix Frühling
Bergisch Gladbach: Bastei Verlag
1981
21,6 × 28 cm
Heft
Farbig
Inhalt:
Felix (Z.: SIMIĆ)
Sylvio (Z.: LUGUY)
Flip & Flap (Z.: IBANEZ)
Hadschi aus dem Morgenland (Z.: KIKO)

Felix Oster-Sonderheft
Bergisch Gladbach: Bastei Verlag
1965
18 × 25,5 cm
Heft
Farbig
Inhalt:
Felix (Z.: BORILLO)
Bob und Bello
Bob und Kookie

Felix das große Oster-Sonderheft
Bergisch Gladbach: Bastei Verlag
1966
18 × 25,5 cm
Heft
Farbig
Inhalt:
Felix (Z.: BORILLO)
Wups + Waldi
Pitter (Z.: FRANQUIN/T.: GREG)
Bob und Bello

Felix das große Oster-Sonderheft
Bergisch Gladbach: Bastei Verlag
1967
18 × 25,5 cm
Heft
Farbig
Inhalt:
Felix (Z.: BORILLO)
Pitter (Z.: FRANQUIN)
Sammy und Jack
Wups und Waldi
Pablo und Rosalia (Z. und T.: REINDL UND DACHSEL)

Felix Sonderheft Ostern
Bergisch Gladbach: Bastei Verlag
1968
18 × 25,5 cm
Heft
Farbig
Inhalt:
Felix (Z.: BORILLO)
Pitter (Z.: FRANQUIN/T.: GOSCINNY)
Sigi Spitz
Sammy und Jack
Pablo und Rosalia (Z. und T.: REINDL UND DACHSEL)
Wastl (Z.: VANDERSTEEN)

Felix Sonderheft Ostern
Bergisch Gladbach: Bastei Verlag
Februar 1969

18 × 25,5 cm
Heft
Farbig
Inhalt:
Felix (Z.: BORILLO)
Bob
Wastl (Z.: VANDERSTEEN)
Tom Sawyers Abenteuer (Z.: RAF)

Felix Oster-Sonderheft
Bergisch Gladbach: Bastei Verlag
März 1970
18 × 25,5 cm
Heft
Farbig
Inhalt:
Felix (Z.: BORILLO)
Mick + Muff (Z.: BUXADE)
Luchsauge (Z.: DOUAY)
Die Kinder des Meeres (Z.: WEISS)
Peter Pan

Felix Oster-Sonderheft
Bergisch Gladbach: Bastei Verlag
März 1972
18 × 25,5 cm
Heft
Farbig
Inhalt:
Felix (Z.: SIMIĆ)
Die Kinder des Meeres (Z.: WEISS/T.: ANDRES)
Hannibal (d. i. Cubitus) (Z.: DUPA)
Nußknacker

Felix Oster-Sonderheft
Bergisch Gladbach: Bastei Verlag
März 1973
18 × 25,5 cm
Heft
Farbig
Inhalt:
Felix (Z.: SIMIĆ)
Die Kinder des Meeres (Z.: WEISS)
Dennis (Z.: KETCHAM)
Töchter der silbernen See

Felix Osterheft
Bergisch Gladbach: Bastei Verlag
1974
22 × 28 cm
Heft
Farbig
Inhalt:
Felix (Z.: SIMIĆ)
Die 5 Asse (Z.: CEZARD)
Pepi Popcorn (Z.: LANDOLFI)
Stefan der Troubador (Z.: DESCLEZ)
Invasion vom Heulplaneten (Z.: CEZARD)
Arthur das Gespenst (Z.: CEZARD)
Dschungel-Jux (Z.: und T.: GODARD UND DELINX)

Felix Sonderheft Ostern
Bergisch Gladbach: Bastei Verlag
1975
22 × 28 cm
Heft
Farbig
Inhalt:
Felix (Z.: SIMIĆ)
Pepi Popcorn (Z.: LANDOLFI)
Dennis (Z.: KETCHAM)
Die Millionen-Pfundnote (Z.: ANDRES)

Felix Sonderheft Ostern
Bergisch Gladbach: Bastei Verlag
1976
22 × 28 cm
Heft
Farbig
Inhalt:
Felix (Z.: SIMIĆ)
Dennis (Z.: KETCHAM)
Arthur das Gespenst (Z.: CEZARD)
Die 5 Asse (Z.: GREG)

Twinky und Twist
Invasion vom Heulplaneten (Z.: CEZARD)
Heidi
Roobarb

Felix Sonderheft Ostern
Bergisch Gladbach: Bastei Verlag
1977
22 × 28 cm
Heft
Farbig
Inhalt:
Felix (Z.: SIMIĆ)
Dennis (Z.: KETCHAM)
Arthur das Gespenst (Z.: CEZARD)
Flip & Flap (d. i. Clever und Smart) (Z.: IBANEZ)
Kalif Storch (Nachdruck aus Felix Extra Bd. 20)

Felix Sonderheft Ostern
Bergisch Gladbach: Bastei Verlag
1978
21,7 × 28,1 cm
Heft
Farbig
Inhalt:
Felix (Z.: SIMIĆ)
Arthur das Gespenst (Z.: CEZARD)
Die verbotene Insel (Z.: BOLLE)
Die 5 Asse (Z./T.: STUDIO GREG)
Fritz der Dackel (Z.: BOLLE)
Die Prinzessin aus dem fremden Land (Z.: BOLLE)
Fridolin das Osterhäschen (Z.: ZEMANN)
Twinky und Twist

Felix Ferien-Sonderheft
Bergisch Gladbach: Bastei Verlag
1965
18 × 25,5 cm
Heft
Farbig
Inhalt:
Felix (Z.: BORILLO)
Bob und Bello
Bello

Felix das große Ferien-Sonderheft
Bergisch Gladbach: Bastei Verlag
1966
18 × 25,5 cm
Heft
Farbig
Inhalt:
Felix (Z.: BORILLO)
Bello
Pitter und Petra (Z.: FRANQUIN)
Wups und Waldi

Felix das große Ferien-Sonderheft
Bergisch Gladbach: Bastei Verlag
1967
18 × 25,5 cm
Heft
Farbig
Inhalt:
Felix (Z.: BORILLO)
Sigi Spitz
Bob und Bello
Pitter (Z.: FRANQUIN)
Wastl (Z.: VANDERSTEEN)

Felix Sonderheft Ferien
Bergisch Gladbach: Bastei Verlag
Juni 1968
18 × 25,5 cm
Heft
Farbig
Inhalt:
Felix (Z.: BORILLO)
Sigi Spitz
Bob und Bello
Pablo und Rosalia (Z. und T.: REINDL

UND DACHSEL)
Wastl (Z.: VANDERSTEEN)

Felix Ferien Sonderheft
Bergisch Gladbach: Bastei Verlag
Juni 1969
18 × 25,5 cm
Heft
Farbig
Inhalt:
Felix (Z.: BORILLO)
Kiko-2000 (Z.: BORILLO)
Bello
Wastl (Z.: VANDERSTEEN)
Pinocchio

Felix Ferien-Sonderheft
Bergisch Gladbach: Bastei Verlag
Juni 1970
18 × 25,5 cm
Heft
Farbig
Inhalt:
Felix (Z.: BORILLO)
Käptn Knaller (Z.: MAINOU)
Kiko-2000 (Z.: BORILLO)
Oliver Twist

Felix Ferien-Sonderheft
Bergisch Gladbach: Bastei Verlag
Juli 1971
18 × 25,5 cm
Heft
Farbig
Inhalt:
Felix (Z.: BORILLO)
Die Kinder des Meeres (Z.: WEISS)
Kiko-2000 (Z.: BORILLO)
Münchhausens Abenteuer

Felix Ferien-Sonderheft
Bergisch Gladbach: Bastei Verlag
Juli 1972
18 × 25,5 cm
Heft
Farbig
Inhalt:
Felix (Z.: SIMIĆ)
Die Kinder des Meeres (Z.: WEISS)
Dennis (Z.: KETCHAM)
Hänsel und Gretel im Zauberwald (Z./T.: STUDIO A.L.I.)

Felix Ferien-Sonderheft
Bergisch Gladbach: Bastei Verlag
Juni 1973
18 × 25,5 cm
Heft
Farbig
Inhalt:
Felix (Z.: SIMIĆ)
Sabu und die 40 Räuber (Z.: BALI)
Prinz und Bettler (Z.: WEISS)

Felix Ferien
Bergisch Gladbach: Bastei Verlag
1974
22 × 28 cm
Heft
Farbig
Inhalt:
Felix (Z.: SIMIĆ)
Pepi Popcorn (Z.: LANDOLFI)
Arthur das Gespenst (Z.: CEZARD)
Die 5 Asse (Z.: GREG)
Rahan (Z.: CHERET/T.: LECUREUX)
Invasion vom Heulplaneten (Z.: CEZARD)
Dschungel-Jux (Z. und T.: GODARD UND DELINX)

Felix Sonderheft Ferien
Bergisch Gladbach: Bastei Verlag
1975
22 × 28 cm
Heft
Farbig
Inhalt:

Felix (Z.: SIMIĆ)
Dennis (Z.: KETCHAM)
Pepi Popcorn (Z.: LANDOLFI)
Arthur das Gespenst (Z.: CEZARD)
Die 5 Asse (Z.: GREG)
Invasion vom Heulplaneten (Z.: CEZARD)
Rahan (Z.: CHERET/T.: LECUREUX)

Felix Sonderheft Ferien
Bergisch Gladbach: Bastei Verlag
1976
22 × 28 cm
Heft
Farbig
Inhalt:
Felix (Z.: SIMIĆ)
Dennis (Z.: KETCHAM)
Die 5 Asse (Z.: GREG)
Arthur das Gespenst (Z.: CEZARD)
Wer findet den Täter (Z. und T.: MOALLIC UND CRESPI)
Invasion vom Heulplaneten (Z.: CEZARD)
Roobarb
Rahan (Z.: CHERET/T.: LECUREUX)

Felix Sonderheft Ferien
Bergisch Gladbach: Bastei Verlag
1977
22 × 28 cm
Heft
Farbig
Inhalt:
Felix (Z.: SIMIĆ)
Dennis (Z.: KETCHAM)
Flip & Flap (d. i. Clever und Smart) (Z.: IBANEZ)
Wer findet den Täter (Z. und T.: MOALLIC UND CRESPI)
Die 5 Asse (Z.: GREG)
Arthur das Gespenst (Z.: CEZARD)
Rahan (Z.: CHERET/T.: LECUREUX)

Felix Sonderheft Ferien
Bergisch Gladbach: Bastei Verlag
1978
21,7 × 28,1 cm
Heft
Farbig
Inhalt:
Felix (Z.: SIMIĆ)
Arthur das Gespenst (Z.: CEZARD)
Die 5 Asse (Z./T.: STUDIO GREG)
Flip & Flap (Z.: IBANEZ)
Die Reise zum fremden Stern (Z.: BOLLE)
Rahan (Z.: CHERET/T.: LECUREUX)
Twinky und Twist

Felix Sonderheft Ferien
Bergisch Gladbach: Bastei Verlag
1979
21,7 × 28,1 cm
Heft
Farbig
Inhalt:
Felix (Z.: SIMIĆ)
Arthur das Gespenst (Z.: CEZARD)
Sylvio (Z./T.: LUGUY UND LIONS)
Ohne Titel (Z./T.: FRANKE)
Happy der kleine Korsar (Z.: CEZARD)
Flip & Flap (Z.: IBANEZ)
Rahan (Z.: CHERET/T.: LECUREUX)

Felix Sonderheft Sommer
Bergisch Gladbach: Bastei Verlag
1979
21,7 × 28,1 cm
Heft, Farbig
Inhalt:
Felix (Z.: SIMIĆ)
Happy der kleine Korsar (Z.: CEZARD)
Sylvio (Z.: LUGUY/T.: LIONS)
Rätsel-Strip
Arthur das Gespenst (Z.: CEZARD)
Flip & Flap (Z.: IBANEZ)
Rahan (Z.: CHERET/T.: LECUREUX)

Felix Sonderheft Sommer
Bergisch Gladbach:
Bastei Verlag
1980
21,7 × 28,1 cm
Heft
Farbig
Inhalt:
Felix (Z.: SIMIĆ)
Sylvio (Z./T.: LUGUY UND LIONS)
Flip & Flap (Z.: IBANEZ)
Happy der kleine Korsar (Z.: CEZARD)
Rätsel-Strip
Rahan (Z.: CHERET/T.: LECUREUX)

Felix das große Weihnachts-Sonderheft
Bergisch Gladbach:
Bastei Verlag
1964
18 × 25,5 cm
Heft
Farbig
Inhalt:
Felix (Z.: BORILLO)
Bob und Bello
Wups und Waldi
Pitter (Z.: FRANQUIN)
Wastl (Z.: VANDERSTEEN)

Felix das große Weihnachts-Sonderheft
Bergisch Gladbach: Bastei Verlag
1965
18 × 25,5 cm
Heft
Farbig
Inhalt:
Felix (Z.: BORILLO)
Bello
Pitter (Z.: FRANQUIN)
Bob und Bello
Wastl (Z.: VANDERSTEEN)

Felix Weihnachts-Sonderheft
Der lustigste Kater der Welt
Bergisch Gladbach: Bastei Verlag
1966
18 × 25,5 cm
Heft
Farbig
Inhalt:
Felix (Z.: BORILLO)
Bob und Bello
Inky und Dinky

Felix Weihnachten
Bergisch Gladbach: Bastei Verlag
1967
18 × 25,5 cm
Heft
Farbig
Inhalt:
Felix (Z.: BORILLO)
Sigi Spitz
Pablo und Rosalia (Z. und T.: REINDL UND DACHSEL)
Pitter (Z.: FRANQUIN)
Bob und Bello
Wastl (Z.: VANDERSTEEN)

Felix Sonderheft Weihnachten
Bergisch Gladbach: Bastei Verlag
November 1968
18 × 25,5 cm
Heft
Farbig
Inhalt:
Felix (Z.: BORILLO)
Bello
Pablo und Rosalia (Z. und T.: REINDL UND DACHSEL)
Wastl (Z.: VANDERSTEEN)
Alice im Wunderland (Z.: RUE)

Felix Sonderheft Weihnachten
Bergisch Gladbach: Bastei Verlag
November 1969

18 × 25,5 cm
Heft
Farbig
Inhalt:
Felix (Z.: BORILLO)
Whamoka
Bob und Bello
Honigjagd
Kiko-2000 (Z.: BORILLO)
Heidi

Felix Sonderheft Weihnachten
Bergisch Gladbach: Bastei Verlag
November 1970
18 × 25,5 cm
Heft
Farbig
Inhalt:
Felix (Z.: BORILLO)
Die Kinder des Meeres (Z.: WEISS)
Zwerg Nase (Z.: IOCET)

Felix Sonderband Weihnachten
Bergisch Gladbach: Bastei Verlag
November 1971
18 × 25,5 cm
Heft
Farbig
Inhalt:
Felix (Z.: BORILLO)
Die lustigen Strolche
Hadschi (Z.: MARCINELLO)
Hannibal (d. i. Cubitus) (Z.: DUPA)
Der kleine Muck

Felix Sonderband Weihnachten
Bergisch Gladbach: Bastei Verlag
November 1972
18 × 25,5 cm
Heft
Farbig
Inhalt:
Felix (Z.: SIMIĆ)
Die Kinder des Meeres (Z.: WEISS/
T.: CANOVAS)
Hannibal (d. i. Cubitus) (Z.: DUPA)
Dennis (Z.: KETCHAM)
Twinky und Zwist
Der Weihnachtsabend

Felix Weihnachten
Bergisch Gladbach: Bastei Verlag
1973
22 × 28 cm
Heft
Farbig
Inhalt:
Felix (Z.: SIMIĆ)
Pepi Popcorn (Z.: LANDOLFI)
Stefan der Troubadour (Z.: DESCLEZ)
Invasion vom Heulplaneten
(Z.: CEZARD)
Die 5 Asse (Z.: GREG)
Arthur das Gespenst (Z.: CEZARD)
Dschungel-Jux (Z. und T.: GODARD
UND DELINX)

Felix Weihnachten
Bergisch Gladbach: Bastei Verlag
1974
22 × 28 cm
Heft
Farbig
Inhalt:
Felix (Z.: SIMIĆ)
Arthur das Gespenst (Z.: CEZARD)
Die 5 Asse (Z.: GREG)
Der kleine Lord

Felix-Großband Weihnachten
Bergisch Gladbach: Bastei Verlag
1975
22 × 28 cm
Heft
Farbig
Inhalt:
Felix (Z.: SIMIĆ)
Arthur das Gespenst (Z.: CEZARD)

Dennis (Z.: KETCHAM)
Die 5 Asse (Z.: GREG)
Roobarb
Der Weihnachtswunsch des kleinen Roboters (Z.: ZEMANN)

Felix Weihnachten
Bergisch Gladbach: Bastei Verlag
1976
22 × 28 cm
Heft
Farbig
Inhalt:
Felix (Z.: SIMIĆ)
Arthur das Gespenst (Z.: CEZARD)
Dennis (Z.: KETCHAM)
Die 5 Asse (Z.: GREG)
Peter Pan (Z.: STUDIO A.L.I. UND RUE)

Felix Weihnachten
Bergisch Gladbach: Bastei Verlag
1977
22 × 28 cm
Heft
Farbig
Inhalt:
Felix (Z.: SIMIĆ)
Arthur das Gespenst (Z.: CEZARD)
Dennis (Z.: KETCHAM)
Die 5 Asse (Z.: GREG)
Ein Weihnachtsabend (Z.: BOLLE)
Das Weihnachtstaxi (Z.: ZEMANN)

Felix Weihnachten
Bergisch Gladbach: Bastei Verlag
1978
21,9 × 28,1 cm
Heft
Farbig
Inhalt:
Felix (Z.: SIMIĆ)
Twiggy das kleine Rentier (Z.: BOLLE)
Dennis (Z.: KETCHAM)
Arthur das Gespenst (Z.: CEZARD)
Der Nussknacker (Z.: STUDIO A.L.I.) Nachdruck aus Felix Ostern 1972

Felix Weihnachten
Bergisch Gladbach: Bastei Verlag
1979
22,1 × 28 cm
Heft
Farbig
Inhalt:
Felix (Z.: SIMIĆ)
Arthur das Gespenst (Z.: CEZARD)
Hänsel u. Gretel im Zauberwald (Z./T.: STUDIO A.L.I.), Nachdruck aus Felix Ferien 1972
Flip & Flap (Z.: IBANEZ)

Felix Weihnachten
Bergisch Gladbach: Bastei Verlag
1980
21,7 × 28 cm
Heft
Farbig
Inhalt:
Felix (Z.: SIMIĆ)
Sylvio (Z.: LUGUY)
Die Schneekönigin (Nachdruck aus Felix Extra Bd. 28)
Flip & Flap (Z.: IBANEZ)

Felix Sonderheft für 20 Pfennig
Bergisch Gladbach: Bastei Verlag
1968
18 × 26 cm
Heft
Farbig
Inhalt:
Felix (Z.: BORILLO)
Wastl (Z.: VANDERSTEEN)

Fenstergeschichten
Frankfurt/M.: Insel Verlag
1972
17,6 × 25,6 cm

Buch
Farbig
Z./T.: SCHLOTE

Fernando Fernandez
Linden: Volksverlag
1980
22 × 29,9 cm
Broschüre
Farbig und einfarbig
Z.: FERNANDEZ

Fernseh Abenteuer
Bd. 1–22: ***Lassie***
ab Bd. 23: ***Fernseh Abenteuer***
Hamburg: Neuer Tessloff Verlag
Bd. 1–22: Auslieferung: Moewig Vlg.
1958–1964 (1. Auflage)
Bd. 1–138: 18 × 25 cm,
Bd. 139–190: 17 × 24,5 cm
Heft
Farbig
Bd. 1–190
Bemerkungen:
Es existieren drei Auflagen.
1. Auflage jeweils mit Hinweis auf die Folgenummer.
2. und 3. Auflage ohne Hinweis.
3. Auflage auch ohne Auslandspreise.
Inhalt:
Bd. 1–26: Lassie
27: Rin Tin Tin
28: Fury
29: Mike Nelson (Z.: MANNING)
30: Rin Tin Tin
31: Lassie
32: Mike Nelson
33: Fury
34: Wyatt Earp (Z.: MANNING)
35: Rin Tin Tin
36: Lassie
37: Mike Nelson (Z.: MANNING)
38: Fury
39: Wyatt Earp (Z.: MANNING) und Zusatzserie: Die Vigilanten (Z.: MANNING)
40: Rin Tin Tin
41: Lassie
42: Mike Nelson (Z.: MANNING)
43: Fury
44: Wyatt Earp (Z.: MANNING)
45: Rin Tin Tin
46: Lassie
47: Mike Nelson und Zusatzserie: Jimmy (Z.: MANNING)
48: Fury
49: Wyatt Earp (Z.: MANNING)
50: Rin Tin Tin
51: Mike Nelson
52: Fury
53: Lassie
54: Wyatt Earp (Z.: MANNING)
55: Rin Tin Tin
56: Mike Nelson (Z.: MANNING)
57: Fury
58: Wyatt Earp
59: Corky
60: Texas Rangers
61: Lassie
62: Mike Nelson (Z.: MANNING)
63: Fury
64: Rin Tin Tin
65: Wyatt Earp (Z.: MANNING)
66: Corky
67: Texas Rangers
68: Lassie
69: Fury
70: Rin Tin Tin
71: Wyatt Earp (Z.: MANNING)
72: Corky
73: Texas Rangers
74: Lassie
75: Fury
76: Rin Tin Tin
77: Wyatt Earp (Z.: MANNING)
78: Corky
79: Mike Nelson (Z.: MANNING)
80: Texas Rangers

81: Fury
82: Rin Tin Tin
83: Wyatt Earp
84: Lassie
85: Corky
86: Texas Rangers
87: Mike Nelson (Z.: MANNING)
88: Wyatt Earp (Z.: MANNING)
89: Fury
90: Rin Tin Tin
91: Lassie
92: Texas Rangers
93: Mike Nelson (Z.: MANNING)
94: Wyatt Earp (Z.: MANNING)
95: Fury
96: Rin Tin Tin
97: Lassie
98: Mike Nelson (Z.: MANNING)
99: Roy Rogers und zusätzlich: Dolly Evans (Z.: MANNING)
100: Fury
101: Rin Tin Tin
102: Wyatt Earp (Z.: MANNING)
103: Lassie
104: Roy Rogers und zusätzlich: Dolly Evans (Z.: MANNING)
105: Mike Nelson
106: Texas Rangers
107: Fury
108: Rin Tin Tin
109: Lassie
110: Roy Rogers
111: Wyatt Earp (Z.: MANNING)
112: Mike Nelson (Z.: MANNING)
113: Texas Rangers
114: Fury
115: Roy Rogers und zusätzlich: Dolly Evans (Z.: MANNING)
116: Mike Nelson (Z.: MANNING)
117: Lassie
118: Texas Rangers
119: Rin Tin Tin
120: Wyatt Earp (Z.: MANNING)
121: Fury
122: Roy Rogers und zusätzlich: Dolly Evans (Z.: MANNING)
123: Mike Nelson
124: Lassie
125: Texas Rangers
126: Rin Tin Tin
127: Fury
128: Roy Rogers und zusätzlich: Dolly Evans (Z.: MANNING)
129: Mike Nelson
130: Texas Rangers
131: Lassie
132: Rin Tin Tin
133: Fury
134: Wyatt Earp (Z.: MANNING) und Zusatzserie: Die Botschaft (Z.: MANNING)
135: Mike Nelson
136: Texas Rangers
137: Lassie
138: Fury
139: Roy Rogers
140: Rin Tin Tin
141: Mike Nelson (Z.: MANNING)
142: Texas Rangers
143: Fury
144: Lassie
145: Roy Rogers
146: Rin Tin Tin
147: Texas Rangers
148: Fury
149: Lassie
150: Roy Rogers
151: Lassie
152: Mike Nelson (Z.: MANNING) und Zusatzserie: Der ungeschickte Adler (Z.: MANNING)
153: Lassie
154: Ripcord – Sprung aus den Wolken
155: Lassie und Zusatzserie: Wyatts Freunde (Z.: MANNING)
156: Wyatt Earp (Z.: MANNING)
157: Roy Rogers

158: Ripcord – Sprung aus den Wolken
159: Texas Rangers
160: Bonanza
161: Roy Rogers
162: Wyatt Earp (Z.: MANNING)
163: Texas Rangers
164: Rin Tin Tin
165: Roy Rogers
166: Wyatt Earp (Z.: MANNING)
167: Rin Tin Tin und Zusatzserie: Der Verräter (Z.: MANNING)
168: Roy Rogers
169: Wyatt Earp (Z.: MANNING)
170: Texas Rangers
171: Der maskierte Ranger (d. i. Lone Ranger)
172: Bonanza
173: Roy Rogers und zusätzlich: Dolly Evans (Z.: MANNING)
174: Wyatt Earp (Z.: MANNING)
175: Roy Rogers
176: Velvet und King
177: Bonanza
178: Der maskierte Ranger (d. i. Lone Ranger)
179: Roy Rogers
180: Laramie
181: Lone Ranger und zusätzlich: Junger Falke (Z.: MAXON)
182: Bonanza
183: Roy Rogers
184: Rin Tin Tin
185: Velvet und King
186: Bonanza
187: Roy Rogers
188: Wyatt Earp (Z.: MANNING)
189: Der maskierte Ranger (d. i. Lone Ranger) und zusätzlich: Junger Falke (Z.: MAXON)
190: Bonanza

Fernseh Lausbub
Hamburg: Neuer Tessloff Verlag
1959–1961
18 × 25,5 cm
Heft
Farbig
Bd. 1–44
Inhalt:
Enthält ausschließlich: Dennis (Z.: KETCHAM)

Fernseh Tele Comic
Bd. 1–2: ***Fernseh TV Comic***
Frankfurt/M.: Condor Verlag
November 1973–1975
Bd. 1–9: 22 × 30,1 cm,
Bd. 10–17: 21,1 × 29,5 cm
Heft
Farbig
Bd. 1–17
Inhalt und Titel:
1: Lassie: Lassie (Z.: SPIEGLE), Daffy Duck, Bugs Bunny, Tweety und Sylvester, Daktari
2: Daktari: Daktari, Lassie (Z.: SPIEGLE), Tweety und Sylvester, Tüftelfix gegen Klorax (Z.: ERIK)
3: Der rosarote Panther: Der rosarote Panther, Daktari, Tweety, Tüftelfix gegen Klorax (Z.: ERIK), Lassie, Der Inspektor
4: Lassie: Lassie (Z.: SPIEGLE), Tüftelfix und Klorax (Z.: ERIK), Daktari (Z.: SIDOBRE), Tweety und Sylvester, Der rosarote Panther
5: Der rosarote Panther: Lassie, Tweety und Sylvester, Daktari (Z.: RISAMO), Der rosarote Panther, Tüftelfix gegen Klorax (Z.: ERIK), Lassie (Z.: SPIEGLE)
6: Paulchen Panther: Flipper, Der rosarote Panther, Tweety und Sylvester, Daktari, Tüftel gegen Klorax (Z.: ERIK)
7: Paulchen Panther: Flipper, Der

rosarote Panther, Daktari (Z.: SIDOBRE), Tüftel gegen Klorax (Z.: ERIK)
8: Paulchen Panther: Flipper, Der rosarote Panther, Daktari, Tweety und Sylvester
9: Paulchen Panther: Flipper, Der rosarote Panther, Daktari (Z.: SIDOBRE), Tom und Jerry
10: Paulchen Panther: Flipper, Der rosarote Panther, Tom und Jerry, Der Inspektor
11: Paulchen Panther: Flipper, Der rosarote Panther, Tom und Jerry, Tweety und Sylvester, Der Inspektor, Daffy Duck
12: Paulchen Panther: Daffy Duck, Wickie, Jerry und Tuffy, Der rosarote Panther, Tom und Jerry, Der Inspektor
13: Wickie: Wickie, Der rosarote Panther, Der Inspektor
14: Plumpaquatsch: Plumpaquatsch, Das hässliche Entlein, Maxifant & Minifant, Rex der Löwe (Z.: RAMÒN), Der Zirkus ist da!
15: Plumpaquatsch: Plumpaquatsch, Reichlich spät dran, Jochen und das Flugzeug, Der gestiefelte Kater, Maxifant & Minifant
16: Plumpaquatsch: Plumpaquatsch, Uron, Tiffy & Max (Z.: ERIK), König Drosselbart, Hubert, Igor der Frosch und das Wunderpulver, Maxifant & Minifant
17: Plumpaquatsch: Plumpaquatsch, Die kleine Sirene (Z.: POULLENOT), Maxifant & Minifant, Das goldene Zeitalter

Fernseh Tele Comic-Album
Bd. 1: ***Lassie***
Bd. 1: Ein Condor-Comic-Album
Frankfurt/M.: Condor Verlag
1974–1976
21,8 × 29,8 cm
Broschüre
Farbig
Bd. (1)–9
Inhalt und Titel:
1: Lassie: Lassie (Z.: SPIEGLE)
2: Der rosarote Panther: Der rosarote Panther, Der Inspektor
3: Wickie: Wickie, Der rosarote Panther, Der Inspektor
4: Daktari: Daktari (Z.: U. A. SIDOBRE), Lassie
5: Mister Magoo: Mister Magoo (Z.: GODARD)
6: Der rosarote Panther: Der rosarote Panther, Der Inspektor
7: Flipper: Flipper
8: Bullwinkel, Dudley, Rocky & Co.: Bullwinkel, Dudley, Rocky & Co., Dudley Do Right, Klassisches Märchen in moderner Form
9: Tom und Jerry: Tom und Jerry, Die drei Mausketiere

Fernseh TV Comic
Siehe: ***Fernseh Tele Comic***

Fess Parker
Siehe: ***Daniel Boone***

Feuerauge
Hamburg: K.-H. Löding KG
1973
25 × 17 cm
Heft
Farbig
Bd. 1–2
Z./T.: BESS

Feuerdegen
Berlin: Gerstmayer Verlag
1957
17 × 6,5 cm

Heft
Einfarbig
Bd. 101–110
Inhalt:
Der Graf von Monte Christo (Z.: NICKEL) (Nachdruck)
Mico (Z.: RORI) (Nachdruck)
Fruggy (Z.: RORI) (Nachdruck)

Feuerwerk
Siehe: ***Das fröhliche Feuerwerk***

FF Super
Siehe: ***Kauka Super Serie***

Der fidele Cowboy
Bd. 1–18: Heitere und lustige Abenteuer aus dem Wilden Westen
Bd. 19–75: Buffalo Brill
Bd. 69–75: Die Zeitschrift mit jungem Herzen
Hamburg: Alfons Semrau Verlag
September 1954–November 1957
17 × 23,5 cm schwankend
Heft
Einfarbig, ab Bd. 15: zweifarbig, ab Bd. 32: einfarbig, ab Bd. 67: einfarbig und farbig, ab Bd. 72: farbig
Bd. 1–36, 38–75
Bemerkungen:
Bd. 7 als Zweitauflage mit Titelbild von Bd. 6. Bd. 37 nicht erschienen.
Inhalt:
Der fidele Cowboy (Z.: REBUFFI)
Mac Keron (Z.: TERY)
Biberchen
Fritz und Fratz
Kalle und Pepsi
Flick und Flock
Fips und Fops
Ted und Teddy
Muffi (auch: Mufti)
Hank
Lustige Abenteuer mit Käti und Alex

Filipino Food
New York, London, Frankfurt/M., Paris, Milano: Olympia Press
1972
27,2 × 20,9 cm
Broschüre
Einfarbig
Z.: BADAJOS

Filipino Food
Ohne Verlag
ca. 1975
20,9 × 14,6 cm
Broschüre
Einfarbig
Z.: BADAJOS
Bemerkungen:
Nachdruck mit neuem Cover.

Filipino Food
ein Comic-Trip
Birkenfeld: Living-Guerilla-Verlag, Peter Laudenbach
ca. 1979
20,5 × 14,2 cm
Heft
Einfarbig
Z.: BADAJOS
Bemerkungen:
Um 6 Seiten gekürzter Nachdruck mit neuem Cover.

Film Klassiker
Aachen: Bildschriftenverlag
1962–1963
18 × 26 cm schwankend
Heft
Farbig
Bd 501–518
Titel:
501: El Cid

502: Der Dieb von Bagdad
(Z.: EVANS?)
503: Die Bismarck!!!
504: Kampf im Weltall
505: Morgan der Seeräuber
506: Die letzte Chance
507: Die Komantscheros
508: Durchbruch auf Befehl
509: Stadt unter Wasser (Z.: EVANS?)
510: 6 schwarze Pferde
511: Hatari (Z.: GLANZMAN)
512: Der Löwe von Sparta
513: Unternehmen Pappkamerad
514: Die vier unheimlichen Reiter
515: Ein Leutnant und ein Bett
516: Lawrence von Arabien
517: Robin Hood
518: Operation Bikini

Der Film-Bild-Roman
Bd. 3: Ein gedruckter Film
Remscheid: Verlag »Bunte Welt«
Walter H. Schmitz
50er Jahre
18 × 26 cm
Heft
Einfarbig
Bd. 1–3
Titel:
1: Die Reise nach Marrakesch
(T.: JULIUS HERMANN)
2: Kleiner Schwindel am Wolfgangsee (T.: JULIUS HERMANN)
3: Adam und Evelyn
(T.: JULIUS HERMANN)

Fisch gewagt
München:
Heimeran Verlag
Juli 1977
21,4 × 21 cm
Buch
Einfarbig
Z.: OLSCHEWSKI
Bemerkungen:
Comic-Kochrezepte.

Fitz, der Pfiffikus
Berlin: Minerva-Verlag
1947
14,5 × 20 cm
Heft
Einfarbig
Z.: MYR
Bemerkungen:
Nachdruck aus der Jugendzeitschrift »Ins neue Leben« (1946).

Fix und Fax
Lustige Mäuseabenteuer
Berlin (DDR): Verlag Junge Welt
1964–1966
15 × 22 cm
Buch
Farbig
Bd. 1–3 (Bd. 1–2 unnumeriert in der 1. Auflage)
Z.: KIESER
Bemerkungen:
Nachdruck aus Atze.
Titel:
1: 32 Abenteuer (1964)
2: 28 Abenteuer (1964)
3: 29 Abenteuer (1966)

Fix und Foxi
Bd. 1–4: ***Till Eulenspiegel***
Bd. 5–9, 11–14, 16, 18, 22, 24, 26: ***Eulenspiegel***
Bd. 10, 15, 17, 19, 21, 23, 25, 27 und ab Bd. 29: ***Fix und Foxi***
Bd. 20: ***Niki's lustige Abenteuer***
Bd. 28: ***Eulenspiegels lustige Orient Reise***
Bd. 4: Die erste deutsche Bilderzeitschrift
Bd. 5: Lustige Tiere
Bd. 6: mit Fix und Foxi

Bd. 10, 15, 17, 19, 21, 23, 25: Eulenspiegels Sonderheft
Bd. 20: Eulenspiegel Heft
Bd. 22, 24, 26: und andere Rolf-Kauka-Geschichten
Bd. 27: Eulenspiegel
Bd. 71–74, 77–120: Eulenspiegels Kunterbunt
Bd. 121–122, 126–424: Pabels große europäische Jugendzeitschrift
Bd. 425–21. Jg. Bd. 23: zum Lesen und Lachen
Rastatt: Erich Pabel Verlag,
ab Bd. 425: Rastatt: Pabel-Press,
ab Bd. 551: Chur (Schweiz): Gevacur AG
ab 16. Jg. Bd. 28: Ascona (Schweiz): Gevacur AG
ab 19. Jg. Bd. 11: Zug (Schweiz): Gevacur AG
ab 27. Jg. Bd. 48: Rastatt: Erich Pabel Verlag
Mai 1953 – Serie erscheint noch
17,5 × 26 cm, Bd. 29–43: 21 × 28 cm
Heft
Farbig, ab Bd. 29: farbig und einfarbig, ab Bd. 157 farbig, zweifarbig und einfarbig
Bd. 1–627, 16. Jg. Bd. 1–52, 17. Jg. Bd. 1–52, 18. Jg. Bd. 1–53, 19. Jg. Bd. 1–52, 20. Jg. Bd. 1–52, 21. Jg. Bd. 1–52, 22. Jg. Bd. 1–52, 23. Jg. Bd. 1–52, 24. Jg. Bd. 1–52, 25. Jg. Bd. 1–53, 26. Jg. Bd. 1–52, 27. Jg. Bd. 1–52, 28. Jg. Bd. 1–52, 29. Jg. Bd. 1–53, 30. Jg. Bd. 1–52, 31. Jg. Bd. 1–52, 32. Jg. Bd. 1–52
Inhalt:
Till Eulenspiegel (Z.: VAN DER HEIDE/ T.: KAUKA): ab Bd. 1
Dagobert: ab Bd. 1
Münchhausen: ab Bd. 2
Reineke Fuchs: ab Bd. 5
Fix und Foxi (Z.: VERSCHIEDENE U. A. ROSCHER, JULINO, FISCHER, NEUGEBAUER/ T.: KAUKA): ab Bd. 6
Brummel der Bär: ab Bd. 9
Knickebein der Rabe: ab Bd. 9
Fieb, Piep und Tschiep: ab Bd. 16
Niki: ab Bd. 18
Peppo und Peppi: ab Bd. 19
Emil: ab Bd. 19
Hops und Stops: ab Bd. 23
Bumbo und Bimbo: ab Bd. 29
Knox: ab Bd. 32
Pauli (Z.: VERSCHIEDENE, AB 1963 FAST NUR NOCH KARABAJIC): ab Bd. 35
Peter und Jasmin: ab Bd. 40
Lupo: ab Bd. 42
Bim und Bam: ab Bd. 47
Es ging ein Jäger wohl auf die Pirsch . . .: nur in Bd. 58
Hululeia: ab Bd. 59
Grips und Graps: ab Bd. 61
Kizzi das Reh: ab Bd. 63
Kalle und Pipsa: ab Bd. 94
Tom und Klein Biberherz (Z.: VERSCHIEDENE U. A. NEUGEBAUER, MAGDIC): ab Bd. 98
Die Zaubertapete (Z.: WALTER NEUGEBAUER/T.: NORBERT NEUGEBAUER): Bd. 162–165
Eusebia: ab Bd. 253
Lupinchen: ab Bd. 269
Fridolin: ab Bd. 299
Onkel Fax: ab Bd. 412
Diabolino: ab Bd. 434
Schnuffi: ab Bd. 444
Schnieff und Schnuff (Z.: ROBA UND PEYO/T.: ANTOINE): Bd. 471 und ab Bd. 607
Stips und Staps: ab Bd. 516
Bobo (einfarbig, ab Bd. 579: farbig) (Z.: ROSY UND KORNBLUM, DELIÈGE)
Poldi der Sonntagsmaler (Z.: MICHAUD UND LECAMUS): ab Bd. 589
Pummel und der Tanz-Star: ab

Bd. 590
Hayawatha (Z.: STUDIO D'AMI/ T.: D'AMI): Bd. 594–16. Jg. Bd. 33
Jo-Jo (Z.: FRANQUIN, JIDÉHEM): ab 16. Jg. Bd. 30 (auch einfarbig)
Pony und der Geisterzug: ab 17. Jg. Bd. 31?
Der Kleine König: ab 17. Jg. Bd. 34?
Smutje (einfarbig) (Z.: DELIÈGE): ab 17. Jg. Bd. 42?
Pony und Prof. Rizinus: ab 18. Jg. Bd. 8?
Firlefanz (Z.: DEGOTTE): ab 18. Jg. Bd. 16? (einfarbig und farbig)
Der Baron (Z.: BISSOT): ab 18. Jg. Bd. 22? (einfarbig)
Inspektor Grips (Z.: HUBUC UND MIKE, DELIÈGE): ab 18. Jg. Bd. 23? (einfarbig und farbig)
Albert (Z.: HUBUC UND MIKE): ab 18. Jg. Bd. 24? (einfarbig und farbig)
Graf Knülle (Z.: BISSOT): ab 18. Jg. Bd. 43? (einfarbig)
Trapper Sam (Z.: LAGAS UND DELIÈGE): ab 19. Jg. Bd. 23 (einfarbig und farbig)
Baron Schauerlich: ab 20. Jg. Bd. 37 (farbig)
und andere kleine Comics (FF-Mini-Kino)
Pitt Pistol (Z.: UDERZO/T.: GOSCINNY): Bd. 250–259, 270–281
Mischa im Weltraum (Z.: VERSCHIEDENE U. A. BERCKMANS/T.: ROPERTZ): Bd. 291–321, 323–363, 415–418, 431–436, 467–469, 474–481, 555–557, 560–563, 565–569, 577–579, 605–608, 22. Jg. Bd. 30–36, 51–52 (einfarbig), 23. Jg. Bd. 1–2 (einfarbig)
Don Pepito: Bd. 364–372 (Z.: WALTER NEUGEBAUER)
Winnetou (Z.: bis auf Bd. 377: NEUGEBAUER): Bd. 377–405, 407–425
Jason und die Argonauten (Z.: NEUGEBAUER): Bd. 426–429
Durch die Wüste (Z.: NEUGEBAUER): Bd. 430–442
Texas-Bill (d. i. Pecos Bill) (Z.: Bd. 476–479, Seite 25 1. Hälfte der Seite: BATTAGLIA, Bd. 479 Seite 25 2. Hälfte der Seite bis Bd. 483 Seite 23 1. Hälfte der Seite: GAMBA, Bd. 483 2. Hälfte der Seite bis Seite 25 und Bd. 484: VITA?, Bd. 485–488: BATTAGLIA): Bd. 476–488
Das letzte Rennen des Grafen Trips: Bd. 490–494
Old Shurehand (Z.: NEUGEBAUER): Bd. 518–532
Pit und Pikkolo (Z.: FRANQUIN, FOURNIER/T.: GREG): Bd. 532–538, 540–551, 553–567, 570–578, 582–584, 591–599, 626, 627,16. Jg. Bd. 1–7, 9–20, 24–35, 47–52, 17. Jg. Bd. 3–7, 23. Jg. Bd. 21–26, 42–47, 49–52, 24. Jg. Bd. 1–2
Kokomiko (mit Pit und Pikkolo) (Z.: FRANQUIN): 23. Jg. Bd. 27, 34, 36–41, 24. Jg. Bd. 1
Alarm in Rodino (Die Mini-Menschen) (Z.: SERON): 18. Jg. Bd. 31–36
Flucht aus Rodino (Die Mini-Menschen) (Z.: SERON): 18. Jg. Bd. 37–43
Bruchlandung über Breitenstein (Die Mini-Menschen) (Z.: SERON): 18. Jg. Bd. 45–49
Keine Rettung für Rodino? (Die Mini-Menschen) (Z.: SERON): 19. Jg. Bd. 7–14
Der wilde Westen wie er wirklich war: Bd. 594–608
Prinz Edelhart (Z.: PEYO): 16. Jg. Bd. 17–25, 38–45, 17. Jg. Bd. 14–24, 46–52, 18. Jg. Bd. 1–3, 18–25
Mukky und Pukky: 19: Jg. Bd. 17, 28, 37

Die Sechs (Z.: ROBA): 21. Jg. Bd. 1–6, 17, 18, 22–27, 31–33, 41–49, 22. Jg. Bd. 7–14, 43–46, 24. Jg. Bd. 18–21

Lone Wolf (einfarbig): 21. Jg. Bd. 26–36

Wowman (Z.: NEUGEBAUER/T.: GEISLER): 21. Jg. Bd. 37–43

Die Schlümpfe (Z.: PEYO, 24. Jg. Bd. 32: SERON, 24. Jg. Bd. 35: WASTER, 25. Jg. Bd. 2: JIDÉHEM, 25. Jg. Bd. 4: DELIÈGE): 17. Jg. Bd. 19–52, 18. Jg. Bd. 1–3, 5–17, 26–29, 50–53, 19. Jg. Bd. 1–6, 15–18, 21, 23, 25–27, 37, 40–41, 45–52, 20. Jg. Bd. 1, 2, 6, 7, 17–21, 30, 33, 34, 36, 46–48, 50–52, 21. Jg. Bd. 1–3, 5, 22–27, 29, 33–35, 39–42, 45, 46, 49–52, 22. Jg. Bd. 1–5, 9, 12, 17, 18, 20, 22, 24, 27, 28, 30–35, 37, 40, 41, 43, 45, 48, 50–52, 23. Jg. Bd. 1, 41, 45, 48, 50, 24. Jg. Bd. 3, 7, 29–37, 45, 46, 49, 51, 25. Jg. Bd. 2, 4, 11–19, 27, 28, 32, 38–40, 42–44, 48–50, 30. Jg. Bd. 19–22, 27–31, 33–35, 39–40, 42–44, 46, 48, 31. Jg. Bd. 16–29, 36–39 (auch einfarbig)

Der kleine Winni (Z.: PEYO): 19. Jg. Bd. 19–44, 20. Jg. Bd. 3–16, 40–49, 21. Jg. Bd. 9–16, 34–40, 25. Jg. Bd. 10

Kaline + Kalebasse: 21. Jg. Bd. 7–8, 19–21, 25–30, 22. Jg. Bd. 15–17, 47–49, 23. Jg. Bd. 12–14

Lucky Luke (Z.: MORRIS/T.: GOSCINNY) (Nachdruck aus Lupo modern Bd. 14–25 vom 2. Jg.): 21 Jg. Bd. 11–16

Maria D'oro: 21. Jg. Bd. 39–47

Die kleinen Waldläufer (Z.: BERCK): 22. Jg. Bd. 23–27, 37–42

Pippin (Z.: MAINOU): 22. Jg. Bd. 35, 37, 40, 44, 50, 23. Jg. Bd. 7–12, 14–16, 17–18 (einfarbig), 21 und 26 (einfarbig)

Vier Freunde: 22. Jg. Bd. 38–39. 46–47 und 49 (einfarbig)

Die Minis (Z.: SERON): 22. Jg. Bd. 52, 23. Jg. Bd. 1–5, 27 (einfarbig), 28–31, 24. Jg. Bd. 21–27 und 32 (einfarbig), 37–42

Die lustige Lilly (Z.: JIDÉHEM): 23. Jg. Bd. 8–10, 15–20, 48, 24. Jg. Bd. 19 und 33 (einfarbig), 51, 52, 25. Jg. Bd. 1, 5, 9

Das Dschungelbuch (Z.: ARRANZ): 23. Jg. Bd. 31–36

Isabelle (Z.: WILL): 24. Jg. Bd. 2–11, 22–24, 28–31 (einfarbig)

Die Gifticks (Z.: DELIÈGE): 24. Jg. Bd. 5–10 und 12–18 (einfarbig), 24, 31–36, 46, 25. Jg. Bd. 1, 4

Die Dixies (Z.: SEIDEL/KLINKE): 24. Jg. Bd. 5–14, 18, 20–22

Schwarzbart + Schwiegeropa (Z.: REMACLE): 24. Jg.Bd. 12–17, 26–30, 25. Jg. Bd. 19-22

Tim & Struppi (Nachdruck) (Z.: HERGÉ): 24. Jg. Bd. 38–50, 25. Jg. Bd. 2–7, 11–17, 23–26, 33–38, 45–53, 26. Jg. Bd. 1–17

Die Mumpfe (Z.: WASTER): 24. Jg. Bd. 35 (einfarbig)

Onkel Paul (Z.: VERSCHIEDENE U. A. CICUENDEZ, PASCAL) 24. Jg. Bd. 47–52, 25. Jg. Bd. 1–7, 10

Ferien in Peyo-Land (Z.: PEYO): 24. Jg. Bd. 52

Eddy Erpel (Z.: RORE): 25. Jg. Bd. 16, 17, 19, 22, 33, 35, 40

Oma Pfiffig/Kater Schlau: 25. Jg. Bd. 26, 27, 29–32, 39–41

Clifton (Z.: AZARA/T.: GREG): 25. Jg. Bd. 28–36

Knips & Knaps: 25. Jg. Bd. 42–44

Boni und Babusch (Z./T.: BERCK UND DUVAL): 29. Jg. Bd. 24–29, 37–40,

50–53, 30. Jg. Bd. 6–14, 31. Jg. Bd. 52–32. Jg. Bd. 3
Ali Bebi (Z.: BÉDU/T.: BLAREAU): 29. Jg. Bd. 46–49, 30. Jg. Bd. 4–5, 32. Jg. Bd. 37–38, 43
Umpah-Pah (Z.: UDERZO/ T.: GOSCINNY): 31. Jg. Bd. 27
Sammy & Jack (Z./T.: BERCK UND CAUVIN): 31. Jg. Bd. 29–51, 32. Jg. Bd. 4–12, 16–18, 30–35
Nahomi (Z.: CRISSE): 32. Jg. Bd. 49–52
Ivor (Z.: ZORAN): 32. Jg. Bd. 49–52
Mini-Comic Lupo: 21. Jg. Bd. 4

Fix und Foxi Album

Ab Bd. 18: ***Fix und Foxi Spass Album***
Zug (Schweiz): Gevacur
April 1971–1974
21,8 × 27,8 cm
Broschüre
Farbig
Bd. 1–20
Bemerkungen:
*Von Bd. 2 und 4 existieren zwei Auflagen. Fortsetzung als **Fix und Foxi Spass.***
Inhalt und Titel:
1. Die Schlümpfe: Die Schlümpfe (Z.: PEYO UND DELPORTE), Fix und Foxi
2: Lucky Luke: Lucky Luke (Z.: MORRIS/T.: GOSCINNY), Fix und Foxi
3: Die Schlümpfe: Die Schlümpfe (Z.: PEYO UND DELPORTE), Fix und Foxi
4: Lucky Luke: Lucky Luke (Z.: MORRIS/T.: GOSCINNY), Fix und Foxi
5: Die Schlümpfe: Die Schlümpfe (Z.: PEYO UND DELPORTE), Pauli (Z.: KARABAJIC)
6: Lucky Luke: Lucky Luke (Z.: MORRIS/T.: GOSCINNY)
7: Die Schlümpfe: Die Schlümpfe (Z.: PEYO UND DELPORTE), Pauli (Z.: KARABAJIC)
8: Lucky Luke: Lucky Luke (Z.: MORRIS/T.: GOSCINNY)
9: Pichelsteiner: Pichelsteiner (Z.: RINALDI)
10: Die Schlümpfe: Die Schlümpfe (Z.: PEYO UND DELPORTE), Pauli (Z.: KARABAJIC)
11: Jo Jo: Jo Jo (Z.: FRANQUIN)
12: Pauli: Pauli (Z.: KARABAJIC)
13: Pichelsteiner: Pichelsteiner (Z.: RINALDI)
14: Der kleine Winni: Der kleine Winni (Z.: PEYO)
15: Lucky Luke: Lucky Luke (Z.: MORRIS/T.: GOSCINNY)
16: Lucky Luke: Lucky Luke (Z.: MORRIS/T.: GOSCINNY)
17: Prinz Edelhart: Prinz Edelhart (Z.: PEYO)
18: Die Sechs: Die Sechs (Z.: ROBA), Schnieff und Schnuff (Z.: ROBA)
19: Der kleine Winni: Der kleine Winni (Z.: PEYO)
20: Die kleinen Waldläufer: Die kleinen Waldläufer (Z.: BERCK), Schnieff und Schnuff (Z.: ROBA)

Fix und Foxi der Fensterputzer

Nürnberg: Schwager & Steinlein
1968
Buch: 23 × 20,5 cm
Heft: 18,5 × 17,3 cm
Bücher: farbig
Hefte: einfarbig
Bücher Bd. 1–2
Hefte: Bd. 1–3, (3)
Bemerkungen:
Bei den Heften handelt es sich um Nachdrucke der Bücher als Malhefte. Bd. 1–3 der Hefte haben 12 Seiten und wurden als Set mit 6 Buntstiften

verkauft. Bd. (3) der Hefte hat nur 8 Seiten. Mehr nicht bekannt.

Fix und Foxi Extra
Siehe: ***Fix und Foxi Taschenbuch***

Fix und Foxi Jahrbuch
Ascona und Zug (Schweiz): Gevacur
1972–1977
18 × 26 cm
Broschüre
Farbig, zweifarbig und einfarbig
Bd. (1–6)
Bemerkungen:
*Spätere sogenannte Jahrbücher sind nur Sammelbände von **Fix und Foxi Sonderheften.***
Inhalt:
Jahrbuch 1971/72:
Lupo
Die Schlümpfe (Z.: PEYO)
Tommy (Z.: DUPA)
Fix und Foxi
Robin Hut (Z./T.: DEGROOT UND TURK)
Quacki (Z.: ROQUE)
Benno der Bruchpilot (Z.: GODARD)
Ein Gärtner geht auf die Palme (Z.: ROSY)
Max (Z.: BARA)
Tom und Biberherz
Boogie und Woogie (Z./T.: GUILMARD UND VICQ)
Jimmy (Z.: PEYO)
Die bellenden Steine (Z.: DUC)
Kaline und Kalebasse (Z./T.: MAZEL UND CAUVIN)
Käptn Backbord (Z.: FRANCIS)
Erfindung der Leiter (Z.: FRANCIS)
Hallo, Hallo ... (Z.: FRANCIS)
Pedro Pepperoni (Z./T.: WILL UND VICQ)
Alles oder Nichts (Z.: REMACLE)
Die Enthüllung (Z.: PLOEG)
König Kocko (Z.: LELOUP)
Die Ehrenrettung (Z.: REMACLE)
Ja, wenn die Musik nicht wär ... (Z./T.: MITTÉ UND GODARD)
Patti, Peter und Paul (Z.: LAGAS)
Corporal Baxter (Z.: ACAR)
Die verzauberten Christbaumkugeln (Z.: VERLI)
Marcus und Meister Müller (Z.: FRANCIS)
Cäsar (Z.: TILLIEUX)
Schwarzbart und Schwiegeropa (Z.: REMACLE)
Jo-Jo (Z.: FRANQUIN)
Pauli (Z.: KARABAJIC)
Puss (Z.: PEYO)
Dad und Daddy Digger (Z.: MICHAUD)
weitere Z.: MUREK, RAMÒN und RINALDI)
Jahrbuch 1973:
Fix und Foxi
Pussi (Z.: PEYO)
Eierschlacht in Osterhausen (Z.: GIETER)
Lupo
Die unsichtbare Gigi (Z.: AZARA)
Schlümpfe (Z.: PEYO)
Tom und Biberherz
Angriff im All (Z.: DUC)
Prinz Eisenherz (Z.: FOSTER)
Goro und Gora
Pauli (Z.: KARABAJIC)
Josefine und der König (Z.: VITTORIO)
Käpt'n Backbord (Z.: FRANCIS)
Bubu der Puma
Jo-Jo (Z.: FRANQUIN)
Jimmy und die Zauberlampe (Z.: PEYO)
Knox
Pepe (Z.: BARA)
Marcus und Meister Müller (Z.: FRANCIS)
Das Leben ist ein Trauerspiel (Z.: BRETÉCHER)
Bommel und sein Boss (Z.: DELIÈGE)
Lupinchen
Drei kleine Gaunerlein (Z.: ROBA)
Die Pichelsteiner (Z.: RINALDI)

Kaline und Kalebasse (Z./T.: MAZEL UND CAUVIN)
Cäsar und Luischen (Z.: TILLIEUX)
G-Man Reno Pfifferling (Z.: TILLIEUX)
Der magische Spiegel von Mukituki (Z.: WILL)
Flossi und Flip (Z.: GIETER)
Jahrbuch 1974:
Fix und Foxi
Katja (Z.: WALTHÈRY)
Harro und Platte (Z.: TILLIEUX)
Tom & Biber
Der Sheriff (Z.: CASTILLO/T.: COLLINS)
Lupo
Selbst ist der Mann
Pichelsteiner (Z.: RINALDI)
Markus und Meister Müller (Z.: FRANCIS)
Jo-Jo (Z.: FRANQUIN)
Eisenherz (Z.: FOSTER)
Pepito (Z.: BOTTARO)
Micha
Die Schlümpfe (Z.: PEYO)
Pauli (Z.: KARABAJIC)
Schnuckel
Firlefanz (Z.: DEGOTTE)
Ein Bombenfest (Z.: SERON)
Die lustige Lilli (Z.: JIDÉHEM)
Lupo
Sonny Sam (Z.: BOTTARO)
Eusebia
Vier Freunde
weitere Z.: BREA, COLANTUONI, FUENTE, HUTH, MUREK, NADAL, NEUGEBAUER UND VANDEMEULEBROUCKE
Jahrbuch 1975:
Fix und Foxi
Tom & Biber
Eusebia
Pippin (Z.: MAINOU)
Die Schlümpfe (Z.: PEYO)
Hops
Kaline und Kalebasse (Z./T.: MAZEL UND CAUVIN)
Schnieff und Schnuff (Z.: ROBA)
Moustache (Z.: MAINOU)
Die lustige Lilli (Z.: JIDÉHEM)
Jo-Jo (Z.: FRANQUIN)
Lupo
Pauli (Z.: KARABAJIC)
Jahrbuch 1976:
Pauli (Z.: KARABAJIC)
Lupo
Kaline und Kalebasse (Z./T.: MAZEL UND CAUVIN)
Fix und Foxi
Die Minis (Z.: SERON)
Jo-Jo (Z.: FRANQUIN)
Schnieff und Schnuff (Z.: ROBA)
Bobo (Z.: DELIÈGE)
Hops & Stops
Knox
Die Gifticks
Die Schlümpfe (Z.: PEYO)
Jahrbuch 1977:
Fix und Foxi
Trapper Sam (Z./T.: LAGAS UND DELIÈGE)
Pauli (Z.: KARABAJIC)
Die Schlümpfe (Z.: PEYO)
Lupo
Otto (Z.: PEYO)
Onkel Paul (Z.: U. A. HARDY)
Eusebia
Kaline & Kalebasse (Z./T.: MAZEL UND CAUVIN)
Dr. Dappich
Bobo (Z.: DELIÈGE)
Stany Derval
Jo-Jo (Z.: FRANQUIN)
Schnieff und Schnuff (Z.: ROBA)
Eusebia
weitere Z.: KOSTANJSEK UND THEODOROU

Fix und Foxi mit Schallplatte
Bd. 1–4: Pabels große europäische Jugendzeitschrift
Rastatt: Erich Pabel Verlag
1960–1962

18 × 26 cm
Heft
Farbig
Bd. 1–18
Z.: ROLF KAUKA COMIC PRODUCTIONS
Bemerkungen:
Als Beilage eine Schallfolie mit Hörspiel des Inhalts.
Inhalt:
Fix und Foxi: Bd. 1–14, 16, 18
Tom und Klein Biberherz: Bd. 15, 17, 18
Pauli (Z.: KARABAJIC): Bd. 15, 16

Fix und Foxi Riesen Comic
Zug (Schweiz): Gevacur
1975–1977
17,7 × 26 cm
Broschüre
Einfarbig
Bd. (1)–5
Inhalt:
Fix und Foxi: Bd. 1–5
Jo-Jo (Z.: FRANQUIN): Bd. 1, 3
Lupo: Bd. 1–5
Tom & Biber: Bd. 1, 3
Knox: Bd. 1–3
Schnieff und Schnuff (Z.: ROBA): Bd. 1–3
Die Schlümpfe (Z.: PEYO): Bd. 1–2
Pauli (Z.: KARABAJIC): Bd. 1–2, 5
Kokomiko (Z.: FRANQUIN): Bd. 2
Pippin (Z.: MAINOU): Bd. 3
Hops: Bd. 4
Eusebia: Bd. 4–5
weitere Z.: KOSTANJSEK UND THEODOROU

Fix und Foxi Sonderausgabe
Siehe: ***Tom und Biber***

Fix und Foxi Sonderhefte:

Fix und Foxi Lupo-Sonderheft
Rastatt: Erich Pabel-Verlag
August 1959
18 × 26 cm
Heft
Farbig
Inhalt:
Fix und Foxi
Lupo

Fix und Foxi Frühlings-Super-Band
Rastatt: Pabel-Press GmbH
1966
18 × 26 cm
Heft
Farbig
Inhalt:
Fix und Foxi
Pauli (Z.: KARABAJIC)
Lupo
Knox
Wer wird Häuptling von Akebe?
Diabolino
Tom Klein-Biberherz

Fix und Foxi Oster-Sonderheft
Rastatt: Erich Pabel-Verlag
1960
18 × 26 cm
Heft
Farbig
Inhalt:
Fix und Foxi
Die Pauli Familie (Z.: KARABAJIC)
Hops und Stops

Fix und Foxi Oster-Sonderheft
Chur (Schweiz): Gevacur AG
1967
18 × 26 cm
Heft
Farbig
Inhalt:
Fix und Foxi
Pauli (Z.: KARABAJIC)

Lupo
Tom Klein-Biberherz
Diabolino

Fix und Foxi Oster-Sonderheft
Chur (Schweiz): Gevacur AG
1968
18 × 26 cm
Heft
Farbig
Inhalt:
Fix und Foxi
Pauli (Z.: KARABAJIC)
Tom Klein-Biberherz
Schnieff und Schnuff (Z.: ROBA)
Diabolino
Eusebia

Fix und Foxi Ostern Das Sonderheft mit Pfiff
Ascona (Schweiz): Gevacur AG
1969
18 × 26 cm
Heft
Farbig
Inhalt:
Fix und Foxi
Pauli (Z.: KARABAJIC)
Lupo
Tom und Biberherz
Diabolino

Fix und Foxi Ostern Das Sonderheft mit Pfiff
Ascona (Schweiz): Gevacur AG
1970
18 × 26 cm
Heft
Farbig
Inhalt:
Fix und Foxi
Pauli (Z.: KARABAJIC)
Diabolino

Fix und Foxi Ostern Das Sonderheft mit Pfiff
Chur (Schweiz): Gevacur AG
1971
18 × 26 cm
Heft
Farbig
Inhalt:
Fix und Foxi
Pauli (Z.: KARABAJIC)
Lupo
Tom und Biberherz
Schnieff und Schnuff (Z.: ROBA)
Diabolino

Fix und Foxi Ostern Das Sonderheft mit Pfiff
Zug (Schweiz): Gevacur AG
1972
18 × 26 cm
Heft
Farbig
Inhalt:
Fix und Foxi
Pauli (Z.: KARABAJIC)
Tom und Biberherz
Diabolino
Schnieff und Schnuff (Z.: PEYO)
Eusebia
Lupo

Fix und Foxi Ostern Das Sonderheft mit Pfiff
Zug (Schweiz): Gevacur AG
1973
18 × 26 cm
Heft
Farbig
Inhalt:
Fix und Foxi
Pauli (Z.: KARABAJIC)
Eusebia
Tom und Biberherz
Diabolino

Fix und Foxi Ostern Das Sonderheft mit Pfiff
Zug (Schweiz): Gevacur AG
1974
18 × 26 cm
Heft
Farbig
Inhalt:
Fix und Foxi
Pauli (Z.: KARABAJIC)
Lupo
Knox
Tom & Biber
Schnieff und Schnuff (Z.: ROBA)
Diabolino

Fix und Foxi Ostern Das Sonderheft mit Pfiff
Zug (Schweiz): Gevacur AG
1975
18 × 26 cm
Heft
Farbig
Inhalt:
Pauli (Z.: KARABAJIC)
Fix und Foxi
Eusebia
Tom & Biber
Lupo
Schnieff und Schnuff (Z.: ROBA)

Fix und Foxi Ostern Das große bunte Sonderheft
Zug (Schweiz): Gevacur AG
1976
18 × 26 cm
Heft
Farbig
Inhalt:
Fix und Foxi
Die Schlümpfe (Z.: PEYO)
Pauli (Z.: KARABAJIC)
Lupo
Jo-Jo (Z.: FRANQUIN)
Pit & Pikkolo (Z.: FRANQUIN)
Schnieff und Schnuff (Z.: ROBA)
Firlefanz (Z.: DEGOTTE)

Fix und Foxi Ostern
Zug (Schweiz): Gevacur AG
1977
18 × 26 cm
Heft
Farbig
Inhalt:
Fix und Foxi
Pauli (Z.: KARABAJIC)
Schnieff und Schnuff (Z.: ROBA)
Flossi und Haini (Z.: GIETER)
Die Schlümpfe (Z.: PEYO)
Der Bombteryx (Z.: KIP)
Jo-Jo (Z.: FRANQUIN)

Fix und Foxi Ostern
Zug (Schweiz): Gevacur AG
1978
18 × 26 cm
Heft
Farbig
Inhalt:
Fix und Foxi
Schnieff und Schnuff (Z.: ROBA)
Sir Harold (d. i. Percy Pickwick) (Z./T.: TURK UND DEGROOT)
Pauli (Z.: KARABAJIC)

Fix und Foxi Sommer Sonderausgabe
Ascona (Schweiz): Gevacur AG
1970
18 × 26 cm
Heft
Farbig
Inhalt:
Fix und Foxi
Die Schlümpfe (Z.: PEYO)
Jo-Jo (Z.: FRANQUIN)
Ein Trapper trickst (Z.: DELIÈGE)

Tom und Biberherz
Pauli (Z.: KARABAJIC)
Schnieff und Schnuff (Z.: ROBA)

Fix und Foxi Sommer mit viel Spaß und Spannung
Chur (Schweiz): Gevacur AG
1971
18 × 26 cm
Heft
Farbig
Inhalt:
Fix und Foxi
Pauli (Z.: KARABAJIC)
Lupo
Schnieff und Schnuff (Z.: PEYO)
Tim und Biberherz
Diabolino
Die Schlümpfe (Z.: PEYO)

Fix und Foxi Sommer mit viel Spaß und Spannung
Zug (Schweiz): Gevacur AG
1972
18 × 26 cm
Heft
Farbig
Inhalt:
Fix und Foxi
Pauli (Z.: KARABAJIC)
Tom und Biberherz
Lupo
Diabolino
Knox

Sommer Fix und Foxi
Zug (Schweiz): Gevacur AG
1973
18 × 26 cm
Heft
Farbig
Inhalt:
Fix und Foxi
Pauli (Z.: KARABAJIC)
Lupo
Eusebia
Tom & Biber
Diabolino
Schnieff und Schnuff (Z.: ROBA)
Knox

Fix und Foxi Sommer
Zug (Schweiz): Gevacur AG
1974
18 × 26 cm
Heft
Farbig
Inhalt:
Fix und Foxi
Pauli (Z.: KARABAJIC)
Eusebia
Tom & Biber
Diabolino
Lupo
Hops

Fix und Foxi Sommer
Zug (Schweiz): Gevacur AG
1975
18 × 26 cm
Heft
Farbig
Inhalt:
Fix und Foxi
Lupo
Pauli (Z.: KARABAJIC)
Eusebia
Schnieff und Schnuff (Z.: ROBA)
Tom & Biber
Jo-Jo (Z.: FRANQUIN)
Knox

Fix und Foxi Sommer
Zug (Schweiz:) Gevacur AG
1976
18 × 26 cm
Heft
Farbig

Inhalt:
Fix und Foxi
Pauli (Z.: KARABAJIC)
Schnieff und Schnuff (Z.: ROBA)
Isabelle (Z.: WILL)
Hops
Die Gifticks (Z.: DELIÈGE)
Jo-Jo (Z.: FRANQUIN)

Fix und Foxi Sommer
Zug (Schweiz): Gevacur AG
1977
18 × 26 cm
Heft
Farbig
Inhalt:
Fix und Foxi
Schnieff und Schnuff (Z.: ROBA)
Oma Pfiffig
Pauli (Z.: KARABAJIC)

Fix und Foxi Sommer
Zug (Schweiz): Gevacur AG
1978
18 × 26 cm
Heft
Farbig
Inhalt:
Fix und Foxi
Oma Pfiffig
Pauli (Z.: KARABAJIC)

Fix und Foxi Sonderheft – Sommer – Ferien
Rastatt: Erich Pabel Verlag
1983
18,1 × 26,1 cm
Heft
Farbig
Bd. 1/83
Inhalt:
Fix und Foxi
Hops
Pauli (Z.: KARABAJIC)
Schnieff und Schnuff (Z.: ROBA)
Lupo
Lupinchen
Fax

Fix und Foxi Sonderheft – Sommer – Ferien
Rastatt: Erich Pabel Verlag
1984
18 × 26,1 cm
Heft
Farbig
Bd. 1/84
Inhalt:
Fix und Foxi
Eusebia
Lupo
Pauli (Z.: KARABAJIC)
Hops und Stops

Fix und Foxi Ferien-Sonderheft
Rastatt: Pabel-Press GmbH
1964
18 × 26 cm
Heft, Farbig
Inhalt:
Fix und Foxi
Knox
Coco
Lupo
Diabolino
Fridolin

Fix und Foxi Ferien-Sonderheft
Rastatt: Pabel-Press GmbH
1965
18 × 26 cm
Heft
Farbig
Inhalt:
Fix und Foxi
Diabolino
Pauli (Z.: KARABAJIC)
Tom Klein-Biberherz

Fix und Foxi Ferien-Sonderheft
Rastatt: Pabel-Press GmbH
1966
18 × 26 cm
Heft
Farbig
Inhalt:
Fix und Foxi
Der rote Drache
Pauli (Z.: KARABAJIC)
Tom Klein-Biberherz
Diabolino

Das große Ferien-Sonderheft Fix und Foxi
Ohne Verlag
1967
18 × 26 cm
Heft
Farbig
Inhalt:
Fix und Foxi
Pauli (Z.: KARABAJIC)
Knox
Tom Klein-Biberherz
Diabolino

Fix und Foxi Das große Ferien-Sonderheft
Chur (Schweiz): Gevacur AG
1968
18 × 26 cm
Heft
Farbig
Inhalt:
Fix und Foxi
Pauli (Z.: KARABAJIC)
Lupo
Tom Klein-Biberherz
Diabolino

Fix und Foxi Ferien Sonderheft
Ascona (Schweiz):
Gevacur AG
1969
18 × 26 cm
Heft
Farbig
Inhalt:
Fix und Foxi
Tom Klein-Biberherz
Pauli (Z.: KARABAJIC)
Lupo
Diabolino

Fix und Foxi Ferien Sonderheft
Ascona (Schweiz):
Gevacur AG
1970
18 × 26 cm
Heft
Farbig
Inhalt:
Fix und Foxi
Pauli (Z.: KARABAJIC)
Tom und Biberherz
Lupo
Diabolino

Fix und Foxi Ferien Das Sonderheft mit Pfiff
Zug (Schweiz): Gevacur AG
1971
18 × 26 cm
Heft
Farbig
Inhalt:
Fix und Foxi
Pauli (Z.: KARABAJIC)
Lupo
Knox
Tom und Biberherz
Schnieff und Schnuff (Z.: ROBA)
Diabolino

Fix und Foxi Ferien Das Sonderheft mit Pfiff
Zug (Schweiz): Gevacur AG

1972
18 × 26 cm
Heft
Farbig
Inhalt:
Eusebia
Pauli (Z.: KARABAJIC)
Lupo
Tom und Biberherz
Fix und Foxi

Ferien Fix und Foxi
Zug (Schweiz): Gevacur AG
1973
18 × 26 cm
Heft
Farbig
Inhalt:
Fix und Foxi
Pauli (Z.: KARABAJIC)
Lupo
Lupinchen
Tom & Biber
Eusebia
Diabolino

Fix und Foxi Ferien
Zug (Schweiz): Gevacur AG
1974
18 × 26 cm
Heft
Farbig
Inhalt:
Fix und Foxi
Pauli (Z.: KARABAJIC)
Lupo
Tom & Biber
Diabolino
Schnieff und Schnuff (Z.: ROBA)

Fix und Foxi Ferien Sonderheft
Zug (Schweiz): Gevacur AG
1975
18 × 26 cm
Heft
Farbig
Inhalt:
Fix und Foxi
Pauli (Z.: KARABAJIC
Lupo
Tom & Biber (Nachdruck aus Ferien-Sonderheft 1970)
Eusebia
Schnieff und Schnuff (Z.: ROBA)

Fix und Foxi Ferien
Zug (Schweiz): Gevacur AG
1976
18 × 26 cm
Heft
Farbig
Inhalt:
Fix und Foxi
Marcus + Meister Müller (Z.: FRANCIS/TILLIEUX)
Pauli (Z.: KARABAJIC)
Schnieff und Schnuff (Z.: ROBA)
Die lustige Lilly (Z.: JIDÉHEM)
Jo-Jo (Z.: FRANQUIN)

Fix und Foxi Ferien
Zug (Schweiz): Gevacur AG
1977
18 × 26 cm
Heft
Farbig
Inhalt:
Fix und Foxi
Die Schlümpfe (Z.: PEYO)
Oma Pfiffig
Schnieff und Schnuff (Z.: ROBA)
Pauli (Z.: KARABAJIC)

Fix und Foxi Ferien
Zug (Schweiz): Gevacur
1978
18 × 26 cm
Heft

Farbig
Inhalt:
Lupo
Hops
Fix und Foxi
Knox
Pauli (Z.: KARABAJIC)

Fix und Foxi Weihnachtsheft
Rastatt: Erich Pabel Verlag
1959
18 × 26 cm
Heft
Farbig
Inhalt:
Der Quacksalber (mit Lupo, Lupinchen und Fix und Foxi)
Die Pauli Familie

Fix und Foxi Weihnachts-Sonderheft
Rastatt: Erich Pabel Verlag
1961
18 × 26 cm
Heft
Farbig
Inhalt:
Fix und Foxi
Pauli

Fix und Foxi Pabels großes Weihnachtssonderheft
Rastatt: Pabel-Press GmbH
1963
18 × 26 cm
Heft, Farbig
Inhalt:
Fix und Foxi
Pauli (Z.: KARABAJIC)
Knox
Tom und Klein Biber

Fix und Foxi Weihnachtssonderheft
ohne Verlag
1966
18 × 26 cm
Heft
Farbig
Inhalt:
Fix und Foxi
Tom Klein-Biberherz
Knox
Pauli (Z.: KARABAJIC)
Diabolino

Weihnachtssonderheft Fix und Foxi
Chur (Schweiz): Gevacur AG
1967
18 × 26 cm
Heft
Farbig
Inhalt:
Fix und Foxi
Lupo
Tom Klein-Biberherz
Diabolino
Pauli (Z.: KARABAJIC)

Weihnacht mit Fix und Foxi
Chur (Schweiz): Gevacur AG
1968
18 × 26 cm
Heft
Farbig
Inhalt:
Fix und Foxi
Pauli (Z.: KARABAJIC)
Tom und Klein-Biberherz
Diabolino

Weihnachtssonderheft Fix und Foxi
Ascona (Schweiz):
Gevacur AG
1969
18 × 26 cm

Heft
Farbig
Inhalt:
Fix und Foxi
Pauli (Z.: KARABAJIC)
Tom und Klein-Biberherz
Eusebia

Weihnachts Fix und Foxi
Ascona (Schweiz): Gevacur AG
1970
18 × 26 cm
Heft
Farbig
Inhalt:
Fix und Foxi
Pauli (Z.: KARABAJIC)
Tom und Klein-Biberherz
Diabolino

Fix und Foxi Weihnachtssonderheft
Zug (Schweiz): Gevacur AG
1971
18 × 26 cm
Heft
Farbig
Inhalt:
Fix und Foxi
Pauli (Z.: KARABAJIC)
Lupinchen
Eusebia
Tom und Biberherz
Diabolino
Schnieff und Schnuff (Z.: ROBA)

Weihnachts-Fix und Foxi
Zug (Schweiz): Gevacur AG
1972
18 × 26 cm
Heft
Farbig
Inhalt:
Fix und Foxi
Pauli (Z.: KARABAJIC)
Tom und Biberherz
Schnieff und Schnuff (Z.: ROBA)
Eusebia
Lupo
Diabolino

Weihnachts-Fix und Foxi
Zug (Schweiz): Gevacur AG
1973
18 × 26 cm
Heft
Farbig
Inhalt:
Fix und Foxi
Schnieff und Schnuff (Z.: ROBA)
Pauli (Z.: KARABAJIC)
Tom & Biber
Lupo

Weihnachts-Fix und Foxi
Zug (Schweiz): Gevacur AG
1974
18 × 26 cm
Heft
Farbig
Inhalt:
Fix und Foxi
Pauli (Z.: KARABAJIC)
Lupo
Tom & Biber
Knox
Hops
Schnieff und Schnuff (Z.: ROBA)

Fix und Foxi Weihnachts-Sonderband
Zug (Schweiz): Gevacur AG
1975
18 × 26 cm
Heft
Farbig
Inhalt:
Fix und Foxi

Pauli (Z.: KARABAJIC)
Lupo
Schnieff und Schnuff (Z.: ROBA)
Tom & Biber

Fix und Foxi Weihnachten
Zug (Schweiz): Gevacur AG
1976
18 × 26 cm
Heft
Farbig
Inhalt:
Fix und Foxi
Pauli (Z.: KARABAJIC)
Jo-Jo (Z.: FRANQUIN)
Ein Bart macht noch keinen Weihnachtsmann
Kaline & Kalebasse
Schnieff und Schnuff (Z.: ROBA)
Die lustige Lilly (Z.: JIDÉHEM)
Marcus + Meister Müller (Z.: FRANCIS/TILLIEUX)

Fix und Foxi Weihnachten
Zug (Schweiz): Gevacur AG
1977
18 × 26 cm
Heft
Farbig
Inhalt:
Fix und Foxi
Die Schlümpfe (Z.: PEYO)
Hops und Stops
Bobo (Z.: DELIÈGE)
Schnieff und Schnuff (Z.: ROBA)
Pauli (Z.: KARABAJIC)

Fix und Foxi Weihnachten
Zug (Schweiz): Gevacur
1978
18 × 26 cm
Heft
Farbig
Inhalt:
Fix und Foxi
Knox
Diabolino
Pauli (Z.: KARABAJIC)

Fix und Foxi Sonderheft
Zug (Schweiz): Gevacur, ab Bd. 5:
Rastatt: Erich Pabel Verlag
1979–1982
18 × 26 cm, ab Bd. 5:
21 × 28,1 cm
Heft
Farbig
Bd. (1), 2/79–4/79, 5–18
Inhalt und Titel:
1: *Ostern*:
Fix und Foxi
Hops und Stops
Diabolino
Knox
Pauli (Z.: KARABAJIC)
2/79: *Sommer:*
Fix und Foxi
Stops
Lupo
Fridolin
Pauli (Z.: KARABAJIC)
3/79: *Ferien*:
Fix und Foxi
Hops
Knox
Lupo
Fridolin
Fax
Pauli (Z.: KARABAJIC)
4/79: *Weihnachten:*
Fix und Foxi
Knox
Hops und Stops
Lupo
Fridolin
Pauli (Z.: KARABAJIC)
5: *Sonderheft Frühling:*
Fix und Foxi

Fridolin
Stops
Lupo
Pauli (Z.: KARABAJIC)

6: *Sommer-Sonderheft:*
Fix und Foxi
Lupo
Diabolino
Fridolin
Stops
Pauli (Z.: KARABAJIC)

7: *Ferien-Sonderheft:*
Fix und Foxi
Lupo
Diabolino
Hops und Stops
Pauli (Z.: KARABAJIC)

8: *Winter-Sonderheft:*
Lupo
Tom und Biberherz
Fax
Diabolino
Pauli (Z.: KARABAJIC)

9: *Sonderheft Karneval:*
Lupo
Diabolino
Fridolin
Tom und Biberherz
Pauli (Z.: KARABAJIC)

10: *Frühlingssonderheft:*
Lupo
Fix und Foxi
Knox
Diabolino
Tom und Biberherz
Eusebia
Pauli (Z.: KARABAJIC)

11: *Sommersonderheft:*
Fix und Foxi
Eusebia
Lupo
Fax
Pauli (Z.: KARABAJIC)

12: *Ferien-Sonderheft:*
Lupo
Ritter Rüdiger
Knox
Stops
Pauli (Z.: KARABAJIC)

13: *Sonderheft – Zaubern:*
Fix und Foxi
Hops und Stops
Lupo (3-D-Comic)
Diabolino (3-D-Comic)
Pauli (Z.: KARABAJIC)

14: *Winter-Sonderheft:*
Fix und Foxi
Fax
Lupo
Hops
Pauli (Z.: KARABAJIC)

15: *Sonderheft – Karneval:*
Lupo
Fix und Foxi
Diabolino
Stops
Eusebia
Knox

16: *Frühlings-Sonderheft:*
Lupo
Eusebia
Diabolino
Fridolin
Fix und Foxi
Hops und Stops
Pauli (Z.: KARABAJIC)

17: *Sommer-Sonderheft:*
Fix und Foxi
Lupo
Hops und Stops
Eusebia
Fax
Pauli (Z.: KARABAJIC)
Diabolino

18: *Ferien-Sonderheft:*
Fix und Foxi
Fridolin
Eusebia

Knox
Fax
Lupo
weitere Z. in allen Heften:
KOSTANJSEK UND THEODOROU

Fix und Foxi Spass
Zug (Schweiz): Gevacur
Januar 1975–November 1977
18 × 26 cm
Heft
Farbig
Bd. 21–38
Bemerkungen:
*Fortsetzung von **Fix und Foxi Album.***
Inhalt und Titel:
21: Die Schlümpfe: Die Schlümpfe (Z.: PEYO), Schnieff und Schnuff (Z.: ROBA)
22: Die Sechs: Die Sechs (Z.: ROBA), Die Schlümpfe (Z.: PEYO)
23: Der kleine Winni: Der kleine Winni (Z.: PEYO), JoJo (Z.: FRANQUIN)
24: Die Minis: Die Minis (Z.: SERON), Die Schlümpfe (Z.: PEYO)
25: Die Sechs: Die Sechs (Z.: ROBA), JoJo (Z.: FRANQUIN), Schnieff und Schnuff (Z.: ROBA)
26: Kaline & Kalebasse: Kaline & Kalebasse (Z./T.: MAZEL UND CAUVIN), Die Schlümpfe (Z.: PEYO), Pippin (Z.: MAINOU)
27: Pit & Pikkolo: Pit & Pikkolo (Z.: FRANQUIN), Schnieff und Schnuff (Z.: ROBA), Kokomiko (Z.: FRANQUIN)
28: Der kleine Winni: Der kleine Winni (Z.: PEYO), JoJo (Z.: FRANQUIN)
29: Schnieff und Schnuff: Schnieff und Schnuff (Z.: ROBA), Die Schlümpfe (Z.: PEYO)
30: Die Sechs: Die Sechs (Z.: ROBA)
31: Die Minis: Die Minis (Z.: SERON), Die Schlümpfe (Z.: PEYO), Schnieff und Schnuff (Z.: ROBA)
32: Jo Jo: Jo Jo (Z.: FRANQUIN), Die Schlümpfe (Z.: PEYO), Schnieff und Schnuff (Z.: ROBA)
33: Die lustige Lilli: Die lustige Lilli (Z.: JIDÉHEM), Die Schlümpfe (Z.: PEYO), Schnieff und Schnuff (Z.: ROBA)
34: Die Gifticks: Die Gifticks (Z.: HARTMANN UND DELIÈGE), Die Schlümpfe (Z.: PEYO), Schnieff und Schnuff (Z.: ROBA)
35: Die Minis: Die Minis (Z.: SERON), Die Schlümpfe (Z.: PEYO), Fix und Foxi, Schnieff und Schnuff (Z.: ROBA)
36: Isabelle: Isabelle (Z.: WILL), Die Schlümpfe (Z.: PEYO), Schnieff und Schnuff (Z.: ROBA)
37: Die Gifticks: Die Gifticks (Z.: HARTMANN UND DELIÈGE), Die Schlümpfe (Z.: PEYO), Schnieff und Schnuff (Z.: ROBA)
38: Schnieff und Schnuff: Schnieff und Schnuff (Z.: ROBA), Die Schlümpfe (Z.: PEYO)

Fix und Foxi Super Spass
Siehe: ***Kauka Super Serie***

Fix und Foxi Super Tip Top
Ab Bd. 22: ***Fix und Foxi Super***
Bd. 1: Die besten Geschichten von Rolf Kauka
Bd. 2–21: Ausgewähltes von Rolf Kauka
Bd. 22–25: Auserwähltes von Rolf Kauka
Bd. 26–28: Das gute Comic-Buch
Bd. 29–35: Das lustige Kauka Comic-Buch
Chur (Schweiz): Gevacur AG, ab Bd.

13: Ascona (Schweiz): Gevacur AG
Juli 1967–Juni 1970
18 × 26 cm
Heft
Farbig, außer Bd. 6: einfarbig
Bd. 1–35
Bemerkungen:
Serie wurde unter dem Titel: ***Kauka Super Serie*** fortgeführt.
Inhalt:
Lucky Luke (Z.: MORRIS/T.: GOSCINNY): Bd. 1, 3, (1. Abenteuer Nachdruck aus Der heitere Fridolin Bd. 23, 24), 5 (1. Abenteuer Nachdruck aus Der heitere Fridolin Bd. 46, 47, 2. Abenteuer Nachdruck aus Der heitere Fridolin Bd. 48–51), 7, 11, 15, 19, 23, 27, 31
Kokomiko (Z.: FRANQUIN): Bd. 2
Pit und Pikkolo (Z.: FRANQUIN): Bd. 9, 26, 33
Fritze Blitz und Dunnerkiel: Bd. 4, 12
Raumpatrouille Orion (Fotocomic): Bd. 6
Old Nick (auch: Schwarzbart) (Z.: REMACLE): Bd. 8, 13, 18, 24, 26, 30
Pichelsteiner (Z.: RINALDI): Bd. 10, 14, 17
Kouki (Z.: JIJÉ): Bd. 16, 22
Siggi und Babarras: Bd. 20, 21, 25, 28
Pauli (Z.: KARABAJIC): Bd. 29
Gin und Fizz (Z.: WILL/T.: ROSY): Bd. 32, 34
Die Schlümpfe (Z.: PEYO): Bd. 35

Fix und Foxi Taschenbuch

Bd. 1–5: ***FF-Extra***
6–93: ***Fix und Foxi Extra***
Bd. 1–5: Das gute Taschenbuch
Bd. 6–21: Das gute Kauka Taschenbuch
Bd. 23–29: Rolf Kaukas gutes Taschenbuch
Bd. 30–93: Rolf Kaukas Fix und Foxi Extra
Ascona (Schweiz): Gevacur AG
ab Bd. 20: Zug (Schweiz): Gevacur AG
ab Bd. 53: Rastatt: Erich Pabel Verlag
März 1969 – Serie erscheint noch
13 × 18 cm
Taschenbuch
Farbig und einfarbig
Bd. 1–93 . . .
Inhalt:
Lucky Luke (Z.: MORRIS/T.: GOSCINNY): Bd. 1, 3, 4, 6, 8 (Nachdruck aus Lupo 7/65–14/65), 9 (Nachdruck aus Der heitere Fridolin 44–45), 11 (Nachdruck aus Der heitere Fridolin 42–43), 14 (Nachdruck aus Der heitere Fridolin 52–54, da nicht abgeschlossen und Nachdruck aus Lupo modern 15/65–23/65), 21 (Nachdruck aus Tip Top 70/67–80/67)
Bobo (Z.: DELIÈGE/T.: ROSY) Bd. 1–4, 6, 7, 9, 10, 12–17, 19, 20, 22–26, 36, 40
Fix und Foxi: Bd. 1–8, 10, 12–36, 38–43, 45–93
Lupo: Bd. 1, 9, 11, 34–35, 37, 43–45, 46–57, 60–71, 74, 76–78, 80–87, 91–93
Knox: Bd. 1, 46, 56, 59, 61, 64–70, 72–78, 83–87, 90
Pit und Pikkolo (Z.: FRANQUIN UND FOURNIER, Bd. 16, 24, 37–39 T.: GREG): Bd. 2, 4, 7, 13, 16, 24, 29, 31, 33, 37–39
Mischa im Weltraum (Z.: BERCKMANS): Bd. 3, 4, 8, 26, 27, 30
Prinz Edelhart (Z.: PEYO): Bd. 4, 6, 22, 25, 28
Old Nick/Schwarzbart (Z.: REMACLE): Bd. 7, 9, 11–13, 17, 18, 20, 21, 23, 26–28
Smutje (Z.: DELIÈGE): Bd. 5, 8, 11, 14,

16, 17, 19, 20, 24
Jo Jo (Z.: FRANQUIN UND JIDÉHEM): Bd. 6, 24, 29–32, 34–40, 42–43
Schnieff und Schnuff (Z.: ROBA): Bd. 6, 32, 36–42
Marcus und Meister Müller (Z.: FRANCIS/TILLIEUX): Bd. 10–12, 14, 21–25, 31, 32, 34–36
Eine Seefahrt die ist lustig (Z.: REMACLE): Bd. 11
Die Wunderinsel (Z.: REMACLE): Bd. 11
Lilli und ihre Freunde (auch: Die lustige Lilly) (Z.: JIDÉHEM UND VICQ): Bd. 15, 16, 18, 22, 23, 25, 30, 32, 33, 37, 38
Kleiner Kaktus (Z.: DELIÈGE UND SALVÉRIUS): Bd. 15, 18
Tom und Biber: Bd. 17, 25, 28, 29, 32–34, 58–61, 66
Die Pichelsteiner (Z.: RINALDI): Bd. 19, 28, 86
Der kluge Kasimir/Der Baron (Z.: BISSOT): Bd. 19, 21, 22, 24, 26, 27
Edelhart und die Schlümpfe (Z.: PEYO): Bd. 20
Lupo und Knox: Bd. 21
Die Schlümpfe (Z.: PEYO): Bd. 22–27, 32, 37–40, 42
Dodo: Bd. 23
Trapper Sam (Z.: DELIÈGE UND LAGAS): Bd. 26
Mulligan: Bd. 27
Pauli (Z.: KARABAJIC): Bd. 27, 32–77, 79–93
Sonny Sam (Z.: BOTTARO): Bd. 29
Furor Teutonicus (Z.: MARTI): Bd. 29, 30
Moustache (Z.: MAINOU): Bd. 30, 31
Der General (Z.: SMET): Bd. 30, 32, 33
Pippin (Z.: MAINOU): Bd. 31–33
Die Minis (Z.: SERON): Bd. 36, 45
Isabelle (Z.: WILL): Bd. 40
Kaline & Kalebasse: Bd. 40
Pony: Bd. 41
Die Sechs (Z.: ROBA): Bd. 41
Onkel Paul (Z.: CICUENDEZ U. A.): Bd. 42–43, 45
Sir Harold (d. i. Percy Pickwick) (Z./T.: TURK/DEGROOT): Bd. 42, 44, 46
Die Gifticks (Z.: DELIÈGE): Bd. 43
Knips & Knaps: Bd. 46
Oma Pfiffig: Bd. 47
Winnetou (Z.: NEUGEBAUER): Bd. 48–54
Die 7 Schnuckel (Z./T.: WEYNSTEIN/RENOIR): Bd. 57–64, 68–70, 77–78, 82
Fax: Bd. 58, 73, 81–85
Lupinchen: Bd. 65, 74, 75, 79
Eusebia: Bd. 63, 65, 68–70, 73, 79, 82, 85, 88–89, 92
Stops: Bd. 65–67
Dietrich von Bern: Bd. 71–80
Hops und Stops: Bd. 72, 86, 88
Fridolin: Bd. 68
Anatol: Bd. 88–93

Flammender Speer
Der große Häuptling
Bergisch Gladbach: Bastei Verlag
Juni 1979–1980
21,6 × 29 cm
Heft
Farbig
Bd. 1–26
Z.: NORMA
T.: LECUREUX

Flash Gordon
Comic Classics
München: Wilhelm Heyne Verlag
1972
27,7 × 22,4 cm
Broschüre
Einfarbig
Z.: RAYMOND

Flash Gordon
Wien (Österr.): Heinz Pollischansky Verlag
Dezember 1975–1983
20 × 26,9 cm
Broschüre
Farbig
Bd. 1–15
Z.: RAYMOND

Flash Gordon
Wien (Österr.): Heinz Pollischansky Verlag
1978–Serie erscheint noch
28,4 × 39 cm
Buch
Einfarbig
Bd. 1–2 . . .
Z.: BRIGGS
Bemerkungen:
Zweisprachig englisch und deutsch.

Flash Gordon
Bd. 1–2: Die große Science Fiction-Serie
Bd. 4–6: Das große Science Fiction-Comic
Frankfurt/M.: Condor Verlag
Mai 1980–1982
13,1 × 18,3 cm
Taschenbuch, Farbig
Bd. 1–6
Inhalt:
Flash Gordon: Bd. 1–6
Die Ausserirdischen: Bd. 5
Z.: BARRY
BOLLE: Bd. 3
GARZON: Bd. 3
GENTILE: Bd. 6
WILLIAMSON: Bd.5
T.: BOYETTE: Bd. 6
POOLE
WARNER: Bd. 3

Der fliegende Holländer
Hannover: Walter Lehning Verlag
Juli 1955–Januar 1956
24 × 17 cm
Heft
Einfarbig
Bd. 1–13
Z.: NAWROT

Flipper
Aachen: Bildschriftenverlag
März 1969–September 1969
18 × 25 cm
Heft
Einfarbig
Unregelmäßig
Bd. 1–3
Bemerkungen:
Comic nach der Fernsehserie.

Flip und Flop
Siehe: ***Buntes Allerlei***

Flohmarkt-Magazin
Antique Sakia
Ohne Verlag
1979
12 × 16,9 cm
Heft
Einfarbig
Bd. 1/79
Inhalt:
Die rote Orchidee (Z.: PEDRAZZA/T.: RENZI), Nachdruck aus ***AKIM*** neue Serie Bd. 1–32 (wobei die je 2 Streifen aus Bd. 25 und 26 vertauscht sind)

Flucht aus den Bleikammern
Frankfurt/M.: Fischer Taschenbuchverlag
Juni 1975
12,5 × 19 cm
Taschenbuch 1543

Farbig, zweifarbig und einfarbig
Z.: LEONHARD
T.: JÄGERSBERG
Bemerkungen:
Grenzfall. Siehe: ***Rüssel im Komikland, Glücksucher in Venedig und Leben und Traum mit Schellenfusz.***

Folker Foot
Space Trip
Hannover: Dirk Rohde/Kurt Werth
1979
16,5 × 7 cm
Heft
Einfarbig
Bd. 1
Z.: ROHDE

Follyfoot Farm
Der große Fernseh-Erfolg
Bergisch Gladbach: Bastei Verlag
März 1974–September 1974
21,9 × 29 cm
Broschüre
Farbig, Bd. 5: einfarbig
Bd. 1–5
Z.: NOBLE, Bd. 5: COOPER U. A.
Bemerkungen:
Bd. 5 ist ein Sonderband mit Beiträgen zur TV-Serie und nur einigen Comics.

Foto-Love-Story
München: Südwest Verlag
1973
21,5 × 27 cm
Broschüre, Einfarbig
Bd. 1–2
T. und Fotos: RICHTER
Bemerkungen:
Nachdruck von Fotocomics aus »Bravo«.

Fotoroman Magazin
Lübeck: Lüning-Verlag
1968
22,5 × 30,5 cm
Heft
Einfarbig
Bd. 1 unnumeriert

Fotostrip
Aachen: Williams-Verlag
1970–April 1971
21 × 28 cm
Heft
Einfarbig
Bd. 1–9
Titel:
1: Sex & Hasch
2: Der Sexspion
3: Sexsklavinnen auf der Hochsee-Jacht
4: Das doppelte Sex-Spiel der Luise S.
5: Die Sache mit den Juwelenklunkern – Durch Sex gelöst
6: Das tödliche Spiel mit dem Sex
7: Die Busfahrt in ein Sex-Abenteuer
8: Ein Gangsterboss in der Sexfalle
9: Das Geheimnis des Sex-Magazins

Fox der Geheimreporter
Hamburg: Gondel-Verlag, Fischer, Brälye & Co.
April 1953
15,5 × 22 cm
Heft
Einfarbig
Z.: NIEZAB
T.: BONNEAU
Bemerkungen:
Das ist »Peterle als Reporter«.

Fox und Flax
Bd. 8–20: ***Fox & Flax***
Aachen: Bildschriftenverlag, ab Bd. 5: Alsdorf: Bildschriftenverlag, ab Bd. 16: Alsdorf: Williams Verlag,

ab Bd. 19: Alsdorf: Bildschriftenverlag Abt. Williams, ab Bd. 24: Hamburg: Bildschriftenverlag Abt. Williams, Bd. 25: Hamburg: Williams Verlag
Januar 1972–1974
17,5 × 25 cm
Heft
Farbig
Bd. 1–25
Inhalt:
Fox und Flax: Bd. 1–25
Die drei Mausketiere (Z.: MAYER): Bd. 1–12, 15–18, 20–21, 24
Tito und Burrito: Bd. 1–14, 16–17, 19, 22–23
Hund und Hase: Bd. 2–6, 17–19, 21, 25
Erpel Tobi (Z.: MAYER): Bd. 8, 21, 24
Bulli, der Hund: Bd. 13
Peter Schwein: Bd. 15
Dodo und der Frosch: Bd. 15, 18–19
Bo Bunny (Z.: MAYER): Bd. 20, 23–24
Nip & Chip: Bd. 22
Dicki Maus (Z.: MAYER): Bd. 22–23, 25
Twiddel und Twaddel: Bd. 14

Franca
Hannover: Walter Lehning Verlag
November 1954–Januar 1955
24 × 17 cm
Heft
Einfarbig
Bd. 1–10
Z./T.: COSSIO
Bemerkungen:
Auf der Liste der jugendgefährdenden Schriften: Bd. 2: E Nr. 34 –BAnz. Nr. 241 vom 15. 12. 54
Bd. 7–9 und für 6 Monate: E Nr. 61 – BAnz. Nr. 52 vom 16. 3. 55.

Frankenstein
Das Monster von
Hamburg: Williams Verlag, ab Bd. 10: Hamburg: Klaus Recht, ab Bd. 19: Hamburg: Williams Verlag
Januar 1974–September 1976
Heft
Bd. 1–5: 17,4 × 25,1 cm,
Bd. 6–20: 17,1 × 24,5 cm,
Bd. 21–33: 17,8 × 26 cm
Farbig
Bd. 1–33
Bemerkungen:
Bd. 5 auf der Liste der jugendgefährdenden Schriften.
Inhalt:
Frankenstein: Bd. 1–33
Brak der Barbar: Bd. 6
Horrorstories: Bd. 1–33
Z. u. T.:
ABEL: Bd. 14–15
ALBANO: Bd. 11
AYERS: Bd. 3, 19–21, 24
BANKS: Bd. 31
BLOCH: Bd. 17
BRODSKY: Bd. 15, 18, 25
BROWN: Bd. 11
BRUNNER: Bd. 7, 14
BUSCEMA: Bd. 7–10, 27–29
CARRABOTTA: Bd. 17, 33
CATHOMAS: Bd. 2
CHAYKIN: Bd. 13–14
CHUA: Bd. 14
COLAN: Bd. 10, 23
COLLETTA: Bd. 11–12
DIPRETA: Bd. 15
DITKO: Bd. 17, 23, 25–26, 28–29
ELKIN: Bd. 1
ENGLEHART: Bd. 7
ESPOSITO: Bd. 10
FORTE: Bd. 10
FOX: Bd. 13
FRIEDRICH: Bd. 1–11, 27–29
FROST: Bd. 14
GERBER: Bd. 9
GIACOIA: Bd. 10

GOULART: Bd. 17
GREEN: Bd. 16–17
HARTLEY: Bd. 18
HEATH: Bd. 5, 8
HECK: Bd. 31
HENKEL: Bd. 18
HODGE: Bd. 12
HOWARD: Bd. 14
HUFF: Bd. 26
ISABELLA: Bd. 11
JAKES: Bd. 6–7
JANSON: Bd. 18–19
JUSTEN: Bd. 5
KIRBY: Bd. 3, 19–21, 27, 29
KWESKIN: Bd. 14
LAWRENCE: Bd. 4, 12
LEE: Bd. 1, 5–6, 17, 23–26, 28–29
LIEBER: Bd. 12, 25–26
MANEELY: Bd. 8
MANTLO: Bd. 24–25
MAYERIK: Bd. 6, 12–25, 30–33
McLEOD: Bd. 20, 22
MOENCH: Bd. 12–23, 30–33
MOLDOFF: Bd. 18
MOONEY: Bd. 13, 16
MORTIMER: Bd. 14, 28–29
PALMER: Bd. 17
PERLIN: Bd. 15
PIKE: Bd. 8, 12
PLOOG: Bd. 1–6
REESE: Bd. 7
REINMAN: Bd. 1, 11, 23, 26, 30, 32
RUSSELL: Bd. 9
SANCHEZ: Bd. 26
SHORES: Bd. 27–28
SIMEK: Bd. 4
SINNOTT: Bd. 6, 28–29
SKEATES: Bd. 4
STARLIN: Bd. 4, 17
STONE: Bd. 12
VERPOORTEN: Bd. 4–5, 7–9
WEIN: Bd. 4–5
WINTER: Bd. 9

Frank Frazetta
Siehe: ***Die Comicwelt des Frank Frazetta***

Die Französische Revolution
Siehe: ***Sach-Comic***

Fratz & Freunde
Stuttgart: Ehapa Verlag
1975– Januar 1980
Bd. 1: 13,5 × 20,5 cm,
Bd. 2–16: 13,7 × 20,5 cm
Bd. 1: Heft,
Bd. 2–16: Taschenbuch
Farbig
Bd. 1–16
Inhalt:
Fratz (Z.: SOUSA)
Fitti (Z.: SOUSA)
Flumbo (Z.: SOUSA)
Super Amphibio (Z.: SOUSA)
Monika (Z.: SOUSA)
Chico (Z.: SOUSA)

Frauenschrei aus dem Orient
BF-Verlag
Ohne Jahr (ca. 1980)
Heft
Bemerkungen:
Zweisprachig deutsch und schwedisch.

Freakadellen und Buletten
Berlin: Elefanten Press
1979
16,8 × 23,9 cm
Broschüre
Einfarbig
Z.: SEYFRIED

Freak Brothers
Die gesammelten Abenteuer der Fabulous Furry
San Francisco (USA): Rip Off Press

1971
18 × 26,1 cm
Heft
Einfarbig
Z.: SHELTON

Fred und sein Sohn
Reinbek: Rowohlt Verlag
März 1978
12,5 × 19 cm
Taschenbuch rotfuchs 175
Einfarbig
Z./T.: VOLLAND
Bemerkungen:
Rückseiten-Comic von SCHNIEBEL.

Freud für Anfänger
Siehe: ***Sach-Comic***

Frieden für Anfänger
Siehe: ***Sach-Comic***

Fritz der Kater
Drei Comics
Frankfurt/M.: Zweitausendeins
April 1979
10,7 × 18 cm
Taschenbuch
Einfarbig
Z.: CRUMB

Fritz Pfiffig
Siehe: ***Die Abenteuer von Fritz Pfiffig***

Fritz The Cat
Darmstadt: Brummcomix (Melzer Verlag)
1972
24,3 × 33,4 cm
Heft
Einfarbig
Z.: CRUMB
Bemerkungen:
Es existiert ein Raubdruck (DIN A 5) in 2 Bänden ca. 1977.

Fritz The Cat
Frankfurt/M.: Zweitausendeins
1975
24,3 × 33,4 cm
Heft
Einfarbig
Z.: CRUMB
Bemerkungen:
Nachdruck des Brumm-Comix, mit einfarbigem Cover.

Das fröhliche Feuerwerk
ab Bd. 16: ***Feuerwerk***
ab Bd. 27: ***Felix Feuerwerk***
Bd. 16–26: Viele Comics – lustig und spannend
Bergisch Gladbach: Bastei Verlag
Juni 1972–1977
13 × 18 cm
Taschenbuch
Zweifarbig und farbig
Bd. 1–30
Inhalt:
Jonathan: Bd. 1–19
Joe Razzo (Z.: COSTA): Bd. 1–17
Karl May (Z.: ARRANZ U. A.): Bd. 1, 5–30
Tante Polly 1000 Volt (Z.: COSTA): Bd. 1–22
Fabeln: Bd. 1, 3, 5–6, 14–15
Bob Crockett: Bd. 2–6
Der Müller und sein Sohn: Bd.4
ohne Titel (Z.: COSPER): Bd. 6
ohne Titel (Z.: HIUS): Bd. 16
Der gestiefelte Kater: Bd. 7
Sitting Bull: Bd. 2, 4, 7, 14–17
Aladins Wunderlampe: Bd. 8
Das Gespensterschiff (Z.: CUETO): Bd. 11
Käptn Knaller: (Z.: MAINOU): Bd. 12–15, 18
Onkel Jo erzählt: Bd. 12–14

Wastl (Z.: VANDERSTEEN): Bd. 14, 17–22
Die Tüftelnasen: Bd. 16–30
Cowboy Appletree (Z.: BUXADE): Bd. 17–30
Fanfan der Husar: Bd. 18
Moky und Pupy: Bd. 19–30
Professor Tiptop: Bd. 19–30
Tom Patapom: Bd. 20–24
Chico: Bd. 23
Groggy Grips: Bd. 23–26
Pepi: Bd. 24
Hoppy der Wunderhase: Bd. 25–30
Felix (Z.: SIMIC): Bd. 27–30

Die fröhliche Minute
Berlin (DDR): Verlag Junge Welt
1969
16,7 × 23,5 cm
Buch
Farbig

Frösi Bilderheft
Berlin (DDR): Verlag Junge Welt
Oktober 1969
17 × 23,5 cm
Heft
Einfarbig und zweifarbig
Bd. 1
Z.: BADRA/T.: GOHA

Die »Frösi«-Schatzinsel
Berlin (DDR): Verlag Junge Welt
1967
16,5 × 24,5 cm
Buch
Farbig
Z.: Titelbild: KLEMKE
Inhalt:
Verschiedene Comics

Froggy Frogg
Bd. 11: ***Die Bully Boys und der lustige Käpt'n Jan***
Bd. 12, 14, 16: ***Der lustige Käpt'n Jan***
Bd. 13, 15, 17–19: ***Der lustige Käpt'n Jan und die Bully-Boys***
Bd. 1, 6, 10: und die Bully Boys
Bd. 2, 3, 7: Die Bully-Boys
Bd. 4, 5, 8, 9: Die Bully Boys
Nürnberg: Masta-Verlag, ab Bd. 7: Hannover: Walter Lehning Verlag
Dezember 1953–Juni 1955
16,5 × 23,5 cm
Heft
Farbig
Bd. 1–19
Inhalt:
Froggy Frogg: Bd. 1–10
Die Bully Boys (Z.: meistens BECKER, seltener POLSTER, später auch Mitarbeit (Inking) von OREL, LORENZ UND UTZELMANN/T.: MADEL): Bd. 1–11, 13, 15, 17–19
Foxy, Coon und Baddy (auch: Roxy, Coon und Baddy): Bd. 2–10, 12, 14, 16
Piet und Trinchen: Bd. 6–8
Käpt'n Jan (Z.: HEINZ): Bd. 11–19

Frühlingserwachen
Reinbek: Rowohlt Verlag
Februar 1979
9,6 × 14,9 cm
Buch
Einfarbig
Z.: BRETÉCHER
Bemerkungen:
Reihe »Rowohlt-Nachttisch-Büchlein«. Mit Schutzumschlag.

Fruggy
Bd. 9, 10: Vereinigt mit Wolkenstürmer
Berlin: G. Gerstmayer Verlag
1957
16,5 × 24 cm
Heft

Einfarbig
Bd. 9–14
Bemerkungen:
Bd. 1–8: Romanheftserie »Wolkenstürmer«.
Inhalt:
Fruggy (Z.: RORI)
Prof. Düsenknall
Testpilot Speedy (Nachdruck aus Testpilot Speedy Großband ab Bd. 1 mit Auslassungen)

Die Frustrierten
Reinbek: Rowohlt Verlag
Februar 1978 – Serie erscheint noch
21,9 × 30 cm
Broschüre
Einfarbig
Bd. 1–5 . . .
Z.: BRETÉCHER

Fünf Helden
Peking (China): Vlg. für fremdsprachige Literatur
1977
18,6 × 17,1 cm
Heft
Farbig
Z./T.: LOU

Für das Leben lernen
München: Hallmark
ca. 1972
10,2 × 13,6 cm
Buch
Zweifarbig
Z.: SCHULZ
Bemerkungen:
Peanuts-Geschichten.

Der Fuhrmann und der Sperling
Siehe: ***Ein Märchen-»Buchfilm«***

Fulgor
der Weltraumflieger
Hannover: Walter Lehning Verlag
September 1953–Juli 1954
17 × 7,5 cm
Heft
Einfarbig
Bd. 1–48
Z.: PEDRAZZA
T.: RENZI

Fulgor
der Weltraumflieger
Schönau: Norbert Hethke Verlag
Juni 1978–Juni 1979
17 × 7,5 cm
Heft
Einfarbig
Bd. 1–48
Z.: PEDRAZZA
T.: RENZI
Bemerkungen:
Nachdruck der Serie von 1953.

Ein funkelnder roter Stern
Peking (China): Vlg. für fremdsprachige Literatur
1974
18,4 × 12,7 cm
Broschüre
Einfarbig
Z.: WANG TSCHUN-HSIN UND YANG
T.: WANG PE-DJIA

Funki und Fünkchen
Heitere Streiche
Stuttgart: Lutz Verlag
Bd. 1: 1957, Bd. 2: 1958
12 × 19,5 cm
Buch
Zweifarbig
Bd. 1–2 (Bd. 1 unnumeriert)
Z.: MAENNER-YO

Fussball Weltmeisterschaft Frauen gegen Männer
Berlin: Beate Ermshaus
Februar 1973
29,9 × 10,1 cm
Heft
Einfarbig
Z./T.: MAROULAKIS

G

Gallenstein
München: Bavaria Comic Verlag
1980-Serie erscheint noch
20,7 × 28,7 cm
Broschüre
Farbig
Bd. 1–7 . . .
Z./T.: MAYRHOFER UND ZIPPERMAYR
Bemerkungen:
Von Bd. 1 existieren zwei Auflagen. Die 1. Auflage heißt »Professor Gallenstein«.

Gaos Jugendjahre
Peking (China): Vlg. für fremdsprachige Literatur
1956
19 × 15 cm
Broschüre
Einfarbig
Z.: DSCHOU, LU, PEN, TAO, UND WANG
T.: GAO

Garth
Siehe: ***Mill's Comic-Leckerbissen***

Geheim Brigade
Aachen: Bildschriftenverlag
ca. 1967
15 × 21 cm
Heft
Einfarbig
Bd. 1–20
Inhalt:
Kriminalgeschichten von verschiedenen Zeichnern u. a. FARRÉS, HUÉSCAR

Die geheimnisvolle Insel
Siehe: ***Jules Verne-Comics***

Ein Geier wird gefangen
Peking (China): Vlg. für fremdsprachige Literatur
1977
17,1 × 24,7 cm
Heft
Z.: GAN
Z.: HUANG
Bearbeitung: HSIAO

Geila
Flensburg: Carl Stephenson Verlag
70er Jahre
14,8 × 21 cm
Heft
Farbig
Bd. 1–5
Z.: ALAN
Bemerkungen:
Fotocomic. Fortsetzung unter dem Titel ***Gina.***

Geister Geschichten
Bergisch Gladbach: Bastei Verlag

September 1980–August 1983
18 × 25,6 cm
Heft
Farbig
Bd. 1–89
Inhalt:
Manos: Bd. 1–89
u. a. amerikanische Horrorcomics
Z.: ACCIARI: Bd. 11
ALCATENA: Bd. 51, 55, 78
ANDRES: Bd. 81
ARBOL: Bd. 40
BALCELLS: Bd. 30, 68, 76, 79
BELLALTA: Bd. 32, 35–36, 39, 41, 43, 45, 50, 54, 58, 66, 70
BERNARDINELLO: Bd. 20, 47
BEVIA: Bd. 85
BLASCO: Bd. 13, 18
BLAZQUEZ: Bd. 18, 49, 65, 83
BUIXADERA: Bd. 36, 39, 42, 46
CABRERIZO: Bd. 7, 9, 61, 63, 71
CARDONA: Bd. 38, 43, 46, 51, 72–73
CARMONA: Bd. 40
CECCHETTO: Bd. 1
CELÂL: Bd. 7, 10, 15, 19, 27
CONSOLI: Bd. 10, 34
CORREA: Bd. 7–8, 10–11, 13, 15–19, 22–23, 25–28, 30–31, 34, 37, 44, 48–49, 51, 53, 55–57, 60, 64, 67–89
DEMETRIO: Bd. 21–22, 24, 29, 33, 38, 46, 52, 59, 65
DEU: Bd. 26, 33, 35, 38, 42, 45
ESPINOSA: Bd. Bd. 15
FERNANDEZ: Bd. 24
FLORES: Bd. 57
FORNS: Bd. 13, 47
GARION: Bd. 45
GIOLITTI: Bd. 22, 31
GONZALES: Bd. 11, 14, 28–29, 48, 50, 54, 56
GUIRADO: Bd. 8, 32
INFANTE: Bd. 39, 41
LOSADA: Bd. 36
MARCO: Bd. 52, 69, 75, 82, 84
MAROTO: Bd. 61–63
MARTIN: Bd. 43
MARTINEZ: Bd. 21, 30, 37
MORALES: Bd. 19
NICOLINI: Bd. 23, 33
NORMA: Bd. 66
PASCOLINI: Bd. 48
PENA: Bd. 9
PRUNES: Bd. 77
PUERTA: Bd. 12
PUIGAGUT: Bd. 49, 52, 60, 64
QUINONERO: Bd. 44, 47, 53, 59, 67, 80
ROCA: Bd. 14, 44
RUIZ-OLIVERA: Bd. 17
SABAS: Bd. 41
SOLÉ: Bd. 23, 37
TORREGROZA: Bd. 20
TORRENTE: Bd. 21, 25–26, 28, 31, 34–35, 50, 58, 62
UGURCAN: Bd. 12, 25, 53
URBEZ: Bd. 8, 17
VILA: Bd. 86
VITO: Bd. 27

Das Geisterschiff

Kapitän Marryat
Hamburg: Alfons Semrau Verlag
März 1954
17 × 25 cm
Heft
Farbig
Bd. 1–4

Die Gelben Hefte

Dein Lese-Kino
Bd. 1 Serie A: Viechereien
Bd. 1 Serie B: Nyoka Heldin des Dschungels
Bd. 1 Serie C: Könige der Prärie
München: Friebe Verlag
Januar 1954

14,5 × 20,5 cm
Heft
Einfarbig
Dreimal Bd. 1(Serie A, B und C)
Inhalt:
Serie A: Tucksedo
Serie A: Ritter Tüpfel
Serie A: Teddy-Bär der Reporter
Serie B: Nyoka (Z.: JETTER)
Serie C: Könige der Prärie

Gemeinsam fliegen die jungen Wildgänse
Berlin: Selbstverlag der Gesellschaft für Deutsch-Chinesische Freundschaft e. V.
1976
16,9 × 11,8 cm
Broschüre
Einfarbig
Z.: MAO
T.: LIU
Comic-Fassung: GAN

Gene Krüppel
Ohne Verlag
ca. Anfang 1970
10,5 × 14,8 cm
Heft
Einfarbig

Genetik für Anfänger
Siehe: ***Sach-Comic***

Gentleman Jim
München: C. Bertelsmann Verlag
1980
22,8 × 30,5 cm
Buch
Farbig
Z./T.: BRIGGS

Gentlemen GmbH
Berlin-Hamburg: Koralle Verlag
September 1980–1981
22 × 28,8 cm
Broschüre
Farbig
Bd. 2–4
Z.: TACCONI
T.: CASTELLI
Bemerkungen:
*Bd. 1 in **Zack Comic Box 34.***

Gerechtigkeitsliga
Superman präsentiert:
Die großen Superhelden in einem Team!
Stuttgart: Ehapa Verlag
September 1977–Oktober 1984
21,5 × 28,8 cm
Broschüre
Farbig
Bd. 1–28
Inhalt:
Gerechtigkeitsliga: Bd. 1–28
Grüner Pfeil: Bd. 14
Z. u. T.:
BATES: Bd. 4
BEATTY: Bd. 18
BREEDING: Bd. 20
BRIDWELL: Bd. 2
BUCKLER: Bd. 10, 16–17, 22
BURKETT: Bd. 27
CHIARAMONTE: Bd. 16
CONWAY: Bd. 3, 5–18, 20–25, 28
COSTANZA: Bd. 24, 26–28
D'ANGELO: Bd. 7, 13–16, 21, 26, 28
DILLIN: Bd. 1–14, 21
EEDEN: Bd. 14
ENGLEHART: Bd. 4–5
FELIX : Bd. 28
GAFFORD: Bd. 6, 18, 20, 22–23, 25
GIORDANO: Bd. 26
HANEY: Bd. 14

HECK: Bd. 16, 20, 23–25
HOBERG: Bd. 26
KLEIN: Bd. 11, 13, 20
KUPPERBERG: Bd. 27
LAYTON: Bd. 10
LEFERMAN: Bd. 14
LEROSE: Bd. 12
LEVITZ: Bd. 26
MAHLSTEDT: Bd. 17
MARCOS: Bd. 22, 25
McLAUGHLIN: Bd. 1–17, 21
ODA: Bd. 6–8, 10–11, 13–14, 16, 18, 20–21, 23, 25
PASKO: Bd. 1–2
PATTON: Bd. 27–28
PÉREZ: Bd. 15, 18
RODRIGUEZ: Bd. 14
ROY: Bd. 7
ROZAKIS: Bd. 10
SERPE: Bd. 5, 8–12, 14, 16
SMITH: Bd. 17, 20
TANGHAL: Bd. 23–25, 27–28
TOLLIN: Bd. 24–25, 27
WEIN: Bd. 26

Gert
Hannover: Walter Lehning Verlag
1955
9 × 13 cm
Heft
Einfarbig
Bd. 1–24
Z.: WÄSCHER
T.: JAGELITZ

Gert
im Kampf mit Piraten
Hannover: Walter Lehning Verlag
Mai 1965–Dezember 1965
15 × 21 cm
Heft
Einfarbig
Bd. 1–16
Z.: WÄSCHER
T.: JAGELITZ
Bemerkungen:
Nachdruck von Gert.

Gert
Schönau: Norbert Hethke Verlag
Oktober 1980
9 × 13 cm
Heft
Einfarbig
Bd. 1–24
Z.: WÄSCHER
T.: JAGELITZ
Bemerkungen:
Nachdruck der Serie von 1955.

Die gesammelten Abenteuer der Fabulous Furry Freak Brothers
Siehe: ***Freak Brothers***

Die Geschichte der O
Los Angeles (USA): Greenleaf Publications, Inc.
1977
21,3 × 30 cm
Buch
Einfarbig
Z.: CREPAX
Bemerkungen:
Auf der Liste der jugendgefährenden Schriften.

Die Geschichte des Universums
Linden: Volksverlag
1980–1982
21 × 29,8 cm
Buch, Einfarbig
Bd. 1–2
Z.: GONICK

Geschichten der roten Kindergardisten
Peking (China): Vlg. für fremdsprachi-

ge Literatur
1975
25,2 × 12,1 cm
Broschüre
Farbig
Z./T.: PENG

Geschichten, die das Leben schrieb
Hamburg: Verlag Gruner & Jahr
1979
Buch
Z./T.: MARKUS
Bemerkungen:
Enthält auch Cartoons. Mit Schutzumschlag.

Geschichten mit der Maus
München und Zürich: Delphin Verlag
1975
18 × 23,7 cm
Buch
Farbig
Z.: STREICH
Bemerkungen:
Nach der Fernsehserie »Die Sendung mit der Maus«.

Geschichten und Abenteuer mit Hucky und Yogi Bär
Stuttgart und Zürich:
Delphin Verlag
1972
18,4 × 25,9 cm
Broschüre
Farbig

Geschichten und Spiele mit Hucky und Yogi Bär
Stuttgart und Zürich: Delphin Verlag
1972
18,4 × 25,9 cm
Broschüre
Farbig

Geschichten vom Doppelcharakter
Berlin: Verlag für das Studium der Arbeiterbewegung
1974
21 × 29,4 cm
Broschüre
Einfarbig
Z./T.: WOLFRAM UND PLÖCKINGER
Bemerkungen:
Der 1. Band von »Das Kapital« in Comicform.

Geschichten vom Lemming
Celle: Davids Drucke
Dezember 1972
20,7 × 29,4 cm
Broschüre
Einfarbig
Z.: TESCH
Bemerkungen:
Auflage 500 Exemplare.

Geschichten von Puck und Muck
München: Josef Müller (Ars sacra)
1972
11,6 × 14,1 cm
Heft
Zweifarbig
Bemerkungen:
Basiert auf einer österreichischen Vorkriegsserie: Reihe Müllers Bilderbogen. Sonst keine Comics bekannt.

Der gesellschaftliche Aufstieg des Monsieur Lambart
Zürich (Schweiz): Diogenes Verlag
1979
Buch

Gespenster Geschichten
Bergisch Gladbach: Bastei Verlag
März 1974–Serie erscheint noch
18,1 × 26 cm

Heft
Farbig
Bd. 1–549 ...
Inhalt:
u. a. amerikanische Horrorcomics
Z.: ACCIARI: Bd. 252, 263, 265, 273, 342, 373, 386, 409, 419
AIDNEMAIG: Bd. 261
ALCATENA: Bd. 391, 443, 453, 460, 462–463, 467, 481, 537, 548
ANDRADA: Bd. 392, 407
ANDRES: Bd. 208–209, 218, 383, 432, 435, 439–440, 443, 468, 471, 476, 506, 519
ANGADAR: Bd. 487, 491–493, 499, 502, 541
ANGELI-COSSU: Bd. 241, 247–248, 250–251, 257, 259, 263
ANGELIS: Bd. 278
BADIA: Bd. 480, 520
BALCELLS: Bd. 154, 156–157, 161, 165–166, 169, 172, 176–177, 198, 214, 359, 372, 376, 378, 384, 388, 390, 396–397, 406, 408, 412, 415–416, 420, 426–427, 430, 434, 436, 441, 450, 453, 456–457, 461–462, 464–465, 473, 477, 481, 483, 485–486, 498, 502–503, 510, 524, 528, 530, 536, 542
BATALLA: Bd. 327, 330, 343, 351
BATTAGLIA: Bd. 255, 271, 279–281, 297, 304, 312, 326
BEA: Bd. 199
BELLALTA: Bd. 411, 419, 422, 426, 428–429, 433–434, 436–437, 443, 450
BENET: Bd. 319, 335, 344, 347, 350, 355, 370–371, 390
BENNI: Bd. 367
BEVIA: Bd. 461, 465, 472, 477, 479–480, 485, 491, 500, 502, 505, 510, 518, 524, 526, 529, 533, 536, 541, 545
BLASCES: Bd. 265
BLASCO: Bd. 270, 311, 313, 320, 337, 371, 376, 380, 398, 537
BLAZQUEZ: Bd. 268, 270, 283, 299–300, 305, 309, 332, 339, 342, 348–349, 360, 375, 380–381, 389, 396, 411, 415, 420–421, 426, 433, 436, 443, 445, 447, 454, 456, 459, 466–468, 472, 474, 476, 481–482, 484, 488, 496, 506, 508, 511, 517, 544
BOIX: Bd. 548
BUIXADERA: Bd. 367, 380, 384, 401, 413
BUYLLA: Bd. 514
CABRERIZO: Bd. 204, 213–214, 216, 220, 224, 245, 250, 259, 266, 273, 276, 280, 296, 299, 301, 306, 313, 339, 343, 346, 348–349, 373, 375, 379, 385–386, 388, 396, 398–399, 404–405, 409, 411, 423–425, 427–428, 431, 433, 435, 445–447, 449, 451, 454, 456, 462–463, 467–469, 476, 478–479, 482, 484, 488, 491, 495, 497, 501, 504–505, 512–515, 517, 521, 525, 527, 531, 536, 538, 540, 543, 549
CANELO: Bd. 489
CARDONA: Bd. 92, 95–96, 99, 101, 113–114, 117–118, 120, 122–123, 128–129, 131–133, 136, 138–141, 143–144, 146, 149–151, 153, 158–160, 162–164, 167–168, 170–171, 173, 428, 430, 432, 453
CARMELO: Bd. 277, 379, 446
CARONINI: Bd. 518
CARRION: Bd. 350, 362
CARVION: Bd. 354
CECCHETTO: Bd. 320–321, 350, 354, 361, 365, 382
CELÂL: Bd. 196, 200, 205–207, 219, 223, 227, 230, 231, 233–235,

237, 240, 243, 245, 250, 253, 257, 262–264, 266, 269, 278–280, 282–284, 286–288, 296, 298, 302–303, 306, 309, 312, 317, 319, 324, 338, 342, 346–347, 349, 356, 363, 366, 369, 372, 377, 381, 387, 389–390, 394, 397, 402, 404, 406–407, 409, 423–424
CERRETO: Bd. 359
COBRERILO: Bd. 201
COMOS: Bd. 239–240, 431, 444
CONSOLI: Bd. 272, 281, 309, 357, 374, 377
CORREA: Bd. 258, 267, 270, 273, 297–298, 301, 307, 311, 331, 413, 424, 429, 432, 435, 439, 451–452, 472, 474, 476, 483, 502, 512, 515, 518
CORSI: Bd. 367
D'ADDERIO: Bd. 455, 468, 503
DEMETRIO: Bd. 401, 418, 438
DEMIANI: Bd. 511, 521
DEU: Bd. 199, 202, 210–211, 217, 219, 226, 278, 373, 410, 437, 442, 444, 447, 455, 495, 514, 518, 530, 549
DIVITO: Bd. 418
E. I. S.: Bd. 287–288, 290–291, 293, 297–299
ENRIADO: Bd. 381–382, 385
ENRIQUEZ: Bd. 285, 306, 372
ERTUĠRUL: Bd. 198, 219, 225, 227, 232, 236, 238, 241–242, 244, 248, 260–262, 264, 277, 302, 304
ESCOLANO: Bd. 492
ESPINOSA: Bd. 357, 442
FALUGI: Bd. 391, 462, 467, 493, 498, 500, 512, 517, 519, 535, 546–547
FERRER: Bd. 261, 272, 276, 356
FLORES: Bd. 375, 383, 385–386, 400, 423
FORNS: Bd. 245, 247, 286, 383, 432
FUENTE: Bd. 318
GARMENDIA: Bd. 319
GIOLITTI: Bd. 274, 277, 279, 284, 290–292, 297, 301, 304, 316, 321, 324, 327, 329, 332, 337–338, 358, 362–363, 369, 376, 378, 383, 385, 387–391, 393–395, 397, 400–403, 406, 409, 413–414, 416, 418
GOLDENHORN: Bd. 315, 317–318, 320, 324–325, 329–335, 337, 339, 341
GONZALES: Bd. 246, 313, 315, 326–327, 330, 334, 346, 348, 352, 359, 361, 364, 366, 371, 373, 375, 386–387, 393–395, 399, 412, 437
GRANA: Bd. 232, 242, 252
GUIRADO: Bd. 265, 271, 274, 280, 282, 284, 289–290, 299, 301, 307, 316, 338, 396, 459
HASAN: Bd. 355, 357, 362
HENARES: Bd. 265, 273
INFANTE: Bd. 388
ISAC: Bd. 364, 387
ISTANBUL: Bd. 329, 341, 345, 351, 353, 358, 365
JANA: Bd. 331
JANCO: Bd. 256
LALIA: Bd. 486, 496
LEANDRO: Bd. 255
LLUCIA: Bd. 549
LOSADA: Bd. 215, 222, 225, 244, 249, 253, 255
MARCO: Bd. 311, 323, 343, 348, 398, 400, 403, 405, 407, 412, 414, 420, 422–423, 425, 427, 433–434, 438, 440, 442, 445, 448, 452, 455, 460, 465–466, 469, 477–479, 481, 490–496, 500, 504, 506–509, 511–512, 516, 520, 524, 527–528, 532, 540, 542, 544–545, 547, 549
MARIA: Bd. 434
MARTIN: Bd. 134, 142, 392

MARTINEZ: Bd. 310, 315, 345, 364, 378, 401, 404, 415, 543
MIRA: Bd. 313
MIRABELLA: Bd. 338, 340, 365, 368, 379
MONTANARI: Bd. 323
MORALE: Bd. 304, 353, 359
MÜLLER: Bd. 521, 528, 533, 539, 544, 548
MUSQUERA: Bd. 148
NICOLINI: Bd. 281, 297, 303, 310, 320, 332, 335, 352, 362
NOCERINO: Bd. 356
NORMA: Bd. 241, 262, 289, 294, 300, 303, 306, 310, 317, 344, 351, 366, 389, 417, 449, 484, 486, 490, 500, 537, 549
ORTEGA: Bd. 293–295, 302, 307
ORTIZ: Bd. 346, 402, 418
PACHET: Bd. 523
PASCOLINI: Bd. 335, 382
PEDRAZZINI: Bd. 516, 520, 540
PENA: Bd. 209, 220, 240, 246, 322, 329, 415, 431–432, 435–437, 441
PÉREZ: Bd. 493, 499, 507, 516, 519, 525, 530, 533, 535
PIANA: Bd. 515, 520, 524, 528
PIQUERAS: Bd. 243, 254
PISA: Bd. 523
POLLS: Bd. 393, 403
PRUNÉS: Bd. 180, 302, 317, 408, 411, 419, 422, 425, 427, 437–438, 445, 449–450, 464, 473, 480, 499, 526, 531, 541, 548
PUERTA: Bd. 316, 324, 330, 336, 368
PUIGAGUT: Bd. 395, 414, 419, 424
QUINONERO: Bd. 405, 408, 413, 416, 421, 430, 438, 440
RAGONAD: Bd. 494, 547
REIG: Bd. 517
REZZONICO: Bd. 487, 515
RICARD: Bd. 263
RIPA: Bd. 333, 352, 355, 370, 407, 417
ROCA: Bd. 270–271, 276, 282, 300, 321, 335, 337, 454, 460, 464, 466, 473–475, 479–480, 485–487, 490, 494, 496–497, 499–506, 509–511, 514, 519, 521, 523, 525, 527, 529, 531, 533, 535
ROQUE: Bd. 512
ROVIRA: Bd. 493, 525
ROZALEN: Bd. 508–510, 519, 521, 523–524, 527, 529, 536–537, 540–543
RUBIO: Bd. 254, 264, 267, 269, 274, 326, 537, 546
RUINO: Bd. 360
RUIZ, A.: Bd. 255–256, 262, 267–268, 278, 309, 312, 327, 329, 333, 342, 354, 361, 363, 392, 399, 406, 449, 503, 508–509, 520
RUIZ, EUGENIO: Bd. 264, 337, 356
RUIZ-OLIVERA: Bd. 315, 376, 378, 391
SABA: Bd. 410
SABAS: Bd. 379, 397, 421
SABATINI: Bd. 321, 334, 365–366
SAICHMANN: Bd. 429
SANDELLI: Bd. 212–213, 220–221, 226, 229, 239, 244, 254
SARDA: Bd. 267, 271
SAROA: Bd. 285
SAURI: Bd. 452
SEGURA: Bd. 465, 507, 539, 546
SERVAIS: Bd. 495, 526, 528
SETVEI: Bd. 461
SOLÉ: Bd. 155, 187–188, 191, 202, 204, 207, 210, 216, 369, 380, 382, 394, 403
SPADARI: Bd. 374, 377, 454, 457, 480, 482
STIZZA: Bd. 307, 317, 422, 428, 439, 545
TAFALLA: Bd. 535, 539, 543–544, 547
TAMA: Bd. 254, 256
TORREGROZA: Bd. 361
TORRENTE: Bd. 347, 360, 364, 374,

381, 384, 392, 399, 404, 408, 410, 417, 472, 476–478, 487–488, 492, 501, 507, 516
TRIAILLES: Bd. 193, 196
TRIAY: Bd. 208
UGURCAN: Bd. 340, 345, 350, 377, 400, 402, 414
URBEZ: Bd. 308, 314
VETTO: Bd. 339
VILA: Bd. 466, 483–484, 486, 487, 508, 538, 541–542, 545–546
VILAS: Bd. 430, 475
VILLAGRAN: Bd. 535, 538, 540, 545
VITACCA: Bd. 471, 485
VITO: Bd. 398
WÄSCHER: Bd. 410, 412, 417, 425, 429, 431, 439–440, 442, 446, 448, 458–461, 463, 469, 470, 475, 478, 484, 494, 497–498, 501, 522 (alle Geschichten), 526, 530, 538–539, 546
ZAHLUT: Bd. 462, 471, 473, 475, 481, 490, 497
ZELAZ: Bd. 247
ZUIR: Bd. 257

Gespenster Geschichten
Bd. 1–20: Die spannenden Comic-Bücher von Bastei
Bd. 31: Der spannende Bastei Comic
Bd. 32–35: Der unheimliche Bastei Comic
Bergisch Gladbach: Bastei Verlag
April 1980 – Serie erscheint noch
13 × 18 cm
Taschenbuch
Farbig
Bd. 1–35 . . .
Z.: Titelbilder u. a.: CELÂL
BLASCES, CARDONA, CELÂL, FALUGI, GIMÉNEZ, LOSADA, MARCO, TALAT U. A.

Ein Gespenst geht um in Europa
München: Weismann Verlag
1977 oder Anfang 1978
Broschüre
Einfarbig
Z./T.: MARCENARO (nach Marx und Engels)
Bearbeitung: BAUHOFER UND GRIESSBECK

Gewitztes und Verschmitztes
Berlin (DDR): Eulenspiegel Verlag
1955
21 × 29 cm
Buch
Einfarbig
Z.: BIDSTRUP

Gezeichnete Kochfibel
Frankfurt/M.: Fischer Taschenbuchverlag
Dezember 1975
10,5 × 18 cm
Taschenbuch 1663
Einfarbig
Z./T.: HAËM

Gib mir Freiheit!
Linden: Volksverlag
1980
21 × 29,8 cm
Buch
Einfarbig
Z.: SHELTON UND RICHARDS
T.: HALLGREN UND MURPHY

Gina
Flensburg: Carl Stephenson Verlag
1976
14,8 × 21 cm
Heft
Farbig
Bd. 6–7
Fotos: ALAN
Bemerkungen:
Fotocomic. Mehr nicht bekannt.
Bd. 1–5 erschien als ***Geila***, siehe da.

Das Giraffenbuch
Frankfurt/M.: Insel Verlag
1973
10,8 × 17,6 cm
Taschenbuch it 37
Einfarbig und farbig
Z.: MORDILLO

Das Giraffenbuch 2
Frankfurt/M.: Insel Verlag
1974
10,8 × 17,6 cm
Taschenbuch it 71
Einfarbig und farbig
Z.: MORDILLO

Giséle
Köln: Wolfgang Hake Verlag
1969
20 × 20 cm
Broschüre
Einfarbig
Z.: SPESSHARDT
Bemerkungen:
525 numerierte Exemplare, davon die ersten 25 Exemplare Blatt für Blatt signiert.

Glamour-Girl
Frankfurt: Heinrich-Heine-Verlag
1968
12,5 × 21 cm
Broschüre
Einfarbig
Z.: MEYSENBUG
Bemerkungen:
Es existiert ein Raubdruck.

Die Globericks
Siehe: ***Janosch-Comics***

Globi-Bildergeschichten
Ravensburg: Otto Maier Verlag
1973–1976
11,5 × 18 cm
Taschenbuch, Farbig
Bd. 1–11
Z.: LIPS
Planer: SCHIELE
Bd. 1 (273), 2 (274), 3 (275), 4 (276), 5 (286), 6 (287), 7 (301), 8 (302), 9 (321), 10 (322), 11 (369)

Globi-Bücher
Zürich (Schweiz): Art. Inst. Orell Füssli, Nachkrieg: Zürich (Schweiz): Globi-Verlag
1935 – Serie erscheint noch
17 × 24 cm
Buch
Einfarbig
Bd. 1–43 unnumeriert (Ende 1977)
Z.: LIPS, BÜCHI/T.: BRUGGMANN, STÄHELI
Bemerkungen:
Bd. 1 Vorkrieg:Globis Weltreise
Erster Bd. Nachkrieg: Globi der Kinderfreund. Mehrere Auflagen.

Globi-Bücher
München: Süddeutscher Verlag
1951
17 × 24 cm
Buch
Einfarbig
Bd. 1–2 unnumeriert
Z.: LIPS/T.: BRUGGMANN
Bemerkungen:
Nachdruck.

Globi-Bücher
Stuttgart: Verlag Die Boje
1954
17 × 24 cm
Buch, Einfarbig
Bd. 1–8
Z.: LIPS/T.: BRUGGMANN
Bemerkungen:
Nachdruck.

Der glückliche Prinz
Frankfurt/M.:
Insel Verlag
1972
28 × 23,2 cm
Buch
Farbig
Z.: MEYSENBUG
T.: WILDE

Glückssucher in Venedig
Frankfurt/M.: Fischer Taschenbuchverlag
November 1974
12,5 × 19 cm
Taschenbuch 1540
Farbig und einfarbig
Z.: LEONHARD
T.: JÄGERSBERG
Bemerkungen:
Grenzfall. Siehe auch: ***Rüssel im Komikland, Flucht aus den Bleikammern und Leben und Traum mit Schellenfusz.***

Glücksucher in Venedig
Darmstadt: Melzer Verlag
1973 und 1974
24,3 × 32,4 cm
Buch
Farbig und einfarbig
Bd. 1–2
Z.: LEONHARD
T.: JÄGERSBERG
Bemerkungen:
Grenzfall. Siehe auch: ***Rüssel im Komikland, Flucht aus den Bleikammern und Leben und Traum mit Schellenfusz.***

Die Götter aus dem All
Nach Erich von Däniken
Bergisch Gladbach:
Bastei Verlag
1978–April 1983
21,3 × 29,1 cm
Broschüre
Farbig
Bd. 1–8
Z.: POLCH
T.: MOSTOWICZ UND GÓRNY

Göttliche Komödie
Comic strip frei nach Dante
1973
Basel (Schweiz): bbv-Verlag
Buch
Z./T.: BACH

Goks
Innsbruck (Österr.): Peter Bloch
1979
24,5 × 31,9 cm
Broschüre
Einfarbig
Bd. 1
Z.: RUDOLF SCHÖNWALD
T.: GILLI SCHÖNWALD
Bemerkungen:
Sammelband aus »Neues Forum«, wo der Strip von 1968–ca. 1974 lief. Block 2 ist kein Comic.

Gold Comic Buch
Rastatt: Erich Pabel Verlab
1979–1983
Bd. 1–5: 13,3 × 18,5 cm,
Bd. 6–9: 13 × 18 cm
Taschenbuch
Farbig
Bd. 1–9
Inhalt:
Plitsch & Platsch: Bd. 1–9
Die Pichelsteiner (Z.: RINALDI): Bd. 2–3, 5–9
Die 7 Schnuckel (Z./T.: WEYNSTEIN UND RENOIR): Bd. 1–4
Mischa: Bd. 1–7, 9

Moustache: (Z.: MAINOU): Bd. 5–8
Fritz Blitz & Dunnerkiel:Bd. 6–7
Teutonen: Bd. 8–9
Tom Dooley (Tom und Klein-Biberherz): Bd. 9

Die goldene Zeit des Tarzan
Schönau: Norbert Hethke Verlag
Dezember 1979
28,8 × 39,3 cm
Buch
Z.: HOGARTH
Bemerkungen:
Zweisprachig englisch und deutsch. Beeinhaltet die Sonntagsseiten vom 4. 5. 41–26. 4. 42.

Gold in El Dorado
Siehe: ***Classic Comic***

Goofy
bis Bd. 10/81: Magazin
Stuttgart: Ehapa Verlag
Juni 1979–Serie erscheint noch
21,5 × 28,1 cm,
ab Bd. 11/81: 17,4 × 26 cm
Heft
Farbig
1979: 6–12
1980–1984: jeweils 1–12
Bemerkungen:
*Goofy enthält Nachdrucke aus der **Micky Maus**, bis auf die Nummern 11/79, 1–7, 9 und 11/80, die Erstveröffentlichungen von Barks-Geschichten aus den 40er Jahren sind.*
Inhalt:
Goofy: Bd. 7/79–12/84
Micky und Sir Dionys: Bd. 7/79–10/81
Donald Duck (Z.: BARKS): Bd. 7/79–8/84
Micky Shakespeare: Bd. 12/81
Cäsar und Klarapatra: Bd. 4/82
Ede Wolf: Bd. 9/84–10/84
Der kleine Wolf: Bd. 11/84–12/84

Goofy Album
Siehe: ***Das grosse Goofy Album***

Gorps U-Komix
Siehe: ***Koz-Komix***

Go West
Die Abenteuer des Barnaby Bumper
1978
22 × 29,5 cm
Broschüre
Farbig
Z.: DERIB
T.: GREG

Grafic Art
Salzburg (Österr.): K.-H. Koza
1980
21 × 29,7 cm
Broschüre
Farbig
Bd. 1–2
Z.: KOZA
Bd. 1: Hugo und sein abenteuerliches Leben
Bd. 2: Kong König der Insel

Der Graf von Monte Christo
Darmstadt: Verlag für moderne Literatur
September 1954–Dezember 1954
17 × 8 cm
Heft
Farbig
Bd. 1–12
Z.: NICKEL
Bemerkungen:
*Serie fortgesetzt in **Robinson.***

Grand Prix
ab Bd. 2: ***Die Helden des Grand Prix***

Frankfurt/M.: Condor Verlag
1979
21 × 28,3 cm
Broschüre
Farbig
Bd. 1–2
Z.: RICHARD
T.: LUINI
Bemerkungen:
Bd. 3 ist nur ein Sammelband von Bd. 1–2.

Grands Prix F1 1976 (1977)
Lausanne (Schweiz): Editiones 24 Heures – Imprimeries Réunies S. A.
Ende 1976–Ende 1977
23,6 × 30,6 cm
Buch
Farbig
Bd. 1976 + 1977
Z.: RICHARD
T.: LUINI

Grease – Schmiere
Bergisch Gladbach: Bastei Verlag
1979
10,4 × 17,9 cm
Taschenbuch 10080
Farbig
Bemerkungen:
Fotocomic nach dem Film.

Die Grille
Peking (China): Vlg. für fremdsprachige Literatur
1980
13 × 16,5 cm
Heft
Farbig
Z./T.: MA

Die Grisly-Saga
Reinbek: Carlsen Verlag
1980
22 × 29,5 cm
Broschüre
Farbig
Bd. 1
Z.: AUCLAIR

Das grosse Abenteuer
München:
Verlag Schreiber & Leser
1980
21 × 29,7 cm
Broschüre
Einfarbig
Z.: MANARA

Der grosse Akim
Siehe: ***Akim, der Grosse***

Das grosse Asterixbuch
Stuttgart: Delta Verlag
1976
22 × 29,1 cm
Buch
Farbig
Z.: UDERZO
T.: GOSCINNY
Bemerkungen:
Neudruck von ***Asterix*** *Bd. 1–4.*
Mit Schutzumschlag.

Der grosse bunte Sonderband der Piccolo Bilderserie Sigurd
Siehe: ***Piccolo Sonderband***

Die grosse Fuchs-Parade
Reinbek:
Rowohlt Verlag
Dezember 1976
12,5 × 18,9 cm
Taschenbuch rotfuchs 147
Farbig
Z./T.: SCHNIEBEL
Bemerkungen:
Am oberen Rand mit Daumenkino.

Das grosse gelbe Zeichenbuch
Wellen: Mammut Presse Duesberg & K. Weber
1978
21 × 29,6 cm
Heft
Einfarbig
Z./T.: DAN O'NEILL unter Mitarbeit von MARIAN O'NEILL
Bemerkungen:
Zeichenanleitung in Comic-Form.

Das große Goofy Album
Stuttgart: Ehapa Verlag, ab Bd. 17 in Gemeinschaft mit Egmont Verlag, Wien, Zollikon verlegt
Januar 1977 – Serie erscheint noch
21,8 × 28,7 cm
Broschüre
Farbig
Bd. 1–22 . . .
1: Leonardo da Vinci
2: Christoph Columbus
3: Galileo Galilei
4: Marco Polo
5: Ludwig van Beethoven
6: Johannes Gutenberg
7: König Arthur
8: Odysseus
9: Tutanchamun
10: Frankenstein
11: König Midas
12: Gustave Eiffel
13: Reise um die Erde in 80 Tagen
14: Der Unsichtbare
15: Wilhelm Tell
16: 20 000 Meilen unter der See
17: Benjamin Franklin
18: Dr. Jekyll
19: Herkules
20: Aufstieg und Fall des Römischen Reiches
21: Louis Pasteur
22: Dschingis Khan

Der grosse Knall
Die hochexplosive Entwicklungsgeschichte unseres Planeten und seiner Bewohner
München: Friedrich W. Heye Verlag
September 1978
23,5 × 31 cm
Buch
Farbig und einfarbig
Z./T.: TIMMERMANS

Die großen Edel-Western
Bd. 2, 6, 8, 13, 16, 20, 24, 27, 30:
Stuttgart: Ehapa Verlag
Bd. 1, 3–5, 7, 9–12, 14–15, 17–19, 21–23, 25–26, 28–29, 31–33:
Stuttgart: Delta Verlag
September 1979 – Serie erscheint noch
21,8 × 28,7 cm
Broschüre und Buch
Farbig
Bd. 1–33 . . .
Bemerkungen:
Es existiert von allen Bänden eine Hardcover-Ausgabe.
Inhalt:
1: Leutnant Blueberry (Z.: GIRAUD/T.: CHARLIER)
2: Comanche (Z.: HERMANN/T.: GREG)
3: Mac Coy (Z.: PALACIOS/T.: GOURMELEN)
4: Leutnant Blueberry (Z.: GIRAUD/T.: CHARLIER)
5: Jonathan Cartland (Z.: BLANC-DUMONT/T.: HARLE)
6: Comanche (Z.: HERMANN/T.: GREG)
7: Leutnant Blueberry (Z.: GIRAUD/T.: CHARLIER)
8: Comanche (Z.: HERMANN/T.: GREG)
9: Mac Coy (Z.: PALACIOS/T.: GOURMELEN)
10: Jonathan Cartland (Z.: BLANC-

DUMONT/T.: HARLE)
11: Leutnant Blueberry (Z.: GIRAUD/ T.: CHARLIER)
12: Mac Coy (Z.: PALACIOS/ T.: GOURMELEN)
13: Comanche (Z.: HERMANN/T.: GREG)
14: Jonathan Cartland (Z.: BLANC-DUMONT/T.: HARLE)
15: Leutnant Blueberry (Z.: GIRAUD/ T.: CHARLIER)
16: Comanche (Z.: HERMANN/T.: GREG)
17: Mac Coy (Z.: PALACIOS/ T.: GOURMELEN)
18: Leutnant Blueberry (Z.: GIRAUD/ T.: CHARLIER)
19: Jonathan Cartland (Z.: BLANC-DUMONT/T.: HARLE)
20: Comanche (Z.: HERMANN/T.: GREG)
21: Leutnant Blueberry (Z.: GIRAUD/ T.: CHARLIER)
22: Mac Coy (Z.: PALACIOS/ T.: GOURMELEN)
23: Leutnant Blueberry (Z.: GIRAUD/ T.: CHARLIER)
24: Comanche (Z.: HERMANN/T.: GREG)
25: Mac Coy (Z.: PALACIOS/ T.: GOURMELEN)
26: Leutnant Blueberry (Z.: GIRAUD/ T.: CHARLIER)
27: Comanche (Z.: HERMANN/T.: GREG)
28: Mac Coy (Z.: PALACIOS/ T.: GOURMELEN)
29: Leutnant Blueberry (Z.: GIRAUD/ T.: CHARLIER)
30: Comanche (Z.: HERMANN/T.: GREG)
31: Leutnant Blueberry (Z.: GIRAUD/ T.: CHARLIER)
32: Mac Coy (Z.: PALACIOS/ T.: GOURMELEN)
33: Leutnant Blueberry (Z.: GIRAUD/ T.: CHARLIER)

Die großen Phantastic-Comics
Bd. 1, 3–4, 6–7, 9–10, 12–13, 15–16, 18–19, 21–22, 24–32, 34–37: Stuttgart: Ehapa Verlag
Bd. 2, 5, 8, 11, 14, 17, 20, 23, 33: Stuttgart: Delta Verlag
April 1980 – Serie erscheint noch
21,7 × 28,6 cm
Broschüre
Farbig
Bd. 1–37 . . .
Inhalt
1: Warlord (Z./T.: GRELL/ORLANDO)
2: Taar (Z.: REMOHI/T.: MOLITERNI)
3: Storm (Z.: LAWRENCE/T.: DUNN)
4: Warlord (Z.: GRELL/T.: GAFFORD)
5: Taar (Z.: REMOHI/T.: MOLITERNI)
6: Storm (Z.: LAWRENCE/T.: LODEWIJK)
7: Warlord (Z.: GRELL/T.: BERUBE)
8: Taar (Z.: REMOHI/T.: MOLITERNI)
9: Storm (Z.: LAWRENCE/T.: MATENA)
10: Warlord (Z./T.: GRELL/COLLETTA/ ROY/ODA)
11: Taar (Z.: REMOHI/T.: MOLITERNI)
12: Storm (Z.: LAWRENCE/T.: MATENA)
13: Warlord (Z./T.: GRELL/COLLETTA/ ROY/ODA/COSTANZA)
14: Taar (Z.: REMOHI/T.: MOLITERNI)
15: Storm (Z.: LAWRENCE/T.: MATENA)
16: Warlord (Z./T.: GRELL/COLLETTA/ ROY/COSTANZA/ODA)
17: Taar (Z.: REMOHI/T.: MOLITERNI)
18: Storm (Z.: LAWRENCE/T.: MATENA)
19: Warlord (Z./T.: GRELL/COLLETTA/ ROY/COSTANZA/SMITH/KLEIN)
20: Taar (Z.: REMOHI/T.: MOLITERNI)
21: Storm (Z.: LAWRENCE/T.: GOSNELL)
22: Warlord (Z./T.: GRELL/TEXIERA/ CARLO/ROY/MARCOS/COSTANZA)
23: Taar (Z.: REMOHI/T.: MOLITERNI)
24: Camelot (Z./T.: BARR/BOLLAND/ PATTERSON/COSTANZA/WOOD)
25: Arok (Z./T.: THOMAS/COLON/ ZUNIGA/ODA/GAFFORD/COSTANZA/ ROY)
26: Amethyst (Z./T.: MISHKIN/COHN/

COLON/COSTANZA/ZIUKO)
27: Storm (Z.: LAWRENCE/T.: GOSNELL)
28: Warlord (Z./T.: GRELL/TEXIERA/ CARLO/COSTANZA/ROY/DUURSEMA)
29: Camelot (Z./T.: BARR/BOLLAND/ PATTERSON/COSTANZA/WOOD)
30: Arok (Z./T.: THOMAS/COLON/ ZUNIGA/COSTANZA/ROY)
31: Amethyst (Z./T.: MISHKIN/COHN/ COLON/COSTANZA/ZIUKO)
32: Storm (Z./T.: LAWRENCE)
33: Taar (Z.: REMOHI/T.: MOLITERNI)
34: Warlord (Z./T.: GRELL/DUURSEMA/ PATTERSON/COSTANZA/ROY/BURKETT/ JURGENS)
35: Camelot (Z./T.: BARR/BOLLAND/ PATTERSON/COSTANZA/WOOD)
36: Arok (Z./T.: THOMAS/COLON/ RODRIGUEZ/ROY/ODA)
37: Amethyst (Z./T.: MISHKIN/COHN/ COLON/COSTANZA/ZIUKO)

Die großen Science-Fiction-Comics

Stuttgart: Ehapa Verlag
November 1980 – Serie erscheint noch
21,7 × 28,6 cm
Broschure
Farbig
Bd. 1–12 ...
Inhalt:
1: Starlord (Z./T.: CLAREMONT/BYRNE/ ORZECHOWSKI/AUSTIN)
2: Starlord
3: Gigantik (Z.: CARDONA/T.: MORA)
4: Starlord (Z./T.: SUTTON/COSTANZA/ SEAN/MOENCH/NOVAK/SHAREN/WEIN/ ORZECHOWSKI)
5: Dragstor (Z.: BOSCH/BRUSH/T.: MEYER)
6: Gigantik (Z.: CARDONA/T.: MORA)
7: Starlord (Z.: CLAREMONT/INFANTINO)
8: Gigantik (Z.: CARDONA/T.: MORA)
9: Sanstor (Z.: BOSCH/T.: MEYER)
10: Jeremiah Z.: HERMANN)
11: Starlord (Z.: CLAREMONT/INFANTINO)
12: Jeremiah (Z.: HERMANN)

Das große Peanuts Buch

Götzenhain: Aar-Verlag
ab 1971
16 × 23 cm
Buch
Einfarbig
Bd. 1–4
Z.: SCHULZ
Bemerkungen:
*Teilweise Nachdrucke aus **Aar-Cartoon.***
Mit Schutzumschlag.
1: Das große Peanuts Buch
2: Snoopy
3: Charlie Brown
4: Peanuts für Jedermann

Grosser Asterix-Band

Siehe: ***Asterix***

Die grüne Hornisse

Aachen: Bildschriftenverlag
1968–Mai 1969
18 × 25 cm
Heft
Einfarbig
Bd. 1–3
Z.: SPIEGLE
Bemerkungen:
Comic nach Fernsehserie.
Inhalt:
Zwischenfall im Park!: Bd. 3
Panik in Levelland: Bd. 3

Grüne Laterne

Siehe: ***Top Comics***

Die grüne Laterne
Hamburg: Williams Verlag
Oktober 1975–September 1976
17,8 × 26 cm
Heft
Farbig
Bd. 1–12
Inhalt:
Ein tödlicher Scherz!: Bd. 1
Das Monster das nach Menschen fischte!: Bd. 2
Das Plagiat: Bd. 3
Phantastische Abenteuer: Bd. 4
Das interplanetarische Restaurant!: Bd. 5
Phantastische Welt: Bd. 6
Der Geister-Planet!: Bd. 7
Seltsame Abenteuer: Bd. 8
Herrscher über die Materie!: Bd. 9
Rückwärts durch die Zeit: Bd. 10
Sammler Stück!: Bd. 11
Ameisenzirkus!: Bd. 12
Z. u. T.:
ANDERSON: Bd. 2
FOX: Bd. 5–7
GIACOIA: Bd. 6
GIELLA: Bd. 1–12
GIUNTA: Bd. 7
KANE: Bd. 1–12
MILLER: Bd. 2–3
MOONEY: Bd. 1
OSGOOD: Bd. 8
RUBIN: Bd. 1

Grüne Leuchte
Superman präsentiert:
Stuttgart: Ehapa Verlag
Juni 1979–September 1983
17,5 × 26 cm
Heft
Farbig
1979: 6–12
1980: 1–12
1981: 1–13
1982: 1–13
1983: 1–11
Inhalt:
Grüne Leuchte: Bd. 6/79–11/83
Grüner Pfeil: Bd. 6/79–11/83
Supergirl: Bd. 10/79–12/79
Adam Strange: Bd. 4/81–5/81, 7/81 10/81, 3/82–4/82
Superman: Bd. 1/82
Captain Marvel: Bd. 5/82, 7/82
Shazam jr.: Bd. 9/82
Roter Blitz: Bd. 12/82–13/82
Batman: Bd. 1/83
Air Wave: Bd. 5/83
Blitzschwalbe: Bd. 6/83
Z. u. T.:
ADAMS: Bd. 6/80, 1/83–2/83
ADKINS: Bd. 8/82–9/82, 10/83–11/83
ANDERSON: Bd. 6/81
AUSTIN: Bd. 9/79
BARR: Bd. 3/81, 1/83–11/83
BLAISDELL: Bd. 7/79–8/79, 4/81–5/81, 7/81
BREEDING: Bd. 6/82
BRIDWELL: Bd. 5/82, 7/82, 9/82
BROOME: Bd. 2/81, 6/81, 8/81, 11/81, 13/81, 2/82, 8/83
CARLO: Bd. 7/82, 10/82, 12/82–13/82, 4/83–6/83
CELARDO: Bd. 6/80, 9/80
CHIANG: Bd. 2/83
CHIARAMONTE: Bd. 11/79, 4/83
COCKRUM: Bd. 1/81
COHN: Bd. 12/82–13/82
COLLETTA: Bd. 6/79, 9/79–3/80, 10/80, 1/81, 10/81
CONWAY: Bd. 1/80, 6/83
COSTANZA: Bd. 3/81, 6/81, 1/82, 3/82, 5/82–6/82, 8/82, 12/82, 4/83, 10/83
D'ANGELO: Bd. 6/82–9/82, 9/83–11/83
DELBO: Bd. 1/80
DILLIN: Bd. 7/79, 6/80

EDELMAN: Bd. 10/79
FELIX: Bd. 3/83, 7/83, 11/83
GAFFORD: Bd. 11/81, 1/82–4/82
GIACOIA: Bd. 6/80
GIBBONS: Bd. 10/83–11/83
GIELLA: Bd. 10/79, 2/81, 11/81, 2/82, 3/83, 8/83
GIORDANO: Bd. 6/80, 10/80
GREENE: Bd. 8/81, 13/81
GRELL: Bd. 7/79–12/79, 4/80–5/80, 1/81, 12/81
GUZMAN: Bd. 1/81, 8/81
HANEY: Bd. 1/83–2/83
HARRIS: Bd. 11/79–12/79, 4/81
HECK: Bd. 10/79–12/79, 9/80–10/80
HIPP: Bd. 5/80
HOBERG: Bd. 9/83
HOOLAHAN: Bd. 10/81, 7/83, 10/83–11/83
HUNT: Bd. 1/80, 7/80–8/80
INFANTINO: Bd. 7/81, 13/81, 4/83
JENSEN: Bd. 10/81, 9/82
KANE: Bd. 2/81, 6/81, 8/81, 11/81, 2/82, 3/83, 8/83
KAWECKI: Bd. 3/83
KIDD: Bd. 11/83
KLEIN: Bd. 6/79, 2/81, 9/81–10/81, 13/81, 4/82, 11/82, 13/82, 7/83, 9/83–11/83
KUBERT: Bd. 4/83–5/83
KUPPERBERG: Bd. 13/81, 8/82, 3/83–4/83
LEFERMAN: Bd. 12/79, 6/80, 5/81, 7/82, 9/82
MAGGIN: Bd. 1/81
MAHLSTEDT: Bd. 3/82–5/82
MARCOS: Bd. 8/83
McGINTY: Bd. 1/80
McLAUGHLIN: Bd. 9/80, 11/80–12/80, 2/81, 13/81
MITCHELL: Bd. 3/81, 11/81, 9/83
MISHKIN: Bd. 12/82, 13/82
MOORE: Bd. 7/83
NEWTON: Bd. 5/82, 7/82–9/82
NOVICK: Bd. 3/83
ODA: Bd. 10/79, 2/80, 4/80, 7/80–8/80, 11/80, 4/81–5/81, 7/81, 10/81, 13/81, 2/82–4/82, 7/82–10/82, 1/83, 6/83, 8/83–9/83
O'NEIL: Bd. 6/79–12/79, 2/80–12/80, 1/81–2/81, 12/81
PATTERSON: Bd. 4/80–5/80
PATTON: Bd. 9/83
POLLARD: Bd. 4/83–11/83
RODRIGUEZ: Bd. 4/81–5/81, 7/81, 10/81, 3/82–4/82, 7/83
ROSA: Bd. 5/83, 7/83
ROZAKIS: Bd. 6/80, 13/81, 5/83, 7/83
ROY: Bd. 6/79, 3/80–5/80, 8/80–9/80, 11/80, 5/82, 7/82, 9/82
SAVIUK: Bd. 6/79, 1/80–4/80, 6/80–8/80, 3/81, 5/83–6/83
SCHAFFENBERGER: Bd. 7/82
SCOTTO: Bd. 3/81
SERPE: Bd. 10/79–1/80, 5/81, 8/81, 10/81
SIMONS: Bd. 6/82
SMITH: Bd. 12/79, 1/81, 12/81, 1/83–2/83
SNAPINN: Bd. 12/80, 11/81, 5/82
STATON: Bd. 7/80, 10/80–2/83
SUTTON: Bd. 4/81–5/81, 7/81, 10/81, 3/82–4/82
TANGHAL: Bd. 6/83
THOMAS: Bd. 9/81–10/81
TOLLIN: Bd. 9/79–2/80, 4/80, 6/80, 12/80, 2/81–7/81, 9/81–10/81, 13/81, 4/82–5/82, 8/82, 10/82–6/83, 8/83–9/83
TOOMEY: Bd. 3/81
WEIN, GLYNIS: Bd. 1/81
WEIN, LEN: Bd. 1/81, 4/82
WOLFMAN: Bd. 4/81–11/81, 1/82–13/82
ZIUKO: Bd. 7/83

Grüner Zweig
frisch fromm fröhlich frei
Kollektief Pieper/Baumann/Weber/Nienstedt, 1974
21,2 × 30,4 cm
Heft, Einfarbig
Bd. 19
Z.: BARKER, CRAWFORD, KLAUS, LIVINGSTONE, PLETSCH UND STURGEON
Bemerkungen:
Einziger Comic-Band dieser Themenheftreihe. Mit lose beigelegtem Poster und Zen-Comic-Strip als Werbung.

Die Gruft von Graf Dracula
Siehe: ***Dracula***

Grusel
Bd. 1–4: ***Horror***
Bd.1–4: Comic
Bd. 5–23: Horror Comic
Aachen: Verlag »Der Freibeuter«
1972–1974
Bd. 1–10: 16,8 × 24,5 cm,
Bd. 11–23: 13 × 18 cm
Paperback, ab Bd. 11: Taschenbuch
Einfarbig
Bd. 1–23
Inhalt:
Abgeschlossene Horrorcomics
Das Meermonster (auch Das Meeresungeheuer): Bd. 6–9
Frau aus Eis: Bd. 10–15
Beide Geschichten aus der Serie »Belfagor«

Ein Gruß an dich
Frankfurt/M.: Insel Verlag
ca. 1976
10,8 × 17,6 cm
Taschenbuch it 232
Einfarbig und farbig
Z.: SCHMÖGNER

Guete Morge
Bern (Schweiz): Guete Morge
1976–1979
21 × 29,6 cm
Heft
Einfarbig
Bd. 1–17
Bemerkungen:
Mehr nicht bekannt. In Bd. 17 ein Faltposter.
Z.: Nur Bd. 4–10, 12, 14, 17 gesehen
BAUMI: Bd. 12
BERNHARD: Bd. 9
BREDA: Bd. 10
BONSMA: Bd. 8–10, 12, 14, 17
BUSER: Bd. 10, 14, 17
GEMS: Bd. 12, 14, 17
GERBER: Bd. 5–8
GERE: Bd. 9
GOOD: Bd. 10
GUZMÁN: Bd. 7–8, 10
HEIL: Bd. 5–8
HOFER: Bd. 4
KADETT: Bd. 4, 8, 14, 17
KÖHLI: Bd. 4
KURE: Bd. 6
MÜHLETHALER: Bd. 4–5, 7–10, 12, 14, 17
RENAT: Bd. 9
RÖBU: Bd. 8
SIEGRIST: Bd. 4–5, 7–10, 12, 14, 17
TRÖSCH: Bd. 4

Gulliver
Neue Abenteuer zur Fernseh-Serie
Bergisch Gladbach: Bastei Verlag
August 1979–Januar 1981
18,1 × 26,1 cm
Heft
Farbig
Bd. 1–36
Z.: HANNA-BARBERA PRODUCTION
Inhalt:
Gulliver

Scooby Doo
Motor Maus
Squiddly Diddly
Top Cat
Siegfried Squirrel

Gullivers Reisen
Chevron (Belgien): Hemma
1979
23,7 × 30,6 cm
Buch
Farbig
Bemerkungen:
Bd. (6) der ***Hemma-Märchenbände,*** *siehe da.*

Gung Ho!
All American Comicks
Bremen: Verlag Schöngeist
Januar 1971
21,4 × 29,9 cm
Broschüre
Einfarbig
Z.: ADAMS, BECK, BODÉ, CRAWFORD, CRUMB, DEITCH, GRIFFIN, LIPKING, LUNDGREN, LYNCH, MOSCOSO, OSBORNE, RODRIGUEZ, RUDIN, SCHMER, SHELTON, THOMPSON, VOGRIN, WHITE, WILLIAMS, WILLIAMSON UND WILSON

Gute Besserung
München: Hallmark
ca. 1973
10,2 × 13,6 cm
Buch
Zweifarbig
Z.: SCHULZ
Bemerkungen:
Peanuts-Geschichten.

H

Hacky
der Specht
Bd. 7–9: (Woody-Woodpecker)
Hamburg: Press & Publicitiy
Vertrieb: Hamburg: Meteor-Verlag H. Wolff
Mai 1955–April 1956
17 × 24 cm
Heft
Farbig
Bd. 1–11
Z.: LANTZ (ALLE SERIEN)
Inhalt:
Oswald das Kaninchen: Bd. 11
Oswald das Karnickel: Bd. 9
Homer Pigeon und Chilly Willy: Bd. 9
Andy Panda und Charlie Chicken: Bd. 9

Hägar
Bd. 1, 3–11: Der Schreckliche
Bd. 2: Neue schreckliche Abenteuer
Stuttgart: Ehapa Verlag
Oktober 1975 – Serie erscheint noch
21,8 × 28,7 cm
Broschüre und Buch
Farbig
Bd. 1–11 . . .
Z.: BROWNE
Bemerkungen:
Bd. 1 auch als Hardcover erschienen.

Hänsel und Gretel
Chevron (Belgien): Hemma
1979
23,5 × 30,5 cm
Buch
Z.: ART STUDIUM
Bemerkungen:
Bd. (5) der ***Hemma-Märchenbände,*** *siehe da.*

Das hässliche junge Entlein und wie Vater und Sohn einen Esel kauften
Siehe: ***Ein Märchen-»Buchfilm«***

Hahnenschrei um Mitternacht
Peking (China): Vlg. für fremdsprachige Literatur
1974
18,4 × 12,8 cm
Broschüre
Einfarbig
T. und Fotos:
SHANGHAIER STUDIO FÜR TRICKFILME
Bemerkungen:
Fotocomic.

Hai Hua
Peking (China): Vlg. für fremdsprachige Literatur
1975
17,1 × 24,8 cm
Broschüre
Farbig
Z.: TSCHEN
T.: YÜ

Hair
Filmroman
Bergisch Gladbach: Bastei Verlag
1979
10,4 × 17,9 cm
Taschenbuch 71003
Farbig
Bemerkungen:
Fotocomic nach dem Film.

Halk
Siehe: ***Hit Comics***

Hallo!
ab Bd. 11: ***Hallo***
Bd. 1–10, 12: Die Jugendzeitschrift der guten Laune
Bd. 16,17: Die Zeitschrift der Jugend
Hamburg: Mondial Verlag GmbH
März 1956–November 1956
18 × 27 cm
Heft
Farbig
Bd. 1–17
Inhalt:
Panik am Himmel: Bd. 1
Buffalo Bill (Z.: GIFFEY): Bd. 1–5
Archibald: Bd. 1–3, 5, 6
Pecos Bill (Fortsetzung aus Pecos Bill) (Z.: PAPARELLA UND VITA/T.: MARTINA): Bd. 1–4
Abenteurer der Lüfte: Bd. 1–10, 12–13
Der Ungreifbare: Bd. 1–10, 12
Die Abenteuer von Zimm und Bumm (Z.: CARTIER): Bd. 1–10, 12–17
Die Königs-Pagode: Bd. 2
Dorf am Amazonas: Bd. 3
Das Rebellenschiff: Bd. 4
Verrat hinter den Hügeln: Bd. 5
Fahrerflucht: Bd. 6
Prof. Gramulus (auch: Professor Gromulus): Bd. 6–10, 12–17
Der scharlachrote Löwe: Bd. 7
Sven, der Starke: Bd. 8
Roland, Held der Meere: Bd. 9, 10, 12–15
Dicky (Z.: ROMOREAU): Bd. 9, 10, 12–17
Bd. 11 ist von Lesern gezeichnet mit folgendem Inhalt:

Arizona-Fred (Z.: BAUMBERGER)
Die Mandeloperation (Z.: NEIDHARDT)
Ohne Worte (Z.: VÖLKER)
Barbie (Z.: HEIDACKER)

Hammer Komiks
Buchenbach: Hammer-Presse
1970–Oktober 1971
Bd. 2: 21,5 × 30,2 cm,
Bd. 3: 17,1 × 23 cm,
Bd. 4: 20 × 28,5 cm
Heft
Einfarbig
Bd. 2–4
Bemerkungen:
*Bd. 1 als **Zap Comix** erschienen. Auf der Liste der jugendgefährdenden Schriften: E Nr. 2311 – BAnz. Nr. 88 vom 12. 5. 71.*
Z.: BELL: Bd. 2
CRUMB: Bd. 3–4
HAYES: Bd. 2
IRONS: Bd. 4
JAXON: Bd. 2
LYNCH: Bd. 2
PATRICK: Bd. 4
REISER: Bd. 3
SHELTON: Bd. 2, 4
STURGEON: Bd. 2
WILLIAMSON: 2, 4
WILSON: Bd. 2, 4

Hammer Komiks
Idstein: Hammerpresse
1970
15,5 × 21,2 cm
Heft
Einfarbig
Bd. 2
Bemerkungen:
*Mehr nicht bekannt. Identisch mit **Hammer Komiks** Bd. 2 (andere Serie), bis auf Cover und Format.*

Hamster Fidel und seine Wölfchen
Haarlem (Niederlande): Editora Queimada
1976
20,1 × 28 cm
Heft
Einfarbig
Z.: GOTLIB

Hannibal Möhrenzahn
Bd. 2: ***Die Abenteuer von Hannibal Möhrenzahn***
Stuttgart: Illu Press
1977
11,5 × 18 cm
Taschenbuch
Einfarbig
Bd. 1–2
Z./T.: GRIFFEL

Hans Huckebein
Köln: Marken Verlag
Oktober 1978–März 1979
18,1 × 26,1 cm
Heft
Farbig
Bd. 1–6
Z.: JOHN UND PAUL HALAS
Inhalt:
Fipps der Affe: Bd. 1–6
Plisch & Plum: Bd. 1–6

Harakiri Comics
Ohne Verlag
ca. 1975
20,5 × 28,7 cm
Broschüre
Einfarbig
Z.: ALEXIS, BRETÉCHER, CARALI, GOTLIB, MANDRYKA, MASSE, PÉTILLON UND REISER
T.: DIONNET

Harry
der Grenzreiter
Hannover: Walter Lehning Verlag
Oktober 1953–Februar 1955
17 × 7,5 cm
Heft
Einfarbig
Bd. 1–69
Z.: zum Teil PALUDETTI (auch Cover) zum Teil TACCONI (auch Cover)
T.: TORELLI (auch BARBIERI?)
Der Titelkopf wurde dem von TORCHIO *gemalten Originalbild nachempfunden.*

Harry
der Grenzreiter
Schönau. Norbert Hethke Verlag
Februar 1979–Juli 1980
17 × 7,5 cm
Heft
Einfarbig
Bd. 1–69
Z.: zum Teil PALUDETTI (auch Cover) zum Teil TACCONI (auch Cover)
T.: TORELLI (auch BARBIERI?)
Bemerkungen:
Nachdruck der Serie von 1953. Der Titelkopf wurde dem von TORCHIO *gemalten Originalbild nachempfunden.*

Harry
Jeden Freitag Die bunte Jugendzeitung
ab Bd. 8: Die bunte Jugendzeitung
Hannover: Walter Lehning Verlag
Oktober 1958–Dezember 1960
23 × 31 cm,
ab Bd. 87: 17 × 24 cm
Heft
Farbig, zweifarbig, einfarbig
Bd. 1–96
Bemerkungen:
In den letzten Bänden immer weniger Comics.
Inhalt:
Aufstand der Prärie (Z.: BOOD): Bd. 1–9 (Farbig und einfarbig)
Der Herr des Blitzes »Fulguros« (Z.: BRANTONNE/T.: LORTAC): Bd. 1–39 (Nachdruck aus Meteor Bd. 1–5/in Harry Bd. 2 fehlen am Anfang 3 Bilder und am Ende 2 Bilder/in Harry Bd. 15 fehlen aus Meteor Bd. 3 von Seite 26 die beiden unteren Bildreihen/in Harry Bd. 21 fehlen aus Meteor Bd. 3 von Seite 35 die letzte Bildreihe/in Harry Bd. 30 fehlt aus Meteor Bd. 4 von Seite 35 die mittlere Bildreihe) (Einfarbig)
Pit & Alf (Z.: HEINZ): Bd. 1–96 (Nachdruck aus Pit & Alf Piccolo) (Einfarbig, ab Bd. 60: farbig, ab Bd. 87, zweifarbig)
Der Korsar der Königin (Z.: NICKEL): Bd. 1–17 (Einfarbig)
Sigurd: Die geheimnisvolle Burg (Z.: WÄSCHER): Bd. 1–10 (Nachdruck von Piccolo-Sonderband Bd. 8) (Farbig)
Peters seltsame Reisen (Z.: NICKEL): Bd. 5–96 (Einfarbig, ab Bd. 60: farbig), Bd. 87: zweifarbig)
Reporter Teddy unterwegs (Z.: BOOD): Bd. 9–25 (Einfarbig, ab Bd. 18: farbig)
Sigurd: Spuk auf Schloss Falkenstein (Z.: WÄSCHER): Bd. 11–21 (Farbig)
Akim: Spuren im schwarzen Sumpf (Z.: WÄSCHER): Bd. 18–27 (Nachdruck von Piccolo-Sonderband Bd. 17) (Farbig)
Sigurd: Das Geheimnis der Donarbucht (Z.: WÄSCHER): Bd. 22–49 (Farbig)
Attila König der Hunnen (Z.: BOOD): Bd. 26–32 (Nachdruck von Abenteuer der Weltgeschichte Bd. 44) (Farbig)

Akim: Die Panther-Göttin (Z.: WÄSCHER): Bd. 28–41 (Farbig)
Afrika lockt (Z.: BOOD): Bd. 32–37 (Nachdruck von Abenteuer der Weltgeschichte Bd. 37) (Farbig)
Graf Zeppelin (Z.: BOOD): Bd. 38–42 (Nachdruck von Abenteuer der Weltgeschichte Bd. 45) (Farbig)
Sitting Bull (Z.: BOOD): Bd. 42–48 (Nachdruck von Abenteuer der Weltgeschichte Bd. 64) (Farbig)
Käpt'n Cook (Z.: BOOD): Bd. 49–56 (Nachdruck von Abenteuer der Weltgeschichte Bd. 54) (Farbig)
Nick der Weltraumfahrer, ab Bd. 87: Nick Pionier des Weltalls (Z.: WÄSCHER): Bd. 50–96, (Nachdruck aus Nick Piccolo Bd. 1–8 (Seite 20)/in Harry 87 fehlt aus Nick Bd. 5 Seite 32/in Harry 90 fehlt aus Nick Bd. 7 Seite 1/in Harry 94 fehlt aus Nick Bd. 7 Seite 32 und aus Nick Bd. 8 Seite 1) (Farbig, ab Bd. 87: zweifarbig, ab Bd. 91: einfarbig)
Der große Treck (Z.: BOOD): Bd. 56–64 (Nachdruck von Abenteuer der Weltgeschichte Bd. 71) (Farbig)
Schrecken der Meere – Klaus Störtebecker (Z.: BOOD): Bd. 65–73 (Nachdruck von Abenteuer der Weltgeschichte Bd. 43) (Farbig)
Angriff auf den Thron der Götter (Z.: BOOD): Bd. 74–81 (Nachdruck von Abenteuer der Weltgeschichte Bd. 77) (Farbig)
Micky Maus Festival (DISNEY): Bd. 78–79 (Farbig)
Goldrausch in Kalifornien (Z.: BOOD): Bd. 82–89 (Nachdruck von Abenteuer der Weltgeschichte Bd. 47) (Farbig, ab Bd. 87: zweifarbig)
Tibor Sohn des Dschungels (Z.: WÄSCHER): Bd. 87–96 (Nachdruck aus Tibor Piccolo Bd. 1–6 (Seite 25)/ in Harry 88 fehlt aus Tibor Bd. 1 Seite 32 und aus Tibor Bd. 2 Seite 1/in Harry 90 fehlt aus Tibor Bd. 3 Seite 2/in Harry 92 fehlt aus Tibor Bd. 3 Seite 32 und aus Tibor Bd. 4 Seite 1/in Harry 94 fehlt aus Tibor Bd. 4 Seite 32 und aus Tibor Bd. 5 Seite 1, 2, 18–20/in Harry 95 fehlt aus Tibor Bd. 5 Seite 32 und aus Tibor Bd. 6 Seite 1, 2) (Zweifarbig, Ab Bd. 91: einfarbig)
Sigurd der ritterliche Held (Z.: WÄSCHER): Bd. 87–96 (Nachdruck aus Sigurd Piccolo 2. Serie Bd. 1–5 (Seite 10)/in Harry 89 fehlt aus Sigurd Bd. 1 Seite 32 (2. u. 3. Bild)/in Harry 90 fehlt aus Sigurd Bd. 2 Seite 32 und aus Sigurd Bd. 3 Seite 1/in Harry 95 fehlt aus Sigurd Bd. 4 Seite 31, 32 und aus Sigurd Bd. 5 Seite 1, 2) (Zweifarbig, ab Bd. 91: einfarbig)
Ferdinand Magellan (Z.: BOOD): Bd. 90–96 (Nachdruck von Abenteuer der Weltgeschichte Bd. 49) (Zweifarbig)

Hartmuth Cowboy Kid

Bd. 3 nur: ***Hartmuth***
Nurnberg: Masta Verlag
September 1953–November 1953
17 × 24 cm
Heft
Farbig
Bd. 1–3
Cover zum Teil: BECKER
Inhalt:
Hartmuth (Z.: zuerst POLSTER, später Mitarbeit von OREL, LORENZ UND UTZELMANN/T.: MADEL)
Cowboy Kid
Dr. Corners Abenteuer

Hartmuth

der junge Held

Hannover: Walter Lehning Verlag
Januar 1955–Juli 1955
17 × 24 cm
Heft
Einfarbig
Bd. 1–16

Der Hase Patamus
Abi Melzer Verlag
1978
22,3 × 30,4 cm
Buch
Farbig
Z.: CALVO

Hast du Worte?
Ravensburg: Otto Maier Verlag
1972
21,6 × 27,1 cm
Buch
Farbig
Z.: ROLF UND MARGRET RETTICH

Hau ab, Grabot!
Aarau und Frankfurt/M.: Sauerländer Verlag
1975
19,4 × 19,6 cm
Buch
Farbig
Z.: CLAVELOUX
Bemerkungen:
*Siehe auch **Keine Moneten für Grabot!***

Haughty Hollywood Agent
Stanton Archives
1975
14 × 20,9 cm
Heft
Einfarbig
Z.: STANTON
Bemerkungen:
Es existiert eine spätere Auflage mit schwarzem Umschlag.

Hau zu Keule
Bd. 1, 3: Fests Magazin für Kinder und Jugendliche
Bd. 2: Fests Magazin
Bd. 4: Fests Jugendmagazin
Bd. 5: Comic-Magazin
Berlin: Fests Magazin
1973–Mai 1976
ca. 17,3 × 23–24 cm
Broschüre, Bd. 5: Heft
Bd. 1–3: Einfarbig, zweifarbig, dreifarbig und farbig
Bd. 4: Einfarbig, farbig und zweifarbig
Bd. 5: Einfarbig
Bd. 1–5
Bemerkungen:
Bd. 5 mit Zusatzbezeichnung »Sondernummer« und mit Poster.
Z. u. T.:
BÖLLHOFF, FOUNTIS, GUHL, HERZOG, KÖRBER, KOSAK, PREGIZER, SCHELLSCHMIDT UND WOTSCHKE

Head Comix
Frankfurt: März Verlag
1970
19 × 26 cm
Broschüre
Einfarbig
Z.: CRUMB
Bemerkungen:
1. Auflage mit Poster. Auf der Liste der jugendgefährdenden Schriften: E Nr. 2435 – BAnz. Nr. 106 vom 8. 6. 73.

Head Comix
Frankfurt/M.: Zweitausendeins
Ohne Jahr
21,4 × 30,1 cm
Broschüre
Einfarbig
Z.: CRUMB

Bemerkungen:
5 Geschichten sind völlig ausgetauscht.

Hector der Held von Aragon
Yps präsentiert: Comic-Band Nr. 1
München: Verlag Gruner + Jahr
Oktober 1976
19,5 × 26,7 cm
Broschüre, Farbig
Z.: FUENTE
T.: SESÉN

Heidi
Die schönsten Geschichten nach dem berühmten Roman
Bergisch Gladbach: Bastei Verlag
Januar 1976–September 1977
18 × 26 cm
Heft
Farbig
Bd. 1–21
Bemerkungen:
Bd. 1 ist ein leicht bearbeiteter Nachdruck von ***Berühmte Geschichten*** *Bd. 37 mit dem Titelbild von Bd. 3.*

Heidi
Bd. 1–168. Mit neuen Geschichten zur Fernseh-Serie
Bd. 169–179: Ganz neue Geschichten zur Fernseh-Serie
Bergisch Gladbach: Bastei Verlag
Oktober 1977–Oktober 1981
18 × 26 cm
Heft
Farbig
Bd. 1–179
Inhalt:
Heidi: Bd. 1–179
Katinchen (Z.: BORILLO)

Heidi
München: Agentur für Urheberrechte Merchandising
1977
21,8 × 30,7 cm
Buch
Farbig
Bd. 1

Heidi
Die Original-
Frankfurt/M.: Condor Verlag
Februar 1978–Oktober 1981
13,1 × 18,1 cm
Taschenbuch
Farbig
Bd. 1–4
Inhalt:
Heidi (Z.: CERBIAN/GÖTZE/SOLSONA): Bd. 1–4
Zwei Jahre Ferien (nach Jules Verne): Bd. 1

Heidi
Mit neuen Geschichten zur Fernseh-Serie
Bergisch Gladbach: Bastei Verlag
März 1978–Juni 1979
13 × 18 cm
Taschenbuch
Farbig
Bd. 1–8

Heidi
Bergisch Gladbach: Bastei Verlag
August 1978
21,6 × 29 cm
Broschüre
Farbig
Bd. 1

Heidi
Das große Sommer-COMIC-Heft
Frankfurt/M.: Condor Verlag
Mai 1979
17,6 × 26 cm

Heft
Farbig
Z.: RAMÒN

Heidi
Die fröhlichen Comic-Bücher von Bastei
Bergisch Gladbach: Bastei Verlag
Juni 1980–Mai 1984
13 × 18,2 cm
Taschenbuch
Farbig
Bd. 1–9

Heidi
Siehe: ***Berühmte Geschichten***

Hein
der Schiffsjunge
Hamburg: Mondial Verlag GmbH
März 1954–Mai 1954
18,5 × 26 cm
Heft
Einfarbig
Bd. 1–10
Z.: TACCONI
T.: BARBIERI

Hein's lustige Abenteuer
Eine heitere Geschichte in 164 Bildern
Berlin: Hugo Langethal Verlag
1946
13,5 × 20,5 cm
Heft
Einfarbig
Z.: MALISKAT
Bemerkungen:
Es existiert eine 2. Auflage von 1947, die stark bearbeitet ist (z. B. anderes Cover).

Heisse Colts
Siehe: ***Aar-Cartoon***

Heisse Räder
Broomm
Bergisch Gladbach: Bastei Verlag
1980
21,5 × 29 cm
Heft
Farbig
Bd. 34–39
Bemerkungen:
*Fortsetzung von **Broomm.***
Inhalt:
Ron Camaro (Z.: FORNS): Bd. 34–39
Steve Wheeler: Bd. 34–39
Von Auspuff bis Zylinderkopf (Z.: DOMENECH): Bd. 34–39
Das Team der jungen Wölfe (Z.: COMOS): Bd. 34–39

Der heitere Fridolin
Bd. 22–24: Die Zeitschrift der Jugend
Hamburg: Alfons Semrau Verlag
Dezember 1958–Januar 1961
18 × 26 cm
Heft
Farbig
Bd. 1–54
Inhalt:
Fridolin + Ferdinand (d. i. Pit und Pikkolo) (Z.: FRANQUIN): Bd. 1–54
Sechs auf großer Fahrt (Z.: TACQ/T.: CHARLIER): Bd. 1–29, 52–54
Buck Danny (Z.: HUBINON/T.: CHARLIER): Bd. 1–2, 22–54
Baden Powell (Z.: JIJÉ). Bd. 30–41
Lucky Luke (Z.: MORRIS/T.: GOSCINNY): Bd. 1–24, 31–36, 38–54

Heiteres Sternbild
Stuttgart: Blüchert Verlag
1955
17,5 × 23 cm
Buch
Einfarbig
Z./T.: DAHLKE

Bemerkungen:
Mit Schutzumschlag.

Die Helden des Grand Prix
Siehe: ***Grand Prix***

Helden I. P.
Frankfurt/M.: Brönner Kinderbuchverlag
Breidenstein KG
1972
25 × 19,2 cm
Buch
Farbig
Bd. 1–4
Z.: GAVIOLI
T.: ZWOHA

Helpiland
Rastatt: Favorit-Verlag
1974
19,3 × 26,3 cm
Heft
Farbig
Bd. (1–2)
Z./T.: SCHWAB
Bemerkungen:
*Inhalt identisch mit **Helpi's Kinderland.***
1: Ping und Pong Das Superschloß
2: Ping und Pong Der Feuerwurm

Helpi's Kinderland
Rastatt: Favorit-Verlag
1974
19,9 × 27,3 cm
Buch
Farbig
Bd. (1–2)
Z./T.: SCHWAB
Bemerkungen:
*Inhalt identisch mit **Helpiland.***
Titel:
1: Die sagenhafte Entdeckung von Ping und Pong
2. Die unfreiwillige Reise von Ping und Pong

Hemma-Märchenbände
Siehe: 1: ***Pinocchio***
2: ***Alice im Wunderland***
3: ***Der Zauberer Wu***
4: ***Peter Pan***
5: ***Hänsel und Gretel***
6: ***Gullivers Reisen***

Henne Blanche Soldat des Kaisers
Gütersloh: Bertelsmann Jugendbuchverlag
1973
23,4 × 28 cm
Buch
Farbig
Z./T.: TIMMERMANS

Henne Blanche Soldat des Kaisers
Zürich (Schweiz):
Diogenes Verlag
1978
15,6 × 18,9 cm
Taschenbuch Kinder detebe 14
Farbig
Z./T.: TIMMERMANS

Herak
Der Rebell mit der eisernen Hand
Hamburg:
Michael Götze
1975
14,1 × 20,9 cm
Heft
Einfarbig
Bd. 1
Inhalt:
Herak (Z.: GÖTZE)
Das Göttertrio (Z.: GÖTZE)

Herbert
Puchheim-München:
Malepartus Verlag
1951
21,5 × 28,5 cm
Buch
Z.: Bri
Bemerkungen:
Mit Schutzumschlag.

Herbert
Hamburg: Blüchert Verlag
1952
Buch
Bemerkungen:
Nicht indentisch mit der Malepartus-Ausgabe.

Hercules und seine Mannen
Flensburg: Gerd M. Pontius
1978
21,1 × 29,8 cm
Geklammerte Einzelblätter
Farbig
Bd. 1
Z./T.: SCHNABEL
Bemerkungen:
Special Sonderband 1, siehe ***Special.***

Herders Tausend-Bilderbibel
Siehe: ***Tausend-Bilderbibel***

Herge's Archiv
Siehe: ***Aus Herge's Archiv***

Herkules
Berlin:
Bangro-Comic-Team
Februar 1972–Juni 1975
19,8 × 9,5 cm
Heft
Einfarbig
Bd. 1–7
Z.: GROTH

Der Herr der Ringe
Bergisch Gladbach: Bastei Verlag
1979
10,4 × 17,9 cm
Taschenbuch 71004
Farbig
Bemerkungen:
Fotocomic nach dem Film.

Der Herr der Ringe
Stuttgart: Ehapa Verlag
April 1980
21,5 × 28,7 cm
Broschüre
Farbig
Bd. 1–3
Z./T.: BERMEJO

Herr des Dschungels
Hannover: Walter Lehning Verlag
Dezember 1954–Januar 1956
17 × 7,5 cm
Heft, Einfarbig
Bd. 1–24
Z.: Bd. 1–3: WÄSCHER
Bd. 4–24: PEDRAZZA
Titelköpfe: Bd. 1–24: WÄSCHER
Titelbilder: Bd. 1–3: WÄSCHER
T.: Bd. 1– 3: JAGELITZ
Bd. 4–24: RENZI
Bemerkungen:
Herr des Dschungels: d. i. AKIM. Auf der Liste der jugendgefährdenden Schriften: Fortsetzung von »Akim«, daher beschränkt wie dort E Nr. 39 – BAnz. Nr. 13 vom 20. 1. 55.

Herr des Dschungels
Frankfurt/M.: Comic Buch Club, ab Bd. 11: Schönau: Norbert Hethke Verlag
Januar 1977
17 × 7,5 cm
Heft

Einfarbig
Bd. 1–24
Z.: Bd. 1–3: WÄSCHER
Bd. 4–24: PEDRAZZA
Titelköpfe: Bd. 1–24: WÄSCHER
Titelbilder: Bd. 1–3: WÄSCHER
T.: Bd. 1–3: JAGELITZ
Bd. 4–24 RENZI

Herr Natürlich
Darmstadt: Brumm-Comix (Melzer)
1973
19 × 25,9 cm
Broschüre
Einfarbig
Z./T.: CRUMB

Herr Priesack
Verflixtes + Zugenähtes
Frankfurt/M.: Bärmeier und Nikel
1962
19,9 × 16,2 cm
Buch
Einfarbig
Z.: BERTHEAU

Herzbuch
Roman in Bildern
Hannover: Walter Lehning Verlag
März 1954–November 1954 und Februar 1958–Juli 1958
13 × 18 cm, ab Bd. 33: 11,5 × 16,5 cm
Heft
Einfarbig
Bd. 1–52
Bemerkungen:
Nach Bd. 32 längere Erscheinungspause eingelegt.

Das Herz der Julia Köster
Der große Liebesroman in Bildern
Hannover: Walter Lehning Verlag
Oktober 1953
21 × 30 cm
Heft
Einfarbig
Bd. 1–5
Z.: DRAKE

Hier kommen die Radieschen
Ravensburg: Otto Maier Verlag
1975
16 × 16,1 cm
Buch
Farbig
Z./T.: ROLF UND MARGRET RETTICH

Hinz & Kunz
Bd. 1–2: Comix
Bd. 3–4: Komix
Bd. 6, 8: Comics
Bd. 9–11: Deutsche Comics für Erwachsene
Franfurt/M.: Secker/Pfarr, ab Bd. 3: Linden: Volksverlag
1978–Oktober 1981
21 cm × 29,6 cm
Heft
Einfarbig, Rückseite: farbig
Bd. 1–11
Z.: AKHILANANDA: Bd. 8
BOYKE: Bd. 6–11
BUNK: Bd. 7–11
DRÜHL: Bd. 10–11
FAR-SE STUDIO: Bd. 2
GUTMANN: Bd. 2–11
HAAG: Bd. 2
KELLERMANN: Bd. 1–2
PERTOFT: Bd. 4
PFARR: Bd. 1–11
REICHE: Bd. 1, 4–6, 8–11
SECKER: Bd. 1–5, 7–8
TÜRKE: Bd. 4

Hinz & Kunz
Frankfurt/M./Berlin/Wien:
Rogner's Edition bei Ullstein

1979
12,4 × 19,3 cm
Taschenbuch 38501
Dreifarbig
Z.: PAPAN
Bemerkungen:
Der Bd. wurde ungeschnitten, dafür mit einem kleinen roten Plastikmesser zum Selbstauftrennen der Blätter, angeboten.

Der Hirt und die Weberin
Peking (China): Vlg. für fremdsprachige Literatur
1980
12,8 × 16,4 cm
Heft
Farbig
Z./T.: MA

Historie vom Heiligen Rußland
Gütersloh: Bertelsmann Kunstverlag
1970
22 × 30,5 cm
Buch
Einfarbig, 2 S. zweifarbig
Z.: DORÉ
Bemerkungen:
Mit Schutzumschlag.

Hit Comics
Bd. 237–240 von Die Spinne ohne Haupttitel Hit Comics
Bd. 252–254 von Die Spinne und Bd. 250–252 von Die fantastischen Vier: ***Superhelden*** statt Hit Comics
Untertitel siehe: Inhalt
Bd. 1–153: Aachen: Bildschriftenverlag
Spinne Bd. 224–232: Aachen: Bildschriftenverlag
Spinne Bd. 233–243: Alsdorf: Bildschriftenverlag
Spinne Bd. 246–249: Alsdorf: Williams-Verlag
Spinne Bd. 250–254: Alsdorf: Bildschriftenverlag, Abt. Williams
Fantastischen Vier Bd. 203, 223–226, 228–233: Aachen: Bildschriftenverlag
Fantastischen Vier Bd. 234–243: Alsdorf: Bildschriftenverlag
Fantastischen Vier Bd. 244–247: Alsdorf: Williams-Verlag
Fantastischen Vier Bd. 248–252: Alsdorf: Bildschriftenverlag, Abt. Williams
X-Männer Bd. 216: Aachen: Bildschriftenverlag
X-Menschen Bd. 217–220: Alsdorf: Bildschriftenverlag
Rächer Bd. 211–212: Aachen: Bildschriftenverlag
Rächer Bd. 213–215: Alsdorf: Bildschriftenverlag
Thor Bd. 204–205: Aachen: Bildschriftenverlag
Thor Bd. 206–208: Alsdorf: Bildschriftenverlag
Eiserne Bd. 203–204: Aachen: Bildschriftenverlag
Captain Marvel Bd. 203–204: Aachen: Bildschriftenverlag
Halk Bd. 211: Aachen: Bildschriftenverlag
Devil-Man Bd. 212–213: Aachen: Bildschriftenverlag
Dämon Bd. 1–4: Alsdorf: Bildschriftenverlag
Bd. 1–153: September 1966–September 1970
Captain Marvel 203– November 1970
Fantastischen Vier 223: November 1970
Devil-Man 212: Dezember 1970
Spinne 224: Januar 1971
Rächer 211: Januar 1971
Eiserne 203: April 1971

Thor 204: Mai 1971
X-Männer 216: 1971
Halk 211: 1971
Dämon 1: 1972
Das letzte Heft erschien im Januar 1973
18 × 25 cm
Heft
Bd. 1–153: einfarbig
Spinne 224: einfarbig
Spinne 225–243, 246–254: farbig
Fantastischen Vier 223: einfarbig
Fantastischen Vier 203, 224–226, 228–252: farbig
X-Menschen 216–220: farbig
Rächer 211: einfarbig
Rächer 212–215: farbig
Thor 204–208: farbig
Eiserne 203–204: farbig
Captain Marvel 203: einfarbig
Captain Marvel 204: farbig
Halk 211: farbig
Devil-Man 212–213: farbig
Dämon 1–4: farbig
Bd. 1–153
Spinne Bd. 224–243, 246–254
Fantastischen Vier Bd. 203, 223–226, 228–252
X-Menschen Bd. 216–220
Rächer Bd. 211–215
Thor Bd. 204–208
Eiserne Bd. 203–204
Captain Marvel Bd. 203–204
Halk Bd. 211
Devil-Man Bd. 212–213
Dämon Bd. 1–4
Bemerkungen:
Als Fantastischen Vier Bd. 227 ist Bd. 203 erschienen.
Spinne Bd. 244 und 245 sind nicht erschienen.
Fantastischen Vier Bd. 248 hat einen Aufkleber auf der Nr. 241 und ist nicht identisch mit Bd. 241.

Inhalt:
1: Die Spinne (DITKO/ROSEN)
Der Jäger (Z.: WITNEY/T.: CARPENTER)
2: Die Fantastischen Vier (KIRBY/SIMEK)
Die Rache der Farmer!
3: Die Spinne (DITKO/SIMEK)
Die Geschichte von Jonah Jones! (T.: CARPENTER)
4: Die Fantastischen Vier (KIRBY/ROSEN/SINNOTT)
Die alten Autos!
5: Die Spinne (DITKO)
Der Vulkanmensch
6: Die Fantastischen Vier (KIRBY)
Der Mann der immer weiterwuchs
7: Die Spinne (DITKO)
Der mächtige Thor (KIRBY)
8: Die Fantastischen Vier (KIRBY)
Der unbesiegbare Eisenmann (COLAN)
9: Die Spinne (DITKO/SIMEK)
Thor (KIRBY)
10: Die Fantastischen Vier (KIRBY)
Eisenmann
11: Die Spinne (DITKO)
Thor (KIRBY)
12: Die Fantastischen Vier (KIRBY)
13: Die Spinne (ROMITA/DEMEO/SIMEK)
Thor (KIRBY)
14: Die Fantastischen Vier (KIRBY/ROSEN)
Captain America (KIRBY)
15: Die Spinne (ROMITA)
Thor (KIRBY/COLLETTA/ROSEN)
16: Die Fantastischen Vier (SINNOTT/KIRBY/SIMEK)
Captain America
17: Die Spinne (ROMITA/DEMEO/SIMEK)
Der unglaubliche Hulk (KIRBY/EVERETT/SIMEK)
18: Die Fantastischen Vier (SINNOTT/

KIRBY/ROSEN)
Captain America
19: Die Spinne (ROMITA/ROSEN)
Der unglaubliche Hulk!
20: Die Fantastischen Vier (KIRBY/SINNOTT/ROSEN)
Prinz Namor (COLAN/AYERS/ROSEN)
21: Die Spinne (ROMITA/SIMEK)
Der unheimliche Hulk
22: Die Fantastischen Vier (SINNOTT/SIMEK)
Prinz Namor (COLAN/AYERS/ROSEN)
23: Die Rächer (HECK/RAY/SIMEK)
Der mächtige Thor (KIRBY/COLLETTA/ROSEN)
24: X-Männer (GAVIN/AYERS/SIMEK)
Prinz Namor (COLAN/EVERETT/SIMEK/FORBUSH)
25: Die Spinne (ROMITA/ROSEN/FORBUSH)
Der mächtige Hulk (KIRBY/EVERETT/ROSEN)
26: Die Fantastischen Vier (KIRBY/SINNOTT/SIMEK)
Prinz Namor (COLAN/EVERETT/SIMEK/FORBUSH)
27: Halk Mensch – Dämon – Untier (EVERETT/KIRBY/SIMEK)
Prinz Namor (EVERETT/AUSTIN/SIMEK)
Der mächtige Thor KIRBY/COLLETTA/SIMEK)
28: Die Spinne (ROMITA/ROSEN/FORBUSH)
Halk
29: Die Fantastischen Vier (KIRBY/SINNOTT/SIMEK)
Der unbesiegbare Eisenmann (COLAN/ABEL/SIMEK)
30: Die Rächer (HECK/RAY/SIMEK)
Der mächtige Thor
31: X-Männer (THOMAS/ROTH/AYERS)
Prinz Namor
32: Die Spinne (ROMITA/ROSEN)
Prinz Namor (COLAN/AYERS/ROSEN)
33: Die Fantastischen Vier (KIRBY)
Der unmögliche Eisenmann
34: Devil-Man Teufelskerl (COLAN/TARTAGLIONE/SIMEK)
Der mächtige Thor (KIRBY/COLLETTA/SIMEK)
35: Halk Mensch – Dämon (BUSCEMA)
Prinz Namor (GRANDENETTI/EVERETT)
Der mächtige Thor
36: Die Spinne (ROMITA)
Prinz Namor
37: Die Fantastischen Vier (KIRBY)
Prinz Namor
38: Die Rächer (HECK)
Der mächtige Thor
39: X-Männer (ROTH)
Prinz Namor
40: Die Spinne (ROMITA)
Prinz Namor
41: Die Fantastischen Vier (KIRBY)
Prinz Namor (EVERETT)
42: Devil-Man Teufelskerl (COLAN)
Der mächtige Thor
43: Halk Mensch – Dämon – Untier (BUSCEMA)
Prinz Namor (EVERETT)
Der mächtige Thor
44: Die Spinne (ROMITA)
Prinz Namor (EVERETT)
45: Die Fantastischen Vier (KIRBY)
Prinz Namor
46: Die Rächer (HECK)
Der mächtige Thor
47: X-Männer (ROTH)
Der unglaubliche Hulk! (TARTAGLIONE)
48: Die Spinne (ROMITA)
Prinz Namor
49: Die Fantastischen Vier (KIRBY)
Prinz Namor
50: Devil-Man Teufelskerl (COLAN)

Der mächtige Thor
51: Halk Mensch – Dämon – Untier (KANE)
Der mächtige Thor
52: Die Spinne (ROMITA)
Prinz Namor
53: Die Fantastischen Vier (KIRBY)
Prinz Namor (EVERETT)
54: Die Rächer (THOMAS)
Geschichten aus Asgard (KIRBY)
55: X-Männer (ROTH/THOMAS)
Der unglaubliche Hulk!
56: Die Spinne (ROMITA)
Geschichten aus Asgard (KIRBY)
57: Die Fantastischen Vier (KIRBY)
Prinz Namor
58: Devil-Man Teufelskerl (COLAN)
Der mächtige Thor
59: Halk Mensch – Dämon – Untier (SEVERIN)
Prinz Namor (ADKINS)
Der mächtige Thor
60: Die Spinne (ROMITA)
Der Fluch des Häuptlings
An der Grenze der Welten
61: Die Fantastischen Vier (KIRBY)
Nehmen Sie Platz!
Ich lebte viermal
62: Die Rächer (THOMAS)
Ein Mann geht durch die Wand
63: X-Männer (THOMAS/SPARLING)
X-Männer (THOMAS/ROTH)
Im Rausch der Geschwindigkeit (DITKO/LEE)
Die Vögel (DITKO/LEE)
64: Die Spinne (ROMITA)
Die Nacht in dem verhexten Haus Kunga
65: Die Fantastischen Vier (KIRBY)
Der Mann, der sich tot stellte
66: Halk Mensch – Dämon – Untier (SEVERIN)
Prinz Namor (THOMAS)
Der Gedankenprojektor (ROUSSOS)
67: Devil-Man Teufelskerl (COLAN)
Die Schmetterlinge
Der Henker
68: Die Spinne (ROMITA)
Hinter der Maske
Der verbotene Raum
69: Die Fantastischen Vier (KIRBY)
Ich glaube nicht an Geister...
70: Die Rächer (THOMAS/HECK)
Wo ist der Eingang zur Grabkammer des Tut-am-Tut?
71: Die X-Männer (THOMAS/ROTH)
Das Monster aus dem Sumpf
72: Die Spinne (ROMITA)
Der Kraftprotz
73: Die Fantastischen Vier (KIRBY)
Der Zauberer
74: Devil-Man Teufelskerl (COLAN)
Der Herrscher der Erde!
75: Halk Mensch – Dämon – Untier (SEVERIN)
Prinz Namor (MARAIS/EVERETT)
Prinz Namor (THOMAS/ROTH)
Die Invasoren
76: Die Spinne (ROMITA)
Cap's Hobby-Tips (BOLTINOFF)
Das Mitternacht Monster
77: Die Fantastischen Vier (KIRBY)
Das furchtbare Schicksal des Bildhauers!
78: Die Rächer (THOMAS/BUSCEMA)
Der Steuerbeamte im Dienste des intergalaktischen Reiches
79: Die X-Männer (THOMAS/ADKINS)
Die X-Männer (THOMAS/ROTH)
Es fiel aus einer fliegenden Untertasse
80: Die Spinne (ROMITA)
Der Unmenschliche
81: Die Fantastischen Vier (KIRBY)
Die Zeit und das Schicksal
Auf der Suche nach Pan!
82: Devil-Man Teufelskerl – Der

Mann ohne Furcht (COLAN)
Tanze, Du Narr!
Die nächste Galaxis
83: Halk Mensch – Dämon – Untier (SEVERIN)
Prinz Namor (THOMAS/ROTH)
Prinz Namor (ADKINS/GOODWIN)
Lauf, Rocky, lauf!
84: Die erstaunliche Spinne (ROMITA)
Die Spinne (DITKO)
Der Skorpion greift an!
85: Die Fantastischen Vier (KIRBY)
Im Drachenland
86: Die Rächer (THOMAS/BUSCEMA)
Der Fremde
Der Comic Strip!
87: Die X-Männer (THOMAS/ANDRU)
Mann aus Eisen!
Das Geheimnis der Fata Morgana
88: Die Spinne (ROMITA)
Die Spinne (DITKO)
Die Rückkehr des Gorilla-Mannes
89: Die Fantastischen Vier (KIRBY)
Zar Korr bedroht die Erde
90: Devil-Man Der Mann ohne Furcht (COLAN)
Ein Monster vor meinem Fenster! (KIRBY/AYERS)
91: Halk Mensch – Dämon – Untier
Der unglaubliche Halk und Prinz Namor (SEVERIN)
Es waren nur Vogelscheuchen
Der unglaubliche Halk (SEVERIN)
Prinz Namor (COLAN/GOODWIN)
92: Die Spinne (ROMITA)
Die Spinne (DITKO)
Das Grauen aus der Katakombe
93:: Die Fantastischen Vier (KIRBY)
Das Monster und der Astronaut
94: Die Rächer (THOMAS/HECK)
Die Rächer (THOMAS/BUSCEMA)
Revolte der Roboter
Wenn Fremde die Erde betreten
95: Die X-Männer (THOMAS/HECK)
Die X-Männer (2. u. 4. Story: THOMAS/ROTH)
Quogg!
Traumwelt!
96: Die Spinne (ROMITA/MOONEY)
Die Spinne (DITKO)
97: Die Fantastischen Vier (KIRBY)
Gefangen in der Schreckenskammer (KIRBY/AYERS)
98: Devil-Man Teufelskerl (COLAN)
Treibsand
99: Halk Mensch – Dämon – Untier (FRIEDRICH/SEVERIN)
Die Rache des Zigeuners
100: Die Spinne (ROMITA/MOONEY)
Die Spinne (DITKO)
Das Geheimnis des 13. Stockwerks
Der erstaunliche Ameisenmann
101: Die Fantastischen Vier (KIRBY)
Ich bin ein Marsianer
Die Rache des Hexenmeisters
102: Die Rächer (THOMAS/BUSCEMA)
Die Rächer (THOMAS/TUSKA)
Die vierarmigen Männer
103: Der Tod des Professor X! (THOMAS/HECK)
X-Männer (2. u. 4. Story: THOMAS/ROTH)
Die Hand aus dem Nichts
Die Monster des Merkur
104: Die Spinne (ROMITA/MOONEY)
Die Spinne (2. u. 3. Story: DITKO)
105: Die Fantastischen Vier (KIRBY)
In den Fängen der Höhlenmonster
106: Devil-Man Teufelskerl – Der Mann ohne Furcht (COLAN)
Das Geheimnis des großen Bombu!
Cap's Hobby-Vorschläge (BOLTINOFF)

107: Halk Mensch – Dämon – Untier (FRIEDRICH/SEVERIN/GIACOIA)
Das Geheimnis des jagenden Waldes
Halk (EVERETT/SEVERIN)
108: Die Spinne (ROMITA/MOONEY)
Die Spinne (DITKO)
Ich besiegte Gomdulla den lebenden Pharao
109: Die Fantastischen Vier (KIRBY)
Im Land der Eidechsenmenschen
110: Die Rächer (THOMAS/BUSCEMA)
Das Ding
111: Die X-Männer (THOMAS/TUSKA)
Die X-Männer (THOMAS/ROTH)
Ich kämpfte gegen . . . Rorgg, König der Spinnen
Der rote Rabe (X-Menschen) (FRIEDRICH/HECK)
X-Männer (4. Story: FRIEDRICH/TUSKA)
112: Die Spinne (ROMITA/MOONEY)
Die Spinne (DITKO)
Tausend Jahre leben
Der steinerne Reiter
113: Die Fantastischen Vier (KIRBY)
Ich verwandle mich in einen Marslaner!
Ich sah den Kampf des Grauens
114: Devil-Man Teufelskerl – Der Mann ohne Furcht (COLAN)
Wer ist der Affenmann?
Ich muß Korumbu finden
115: Halk Mensch – Dämon – Untier (GOODWIN/THOMAS/SEVERIN/TRIMPE/TUSKA)
Ich öffnete die Tür zum Nichts
Der Fluch des M'Gumbu!
Halk (FRIEDRICH/TRIMPE)
116: Die Spinne (ROMITA/MOONEY)
Die Spinne (2. u. 3. Story: DITKO)
Das Ende der Welt ist da?
117: Die Fantastischen Vier (KIRBY)
Kragoo!
Das Grauen in der Nacht
118: Die Rächer (THOMAS/BUSCEMA)
Der Patient auf Zimmer 3 D
Mechanische Männer!
119: Die X-Männer (FRIEDRICH/HECK/ROTH)
Die X-Männer (2. Story: TUSKA/FRIEDRICH)
Die X-Männer (3. Story: HECK/ROTH)
Die Ewigkeit ist lang
Der Mann vom Mars
Die X-Männer (4. Story: FRIEDRICH/TUSKA/TARTAGLIONE)
120: Der mächtige Thor (KIRBY)
Geschichten von Asgard (KIRBY)
Mitternacht im Gruselkabinett
121: Captain Marvel Unser Held aus dem All (THOMAS/COLAN)
Die letzte Reise des Captain Kragg
Der Junge, der verschwand
122: Die Spinne (ROMITA/MOONEY)
Die Spinne (DITKO)
Das verhexte Haus
123: Die Fantastischen Vier (KIRBY)
Wo verbirgt sich der Fremde?
Die Stunde der Hexe
124: Devil-Man Der Mann ohne Furcht (SMITH)
Devil-Man (THOMAS/SMITH/KLEIN)
Die Verwandlung
Lang lebe die Königin
125: Halk Mensch – Dämon – Untier (TRIMPE)
Halk (GIACOIA/TRIMPE/SEVERIN)
Betreten verboten
Filberts furchtbare Zukunft
126: Prinz Namor, der Sub-Mariner (COLAN)
Prinz Namor (THOMAS/COLAN)
Die Kinderpuppen (DITKO/LEE)
Ich bin ein Roboter (LIEBER/LEE/

SINNOTT)
127: Der unbesiegbare Eiserne (TUSKA)
Der Eiserne (TUSKA/CRAIG)
Das Gemälde
Eigentlich war ich ein Mensch (DITKO/LEE)
128: Die Spinne (ROMITA)
Die Spinne (DITKO)
Rufe um Mitternacht (DITKO/LEE)
129: Die Fantastischen Vier (KIRBY)
Invasion aus dem All (LIEBER/LEE/BRODSKY)
130: X-Männer (FRIEDRICH/HECK/ROTH)
X-Männer (3. Story: DRAKE/HECK/ROTH)
Die vierarmige Bestie (LIEBER/LEE)
X-Männer (4. Story: DRAKE/ROTH)
131: Der mächtige Thor (KIRBY)
132: Die Spinne (BUSCEMA)
Die Spinne (DITKO)
Der erstaunliche Ameisen-Mann (LIEBER/HECK)
133: Die Fantastischen Vier (KIRBY)
Ein Verbrecher der Zukunft
134: Devil-Man Teufelskerl – Der Mann ohne Furcht (SMITH/THOMAS)
Devil-Man (THOMAS/COLAN)
Gefangener der anderen Dimension (LIEBER/HECK/LEE)
135: Die Rächer (THOMAS/BUSCEMA)
Ozamm, der Eroberer
136: Die Spinne (BUSCEMA)
Die Spinne (DITKO)
Für Menschen verboten
137: Die Fantastischen Vier (KIRBY)
Die Zinnsoldaten
138: Captain Marvel (THOMAS/COLAN)
Ich fand die mögliche Welt
139: Prinz Namor, der Sub-Mariner (THOMAS/SEVERIN)
Der erstaunliche Ameisenmann (LIEBER/KIRBY)
140: Die Spinne (BUSCEMA/MOONEY/ROSEN)
Die Spinne (DITKO)
Der endlose Alptraum (LIEBER/LEE)
141: Die Fantastischen Vier (KIRBY)
Das Geheimnis des Königs Sagattus (LIEBER/LEE)
142: Der unbesiegbare Eiserne (GOODWIN)
Der erstaunliche Ameisenmann
143: Halk Mensch – Dämon – Untier (TRIMPE)
Halk (KIRBY/EDWARD)
144: Die Spinne (MOONEY)
Die Spinne (DITKO)
Gejagt (DITKO/LEE)
145: Die Fantastischen Vier (KIRBY)
Täuschung (mit »Wespe«) (LIEBER/LEE)
146: X-Männer (DRAKE/HECK/ROTH)
Ameisenmann und Wespe (HUNTLEY/KIRBY/HECK)
147: Der mächtige Thor (KIRBY)
Der Fluch (DITKO/LEE)
Die Augen der Mumie! (LIEBER/LEE/SINNOTT)
148: Die Spinne (BUSCEMA/MOONEY)
Die Spinne (DITKO)
Rettet mich vor den Eidechsen! (LIEBER/LEE)
149: Devil-Man Der Mann ohne Furcht (THOMAS/COLAN)
Der Mann, der Monstro hasste (LIEBER/REINMAN/LEE)
Barker und der Fremde (BRODSKY)
150: Die Fantastischen Vier (KIRBY)
Die Zeitmaschine (DITKO/LEE)
151: Die Rächer (THOMAS/BUSCEMA)
Die Sternenräuber
Das Geheimnis der Statue (DITKO/LEE)
152: Die Spinne (BUSCEMA/MOONEY/ROMITA)
Die Spinne (DITKO)

Die Wespe (LIEBER/LEE)
153: Devil-Man Teufelskerl – Der Mann ohne Furcht (COLAN/THOMAS)
Die Wespe (LIEBER/STONE/LEE)
224: Die Spinne (ROMITA/MOONEY)
Die Spinne (DITKO)
Der Weltraumpolizist (LIEBER/LEE)
225: Die Spinne (ROMITA)
Der Mann aus Sand (KIRBY/AYERS)
226: Die Spinne (ROMITA/BUSCEMA/MOONEY)
Der sensationelle Ameisenmann (LIEBER/HECK)
227: Die Spinne (LEE)
Ameisenmann und die Wespe
228: Die Spinne (ROMITA/MOONEY)
Ameisenmann (LIEBER/LEE)
229: Die Spinne (ROMITA/MOONEY)
Thor der Mächtige
230: Die Spinne (KANE/ROMITA)
Prinz Namor, der Sub-Mariner (AUSTIN/COLLETTA)
231: Die Spinne (KANE/ROMITA)
Prinz Namor, der Submariner (AUSTIN/COLLETTA)
232: Die Spinne (ROMITA)
Der unglaubliche Halk! (KIRBY/ROMITA)
233: Die Spinne (KANE/ROMITA)
Frankie's schnellster Ball
Der unglaubliche Halk (KIRBY/DEMEO)
234: Die Spinne (KANE/GIACOIA)
Goliath und die Wespe (HECK/LEE)
235: Die Spinne (KANE/GIACOIA)
Der mächtige Thor (KIRBY/LIEBER/AYERS)
236: Die Spinne (KANE/GIACIOA)
Der mächtige Thor (KIRBY/HECK)
237: Die Spinne (KANE/GIACOIA)
Prinz Namor, der Submariner (AUSTIN/COLLETTA)
238: Die Spinne (THOMAS/KANE)
Prinz Namor, der Submariner
239: Die Spinne (THOMAS/KANE)
240: Die Spinne (THOMAS/ KANE)
Der unglaubliche Halk!
241: Die Spinne (THOMAS/KANE/GIACOIA)
Der unglaubliche Halk!
242: Die Spinne (KANE/GIACOIA)
Der unglaubliche Halk
243: Die Spinne
Prinz Namor, der Submariner
246: Die Spinne (ROMITA)
Die Spinne (DITKO)
247: Die Spinne (ROMITA)
Die Spinne (DITKO)
248: Die Spinne
Die Spinne (DITKO)
249: Die Spinne
Das rätselhafte Blob
250: Die Spinne
Der Mörder des Halk
251: Die Spinne
Der unglaubliche Halk
252: Die Spinne
Prinz Namor, der Submariner
253: Die Spinne
Prinz Namor, der Submariner
254: Die Spinne
Prinz Namor, der Submariner von Atlantis!
203: Die Fantastischen Vier (KIRBY)
Goliath gegen die Wespe (BURGOS/AYERS/LEE)
223: Die Fantastischen Vier (KIRBY)
Das Grab des Tut-Amm-Tut! (DITKO/LEE)
224: Die Fantastischen Vier (KIRBY)
Wenn der Roc erwacht
225: Die Fantastischen Vier (KIRBY)
Goliath und die Wespe (POWELL/LEE)
226: Die Fantastischen Vier (KIRBY)
Prinz Namor, der Sub-Mariner (COLLETTA/LEE)

228: Die Fantastischen Vier (KIRBY)
Der erstaunliche Ameisenmann
229: Die Fantastischen Vier (KIRBY)
Goliath und die Wespe (KIRBY/LEE)
230: Die Fantastischen Vier (KIRBY)
Das Ende einer Welt! (LIEBER/LEE)
Der kleine grüne Mann (DITKO/LEE)
231: Die Fantastischen Vier (KIRBY)
Der unglaubliche Halk! (DITKO/LEE)
232: Die Fantastischen Vier (ROMITA)
Die wunderbare Wespe
Die Jugend Thors! (KIRBY)
233: Die Fantastischen Vier
Das Geheimnis des Sumpfes
Wespe (LIEBER/LEE)
Thors Jugend! (KIRBY)
234: Die Fantastischen Vier (BUSCEMA)
Das war mein Fehler
Das Genie Bronson
Geschichten von Asgard! (KIRBY)
235: Die Fantastischen Vier (BUSCEMA)
Der mächtige Thor (KIRBY)
236: Die Fantastischen Vier (BUSCEMA)
Der mächtige Thor (SINNOTT)
237: Die Fantastischen Vier (BUSCEMA)
Der mächtige Thor (KIRBY)
238: Die Fantastischen Vier (BUSCEMA/SINNOTT)
Der mächtige Thor (KIRBY/STONE)
239: Die Fantastischen Vier (BUSCEMA)
Prinz Namor, der Submariner!
240: Die Fantastischen Vier (BUSCEMA/GOODWIN)
Prinz Namor, der Submariner
241: Die Fantastischen Vier (BUSCEMA/GOODWIN)
Wespe
Prinz Namor, der Submariner!
242: Die Fantastischen Vier (BUSCEMA/GOODWIN)
Der unglaubliche Halk!
243: Die Fantastischen Vier (BUSCEMA/GOODWIN)
Der unglaubliche Halk
244: Die Fantastischen Vier (BUSCEMA)
Prinz Namor, der Submariner
245: Die Fantastischen Vier
Prinz Namor, der Submariner!
246: Die Fantastischen Vier (BUSCEMA)
Prinz Namor, der Submariner
247: Die Fantastischen Vier (BUSCEMA)
Prinz Namor, der Submariner
248: Die Fantastischen Vier
Prinz Namor, der Submariner
249: Die Fantastischen Vier
Prinz Namor, der Submariner
250: Die Fantastischen Vier
Der unglaubliche Halk
251: Die Fantastischen Vier
Der unglaubliche Halk
252: Die Fantastischen Vier
Der unglaubliche Halk!
216: X-Männer (THOMAS/ADAMS)
Ameisenmann und die Wespe (HUNTLEY/HECK)
217: X-Menschen (THOMAS/ADAMS)
Prinz Namor, der Submariner! (AUSTIN/COLLETTA)
218: X- Menschen (KIRBY)
Der unglaubliche Halk!
219: X-Menschen (GAVIN/AYERS)
Der unglaubliche Halk!
220: X-Menschen (THOMAS/GAVIN/AYERS)
Der unglaubliche Halk!
211: Die Rächer (THOMAS/SMITH)
Die gefährlichste Waffe der Welt (DITKO/LEE)
Ziel . . . Die Erde (DITKO/LEE)
212: Rächer (THOMAS/SAL BUSCEMA)
(Titelbild: S. BUSCEMA/GRAINGER)
Darum wurde ich zum Monster (KIRBY/AYERS)
213: Die Rächer (THOMAS/S. BUSCEMA)
(Titelbild: S. BUSCEMA/GRAINGER)

Prinz Namor, der Submariner
214: Die Rächer (THOMAS/S. BUSCEMA)
Fünf Männer voller Angst!
Der unglaubliche Halk!
215: Die Rächer (THOMAS/BUSCEMA)
Prinz Namor, der Submariner!
(THOMAS/ROTH)
204: Der mächtige Thor (KIRBY)
Der mächtige Thor (LIEBER/HARTLEY)
205: Der mächtige Thor (KIRBY)
Der mächtige Thor (SINNOTT/LEE)
206: Der mächtige Thor
Prinz Namor, der Submariner!
207: Der mächtige Thor (BUSCEMA)
208: Der mächtige Thor (BUSCEMA)
Der unglaubliche Halk! (SEVERIN)
203: Der Eiserne (GOODWIN/CRAIG)
Ameisenmann und die Wespe
204: Der Eiserne (GOODWIN/TUSKA)
Ameisenmann und die Wespe
(HECK/HUNTLEY)
203: Captain Marvel Unser Superheld aus dem All! (DRAKE/HECK/TARTAGLIONE)
Captain Marvel (DRAKE/HECK)
Ich bin kein Mensch (DITKO/LEE)
Der Traum des Todes
204: Captain Marvel (DRAKE/HECK)
Der Glob
211: Der unglaubliche Halk (TRIMPE)
Gruto! (KIRBY/AYERS)
212: Devil-Man Der Mann ohne Furcht (THOMAS/COLAN)
Der neue Goliath (POWELL/LEE)
213: Devil-Man Der Mann ohne Furcht (THOMAS/COLAN)
Spragg Alptraum der Menschheit (KIRBY/AYERS)
1: Der Dämon (THOMAS/COLAN)
Prinz Namor, der Submariner!
(AUSTIN/COLLETTA)
2: Der Dämon (THOMAS/COLAN)
Der unglaubliche Halk!
3: Der Dämon
Dämon, der Mann ohne Furcht!
Hier kämpft die erstaunliche Spinne
Prinz Namor, der Submariner!
(EVERETT)
4: Der Dämon (CONWAY/COLAN)
Prinz Namor, der Submariner!

Der Dämon: d. i. Devil-Man

Hölzerle auf Wunderfahrten

Hannover: Walter Lehning Verlag
November 1953
16,5 × 23,5 cm
Broschüre
Farbig
Z.: GALLEPPINI
T.: BONELLI

Hörni

Hannover: Walter Lehning Verlag
April 1963–Februar 1965
17 × 23 cm
Heft
Farbig
Bd. 1–46
Titelbilder: teilweise BECKER, teilweise HEINZ
Inhalt:
Foxy, Coon und Baddy (auch Roxy, Coon und Baddy) (Nachdruck aus Froggy Frogg): Bd. 1, 2, 5, 8, 15, 16, 27, 28, 39, 40, 44
Die Bully Boys (Nachdruck aus Froggy Frogg) (Z.: meistens BECKER, seltener POLSTER, später Mitarbeit (Inking) von OREL, LORENZ UND UTZELMANN/T.: MADEL): Bd. 1–5, 7–14, 19–27, 29–32, 35–38, 42–43, 45–46
Froggy Frogg (Z.: BEMACKL) (Nachdruck aus Froggy Frogg): Bd. 1, 2, 5, 10, 14, 15, 17, 25, 34, 40
Pit & Alf (Z.: HEINZ) (Nachdruck): Bd. 2, 4–6, 8, 9, 12–38, 41, 42, 44

Meister Lampe (Z.: HEINZ) (Nachdruck): Bd. 3, 6, 11, 12, 15, 16, 18, 19, 21, 24, 28, 30, 32, 33, 37, 38, 41, 43, 45
Poldi (Z.: HEINZ) (Nachdruck): Bd. 1, 3, 4, 7, 9–11, 13, 17, 20, 22, 23, 26, 31, 35
Jan Maat (Z.: HEINZ) (Nachdruck): Bd. 3–5, 7–24, 26–34, 36, 39, 40 (auch Käpt'n Jan)
Piet und Trinchen (Nachdruck aus Froggy Frogg): Bd. 3, 6, 13
Peters seltsame Reisen (Z.: NICKEL) (Nachdruck aus Harry): Bd. 6–27
Cowboy Tom (Z.: HEINZ) (Nachdruck): Bd. 6, 14, 29, 35, 41
Onkel Paul und die schrecklichen Neffen: Bd. 39, 41
Hörni: Bd. 40–44, 46
Assi und Jolly (Z.: ANGIOLINI): Bd. 45, 46

Hör zu Comics
Die Unbesiegbaren
Berlin-Hamburg: Koralle Verlag
1974
28 × 19 cm
Broschüre
Farbig
Z.: MARTIN
T.: »RITTER JÖRG« (MARTIN?)

Home Grown Comix
Den Haag (Niederlande): »Tante Leny Presenteert«
Juni 1971
21 × 29,7 cm
Heft
Einfarbig
Z.: CRUMB

Home Grown Funnies
Ohne Verlag
Juni 1971
20,9 × 29,7 cm
Heft
Einfarbig
Z.: CRUMB

Hondo
Held im Wilden Westen
Hannover: Walter Lehning Verlag
Januar 1968–April 1968
17 × 8 cm
Heft
Farbig
Bd. 1–17
Z.: BIGNOTTI
T.: BONELLI

Hopalong Cassidy
Siehe: ***Phantom-Heft***

Horrido
Bd. 36–46: mit Pfadfinder Jim
Bd. 47–51: Das Magazin der Abenteuer
Bd. 52–56: Das Magazin der Jugend
Hamburg: Richard Dahnehl's Verlag
Bd. 48: Hamburg: Berolina Verlag
ab Bd. 49: Hamburg: Allnach und Dunkelmann Verlag
Januar 1954–September 1956
15 × 22 cm
Heft
Einfarbig, Bd. 24–44: Rückseite farbig
Bd. 1–56
Bemerkungen:
In den letzten Bänden immer weniger Comics. Ab. Bd. 51 ohne Comics.
Inhalt:
Jerry der lustige Cowboy (Z.: HEINZ): Bd. 1–46
Tilo der Rächer (Z.: BOOD): Bd. 1–46
Basil der Katzenkönig (Z.: Bd. 1: HEINZ?, Bd. 2–22: HEINZ): Bd. 1–23
Ralf der junge Entdecker (Z.: BOOD): Bd. 5–50

Kuno der tolle Gladiator (Z.: VANDERSTEEN): Bd. 24–46
Tom und Harry: Bd. 25–33
Die Postkutsche von Faverstone (Z.: GRATON): Bd. 34, 35
Die Meuterei auf der Bounty (Z.: FUNCKEN): Bd. 36
Blondin: Bd. 37–39
Blériot (Z.: GRATON): Bd. 40, 41

Horrido Sonderheft
Hamburg: Horrido-Jugendschriften Verlag
September 1954–Januar 1955
15 × 21 cm, ab Bd. 3: 22 × 15 cm
Heft
Einfarbig
Bd. 1–4 (Bd. 1 unnumeriert)
Inhalt:
Jerry (Z.: HEINZ): Bd. 1
Ralf (Z.: BOOD): Bd. 2
Freunde werden Feinde (Z.: FUNCKEN): Bd. 3
Albert Schweitzer (Z.: VANDERSTEEN): Bd. 3
Überfall in den schwarzen Bergen (Z.: CRAENHALS): Bd. 3, 4
Der letzte Mohikaner: Bd. 4
Francis Drake: Bd. 4
Mittelseiten von Bd. 3 und 4: Z.: WEINBERG
Zeichner in Bd. 4: GRATON UND FUNCKEN

Horror
Bd. 1–13: Comic-Stories
Alsdorf: Bildschriftenverlag/Williams/ Bildschriftenverlag Abt. Williams/ Hamburg: Klaus Recht/Williams Verlag
1972–Dezember 1984
Bd. 1–28: 17,4 × 24,9 cm,
Bd. 29–36: 17,1 × 24,4 cm,
Bd. 37–148: 17,5 × 26 cm
Heft
Farbig
Bd. 1–6, 8–148
Bemerkungen:
Bd. 7 nicht erschienen.
Inhalt:
Horrorcomics von DC.
Z. u. T.:
ABEL: Bd. 92, 117
ADAMS, CORY: Bd. 105, 120, 123, 140, 142
ADAMS, NEAL: Bd. 58, 65, 100
ADKINS: Bd. 117, 129, 132
ALBANO, CHRISTIAN: Bd. 147
ALBANO, JOHN: Bd. 24, 28–29, 34, 36, 44, 46, 52–53, 107, 132, 137, 141, 146
ALBISTUR: Bd. 47
ALCALA: Bd. 22, 26–28, 32–33, 36–37, 45, 52–53, 55, 72, 74–75, 108, 110
ALCAZAR: Bd. 49, 67, 97, 105, 109
ALLIKAS: Bd. 121, 130–131
AMENDOLA: Bd. 35
ANDERSON: Bd. 11
ANDREWS: Bd. 138
APARO: Bd. 4, 31, 40, 42, 80
ARAGONÉS: Bd. 4, 18, 34–36, 38, 40–41, 43, 47, 49–50, 52, 54–55, 57–58, 60, 62, 67–68, 72, 76–78, 80, 110, 117, 124, 127, 139, 146–147
AYERS: Bd. 115, 129–130, 133
BAILY: Bd. 79, 127, 147
BATES: Bd. 94
BERCASIO: Bd. 102, 136
BERUBE: Bd. 90, 98, 103, 113–114, 126, 137
B. G.: Bd. 84
BIERCE: Bd. 74
BINDER: Bd. 116–117
BINGHAM: Bd. 132
BISTUR: Bd. 30
BLAISDELL: Bd. 96, 120
BOLLE: Bd. 71

BOLTINOFF: Bd. 146
BRIDWELL: Bd. 36, 45, 62, 74, 99, 127
BROWN: Bd. 70, 81, 143
BULANADI: Bd. 128, 136
BURKETT: Bd. 90
BUYLLA: Bd. 44
CALNAN: Bd. 24, 40, 76, 81, 83, 94, 107, 120
CAMBOA: Bd. 26, 35, 46, 79, 123
CAPILI: Bd. 82
CARAVANA: Bd. 51, 148
CARDY: Bd. 75
CARLEY: Bd. 38, 40, 51–53, 56, 63–64, 67, 71, 85, 96, 103, 106, 108, 122, 141
CARRILLO: Bd. 41, 48, 63–64, 68–69, 71, 83, 86–89, 95–96, 101, 107, 110, 116, 124, 128, 135, 145, 147
CASE, AL: Bd. 23, 80, 106, 122
CASE, BERNIE: Bd. 40
CASE, JERRY: Bd. 45
CHAN: Bd. 82, 84, 91, 114
CHUA: Bd. 40, 42–43, 54, 56, 60, 67, 94, 100, 115, 124, 139, 144
CLEMENT: Bd. 118
COLLETTA: Bd. 12, 24, 94, 97, 129, 139
CONWAY: Bd. 26, 30, 72, 105
COVILLE: Bd. 107
CRAIG: Bd. 123, 134, 146
CRUZ, E. R.: Bd. 22, 32, 44, 48–50, 60–61, 64–65, 69, 71, 73, 76, 81–83, 85, 87, 90, 92–93, 95, 99, 101–102, 104, 106, 108–110, 115–116, 119, 121–122, 139–140, 142, 148
CRUZ, N.: Bd. 101–102, 136, 148
CUTI: Bd. 99
DELBO: Bd. 64
DENNEHY: Bd. 24, 38, 48, 50
DILLIN: Bd. 12, 23, 65, 75
DITKO: Bd. 75, 81, 87, 97, 100, 120, 137
DOMINGUEZ: Bd. 30, 45, 86
DONNELLY: Bd. 33
DORFMAN: Bd. 144
DRAKE: Bd. 33, 92, 104, 109, 128, 137, 142
DRAUT: Bd. 29, 36, 52, 54, 60, 66–67, 72–73, 76, 90–91, 100, 102, 107, 114–115, 123, 145–146
DURANONA: Bd. 137
EDELMAN: Bd. 96, 106, 110–111, 117, 129, 137, 142
EDWING: Bd. 60, 67, 103, 111, 144
ELIAS: Bd. 42, 46, 50, 54, 81, 84, 86–88, 114, 123, 130–131
ELY: Bd. 58–62, 76
ESPHID: Bd. 136
ESTRADA: Bd. 92, 118
EVANIER: Bd. 35
FABE: Bd. 24, 26, 35, 57–58, 109, 111, 144
FEDORY: Bd. 99, 110
FINGER: Bd. 60
FLEISCHMAN: Bd. 51
FLEISHER: Bd. 26, 29, 32, 38, 40, 42, 53, 56, 63–64, 67, 71, 80, 96, 103, 106, 108, 122, 141
FLORESE: Bd. 84, 126, 135
FRADON: Bd. 57, 99, 103, 110–111, 144
FULLER: Bd. 118, 137
GARCIA-LOPEZ: Bd. 111
GERNALE: Bd. 65, 76, 83, 141
GIACOIA: Bd. 23, 51, 143, 145
GIELLA: Bd. 133
GILL: Bd. 116, 142
GIUNTA: Bd. 69
GLANZMAN: Bd. 46, 135
GLUT: Bd. 61
GOLDEN: Bd. 131, 139
GRANDENETTI: Bd. 25, 27, 49, 82, 98, 104–105, 116, 119, 132, 136
GUANLAO: Bd. 71, 145
GUTIERREZ: Bd. 128
HANERFELD: Bd. 58
HANEY: Bd. 145

HARRIS: Bd. 92, 120
HARVEY: Bd. 36
HASEN: Bd. 140
HAZEL: Bd. 91
HECK: Bd. 78
HENSON: Bd. 89, 91, 107, 109, 112, 119, 122, 128, 142, 144
HOPEN: Bd. 138
HOWARD: Bd. 87, 97
HUNT: Bd. 125
IGENTE: Bd. 106
INGERSOLL: Bd. 123
JACOBSON: Bd. 30, 42, 72
JAMESON: Bd. 120, 140
JANKE: Bd. 61
JANSON: Bd. 115
JODLOMAN: Bd. 28, 55, 96, 99, 113, 133, 138
KAAR: Bd. 37
KALUTA: Bd. 137
KANIGHER: Bd. 35–36, 55, 58, 94, 96, 104, 110, 120, 124, 137, 143
KASAKOVE: Bd. 69
KASHDAN: Bd. 12, 22–23, 27, 36, 39, 41–42, 44–47, 49, 54, 56, 61–66, 68–70, 73, 76, 79–81, 83–85, 87, 89, 93–94, 97, 102, 104, 107, 109, 113, 115–116, 119, 121–123, 125, 127–128, 130, 133–136, 138, 140–141, 143–144, 147
KELLEY: Bd. 105, 125
KIRBY: Bd. 66
KIRCHNER: Bd. 100, 109
KUNKEL: Bd. 110, 132, 148
KUPPERBERG: Bd. 58, 92, 118, 120, 131
LANDGRAF: Bd. 126–127, 136, 146
LASKY: Bd. 123
LAYTON: Bd. 118
LEROSE: Bd. 95, 107, 119, 121, 133, 135, 140
LEVITZ: Bd. 39, 61, 107, 142
LILLIAN: Bd. 116
LOOPHOLE: Bd. 90
MAGPIEO: Bd. 128
MAIWALD: Bd. 92
MALGAPO: Bd. 132, 135, 143
MANAK: Bd. 60, 67, 91–92, 97–98, 100, 103, 107, 111, 113, 120, 126, 130, 133, 136–137, 139–140, 142, 144, 148
MANEELY: Bd. 61
MARRS: Bd. 39
MARSH: Bd. 89, 143
MARTIN: Bd. 132, 137
MATTEIS: Bd. 117, 128
MATUCENIO: Bd. 101
MAYER: Bd. 21, 72, 147
MAYERIK: Bd. 98, 128
McKENZIE: Bd. 102, 118
MESKIN: Bd. 19, 72, 110
MEYER: Bd. 70
MICHELINIE: Bd. 47, 52, 54, 56, 85–86, 91, 98, 103
MILGROM: Bd. 96
MOENCH: Bd. 77
MOONEY: Bd. 17
MORAGA: Bd. 146
MORRISSEY: Bd. 139
MORROW: Bd. 89
MORTIMER: Bd. 41, 127
NEBRES: Bd. 29, 70, 75
NEWTON: Bd. 117–118
NICHOLAS: Bd. 111
NINO: Bd. 21, 28, 34, 36, 43–44, 52, 70, 73–74, 85, 90, 124, 137
NOBIS: Bd. 100, 112
OCAMPO: Bd. 47, 65, 77, 83, 94, 108, 124, 131, 142, 148
OLECK: Bd. 30, 33–34, 37, 43–44, 46, 52, 55–57, 60, 67, 70, 74–75, 79, 82, 86–87, 90, 93, 95–97, 100, 102, 104, 109, 112–115, 119, 123–124, 126, 133, 137, 140
O'NEIL: Bd. 134
ORLANDO: Bd. 37–39, 54, 67, 124
ORTIZ: Bd. 97
PAK: Bd. 140

PANALIGAN: Bd. 93, 104, 106, 118, 121, 142
PASKO: Bd. 46, 99, 103
PATRICIO: Bd. 70, 98, 100–101, 116, 121, 132
PATTERSON: Bd. 137
PAYNE: Bd. 30, 85, 124, 126
PELLOWSKI: Bd. 26, 33, 52, 55, 58, 124, 127, 139, 144
PERLIN: Bd. 89, 108
PHILLIPS: Bd. 65, 107, 143–144, 148
PLUNKETT: Bd. 115
POTTER: Bd. 105, 118
PURCELL: Bd. 69, 73
RAMOS: Bd. 24
REDONDO, FRANK: Bd. 46, 65, 79, 84, 88, 90, 97, 122, 125, 127, 135–136, 147
REDONDO, NESTOR: Bd. 44, 64, 70, 109, 133, 143
REDONDO, QUICO: Bd. 47, 56, 61
REDONDO STUDIO: Bd. 121, 143
REILLY: Bd. 107
REYES: Bd. 57, 80, 112–113
RIVAL: Bd. 45, 49, 68, 94, 101, 127, 130, 139, 147
ROBBINS: Bd. 39, 90, 103, 141
ROGERS: Bd. 92
ROTH: Bd. 51
ROUSSOS: Bd. 72, 77
ROVIN: Bd. 33
ROY: Bd. 113, 125–131, 134–135, 138, 140, 145
ROYER: Bd. 75, 100
RUBENY: Bd. 24, 34–35, 40–41, 43, 52, 54, 56, 62–63, 66–68, 79–80, 85–87, 93–94, 104–106, 113, 117–120, 122–123, 126, 130, 133, 136, 143–145
RUPPERT: Bd. 96, 136
SAAF: Bd. 23, 145
SEKOWSKY: Bd. 42, 52, 63, 73
SEN: Bd. 99, 101–102, 106, 109, 119, 124–127, 132, 135–136, 147
SERPE: Bd. 85, 94–97, 99, 104, 106–107, 110–112, 115–118, 120, 123–124, 126, 128–130, 132–134, 138–139, 142–143, 146
SESAREGO: Bd. 46
SHERMAN: Bd. 45
SKEATES: Bd. 4, 30, 35, 39, 44, 47, 63, 67, 72, 74–75, 115, 124, 139
SMITH: Bd. 99, 103, 107, 110, 113, 127
SPARLING: Bd. 28, 38, 58, 117, 132
SREGENTE: Bd. 84
STONE: Bd. 115
SUTTON: Bd. 111
TALAOC: Bd. 26, 29, 32, 37–38, 46, 55, 62, 67, 72, 93, 119, 134, 148
TANGHAL: Bd. 95, 99, 103, 111, 113, 118, 125, 127, 129, 134, 138, 140
TAYLOR: Bd. 136
THORNE: Bd. 63, 122, 141
TOLENTINO: Bd. 131
TOOMEY: Bd. 109, 111, 118, 121, 142
TOTH: Bd. 49, 51, 120
TRINIDAD: Bd. 25, 35
TUSKA: Bd. 36, 83, 98
USLAN: Bd. 112, 117
VICATAN: Bd. 130–131
VILLAMONTE: Bd. 56, 124
VOSBURG: Bd. 94
WEIN: Bd. 28, 31, 47
WESSLER: Bd. 22, 24–25, 27, 32, 37, 40–42, 45–46, 48, 50, 63–64, 68–71, 73, 75–76, 79, 83, 85, 87, 93, 95, 97, 100–101, 104, 106, 108, 113, 115, 119, 121, 123–124, 128–129, 131, 133–136, 139, 143, 145, 148
WOLFE: Bd. 73
WOLFMAN: Bd. 47, 65
WOOD, DAVE: Bd. 51, 66, 76
WOOD, TATJANA: Bd. 113
WOOD, WALLACE: Bd. 22, 112
WORKMAN: Bd. 95

WRIGHTSON: Bd. 11, 50, 53, 68
YANDOC: Bd. 24, 39, 102, 109
ZAMORA: Bd. 95, 113, 121, 131
ZILBER: Bd. 97
ZUNIGA: Bd. 26, 74, 83, 116

Horror

Siehe: ***Grusel***

Horror Comics

Berlin: Verlag Klaus Bär
1973
21 × 29,8 cm
Broschüre
Einfarbig
Inhalt:
Armadillo Comic (Z.: FRANKLIN)
Der Hund (Z.: JAXON)
Die Sage von Rowlf (Z.: CORBEN)
Der große Schwanz (Z.: IRONS)
Was Howie in der realen Welt erlitt (Z.: CORBEN)
Cover: TODD

Hotcha!

Zürich (Schweiz): Hotcha
April 1971
22,2 × 30,9 cm
Hoft
Einfarbig
Bd. 54/55
Bemerkungen:
Einzige bekannte Comic-Nummer der Reihe.

Hot Jerry

Ab Bd. 19: ***Hot Jerry Don Pedro***
Bd. 1–10: Der verwegenste aller Texasreiter
Darmstadt: Drei-Kronen Verlag, ab Bd. 8: Altstätten/Allgäu: Junior Verlag
Juni 1953–März 1955
17 × 24,5 cm
Heft
Farbig, ab Bd. 19: einfarbig
Bd. 1–30
Titelbilder: Bd. 1–19: KOHLHOFF
Bd. 20–30: NICKEL
Bemerkungen:
Von Don Pedro existiert ein Nachdruck. Siehe ***Incos Sonderband.***
Inhalt:
Hot Jerry (Z.: Bd. 1–5: KOHLHOFF, Bd. 10–26: NICKEL): Bd. 1–30
Don Pedro (Z.: NICKEL): Bd. 19–30

Hot Jerry

Siehe: ***Texasreiter Hot Jerry***

Hr Natürlich

Duisburg: Helmut Loeven
ca. 1973
14,7 × 20,5 cm
Heft
Einfarbig
Z./T.: CRUMB

Hucky

und seine Freunde
Hamburg: Tessloff Verlag
1963–1964
17,5 × 26 cm, ab Bd. 10:
17,5 × 24,8 cm
Heft
Farbig
Bd. 1–72
Z.: HANNA-BARBERA-STUDIO
Bemerkungen:
Es existieren drei verschiedene Auflagen.
1. Auflage: Glatter Umschlag, 36 Seiten (Bd. 1–72).
2. Auflage: Glatter Umschlag, 20 Seiten (Bd. 2–48, 50–60, 62–63, 71–72).
3. Auflage: Rauher Umschlag, 20 Seiten (Bd. 3, 8, 10, 14, 16–17, 21, 23–25, 27, 29–33, 35–39, 41–43, 45–46,

48, 50, 52–53, 55, 58).
Bd. 53 (2. Auflage) auch mit Titelbild von Bd. 1 (1. Auflage) bekannt. Bd. 52 (3. Auflage) auch ohne Werbung bekannt.
Inhalt:
Hucky
Jetsons
Familie Feuerstein
Yogi Bär

Hugo und sein abenteuerliches Leben
Siehe: ***Grafic Art***

Hulk
Bd. 1–7, 9–33: Der gewaltige
Bd. 8: Der unglaubliche
Hamburg: Williams Verlag, ab Bd. 10: Hamburg: Klaus Recht, ab Bd. 19: Hamburg: Williams Verlag
Januar 1974–September 1976
Bd. 1–5: 17,4 × 25,1 cm,
Bd. 6–20: 17,1 × 24,5 cm,
Bd. 21–33: 17,8 × 26 cm
Heft
Farbig
Bd. 1–33
Inhalt:
X-Team (auch: X-Menschen): Bd. 1–32
Geschichten aus Asgard (Thor): Bd. 4
Ich kenne das Geheimnis des Ozean-Monsters!: Bd. 5
Der Hausmeister hat eine Idee!: Bd. 6
Skrupellos: Bd. 7
Ich, der Roboter!: Bd. 8
Rorgg König der Spinnen!: Bd. 9
Reise ins Nichts!: Bd. 10
Nennt Sie ... Medusa!: Bd. 12
Der verrückte Wissenschaftler!: Bd. 13
Das Grab von Tut-Amm-Tut!: Bd. 14
»Ich kann nicht aufhören zu rennen!«: Bd. 15
Der verhexte Fernseher: Bd. 16
Der Skorpion schlägt zu!: Bd. 17
Wo Monster kriechen ...: Bd. 18
Der Test!: Bd. 19
Keine Antwort: Bd. 20
Welt-Uraufführung Der Mann vom Mars: Bd. 20
Roboter verboten: Bd. 21
Ich bin der Gorilla-Mann!: Bd. 22
Der Mann, der Niemand war!: Bd. 23
Das Ende des Universums!: Bd. 24
Der Mann mit den zwei Gesichtern: Bd. 25
Die ruhmreichen Rächer (Auszug aus Rächer Bd. 45): Bd. 33
Z. u. T.:
AYERS: Bd. 9, 11, 19, 32
BUSCEMA, JOHN: Bd. 27–29, 33
COLLETTA: Bd. 24, 33
DEMEO: Bd. 15–17, 21–22, 29
DITKO: Bd. 6–14, 24
EVERETT: Bd. 24–26
FORTE: Bd. 20
FOX: Bd. 25
GAVIN: Bd. 26, 29, 32
GIACOIA: Bd. 32
HECK: Bd. 6–7
KANE: Bd. 30–31
KIRBY: Bd. 1–6, 8–32
LEE: Bd. 1–33
LIEBER: Bd. 5, 8, 12
MANEELY: Bd. 7
McGREGOR: Bd. 25
MORTIMER: Bd. 25
POWELL: Bd. 19–20
RAY: Bd. 13
REINMAN: Bd. 4, 6, 8
ROMITA: Bd. 23
SEVERIN: Bd. 32–33
SINNOTT: Bd. 8, 10
STONE: Bd. 14, 16–17
TARTAGLIONE: Bd. 28
THOMAS: Bd. 33

TOTH: Bd. 24
TRIMPE: Bd. 33
WOLVERTON: Bd. 18

Hulk
Der unglaubliche
Comic-Album
Frankfurt/M.: Condor Verlag
1979 – Serie erscheint noch
21 × 29,5 cm
Broschüre
Farbig
Bd. 1–10 . . .
Z. u. T.:
ALCALA: Bd. 2–3
BARR: Bd. 6
BINGHAM: Bd. 6
BLACK: Bd. 7
BUSCEMA, SAL: Bd. 5, 7, 10
CHAN: Bd. 5, 10
COHEN: Bd. 4
ESPOSITO: Bd. 5–6
FREEMAN: Bd. 9
FRIEDRICH: Bd. 1
INFANTINO: Bd. 6
KIRBY: Bd. 8
KRAFT: Bd. 5
LEE: Bd. 8
MANTLO: Bd. 9
McLEOD: Bd. 2
MOENCH: Bd. 2–4
O'NEIL: Bd. 6
SEVERIN: Bd. 1
SHOOTER: Bd. 10
SHORES: Bd. 1
SIENKIEWICZ: Bd. 2
SINNOTT: Bd. 8
STERN: Bd. 10
TAKENAKA: Bd. 10
THOMAS: Bd. 7–8
TRIMPE: Bd. 8–9
VILLAMONTE: Bd. 4
WATANABE: Bd. 1
WEIN: Bd. 5, 10
WILSON: Bd. 2–4

Hulk
Der unglaubliche
Bd. 9–10: und Die Verteidiger
Frankfurt/M.: Condor Verlag
1980 – Serie erscheint noch
13,5 × 18,5 cm
Taschenbuch
Farbig
Bd. 1–11 . . .
Inhalt:
Captain America: Bd. 9
Daredevil: Bd. 1–2
Die Gruppe X: Bd. 6
Hulk: Bd. 1–11
Ka-Zar: Bd. 1, 3
Die Rächer: Bd. 8
Die Spinne: Bd. 5, 7–8
Thor: Bd. 4
Die Verteidiger: Bd. 9–10
Wo steckt der Marsmensch?: Bd. 3
Z. u. T.:
ABEL: Bd. 9–10
ALCALA: Bd. 6
BARTA: Bd. 9
BEATTY: Bd. 9
BUCKLER: Bd. 8
BUSCEMA, JOHN: Bd. 1, 4
BUSCEMA, SAL: Bd. 3–7, 10–11
BYRNE: Bd. 6, 8
CAMP: Bd. 8
CLAREMONT: Bd. 5, 8
COLLETTA: Bd. 4
CONWAY: Bd. 4
DITKO: Bd. 3
ESPOSITO: Bd. 8–9
EVERETT: Bd. 1–2
FALCO: Bd. 8
FRIEDRICH: Bd. 2
GIACOIA: Bd. 3, 8
GIL: Bd. 8
GOODWIN: Bd. 3
GREEN: Bd. 8

GRUENWALD: Bd. 9
HANNIGAN: Bd. 10
HECK: Bd. 6
HUMPHRYS: Bd. 8
HUNT: Bd. 8
JANSON: Bd. 8
KANE: Bd. 1, 8
KIRBY: Bd. 1
LAYTON: Bd. 6
LEE: Bd. 1–5
MAGYAR: Bd. 9
MANTLO: Bd. 8, 10–11
MARCOS: Bd. 5, 10
MATTEIS: Bd. 9–10
MILGROM: Bd. 8–9
MITCHELL: Bd. 10
ORLANDO: Bd. 2
PALMER: Bd. 6
PATTERSON: Bd. 8
PERLIN: Bd. 9–10
RUBINSTEIN: Bd. 8
SEVERIN: Bd. 2
SHOOTER: Bd. 8
SINNOTT: Bd. 8–10
SPRINGER: Bd. 8
STATON: Bd. 4, 6–7
STERN: Bd. 6, 8
STONE: Bd. 9
THOMAS: Bd. 1–3, 5–6
TRAPANI: Bd. 9
TRIMPE: Bd. 2–8
WEIN: Bd. 3–4, 6–7
WILSON: Bd. 8
ZECK: Bd. 9

Die Hundente
Frankfurt/M.: März Verlag
1972
12,8 × 19,9 cm
Broschüre
Einfarbig
Z.: BRUMMBÄR
Einleitender Text: WONDRATSCHEK

100 Abenteuer des Dackel Schnipp
Siehe: ***Dackel Schnipp***

Die 128 Seiten der Fabulous Furry Freak Brothers & Ihrer Freunde
Frankfurt/M.:
Zweitausendeins
1975
16,5 × 23,8 cm
Broschüre
Einfarbig
Z.: SHELTON
Bemerkungen:
Auch als Sammelband zusammen mit ***Die 7te Reise der Fabulous Furry Freak Brothers*** *erschienen.*

Hundert lustige Bilder
München?: Edition Pan GmbH
1952
22,5 × 16,4 cm
Buch
Farbig und zweifarbig
Z.: SUTEJEW

100X Prof. Filutek
Berlin (DDR):
Eulenspiegel-Verlag
1955
11 × 23,5 cm
Buch
Zweifarbig
Z.: LENGREN

Hunger ist kein Schicksal
Wien (Österr.): Österreichischer Informationsdienst für Entwicklungspolitik
1980
21 × 29,7 cm
Heft
Einfarbig

Bemerkungen:
Sonderdruck aus amerikanischen Comics. Infocomic.

Hurra die Eisenbahn
Wien (Österr.): Ployer u. Co.
Oktober 1948–September 1949
22,5 × 32,8 cm
Heft, Farbig
1. Jg.: Bd. 1–3
2. Jg.: Bd. 1–6, 7–9 (Dreifachnr.)
Bemerkungen:
Es existiert ein Sammelband mit sämtlichen Heften.
Inhalt:
Miezemau und Peter die beiden Übeltäter (Z.: POKRO): 1. Jg. Bd. 1–3, 2. Jg. Bd. 1–9
Franz und Flips (Z.: POKRO): 1. Jg. Bd. 1–3, 2. Jg. Bd. 1–9
Fahrt ins Zwergenreich (Z.: POKRO): 1. Jg. Bd. 1–3, 2. Jg. Bd. 1–9
Habakuk und das Wunderfernrohr (Z.: POKRO): 1. Jg. Bd. 1–3, 2. Jg. Bd. 1–9
Pepi der kleine Eisenbahner (Z.: POKRO): 1. Jg. Bd. 1–3, 2. Jg. Bd. 1–9
Blasius, der Erfinder (Z.: POKRO): 2. Jg. Bd. 1–9

I

Ich bleibe hier! Ich will weg!
Eine Geschichte mit Flöhen
Köln: Gertraud Middelhauve Verlag
1978
22,3 × 27,6 cm
Buch
Farbig
Z./T.: LIONNI

Ich denke nur an das Eine
Köln: Kiepenheuer & Witsch
1971
12 × 17,9 cm
Taschenbuch pocket 30
Einfarbig
Z./T.: WOLINSKI

Ich Donald Duck
Darmstadt: Melzer Verlag und Gütersloh: Bertelsmann Lesering
1974
24,6 × 34,3 cm
Buch
Farbig
Bd. 1–2
Z.: BARKS
Bemerkungen:
Zwei Ausgaben mit verschiedenen Covern (Melzer und Bertelsmann). Nachdruck im Dez. 1984 (Ehapa und Bertelsmann).
Nachdrucke und Vor-»Erstveröffentlichungen" von Barks-Geschichten, jedoch mit rigoroser Umstellung des ursprünglichen Seitenschnitts und anderer Übersetzung (Nachdruck von 1984 mit alter Ehapa-Übersetzung). Einzelne »Erstveröffentlichungen« sind in den ***Tollsten Geschichten von Donald Duck*** *später im ursprünglichen Seitenschnitt erstveröffentlicht.*

Ich Goofy
Darmstadt: Melzer Verlag und Gütersloh: Bertelsmann Lesering
Dezember 1975
24,6 × 34,3 cm
Buch
Farbig
Bd. 1–2
Z.: GOTTFREDSON
Bemerkungen:
Zwei Ausgaben mit verschiedenen Covern (Melzer und Bertelsmann).

Ich hätte schon früher geschrieben, aber ...
München: Hallmark
Anfang 70er Jahre
10,2 × 13,6 cm
Buch
Zweifarbig
Z.: SCHULZ
Bemerkungen:
Enthält Peanuts-Bildwitze, die zusammen einen Comic ergeben.

Ich male Reinhold das Nashorn
München: Niemann Verlag
1971
18 × 27 cm
Heft
Einfarbig
Z.: LORIOT
T.: BASIL

Ich male Vater und Sohn
München: Niemann Verlag
1971
18 × 27 cm
Heft
Einfarbig
Z.: PLAUEN

Ich Micky Maus
Darmstadt: Melzer Verlag und Gütersloh: Bertelsmann Lesering
1973
24,6 × 34,3 cm
Buch
Farbig
Bd. 1–2
Z.: GOTTFREDSON
Bemerkungen:
Zwei Ausgaben mit verschiedenen Covern (Melzer und Bertelsmann).

Ich Onkel Dagobert
Darmstadt: Melzer Verlag und Gütersloh: Bertelsmann Lesering
1974
24,6 × 34,3 cm
Buch
Farbig
Bd. 1–2
Z.: BARKS
Bemerkungen:
Zwei Ausgaben mit verschiedenen Covern (Melzer und Bertelsmann). Nachdrucke und Vor-»Erstveröffentlichungen« von Barks-Geschichten, jedoch mit rigoroser Umstellung des ursprünglichen Seitenschnitts und anderer Übersetzung. Einzelne »Erstveröffentlichungen« sind in den ***Tollsten Geschichten von Donald Duck*** *später im ursprünglichen Seitenschnitt erstveröffentlicht.*

Ich Popeye
Darmstadt: Melzer Verlag und Gütersloh: Bertelsmann Lesering
1976
24,6 × 34,4 cm
Buch
Farbig
Z.: SEGAR
Bemerkungen:
Zwei Ausgaben mit verschiedenen Covern (Melzer und Bertelsmann).

Ich und Opa
Oldenburg bei Hamburg: Gerhard Stalling Verlag
1976?
19,6 × 25,9 cm
Buch
Farbig und einfarbig
Z.: SCHMIDT UND RANKE

Ich und Opa
Stuttgart: Europäische Bildungsgemeinschaft, Gütersloh: Bertelsmann, Wien (Österr.): Buchgemeinschaft Donauland Kremayr & Scheriau, Berlin/Darmstadt/Wien: Deutsche Buchgemeinschaft
1976?
19,6 × 25,9 cm
Buch
Farbig und einfarbig
Z.: SCHMIDT
RANKE

Idyllen und Katastrophen
München:
Piper Verlag
1951
12,4 × 18,7 cm
Buch
Einfarbig
Z.: GULBRANSSON
Bemerkungen:
Piper-Bücherei 44

Ihr nervt mich!
Alltag mit 14
Reinbek: Rowohlt Verlag
September 1976
12,5 × 19 cm
Taschenbuch rotfuchs 127
Einfarbig
Z.: POTH
Bemerkungen:
Rückseitencomic von SCHNIEBEL.

Illustrierte Bestseller von Pelikan
Für Pelikan hrsg. von Hamburg: Xenos Verlag
1979
13,5 × 20,5 cm
Taschenbuch
Einfarbig
Bd. 1–6
Cover: PÖNNIGHAUS
1: Gullivers Reisen (Z.: CRUZ)
2: Die drei Musketiere (Z.: NINO)
3: Moby Dick (Z.: NINO
4: Die Schatzinsel
5: Ben Hur
6: Robinson Crusoe

Der Illustrierte Filmroman
Rom: Bozzesi Verlag
1960
18 × 26 cm
Heft, Einfarbig
Bd. 1–14
Bemerkungen:
Filmbildercomic.
Titel:
1: Die schönste Frau der Welt
2: Weisse Nächte
3: La Strada
4: Ich suche Dich
5: Herodes Blut über Jerusalem
6: Taifun über Nagasaki
7: Der träumende Mund
8: Fremdenlegion
9: Das Dach
10: Timbuktu
11: Eine unendliche Liebe
12: . . . denn der Wind kann nicht lesen
13: Brot, Liebe und Fantasie
14: Picknick

Illustrierte Klassiker
aus aller Welt das Beste
Frankfurt/M.: Friedrich Rudl Verlag

September 1952–Juni 1953
17 × 24 cm
Heft
Farbig
Bd. 1–8
Titel/Inhalt:
1: Der letzte Mohikaner (Z.: RAMSEY)
2: Die Schatzinsel (Z.: BLUM)
3 + 4: Huckleberry Finn (Z.: ZANSKY)
In Bd. 4: Der berühmte springende Frosch von Calaveras County (Z.: LINKERT)
5 + 6: Robin Hood (Z.: ZANSKY)
7 + 8: Marco Polo (Z.: FLEMING) In Bd. 8: Der Riesenmensch des Dschungels (Z.: KIEFER)

Illustrierte Klassiker
Bd. 1–162, 164–205: Die spannendsten Geschichten der Weltliteratur
Bd. 163: Berühmte Bücher in Wort und Bild
Hamburg: Verlag Internationale Klassiker, ab Bd. 31: Hamburg: Bildschriftenverlag, ab Bd. 115: Aachen: Bildschriftenverlag, ab Bd. 204: Alsdorf/Aachen: Bildschriftenverlag
April 1956–1972
17 × 25 cm
Heft
Farbig
Bd. 1–191, 193–205
Bemerkungen:
Bd. 192 ist nicht erschienen.
Bd. 144 und 145 fälschlich als Bd. 139 und 140 bezeichnet, wurden aber jeweils mit Aufklebern korrigiert.
Es existieren verschiedene Auflagen.
Titel:
1: Alice im Wunderland (Z.: BLUM)
2: Von der Erde zum Mond (Z.: BLUM)
3: Kit Carson (Z.: PALAIS)
4: Hamlet (Z.: BLUM)
5: Daniel Boone (Z.: BLUM)
6: Der Krieg der Welten (Z.: CAMERON)
7: Auf Tierfang im Dschungel (Z.: KIEFER)
8: Wilhelm Tell (Z.: BOURGO/Cover: KIEFER)
9: Meuterei auf der Bounty (Z.: WALDINGER)
10: Wie ich Livingstone fand (Z.: TRAPANI)
11: Johanna von Orleans (Z.: KIEFER)
12: Davy Crockett (Z.: CAMERON)
13: Ilias (Z.: BLUM), enthält auch eine Bildserie von CHESTNEY
14: Der rote Freibeuter (Z.: COSTANZA)
15: Buffalo Bill (Z.: BOURGO)
16: Der Talisman (Z.: KIEFER)
17: Moby Dick (Z.: NODEL)
18: Der Prinz und der Bettelknabe (Z.: HICKS/Cover: KIEFER)
19: Huckleberry Finn (Z.: ORLANDO)
20: 20000 Meilen unter dem Meer (Z.: KIEFER)
21: Die Geheimnisvolle Insel (Z.: WEBB UND HEAMES)
22: Macbeth (Z.: BLUM)
23: Schatzinsel (Z.: BLUM)
24: Die Ritter der Tafelrunde (Z.: BLUM)
25: Homers Odyssee (Cover: BLUM)
26: König Salomons Schatzkammer (Z.: KIEFER)
27: Bill Hickok (Z.: TRAPANI u. IORIO)
28: Cäsars Eroberungszüge (Z.: ORLANDO)
29: Erlebnisse mit wilden Tieren
30: Zwei Städte (Z.: ORLANDO)
31: Robinson Crusoe (Z.: CITRON)
32: Der Planwagen (Z.: NODEL)
33: Onkel Toms Hütte
34: Romeo und Julia (Z.: EVANS UND

CRANDALL)
35: Waterloo (Z.: INGELS)
36: Unter Indianern und Büffeln (Z.: KIEFER)
37: Rob Roy (Z.: RUDY UND WALTER PALAIS)
38: Ivanhoe (Z.: NODEL)
39: Der alte Trapper (Z.: PALAIS)
40: Der Graf von Monte Christo (Z.: CAMERON)
41: Robin Hood (Z.: SPARLING)
42: Wolfsblut (Z.: BLUM)
43: Hurrikan (Z.: CAMERON)
44: Reise zum Mittelpunkt der Erde (Z.: NODEL)
45: Unter zwei Flaggen (Z.: BOURGO)
46: Die Zeitmaschine (Z.: CAMERON)
47: Der kleine Wilde (Z.: EVANS)
48: Die Reise um die Welt in 80 Tagen (Z.: KIEFER)
49: Der Seewolf (Z.: BLUM)
50: Der Zusammenbruch (Z.: CAMERON)
51: Entführt (Z.: WEBB UND HEAMES)
52: Wenn die Natur ruft (Z.: BOURGO)
53: Die schwarze Tulpe (Z.: BLUM)
54: Die schwarze Fregatte
55: Soldaten des Glücks (Z.: SCHAFFENBERGER)
56: Der Mann mit der eisernen Maske
57: Meer ohne Grenzen (Z.: PALAIS)
58: Der Spion (Z.: HICKS)
59: Wallace der Freiheitskämpfer (Z.: BLUM)
60: Die Fünfundvierzig (Z.: BOURGO)
61: Kugeln und weisse Segel (Z.: COSTANZA)
62: Im Schatten der Revolution (Z.: EVANS)
63: Burg Douglas (Z.: CAMPBELL)
64: Ein Sommernachtstraum (Z.: BLUM)
65: Das Flaschenteufelchen (Z.: CAMERON)
66: Cyrano de Bergerac (Z.: BLUM)
67: Lord Jim (Z.: EVANS)
68: Die ersten Menschen im Mond (Z.: WILLIAMSON, WOODBRIDGE UND TORRES?)
69: Der jüngste Ritter
70: Catriona (Z.: PALAIS)
71: Der Fürst der Berge (Z.: NODEL)
72: David Copperfield (Z.: KIEFER)
73: Der Herr auf Ballantrae (Z.: DRESSER, Cover: BLUM)
74: König der Freibeuter (Z.: EVANS, JENNEY, Cover: SAUNDERS)
75: Reise durch die Sonnenwelt (Z.: McCANN)
76: Der letzte Mohikaner (Z.: SEVERIN UND COLE)
77: Die drei Musketiere (Z.: EVANS UND CRANDALL)
78: Rip van Winkle (Z.: NODEL)
79: Der Virginier (Z.: NODEL)
80: Lobo und andere Tiergeschichten (Z.: COLE?)
81: Der Unsichtbare (Z.: NODEL, Cover: BIGGS)
82: Silas Marner (Z.: HICKS)
83: Die Verschwörung des Pontiac
84: Der Löwe aus Mitternacht (Z.: NODEL)
85: Der Lotse (Z.: BLUM)
86: Die Eroberung von Mexiko (Z. und Cover: PREMIANI)
87: Wilson – Der Wirrkopf (Z.: KIEFER)
88: Die Gejagten (Z.: NODEL, Cover: COLE)
89: Große Erwartungen (Z.: KIEFER)
90: Der Chevalier von Harmental
91: Der Glöckner von Notre Dame (Z.: EVANS UND CRANDALL)
92: Ben Hur (Z.: ORLANDO)
93: Die goldene Fracht

94: Die Elenden (Z.: NODEL)
95: Schwarzer Blitz (Z.: NODEL?)
96: Julius Cäsar (Z.: EVANS UND CRANDALL)
97: Die Riesen kommen
98: Der Mann, der lacht (Z.: NODEL)
99: Benjamin Franklin (Z.: BLUM?)
100: Die Frau in Weiß (Z.: BLUM)
101: Tom Browns Schulzeit
102: Robur der Sieger (Z.: PERLIN)
103: Der Kampf um Dover
104: Kleopatra (Z.: NODEL)
105: Die letzten Tage von Pompeji (Z.: KIRBY)
106: Jane Eyre
107: Oliver Twist (Z.: EVANS UND CRANDALL)
108: Tausendundeine Nacht (Z.: BERGER)
109: Der Herr der Welt (Z.: MORROW)
110: Taipi (Cover: McCANN)
111: Taras Bulba der Kosakenführer
112: Der Mann ohne Vaterland (Z.: TORRES, Cover McCANN)
113: Tom Sawyer
114: Die Abenteuer Cellinis
115: Die Insel Pitcairn (Z.: PALAIS)
116: Das Mädchen vom See (Z.: KIEFER)
117: Das Halsband der Königin (Z.: MORROW)
118: Kapitän Singletons Abenteuer
119: Tiger und Verräter (Z.: NODEL)
120: Münchhausens Abenteuer
121: Alice im Spiegelreich (Z.: ROBERTSON)
122: Nächte des Schreckens (Z.: BERCA?)
123: Der goldene Käfer (Z.: BERCA?)
124: Auf Gorilla-Jagd
125: Der Geist von Canterville
126: Die Unterhändler
127: Der Gefangene von Zenda (Z.: KIEFER)
128: Pikdame
129: Faust (Z.: NODEL)
130: König Rolf und seine Krieger
131: Der Freiheit verschworen (Z.: EVANS UND CRANDALL)
132: Die Wasa – Schwedens Stolz
133: Herr und Knecht
134: Der Ring des Königs
135: Die Flucht aus Troja
136: Die Rache des Meeres (Cover: PASTO, ev. auch innen)
137: Die Abenteuer der Argo
138: Kapitän Cooks letzte Fahrt
139: Die Eroberung von Peru
140: Die Rache des Kosaken
141: Indisches Abenteuer
142: Wir wagen es!
143: Marsch der 10000
144: Die Abenteuer des Marco Polo (Z.: FLEMING)
145: Der Wildtöter (Z.: ZANSKY)
146: Der Kampf um die Mühle
147: Tomahawks in Quebec!
148: Fahrt in den Westen
149: Die List des Inka
150: Der Gefangene der Tataren
151: Abenteuer auf fernen Meeren
152: Der letzte Sachsenkönig
153: Weisse Königin des Dschungels
154: Das Sklavenschiff
155: Die Sioux greifen an
156: Die Braut des Briganten
157: Kampf um Afrikas Krone
158: Fahrt in den Fernen Osten
159: Der Held der Azteken
160: Das Geheimnis um das Schloß Otranto
161: Gestrandet in Afrika
162: Das blaue Hotel
163: Major Robert Rogers
164: Schwedische Bärenjagd
165: Alexander der Große
166: Abraham Lincoln (Z.: NODEL)
167: Apostel der Indios

168: Don Quichotte (Z.: ZANSKY)
169: Martin Eden
170: Die Pioniere (Z.: PALAIS)
171: Der Pfadfinder (Z.: ZANSKY)
172: Auf einsamen Spuren
173: Das Haus mit den sieben Giebeln (Z.: WOODBRIDGE)
174: Der große Sieg (Z.: TARTAGLIONE)
175: Führer der Goings
176: Zwei Jahre vor dem Mast (Z.: WEBB UND HEAMES)
177: Dr. Jekyll und Mr. Hyde (Z.: CAMERON)
178: Francis Drake und die Spanier
179: Das Herz der Berge
180: Gullivers Reisen (Z.: CHESTNEY)
181: Christoph Kolumbus
182: Auf nach Westen (Z.: SIMON)
183: Die korsischen Brüder (Z.: SIMON)
184: Der Pirat des Königs
185: Auf Dschungelpfaden
186: Die Schweizer Familie Robinson (Z.: NODEL)
187: Die Schlacht von Lepanto
188: Der Yankee aus Connecticut an König Arthur's Hof (Z.: SPARLING)
189: Die Krise (Z.: EVANS)
190: Kreuzzug in Kanada
191: Zwanzig Jahre danach (Z.: BURNS)
192: nicht erschienen!!!!
193: Die Burma Strasse
194: Die Suche nach dem Gral
195: Der junge Karthager
196: Sieben, die gehängt wurden!
197: Die Erzählung des alten Seemannes
198: Das Reich der Inkas
199: Die Höhlenmenschen
200: Der Verräter der Tataren
201: Der Kampf um Salamis
202: Das Haus des Todes!
203: Der Bürgerkrieg
204: Maiwa's Rache
205: Mit General Lee in Virginia

Illustrierte Klassiker
Doppelband
Hamburg: Bildschriftenverlag,
ab Bd. 5: Aachen: Bildschriftenverlag
1958
17 × 25 cm
Broschüre
Farbig
Bd. 1–10 (Bd. 10 unnumeriert)
Bemerkungen:
Von Bd. 6 existiert eine veränderte 2. Auflage.
Titel:
1: Harte Männer – schnelle Pferde (Z.: EVANS U. A.)
2: Der große Treck zum goldenen Westen (Z.: EVANS UND SEVERIN)
3: Das Atomzeitalter (Z.: CRANDALL, EVANS, TORRES)
4: Raketen rasen ins Weltall (Z.: EVANS, MORROW)
5: Zu den Sternen (Z.: TORRES UND CRANDALL, EVANS)
6: Der zweite Weltkrieg (Z.: TORRES)
7: Schrecken der Urwelt (Z.: TORRES UND CRANDALL, EVANS)
8: Die Tafeln des Gesetzes (T.: GRAHAM)
9: Der erste Weltkrieg (Z.: KIRBY UND CRANDALL, EVANS)
10: Die Vereinten Nationen (Z.: WILLIAMSON)

Illustrierte Klassiker
Saarbrücken: Editorial Bruguera
ab Februar 1979
18,4 × 26,5 cm
Heft
Farbig
Bd. 1–10
1: Der Kurier des Zaren

2: Die Schatzinsel
3: Geschichte aus zwei Städten
4: Zwanzigtausend Meilen unter dem Meer
5: Tom Sawyers Abenteuer
6: Reise um die Erde in achtzig Tagen
7: Dick Turpin
8: Sandokan
9: Oliver Twist
10: Die drei Musketiere

Im Gewittersturm
Peking (China): Vlg. für fremdsprachige Literatur
1974
18,2 × 20,8 cm
Farbig
Z.: DSCHOU, WE UND WU

»Immer ich!«
Reinbek: Rowohlt Verlag
Januar 1976
12,5 × 19 cm
Taschenbuch rotfuchs 109
Einfarbig
Z.: MARCKS

Im Reiche der Mondroboter
Innentitel: Neue witzig-belehrende Schilderung einer Phantasiefahrt durch das Weltall mit vielen Bildern
Berlin-Frohnau: Condor-Verlag Hugo Langenthal
1948
14,5 × 20,5 cm
Broschüre
Einfarbig
Z.: MALISKAT
Titelbild Z.: KARNATH

Incos-Sonderband
ab Bd. 4: ***Comixene Paperback***
Berlin: Interessengemeinschaft Comic Strip (INCOS), ab Bd. 2: Hannover: Interessengemeinschaft Comic Strip (INCOS), ab Bd. 3: Hannover: Verlag Comixene, ab Bd. 4: Hannover-Zürich: Edition Lehner & Knigge, ab Bd. 7: Hannover: Edition Becker & Knigge
1971–1979
Bd. 1: 18 × 25 cm,
Bd. 2–8: 14,7 × 19,7 cm
Broschüre
Einfarbig
Bd. 1–8
1: Supermann (Z.: u. a. MAYO), Nachdruck der Heftserie von 1950)
2: Winnetou (Zeitungsstrip aus der Lüneburger Landeszeitung)
3: Akim (Z.: PEDRAZZA/T.: RENZI), Nachdruck von Akim neue Serie Bd. 46–48 und Abschluß des Abenteuers als Erstveröffentlichung
4: Don Pedro (Z.: NICKEL) Nachdruck aus Hot Jerry Bd. 19–22 (Bd. 22 nur teilweise),
Francis Drake (Z.: NICKEL), Nachdruck aus Harry Bd. 1–17
5: Don Pedro (Z.: NICKEL), Nachdruck aus Hot Jerry Bd. 22–26 (Bd. 22 nur teilweise)
6: Don Pedro (Z.: NICKEL), Nachdruck aus Hot Jerry Bd. 27–30
7: Robinson (Z.: NICKEL) Nachdruck aus Robinson Bd. 20–25
8: Robinson (Z.: NICKEL), Nachdruck aus Robinson Bd. 26–31

In der Nachtküche
Zürich (Schweiz): Diogenes Verlag
1971
22 × 28,5 cm
Buch, Farbig
Z.: SENDAK
Bemerkungen:
Mit Schutzumschlag.

Die Indianer
Reinbek: Carlsen Verlag
1977–1981
22 × 29,5 cm
Broschüre
Farbig
Bd. 1–8
Z.: KRESSE

Indianer Dressur
Berlin: Baron-Verlag
1973
21 × 28 cm
Broschüre
Einfarbig
Z.: FENUMA
Bemerkungen:
Es gibt einen Nachdruck unter dem Titel ***Die Indianervotze.***

Die Indianervotze
Darmstadt: Zyrcel-Press
Anfang 70er Jahre
20,7 × 29,6 cm
Broschüre
Einfarbig
Z.: FENUMA
Bemerkungen:
Zweisprachig englisch und deutsch.

In einer Gewitternacht
Peking (China): Vlg. für fremdsprachige Literatur
1978
18,6 × 17,2 cm
Heft
Farbig
Z.: MENG
Umbearbeitung: LIU

Ingold
Bd. 24–25: Retter der Verlorenen
Weinheim: Arno Dierl
1977–1979
Bd. 1–23: 17,1 × 7,5 cm,
Bd. 23 1/2–25: 14,8 × 20,8 cm
Heft
Einfarbig, Bd. 25: 2 Seiten farbig
Bd. 1–23, 23 1/2, 24–25
Inhalt:
Ingold (Z.: RÜDIGER HARMS): Bd. 1–25
Zurga (Z.: DIETER HARMS): Bd. 14–21
Gero (Z.: RÜDIGER HARMS): Bd. 24

Ingold
Sonderband
Weinheim:
Arno Dierl
1978–1979
14,8 × 20,8 cm
Heft
Einfarbig, Bd. 3: 2 Seiten farbig
Bd. 1, 3
Z.: RÜDIGER HARMS
Bemerkungen:
Bd. 2, 4: ***Arthur King Sonderband.***

Irma sucht Eugen
Weinheim und Basel:
Beltz Verlag
1975
16,5 × 24 cm
Broschüre
Einfarbig
Z./T.: GEBERT
Bemerkungen:
Bilderbuch *Nr. 17. Programm Beltz & Gelberg.*

Isnogud
Die Abenteuer des Kalifen Harun al Pussah
Stuttgart: Delta Verlag, Bd. 13: Stuttgart: Ehapa Verlag
Oktober 1974 – Serie erscheint noch
21,8 × 28,7 cm
Broschüre und Buch
Farbig

Bd. 1–13 . . .
Z.: TABARY
T.: GOSCINNY
Texter von Bd. 13: TABARY
Bemerkungen:
Von Bd. 2 existiert eine 2. Auflage. Es existiert eine Hardcover-Ausgabe.

Ist die Liebe ein grausames Spiel?

Zürich (Schweiz): Diogenes Verlag
1974
10,5 × 15,7 cm
Buch
Z.: BOSC
Bemerkungen:
Mit Schutzumschlag.

Ist Klasse, Das

Siehe: ***Klasse***

Ivanhoe

Bd. 1–2: Der treue Ritter seines Königs
Bd. 3–92: Treuer Ritter seines Königs
Bd. 77–79: Jetzt vereinigt mit Robin Hood!
Bd. 80–92: Mit Robin Hood, Kämpfer gegen Tyrannei
Hannover: Walter Lehning Verlag
Januar 1962–Juli 1965
15 × 21 cm
Heft
Einfarbig
Bd. 1–92
Z.: SCARPELLI
T.: OLLIVIER
Titelbilder: EHRT?
Inhalt:
Jan Maat (Z.: HEINZ) (Nachdruck): Bd. 1–5
König Heinrichs Bote: Bd. 61–76
Robin Hood (Fortsetzung der Heftserie): Bd. 77–92
Nero Kaiser und Tyrann (Z.: BOOD) Nachdruck von Abenteuer der Weltgeschichte Bd. 40): Bd. 45
Ferdinand Magellan (Z.: BOOD) (Nachdruck von Abenteuer der Weltgeschichte Bd. 49): Bd. 46
Richard Löwenherz (Z.: BOOD) (Nachdruck von Abenteuer der Weltgeschichte Bd. 50): Bd. 47
Angriff auf den Thron der Götter (Z.: BOOD) (Nachdruck von Abenteuer der Weltgeschichte Bd. 77): Bd. 48
Mit Mann und Roß und Wagen (Z.: BOOD) (Nachdruck von Abenteuer der Weltgeschichte Bd. 68): Bd. 49
Amundsen (Z.: BOOD) (Nachdruck von Abenteuer der Weltgeschichte Bd. 38): Bd. 50
Alarich, König der Westgoten (Z.: BOOD) (Nachdruck von Abenteuer der Weltgeschichte Bd. 69): Bd. 51
Maximilian, Kaiser von Mexiko (Z.: BOOD) (Nachdruck von Abenteuer der Weltgeschichte Bd. 65): Bd. 52
Wasserweg durch die Wüste (Z.: BOOD) (Nachdruck von Abenteuer der Weltgeschichte Bd. 46): Bd. 53
Die Guillotine regiert (Z.: BOOD) (Nachdruck von Abenteuer der Weltgeschichte Bd. 57): Bd. 54
Käpt'n Cook (Z.: BOOD) (Nachdruck von Abenteuer der Weltgeschichte Bd. 54): Bd. 55
Attila, König der Hunnen (Z.: BOOD) (Nachdruck von Abenteuer der Weltgeschichte Bd. 44): Bd. 56
Der Freiheit eine Gasse (Z.: BOOD) (Nachdruck von Abenteuer der Weltgeschichte Bd. 41): Bd. 57
Schrecken der Meere (Z.: BOOD) (Nachdruck von Abenteuer der Weltgeschichte Bd. 43): Bd. 58
Gaius Julius Caesar (Z.: BOOD) (Nachdruck von Abenteuer der Weltge-

schichte Bd. 59): Bd. 59
Troja in Flammen (Z.: WÄSCHER) (Nachdruck von Abenteuer der Weltgeschichte Bd. 31): Bd. 60
Andreas Hofer (Z.: WÄSCHER) (Nachdruck von Abenteuer der Weltgeschichte Bd. 32): Bd. 61
Prinz Eugen (Z.: BOOD) (Nachdruck von Abenteuer der Weltgeschichte Bd. 70): Bd. 62
Alexander der Grosse (Z.: LINKERT) (Nachdruck von Abenteuer der Weltgeschichte Bd. 19): Bd. 63, 64
Die Türken vor Wien (Z.: HAHN) (Nachdruck von Abenteuer der Weltgeschichte Bd. 20): Bd. 65, 66

J

Jackel und Bastel
Bilder voller Abenteuer
Düsseldorf: Bildbuchverlag Hartmann & Co
Februar 1948– Mai 1948
14,6 × 20,7 cm
Heft
Einfarbig
2 Bände unnumeriert
Z.: FÜSSER
Bemerkungen:
Bd. (3) und (4) einer gemischten Reihe, s. a. ***Auf Tierfang durch die weite Welt*** *sowie* ***Bumm macht das Rennen.***
(3): Schatzsucher wider Willen
(4): Mit Hindernissen über den Atlantik

Jackel und Bastel
Bilder voller Abenteuer
Frankfurt/M.:
Comic Buch Club
Januar 1977
14,6 × 20,7 cm
Heft
Einfarbig
2 Bände unnumeriert
Z.: FÜSSER
Bemerkungen:
Nachdruck der Serie von 1948.

Die Jagd nach dem Atomgeheimnis
Düsseldorf: Bildbuchverlag Hartmann & Co.
1948
20,8 × 29,4 cm
Heft, Einfarbig
Bd. 1
Z./T.: KUSNEZOW
Bemerkungen:
Drei Teile angekündigt. Nur Bd. 1 bekannt.

Jane + Jack
Bonn: Verlag der Europäischen Bücherei H. M. Hieronimi
1972
21,3 × 30 cm
Buch
Zweifarbig
Z.: TEUSCHLER

Jan Maat
Bd. 1–6, 14–44: Der lustige Seemann
Bd. 7–13: Der lustige Seefahrer

Hannover: Walter Lehning Verlag
September 1954–Juli 1955
9 × 13 cm
Heft
Einfarbig
Bd. 1–44
Z.: HEINZ

Jan Maat
Bd. 17–55: Die beliebte Jugendzeitschrift
Hannover: Walter Lehning Verlag
Juli 1955–Oktober 1958
24 × 17 cm, ab Bd. 9: 16,5 × 23 cm
Heft
Einfarbig, ab Bd. 56: farbig
Bd. 1–72
Z.: HEINZ
Bemerkungen:
0,30/0,60-DM-Serie.
Inhalt:
Poldi der kleine Löwe (Z.: HEINZ): Bd. 56–72

Jan Maat
Bd. 8–22: Die beliebte Jugendzeitschrift
Hannover: Walter Lehning Verlag
1959–1960
16,5 × 23 cm
Heft
Einfarbig
Bd. 1–22
Z.: HEINZ
Bemerkungen:
Nachdruck von Jan Maat GB Bd. 10–31. 0,40-DM-Serie.

Janosch-Comics
Die Globericks
Ravensburg: Otto Maier Verlag
1972–1975
11,5 × 18 cm
Taschenbuch 277–278, 288, 295, 323
Farbig
Bd. 1–5
Z./T.: JANOSCH

Jan Schniebels Fuchs-Jux
Reinbek: Rowohlt Verlag
April 1974
12,6 × 19 cm
Taschenbuch rotfuchs 51
Farbig
Z./T.: SCHNIEBEL

Jasmin in der Patsche
Hamburg: Sugar Co.
1975
14 × 20,7 cm
Heft
Einfarbig
Z.: STANTON
Bemerkungen:
Das Titelbild gehört inhaltlich zu ***Die Entfesselungskünstlerin,*** *siehe da.*

Jazar
Der Seefahrer
Konstanz: Lange-Haak Verlag
1976
16,7 × 8 cm
Heft
Einfarbig
Bd. (1–4)
Z.: MESSERSCHMIDT
Bemerkungen:
Von Bd. 1 existiert eine Testausgabe mit Numerierung.

Jeder so gut er kann
Oldenburg, Hamburg und München: Gerhard Stalling Verlag
1980
22,9 × 30 cm
Buch
Einfarbig

Z./T.: QUINO
Bemerkungen:
Gut ein Drittel Comics, der Rest Cartoons.

Jeff Hawke
Berlin: Comicaze Verlagsgesellschaft
Januar 1979–1981
20,8 × 28,4 cm
Broschüre
Einfarbig
Bd. 1–3
Z.: JORDAN

Jeff Jones
Comics & Zeichnungen
Linden: Volksverlag und Frankfurt/M.: Comic Companie
1978
21 × 30 cm
Buch
Farbig und einfarbig
Z.: JONES

Jerry
Hamburg: Richard Danehl's Verlag
Dezember 1953
9,5 × 12 cm
Heft
Einfarbig
Bd. 5
Z.: HEINZ

Jerry Gray
Liliput Serie
Hamburg: Richard Danehl's Verlag
Oktober 1953–Dezember 1953
9,5 × 12 cm
Heft
Farbig und einfarbig
Bd. 1–3
Inhalt:
Der Geister-Reiter: Bd. 2, 3

Jerry Spring
Der Mann aus Texas
Bergisch Gladbach: Bastei Verlag
Februar 1972–Oktober 1972
18,1 × 26 cm
Heft (Kartonumschlag)
Farbig
Bd. 1–16
Z.: JIJÉ, Bd. 11: JIJÉ UND GIRAUD
T.: JIJÉ, Bd. 11: GILLAIN

Jerry Spring
Der Mann aus Texas
Bergisch Gladbach: Bastei Verlag
Februar 1978–Oktober 1978
17,9 × 26 cm
Heft
Farbig
Bd. 1–16
Z.: JIJÉ, Bd. 11: JIJÉ UND GIRAUD
T.: JIJÉ, Bd. 11: GILLAIN
Bemerkungen:
Nachdruck der Serie von 1972, jedoch mit dünnem Umschlagpapier.

Jesus und seine befreiende Botschaft
Das Evangelium in Bildstreifen
Strasbourg (Frankreich): Editions de la Cathédrale/Münster Verlag
1977
22 × 28,6 cm
Buch
Farbig
Bd. 1
Z.: ROUSSEAU
T.: THIVOLLIER

Die Jetsons
und andere Geschichten
Hamburg: Neuer Tessloff Verlag
Dezember 1971–1972
17,2 × 24,1 cm
Broschüre

Farbig
Bd. 1–21
Z.: HANNA-BARBERA
Inhalt:
Jetsons
Lippy Löwe und Freddy Fuchs
Leo und Hardi
Lissi und Max
Magilla Gorilla
Schnüffel und Schnuffi
Wolfi und Willi
Walli Gator
Eddy und Pepito
Hucky
Yogi
Pixi, Dixi und Anton
Lord Musch
Herr und Frau Übel
Pitti und Pitt
Schnurri
Elroy und Astro
Rosie der Roboter
Luzifer und Gunda Übel

Jetzt spreche ich!
Schnuffis intime Bekenntnisse
Frankfurt/M.: Verlag Bärmeier & Nikel
1968
19,5 × 16 cm
Buch
Einfarbig
Z.: JEMAN

Jezab
der Seefahrer
Hannover: Walter Lehning Verlag
Mai 1954–Februar 1955
17 × 7,5 cm
Heft
Einfarbig
Bd. 1–42
Z.: V. CHIOMENTI (auch Cover)
Bleistiftvorzeichnung: A. CHIOMENTI
T.: A. CHIOMENTI
Bemerkungen:
Auf der Liste der jugendgefährdenden Schriften: Bd. 3: E Nr. 7 – BAnz. 132 und 147 vom 14. 7. und 4. 8. 54 Bd. 34: E Nr. 34 – BAnz. Nr. 52 vom 16. 3. 55

Jezab
der Seefahrer
Buchschlag: Abi Melzer Productions, ab Bd. 31: Schönau: Norbert Hethke Verlag
1975–1977
17 × 7,5 cm
Heft
Einfarbig
Bd. 1–42
Z.: V: CHIOMENTI (auch Cover)
Bleistiftvorzeichnung: A: CHIOMENTI
T.: A. CHIOMENTI
Bemerkungen:
Nachdruck der Serie von 1954. Serie wurde vom Hethke Verlag später noch einmal nachgedruckt.

Jim
der Cowboy
Hannover: Walter Lehning Verlag
Oktober 1960–November 1960
17 × 7,5 cm
Heft
Einfarbig
Bd. 1–3
Z.: COSSIO
Titelbilder: WÄSCHER
T.: SOLINI
Bemerkungen:
*Fortgesetzt in **Jim** GB.*

Jim
der Cowboy
Hannover: Walter Lehning Verlag
November 1960–Mai 1961

17 × 24 cm
Heft
Farbig
Bd. 1–18
Z.: COSSIO (Bd. 1–12)
Titelbilder: WÄSCHER
T.: SOLINI (Bd. 1–12)
Bemerkungen:
Fortsetzung von ***Jim*** *Piccolo*
Inhalt:
Pfeil Häuptling der Irokesen (Z.: V. CHIOMENTI/Bleistiftvorzeichnung: A: CHIOMENTI/T.: A: CHIOMENTI/Titelköpfe: WÄSCHER)
Nachdruck:
Bd. 8: Blauer Pfeil Bd. 1 Seite 2–32, *Bd. 9:* Blauer Pfeil Bd. 2 Seite 1–32, *Bd. 10:* Blauer Pfeil Bd. 3 Seite 1–3, 5–7, 9–25, 27–32, *Bd. 11:* Blauer Pfeil Bd. 4 Seite 1–4, 8–32, *Bd. 12:* Blauer Pfeil Bd. 5 Seite 1–4, 8–32, *Bd. 13:* Blauer Pfeil Bd. 6 Seite 1, 2, 4–27, 29, 30, 32, *Bd. 14:* Blauer Pfeil Bd. 7 Seite 1, 3–23, 25, 27, 28–32, *Bd. 15:* Blauer Pfeil Bd. 8 Seite 1–16, 18–20, 23–32, *Bd. 16:* Blauer Pfeil Bd. 9 Seite 1–4, 6–12, 14–25, 27–32, *Bd. 17:* Blauer Pfeil Bd. 10 1–22, 24–26, 28–30, 32, *Bd. 18:* Blauer Pfeil Bd. 11 Seite 1–6, 7–16, 18–21, 23–32.
Alle Hefte mit Retuschen und umgeschriebenen Sprechblasen.

Jimmy das Gummipferd
Stuttgart: Blüchert-Verlag
1954
21 × 14,5 cm
Broschüre
Zweifarbig
Z.: KOHLSAAT/T.: BOLLERMANN
Bemerkungen:
Sternchen-Buch 3.

Jimmy das Gummipferd
Siehe: ***Julios abenteuerliche Reisen***

Jippi der Indianerboy
Sinzig: Uta-Verlag
1954
14,5 × 20 cm
Broschüre
Einfarbig
Z.: OTTO
Bemerkungen:
48 Seiten Text, 46 Seiten Comic. Nachdruck aus der Romanserie Pete.

Jochen und Klaus in Afrika
Ein Buchfilm
Kassel: Buchfilm-Verlag-Kassel der Hessischen Druck- und Verlagsanstalt GmbH
1951
30 × 15 cm
Heft
Einfarbig
Bd. 1
Z.: YOUNG

Jodelle
Bremen: Schünemann Verlag
1967
25,5 × 33,5 cm
Buch
Farbig
Z.: PEELLAERT/T.: BARTIER

Jörg
Hannover: Walter Lehning Verlag
September 1954–Januar 1955
9 × 13 cm
Heft, Einfarbig
Bd. 1–20
Z.: WÄSCHER
T.: Bd. 1–13: ADLER,
Bd. 14–20: JAGELITZ
Bemerkungen:
Auf der Liste der jugendgefährdenden Schriften: Bd. 9: E Nr. 40 – BAnz. Nr. 13 vom 20. 1. 55

Jörg
Schönau:
Norbert Hethke Verlag
August 1979
9 × 13 cm
Heft
Einfarbig
Bd. 1–20
Z.: WÄSCHER
T.: Bd. 1–13: ADLER,
Bd. 14–20: JAGELITZ
Bemerkungen:
Nachdruck der Serie von 1954.

Johann und Pfiffikus
Reinbek: Carlsen Verlag
1979–1982
22 × 29,5 cm
Broschüre
Farbig
Bd. 1–8
Z.: PEYO

John Drake
Krimi Klassiker
Aachen: Bildschriftenverlag
1967
18 × 25 cm
Heft
Einfarbig
Bd. 1–4
Z.: ANGLO
Bemerkungen:
Erscheinen von Bd. 3 und 4 unsicher.

John Tornado
Der Mann mit den tausend Masken
Bergisch Gladbach:
Bastei Verlag
Juni 1980–März 1981
21,5 × 28 cm
Heft
Zweifarbig
Bd. 1–20
Inhalt:
John Tornado (d. i. Garth): Bd. 1–20
Stargo: Bd. 1–20

Jo, Jette und Jocko
Siehe: ***Die Abenteuer von Jo, Jette und Jocko***

Jolanda
Aachen: Verlag »Der Freibeuter«
1973–1974
Bd. 1: 13,2 × 20 cm,
Bd. 2–14: 13 × 18 cm
Taschenbuch
Einfarbig
Bd. 1–14

Jona
Eine alte Geschichte
Bochum: domini sumus Verlag
1977
11 × 16,8 cm
Taschenbuch
Einfarbig
Z.: STEINMANN
T.: KOHL

Josephines Abenteuer
Frankfurt/M.: Softpress
1971
16,4 × 20,5 cm
Buch
Farbig
Bemerkungen:
Fotocomic.

Jubiläums-Comic-Sonderheft
Siehe: ***Schweinchen Dick***

Juhui!
Siehe: ***Koz-Komix***

Jules Verne-Comics
Reinbek: Carlsen Verlag

1977–1979
22 × 29,5 cm
Broschüre
Farbig
Bd. (1–3), 4
1: Die Kinder des Kapitäns Grant
(Z.: CAPRIOLI/T.: ROUDOLPH)
2: Die geheimnisvolle Insel
(Z.: CAPRIOLI)
3: Der Kurier des Zaren
(Z.: CAPRIOLI/T.: ROUDOLPH)
4: Ein Kapitän von 15 Jahren
(Z.: NIZZI/T.: ROUDOLPH)

Julia Köster
Siehe: ***Das Herz der Julia Köster***

Julie Wood
Berlin-Hamburg:
Koralle Verlag
Februar 1978–1980
22 × 28,8 cm
Broschüre
Farbig
Bd. 1–5
Z./T.: GRATON

Julios abenteuerliche Reisen
Jimmy das Gummipferd
Hannover: Edition Becker & Knigge
1979–April 1981
21 × 29,7 cm
Broschüre
Zweifarbig
Bd. 1–3
Z.: KOHLSAAT

Julius Patzenhofer
Haut auf die Pauke
Linden: Volksverlag
1980
24,9 × 32,4 cm
Buch
Farbig
Z.: BOOGARD
T.: SCHIPPERS

Jumbo und Dixi
Siehe: ***Die lustigen Abenteuer von Jumbo und Dixi***

Junge Illustrierte
Ein 14-Tage-Magazin für Euch
München:
Arthur Moewig-Verlag
1972
23,4 × 31,1 cm
Heft
Farbig
Bd. 1
Bemerkungen:
Nur begrenzter Testverkauf.
Inhalt:
Lady McBess & Sir McBesser
Tommi (Fotocomic)
Onkel Max (Z.: BARA)
Buffalo Bumm
Blaue Bohnen für die Bronsons
Die Astros (Z.: ANDERSON)
Zicky
Die Abenteuer des Herrn Ambrosius
(Z.: JACOVITTI)

Junge Liebe
Alsdorf: Bildschriftenverlag
November 1972–Januar 1973
17,5 × 25 cm
Heft
Farbig
Bd. 1–2

Jung gefreit
München: Tomus-Verlag
1962
14,5 × 21 cm
Buch
Einfarbig
Z.: ROSSET

Junior
Wissen und Abenteuer für die Jugend
Zürich (Schweiz): Hug-Verlag AG
und Zürich: Magnus-Verlag und Werbedienst AG
November 1951 – Serie erscheint noch
12,5 × 17,3 cm
Heft, Farbig und einfarbig
1951: Bd. 1–2, 1952: Bd. 3–14,
1953–1968: je Bd. 1–12,
ab 1969: je 12 Monatshefte
Bemerkungen:
Ab 1968 wurde die Serie kostenlos in Apotheken verteilt. Seit einigen Jahren nur noch wenige Comics.
Mindestens 2 Sondernummern 1970 und 1973 erschienen. Inhalt teilweise Nachdrucke.
Inhalt: auszugsweise
Teddy Timodi's Abenteuer
Jimpy
Toni (Z.: BRI)
Papa Moll (Z.: OPPENHEIM)
Olli Geschichte eines Eskimo-Mädchens (Z.: EGERBRANDT)
Pfiffi (Z.: KALTENBACH)
Ein Fall für Inspektor Ungenau (Z.: MOALLIC)
Henry (Z.: ANDERSON, TRACHTE)
Die Vier (Z.: CRAENHALS/T.: CHAULET)
Flip und Flup (Z.: HERGÉ)
Florian und seine Freunde
Harry (Z.: GATELY)
Nubin (Z.: BOLTINOFF, BURNETT)
Popeye (Z.: SAGENDORF)
Leo (Z.: BLAKE)
Daneben viele kurze Comic-Stories über 2 oder 3 Seiten . Davon die meisten vom Zeichner EBERLI. Auch einzelne Comics u. a. von BUSCH und SCHULZ (Snoopy)

Jupiter
Bergisch Gladbach: Bastei Verlag
Juni 1972–Januar 1975
15,9 × 22 cm
Broschüre
Farbig
Bd. 1–24

K

Käpten Kopp
Hannover: Fackelträger Verlag Schmidt-Küster GmbH
Bd. 1: Dezember 1950, Bd. 2–4: 1951, Bd. 5: 1953, Bd. 6: 1954
20,9 × 14,3 cm
Broschüre
Einfarbig
Bd. 1–6 (Bd. 1, 4–6 unnumeriert)
Z.: TOONDER STUDIOS
Inhalt:
(1): Käpten Kopps Abenteuer: Abenteuer in der Gaunerburg/Der gestohlene Schatz des Sultans
2: Käpten Kopps neue Abenteuer: Abenteuer mit einem Gespensterschiff/. . . doch die Spuren führen nach Mexiko
3: Napoleon ist an allem schuld
(4): Das große Buch von Käpten Kopp:
Abenteuer in China/Das Geheim-

nis der Rosenholztruhe/Im Innern der Erde
(5): Käpten Kopp und die fliegenden Untertassen:
Die fliegenden Untertassen/Das Rätsel um den Totenkopf-Schatz
(6): Käpten Kopp/Die Reise mit dem Drachen:
Die Reise mit dem Drachen/Der letzte Seeräuber

Kai Falke
Berlin-Hamburg: Koralle Verlag
Juni 1980–1981
21,9 × 28,8 cm
Broschüre
Farbig
Bd. 1–4
Z.: REDING
T.: HUGUES

Kalar
Abenteurer in Steppe und Urwald
Hannover: Walter Lehning Verlag
Januar 1968–April 1968
17 × 24 cm
Heft
Farbig
Bd. 1 8
Z.: ACO

Kalif Storch
Siehe: ***Ein Märchen-»Buchfilm«***

Kalle & Cäsar
Bd. 20–22: ***Kalle und Cäsar***
Bd. 23: ***Kalle***
Bd. 1–4, 7, 10–11: und ihre Freunde
Bd. 5–6, 8–9, 12: und seine Freunde
Bd. 1–12: Rätsel – Spiel – Spaß
Aachen: Bildschriftenverlag, ab Bd. 10: Alsdorf: Bildschriftenverlag, ab Bd. 20: Hamburg: Williams Verlag
Juni 1971–1973
17,5 × 25 cm
Heft
Farbig
Bd. 1–23
Inhalt:
Kalle & Cäsar (Z.: HEINZ): Bd. 1–23
Dschungelgeschichten (Z.: GIL): Bd. 1–23
Das Boot und die Katze mit dem Hut (Z.: NILSEN): Bd. 3

Kalle & Cäsar
Comic Großalbum
Bd. 1: und seine Freunde
Aachen: Bildschriftenverlag
März 1972
19 × 26 cm
Broschüre
Farbig
Bd. 1–2
Inhalt:
Kalle & Cäsar (Z.: HEINZ): Bd. 1–2
Dschungelgeschichten (Z.: GIL): Bd. 1–2
Melvin der durchgedrehte Geist (Z./T.: LEE UND CARLO): Bd. 1
Homer der fröhliche Geist (Z./T.: LEE UND CARLO): Bd. 1
Snappy der Geisterhund (Z./T.: LEE UND CARLO): Bd. 1
Das Mini-Boot und der kleine Hund (Z.: NILSEN): Bd. 2

Kalle & Cäsar
Alsdorf: Bildschriftenverlag
1972
12,4 × 18,1 cm
Taschenbuch
Farbig
Bd. 1
Inhalt:
Kalle & Cäsar (Z.: HEINZ)
Dschungelgeschichten (Z.: GIL)
Das kleine Boot (Z.: NILSEN)

Kampf auf dem Djingdjiang-Fluss
Peking (China): Vlg. für fremdsprachige Literatur
1976
18,6 × 17,1 cm
Broschüre
Einfarbig
Z.: HU UND WANG

Kampf im Norden
Siehe: ***Akim***

Der Kampf um Flohheim
Siehe: ***Schindelschwinger***

Kapitän Ketchup
Siehe: ***Die erstaunlichen Abenteuer des Kapitän Ketchup***

Kapitän Kid's lustige Abenteuer
Hamburg: Alfons Semrau Verlag
1955
17 × 23 cm
Heft
Einfarbig
Bd. 1–2 (Sondernummern unnumeriert)
Inhalt:
Eine Sondernummer enthält:
Prinz Eisenherz (Filmbilder)
Kapitän Kid (Z.: BONATO)
Eine Sondernummer enthält nur Funny-Serien:
Kapitän Kid (andere Serie als oben)
Randy Sattelnase
Cherry Bim (Z.: WOLVERTON)
Kinnhaken Harry
Der Tagesspiegel
Joe Müller
Matrosen Joe
Billy Bill
Oberst Korn und Korny Kobb
Bunny Bull

Kapitän Marryat
Siehe: ***Das Geisterschiff***

Kapitän Rob
Siehe: ***Abenteuer des Kapitän Rob***

Ein Kapitän von 15 Jahren
Siehe: ***Jules Verne-Comics***

Das Kapital
VSA-Verlag
1980
12,5 × 20,5 cm
Taschenbuch
Einfarbig
Z.: CUYPERS
Bearbeitung: PLÖCKINGER WOLFRAM

Das Kapital für Anfänger
Siehe: ***Sach-Comic***

Kapitalismus für Anfänger
Siehe: ***Sach-Comic***

Kaputt
Bd. 1–72: Das Magazin für unterdrückte Lebensfreude
7. Jg. Bd. 1–3: Das neue Kaputt! Statt des alten Schwachsinns völlig neue Blödeleien!
7. Jg. Bd. 4–11/12: Das neue Kaputt! Vom Blödesten das Beste
7. Jg. Bd. 13/14: Das neue farbige Kaputt! Statt des alten Schwachsinns völlig neue Blödeleien!
Frankfurt/M.: Condor Verlag
April 1975–1982
20,6 × 27,5 cm
Heft
Einfarbig, zweifarbig und farbig
Bd. 4–7/8, 9–72, 7. Jg. Bd. 1–8, 9/10, 11/12, 13/14
Bemerkungen:

Bd. 15/16 und 17/18 sind Sammelbände.

Z. u. T.: ALEXANDER: Bd. 9, 11–12, 15, 17–18, 32
BAILY: Bd. 7–8
BARTH: Bd. 14, 17
BIGOT: Bd. 49
BLOTTA: Bd. 18, 48, 61, 66, 7. Jg. 1
BONVI: Bd. 70–72, 7. Jg. 1–14
BOXELL: Bd. 11
BYNUM: Bd. 55
CAINO: Bd. 48
CARACU: Bd. 9, 13, 20, 47, 54, 60
CATALANO: Bd. 7–8
CAZZO: Bd. 57
CERBIAN: Bd. 49–53
DAY: Bd. 11
DEE: Bd. 17
DIN: Bd. 11
DUBAY: 7. Jg. Bd. 4, 6–7
DULY: Bd. 10
EDWING: Bd. 52
FORBES: Bd. 4–6, 10
GÖTZE: Bd. 39–49, 52, 57–59, 61, 69–72, 7. Jg. 1, 5–7, 9–10, 13–14
GRANDENETTI: Bd. 13
GROSS: Bd. 7–9, 13
GUMEN: Bd. 14, 17, 22, 26, 28–29, 33, 40, 58, 7. Jg. 5
HEIGHT: Bd. 14
HOEST: Bd. 19
JOREDO: Bd. 12
KELLY: Bd. 49
KHIVEZ: Bd. 14
KÖNIG: Bd. 56, 62–63, 68
KRESSE: Bd. 38
LANGTON: Bd. 15, 19, 21, 27, 32–33, 38, 42, 45, 7. Jg. 7
LARDNER: Bd. 14
LEPOER: Bd. 32, 56–57, 72
LEWIS: Bd. 32
LUGOZE: Bd. 16
MARIEN: Bd. 27
MARTIN: Bd. 4, 9, 13, 21–22, 26–27, 29, 31–34, 37, 42, 44, 51
McCARTNEY: Bd. 16, 30–31, 35, 40, 42–43, 46, 48, 51, 69
McTURK: Bd. 26
MIDDEL: Bd. 11–12
MODIGLIANI: Bd. 12, 17–21, 23, 32, 34–35, 37, 71
MOLINS: 7. Jg. Bd. 4, 6–7
MUKHARJEE: Bd. 15
NIREVES: Bd. 16, 19, 25, 37, 41
NOSTRAND: Bd. 33–34, 37, 39, 44, 48, 50, 53, 57–59, 64–65
OREHEK: Bd. 4, 7–8, 12, 14, 16, 27–29, 34, 41, 44–45, 47, 50, 53–54, 56–59, 61, 64, 67, 69–70, 72, 7. Jg. 3–6, 8–14
OWEN: Bd. 40
PLOOG: Bd. 5
POWERS, BILL: Bd. 30
POWERS, NOEL: Bd. 54
RALPH: Bd. 20, 25, 32
R.G.D.: Bd. 52, 59–60
RICIG: Bd. 26–29, 31, 33
RODRIGUES: Bd. 4–8, 10–12, 16–18, 22, 71, 7. Jg. 13–14
ROE: Bd. 36
RON: Bd. 22, 24, 26–29
RYBA: Bd. 59, 61–62, 64, 66, 68, 70–72, 7. Jg. 1–6, 8–14
SATTLER: Bd. 43–44, 51, 55, 7. Jg. 4
SCHOCHET: Bd. 38, 51
SCHOLZ: Bd. 62, 64–65, 67, 69–72
SEVERIN: Bd. 5–6, 9–10, 16–21, 23–28, 30–38, 40–42, 47, 49, 57, 60–61, 63–66, 71–72, 7. Jg. 1–2, 8, 11–12
TAYLOR: Bd. 22–23, 26
ULLNER: Bd. 6–29
WARD: Bd. 4–5, 23–24, 27, 29, 31, 35–37, 39–40, 46, 48, 50, 60, 64–66, 68–70, 7. Jg. 4, 6, 9–12
WARRESH: Bd. 25
ZAHN: Bd. 42

Kaputt-Klimbim
Gag-Comics, blöde Witze und irre Sachen
Frankfurt/M.: Condor Verlag
1977–1979
20,5 × 27,7 cm
Heft
Zweifarbig und farbig
Bd. 1–7
Z. u. T.:
CERBIAN: Bd. 5
FRANQUIN: Bd. 3, 6
GÖTZE: Bd. 2–7
HAASTEREN: Bd. 1–7
H.J.V.: Bd. 2
IPPOLITO: Bd. 1
KIRSCHEN: Bd. 1
KLEIN: Bd. 1–7
KÖNIG: Bd. 5–7
LOHMANN: Bd. 2
McCARTNEY: Bd. 1
NIETO: Bd. 3–4, 6
RENÉ: Bd. 6–7
R.G.D: Bd. 7
RODRIGUES: Bd. 7
RYBA: Bd. 6–7
SEEMANN: Bd. 6
STEEMAN: Bd. 1–3
VENTURA: Bd. 3–4, 6

Kaputt-Paperback
Frankfurt/M.: Condor Verlag
Oktober 1976–1981
13,5 × 18,6 cm
Taschenbuch
Einfarbig
Bd. 1–14
Bemerkungen:
Enthält wenig Comics.
Ab Bd. 15 nur noch Sammelbände.
Inhalt:
1: Kaputte Zeit
2: Kaputte Typen (Z.: u. a. SEVERIN)
3: Kaputte Welt (Z.: SEVERIN UND BLOTTA)
4: Kaputter Al Jaffee (Z.: JAFFEE)
5: Kaputte Welt (Z.: GÖTZE)
6: Kaputtes Teenager-Lexikon (Z.: KÖNIG)
7: Das kaputte Buch der Weltrekorde (kein Comic)
8: Kaputte Sturmtruppen (Z.: BONVI)
9: Kaputtes Sport-Lexikon (Z.: KÖNIG)
10: Kaputte Sturmtruppen (Z.: BONVI)
11: Kaputte Sturmtruppen (Z.: BONVI)
12: Kaputtes Fernsehen (Z.: SCHOLZ)
13: Kaputtes Reise-Lexikon (Z.: KÖNIG)
14: Kaputter Sex (Z.: PLANT)

Karl Gabels sämtliche Weltraumabenteuer
Berlin (DDR): Eulenspiegel Verlag
1980
14,2 × 20 cm
Broschüre
Zweifarbig
Z.: SCHMITT

Karl Gabels Weltraumabenteuer
Berlin (DDR): Eulenspiegel Verlag
1973
16,5 × 11,4 cm
Taschenbuch
Zweifarbig
Z.: SCHMITT

Karl Marx Riesen-Comic
Grundbegriffe leicht gemacht!
Berlin: Diwan-Verlag
Dezember 1974
Taschenbuch
Einfarbig
Z./T.: RIUS
Bemerkungen:
Es handelt sich um die erste deutsche Ausgabe. Eine weitere (unterschiedli-

che) erschien als Comic-Sachbuch »Marx für Anfänger«, siehe dort.

Karl May
Bd. 1–8: ***Winnetou***
Bd. 1–8: nach Karl May
Bd. 9, 11, 13, 15, 17, 19, 21, 23, 24, 26, 27, 29, 30, 32, 34, 36, 38: Kara Ben Nemsi
Bd. 10, 12, 14, 16, 18, 20, 22, 25, 28, 31, 35: Winnetou
Bd. 33, 37: Old Shurehand
Bd. 40–52: Drei spannende Abenteuerserien: Kara Ben Nemsi – Old Shurehand – Kit Carson
Hannover: Walter Lehning Verlag
Februar 1963–Februar 1965
17 × 24 cm
Heft
Zweifarbig und einfarbig, ab Bd. 39: farbig
Bd. 1–52
Z.: NICKEL (Bd. 1–8, 10, 12, 14, 16, 18, 20, 22, 25, 28, 31, 35)
Z.: EHRT (alle anderen Bd.)
Inhalt:
Jim der Cowboy: Bd. 1–8, 10
Kit Carson: Bd. 40–52

Karl May
Ein Western-Comic nach
Frankfurt/M.: Condor Verlag
Februar 1976–April 1977
18 × 26 cm
Heft
Farbig
Bd. 1–12
Z.: U. A. CERÓN UND DOYER

Karl May
Comic
Stuttgart: Unipart-Verlag
Februar 1975–1976
21,5 × 28,7 cm
Broschüre
Farbig
Bd. 1–8
Z.: JOU: Bd. 3–8
MARCULETA: Bd. 1–2

Karl May Extra
Ein großer COMIC-Western
Zug (Schweiz): Gevacur
September 1975
12,9 × 17,9 cm
Taschenbuch
Zweifarbig
Bd. 1–4
Z.: ARRANZ
Bemerkungen:
Siehe auch ***Wild West Extra***

Karo
Bildheft für die Jugend
Feucht bei Nürnberg: Karo Verlag
ca. 1960
15 × 21,5 cm
Heft, Einfarbig
Bd. 1–12
Titel:
1–2: Solak, der Wolfshund (Nachdruck von Arca Bildhefte Bd. 10–12)
3–4: Verloren im Lande des roten Mannes (Nachdruck von Arca Bildhefte Bd. 7–9)
5–6: Das Geheimnis des Berges (Nachdruck von Arca Bildhefte Bd. 37–39)
7–8: Mary und der maskierte Pirat (Nachdruck von Arca Bildhefte Bd. 46–48)
9–10: Larry, der Fußballer (Nachdruck von Arca Bildhefte Bd. 43–45)
11–12: Eine Dschungelgeschichte (Nachdruck von Arca Bildhefte Bd. 19–21)

Kasperle
Bd. 1–49, 51–67: und andere Abenteuer
Bd. 68–121: und seine Freunde
Rastatt: Zauberkreis Verlag, ab Bd. 93: Speyer: Jaegersche Buchdruckerei
November 1958–April 1961
18 × 26 cm
Heft
Farbig, zweifarbig und einfarbig
Bd. 1–121
Inhalt:
Kasperle (Z.: BLUBACHER U. FÉ): Bd. 1–121
Hopalong Cassidy (Z.: SPIEGLE): Bd. 1–9
Jochen und Klaus in Afrika (Z.: YOUNG/ T.: MASSEY): Bd. 1–121
Peter und sein Kätzchen (Z.: ANDRÉASSON): Bd. 1–121
Ricki (Z.: GODWIN): Bd. 1–121
Freddi der Tramp (d. i. Ein lustiger Vagabund) (Z.: RUSSELL): Bd. 1–40
Pit + Pat (Z.: AXIP): Bd. 41–57
Max und Moritz (Z.: BUSCH): Bd. 52–65
Emil + Franz (Z.: AXIP): Bd. 58–63
Ulli und seine Freunde: Bd. 63–67
Fipps der Affe (Z.: BUSCH): Bd. 66, 67
Solak der Wolfshund (Nachdruck von Arca Bildhefte Bd. 10–12): Bd. 68–75
Sepp und Teddy (Z.: BERTRAM): Bd. 75–78
Verloren im Lande des roten Mannes (Nachdruck von Arca Bildhefte Bd. 7–9): Bd. 76–82
Treulose Freunde aus dem Orient (Nachdruck von Arca Bildhefte Bd. 40–42): Bd. 82–88
Das Mädchen aus dem Siedlertreck (Nachdruck von Arca Bildhefte Bd. 25–27): Bd. 88–93
Die chinesische Reise (Nachdruck von Arca Bildhefte Bd. 31–33): Bd. 94–99
Flucht in die Freiheit (Nachdruck von Arca Bildhefte Bd. 34–36): Bd. 100–105
Gefährtin der Kleopatra (Nachdruck von Arca Bildhefte Bd. 28–30): Bd. 106–113
Das Geheimnis des Berges (Nachdruck von Arca Bildhefte Bd. 37–39): Bd. 113–118
Gabis Zirkus-Tage (Nachdruck von Arca Bildhefte Bd. 22–23): Bd. 119–121 nicht abgeschlossen

Kasperl Larifari und die Zauberkiste
Erlangen:
Pestalozzi Verlag
Ohne Jahr
23,5 × 16,5 cm
Heft
Farbig
Bd. (5)
Bemerkungen:
Bd. 1–4 sind Bilderbücher.

Die Katzenjammer Kids
Darmstadt:
Melzer Verlag
1972
26,5 × 18,9 cm
Buch
Einfarbig
Z.: WINNER

Kauka Comic
Bd. 4–13: Das bunte Taschenbuch
Ascona (Schweiz): Gevacur AG
November 1969–Januar 1971
13 × 18 cm
Taschenbuch
Farbig
Bd. 1–13

Bemerkungen:
Fortsetzung als Primo.
Bd. 2 irrtümlich mit 1,90 DM ausgepreist.
Inhalt:
Tom und Biberherz: Bd. 1–3, 6
Lustige Lilli (Z.: JIDÉHEM): Bd. 1–3, 5–7, 10, 12
Die Blauen Boys (Z.: SALVÉRIUS/T.: CAUVIN): Bd. 1, 3, 5, 7, 9, 12, 13
Schnieff und Schnuff (Z.: ROBA): Bd. 1–3
Dad + Daddy Digger (Z.: MICHAUD/LECAMUS): Bd. 1, 2, 4, 6, 8, 10, 11, 13
Bobo (Z.: DELIÈGE): Bd. 1, 2, 12
Smutje (Z.: DELIÈGE): Bd. 3, 8
Pichelsteiner (Z.: RINALDI): Bd. 3–5, 7–9, 11, 13
Jo Jo (Z.: FRANQUIN): Bd. 4–13
Trapper Sam (Z.: DELIÈGE): Bd. 4, 5, 9–11, 13
Cäsar (Z.: TILLIEUX): Bd. 4–13
Pussi (Z.: PEYO): Bd. 5, 6, 8–12
Kleiner Kaktus (Z.: DELIÈGE/SALVÉ): Bd. 6–8, 12

Kauka Super Serie

Bd. 45–50: ***Das Beste aus Fix und Foxi***
Bd. 51–65: ***FF-Super***
Bd. 66–69: ***Rolf Kaukas FF-Super***
Bd. 70–85: ***Rolf Kaukas Super Spass***
Bd. 86–93: ***Fix und Foxi präsentiert Rolf Kaukas Super Spass***
Bd. 63: ohne Titel
Ascona (Schweiz): Gevacur AG, ab Bd. 47: Zug (Schweiz): Gevacur AG
Juli 1970–November 1977
13 × 18 cm
Taschenbuch
Farbig, zweifarbig, einfarbig
Bd. 36–93
Bemerkungen:
Bd. 1–35: erschien unter dem Titel: ***Fix und Foxi Super Tip Top***
Inhalt
Schwarzbart (Z.: REMACLE): Bd. 36, 40, 47, 56, 60, 69, 74
Lucky Luke (Z.: MORRIS/T.: GOSCINNY): Bd. 37, 41, 45, 51, 55, 63
Gin und Fizz (Z.: WILL/T.: ROSY): Bd. 38, 42, 46, 49, 52, 58, 62, 73, 76 (Nachdruck von Fix und Foxi Super Tip Top Bd. 32), 80–82, 85 (Nachdruck von Fix und Foxi Super Tip Top Bd. 34), 86, 87
Prinz Edelhart (Z.: PEYO): Bd. 39, 44, 54
Jo Jo (Z.: FRANQUIN): Bd. 43
Die blauen Boys (Z.: SALVÉRIUS/T.: CAUVIN): Bd. 48, 64, 66, 72
Bobo (Z.: ROSY): Bd. 50
Knox: Bd. 53
Tom und Biberherz: Bd. 57, 67
Kleiner Kaktus (Z.: DELIÈGE/SALVÉ): Bd. 59
Lupo und Knox: Bd. 61
Harro und Platte (Z.: TILLIEUX): Bd. 65, 68, 71, 75, 77, 78, 79, 83, 84 (Nachdruck aus Primo), 88
Pepito (Z.: BOTTARO): Bd. 67
Air Hawk (Z.: DIXON): Bd. 68, 69
Sammy & Jack (Z.: BERCK/T.: CAUVIN): Bd. 70, 89, 90, 92 (Nachdruck aus Primo 1974 Bd. 11–13)
Katja (Z.: WALTHÉRY/TILLEUX): Bd. 91 (Nachdruck aus Primo 1973 Bd. 12–17), 93 (Nachdruck aus Primo 1974 Bd. 14, 15, 10)

Kay

Frankfurt: Panorama-Verlag, Rudl & Co., KG
April 1954–Mai 1954
17 × 24 cm
Heft, Farbig
Bd. 1–2
Z.: BECKER-KASCH

Keine Moneten für Grabot!
Aarau und Frankfurt/M.:
Sauerländer AG
1975
19,8 × 19,5 cm
Buch
Farbig
Z.: CLAVELOUX
Bemerkungen:
*Siehe auch **Hau ab, Grabot!***

Kelter Comic
Hamburg:
Martin Kelter Verlag
Dezember 1973–
Januar 1976
20,5 × 28 cm
Heft
Farbig
Bd. 1–42
1: Mucki und Matzi (Z.: KÖRNER)
Käpt'n Snuffy (Z.: KÖRNER)
2: Kitty Kids (Z.: A.P.S.)
Ollie & Kong (Z.: A.P.S.)
Die Miniks (Z.: A.P.S.)
3: Mucki und Matzi (Z.: KÖRNER)
Käpt'n Snuffy (Z.: KÖRNER)
Krekel (Z.: KÖRNER)
4: Ollie & Kong (Z.: A.P.S.)
Sherifino (Z.: A.P.S.)
5: Käpt'n Snuffy (Z.: KÖRNER)
3 Musketiere
6: Sherifino (Z.: A.P.S.)
Ollie & Kong (Z.: A. P. S.)
7: Mucki und Matzi (Z.: KÖRNER)
3 Musketiere
Käpt'n Snuffy (Z.: KÖRNER)
8: Kitty Kids (Z.: A.P.S.)
9: Mucki und Matzi (Z.: KÖRNER)
10: Die Miniks (Z.: A.P.S.)
Ollie & Kong (Z.: A.P.S.)
11: Mucki und Matzi (Z.: KÖRNER)
3 Musketiere
12: Sherifino (Z.: A.P.S.)
13: Salami 007 (Z.: A.P.S.)
14: Käpt'n Snuffy (Z.: KÖRNER)
15: 3 Musketiere
Käpt'n Snuffy (Z.: KÖRNER)
16: Käpt'n Snuffy (Z.: KÖRNER)
Mucki und Matzi (Z.: KÖRNER)
3 Musketiere
17: Sherifino (Z.: A.P.S.)
Die Miniks (Z.: A.P.S.)
18: Mucki und Matzi (Z.: KÖRNER)
19: Der kleine Falke (Z.: A.P.S.)
20: Mucki und Matzi (Z.: KÖRNER)
21: Der kleine Falke (Z.: A.P.S.)
22: Mucki und Matzi (Z.: KÖRNER)
23: Kitty Kids (Z.: A.P.S.)
24: Mucki und Matzi (Z.: KÖRNER)
25: Der kleine Falke (Z.: A.P.S.)
26: Käpt'n Snuffy (Z.: KÖRNER)
27: Mucki und Matzi (Z.: KÖRNER)
28: Käpt'n Snuffy (Z.: KÖRNER)
29: Sherifino (Z.: A.P.S.)
Kitty Kids (Z.: A.P.S.)
Salami 007 (Z.: A.P.S.)
30: Mucki und Matzi (Z.: KÖRNER)
31: Salami 007 (Z.: A.P.S.)
32: Kitty und Kids (Z.: A.P.S.)
33: Fusel und Limo
34: Mucki und Matzi (Z.: KÖRNER)
35: Der kleine Falke (Z.: A.P.S.)
36: Mucki und Matzi (Z.: KÖRNER)
37: Fusel und Limo
38: Kitty Kids (Z.: A.P.S.)
39: Mucki und Matzi (Z.: KÖRNER)
40: Der kleine Falke (Z.: A.P.S.)
41: Mucki und Matzi (Z.: A.P.S.)
42: Mucki und Matzi (Z.: A.P.S)

Kennst du Robert?
Ravensburg:
Otto Maier Verlag
1975
Buch
Farbig
Z.: ROLF UND MARGRET RETTICH

Kennst du Robert?
Ravensburg: Otto Maier Verlag
1978
18,4 × 25,5 cm
Heft
Farbig
Z.: ROLF UND MARGRET RETTICH
Bemerkungen:
Nachdruck des Buches.

Ketchup
Stuttgart: Illu Press
April 1978
11,6 × 18 cm
Taschenbuch
Einfarbig
Bd. 1
Z./T.: BOTTARO
1: Whisky & Gogo

Kikoku
Kinderkochkurs mit Kitty, Konrad und Kunibert
Zürich (Schweiz): Polygon Verlag
1974
23,1 × 28,9 cm
Heft
Farbig
Bd. 1
Z.: JULINO
T.: MEYER
Bemerkungen:
Erschien gleichzeitig mit anderem Cover als kostenlose Ausgabe bei EDEKA, Hamburg.

Killgon
Berlin: Bangro-Comic-Team
August 1977–März 1979
16,4 × 23,3 cm
Heft
Einfarbig
Bd. 1–2
Z./T.: GROTH
Bemerkungen:
Bd. 1, Seite 1–16: Nachdruck aus ***Bangro-Comics.***

Kim
Neue Abenteuer
Frankfurt/M.:
Comic Buch Club
April 1977–März 1979
17 × 7,5 cm
Heft
Einfarbig
Bd. 1–150
Z./T.: WÄSCHER
Bemerkungen:
Nachdruck der Serie ***Akim*** *neue Abenteuer Bd. 1–150. Es existieren auch die Bd. 151–152 als Nachdruck, die nie ausgeliefert wurden.*

Kindercomics
Oberursel: Finken-Verlag
1973 und 1974
Buch, Querformat
Farbig
Z.: FRIEDRICH
Geschichte: SCHÜTTLER-JANIKULLA
Bemerkungen:
Ohne Texte.
1: Kaum zu glauben
2: Nicht gelogen

Die Kinder des Kapitäns Grant
Siehe: ***Jules Verne-Comics***

Kinder fangen einen Riesenstör
Peking (China):
Vlg. für fremdsprachige Literatur
1974
18 × 20,6 cm
Heft
Farbig
Z.: DU

Die Kinder in der Geisterbahn machen die Gespenster an
Berlin: Basis Verlag
1979
17,8 × 24,8 cm
Buch, Zweifarbig
Z.: KRUMME
Bemerkungen:
Reihe Kiebitz Bd. 4

The Kinder Kids
Darmstadt: Melzer Verlag
1975
27 × 37 cm
Buch
Farbig
Z.: FEININGER

Die Kinderpost
Später: ***Kinderpost***
Teilweise: Das bunte Jugendmagazin für Mädel und Buben
Wien (Österreich): Wiener Verlagsanstalt
1945–März 1959
23 × 30,5 cm
Heft
Farbig und einfarbig
1. Jg. 1945/46 Bd. 1–24
2. Jg. 1947–13. Jg. 1958 jeweils Bd. 1–26
14. Jg. 1959 Bd. 1–6
Bemerkungen:
Im Jahr erschienen 2 Sonderhefte, ob mit Comics ist unbekannt.
Inhalt: nur eine Auswahl
Prinz Valiant (d. i. Prinz Eisenherz)
Prinz Eisenherz (Z.: FOSTER)
Schimpansenstreiche (Z.: BIRNBAUER)
Ungewollte Tanzstunde (Z.: LENSEN)
Tschin Bell der Trapper (Z.: BIRNBAUER/T.: FRANZ)
Schnuppi und Jappi (Z.: BIRNBAUER)/T.: FRANZ)
Ali Baba und die 40 Räuber
Brumm und Trolly (Z.: BIRNBAUER/T.: FRANZ)
Aladdin und die Wunderlampe
Gigi und Gogo die großen Abenteurer (Z.: RYBICZKA)/T.: FRANZ)
Herr und Frau Pinguin (Z.: THEUERKAUF/T.: KUNSTI)
Auf dem Kriegspfad
Klotzerichs Abenteuer (Z.: BIRNBAUER/T.: FRANZ)
Fritz und Marmos lustige Streiche (Z.: RYBICZKA)
Kurt und Peter (Z.: RYBICZKA/T.: FRANZ)
Er entdeckte mit Columbus Amerika (Z.: ALBRECHT)
Atömchen (Z.: WEIGEL/T.: SCHEUCHER)
Purzi der Kobold (Z.: RYBICZKA)
Bubu vom Wanderzirkus (Z.: DEMMER)
Tarzans Tiere (Z.: ALBRECHT/T.: TROLL-OBERGFELL)
Piep und Schnurr (Z.: BIRNBAUER)
Peter und Prinzessin Tausendsasa (Z.: DEMMER)
Robinson Crusoe (Z.: ALBRECHT/T.: TROLL-OBERGFELL)
Zipfel Peter (Z.: SLATNER)
Rommy und Tommy (Z.: DEMMER)
Was Marilenchen erlebte (Z.: GRATSCH-DORNER/T.: KERSCHBAUMER)
Die Teddys (Z.: ZEMANN)
Reporter Quick berichtet: (T.: NACH SÖLMUND)
Die Maus muß raus! (Z.: SLATNER)
Belinda und ihr Hund Hai-Yu (d. i. Uschi)
Errettung des Dr. Brandt
Der gestiefelte Kater
Wie Maxi dem Christkind geholfen hat
Müller & Bäcker (Z.: BIRNBAUER/T.: FRANZ)
Schulmeister Klopfstock
Ritter Lenz (Z.: TRABERT)

Sindbad der Seefahrer
Trapper und Goldsucher
Fips der lustige Affe (Z.: RYBICZKA/T.: FRANZ)
Zwerg Nase
Die Gänsemagd
Auf dem Kriegspfad
Schulmeister Schaf (Z.: BIRNBAUER)
Die gestohlene Perlenkette (Z.: SLATNER)
Die goldene Gans (Z.: DEMMER)
Der zuckersüße Rosengarten (Z.: GRATSCH-DORNER/T.: HARTL)
Gullivers Reisen (Z.: ALBRECHT/T.: TROLL-OBERGFELL)
Lorle will ganz schlau sein . . . (Z.: RATKY/T.: DEMMER)
Das Märchen von der Silberwurz (Z.: GRATSCH-DORNER/T.: EISENHAUER)
Hat man einen Hund im Haus (Z.: SLATNER)
Die Geschichte vom Wullo (Z.: RATKY/T.: HANDLGRUBER-ROTHMAYER)
Der Sonnenhut (Z.: SLATNER)

King Bull
Die erste ComicWochenZeitung für die ganze Familie
Stuttgart: Illu Press
Mai 1974–Juni 1974
29,9 × 45,9 cm
Zeitung
Farbig und einfarbig
Bd. 1–6
Inhalt:
Cisco Kid (Z./T.: SALINAS U. REED): Bd. 1–6
Der kleine König (Z.: SOGLOW): Bd. 1–6
Geheimagent Corrigan (Z.: WILLIAMSON/T.: GOODWIN): Bd. 1–6
Jessie Fox (Z./T.: HOLDAWAY UND O'DONNELL): Bd. 1–6
Aquanauten (Z.: WEINBERG): Bd. 1–6
Knall und Erbse (Z./T.: WALKER UND BROWNE): Bd. 1–6
Popeye (Z.: SAGENDORF): Bd. 1–6
Ma und Pa in USA (Z.: LASSWELL): Bd. 1–6
Julia Jonas (Z.: DRAKE): Bd. 1–6
Bomber (Z.: SALINAS): Bd. 1–6
Flash Gordon (Z.: BARRY): Bd. 1–6
Hägar (Z.: BROWNE): Bd. 1–6
Schütze A (Z.: WALKER): Bd. 1–6
Ketchup (Z.: RYAN): Bd. 1–6

King der Grenzreiter
Siehe: ***Phantom-Heft***

King Kong
1. + 2. Auflage: Comic Gross Album
Alsdorf/Aachen: Bildschriftenverlag
Juni 1970
17,6 × 25 cm
Broschüre
Farbig
Bd. 1
Z.: GIOLITTI
Bemerkungen:
Es existieren drei Auflagen.
1. Auflage:1,95 DM.
2. Auflage: 2,– DM
3. Auflage: 2,50 DM.

King's
Abenteuer
Weinheim: Arno Dierl, ab Bd. 10: Mühlheim: Norbert Dargatz
1976–Serie erscheint noch
17,4 × 7,5 cm
Heft
Einfarbig
Bd. 1–10 . . .
Z./T.: DIERL

King Sonderband
Siehe: ***Arthur King Sonderband***

Kinowa
Hamburg: Alfons Semrau Verlag
Oktober 1953–November 1954
17 × 8 cm
Heft
Einfarbig
Bd. 1–54
Z.: ESSEGESSE-STUDIO
T.: LAVEZZOLO
Bemerkungen:
Ab Bd. 37, Seite 31: Nachdrucke aus älteren Kinowa, 3 Bills und anderen Wildwest-Serien, in anderer Reihenfolge und völlig anderem Text. Auch wenige neue Kinowa-Bilder. Ab. Bd. 49 wieder Original-Kinowa.
Auf der Liste der jugendgefährdenden Schriften: Bd. 29: E Nr. 27 – BAnz. Nr. 214 vom 5. 11. 54.

Kinowa
Bd. 1: Kinowa-Sonderausgabe
Hamburg: Alfons Semrau Verlag
1955
17 × 24 cm
Heft
Einfarbig
Bd. 1–2
Z.: ESSEGESSE-STUDIO UND GAMBA?
Titelbilder: DONATELLI?
T.: LAVEZZOLO

Kit Carson
Meisterscout des Wilden Westens
Hannover: Walter Lehning Verlag
Dezember 1966–Juni 1967
17 × 24 cm
Heft
Farbig
Bd. 1–16

Kitty Kats
Siehe: ***Kitty Kids***

Kitty Kids
Lustige Geschichten
Hamburg: Martin Kelter Verlag
März 1972–November 1973
Bd. 1–30: 18,1 × 26,3 cm,
Bd. 31–58: 21,3 × 14,7 cm
Heft
Farbig
Bd. 1–58
Bemerkungen:
Bd. 1–30 enthielt immer ein Poster. Es existiert eine 0-Nummer unter dem Titel ***Kitty Kats*** *(ohne Nummer, Preis und Impressum, Mittelseiten und Rückseite leer).*
Inhalt:
Kitty Kids (Z.: A.P.S., SENOL U. A.): Bd. 1–42, 44–45, 47, 49, 53–56, 58
Whisky und Soda: Bd. 1–5, 7–13, 15–30
Ollie & Kong (Z.: A.P.S.): Bd. 1–2, 4–18, 21–30, 34, 43, 46, 48, 50, 52, 57–58
Die Miniks (Z.: A.P.S.): Bd. 19–30, 33, 37–38, 40–41, 51

Klappaltärchen
Hamburg: Andy Hertel/Toulouse-Lautrec-Institut
1973
30,2 × 10,2 cm
Heft
Einfarbig
Z./T.: HERTEL
Bemerkungen:
Auflage 500 Exemplare.

Klasse
Bd. 1–46: Das ist
Bergisch Gladbach: Bastei Verlag
Februar 1972–Juni 1973
18 × 26 cm
Heft
Farbig

Bd. 1–58
Inhalt:
Wastl (Z.: VANDERSTEEN): Bd. 1–58
Käptn Knaller (Z.: MAINOU): Bd. 1–29, 32–33, 35–38
Ritter Kunibert: Bd. 1–22, 25–26, 28–29, 34, 41–42, 55–57
Sheriff Schlotterbart: Bd. 2, 4–6, 9, 11–16, 18, 20–33, 38–39, 43, 46–51, 55, 57–58
Joe Razzo & Co (Z.: COSTA): Bd. 23–24, 30–31
Jollie der Wikinger (Z.: REMACLE): Bd. 27, 35–36
Schnurz (Z.: BROUXENE): Bd. 30–34, 37–40
Die Astro-Flitzer: Bd. 43–54, 58

Klassiker-Comics
Reinbek: Carlsen Verlag
1978
21,5 × 29 cm
Broschüre
Farbig
Bd. (1–2)
Inhalt:
1: Aladdin (Z.: FUENTE)/ T.: CORNEJO)
2: Münchhausen (Z.: FUENTE)/ T.: CORNEJO)

Klassische Erotik
Aachen: Bildschriftenverlag
1970
21 × 28 cm
Broschüre
Farbig
Bd. 1–4
Bemerkungen:
Fotocomic.
Titel:
1: Casanova: Die schönen Nonnen von Murano
2: Maupassant: Auf der Bettkante – Marroca – Der Riegel
3: Das Dekameron des Boccaccio
4: Emil Zola: Nana Das Schicksal einer Grande Cocotte

Klein Annchen
Erfurt (DDR): Schmidt Verlag
1950
21 × 19,5 cm
Buch
Farbig
Z.: ENGELMANN
T.: EWERS

Der kleine Engel
Hamburg: Rowohlt Verlag
1953
18 × 24,3 cm
Buch
Einfarbig
Z./T.: EFFEL

Der kleine Engel
Berlin (DDR): Aufbau-Verlag
1955
16,7 × 23,5 cm
Buch
Einfarbig
Z./T.: EFFEL
Bemerkungen:
Mit Schutzumschlag.

Der kleine Engel
Heiteres zwischen Himmel und Erde
Reinbek: Rowohlt Verlag
August 1971
9,6 × 14,9 cm
Buch
Einfarbig
Z./T.: EFFEL
Bemerkungen:
»Rowohlt-Nachttisch-Büchlein« mit Schutzumschlag.

Der kleine König
Frankfurt/M.: Fischer Taschenbuch-verlag
Januar 1976
12,5 × 19 cm
Taschenbuch 1548
Einfarbig
Z.: SOGLOW

Der kleine König
Reinbek: Rowohlt Verlag
1978
9,6 × 14,9 cm
Buch
Einfarbig
Z.: SOGLOW
Bemerkungen:
»Rowohlt-Nachttisch-Büchlein« mit Schutzumschlag.

Die kleinen Nervensägen
Oldenburg: Gerhard Stalling Verlag
1980
14 × 20 cm
Buch
Einfarbig
Z.: BRETÉCHER

Das kleine Schmittbuch
Berlin (DDR):
Der Kinderbuchverlag
1973
18,8 × 27,5 cm
Buch
Einfarbig
Z.: SCHMITT
Inhalt:
Zirkus Alberto
Ede, der Tierfänger
Ede, der Tierparklehrling
Schwester Monika
Nixi
Kollege Blech
Adam und Evchen
Die Arche Noah
Schmitts Tierleben

Die kleinen Snoopy-Bücher
Reinbek: Carlsen-Verlag
1969
12 × 12 cm
Buch, Farbig
Bd. 1–8 (unnumeriert)
Z.: SCHULZ
Bemerkungen:
1982 nachgedruckt als Broschüren unter dem Titel »Die Peanuts« (numeriert). In der 1. Auflage heißt Linus noch Tom.

Der kleine Sheriff
Hamburg: Mondial-Verlag GmbH, ab Bd. 76: Rastatt: Erich Pabel Vlg.
Februar 1954–Juli 1957
16,5 × 22,5 cm, ab Bd. 71: 16,5 × 23 cm, Bd. 76: 16,5 × 22,5 cm, ab Bd. 77: 18 × 27 cm
Heft
Einfarbig, ab Bd. 55: zweifarbig, ab Bd. 77: farbig, ab Bd. 81: einfarbig, zweifarbig und farbig
Bd. 1–88
Z.: ZUFFI
T.: TORELLI (auch BARBIERI?)
Bemerkungen:
Auf der Liste der jugendgefährdenden Schriften: Bd. 12: E Nr. 3 – BAnz. Nr. 132 vom 14. 7. 54.
Inhalt:
D.Z. 3 antwortet nicht: Bd. 47–49
Im Schatten von Waterloo: Bd. 50–52
Zehn Jahre später: Bd. 53–55
Die Echoschlucht: Bd. 56–58
Frank, der Befreier: Bd. 58–74
Conny und Cathrinchen: Bd. 58–64
Heck u. Meck: Bd. 65–76
Gefährlicher Ritt durch die Wüste: Bd. 75

Dicky (Z.: ROMOREAU): Bd. 76
Zimm und Bumm (Z.: CARTIER): Bd. 76–88
Der Häuptling der Mingos: Bd. 77
Pitt Langohrs Abenteuer (d. i. Bugs Bunny): Bd. 77
Das versunkene Silberschiff (Z.: DAN): Bd. 77
Atombasis F 18: Bd. 78
Der Mann mit dem Kupfergesicht: Bd. 78
Die Königin von Kreta: Bd. 79
Rekordbrecher: Bd. 79
Das Geheimnis des Feuers (Z.: DAN): Bd. 80
Die Seeräuberinsel: Bd. 80
Radium: Bd. 81
Sven der Wikinger: Bd. 81
Der unbekannte Verräter: Bd. 82
Die geheimnisvolle Insel: Bd. 82
Pedros Geheimnis: Bd. 83
Der schwarze Büffel (Z.: DAN): Bd. 83
Die Dame in Grün: Bd. 84
Ferien in Dakota: Bd. 84
Der rote Reiher (Z.: DAN): Bd. 85
Der weiße Orkan: Bd. 85
Achtung! Die Alkan-Indianer!: Bd. 86
Der Verrat der Cipayes: Bd. 86
Das belagerte Fort: Bd. 87
Der grüne Drache (Z.: DAN): Bd. 87
Auftrag »Judo«: Bd. 88
Die schwarze Perle: Bd. 88

Kleine Wächter am Ostchinesischen Meer
Peking (China): Vlg. für fremdsprachige Literatur
1976
18,4 × 17,1 cm
Broschüre
Farbig
T. u. Fotos:
SHANGHAIER STUDIO FÜR TRICKFILME

Kleine Wächterin am Anlegeplatz
Peking (China): Vlg. für fremdsprachige Literatur
1977
26 × 18 cm
Broschüre
Farbig
Z.: HO
T.: DJIN
Bearbeitung: YANG

Der kleine Wilde
Billy, Freund der Bären
Hamburg: Williams Verlag
Dezember 1975
21 × 26,7 cm
Heft
Farbig
Z.: ORTIZ

Klein Tinchen's Abenteuer
ab Bd. 4: ***Klein Tinchen und Vetter Flax***
Düsseldorf: Verlag Diese Woche, ab Bd. 3: Düsseldorf: Verlag Welt am Sonnabend
1950–1964
21 × 15 cm
Broschüre
Einfarbig
Bd. (1)–15
Z.: Bd. 1–15: ENTELMANN
T.: Bd. 1–2: FABIAN UND EDELTRAUT
Bd. 3: FABIAN
Bd. 4–8, 14–15: ENTELMANN
Bd. 9–13: DRIESCH

Klo-Comix
Ohne Verlag (Volksverlag)
1971
15 × 21 cm
Heft
Einfarbig

Bd. (1)–2
Z.: CAZA: Bd. 1
CRUMB: Bd. 1–2
IRONS: Bd. 1
SPIEGELMAN: Bd. 2

Knautschke
Das lustige Nilpferd
Berlin: Skizzen-Verlag Nebel
1959
14,5 × 21 cm
Buch
Zweifarbig
Z.: ROBINSON/Verse: MILTE

Knirsch
Siehe: ***Koz-Komix***

Knüppel aus dem Sack
Ohne Verlag
Ohne Jahr (50er Jahre)
18,8 × 22,7 cm
Buch
Einfarbig
Z./T.: WITZIG
Bemerkungen:
Comic mit umfangreichem Dialogtext.

Kobra
Comic-Heft
Zug (Schweiz): Gevacur
Februar 1975–April 1978
18,1 × 26,1 cm
Heft
Farbig und einfarbig
Jg. 1975: Bd. 7–52
Jg. 1976: Bd. 1–52
Jg. 1977: Bd. 1–53
Jg. 1978: Bd. 1–16
Bemerkungen:
In einigen Bänden waren Gimmicks.
Trigan-Poster zum Zusammensetzen: 1977: Bd. 8 und 10, sowie 1978: Bd. 13–14.
Bd. 11–33 von 1977 enthalten Poster.
Inhalt:
Mytek: Bd. 7/75–16/78
Spiderman: Bd. 7/75–49/75, 51/75–49/76
Sabor: Bd. 7/75–44/75, 49/75–10/76
Das Reich Trigan (Z.: LAWRENCE/T.: BUTTERWORTH): Bd. 7/75–8/78
Die eiserne Hand: Bd. 7/75–8/77, 33/77–38/77, 7/78–16/78
Das magische Auge (Z.: LÓPEZ): Bd. 7/75–26/76, 50/76–32/77, 5/78–12/78
Archie (Z.: U. A. BUS): Bd. 7/75–19/76, 34/77–37/77, 40/77–44/77, 4/78–7/78
Wichtig für alle Fußballfreunde!: Bd. 34/75
Dollmann's Haus: Bd. 47/75–48/75, 50/75
Rico: Bd. 48/75
Billy: Bd. 11/76–32/76, 2/77–26/77
Der Grenzkrieg: Bd. 18/76–26/76
Die Kämpfe der Seewölfe: (Z.: LAWRENCE): Bd. 20/76–12/77, 51/77–53/77
Martins Super-Mini: Bd. 27/76–1/77
Zip Nolan: Bd. 27/76–26/77
Johnny Puma: Bd. 27/76–1/77
Deckname – Tigerhai: Bd. 33/76–19/77
Dr. Karnaks Rache: Bd. 9/77–26/77
Heisse Räder: Bd. 13/77–29/77, 39/77–43/77
Bob Scott: Bd. 20/77–33/77, 45/77–50/77, 1/78–4/78
Pit: Bd. 27/77–39/77, 50/77–51/77, 12/78–16/78
Die Teufelsfischer von Swampa: Bd. 38/77
Böse Geister im Bermuda-Dreieck: Bd. 39/77
Mick und Mack: Bd. 40/77–49/77,

52/77–11/78
Lefty: Bd. 44/77–4/78
Storm (Z.: LAWRENCE/T.: DUNN): Bd. 9/78–16/78
Roberta Robot: Bd. 13/78–14/78
Die Meckermanns: Bd. 13/78–15/78
Fix und Foxi: Bd. 16/78
Die Kinder-Polizei: Bd. 15/78

Kobra Taschenbuch
Zug (Schweiz): Gevacur
Oktober 1975–Mai 1976
16,9 × 24 cm
Broschüre
Farbig und einfarbig
Bd. 1–4
Inhalt:
Archie: Bd. 1–4
Die Freibeuter: Bd. 1
Der schwarze Hengst: Bd. 1
Die Saboteure der Lagune: Bd. 1
Die Lenzium Affäre: Bd. 1
Die Ratten von London: Bd. 1
Reise in die Vergangenheit: Bd. 1
X-11 wird vermisst: Bd. 2
Das Verbrechersyndikat: Bd. 2
Der Hinterhalt: Bd. 2
Der Mann im Dunkeln: Bd. 2
Der Sohn des Piraten: Bd. 2
Die Brücke über dem Abgrund: Bd. 2
Barracuda, der Schrecken der Meere: Bd. 2
DV 4516: Bd. 3
Vergiftetes Wasser: Bd. 3
Die Verräter sind unter uns: Bd. 3
Captain Kidd (Z.: SALINAS): Bd. 3
Die Insel der Skorpione: Bd. 3
Ein Toter lebt!: Bd. 3
Piratenschicksal: Bd. 3
Gefährliches Spiel: Bd. 3
Das Geheimnis von Amazonien: Bd. 4
Die Höllenmaschine: Bd. 4
Tag der Rache: Bd. 4
Bud Spacker: Bd. 4
Die Todesfalle: Bd. 4
Der fliegende Reporter: Bd. 4
Machtgelüste: Bd. 4

Kobra Taschenbuch
Zug (Schweiz): Gevacur
Februar 1977–1978
13 × 18 cm
Taschenbuch
Zweifarbig
Bd. 1–5
Inhalt:
Die eiserne Hand: Bd. 1, 3, 5
Tigerhai: Bd. 1–5
Spider Man: Bd. 2, 4

Kobra Top Secret
John Havoc Dossier
Zug (Schweiz): Gevacur
1976
13,4 × 17 cm
Taschenbuch
Farbig
Bd. 1
Bemerkungen:
Wurde mit kleiner Spielzeugpistole verkauft.

Könige der Prärie
Siehe: ***Die gelben Hefte.***

König Popiel und die Mäuse
Warschau (Polen): Sport i Turystyka
1976
18,7 × 25,7 cm
Broschüre, Farbig
Z.: ROSINSKI
T.: SEIDLER
Bemerkungen:
Zweisprachig deutsch und polnisch.

Kollaps
Siehe: ***Stress***

Kollege Blech
Berlin (DDR):
Eulenspiegel Verlag
1965
12 × 19 cm
Taschenbuch
Einfarbig
Z.: SCHMITT
Bemerkungen:
Wendeband zusammen mit Adam und Evchen.

Komantschen Mond
Linden: Volksverlag
1980
21 × 29,8 cm
Buch
Einfarbig
Z./T.: JAXON

Komische Bilderromane
Leipzig (DDR):
Insel-Verlag
Bd. 1: 1967, Bd. 2: 1968
26,9 × 18,7 cm
Buch
Einfarbig
B. 1–2
Z.: TÖPFFER
Bemerkungen:
Sowohl mit speziellen Pappschubern als auch mit farbigen Schutzumschlägen erschienen.
Inhalt:
Bd. 1: Die Geschichte des Monsieur Jabot/Die Geschichte des Monsieur Crépin/Die Liebesabenteuer des Monsieur Vieux Bois
Bd. 2: Die Geschichte des Monsieur Pencil/Die Reisen und Abenteuer des Doktor Festus/Die Geschichte des Monsieur Cryptogame

Komische Bilderromane
Berlin/München/Wien: F. A. Herbig-Verlag
Bd. 1: 1967, Bd. 2: 1968
26,9 × 18,7 cm
Buch
Einfarbig
Bd. 1–2
Z.: TÖPFFER
Bemerkungen:
Mit speziellen Pappschubern erschienen.
Inhalt:
dasselbe wie: Komische Bilderromane (Insel-Verlag)

Komische Bilderromane
Frankfurt/M.: Insel Verlag
1975
17,7 × 10,7 cm
Taschenbuch it 137 (für beide Bände)
Einfarbig
Z.: TÖPFFER
Bemerkungen:
Zwei Bände in einem Schuber.

Komische Bilder-Romane
Lustige Geschichten und Karikaturen
Darmstadt: Melzer Verlag
1975
29,4 × 32,5 cm
Buch
Einfarbig
Z.: TÖPFFER

Komische Welt
Verrückte Weisheiten
Hamburg:
Rütten & Loening Verlag
1961
21,3 × 28,5 cm
Buch
Einfarbig
Z.: PETERSEN

Bemerkungen:
Geringer Comicanteil.

Komische Welt
Verrückte Weisheiten
Gütersloh: Bertelsmann Lesering
1962
21,3 × 28,5 cm
Buch, Einfarbig
Z.: PETERSEN
Bemerkungen:
Nur für Mitglieder. Geringer Comicanteil.

Kommunikation mit Pflanzen
Linden: Volksverlag
1980
21 × 29,8 cm
Buch
Einfarbig
Z.: EISNER

Konfuzius und der Räuber Zhi
Frankfurt/M.: Insel Verlag
1978
10,8 × 17,6 cm
Taschenbuch it 278
Einfarbig
Bemerkungen:
Etwa zur Hälfte Comics.

Kong König der Insel
Siehe: ***Grafic Art***

Korak
Bd. 1–63: Tarzan's Sohn
Bd. 1, 3, 5, 7, 12, 13, 16–28, 30–63, 117, 118: Edgar Rice Burroughs
Bd. 64–118: Abenteuer Comic
Bd. 64–70: Edgar Rice Burroughs präsentiert: Tarzans Sohn
Bd. 71–116: Edgar Rice Burroughs's Tarzan präsentiert seinen Sohn
Aachen: Bildschriftenverlag, ab Bd. 48: Alsdorf: Bildschriftenverlag, ab Bd. 58: Alsdorf: Williams Verlag, ab Bd. 62: Alsdorf: Bildschriftenverlag, Abt. Williams, ab Bd. 67: Hamburg: Bildschriftenverlag Abt. Williams, ab Bd. 68: Hamburg: Williams Verlag, ab Bd. 82: Hamburg: Klaus Recht GmbH, ab Bd. 114: Hamburg: Williams Verlag
April 1967–Juli 1976
18 × 25 cm, ab Bd. 98: 18 × 26 cm
Heft
Farbig
Bd. 1–118
Z.: Bd. 1–10: MANNING
Bd. 11–18: TUFTS
Bd. 12 (3. Story): MARSH
Bd. 20: MANNING
Bd. 21: GIOLITTI?
Bd. 22 (2. Story): MANNING
Bd. 23–28: SPIEGLE
Bd. 29: MANNING
Bd. 30–37, 39, 41, 43, 45, 46, 49, 50: SPIEGLE
Bd. 39 (2. Story): MANNING (Wiederholung der 2. Story von Bd. 9)
Bd. 74: RH
Bd. 76, 77, 79, 83, 88, 90, 92, 94, 96, 98, 100, 102, 107, 109–111, 114, 115, 117, 118: CRAS
Bd. 78, 82, 84, 85, 89, 91, 93, 95, 97, 99, 101, 103, 105–108, 111–113, 116: MANILA
Bd. 81: Z.: ANDERSON/T.: KANIGHER
Bd. 89, 93, 95–97, 99, 100–109: RAD
Bd. 103: ANTONAYA
Inhalt:
Jon von der Kalahari (Z.: MARSH): Bd. 1–14, 29
Mabu der Urwaldjunge (Z.: SPIEGLE): Bd. 15, 16, 18, 22–25, 27, 30, 32, 33, 35–37, 41, 46, 49
Tarzan (Z.: MARSH): Bd. 17, 28

Dassie (Z.: MARSH?) Bd. 18
Jane (Z.: MARSH): Bd. 19, 25
Brüder des Speers (Z.: MANNING): Bd. 20
Boy (Z.: MARSH): Bd. 21, 33, 34, 50
Mini-Comics: Bd. 21, 22
Das Herz des Riesen: Bd. 27
Mutiger M'Bogo!: Bd. 31
Bantu: Bd. 36
Mondschein und Schatten: Bd. 43
Ein Tag voll zorniger Entrüstungen: Bd. 45

Koz-Komix
Zürich (Schweiz): Suter-Bros., ab Bd. 6: Unterhörstetten (Schweiz): Suter Bros.
ca. 1969–März 1973
20,9 × 29,7 cm
Heft, ab Bd. 7: Broschüre
Einfarbig
Bd. 1–8 (mehr nicht bekannt)
Bemerkungen:
Schweizer U-Comix-Zeitung. Bd. 3 mit Beilageblatt.
Titel:
Jedes Heft erschien unter einem anderen Haupttitel:
3: Knirsch
4: Juhui!
6: Plopp
7: Gorps
8: Zack
Mehr nicht gesehen.
Z.: BÄR: Bd. 7–8
BAGSAL: Bd. 7
BOSSERT: Bd. 8
BRUHIN: Bd. 3–4
BURKHARD: Bd. 8
COBB: Bd. 8
CRAWFORD: Bd. 4, 7–8
CRUMB: Bd. 3, 6–8
DUBOUILLON: Bd. 4
FLURY: Bd. 8
FREY: Bd. 3
KRÄHENBÜHL: Bd. 8
KÜBLER: Bd. 3
KURIGER: Bd. 7
KWACH: Bd. 8
MARC: Bd. 6
MOSCOSO: Bd. 4
PORTMANN: Bd. 3, 7
SHELTON: Bd. 8
STEIN: Bd. 3
SUTER, ADRIAN: Bd. 3, 6–7
SUTER, J: Bd. 7
SUTER, PETER: Bd. 3–4, 6–7

Krambambuli
Siehe: ***Bilderpost***

»Krazy Kat«
Darmstadt: Melzer Verlag
1974
22,9 × 30,9 cm
Buch
Einfarbig
Z.: HERRIMAN

Kreatur
Deutscher Underground Horror Comic
Hamburg: Thies Reichow
September 1980
14,8 × 21,1 cm
Heft
Einfarbig
Bd. 1
Z.: REICHOW
Bemerkungen:
Auflage 100 Exemplare.

Kreuzfahrt
Berlin: Bangro-Comic-Team, ab Bd. 15: Berlin: Heinrich Banemann
Februar 1972–Serie erscheint noch
Bd. 1–5: 15,9 × 22,5 cm,
Bd. 6–7: 15,5 × 22 cm,

Bd. 8–9/10: 15,5 × 21,7 cm,
Bd. 11–14: 16,5 × 23,3 cm,
Bd. 15–18: 20,9 × 29,5 cm
Heft
Einfarbig
Bd. 1–8, 9/10, 11–18 . . .
Bemerkungen:
Zur Serie erschien ein Heft mit dem Titel »Sonderausgabe Kreuzfahrt«, mit Konstruktionsplänen und der Vorgeschichte (kein Comic).
Inhalt:
Kreuzfahrt (Z.: BANEMANN): Bd. 1–18
UNL (Z./T.: KNIGGE UND REX): Bd. 8
Die Brösel Saga (Z.: SICHERT/T.: BANEMANN): Bd. 16–18
Ohne Titel (Z.: BANEMANN): Bd. 16–17
Der Zeitsprung (Z.: SICHERT/T.: BANEMANN): Bd. 18
Titelbild von Bd. 18: SICHERT

Krieg der Sterne
Hamburg: Williams Verlag
1978
20 × 29,5 cm
Heft
Farbig
Bd. 1–3
Bemerkungen:
Bd. 1 und 2: Comic nach dem Film.
Z. u. T.:
CHAYKIN: Bd. 1–3
HOBERG: Bd. 2
LEIALOHA: Bd. 1–2
PALMER: Bd. 3
SPRINGER: Bd. 3
THOMAS: Bd. 1–3
WRAY: Bd. 2

Krieg der Sterne
Stuttgart: Ehapa Verlag
Juli 1979–Oktober 1984
21,9 × 28,8 cm
Broschüre
Farbig
Bd. 1–22
Z. u. T.:
AUSTIN: Bd. 2–3
BROZOWSKI: Bd. 19
BURZON: Bd. 14
CHAYKIN: Bd. 1
CHIANG: Bd. 16, 20
CLAREMONT: Bd. 4, 14
COHEN: Bd. 2–3
COLLETTA: Bd. 19
COSTANZA: Bd. 1–3, 5–6, 8, 11
DAY: Bd. 5, 7–8, 11–12, 21
DUFFY: Bd. 6, 22
FLEISHER: Bd. 19
FRENZ: Bd. 20
GAFF: Bd. 4
GAFFORD: Bd. 1, 6, 9
GAMMILL: Bd. 22
GARZON: Bd. 12
GIACOIA: Bd. 14
GLUT: Bd. 2
GOLDBERG: Bd. 6, 8, 10
GOLDEN: Bd. 11
GOODWIN: Bd. 2–12
HAMA: Bd. 12
INFANTINO: Bd. 2–3, 5–12
KUPPERBERG: Bd. 2, 14
LEFERMAN: Bd. 14
MICHELINIE: Bd. 13, 15–21
MILGROM: Bd. 4
MORELLI: Bd. 13
MOULY: Bd. 2
NOVAK: Bd. 9
PALMER: Bd. 1–2, 13–18, 20–22
PARKER: Bd. 2, 4, 6, 12
ROBINS: Bd. 6
ROSEN: Bd. 1–2, 7–8, 10, 15–22
ROUSSOS: Bd. 5
SEAN: Bd. 7
SEVERIN: Bd. 4
SHAREN: Bd. 4, 6
SIMONSON: Bd. 4, 13–18, 20
SPRINGER: Bd. 1

STONE: Bd. 11
THOMAS: Bd. 1
TRIMPE: Bd. 4
WARFIELD: Bd. 13, 15–16
WEIN: Bd. 8, 11–12, 14, 17, 19–22
WIACEK: Bd. 4–6, 8–10
WOHL: Bd. 3–4
YOMTOV: Bd. 11

Krieg der Sterne Sonderausgabe
Bd. 1–2: Das Imperium schlägt zurück
Bd. 3: Die Rückkehr der Jedi-Ritter
Bd. 3: Star Wars
Stuttgart: Ehapa Verlag
Dezember 1980–1983
Bd. 1–2: 21,5 × 28,8 cm,
Bd. 3: 22,6 × 30,7 cm
Broschüre
Farbig
Bd. 1–3
Z. u. T.:
Bd. 1–2: WILLIAMSON, GARZON, WEIN, VEITCH, GOODWIN UND COVER VON LARKIN
Bd. 3: GOODWIN, WILLIAMSON, GARZON, PALMER, FRENZ, SCHEELE, SHAREN, KING, LOUISE SIMONSON UND COVER VON SIENKIEWICZ

Krieger der Geisterwelt
Phantastische Comic-Abenteuer!
Stuttgart: Ehapa Verlag
Oktober 1980–Februar 1981
21,8 × 28,7 cm
Broschüre
Farbig
Bd. 1–3
Z.: BUSCEMA UND NEBRES
T.: MOENCH
Coloriert von LEDGER
Mitarbeit: COSTANZA, COOPER, ORZECHOWSKI UND ROGAN

Krimi Klassiker
Siehe: ***Charles Rand/John Drake/Mit Charme, Schirm und Melone***

Kriminal Bild Roman
Hamburg, Alfons Semrau Verlag
Oktober 1953–März 1954
14 × 18 cm
Heft
Einfarbig
Bd. 1–10
Z.: EISERMANN U. A.
Titel:
1: Rätsel um Mr. Frensham (T.: DUDLEY) (Nachdruck von Lux Kriminal-Bild-Roman)
2: Das Testament des Todes (T.: DUDLEY)
3: Der Mann im Rollstuhl (T.: OPPENHEIM)
4: Embleme des Teufels (T.: ROHMER)
5: Schatten über London (T.: DRUMMOND)
6: Die schwarze Maske (T.: DUDLEY)
7: Die Schlinge des Henkers (T.: DUDLEY)
8: Neues vom Hexer (T.: WALLACE)
9: Geheim-Agent B-II (T.: MILTON)
10: Der schwarze Abt (T.: WALLACE)

Kuba für Anfänger
Freundschaftsgesellschaft Westberlin–Kuba e. V.
ca. 1974
13,6 ×21 cm
Broschüre
Einfarbig
Z./T.: RIUS

Kuckuck
Das bunte Kindermagazin
Unterhaltend – Spannend – Belehrend
Kornwestheim bei Stuttgart: »Kuk-

kuck«-Verlag, F. Domansky
1949
18,5 × 26 cm
Heft
Farbig und einfarbig
Bd. 1
Z.: Titelbild von MAYER
Inhalt:
Großvater's Abenteuer (Z.: MAYER) farbig
Fridolin Bums (Z.: MAYER) farbig
Mizzi's kleine Sprachlehre (Z.: MAYER) farbig
Bobbi (Z.: MAYER) einfarbig
Fritzel (Z.: RÄMISCH) farbig

Der kühle Bräutigam/Die Abenteuer des Herrn Cryptogam zu Wasser und zu Lande
Reinbek: Rowohlt Verlag
März 1968
Buch
Einfarbig
Z.: TÖPFFER
Bemerkungen:
Reihe »Rowohlt-Nachttisch-Büchlein«. Mit Schutzumschlag. Erschien in anderer Form schon 1956 als Gratisgabe für Mitarbeiter des Verlages.

Die Kühnheit des Bergadlers
Peking (China): Vlg. für fremdsprachige Literatur
1975
18,5 × 17,1 cm
Broschüre
Einfarbig
Z.: DSCHUNG, DSUO, KUANG UND LIU

Kumulus
Kornwestheim: E. P. J. Seifried & Rolf Boyke
1974
30 × 41,9 cm
Heft
Einfarbig
Bd. 0
Z.: SEIFRIED UND BOYKE
Bemerkungen:
Auflage 1000 Exemplare.

Kung Fu
Rastatt: Favorit-Verlag
1975
19,8 × 27,2 cm
Buch
Farbig und zweifarbig
Z.: WALDUCK
T.: MOORE
Bemerkungen:
Basiert auf der Fernsehserie mit David Carradine. 56 Seiten, davon 22 Seiten Comic.

Kung-Fu
Bd. 1–155: Die hohe Kunst der Selbstverteidigung
Bd. 1–37: Die Abenteuer der Unbezwingbaren
Bd. 38–155: Das Abenteuer- und Kampfsport-Magazin
Oktober 1975–Dezember 1981
21,5 × 29 cm
Heft
Farbig
Bd. 1–155
Inhalt:
Shi-Kai (Z.: SALVADOR, AMADOR, FEITO, LEOPOLDO ORTIZ, BERNET): Bd. 1–119
Zendo der Hai (Z.: JOSE ORTIZ U. A.): Bd. 1–118
Jeff Blake (Z.: SUSO): Bd. 1–46
John Patrick (Z.: MARCELLO/T.: OLLIVIER): Bd. 47–137
Panthera (Z.: ROCA): Bd. 119–155
Aikido: Bd. 120–155
Steve Dallas: Bd. 139–155

Kung Fu
Die tödlichen Hände des
Hamburg: Williams Verlag
ab Februar 1976
Bd. 1–2, 5–6: 12,4 × 18 cm,
Bd. 3–4: 11,5 × 18 cm
Taschenbuch
Zweifarbig
Bd. 1–6
Inhalt:
Captain America (Z.: KIRBY/T.: LEE): Bd. 3
Z. u. T.: ABEL: Bd. 4
CONWAY: Bd. 2
ENGLEHART: Bd. 1
ESPOSITO: Bd. 5
GAN: Bd. 6
GIORDANO: Bd. 2
GULACY: Bd. 2
MANTLO: Bd. 4–6
McLAUGHLIN: Bd. 2
McLEOD: Bd. 4
MILGROM: Bd. 1–2, 4
MOENCH: Bd. 2, 4
PEREZ: Bd. 4–6
STARLIN: Bd. 1
VOSBURG: Bd. 4
WEISS: Bd. 1
ZUNIGA: Bd. 6

Kuno Wimmerzahn
Berlin (DDR):
Eulenspiegel-Verlag
1955
Spätere Auflagen: 12 × 16,5 cm
Taschenbuch, spätere Auflagen: Heft
Einfarbig
Z.: SCHMITT
Bemerkungen:
Mehrere Auflagen.

Kunterbunt
Siehe: ***Eulenspiegels Kunterbunt***

Der Kurier des Zaren
Siehe: ***Jules Verne-Comics***

Kutscher's Kaucomics
Wiesbaden:
Elke Betzel Verlag
1979
7,6 × 2 cm
Heft
Einfarbig
Bd. 1–5
Z.: KUTSCHER
Bemerkungen:
Aufgemacht wie ein Kaugummistreifen. Auflage 500 Exemplare.

L

Lache mit Willi
Innenteil: Die Erlebnisse eines Dakkels 44 Bildgeschichten
München: Tomus-Verlag
1962
14,5 × 21 cm
Buch
Einfarbig
Z.: KOSSATZ

Lachen mit Catrinus
Freiburg: Hyperion-Verlag
1964
6,5 × 9,5 cm

Buch
Einfarbig
Z.: CATRINUS

Lancelot
Bd. 42–54: mit Rocky, Sohn der großen Wälder
Hannover: Walter Lehning Verlag
September 1963–Oktober 1965
15 × 21 cm
Heft
Einfarbig
Bd. 1–54
Z.: D'AMICO UND DISO
T.: OLLIVIER
Inhalt:
Der Löwe von Flandern (Z.: BOOD) (Nachdruck von Abenteuer der Weltgeschichte Bd. 48): Bd. 18
Afrika lockt (Z.: BOOD) (Nachdruck von Abenteuer der Weltgeschichte Bd. 37): Bd. 19
Hermann der Cherusker (Z.: BOOD) (Nachdruck von Abenteuer der Weltgeschichte Bd. 36): Bd. 20
Nelson (Z.: BOOD) (Nachdruck von Abenteuer der Weltgeschichte Bd. 35): Bd. 21
Im Lande des Inka (Z.: BLUMENTRITT) (Nachdruck von Abenteuer der Weltgeschichte Bd. 22): Bd. 22
Bayard, Ritter ohne Furcht und Tadel (Nach der Fernsehserie): Bd. 23–38
Rocky (Z.: FERRI/T.: NOLITTA: Bd. 39–54

Lancer
Aachen: Bildschriftenverlag
1970–August 1970
18 × 25 cm
Heft
Einfarbig, Bd. 2: farbig, außer Innenumschlag
Bd. 1–2
Bemerkungen:
Nach der Fernsehserie.
Inhalt:
Gelbhaar: Bd. 1
Daniel Boone (Z.: FREDERICKS): Bd.2

Land der Giganten
Aachen: Bildschriftenverlag
1969
18 × 25 cm
Heft
Einfarbig
Bd. 1
Z.: GILL
Inhalt:
Fantome im Ring

Der lange Lulatsch
Seine Erlebnisse und Abenteuer
Düsseldorf: Verlag Welt am Sonnabend, Diese Woche
1953
21 × 29,5 cm
Heft
Einfarbig
Z.: ENTELMANN
T.: BLECKMANN

Lassie
Die echte
Stuttgart: Ehapa Verlag
September 1979–1980
13,3 × 18,4 cm
Taschenbuch, Farbig
Bd. 1–9

Lassie
Siehe: ***Fernseh Abenteuer***
Fernseh Tele Comic-Album

Lasso
Bd. 1–44: ***Lasso Western***
Bd. 45–62, 64–66, 68–70, 72–74, 76, 78–115, ungerade Nummern

von 117–375, 377–647 alle Nummern: ***Lasso***
Bd. 63, 67, 71, 75, 77: ***Roy Tiger***
Bd. alle geraden Nummern von 116–376: ***Buffalo Bill***
Bd. 1–3, 5–9, 14: Ein packendes, abgeschlossenes Abenteuer mit Jim Bridger
Bd. 4: Ein packendes Abenteuer mit dem Wildwesthelden Jim Bridger
Bd. 10–13: Ein packendes Abenteuer mit Joe Mustang
Bd. 15–17: Ein packendes Abenteuer mit Buffalo Bill
Bd. 18–45: Ein packendes Abenteuer mit Old Joke
Bd. 46–97: Ein packendes, abgeschlossenes Abenteuer
Bd. 63, 67, 71, 75, 77: Lasso bringt: Die packenden Abenteuer des unerschrockenen Dschungelboys
Bd. 45–62, 64–66, 68–70, 72–74, 76, 78–94: Männer im Kampf um Recht und Gesetz
Bd. 95–115 ungerade Nummern von 117–375, 377–647 alle Nummern: Mit Reno Kid und Häuptling Arpaho
Bd. 95–377: Lasso-Band
Bd. 116, 118: Lasso mit:
alle geraden Nummern von Bd. 116–376: Der Held des Wilden Westens
Bergisch Gladbach: Bastei-Verlag
1965–April 1985
18 × 26 cm
Heft
Farbig
Bd. 1–647
Z.: Titelbilder teilweise von DILL U. MARU
Inhalt:
Jim Bridger: Bd. 1–9, 14, 45
Joe Mustang: Bd. 10–13
Buffalo Bill (Z.: VERSCHIEDENE U. A. COSTA, DEL ARBO, SOLÉ, ANDRES, ROJO, STUDIO ORTEGA, STUDIO VANDERSTEEN VERSCHUERE, WÄSCHER/T.: VERSCHIEDENE U. A. DIERCKX, HESS)
(Bd. von WÄSCHER: 118, 120, 126, 130, 136, 138, 140, 142, 146, 150, 156, 158, 162, 166, 170, 176, 182, 184, 188, 192, 200, 210, 212, 214, 216, 224, 226, 230, 232, 236, 240, 244, 248, 254, 256, 260, 264, 272, 276, 278, 282, 288, 294, 300, 306, 308, 316, 318, 324, 328, 330, 336, 338, 346, 348, 350, 358, 360, 364, 374): Bd. 15–17, alle geraden Nummern von 116–376, fortgesetzt in eigener Serie Buffalo Bill
Old Joke (Z.: VERSCHIEDENE U. A. LEYTON): Bd. 18–45
Falkenauge (Z.: PEDRAZZA): Bd. 46–57
Sheriff Kendall (Z.: CASTILLO/T.: COLLINS): Bd. 57–62, 64–66, 68–70, 72–74, 76, 78–81
Roy Tiger: Bd. 63, 67, 71, 75, 77, fortgesetzt in eigener Serie Roy Tiger
Reno Kid (Z.: VERSCHIEDENE U. A. SOLÉ, ANDRES, ROJO, STUDIO ORTEGA, BUXADE, CASABIANCA, GUIRADO, BALCELLS, STUDIO GIOLITTI = BUFFOLENTE U. A./T.: VERSCHIEDENE U. A. HESS): Bd. 82–115, alle ungeraden Nummern von 117–375, 377–647 alle Nummern
Luchsauge (Z.: DOUAY): Bd. 106, 107, 131, 137, 147, 149, 151, 195, 197, 199, 201, 203, 205, 207
Schwarzer Wolf (Z.: KLINE/T.: OLLIVIER): Bd. 579–647

Lasso-Sonderheft
Bergisch Gladbach: Bastei-Verlag
Juli 1968–November 1969
18 × 26 cm
Heft
Farbig
Bd. 1–17

Z.: Buffalo Bill: VERSCHIEDENE U. A. STUDIO VANDERSTEEN, VERSCHUERE
T.: DIERCKX.
Andere Zeichner siehe unten.
Reno Kid: VERSCHIEDENE U. A. STUDIO GIOLITTI = BUFFOLENTE U. A..
Andere Zeichner siehe unten.
Titel/Inhalt:
1: *Buffalo Bill*, Wildtöter, Jim Bridger
2: *Buffalo Bill*, Wildtöter, Jim Bridger
3: *Buffalo Bill*, Der Pfadfinder
4: *Buffalo Bill*, Reno Kid, Puma Bob
5: *Der letzte Mohikaner*
6: *Lederstrumpf*
7: *Buffalo Bill* (Z.: L.E.F.), Reno Kid, Puma Bob
8: *Buffalo Bill* (Z.: WÄSCHER), Puma Bob, Reno Kid
9: *Buffalo Bill* (Z.: L.E.F.)., Reno Kid, Jim Bridger
10: *Buffalo Bill*, Reno Kid, Kleiner Falke (Z.: WÄSCHER)
11: *Buffalo Bill* (Z.: WÄSCHER), Reno Kid, Jim Bridger
12: *Buffalo Bill*, Jim Bridger, Reno Kid
13: *Buffalo Bill*, Jim Bridger, Reno Kid
14: *Buffalo Bill* (Z.: WÄSCHER), Jim Bridger, Reno Kid
15: *Buffalo Bill* (Z.: WÄSCHER), Jim Bridger, Reno Kid (Z.: GUIRADO)
16: *Buffalo Bill* (Z.: WÄSCHER), Jim Bridger, Reno Kid
17: *Buffalo Bill*, (Z.: WÄSCHER), Jim Bridger, Reno Kid

Laurel und Hardy
Siehe: ***Dick und Doof***

Lausbub
Freiburg/Basel/Wien: Herder Verlag
1965
15,5 × 24,5 cm
Buch
Dreifarbig
Z.: ANDRÉ

Leben mit Astrologie
Linden: Volksverlag
1980
21 × 29,8 cm
Buch
Einfarbig
Z.: EISNER

Der Lebenskünstler
Zürich (Schweiz): Diogenes Verlag
1975
10,1 × 15,7 cm
Buch
Einfarbig
Z./T.: SEMPÉ
Bemerkungen:
Enthält auch Cartoons. 1983 neu aufgelegt als Taschenbuch. Mit Schutzumschlag.

Leben & Traum mit Schellenfusz
Flabby Jacks fantastische Abenteuer
Darmstadt: Melzer Verlag
1975
Buch
Einfarbig
Z.: LEONHARD
T.: JÄGERSBERG
Bemerkungen:
Grenzfall. Siehe auch: ***Rüssel in Komikland, Glücksucher in Venedig*** *und* ***Flucht aus den Bleikammern.***

Leben & Traum mit Schellenfusz
Frankfurt/M.: Fischer Taschenbuchverlag
Februar 1977
12,5 × 19 cm
Taschenbuch 1854
Einfarbig

Z.: LEONHARD
T.: JÄGERSBERG
Bemerkungen:
Siehe auch: ***Rüssel in Komikland, Glückssucher in Venedig*** *und* ***Flucht aus den Bleikammern.***

Lederstrumpf
Siehe: ***Lasso-Sonderheft***

Lehrlingsfront
Berlin: Basis Verlag
1971
14,7 × 20,8 cm
Heft
Einfarbig, zweifarbig und dreifarbig
Bemerkungen:
Es existieren zwei in der Gestaltung leicht unterschiedliche Auflagen.

Lenin für Anfänger
Siehe: ***Sach-Comic***

Lenin im Oktober
Köln: Verlag Rote Fahne
1977
14 × 14,5 cm
Heft
Einfarbig

Lernt mit mir kochen
Kochkurs für Kinder von 8 bis 12 Jahren
München-Wien: Schneider Verlag
1974
20,5 × 29,4 cm
Broschüre
Farbig
Z.: STENDER
Bemerkungen:
Kinder-Kolleg Heft 44.

Die letzte Blume
Hamburg: Rowohlt Verlag
Juni 1953
11,5 × 19 cm
Taschenbuch mit Leinenrücken
Einfarbig
Z.: THURBER
Bemerkungen:
101 Seiten von 161 Seiten nimmt die comicartige Titelgeschichte ein.

Der letzte Mohikaner
Siehe: ***Lasso-Sonderheft***

Die letzten Abenteuer von Prof. Filutek
Berlin (DDR): Eulenspiegel-Verlag
1960
11 × 23,5 cm
Buch
Zweifarbig
Z.: LENGREN

Leutnant Blueberry
Berlin-Hamburg: Koralle Verlag
ab Juni 1978
21,8 × 28,9 cm
Broschüre
Farbig
Bd. 3–4
Z.: GIRAUD
T.: CHARLIER
Bemerkungen:
Bd. 1 in ***Zack Comic Box 4,***
Bd. 2 in ***Zack Album 19.***

L. Frank
Reinbek: Carlsen Verlag
1980–Serie erscheint noch
22 × 29,5 cm
Broschüre
Farbig
Bd. 1–8 . . .
Z.: MARTIN
T.: Bd. 4 MOOR, ab Bd. 5: CHAILLET

Liebe
Frankfurt/M.: Reiche-Comics-Verlag
1976
22,8 × 33 cm
Broschüre
Einfarbig
Z.: REICHE

Liebe
Linden: Volksverlag
1979
22,8 × 33 cm
Broschüre
Einfarbig
Z.: REICHE
Bemerkungen:
Erweiterter Nachdruck der Ausgabe von 1976.

Liebe am Samstag
Hannover: Fackelträger Verlag Schmidt-Küster
1962
20,8 × 15 cm
Buch
Einfarbig
Z./T.: LIMMROTH
Fotos: PHILIPPS

Die Liebe, die Liebe ...
München: Hallmark
1973?
10 × 13,8 cm
Buch
Zweifarbig
Z.: SCHULZ
Bemerkungen:
Peanuts-Geschichten.

Liebe Mutter, mir geht es gut
Berlin: Basis Verlag
März 1974
19,9 × 9,4 cm
Broschüre
Einfarbig
Text und Bildbearbeitung: REINCKE UND WAGNER
Bemerkungen:
Fotocomic nach dem gleichnamigen Film von KLAUS WIESE *und* CHRISTIAN ZIEWER.

Lieben Sie Parties?
Bergisch Gladbach: Gustav Lübbe Verlag
1967
17,4 × 20,9 cm
Buch
Einfarbig
Z./T.: WOLF
Bemerkungen:
Mit durchsichtigem Schutzumschlag.

Ein lieber böser Köter
oder Willst Du wirklich einen Hund?
Zürich (Schweiz): Diogenes Verlag
1977
17,9 × 22,1 cm
Buch
Farbig
Z.: SENDAK
T.: SENDAK U. MARGOLIS
Bemerkungen:
Mit Schutzumschlag.

Der Liebesschwur
Peking (China): Verlag für fremdsprachige Literatur
1956
18 × 13 cm
Broschüre
Einfarbig
Z.: WANG

Liebesträume
Freiburg: Hyperion-Verlag
1962
6,5 × 9,5 cm

Buch
Einfarbig
Z.: PEYNET

Das Lied vom Dritten Reich
Wien (Österr.): Hans-Jörg Konecny
1979
20,8 × 29,4 cm
Heft
Einfarbig
Gestaltung: HAVLIK
Bemerkungen:
12seitige Sonderausgabe (limitierte, numerierte und signierte Auflage). Briefmarken-Collage-Comics aus Stress Bd. 4, mit je einer der als Vorlage verwendeten Briefmarken als Beilage.

Das Lied von Bernadette
Wien (Österr.): Heinz Pollischansky Verlag
1978
38,5 × 18 cm
Buch
Einfarbig
Z.: FOSTER
T.: WERFEL
Bemerkungen:
Zweisprachig deutsch und englisch. Mit Schutzumschlag.

Linus über das Leben
München: Hallmark
1971
10,2 × 13,6 cm
Buch
Zweifarbig
Z.: SCHULZ
Bemerkungen:
Peanuts-Geschichten.

Lissy
Zürich (Schweiz): Diogenes Verlag
Oktober 1954
17 × 11,5 cm
Buch
Einfarbig
Z./T.: KIRAZ

Little Annie Fanny
Playboy's
Frankfurt/M.: Zweitausendeins
1979
22,4 × 31,8 cm
Buch
Farbig
Z.: KURTZMAN
T.: ELDER

Little Nemo
Darmstadt: Melzer Verlag
1972
27 × 36,9 cm
Buch
Farbig und einfarbig
Z.: McCAY
Bemerkungen:
Enthält die Jahrgänge 1905–1910.

Little Nemo
Darmstadt: Brumm-Comix (Melzer)
1972
26,8 × 36,9 cm
Buch
Farbig und einfarbig
Bd. (1–5)
Z.: McCAY
Bd. 1: Jg. 1905–1906
Bd. 2: Jg. 1907
Bd. 3: Jg. 1908
Bd. 4: Jg. 1909
Bd. 5: Jg. 1910

Little Nemo
1906–1910
Darmstadt: Brumm-Comix (Melzer)
1974

26,4 × 36,4 cm
Broschüre
Einfarbig
Z.: MCCAY

Little Nemo
Frankfurt/M.: Fischer Taschenbuchverlag
Juli 1974–September 1975
18,9 × 12,5 cm
Taschenbuch 1491–1495, 1544–1545
Farbig
Bd. 1–7
Z.: MCCAY

Liu Hu-lan
Peking (China): Vlg. für fremdsprachige Literatur
1978
18 × 20,6 cm
Broschüre
Farbig
Z.: MENG

Lone Ranger
Der geheimnisvolle Westernheld
Stuttgart: Ehapa Verlag
Juli 1976–Mai 1981
13,3 × 18,5 cm
Taschenbuch
Farbig
Bd. 1–25
Z.: U. A. VERPOORTEN, TRIMPE, GIOLITTI

Lone Ranger
Der geheimnisvolle Westernheld
Stuttgart: Ehapa Verlag
August 1976–1979
21,8 × 28,8 cm
Broschüre
Farbig
Bd. 1–4

Loriots Kommentare
Zürich (Schweiz): Diogenes Verlag
1978
11,3 × 18 cm
Taschenbuch detebe 166
Einfarbig
Z.: LORIOT
Bemerkungen:
Gesammelte Folgen aus dem »Stern«.

Love Story's
Bremen: Verlag Schoengeist
Ende 1971
12 × 17,5 cm
Taschenbuch Schöne Reihe 1
Einfarbig
Z./T.: HOIER
Bemerkungen:
Auflage 1000 Exemplare.

Luchsauge
Siehe: ***Bastei Sonderheft***

Lucifera
Die Geliebte des Teufels
Aachen: Verlag »Der Freibeuter«
1972–1974
Bd. 1–11: 13,2 × 20 cm,
Bd. 12–24: 10 × 10 cm
Taschenbuch
Einfarbig
Bd. 1–24

Lucky Luke
Stuttgart: Delta Verlag
Juni 1977–Serie erscheint noch
21,8 × 28,7 cm
Broschüre und Buch
Farbig
Bd. 15–42 . . .
Z.: MORRIS
T.: Bd. 15–16, 18–19, 22, 25, 27–28, 30, 34, 36–40: GOSCINNY
Bd. 26, 42: VICQ

Bd. 33, 42: DEGROOT
Bd. 35: FAUCHE UND LÉTURGIE
Bd. 41: BANDA
Bd. 42: DOMI UND LODEWIJK
Bemerkungen:
Fortsetzung der Numerierung aus den Zackalben. Es existiert eine Hardcover-Ausgabe.

Lucky Luke
Siehe: ***Zack Album***
Zack Comic Box

Lucy's Lustbuch
Frankfurt/M.: März Verlag
1971
19,5 × 26,4 cm
Buch
Farbig
Z.: DEMARC

Ludwig und Bruder Langohr
Siehe: ***Buntes Allerlei***

Lulu Whiptit
Die erregenden Abenteuer der Deutschlands große Polit-Satire
Hamburg: Willms Verlag
Dezember 1972
23 × 29,6 cm
Heft
Farbig, dreifarbig und zweifarbig
Bemerkungen:
Gesammelter Nachdruck ausgewählter Folgen aus der Zeitschrift »Zet«.

Lupo
ab 1. Jg. Bd. 8: ***Lupo modern***
ab 2. Jg. Bd. 34: ***Tip Top***
ab 1. Jg. Bd. 8–2. Jg. Bd. 9: Das junge Magazin
ab 2. Jg. Bd. 34–2. Jg. Bd. 42 und 2. Jg. Bd. 44–2. Jg. Bd. 80: Spaß und Spannung am laufenden Band
Rastatt: Erich Pabel Verlag, ab. 1. Jg. Bd. 8: Grünwald: Kauka-Verlag, ab 2. Jg. Bd. 32: Chur (Schweiz): Gevacur AG
Oktober 1964–Juli 1967
18 × 26 cm, ab 2. Jg. Bd. 10: 21 × 28 cm, ab 2. Jg. Bd. 72: 18 × 26 cm
Heft
Farbig und einfarbig (Lupo ab 2. Jg. Bd. 14 teilweise)
1. Jg. 1964/65: Bd. 1–37
2. Jg. 1966/67: Bd. 1–80
Bd. 20/21 vom 2. Jg. ist eine Doppelnummer.
Inhalt:
Tom + Biberherz: 1. Jg. Bd. 2
Schnieff und Schnuff (Z.: ROBA): 1. Jg. Bd. 2–5, 7–37, 2. Jg. Bd. 1–53, 63–66, 71–76, 78–80
Pit + Pikkolo (Z.: FRANQUIN, JIDÉHEM): 1. Jg. Bd. 3–5, 7–22, 26–37, 2. Jg. Bd. 1–2, 4–9
Siggi und Barbarras (Z.: UDERZO/T.: GOSCINNY) (d. i. Asterix): 1. Jg. Bd. 6–37, 2. Jg. Bd. 3–14
Lucky Luke (Z.: MORRIS): 1. Jg. Bd. 7–14, 15–23 (Nachdruck aus Der heitere Fridolin Bd. 52–54 nicht abgeschlossen), 24–37, 2. Jg. Bd. 1–36, 37–42 (Nachdruck aus Der heitere Fridolin Bd. 31–36), 43–48 (Nachdruck aus Der heitere Fridolin Bd. 38–39), 70–80
Rolf und Miki (d. i. Michel Tanguy) (Z.: JIJÉ/T.: CHARLIER): 1. Jg. Bd. 7–25, 31–37, 2. Jg. Bd. 1–18
Old Nick (d. i. Schwarzbart) (Z.: REMACLE): 2. Jg. Bd. 10–53, 59–80
Pichelsteiner (Z.: RINALDI): 2. Jg. Bd. 18 (einfarbig), 19–42, 58–62, 65–74
Kouki (Z.: JIJÉ): 2. Jg. Bd. 20–33, 44–64, 67–78
Tippy (auch Tommy, auch Döskopp):

2. Jg. Bd. 27–34 (einfarbig), 35–43, 50, 52, 62
Pummel (Z.: GIETER): 2. Jg. Bd. 35, 38 (beide als Mini-Fix und Foxi)
Firlefanz (Z.: DEGOTTE): 2. Jg. Bd. 37 (als Mini-Fix und Foxi)
Augustin (Z.: CIMPELLIN): 2. Jg. Bd. 43–71
Winni der Wikinger: 2. Jg. Bd. 49–59
Raumpatrouille Orion (Fotocomic): 2. Jg. Bd. 57–80
Düsenengel (Z.: KAUKA PRODUCTION): 2. Jg. Bd. 75–80
Fritze Blitz und Dunnerkiel: 2. Jg. Bd. 79, 80
Fix und Foxi oder Lupo: fast in jedem Heft

Lupo
Bd. 1–12: Der Super Comicspaß
Bd. 13–72: Ein Super Comicspaß
Rastatt: Erich Pabel Verlag
Oktober 1980–Serie erscheint noch
13,2 × 18,5 cm
Taschenbuch
Farbig
Bd. 1–72 . . .
Inhalt:
Adlerfeder: Bd. 1–10
Eusebia
Knox
Fix und Foxi
Fax
Lupo
Tom und Biberherz
Die Pichelsteiner (Z.: RINALDI)
Boni und Babusch (Z./T.: BERCK UND DUVAL): ab Bd. 65
Sir Harold (Z./T.: DEGROOT UND TURK): ab Bd. 69
Z.: KOSTANJSEK UND THEODOROU

Lupo modern
Siehe: ***Lupo***

Lupo Sonderheft
Siehe: ***Fix und Foxi Sonderheft***

Lurchis gesammelte Abenteuer
Vereinigte Kunstanstalten AG, ab Bd. 3: Mairs Graphische Betriebe
Dezember 1960–August 1982
14 × 19,9 cm
Buch
Farbig
Bd. 1–4
1: Nachdruck Bd. 1–21 (Z.: SCHUBEL)
2: Nachdruck Bd. 22–40 (Z.: SCHUBEL)
3: Nachdruck Bd. 41–57 (Z.: bis Bd. 52: SCHUBEL)
4: Nachdruck Bd. 58–76 (Z.: U. A. HOPF, KRISP)
Bemerkungen:
Bd. 1 der frühen Auflagen ist unnumeriert. Die Neuauflagen wurden inhaltlich überarbeitet. Die Bände enthalten Nachdrucke der Einzelhefte in nichtnumerischer Reihenfolge.

Der lustige Augustin
Die schönsten Lausbubengeschichten aus aller Welt
Hamburg: Alfons Semrau Verlag
Juni 1954–April 1956
17 × 24 cm
Heft
Einfarbig und zweifarbig, ab Bd. 17–20, 23, 25: dreifarbig, ab Bd. 21–22: zweifarbig, ab Bd. 26–33: farbig, ab Bd. 34–38: einfarbig und farbig
Bd. 1–38 (Bd. 39 ist Bd. 34 oder 36 mit Aufkleber)
Bemerkungen:
Von Bd. 10 gibt es einen Fehldruck, wo auf dem Innenumschlag Nyoka abgedruckt ist. Ohne Ende der Geschichte.
Inhalt:
Tim (Z.: FRANCO, BOTTARO, GENTINA,

MANBERTO/T.: MURRAY)
Serafino (Z.: GHERLIZZA)
Tommy (Z.: GENTINA)
Bingo Bongo (Z.: GENTINA)
Peter (Z.: TERENGHI)
Tango (Z.: CHIERCHINI)
Marcello (Z.: PICCARDO)
Pat (Z.: MANBERTO)
Buffalo Brill (Z.: PEREGO)
Leo
Der kleine Elch (Z.: TERY)
Pat
Egbert

Lustige Bildgeschichten
Freiburg:
Hyperion-Verlag
1964
6,5 × 9,5 cm
Buch
Einfarbig
Z.: EFFEL

Lustige Feriencomics
Köln:
Marken-Verlag
1978
21,4 × 29,3 cm
Broschüre
Farbig
Bd. 1–7
Z./T.: JOHN UND PAUL HALAS
Inhalt:
1: Hans Huckebein
2: Plisch & Plum
3: Fipps der Affe
4: Hans Huckebein
5: Max und Moritz
6: Hans Huckebein
7: Plisch & Plum

Der lustige Kapitän Jan
Siehe: ***Froggy Frogg***

Die lustigen Abenteuer von Jumbo und Dixi
Bd. 1: ***Jumbo und Dixi***
Bd. 1, 2: Das lustige Heft für die Jugend
Nürnberg: Verlag G. Billhöfer
1966–1969
17 × 24,5 cm
Heft, Farbig und zweifarbig
Bd. 1–30 und zusätzlich Bd. 27 a
Bemerkungen:
Gleiche Titelbilder bei Bd. 27 a = Bd. 6, Bd. 28 = Bd. 2, Bd. 29 = Bd. 3, Bd. 30 = Bd. 4
Inhalt:
Jumbo und Dixi: alle Nummern (Nachdruck: Bd. 27a = Bd. 6, Bd. 28 = Bd. 2, Bd. 29 = Bd. 3, Bd. 30 = Bd. 4)
Black Fury (Z.: MASTROSERIO, ALASCIA, HART, DELBÓ): Bd. 1–30 (Bd. 28 ist ein Nachdruck aus Bd. 2)
Der Wettlauf zwischen Hase und Igel: Bd. 1
Tom Murks: Bd. 1–9, 12–17, 19, 20, 22, 27, 27 a
Sein bester Freund (auch: Wachtmeister Klex und sein bester Freund) (Z.: HEINZ): Bd. 2, 7–27, 27a (Bd. 19 ist ein Nachdruck aus Bd. 2)

Die lustigen Streiche und Abenteuer vom Karl und der Liesel
Siehe: ***Die Abenteuer von Karl und Liesel***

Der lustige Pirat Pepito
Zug (Schweiz): Gevacur
1975–1976, 13 × 18 cm
Taschenbuch
Farbig und einfarbig
Bd. 1–8
Inhalt:
Pepito (Z.: BOTTARO): Bd. 1–8

Sonny Sam (Z.: BOTTARO): Bd. 1–8
Bingo & Bongo (Z.: BOTTARO): Bd. 5–7

Das lustige Robinson Sonderheft
Siehe: ***Robinson Sonderheft***

Lustige Taschenbücher
Siehe: ***Walt Disneys lustige Taschenbücher***

Lux Kriminal-Bild-Roman
Hamburg: Alfons Semrau Verlag
1953
26 × 36,3 cm
Heft
Einfarbig
Bd. 1
Inhalt:
Rätsel um Mr. Frensham (T.: DUDLEY)

M

MAD
Das verrückteste Magazin der Welt
ab Bd. 83: das vernünftigste Magazin der Welt
Bd. 1–44, 46–111, 113–116: Obertitel: Deutsches
Aachen: Bildschriftenverlag, ab Bd. 31: Aachen: Williams Verlag, ab Bd. 36: Alsdorf: Williams Verlag, ab Bd. 54: Hamburg: Williams Verlag, ab Bd. 66: Hamburg: Klaus Recht GmbH, ab Bd. 74: Hamburg: Williams Verlag
September 1967–Serie erscheint noch
20,5 × 27 cm
Heft
Einfarbig, Rückseite farbig
Bd. 1–189 . . .
Z.: AMRO: Bd. 124–126, 128–132
ARAGONÉS: Bd. 5–8, 10, 15–22, 25–26, 28, 32–35, 39, 41, 46, 49, 53–54, 59–60, 63, 65, 71–75, 79, 81–83, 85–87, 89, 94, 97, 100–101, 103, 105, 108, 110–111, 113, 120, 130, 134–135, 138–140, 145, 150, 154–156, 161–162, 169, 173, 182, 188
ARNDT: Bd. 158, 160–161, 164, 170, 174–175, 184
ASTALOS: Bd. 69, 81, 83–88, 90–107, 109–134, 136–138, 140–149, 151–155, 158–167, 169–175, 177–189
BECK, HANS: Bd. 136
BECK, RALF: Bd. 161–162, 164–165, 168, 182–183, 185
BERG: Bd. 6–12, 14–26, 28, 30–36, 38–42, 44, 48, 50–53, 55–152, 154–157, 159–166, 168–172, 174–180, 182–185, 187–189
BERTHOLD: Bd. 112, 152
BHAKDIBUTR: Bd. 124, 127, 131, 137–138, 144, 147, 149, 153, 158–159, 167, 173, 181, 186
BRANDEL: Bd. 78
CLARKE, BOB: Bd. 1, 6–7, 12, 14, 16–17, 19, 21, 23–25, 27–38, 40–44, 46, 48–49, 51, 54–58, 60–63, 65–66, 71–76, 78, 80, 82, 84, 86, 88, 93–94, 96–97, 99, 103–104, 110–112, 114–115, 117, 119, 121, 124, 127–128, 137, 143, 147–

149, 151, 153–154, 165–167, 169, 173–174, 180, 183–185
CLARKE, HENRY: Bd. 124, 128
COKER: Bd. 2–3, 10–14, 16–18, 20–22, 24, 26, 28, 31, 33, 38–39, 42, 45, 48, 57, 59, 61, 70, 73, 76–77, 82–83, 87–88, 92, 96, 100–102, 105, 107, 109–111, 114, 116–117, 119, 121, 123, 125–126, 128, 130, 132–134, 137, 141–144, 147, 149, 152–155, 158, 160–162, 165, 167, 169, 171, 173–175, 179–180, 182–183, 185, 188
CURTIS: Bd. 36
DAVID: Bd. 34
DAVIS: Bd. 3–5, 8, 13, 16, 19, 35, 37, 47–48, 54–55, 57–58, 61, 65–66, 68, 72, 74, 77, 85, 90–94, 96, 98, 101, 104, 106, 117–118, 121–123, 125, 128, 131, 143, 148, 153, 157, 159–160, 162, 164, 166–167, 170, 172–173, 179, 182–183, 185, 187
DAY: Bd.72
DRUCKER: Bd. 1–7, 10, 12–15, 17, 19–25, 28–31, 33–34, 37, 39, 41, 43, 46, 49, 51, 54–55, 57, 59, 62–64, 66, 68–72, 76–78, 81, 83–84, 87–88, 93–94, 97–100, 102–104, 108, 110, 112–114, 116, 119–121, 123, 126–127, 129, 131–132, 134, 136–137, 139, 142, 144–145, 147, 151–152, 155, 157, 161, 163, 165–166, 169, 171, 177–178, 180–182, 184, 186–189
EDWING: Bd. 77, 87, 100, 153, 184
EULER: Bd. 37
FRANCHIONI: Bd. 87, 90
FRAZETTA: Bd. 1
GOGER: Bd. 58
GOLA: Bd. 50, 69, 72, 108, 179
GROVE: Bd. 38, 40, 43
HART: Bd. 14
HÖLLEN: Bd. 99
HOLZBRÜCKE: Bd. 11
HUNTER: Bd. 45
ILLITCH: Bd. 55–56
JACOBS: Bd. 84, 86, 95, 166
JAFFEE: Bd. 2, 4, 6, 9, 12–15, 17, 19, 22, 25, 27, 29–37, 39–40, 46–47, 49, 51, 53–57, 60, 62, 64–65, 67, 70, 73–74, 78, 81, 89, 91–92, 100–104, 107, 110, 118, 121, 125–126, 131–133, 136–137, 144, 147, 149, 160–161, 163–165, 167, 174, 184–185
JONES: Bd. 94, 98, 103, 118, 124, 127, 149, 162
KENT: Bd. 17, 91
KOCHAN: Bd. 37–51
MARTIN: Bd. 1–189
MARUNDE: Bd. 80, 89
MEYER: Bd. 147, 173
NORMAN: Bd. 35, 115
NORTH: Bd. 96, 101, 103, 106–107, 109, 113, 115, 117, 126, 130, 133, 135, 142–143, 145, 148–149, 152–153, 156, 158, 169–170
ORLANDO: Bd. 1–2, 4, 10–11, 15, 18, 23, 27, 37, 40, 43, 49, 64–65, 68, 70–71, 73, 79–80, 82, 84, 90, 93
PINTO: Bd. 30
POPP: Bd. 162
PORGES: Bd. 35, 47, 79, 109, 111–113, 115, 117, 125, 129, 132, 144, 148, 152, 158, 160, 162–163, 165, 175, 183
PROHIAS: Bd. 1–189
RENK: Bd. 53, 67
RICKARD: Bd. 14, 16, 18–19, 21, 24, 26–27, 30, 32, 34–35, 37–38, 40, 43–46, 50, 52–53, 56, 59, 61–64, 66–68, 71, 73, 77–78, 81–89, 91, 94–95, 97, 99, 106, 108, 112, 117, 132, 142, 148, 154, 156, 158, 170, 174–175, 180

SILVERSTONE: Bd. 58
SMOLINSKI: Bd. 42
STARK: Bd. 5
STEIN, DIETER: Bd. 174, 179, 182, 184–186
STEIN, ULI: Bd. 40, 44
SZYPURA: Bd. 84, 89, 92, 95, 97, 99, 116, 122
TISCHLER: Bd. 89, 99, 108, 138, 153, 173
TORRES: Bd. 23, 27, 29, 32, 36–37, 41, 52, 60, 66, 70, 72, 75–76, 79–80, 82–83, 85–86, 100, 109, 111, 122, 124, 127–128, 130, 133, 138, 140–141, 143, 146, 148, 150–151, 154–156, 158, 164, 168, 170, 172, 176
TRAUTMANN: Bd. 74, 79–80, 82, 84–85, 88, 90–91, 95–96, 98, 100, 102–103, 114, 121, 124–125, 132, 145, 158, 175, 180
URSINUS: Bd.37
VIELMEISTER: Bd. 116, 125, 144, 186
VOGL: Bd. 41
WEBER: Bd. 42
WOLVERTON: Bd. 68, 93
WOOD: Bd. 2, 8, 11, 13, 22, 37–38, 40, 45, 51, 58, 62–63
WOODBRIDGE: Bd. 15–17, 19–21, 24–27, 29, 31–34, 36, 38–42, 47–48, 52–53, 56, 58–60, 67–70, 74–75, 79–80, 86, 88–90, 92–93, 95, 97, 105, 111, 115, 118, 130–131, 137–139, 151, 155, 160, 163, 165–166, 169, 174, 176, 179, 182–187

MAD Extra!
ab Bd. 13: ***MAD Extra***
Hamburg: Williams Verlag
November 1977–Serie erscheint noch
20,2 × 27 cm
Heft
Einfarbig
Bd. 1–20 . . .
Bemerkungen:
*Nachdrucke aus **MAD.***

MAD-Taschenbuch
Alsdorf: Bildschriftenverlag Abt. Williams, ab Bd. 2: Hamburg: Williams Verlag, ab Bd. 3: Hamburg: Klaus Recht, ab Bd. 6: Williams Verlag
1974–Serie erscheint noch
10,6 × 18 cm
Taschenbuch
Einfarbig
Bd. 1–38 . . .
Bemerkungen:
Wenig Comics.
Z. u. T.:
ARAGONÉS: Bd.2, 7, 15, 19, 22, 28, 36
ASTALOS: Bd. 21, 35
BARTOLO: Bd. 37
BERG: Bd. 6, 16, 19, 24, 33
CLARKE: Bd. 19
COKER: Bd. 12, 19
DAVIS: Bd. 10, 19
DRUCKER: Bd. 10, 19
EDWING: Bd. 32
JAFFEE: Bd. 3, 8, 18–19, 27, 31, 37
MARTIN: Bd. 1, 4, 11, 17, 19, 23, 30, 38
PORGES: Bd. 29
PROHIAS: Bd. 5, 13, 19–20, 26, 34
RICKARD: Bd. 19
TORRES: Bd. 25
WOODBRIDGE: Bd. 9, 14, 19

Der mächtige Thor
Siehe: ***Hit Comics***

Das Mädchen aus der Volkskommune
Reinbek: Rowohlt Taschenbuchverlag
April 1972

12,5 × 19 cm
Taschenbuch dnb 2
Einfarbig
Z.: CHÉN, HAO, HO, HSÜ UND HU
T.: AN, CHU, FENG, FU, HSIN, LI CH'I-HUANG, LI-CHUN, LI-PAI-YING, LIANG, LU CHU-KUO, LU CHUNG-CHIEN, MA, SO, TING, TŚUI, WAN UND WÊN
Enthält auch einen Fotocomic.

Märchenbände (Lehning Verlag)
Siehe: ***Ali Khim der Dieb von Bagdad***
Hölzerle
Prinz Spatz
Der tapfere Hans
Der Trommler
Die verstoßene Prinzessin
Das verwunschene Schloß
Der Zaubertrank

Ein Märchen-»Buchfilm«
Kassel: Hessische Druck- und Verlagsanstalt
März 1950–Juni 1952
Je ca. 27 × 18,5 cm
Heft
Einfarbig
Bd. 1–6 unnumeriert
Z.: TRESCKOW
Bemerkungen:
In Bd. (2)–(6) nur jede 2. Seite bedruckt.
Titel:
(1): Das Märchen von einem der auszog, das Fürchten zu lernen. –
(2): Vom Fischer und seiner Frau.
(3): Das tapfere Schneiderlein
(4): Der Fuhrmann und der Sperling
(5): »Kalif Storch«
(6): Das häßliche junge Entlein und Wie Vater und Sohn einen Esel kauften.

Das Märchenschloß
Augsburg: Verlag Rudolf Lubowski
1948
19 × 25,7 cm
Heft, Farbig
Bd. 1
Z.: LIEBENAU
Inhalt:
Rumpelstilzchen

Das Märchen von einem, der auszog, das Fürchten zu lernen
Siehe: ***Ein Märchen-»Buchfilm«***

Mafalda
Frankfurt/M.: Bärmeier & Nikel
1971
24,6 × 20,8 cm
Heft
Einfarbig
Bd. (1–2)
Z./T.: QUINO
1: Mafalda hat immer Recht
2: Mafalda schlägt zurück

Mafalda
Kindermund mit Hintergrund
Stuttgart: Illu Press
Mai 1978
11,6 × 18 cm
Taschenbuch
Einfarbig
Bd. 1
Z./T.: QUINO

Maggi-Comix
Oldenburg: Floh-Verlag
70er Jahre
Heft

Magnus
Bd. 1–3: Der fliegende Roboter 4000 n. Chr.
Bd. 14: Roboterkämpfer

Bd. 15, 17, 19, 21–24: Robot-Kämpfer 4000 n. Chr.
Bd. 16, 18, 20. Robotkämpfer
Bd. 25: Der Robotkämpfer
Aachen: Bildschriftenverlag
November 1966–Dezember 1970
18 × 25 cm
Heft
Einfarbig, Bd. 25: farbig
Bd. 1–25
Z.: Bd. 1–21: MANNING
Bd. 22: SPIEGLE
Bd. 23: ROYER?
Bd. 24, 25: ROYER
Inhalt:
Die Fremden (Z.: Bd. 1–21: MANNING, Bd. 22–25: ROYER): Bd. 1–25
Tourist der Zukunft: Bd.1
Der Mann, der Planeten sammelte: Bd. 15
Ein Mann blickt in die Zukunft: Bd. 16
Die gigantischen Roboter: Bd. 18
Das Rätsel der Schwarzen: Bd. 19
Ein Ding namens Jeremy (Z.: REINMAN/ T.: O'SHEA): Bd. 20
Das Jahrhundert der Fliegenden Untertassen: Bd. 21
Kurzschluss: Bd. 21
Der Fluch der Pflanze: Bd. 22
Leben auf anderen Welten: Bd. 23
Operation Mainbrace: Bd. 23
Die Lichter am Himmel: Bd. 23
Der Tag, an dem sie Washington angriffen: Bd. 23
Das Phantom-Duell: Bd. 24
Der Mann, den niemand aufhalten konnte (T.: EVERSON): Bd. 25

Mainzelmännchen Kapriolen
Nürnburg: Schwager & Steinlein
1970
22,8 × 15,8 cm
Heft
Farbig, einfarbig und zweifarbig
Bd. (1–2)
Z.: GERLACH
Bemerkungen:
Beide Bände ohne Nummer, einer mit roten und einer mit grünen Titelleisten auf dem Cover.

Male deine Lieblinge bunt Dick & Doof
Alsdorf: Williams Verlag
ca. 1975
20,8 × 27,6 cm
Broschüre
Einfarbig
Bd. 4
Bemerkungen:
*Enthält die Seiten 1–112 von **Dick & Doof als Maler Klecksel** (Bd. 2).*

Malen und lachen mit Dick & Doof
Alsdorf: Williams Verlag
ca. 1975
20,6 × 27,4 cm
Broschüre
Einfarbig
Bd. (3)
Bemerkungen:
*Enthält die Seiten 113–224 von **Dick & Doof als Maler Klecksel** (Bd. 2)*

Mamma Mia!
Zürich (Schweiz): Diogenes Verlag
1965
12 × 17,2 cm
Buch
Einfarbig
Z./T.: SEMPÉ
Bemerkungen:
Enthält auch Cartoons.

Mandra
der Magier und Rip Korby der Meisterdetektiv

Wien (Österr.): Rolf Mauerhardt Verlag
ca. 1961
22 × 15 cm
Heft
Einfarbig
Bd. 1–2
Inhalt:
Mandra (Z.: DAVIS/T.: FALK)
Rip Korby (Z.: RAYMOND)

Mandra
der Zauberer
Stockholm (Schweden): Semic Press, Auslieferung: Aachen: Bildschriften-verlag
1967–1968
17 × 26 cm
Heft
Farbig
Bd. 1–6
Inhalt:
Mandra (Z.: FREDERICKS/T.: FALK): Bd. 1–6
Phantom (T.: FALK): Bd. 1, 2
Geheim Agent X 9 (d. i. Agent X 9): Bd. 3, 4, 6
Tom Trick (d. i. Brick Bradford) (Z.: GRAY/T.: RITT) Bd. 3
Blitz Gordon (d. i. Flash Gordon): Bd. 5

Mandra
Das neue ACTION COMIC-Taschen-buch
der Magier mit Rip Korby
Frankfurt/M.: Condor Verlag
1980
13,2 × 18,4 cm
Taschenbuch
Farbig
Bd. 1
Inhalt:
Mandra (Z.: DAVIS/T.: FALK)
Rip Korby (Z.: PRENTICE/T.: DICKENSON)

Mandra
Siehe: ***Comic Taschen Buch***
Phantom-Heft

Manfred
Recklinghausen: Georg Bitter Verlag
1974
17,1 × 20,5 cm
Buch
Einfarbig
Z./T.: KEMPF

Der Mann der Wüste
Siehe: ***Mann ein Abenteuer, Ein***

Ein Mann ein Abenteuer
Frankfurt/M.:
Comic Companie
1978
24 × 31,7 cm
Buch
Farbig
Bd. 1–2
1: Der Mann vom Nil (Z.: TOPPI)
2. Der Mann der Wüste (Z.: TACCONI)

Der Mann vom Nil
Siehe: ***Mann ein Abenteuer, ein***

Mao für Anfänger
Siehe: ***Sach-Comic***

Marc Alban
Marienheide/Winterthur: B. L. B. Verlag
1979
21,9 × 29 cm
Broschüre
Farbig
Z.: JEFKO
T.: BLOCH
GAASCH

Marco
der Mann mit der schwarzen Maske
Hannover: Walter Lehning Verlag
Januar 1962–Dezember 1962
17 × 7,5 cm
Heft, Einfarbig
Bd. 1–48
Z.: BIGNOTTI
Titelköpfe: WÄSCHER
Neue Titelbilder: EHRT?
T.: DALMASSO
Bemerkungen:
Nachdruck:
Bd. 1–2: *El Bravo Bd. 1, 2, Bd. 3:* *El Bravo Bd. 3 Seite 1, 2, 4–16, 29–31, Bd. 4 Seite 2–7, 10, 11, 13–18 (1. Bild)*, Bd. 4: *El Bravo Bd. 5 Seite 1–18, 26–32, Bd. 6 Seite 2 (Bild 1+2), 3–8, (1. Bild)*, Bd. 5: *El Bravo Bd. 6 Seite 9–32, Bd. 7 Seite 2–8 (Bild 1+2)*, Bd. 6: *El Bravo Bd. 7 Seite 9–21, 24 (Bild 2+3)–32, Bd. 8 Seite 2–10 (1. Bild)*, Bd. 7: *El Bravo Bd. 8 Seite 11–18, 20–32, Bd. 9 Seite 3–7, 11–15 (1. Bild)*, Bd. 8: *El Bravo Bd. 9 Seite 17–32, (⅓ kleiner gekürzt), Bd. Bd. 10 Seite 2 (1. Bild)–4, 6, 7, 11–18, 19 (2. Bild), 20 (1. Bild, 2. Bild verlängert)*, Bd. 9: *El Bravo Bd. 10 Seite 20 (2. Bild)–32, Bd. 11 Seite 2–19 (1. Bild)*, Bd. 10: *El Bravo Bd. 11 Seite 20–26, 28–32, Bd. 12: Seite 2–10, 13, 16–24 (1. Bild)*, Bd. 11: *El Bravo Bd. 12 Seite 25 (2. Bild)–31, Bd. 13 Seite 1–25 (1. Bild)*, Bd. 12: *El Bravo Bd. 13 Seite 26 (2. Bild)–31, Bd. 14 Seite 1–9, 11–20, 22–28 (1. Bild)*, Bd. 13: *El Bravo Bd. 14 Seite 28 (2. Bild)–32, Bd. 15 Seite 2–28 (1. Bild)*, Bd. 14: *El Bravo Bd. 15 Seite 28 (2. Bild)–32 (Bild gekürzt), Bd. 16 Seite 1–28 (2. Bild)*, Bd. 15: *El Bravo Bd. 16 Seite 29 (1. Bild)–32, Bd. 17 Seite 2–29 (1. Bild)*, Bd. 16: *El Bravo Bd. 17 Seite 29 (2. Bild)–32, Bd. 18 Seite 2–29 (2. Bild)*, Bd. 17: *El Bravo Bd. 18 Seite 30 (2. Bild)–32, Bd. 19 Seite 2–28, 30, 31 (nur 2. Bild)*, Bd. 18: *El Bravo Bd. 20 Seite 1–32*, Bd. 19: *El Bravo Bd. 21 Seite 1–29, Bd. 22 Seite 1–3 (1. Bild)*, Bd. 20: *El Bravo Bd. 22 Seite 4 (1. Bild)–17, 20–32, Bd. 23 Seite 2–6 (1. Bild)*, Bd. 21: *El Bravo Bd. 23 Seite 6 (Bild 2)–16, 18, 32, Bd. 24 Seite 2–7 (⅓ gekürzt)*, Bd. 22: *El Bravo Bd. 24 Seite 8 (ab 2. Bild)–12, 14–27, 29–31, Bd. 25 Seite 1–3, 5–11 (2. Bild)*, Bd. 23: *El Bravo Bd. 25 Seite 12 (ab 2. Bild)–31, Bd. 26 Seite 2–13 (1. Bild)*, Bd. 24: *El Bravo Bd. 26 Seite 14–32, Bd. 27 Seite 2–14 (1. Bild)*, Bd. 25: *El Bravo Bd. 27 Seite 14 (2. Bild)–32 (gekürzt), Bd. 28 Seite 1 (2. Bild)–14 (1. Bild)*, Bd. 26: *El Bravo Bd. 28 Seite 14 (2. Bild)–22, 24–31, Bd. 29 Seite 2–5, 7–17 (nur 2. Bild)*, Bd. 27: *El Bravo Bd. 29 Seite 18 (ab 2. Bild)–19, 21–31, Bd. 30 Seite 1–4, 8–11, 13–23 (1. Bild)*, Bd. 28: *El Bravo Bd. 30 Seite 23 (2. Bild)–32, Bd. 31 Seite 2–7, 9–24 (1. Bild)*, Bd. 29: *El Bravo Bd. 31 Seite 24 (2. Bild)–31, Bd. 32 Seite 2–19, 21–26 (1. Bild)*, Bd. 30: *El Bravo Bd. 32 Seite 26 (2. Bild)–32, Bd. 33 Seite 2–26 (2. Bild ⅓ gekürzt)*, Bd. 31: *El Bravo Bd. 33 Seite 27 (2. Bild)–32, Bd. 34 Seite 2–27 (1. Bild)*, Bd. 32: *El Bravo Bd. 34 Seite 27 (2. Bild)–29, 31, Bd. 35 Seite 2–9, 11–16, 18–20, 22–32*, Bd. 33: *El Bravo Bd. 36 Seite 1–30, Bd. 37 Seite, 2, 3, 7 (1. Bild)*, Bd. 34: *El Bravo Bd. 37 Seite 7 (2. Bild)–18, 23–32, Bd. 38 Seite 2–11 (1. Bild)*, Bd. 35: *El Bravo Bd. 38 Seite 11 (2. Bild)–16, 20–31, Bd. 39 Seite 2–4, 6–16 (1. Bild)*, Bd. 36: *El Bravo Bd. 39 Seite 18 (2. Bild)–32, Bd. 40 Seite 3–19 (1. Bild)*, Bd. 37: *El Bravo Bd. 40 Seite 19 (2. Bild)–21, 23–30,*

Bd. 41 Seite 2–19, 27–29 (1. Bild), Bd. 38: *El Bravo Bd. 41 Seite 30 (1. Bild)–31, Bd. 42 Seite 2–4, 6–19, 21–27, Bd. 43 Seite 2–7 (1. Bild)*, Bd. 39: *El Bravo Bd. 43 Seite 8 (2. Bild), 11–14, 16–31, Bd. 44 Seite 3–13 (1. Bild)*, Bd. 40: *El Bravo Bd. 44 Seite 13 (2. Bild)–32, Bd. 45 Seite 2, 3, 5–14 (1. Bild)*, Bd. 41: *El Bravo Bd. 45 Seite 14 (2. Bild)–31, Bd. 46 Seite 2–15 (1. Bild)*, Bd. 42: *El Bravo Bd. 46 Seite15 (2. Bild)–29, 31, 32, Bd. 47 Seite 2–16 (1. Bild)*, Bd. 43: *El Bravo Bd. 47 Seite 17 (2. Bild)–31, Bd. 48 Seite 2, 4–19 (⅓ gekürzt)*, Bd. 44: *El Bravo Bd. 48 Seite 20 (1. Bild)–31, Bd. 49 Seite 2–19, 21, 20 (2. Bild)*, Bd. 45: *El Bravo Bd. 49 Seite 22 (2. Bild)–31, Bd. 50 Seite 2–14, 16–24 (1. Bild)*, Bd. 46: *El Bravo Bd. 50 Seite 24 (2. Bild)–31, Bd. 51 Seite 2–11, 13–26 (1. Bild)*, Bd. 47: *El Bravo Bd. 52 Seite 1–32*, Bd. 48: *El Bravo Bd. 53 Seite 1–10, 14–23, 25, 27–29 (⅓ gekürzt), Bd. 54 Seite 1–4, 7–9.*
Teilweise Textänderungen
Titelbildernachdrucke:
Bd. 1–4 = *Bd. 1–4*, Bd. 5: *Bd. 6*, Bd. 6: *Bd. 7*, Bd. 7: *Bd. 8*, Bd. 8–12: *10 (umgezeichnet)–14*, Bd. 13: *völlig neu*, Bd. 14–18: *Bd. 16–20 (umgezeichnet)*, Bd. 19: *völlig neu*, Bd. 20–22: *Bd. 22–24 (umgezeichnet)*, Bd. 23: *völlig neu*, Bd. 24–33: *Bd. 26–30, 32–36 (umgezeichnet)*, Bd. 34: *völlig neu*, Bd. 35–48: *Bd. 38–41, 43–47, 49–53 (umgezeichnet)*

Marco Polo
Hannover: Walter Lehning Verlag
September 1963–September 1964
15 × 21 cm
Heft
Einfarbig
Bd. 1–26
Z.: CHIOMENTI
Titelbilder: EHRT?
T.: OLLIVIER

Marco Polo
Der größte Abenteurer aller Zeiten
Bergisch Gladbach:
Bastei Verlag
1975–1978
Bd. 1–20: 13,3 × 18,3 cm,
Bd. 21–95: 18 × 26 cm
Heft
Farbig
Bd. 1–95
Z.: CHIOMENTI
Titelbilder: Bd. 1–ca. 50: IGNATIUS, danach GONZALES
T.: OLLIVIER

Marco und seine Freunde
Stuttgart:
Franckh'sche Verlagshandlung
1977–1979
Bd. 1–2: 24 × 31 cm,
Bd. 3: 21 × 27,1 cm
Buch
Farbig
Bd. (1–3)
1: Abenteuer im Insektenreich (Z./T.: FERNÁNDEZ)
2: Rettungsgruppe Marco (Z.: MIRALLES/T.: FERNÁNDEZ)
3: Marco wird gesund (Z./T.: FERNÁNDEZ)

Maria D'Oro und Bello Blue
Das Buch zum Film
Zug (Schweiz): Gevacur
1973
21,9 × 27,9 cm
Broschüre
Farbig

Marias Leben
Köln: Edition Die Maus
1979
20,7 × 29,7 cm
Broschüre
Einfarbig
Z.: KASTER

Mark DeVille
Frankfurt/M.: Condor Verlag
1979
21,5 × 29,5 cm
Broschüre
Farbig
Bd. 1–2
Z.: RIBERA
T.: GODARD

Mark Strong
Der Mann von M.A.T.T.
München: Arthur Moewig Verlag
Oktober 1972–Februar 1973
17,6 × 23,9 cm
Heft, Farbig
Bd. 1–9
Titelbilder: DILL
Bemerkungen:
Von Bd. 1 existiert eine Testausgabe mit anderem Titelbild, ausgeliefert im August 1972.

Mark Trail erzählt
von den Merkwürdigkeiten der Tierwelt
Reinbek: Carlsen Verlag
1975
23 × 31,5 cm
Buch
Einfarbig und farbig
Z.: HILL
T.: DODD

M.A.R.S. Patrouille
Bd. 1: Abenteuerliche Sondereinsätze
Bd. 2: Der totale Krieg
Aachen: Bildschriftenverlag
1968–Juni 1969
17,5 × 25 cm
Heft
Einfarbig
Bd. 1–3
Inhalt:
Die Ufos und die fliegenden Untertassen: Bd. 3

Marvel-Comic-Sonderheft
Frankfurt/M.: Condor Verlag
Juni 1980 – Serie erscheint noch
17,5 × 26,2 cm
Heft
Farbig
Bd. 1–20 . . .
Titel und Inhalt:
1: Der mächtige Thor
Thor (Z.: KIRBY/COLLETTA/T.: LEE)
2: Die Fantastischen Vier
Fantastischen Vier (Z.: FRADON/SINNOTT/T.: CONWAY/THOMAS)
Fantastischen Vier (Z.: POLLARD/SINNOTT/T.: WOLFMAN)
3: Der mächtige Thor
Thor (Z.: EVERETT/KIRBY/T.: LEE/KIRBY)
4: Die Rächer und der Silver Surfer
Die Rächer (Z.: HECK/T.: CONWAY)
Geschichten von Asgard! (Z.: KIRBY/T.: LEE)
Der Silver Surfer (Z.: JOHN BUSCEMA/T.: LEE)
5: Der mächtige Thor und Die Spinne
Thor (Z.: JOHN UND SAL BUSCEMA/T.: CONWAY)
Die Spinne
Thor (Z.: JOHN BUSCEMA/GIORDANO/T.: CONWAY)
6: Die Fantastischen Vier und Die Spinne

Fantastischen Vier (Z.: PEREZ/STONE/D'AGOSTINO/T.: MOENCH)
Die Spinne (Z.: McLEOD/ROUSSOS/T.: CLAREMONT)
7: Die Spinne präsentiert: Der Silver Surfer
Der Silver Surfer (Z.: MITTON/T.: NASH)
8: Die Spinne
Die Spinne (Z.: LIEBER/DEMEO/T.: LEE)
9: Die Rächer
Die Rächer (Z.: HECK/BELL/T.: THOMAS)
10: Die Spinne
Die Spinne (Z.: LIEBER/DEMEO/T.: LEE)
11: Die Spinne und Der mächtige Thor
Thor (Z.: POLLARD/STONE/T.: GRUENWALD/MACCHIO)
Ameisenmann! An seiner Seite: Die Spinne
12: Die Rächer
Die Rächer (Z.: SAL BUSCEMA/STATON/T.: ENGLEHART)
13: Captain America
Die Spinne/Captain America (Z.: ZECK/BEATTY/T.: KRAFT)
14: Captain America
Captain America (Z.: WILSON/COLLETTA/T.: MATTEIS)
Captain Rächer (Z.: LEIALOHA/GORDON/T.: EDELMAN)
15: Die Gruppe X
Die Gruppe X (Z.: COCKRUM/T.: WEIN)
Dr. Stange (Z./T.: DUFFY/GAMMILL/GREEN)
16: Silver Surfer
Der Silver Surfer (Z.: BYRNE/PALMER/T.: BYRNE)
17: Der Eiserne (Z.: McDONNELL/RICHARDSON/T.: GILLIS)
18: Die Gruppe X
Die neue Gruppe X (Z./T.: CLAREMONT/GOLDEN/BLEVINS/MANDRAKE/WIACEK/AUSTIN/LEIALOHA/ROSA/MILGROM/BREEDING)
19: Der mächtige Thor
Thor (Z.: HALL/COLLETTA/T.: ZELENETZ)
20: Captain America
Captain America (Z.: ZECK/BEATTY/T.: MATTEIS)
Captain America (Z.: KUPPERBERG/BEATTY/T.: KRAFT)

Marvel Sonderausgabe
Hamburg:
Williams Verlag
Juni 1978–1979
Bd. 1: 21 × 29,1 cm,
Bd. 2: 20,8 × 27,7 cm
Heft
Farbig
Bd. 1–2
Inhalt:
1: Unheimliche Begegnung der dritten Art (Z./T.: GOODWIN/SIMONSON/JANSON/SEVERIN/GERSON/Cover von LARKIN)
2: Der weiße Hai 2 (Z./T.: MARSCHALL/COLAN/PALMER/Cover von LARKIN)

Marx für Anfänger
Siehe: ***Sach-Comic***

Marx Lenin Mao oder Jesus
Wetzlar:
Verlag Hermann Schulte
1978
17,2 × 24,5 cm
Heft
Farbig
Z.: REDONDO-STUDIO
Titelbild: NESTOR REDONDO

Der Massenmörder
Eine wirklich üble Geschichte
Zürich (Schweiz): Diogenes Verlag
1964
17 × 11,9 cm
Buch, Zweifarbig
Z.: AUGUSTIN
Bemerkungen:
Es existiert ein Raubdruck »Anarch-Sonderdruck 2« (1973).

Ma und Pa in USA
Stuttgart: Illu Press
1978
11,5 × 17,9 cm
Taschenbuch
Einfarbig
Bd. 1–2
Z./T.: LASSWELL

Maverick
Bd. 1, 8–13: Der Wilde Westen
Aachen: Bildschriftenverlag
1965–1966
18 × 25 cm
Heft
Farbig, ab Bd. 11: Einfarbig
Bd. 1–13
Z.: SPIEGLE
Bemerkungen:
Comic nach der Fernsehserie.
Inhalt:
Ein alter Fuchs Z.: BRODSKY/T.: LEE): Bd. 2
Der Mann im Schatten (T.: LEE): Bd. 2
Harry Colt (Z.: KELLER/T.: LEE): Bd. 3
Sue und der Bandit: Bd. 4
Die alte Kastanie: Bd. 5
Die grosse Tat: Bd. 5
Das falsche Versprechen: Bd. 6
Ein weisser Kauf: Bd. 6
Kid Colt (Z.: KELLER/T.: LEE): Bd. 8, 9
Das Doppelleben! (Z.: KIRBY/T.: LEE): Bd. 10
Der Mörder und Kid (Z.: KIRBY/AYERS/T.: LEE): Bd. 10
Rauhfell Kid (T.: LEE): Bd. 11, 12, 13
Aussenseiter: Bd. 12
Strafe den Bösen: Bd. 12
Vogel Frei!: Bd. 12

Max
Zürich (Schweiz): Sanssouci Verlag
1954 (neue Auflage 1961)
21,4 × 30,2 cm
Buch
Einfarbig
Z.: GIOVANNETTI

Max
München: Wilhelm Heyne Verlag
1973
11,5 × 18 cm
Taschenbuch 990
Einfarbig
Z.: GIOVANNETTI

Max
oder Die Tücken des Objekts
Reinbek: Rowohlt Verlag
August 1975
9,5 × 14,9 cm
Buch
Einfarbig
Z.: GIOVANNETTI
Bemerkungen:
»Rowohlt-Nachttisch-Büchlein«.
Mit Schutzumschlag.

Maxi Album
Siehe: ***Williams Maxi Album***

Max + Molly
Die flotte Zeitschrift für junge Leute
ab Bd. 25: Die flotte Zeitschrift für die Jugend
Düsseldorf: Libro-Verlag
Mai 1964–Dezember 1964

22 × 30 cm, ab Bd. 29 18 × 26 cm
Heft
Farbig
Bd. 20–52
Z.: REINDL
Bemerkungen:
2. Jg. Bd. 1 als unbeschnittenes Heft bekannt, wahrscheinlich nicht mehr ausgeliefert worden.
Inhalt:
Tobby und der Bär: Bd. 21–23
Wildtöter: Bd. 20–28
Tim Schnüffelbein: Bd. 20–26
Pit und Petra: Bd. 20–29
Hasi: Bd. 20, 24–27, 35, 36, 43, 44, 47, 49, 52
Rob Collins Abenteuer: Bd. 28–42
Der letzte Mohikaner: Bd. 29–40
Plop (Z.: ROSCHER): Bd. 28–34, 36–43, 45–52
Kilian: Bd. 39, 40, 44, 49
Der Pfadfinder: Bd. 41–46
Pablo und Rosalia (Z.: REINDL): Bd. 45, 47, 48, 50, 51
Lederstrumpf: Bd. 48–52
Mädi: Bd. 48, 50, 51

Max und Moritz
Zum grossen Fernseherfolg jetzt neue Abenteuer
Köln: Marken-Verlag
1978–September 1978
18,1 × 26,1 cm
Heft
Farbig
Bd. 1–12
Inhalt:
Max und Moritz (Z.: HALAS): Bd. 1–12
Fipps der Affe: Bd. 1–12
Hans Huckebein (Z.: RALPH.): Bd. 1–12
Plisch & Plum (Z.: CHAPOLOW): Bd. 1–12
Hänsel und Gretel: Bd. 1–6

Die Meditationen von Linus
München: Hallmark
1967
10,5 × 13,7 cm
Buch
Z.: SCHULZ
Bemerkungen:
Peanuts-Geschichten.

Medizin für Anfänger
Siehe: ***Sach-Comic***

Mehr von den Bautzen
Siehe: ***Die Bautzen...***

Meine Tochter Ilona
Hamburg: Heinrich Ellermann Verlag
1950
25 × 11,5 cm
Buch
Einfarbig
Z.: SZEWCZUK
Bemerkungen:
Nur jede 2. Seite bedruckt.

Meine Töchter und ich
Innentitel: Eine lustige Bildfolge
Saarbrücken: Saar-Verlag
50er-Jahre
15 × 21,3 cm
Buch
Einfarbig
Z.: BEUTH

Mein feministischer Alltag
Köln: Emma Verlag
1980
Broschüre
Einfarbig
Bd. 2
Z./T.: BECKER
Bemerkungen:
Bd. 2 aus der Serie Emma-Sonderband.

Mein Kampf
Neue Münchner Galerie
1975
21,1 × 15,9 cm
Broschüre
Einfarbig
Z.: MOREAU
T.: HITLER
Bemerkungen:
Nachdruck gesammelter Comics von Clement Moreau aus den Jahren 1936/37. Auflage 3000 Exemplare, davon 30 Vorzugsausgaben mit einer signierten Originalzeichnung.

Mein kleiner Freund Jakob
Ravensburg: Otto Maier Verlag
1967
11,5 × 17,9 cm
Taschenbuch 104
Einfarbig
Z.: PRESS
Bemerkungen:
Nachdruck aus dem »Stern«.

Mein Pferd
Ein neues Comic für Kinder, die Pferde lieben!
Alsdorf: Bildschriftenverlag
November 1972–1973
17,5 × 25 cm
Heft
Farbig
Bd. 1–2

Mein progressiver Alltag
Reinbek: Rowohlt Taschenbuchverlag
März 1975–Mai 1978
11,5 × 19 cm
Taschenbuch 1807 und 4215
Einfarbig
Bd. (1)–2
Z.: POTH
1: Mein progressiver Alltag
2: Unser täglicher Frust

Mein Schneemann
München: C. Bertelsmann Verlag
1978
21,4 × 30,2 cm
Buch
Farbig
Z.: BRIGGS

Mein Traum
Köln: Nova-Verlag
September 1951–März 1952
25,5 × 33 cm
Heft
Einfarbig
1. Jg. Bd. 1–17
2. Jg. Bd. 1–13
Bemerkungen:
Fotocomic.

Meister Dong Guo
Peking (China): Vlg. für fremdsprachige Literatur
1980
12,8 × 16,5 cm
Heft
Farbig
Z./T.: MA

Melanie
Das Magazin für Girls von heute
ab 1. Jg. Bd. 30: Das Magazin für Girls
ab 3. Jg. Bd. 29: Das Comic-Magazin für Girls
Zug (Schweiz): Gevacur
April 1974–1977
1. Jg. Bd. 16–2. Jg. Bd. 1:
22,2 × 29 cm,
2. Jg. Bd. 2–4. Jg. Bd. 30:
20,2 × 27,2 cm
Heft
Farbig und einfarbig

1. Jg. Bd. 16–52
2. Jg. Bd. 1–52
3. Jg. Bd. 1/2, 3–53
4. Jg. Bd. 1–30

Bemerkungen:
Bände 1–3, 6–13 des 4. Jahrganges tragen außen den Aufdruck 3. Jahrgang. Sie sind zu erkennen am Copyrightvermerk 1977 auf der Innentitelseite.
Melanie wurde als Magazin mit geringem Comic-Anteil fortgesetzt unter den Titeln »Melanie Pop Club« (Bd. 8 und 9) und »Melanie Popcorn« (ab Bd. 10 ff.).

Inhalt (soweit Serien):
Penny Lukas: in allen Heften
Jane Eyre
Rätsel auf Black Island
Mel (Z.: PEYO), d. i. Pussy
Das Mädchen mit den zwei Gesichtern
Isabelle
Der König der Spitzohren
Jonny Lemmer
Johnny Aquarius
Ich brauche kein Mitleid
Das Rätsel der ägyptischen Salbe
Ein Sommer voller Geheimnisse
Die Erbschaft
Mayer macht's möglich
Kopf hoch, Schwester
Rummel um das Böhmer Haus
Start in die Wolken
Bilder aus einer anderen Welt
Julia setzt sich durch
Der Fluch der Schwalbe
Die Akte Natascha
Mann, diese Familie . . .
Gib nicht auf, Trudi!
Ich brauch Dich, Jasmin (Z.: BUCH)
Die Zauberpflanze
Die goldene Göttin (Z.: B.G.)
Ich will keinen neuen Vater!
Der goldene Käfig
Schon wieder diese Nervensäge
Die Stimme
Erinnere Dich, Pamela (Z.: BUCH)
Der Spukberg
Intrigen
Marie im Reich der Schatten
Donnyland
Lisa, vertrau mir! (Z.: BUCH)
Mimi (Z.: EDMOND)
Lösegeld für Nathalie (Z.: DEBORST)
Die Gruft der Hexe
Bruno
Such dein Zuhause, Ruth! (Z.: FREIXA)
Melanie zeichnet deine Geschichte (Z.: ESCOSIA)
Unsere Liebe muß warten, Katja! (Z.: BUCH)
Young Su (Z.: NIEDERMEIER)
Das Opfer des Phönix
Angelikas Alptraum
Jagd auf Konstanze
Bitte hilf mir, Gesa! (Z.: BUCH)
Silberhengst
Mach doch mit, Biggy!
Rätsel um Martina
Verrat mich nicht, Laura! (Z.: BUCH)

Melanie Jahrbuch
Zug (Schweiz): Gevacur
Februar 1976
18,8 × 26,8 cm
Broschüre
Einfarbig und zweifarbig
Inhalt:
Penny Lukas
Heiße Ware
Die Wölfin
Einsamkeit (Z.: BUCH)
Die Puppe
Sweet Miranda (Z.: BUSOM)
Schatten

Melanie Sonderheft
Zug (Schweiz): Gevacur
1976–1977
20,6 × 27,3 cm
Heft
Farbig und einfarbig
Bd. 1–4
Bemerkungen:
Fortsetzung von ***Melanie Spezial.***
Titel und Inhalt:
1: *Show*
Schatten der Vergangenheit
Melanie
2: *Feste*
Melanie
Julia und die Zaubermuschel
Das Geheimnis der Wachspuppe
3: *Schönheit*
Melanie
Meine kleine Schwester
Ein Trick für zwei Dickköpfe
Hände weg von Robert!
Reise in die Vergangenheit
Bleib glücklich, Oliver!
4: *Sommer*
Melanie
Monika und die Prinzessin

Melanie Spezial
Zug (Schweiz): Gevacur
November 1974–Oktober 1976
Winter 1974/75: 22,9 × 29 cm, alle anderen Bände: 20,6 × 27,3 cm
Heft, Farbig und einfarbig
Bd. (1–2), 3–8, (9–10), Bd. 4 zweimal
Bemerkungen:
Wurde fortgesetzt unter dem Titel ***Melanie Sonderheft.***
Titel und Inhalt:
1: *Winter 1974/75*
Penny Lukas
Margas Geheimnis
Völkerverständigung
Eifersucht
So eine Überraschung
Herz in Not
2: *Frühling 1975*
Penny Lukas
Entscheide dich, Mandy!
Ich wein tausend Tränen . . .
Ballonfahrer Bräuche
3: *Sommer 75*
Penny Lukas
Kusine Tina
Schülerliebe
4: *Sondernummer Basteln*
Penny Lukas
Der richtige Dreh
Krach um Romeo und Julia
Gefahr für Vicky
Figurprobleme
4: *Party Sondernummer*
Penny Lukas
Der Club der Unverwüstlichen
Der große Unbekannte
Romanze im Regen
5: *Sonderheft Tiere*
Billie Niemand
Penny Lukas
6: *Alles über Sport*
Die Strandräuberklause
Penny Lukas
Glück für einen Pechvogel
7: *Sonderheft Ferien*
Das Haupt des Medusa
(Z.: BUSOM)
Penny Lukas
Ihr letzter Brief
Wer hat Eva geküsst?
Pit und Angela (Z.: BUCH)
8: *Sonderheft Hobbies*
Mondschatten
Penny Lukas
Der Fluch von Burg Rosenfels
(Z.: JUANOLA)
9: *Sonderheft Schule*
Ein Pony für Saby
Melanie

Der Geist des Ritters Tassilo
10: *Sonderheft Winter*
Der Schattenberg
Melanie

Melzers Comic Reader
Darmstadt: Melzer Verlag
1975
20,9 × 28,9 cm
Broschüre
Einfarbig
Inhalt:
Valentina 2. Teil (Z.: CREPAX)
Die Abenteuer der Phoebe Zeit-Geist (Z.: SPRINGER/T.: O'DONOGHUE)
Underground-Comix von: CRUMB, FLENNIKEN, GRIFFIN, IRONS, KINNEY, KITCHEN, LONDON, MICHELE, MOSCOSO, REESE, RODRIGUEZ, SHELTON, THOMPSON, WILLIAMSON UND WILSON

Merci Kaputti
Hamburg: Chaos-Verlag
1978
20,9 × 25,8 cm
Broschüre
Einfarbig
Z./T.: GAY

Messalina
Aachen: Verlag »Der Freibeuter«
1973–1974
Bd. 1: 13,2 × 20 cm,
Bd. 2–14: 13 × 18 cm
Taschenbuch
Einfarbig
Bd. 1–14

Metallmenschen
Frankfurt/M.: Comic-Buch-Club
Mai 1978
22,5 × 31,8 cm
Heft
Einfarbig
Bemerkungen:
Nur für Mitglieder. Auflage 1000 Exemplare.
Inhalt:
Anflug auf Centauri (Z./T.: MOEBIUS/DRUILLET)
Selenia (Z.: MACEDO/T.: MARRE)
Vogel des Alls (Z.: CAZA/T.: BAZZOLI)
Nep Simo (Z.: VOSS)
Paralleluniversum (Z.: REICHE)
Die Heere des Eroberers (Z.: GAL/T.: DIONNET)

Metallmenschen
Siehe: ***Super Comics***

Metamorfosia
Basel (Schweiz): Sphinx-Verlag
1976
27 cm × 36,9 cm
Buch
Farbig
Z.: GRASSO

Metamorpho
Siehe: ***Super Comics***

Meteor
Science Fiction
Hannover: Titan Verlag, Auslieferung: Hannover: Walter Lehning Verlag
Januar 1958–August 1959
17 × 24 cm
Heft, Einfarbig
Bd. 1–22
Z.: GIORDAN
T.: LORTAC
Inhalt:
Der Klub der Abenteurer (Z.: MONNIER): Bd. 1–8
Der Herr des Blitzes – Fulguros (Z.: BRANTONNE/T.: LORTAC): Bd. 1–8

Meteor
Science Fiction
Schönau:
Norbert Hethke Verlag
Dezember 1980–August 1981
16,8 × 23,4 cm
Buch
Einfarbig
Bd. 1–2
Z.: GIORDAN
T.: LORTAC
Bemerkungen:
*Nachdruck der Titelgeschichte aus **Meteor.** Bd. 1 enthält Bd. 1–6. Bd. 2 enthält Bd. 7–10.*

Michael Track
Rote Serie
Hamburg: Verlag »Drei Heinzelmännchen«
Juli 1950–November 1950
21 × 29 cm
Heft
Einfarbig
Bd. 2, 4, 6, 8, 10, 12, 14, 16, 18
Bemerkungen:
Alternierend erschienen die Romanheftserie »Pimpinello Mystifex« und die Comicserie »Weisse Göttin«.
Inhalt:
Uschis Abenteuer: Bd. 8, 10, 12, 14, 16, 18

Michael Voss
Siehe: ***Ehapa-Sonderband***

Michel Vaillant
Berlin-Hamburg:
Koralle Verlag
Januar 1978–1981
21,8 × 28,8 cm
Broschüre
Farbig
Bd. 6–13
Z./T.: GRATON
Bemerkungen:
*Bd. 1–5 innerhalb von **Zack Comic Box:** 1,16, 24, 26 und 28.*

Mickey
Zürich (Schweiz): Starkherzpapiere
Dezember 1973
20,7 × 29 cm
Broschüre
Einfarbig

Mick und Cat
Wien (Österr.): Rolf Mauerhardt Verlag
50er Jahre
16,5 × 8 cm
Heft
Einfarbig
Bd. 1–4

Micky
40 Jahre jung!
Stuttgart: Ehapa Verlag
1970
17,5 × 26 cm
Heft
Farbig

Micky Maus
bis 1952 Bd. 7: Das bunte Monatsheft
ab 1964 Bd. 21: Die größte Jugendzeitschrift der Welt
Stuttgart: Ehapa Verlag
September 1951–Serie erscheint noch
17,5 × 26 cm
Heft
Farbig
1951: Bd. 1–4
1952: Bd. 1–12
1953: Bd. 1–12
1954: Bd. 1–12
1955: Bd. 1–12
1956: Bd. 1–26

1957: Bd. 1–28
1958: Bd. 1–51
1959: Bd. 1–52
1960: Bd. 1–52
1961: Bd. 1–53
1962: Bd. 1–52
1963: Bd. 1–52
1964: Bd. 1–52
1965: Bd. 1–52
1966: Bd. 1–53
1967: Bd. 1–52
1968: Bd. 1–52
1969: Bd. 1–52
1970: Bd. 1–52
1971: Bd. 1–52
1972: Bd. 1–53
1973: Bd. 1–52
1974: Bd. 1–52
1975: Bd. 1–52
1976: Bd. 1–52
1977: Bd. 1–53
1978: Bd. 1–52
1979: Bd. 1–52
1980: Bd. 1–53
1981: Bd. 1–52
1982: Bd. 1–52
1983: Bd. 1–52
1984: Bd. 1–52

Bemerkungen:
Die Hinweise auf Barks beziehen sich nur auf mehrseitige Beiträge dieses Zeichners und Autoren und nicht auf Cover und Gagseiten. Ein vollständiges Verzeichnis aller Barks-Werke befindet sich im »Hamburger Donaldisten« 35 und Sonderheft 11.
Nachdrucke einzelner Barks-Geschichten siehe: ***Die tollsten Geschichten von Donald Duck, Walt Disneys Großband*** *und* ***Goofy*** *sowie* ***Ich Donald Duck*** *und* ***Ich Onkel Dagobert.***
Im August 1951 erschien eine vierseitige »Nullnummer« mit zwei Seiten später nicht mehr veröffentlichter Comic-Stories.
Ein geringer Teil der Auflage der Bände 21 und 22 des Jahrgangs 1975 wurde als »Testnummern« veröffentlicht, in denen statt des Magazinteils Comic-Stories enthalten waren. Aufgrund der Testergebnisse wurde die Umgestaltung der Serie ab Jahrgang 1976 Bd. 2 vorgenommen.

Inhalt:
Donald Duck (Z.: BARKS, TALIAFERRO, MURRY, BRADBURY, MOORES, STROBL, VICAR (ab 12/72) u. a.)

Folgende Bände von Barks:
1951: Bd. 1–4
1952: Bd. 1–12
1953: Bd. 1–12
1954: Bd. 1–12
1955: Bd. 1–10, 12
1956: Bd. 1, 3, 5, 7, 9, 11, 13, 15, 17, 19, 23
1957: Bd. 1–4, 6–7, 9–13, 15–16, 18, 21, 23, 25–28
1958: Bd. 1, 5–14, 21, 25, 29–31, 33–36, 40, 42–43, 46–50
1959: Bd. 2–4, 9–14, 17, 19–21, 24, 26, 31–33, 35, 37, 44–46, 48–52
1960: Bd. 1–6, 8–10, 14, 19–27, 32–34, 37–39, 42–44, 47–48
1961: Bd. 2–8, 10–12, 17–20, 23, 25, 27–28, 32–34, 36, 38–41, 43, 45–47, 49, 52–53
1962: Bd. 1–3, 7, 9, 13, 15–22, 25, 27–31, 39, 41–43, 45, 52
1963: Bd. 1–7, 10–15, 17, 19–22, 25, 27–31, 33–36, 38–39, 42, 49, 51
1964: Bd. 1, 5, 7, 10, 14, 19–20, 27–29, 37, 41–44
1965: Bd. 2–3, 6, 14–16, 22–23, 25, 27, 35, 37, 40–45, 48

1966: Bd. 3–4, 6, 8, 16–19, 41–43, 53
1967: Bd. 3–5, 9–12, 14–17, 22, 24–27, 32–34, 43–44, 47–52
1968: Bd. 1, 9, 13–14, 17–21, 23–25, 39, 43, 45
1969: Bd. 8, 35
1970: Bd. 10, 14
1971: Bd. 30–32
1972: Bd. 39
1973: Bd. 1–3, 9–11, 14, 36, 49–51
1974: Bd. 22, 25, 28–31, 49–52
1975: Bd. 3–6, 15–16, 21–22, 44, 46–49, 52
1976: Bd. 2–8, 15–16, 19–22, 24, 29, 32, 39–41, 44–48
1977: Bd. 3, 8, 11, 13, 15–21, 23, 31, 34, 37, 42, 46, 48–51
1978: Bd. 1–5, 10, 15, 21, 26, 30, 44, 49
1979: Bd. 6–9, 15, 23, 27, 30–32, 35
1980: Bd. 3, 5–6, 9–12, 18, 35–37, 48, 51
1981: Bd. 2, 6, 8–10, 31, 38–39
1982: Bd. 6–8, 17, 42, 45, 48–50
1983: Bd. 13, 45
1984: Bd. 3, 15, 20, 22, 27, 30, 32, 34, 36, 39–42, 47
Micky Maus (Z.: GOTTFREDSON, MURRY, MOORES U. A.): ab 1951 Bd. 1
Goofy (Z.: MURRY, HUBBARD, MOORES U. A.): ab 1951 Bd. 1
Gustav Gans: ab 1951 Bd. 1
Tick, Trick und Track: ab 1951 Bd. 1
Daisy Duck: ab 1951 Bd. 1
Pluto (Z.: MURRY U. A.): ab 1951 Bd. 1
Minni Maus (Z.: MURRY U. A.): ab 1951 Bd. 1
Kleine Wolf (Z.: EISENBERG, BUETTNER U. A.): ab 1951 Bd. 1
Große böse Wolf (Z.: EISENBERG, BUETTNER U. A.): ab 1951 Bd. 1
Schweinchen Schlau (Z.: EISENBERG, BUETTNER U. A.): ab 1951 Bd. 1
Jimminy Grille: ab 1951 Bd. 1
Blaue Fee: ab 1951 Bd. 1
Pinocchio: ab 1951 Bd. 1
Gevatter Bär: ab 1951 Bd. 2
Gepetto: ab 1951 Bd. 2
Schweine Pfeiffer und Fiedler: ab 1951 Bd. 3
Muck und Mack: ab 1951 Bd. 3
Oma Duck (Z.: MURRY U. A.): ab 1951 Bd. 4
Ahörnchen und Behörnchen: ab 1951 Bd. 4
Dagobert Duck: 1952 Bd. 3
Franz Gans: 1952 Bd. 4
Karli und Jacki: 1952 Bd. 4
Panzerknacker: 1952 Bd. 6
Daniel Düsentrieb (Z.: MURRY, STROBL U. A.): ab 1953 Bd. 1
Gevatter Fuchs: ab 1953 Bd. 1
Dumbo: ab 1953 Bd. 1
7 Zwerge: ab 1953 Bd. 1
Klein Adlerauge: ab 1953 Bd. 2
Groß Adlerauge: ab 1953 Bd. 3
Silberschlange: ab 1953 Bd. 3
Bambi: ab 1953 Bd. 9
Hexe von Schneewittchen: ab 1953 Bd. 9
Kater Karlo: ab 1954 Bd. 11
Glöckchen: ab 1954 Bd. 12
Flugzeug Pedro: ab 1955 Bd. 9
Susi und Strolch: ab 1956 Bd. 1
Timotheus: ab 1956 Bd. 1
Si und Am: ab 1956 Bd. 2
Strolchi: ab 1956 Bd. 2
Alfons: ab 1956 Bd. 8
Klarabella: ab 1956 Bd. 24
Bongo: ab 1959 Bd. 25

Mac Moneysac: ab 1960 Bd. 20
Dicky, Dacky, Ducky: ab 1961 Bd. 53
Primus von Quacks: ab 1962 Bd. 35
Gundel Gaukeley: ab 1963 Bd. 6
Madame Mim: ab 1965 Bd. 6
Phantom: ab 1965 Bd. 30
Vetter Freddy: ab 1967 Bd. 10
Supergoof: ab 1967 Bd. 28
Hugo Habicht: ab 1967 Bd. 35
Superalfons: ab 1968 Bd. 15
Dussel: ab 1968 Bd. 48
Moby Duck: ab 1969 Bd. 29
Aristocats: ab 1972 Bd. 18
Mogli: ab 1973 Bd. 40
Klein Tut: ab 1973 Bd. 48
Robin Hood: ab 1977 Bd. 5
Vetter Hase: ab 1978 Bd. 3
Mack und Muck: ab 1978 Bd. 7
Rudi Ross: ab 1978 Bd. 18
Jacki und Karli: ab 1978 Bd. 31
Mack: ab 1978 Bd. 32
Fähnlein Fieselschweif: ab 1979 Bd. 2
Das schwarze Phantom: ab 1981 Bd. 32

Bemerkungen:
In den Jahren 1959–1966 enthielten die Micky-Maus-Hefte Beilagen. Aus mehreren dieser Beilagen konnte man ein zusätzliches Heft zusammenlegen. Sie hatten das Format 13 × 10 cm oder 13 × 13 cm. Nachdrucke einzelner Geschichten siehe: ***Mickyvision, Walt Disneys lustige Taschenbücher, Micky Maus, Zorro,*** sowie ***Ich Onkel Dagobert II.***

Das Haus der Geheimnisse (Micky und Goofy), 56 Seiten, in Bd. 51/59–5/60
Der Stein der Weisen (Dagobert Duck) Z.: BARKS), 48 Seiten, in Bd. 6/60–11/60 (Nachgedruckt in Micky Maus 1976 Bd. 19–22)
Fragwürdiger Einkauf (Dagobert Duck) (Z.: BARKS), 56 Seiten (Seite 55 und 56 kein Comic), in Bd. 12/60–18/60
Das verbotene Tal (Donald Duck) (Z.: BARKS), 52 Seiten, in Bd. 19/60–25/60 (Nachgedruckt unter dem Titel Die Gurkenkrise in Bd. 16–19/77)
Micky Maus und der schwarze Zauberer (Z.: WRIGHT), 40 Seiten, in Bd. 25/60–30/60
Der Karfunkelstein (Micky und Goofy) (Z.: MURRY), 32 Seiten, in Bd. 30/60–34/60
Die Stadt unter dem Meer (Micky und Goofy) (Z.: WRIGHT), 40 Seiten, in Bd. 34/60–39/60
Der Millionenfelsen (Donald Duck) (Z.: DELARA), 40 Seiten, in Bd. 39/60–44/60
Robert der Roboter (Donald Duck) (Z.: MOORES), 24 Seiten, in Bd. 44/60–47/60
Dornröschen und der Prinz (Z.: HUBBARD), 64 Seiten, in Bd. 47/60–3/61
Daniel Düsentriebs Hundehütte (Z.: STROBL), 24 Seiten, in Bd. 3/61–6/61
Die Wunderlampe (Micky Maus) (Z.: WRIGHT NACH GOTTFREDSON ab Seite 92: HUBBARD), 108 Seiten (Seite 108 kein Comic), in Bd. 6/61–19/61
Bankraub in Rushtown (Goofy), 24 Seiten, in Bd. 20/61–22/61. Irrtümlich steht am Schluß: Fortsetzung folgt.
Unverhoffte Reise (Donald Duck) (Z.: STROBL), 24 Seiten, in Bd. 23/61–25/61
Die grimme Stimme (Der große böse Wolf) (Z.: TURNER), 24 Seiten, in Bd. 26/61–28/61
Der Findelhund (Donald Duck), 24

Seiten, in Bd. 29/61–31/61
Die Schmetterling-Safari (Donald und Dagobert) (Z.: STROBL), 32 Seiten, in Bd. 32/61–35/61
Der verlorene Zehner (Dagobert Duck) (Z.: BARKS), 64 Seiten, in Bd. 36/61–43/61
Spin und Marty (Z.: SPIEGLE), 52 Seiten (Seite 52 kein Comic), in Bd. 44/61–50/61
Häuptling Hubschrauber (Spin und Marty (Z.: SPIEGLE), 48 Seiten, in Bd. 50/61–3/62
Zirkus-Abenteuer (Spin und Marty) (Z.: SPIEGLE), 48 Seiten (Seite 48 kein Comic), in Bd. 3/62–9/62
Freundschaft in Gefahr (Spin und Marty) (Z.: SPIEGLE), 48 Seiten (Seite 48 kein Comic), in Bd 9/62–15/62
Die Piraten von der Muschelinsel (Spin und Marty) (Z.: SPIEGLE), 48 Seiten (Seite 47 und 48 kein Comic), in Bd. 15/62–21/62
Die Gauner-Schlucht (Spin und Marty (Z.: SPIEGLE), 28 Seiten (Seite 28 kein Comic), in Bd. 21/62–24/62
Der geheimnisvolle Einsiedler (Spin und Marty) (Z.: SPIEGLE), 20 Seiten, in Bd. 25/62–27/62
Abenteuer in Mexico (Spin und Marty) (Z.: SPIEGLE), 24 Seiten, in Bd. 27/62–30/62
Die grünen Steine (Spin und Marty (Z.: SPIEGLE), 24 Seiten (Seite 24 kein Comic), in Bd. 30/62–33/62
So war mein Leben (Donald Duck) (Z.: STROBL), , 52 Seiten, in Bd. 33/62–39/62
Die Geschichte des Rades (Donald Duck) (Z.: STROBL), 64 Seiten, in Bd. 40/62–47/62 (Nachgedruckt in Mikkyvision 1964 [1963] Bd. 1)
Auf den Spuren des Phönix (Micky und Goofy) (Z.: MURRY), 32 Seiten (Seite 31 und 32 kein Comic), in Bd. 48/62–51/62
Zorro (Z.: TOTH), Seite 1–30, in Bd. 52/62–3/63 (Nachgedruckt in Ehapa Sonderband)
Der Geheimgang (Zorro) (Z.: TOTH), Seite 31–52, in Bd. 3/63–6/63 (Nachgedruckt in Ehapa Sonderband)
Der Geistermönch 1. Teil (Zorro) (Z.: TOTH), Seite 1–20, in Bd. 6/63–8/63
Der Geistermönch 2. Teil (Zorro) (Z.: TOTH), Seite 21–40, in Bd. 9/63–11/63
Ein schlechter Tag für Bernardo (Zorro) (Z.: TOTH), Seite 41–48, in Bd. 11/63–12/63
Garcias Geheimnis (Zorro) (Z.: TOTH), Seite 1–21, in Bd. 12/63–15/63
Der Gesandte des Königs (Zorro) (Z.: TOTH), Seite 22–39, in Bd. 15/63–17/63
Der kleine Zorro (Z.: TOTH), Seite 40–48 (Seite 48 kein Comic), in Bd. 17/63–18/63
Kampf dem Adler (Zorro) (Z.: TOTH), Seite 1–39, in Bd. 18/63–23/63 (Nachgedruckt in Ehapa Sonderband)
Nächtlicher Besuch (Zorro) (Z.: TOTH), Seite 40–48 und Extrastreifen mit Hinweis auf weitere Zorro-Abenteuer in Mickyvision, in Bd. 23/63–24/63
Die Super-Puste (Micky Maus, Goofy und Daniel Düsentrieb), 48 Seiten (Seite 8, 16, 24 und 32 kein Comic), in Bd. 37/66–42/66
Heia Safari (Dagobert Duck) (Z.: BARKS), 48 Seiten, in Bd. 43/66–48/66

Micky Maus
Sonderheft der
Stuttgart: Ehapa Verlag
Dezember 1951–Dezember 1955
17,5 × 26 cm

Heft
Farbig
Bd. 1–33 (Bd. 1 unnumeriert)
Bemerkungen:
Zwischen Bd. 22 und 23 erschien das Heft ***Das Schwert und die Rose*** *siehe dort.*
Nachdrucke einzelner Hefte und Geschichten siehe ***Mickyvision*** *und* ***Die tollsten Geschichten von Donald Duck*** *sowie* ***Ich Donald Duck.***
Titel:
1: Cinderella
2: Alice im Wunderland
3: Donald Duck auf Nordpolfahrt (Z.: BARKS)
4: Micky Maus im Land der Riesen (Z.: EISENBERG)
5: Micky Maus, das große Feriensonderheft (Z.: EISENBERG, BRADBURY U. A.) (Inhalt: Klein Adlerauge, Ahörnchen und Behörnchen, Die sieben Zwerge, Pinocchio)
6: Micky's Gast aus Afrika (Z.: GOTTFREDSON)
7: Peter Pan (Z.: HUBBARD)
8: Weihnachtssonderheft (Inhalt: Donald Duck) (Z.: BARKS)
9: Donald Duck und Peter Pan (Z.: BRADBURY)
10: Dagobert Duck der »arme alte Mann« (Z.: BARKS)
11: Peter Pan und Käpt'n Huck
12: Klein-Adlerauge (Z.: EISENBERG U. A.)
13: Goofy der Meistersheriff (Z.: HUBBARD UND BRADBURY)
14: Der kleine böse Wolf (Z.: EISENBERG)
15: Das große Ferien-Sonderheft (Z.: MURRY U. A.)
16: Familie Duck auf Ferienfahrt (Z.: BARKS)
17: Micky Maus – Goofy und das Wunderauto (Z.: MOORES)
18: Donald Duck und der goldene Helm (Z.: BARKS)
19: Micky Maus – Abenteuer auf der Doppelkreuz-Farm (Z.: MURRY)
20: Weihnachts-Sonderheft (Inhalt: Donald Duck, Mack und Muck, Tick, Tack und Track) (Z.: MURRY FÜR MACK UND MUCK, Z.: BRADBURY FÜR DONALD DUCK)
21: Weihnachten für Kummersdorf (Z.: BARKS)
22: Micky und Goofy in Afrika
23: Donald Duck der Schlangen-Beschwörer (Z.: BARKS)
24: Dagobert Ducks 13 Trillionen (Z.: BARKS)
25: Pluto (Z.: STROBL)
26: Kater Karlo oder »Übermut tut selten gut« (Z.: MURRY)
27: Das grosse Ferien-Sonderheft (Inhalt: Donald Duck (Z.: DELARA), Goofy (Z.: MURRY)
28: Donald Duck im Moorbad (Z.: BRADBURY U. A.)
29: Donald Duck in Honolulu (Z.: STROBL UND DELARA)
30: Micky Maus im Wilden Westen (Z.: STROBL UND MURRY)
31: Onkel Dagobert (Z.: BARKS)
32: Weihnachts-Sonderheft (Z.: STROBL) (Inhalt: Donald Duck, Pluto, Oma Duck)
33: Donald Duck und die Weihnachtsbäume (Z.: BRADBURY U. A.) (Inhalt: Donald Duck, Oma Duck, Ahörnchen und Behörnchen)

Micky Maus Geburtstagsheft
Stuttgart: Ehapa Verlag
September 1978
17,5 × 26 cm

Heft
Farbig

Mickys grösste Schau
Ohne Verlag
1978
23,6 × 19 cm
Buch
Farbig
Bemerkungen:
Tengelmann/Kaisers/Real-Supermarkt-Sonderausgabe von Teilen der Melzer-Bücher ***Ich Donald Duck*** *und* ***Ich Micky Maus.***

Mickys Reisen durch die Zeit
Stuttgart und Zürich: Delphin Verlag
1972–1973
22 × 29,2 cm
Buch
Farbig
Bd. (1–4)
1: Micky Maus in Babylon
2: Micky Maus und der Zauberer Merlin
3: Micky Maus und Wilhelm Tell
4: Micky Maus die Arbeiten des Herkules

Micky & Goofy
auf Entdeckungsreise
Stuttgart: Ehapa Verlag
1979
17,5 × 26 cm
Heft, Farbig

Micky 40 Jahre Jung!
Stuttgart: Ehapa Verlag
1970
17,5 × 26 cm
Heft, Farbig

Mickyvision
ab 1965: Bd. 5: ***Neue Mickyvision***
ab 1966: Bd. 5: ***Mickyvision***
ab 1966: Bd. 15: ***MV Mickyvision 66***
ab 1966: Bd. 18: ***MV 66***
ab 1967: Bd. 1: ***MV 1967***
ab 1967: Bd. 2: ***MV 67***
ab 1968: Bd. 1: ***MV 68***
ab 1968: Bd. 35: ***Comix***
ab 1964: Bd. 7–1965: Bd. 2 Extraausgabe
ab 1967: Bd. 25–1968: Bd. 10 und 1968: Bd. 16–32: Die spannende Abenteuer-Illustrierte
ab 1968: Bd. 33–34: Comix Comix Comix Comix Comix
ab 1968: Bd. 35–52: MV 68
ab 1969: Bd. 1: MV
Stuttgart: Ehapa Verlag
November 1962–Juni 1977
17 × 26 cm, ab 1966: Bd. 19: 21 × 26,5 cm, ab 1969: Bd. 4: 18 × 26 cm
Heft
Farbig, Innenumschlag teilweise einfarbig
1962: Bd. 1–2
1963: Bd. 3–14 (ab Bd. 9 mit Jahresaufdruck)
1964: Bd. 1–12 (Bd. 1 mit Aufdruck 1963)
1965: Bd. 1–26 (Bd. 5 als Dreifachheft mit Aufdruck 5 (3+4), Bd. 3 und 4 deshalb nicht erschienen)
1966: Bd. 1–26
1967: Bd. 1–20, 21/41–26/46, 47–52
1968: Bd. 1–52, 1969: Bd. 1–26
1970: Bd. 1–26, 1971: Bd. 1–26
1972: Bd. 1–27, 1973: Bd. 1–26
1974: Bd. 1–26, 1975: Bd. 1–26
1976: Bd. 1–26, 1977: Bd. 1–13
Bemerkungen:
Ab 1975: Bd. 23: ohne Aufdruck des

Jahres
1976: als 11. Jg. bezeichnet
1977: als 12. Jg. bezeichnet.
Inhalt:
Spin und Marty (Z.: SPIEGLE): 1962: Bd. 1, 1963: Bd. 4, 7, 1965: Bd. 13, 14
Pongo und Perdita: 1962: Bd. 2
Die Schatzinsel: 1963: Bd. 3
Nikki: 1963: Bd. 5
Entführt: 1963: Bd. 6
Der fliegende Pauker: 1963: Bd. 8
Zorro (Z.: TOTH, TUFTS?): 1963, Bd. 9, 13, 1964: Bd. 2, 5, 9, 1965: Bd. 7, 8, 15, 16, 21, 22, 1966: Bd. 3, 4, 9, 10, 17, 18
Pinocchio: 1963, Bd. 10
Donald und die Mathemagie: 1963: Bd. 11
Mein Freund Stubbs: 1963: Bd. 12
Bambi: 1963: Bd. 14
Donald Duck Die Geschichte des Rades (Z.: STROBL): 1964 (1963): Bd. 1
Micky Maus und Goofy Der verlorene Schlüssel: 1964: Bd. 3
Im Tal der Apachen und: Daniel Düsentrieb (Z.: BARKS): 1964: Bd. 4
Onkel Dagobert Der Güldene Wasserfall (Z.: BARKS): 1964: Bd. 6
Die lustige Micky-Maus-Revue: 1964: Bd. 7
Die grosse Katzen-Familie: 1964: Bd. 8
Der unheimliche Zotti: 1964: Bd. 10
Zwischen zwei Feuern: 1964: Bd. 11
Merlin und Mim: 1964: Bd. 12
Hans Brinker: 1965: Bd. 1
Dschungel der 1000 Gefahren: 1965: Bd. 2
Mondgeflüster: 1965: Bd. 5 (3+4), 6
Michael Voss (ab 1968: Bd. 1 Michel Vaillant) (Z.: GRATON, 1971: Bd. 16 mit GRATON und BOUCHEZ signiert): 1965: Bd. 5(3+4)–1968: Bd. 40, 1969: Bd. 9, 1970: Bd. 8, 17, 23, 1971: Bd. 16, 17, 1972: Bd. 2, 3
Die Abenteuer des Kapitän Grant: 1965: Bd. 9, 10
Geronimos Rach: 1965: Bd. 11, 12
Emil und die Detektive: 1965: Bd. 17, 18
Dr. Syn, die Vogelscheuche: 1965: Bd. 19, 20
Mary Poppins: 1965: Bd. 23–26
Der Millionenschatz: 1966: Bd. 1,2
Die kalifornische Flagge: 1965: Bd. 8
Champagner in Paris: 1966: Bd. 5, 6
20000 Meilen unter dem Meer: 1966: Bd. 7, 8
Robin Hood: 1966: Bd. 13, 14
Davy Crockett: 1966: Bd. 15, 16
Elfego Baca (Z.: USHLER): 1966: Bd. 11, 12
Dan Cooper (Z.: WEINBERG): 1966: Bd. 19–1969: Bd. 3, 1969 Bd. 10, 14, 25, 1971: Bd. 11, 19–21, 23, 1972: Bd. 1, 4–6, 8
Asterix (Z.: UDERZO/T.: GOSCINNY): 1967: Bd. 21/41–1973: Bd. 26, 1974: Bd. 21–1975: Bd. 1, 1975: Bd. 3–13, 15–1976: Bd. 10, 1976: Bd. 19–1977: Bd. 13 (in 1970: Bd. 19, 20: Asterix und das Maskottchen und in 1971: Bd. 6: Asterix – Der gallische Frühling, sind beides Veröffentlichungen die nicht nachgedruckt wurden)
Dr. Jens Lund (Z.: WEINBERG): 1967: Bd. 21/41– 1968: Bd. 9
Ray Ringo (Z.: VANCE/T.: ACAR): 1967: Bd. 21/41–1968: Bd. 14
Weltreisende (Merkwürdige Geschichten) aus dem Jahr 3000: 1968: Bd. 10–15
Ric, der Meisterdetektiv (auch Ric Vitess) (Z.: TIBET/T.: DUCHATEAU): 1967: Bd. 47–1969: Bd. 1, 1969: Bd. 11, 15, 23, 1970: Bd. 7, 13, 18, 22, 1971: Bd. 10, 18, 22, 26

Dennis (Z.: KETCHAM): 1968: Bd. 16–1968: Bd. 40
Jack Diamond (Z.: FUNCKEN): 1968: Bd. 15–37
Familie Franval (auch: Die Abenteuer von Marc Franval) (Z.: AIDANS/T.: ACAR): 1968: Bd. 43–1969: Bd. 2, 1969: Bd. 12, 13, 24, 1970: Bd. 9–12, 26, 1971: Bd. 24, 1972: Bd. 5
Fort Navajo (d. i. Blueberry) (Z.: GIRAUD/T.: CHARLIER): 1968: Bd. 47–1969: Bd. 3
Dschungelbuch: 1969: Bd. 4–7
Jimmy Olsen: 1969: Bd. 4, 15, 1970: Bd. 2, 15, 16, 20, 24, 25, 1971: 5, 6, 13, 14, 20, 1973: 9, 10, 12, 14, 15, 17, 25, 26, 1974: Bd. 1, 2, 5, 6, 10, 13–17
Lois Lane (Z.: SCHAFFENBERGER, U. A.): 1969: Bd. 5, 7, 14, 16, 17, 24, 1970: 10, 12, 15, 22, 26, 1971: 1, 2, 4, 1972: 12, 21, 24
Batman und Robin (Z.: KANE, Z./T.: FRIEDRICH, NOVICK, ESPOSITO, O'NEIL, CHUA): 1969: Bd. 6–9, 11, 12, 16–18, 20, 22, 26, 1970: 4, 5, 7, 11, 12, 23, 26, 1971: 1, 3, 1975: 24
Der Geist des Seeräubers Schwarzbart oder Spuk im College (Z.: SPIEGLE): 1969: Bd. 8
Superman (Z./T.: ANDRU, ESPOSITO, SWAN, ANDERSON, BROWNE, BORING, BATES, OKSNER, MAGGIN, BLAISDELL, COLLETTA, SHOOTER, ROZAKIS): 1969: Bd. 10, 13, 19–23, 25, 26, 1970: 1–3, 6, 8, 9, 11, 16, 19, 21, 1971: 2, 4, 5, 7, 14, 15, 18, 1972: 2, 4, 5, 7, 8, 10–14, 17, 18, 26, 27, 1975: 11–14, 16–23
Bernhard Prinz (auch: Bernhard Prince) (Z.: HERMANN/T.: GREG): 1969: Bd. 16–22, 1970: 24, 1971: 9
Pow-Wow Smith (Z.: STARR): 1969: Bd. 18, 19
Poldi der Polyp (Z.: BOLTINOFF): 1969: 18, 20, 21, 1970: 1, 1971: 9, 14
Super-Krypta die Schildkröte (Z.: BOLTINOFF): 1969: Bd. 21, 1970: 7, 15, 1973: 10
Superboy: 1969: Bd. 23, 1970: 13, 22, 1971: 7, 8, 21, 1972: 3, 6, 8, 15, 16, 20, 22, 27, 1973: 2–4
Ollie (Z.: BOLTINOFF): 1969: Bd. 24, 25, 1971: 18
Bruno Brazil (Z.: VANCE/T.: ALBERT): 1969: Bd. 26, 1970: 1, 2, 4, 5
Unmöglich – aber wahr (Z.: MOREIRA): 1970: Bd. 4
Lola (Z.: BOLTINOFF): 1970: Bd. 8
Supergirl: 1970, Bd. 10, 14, 17, 21, 1971: 3, 1972: 9, 14, 15, 18, 25
Das Geheimnis des grossen Elmo: 1970: Bd. 11
Batgirl: 1970: Bd. 13, 1972: 19, 24, 25
Kein Fressen für Blackie: 1970: Bd. 14
Johnny und der Bandit: 1970: Bd. 15
Legion der Superhelden (Z.: GRELL U. A.): 1970: Bd. 18, 20, 24, 1971: 16, 1972: 9, 19, 23, 27, 1973: 3, 1974: 4, 7–9, 1975: 26
Akro Batus (Z.: BOLTINOFF): 1970: Bd. 19
Die Abenteuer des Kalifen Harun El Pussah (auch: Isnogud) (Z.: TABARY/T.: GOSCINNY). 1970: Bd. 20, 21, 1971: 4, 6–16, 18, 20–26, 1972: 1, 9, 20–24, 1973: 3, 5, 1974: 9, 10, 13–26, 1975: 14, 15
Doktor Rocket (Z.: BOLTINOFF): 1970: Bd. 22
Luc Orient: (Z.: PAAPE/T.: GREG): 1970: Bd. 25
Fips (Z.: BOLTINOFF): 1970: Bd. 25
Elodie D'Avray (Z.: JARRY/T.: ET UND JARRY): 1971: Bd. 1, 12, 17, 1972: 1
Vicky (Z.: WEINBERG): 1971: Bd. 2, 3, 5, 6, 8, 19

Kongo-Bill 1971: Bd. 9
1:0 für Paps (Z.: BOLTINOFF): 1971: Bd. 9
Die phantastische Welt von Krypton (Z./T.: MAGGIN, GIORDANO, PASKO, SWAN, BLAISDELL): 1971: Bd. 12, 1974: 3, 11, 1975: 15
Lucky (Z.: BOLTINOFF): 1971: Bd. 12
Tracey Thompson: 1971: Bd. 13
Peace River – Fluss des Friedens (Z.: FÉDOR/T.: LUX): 1971: Bd. 15
Blondie vom Kiosk (Z.: BOLTINOFF): 1971: Bd. 15
So ein Reinfall, Rita! (Z.: BOLTINOFF): 1971: Bd. 16
Trauer-Kloß (Z.: BOLTINOFF): 1971 Bd.: 22
Die Bruchschiffer 1971: Bd. 24, 25
Mysto Magier + Detektiv: 1972: Bd. 2, 12
Geheimnis im Wüstensand: 1972: Bd. 3
Ein Fall aus den Polizei-Akten: 1972: Bd. 3
Enthaken und Korsaren (Z.: FÉDOR/T.: LUX): 1972: Bd. 4
Das Privatleben von Clark Kent (Z./T.: PASKO, SWAN, MILGROM): 1972: Bd. 11, 1973: 1
Rose und die Rächerin: 1972: Bd. 17, 1973: 1, 12, 1975: 25
Das Millionen-Ding: 1972: Bd. 18
Die Fälle des Privatdetektivs Jason Bard: 1972: Bd. 20, 1973: 2, 7, 11, 18
Der Mann, der 1000 Gangster »schoß«!: 1972: Bd. 21
Professor Olson (Z.: CUETO/T.: MARTI): 1972: Bd. 22, 24, 1973: 16, 23, 24, 1974: 1–6, 9–12, 14, 15, 18, 21, 1975: 2, 4, 7
Jacqueline (Z.: CUETO/T.: MARTI): 1972: Bd. 23
Smoky Bär: 1973: Bd. 1, 2, 4–11, 13–18, 26, 1974, 1, 3, 4, 8
Haus ohne Zeit: 1973: Bd. 4
Christopher Chance (Z.: GIORDANO/T.: WEIN): 1973: Bd. 5, 8, 12, 13, 1974: Bd. 16
Drakulin (Z.: CASTILLO/T.: CATALÁN): 1973: Bd. 6, 19, 1974: 4, 5, 8–13, 1975: 5–11, 16, 1977: 3–8
Alberto und Bernardo (Z.: CUETO/T.: MARTI): 1973: Bd. 6
Rauchende Colts (Z.: GIOLITTI): 1973: Bd. 7, 8, 20–24, 1974: Bd. 7, 8
Lancer: 1973: Bd. 9, 11, 13, 14, 18, 19
Superbaby: 1973: Bd. 10
Papi Tomato (Z.: CASTILLO/T.: CATALÁN): 1973: Bd. 15–17, 20–26, 1974: 1–3, 5–7, 12–19, 22–26, 1975: 1–3, 17–26, 1976: 1–8, 15–25
Robin (ohne Batman): 1973: Bd. 15
Junior und der Klub der Furchtlosen (Z.: TIBET): 1973: Bd. 19–26, 1974: 1, 2, 1975: 3–10
Spaghetti (Z.: ATTANASIO/T.: MEYS): 1974: Bd. 19–24, 1975: 1, 2
Tessa (Z.: CUETO): 1974: Bd. 19, 20
Aktiv-Pepe (Z.: COLOMER): 1974: Bd. 20, 22, 26, 1975: 1, 5, 6, 8–13, 15, 16, 21, 22, 24, 1976: 9, 10, 12–15
Archie: 1974: Bd. 25, 26, 1975: 1–26, 1976: 1–26, 1977: 1–13
Josie (Archie): 1975: Bd. 6, 8, 9
Jinx (Archie): 1975: Bd. 7, 8, 19, 26, 1976: 2, 4, 8, 14, 18
Young Love: 1975: Bd. 12–14
Hägar der Schreckliche (Z.: BROWNE): 1975: Bd. 15–26, 1976: 1–26, 1977: 1–13
Popeye (Z.: SAGENDORF): 1975: Bd. 17–26, 1976: 1–26, 1977: 1–13
Albert Enzian (Z.: GREG): 1975: Bd. 25, 26, 1976: 1–26, 1977: 1–13

Grüner Pfeil (Z./T.: MAGGIN, DILLIN, BLAISDELL): 1976: Bd. 1
Atom (Z./T.: MAGGIN, DILLIN): 1976: 2
Comix-Western (Z.: MOSER U. A.): 1976: Bd. 3, 4, 10, 15, 16, 23, 24, 1977: 10, 12
Comix-Krimi: 1976: Bd. 5–9, 13, 14, 17, 25, 26, 1977: 1, 2, 4–8, 13
Science Fiction: 1976: Bd. 11, 12, 1977: 3, 11
Cannon: 1976: Bd. 18–26, 1977: 2
Krypto der Superhund: 1977: Bd. 9

Mickyvision

Bd. 34–1/77: Beliebte Film- und Fernsehserien von Walt Disney
Bd. 2/77–1/78: Spezial: Mit Aufkleber!
Bd. 2/78–12/84: Mit Aufkleber
Stuttgart: Ehapa Verlag
1967–Serie erscheint noch
17,5 × 26 cm
Heft
Farbig
Bd. 1–52, 1975–1984: jeweils Bd. 1–12
Bemerkungen:
Von den ersten Heften gibt es eine österreichische Ausgabe mit hervorgehobenem Schilling-Preis und genauem Datum. Bd. 33 doppelter Umfang.
*Diese Serie setzt das ursprüngliche Konzept der **Mickyvision 1962–1965** mit vielen Nachdrucken der **Micky Maus-Sonderhefte** und aus der **Micky Maus** bis etwa Bd. 34 fort. Ab Bd. 7/82 existiert eine 2. Auflage der Hefte ab Bd. 46/74.*
Titel:
1: Klein Adlerauge (Nachdruck von Micky Maus Sonderheft Bd. 12) (Z.: EISENBERG U. A.)
2: Goofy und sein Spießgeselle Miky (Nachdruck von Micky Maus Sonderheft Bd. 17) (Z.: MOORES)
3: Robinson Crusoe der Amazonen-Häuptling
4: Der kleine böse Wolf (Nachdruck von Micky Maus Sonderheft Bd. 14) (Z.: EISENBERG)
5: Schneewittchen und die sieben Zwerge
6: Aschenbrödel (Nachdruck von Micky Maus Sonderheft Bd. 1)
7: Pluto (Nachdruck von Micky Maus Sonderheft Bd. 25) (Z.: STROBL)
8: Ahörnchen und Behörnchen
9: Micky Maus im Land des Riesen (Nachdruck von Micky Maus Sonderheft Bd. 4) (Z.: EISENBERG)
10: Ferien Parade (Nachdruck von Micky Maus Sonderheft Bd. 5, außer eine Geschichte) (Z.: EISENBERG, BRADBURY U. A.)
11: Die drei kleinen Schweinchen
12: Abenteuer mit Tick, Trick und Track
13: Dschungelbuch
14: Goofy der Meistersheriff (Nachdruck von Micky Maus Sonderheft Bd. 13) (Z.: HUBBARD UND BRADBURY)
15: Strolchi
16: Micky Maus und Professor Seegras
17: Micky Maus Das Geheimnis der Doppelkreuzranch (Nachdruck von Micky Maus Sonderheft Bd. 19) (Z.: MURRY)
18: Ein toller Käfer
19: Onkel Dagobert Der Stolz von Entenhausen
20: Gefährliche Grenzzwischenfälle
21: Madam Mim
22: Ahörnchen und Behörnchen Neue Abenteuer

23: Der schwarze Pirat
24: Strolchi
25: Goofy und der Löwe
26: Dumbo der fliegende Elefant
27: Der große böse Wolf
28: Peter Pan (Nachdruck von Micky Maus Sonderheft Bd. 7) (Z.: HUBBARD)
29: Oma Duck
30: Aristocats
31: Dornröschen und der Prinz
32: Daisy Duck
33: Goofys lustige Olympiade
34: Schweinchen Schlau und seine Freunde
35: Daniel Düsentrieb
36: Micky und Goofy auf Gangsterjagd
37: Tick, Trick und Track Retter in der Not
38: Panzerknacker gegen Onkel Dagobert
39: Supergoof und der Minimalor
40: Die 3 Schweinchen
41: Onkel Dagobert fährt zum Südpol
42: Micky jagt Hundediebe
43: Daniel Düsentrieb Das verkannte Genie
44: Donald macht gute Geschäfte
45: Micky und Goofy Der gefährliche Irrtum
46: Tick, Trick und Track und die Untertassen-Indianer
47: ohne Titel (Inhalt: Die Aristokätzchen)
48: ohne Titel (Inhalt: Micky Maus, 1. Geschichte)
49: ohne Titel (Inhalt: Onkel Dagobert, 1. Geschichte)
50: ohne Titel (Inhalt: Onkel Dagobert)
51: ohne Titel (Inhalt: Micky Maus)
52: Robin Hood

Ab 1975: Bd. 1: ohne Titel (Inhalt: alternierend Donald und Micky Maus)

Mieter, bleibt heiter, der Wohnungskampf geht weiter
Frankfurt/M.: Diskus-Verlag
1973
21 × 26 cm
Broschüre
Einfarbig
Z.: PIKS

Miggis Kinderpost
Genf (Schweiz): Atar AG
1950–Oktober 1959
11,5 × 16,2 cm, später (zuerst bei Bd. 4 von 1955 bekannt:
13,3 × 19,5 cm
Heft
Einfarbig und farbig
Jeweils Bd. 1–12 in jedem Jahr, im Jahr 1959: Bd. 1–10
Bemerkungen:
Serie wurde unter dem neuen Titel »Tim« weitergeführt.
Inhalt u. a.:
Bimbula (Z.: HEINZ)
Abenteuer auf dem Meeresgrund
Wildtöter
Kampf um den Mount-Everest
Hansli's Weltreise (d. i. Der lustige Seemann) (Z.: HEINZ)
Das Leben von Baden-Powell (Z.: JIJÉ)
Jo-Jo Cow-boy (Z.: RALLIC)
Paul . . . (Z.: HEINZ)
Die Schallmauer (Z.: WEINBERG)
Was ist aus Fawcett geworden?

Mighty Mouse
Siehe: ***3-D Bilderheft***

Mi-Ki Buch
Stuttgart: Illu Press
1978

11,5 × 12 cm
Heft
Farbig
Bd. 1–6
Z./T.: LEISER
Bemerkungen:
Die Bände enthalten jeweils eine neue abgeschlossene Geschichte mit den »Flohheimern« (Schindelschwinger).

Die Militanten Panthertanten
Frankfurt/M.: Brumm-Comix (Melzer)
1971
18,9 × 25,8 cm
Broschüre
Einfarbig
Z.: KITCHEN, CRUMB, SHELTON, RODRIGUEZ, KINNEY, MICHELE UND REESE

Mill's Comic-Leckerbissen
Brühl, ab Bd. 2: Oberhausen: Buzemi-Verlag
1980 – Serie erscheint noch
20,8 × 29,7 cm
Broschüre
Einfarbig
Bd. 1–4 . . .
1: Detektiv Schmidtchen I (Z.: RICHTER-JOHNSEN/T.: LYNDER)
2: Garth I (Z.: DOWLING/T.: O'DONNELL)
3: Detektiv Schmidtchen II (Z.: RICHTER-JOHNSEN/T.: LYNDER)
4: Vera Moon I (Z.: PASSINGHAM)

Mill's Gazette
Brühl: Buzemi-Verlag
1979–1981
21 × 30,1 cm
Heft
Einfarbig
Bd. 1–5, 6/7
Inhalt:
Die beiden Schwestern, auch Carola Day/Julia Köster (Z.: DRAKE): Bd. 1–7
Flash Gordon (Z.: BARRY): Bd. 1–5
Matt der Sheriff, auch Rauchende Colts (Z.: BISHOP): Bd. 1–7
Captain Lill (Z./T.: JERRY UND HALE SKELLY): Bd. 1–7
Garth (Z.: ALLARD): Bd. 1–3
Garth (Z.: DOWLING): Bd. 4–7
Buz Sawyer (Z.: CRANE): Bd. 1–7
Gunner (Z.: SALINAS/T.: GRASSI): Bd. 1–7
Modesty Blaise (Z.: HOLDAWAY/ T.: O'DONNELL): Bd. 1–7
Ziegenbart (Z.: (Z.: VANDERSPOEL): Bd. 2
Na, so was . . .! (Z.: VANDERSPOEL): Bd. 2–4
Red Sonja (Z.: THORNE/T.: THOMAS/NOTO): Bd. 3–5
Red Sonja (Z.: CHAYKIN/T.: THOMAS/ MOENCH): Bd. 6/7
Hinzlipuntzli (Z.: FÖRSTER): Bd. 3
Angie (Z./T.: FÖRSTER): Bd. 3
Singh Singh (Z./T.:GRUBER): Bd. 3
Akim (Z./T.: STIMM): Bd. 3
Susi (Z.: GEORGE): Bd. 3
Gustav (Z.: GEORGE): Bd. 3
Der Zaubertrank (Z.: MOSER): Bd. 3
Der Zauberspruch (Z.: MOSER): Bd. 3
Komischtrips (Z.: SONNENBERG): Bd. 3
Die Nibelungen (Z.: KERSTEN): Bd. 4
Junge-Junge (Z.: JUNGE): Bd. 4
Die Drei (Z.: DUX): Bd. 4–7
Gunilla (Z./T.: MEIXNER): Bd. 4–7
Fan-Comic (Z.: SHARPER): Bd. 4, 6/7
Kopfbilder (Z.: GRÜNEWALD): Bd. 4
Zirkus Puddingknie (Z.: VANDERSPOEL): Bd. 4–7
Disguiser (Z.: SHARPER): Bd. 5–7
Die Ritter von Worms (Z.: MITROVIĆ/ T.: FÖRSTER): Bd. 5
Hercules (Z.: HERCSUTH): Bd. 5–7
Die lieben Haustiere (Z.: BOYKE): Bd. 5
Die Bremer Stadtmusikanten

(Z.: TRESCKOW): Bd. 5
Jeff Cobb (Z.: HOFFMANN): Bd. 6/7
Wendelin (Z.: GEORGE): Bd. 6/7
Hans im Glück (Z.: TRESCKOW): Bd. 6/7
Alaoaqu (Z.: BOYKE): Bd. 6/7
Papa (Z.: JUNGE): Bd. 6/7

Mini-Faust
Frankfurt: Ring Publications Gerold Dommermuth
1968
Rund Ø 7,5 cm
Ringbuch
Einfarbig
Z.: MEYSENBUG

Minimax-Comix
Reinbek: Rowohlt Verlag
Dezember 1974
12,5 × 19 cm
Taschenbuch rotfuchs 72
Farbig
Z./T.: ANGELA UND ANDREAS HOPF
Bemerkungen:
Auch als Hardcover-Ausgabe.
Strips aus der »Brigitte«. Rückseiten-Comic von SCHNIEBEL.

Minimax und seine Freunde
München: Heinrich Ellermann Verlag
1977
21,3 × 26,5 cm
Buch
Farbig
Z./T.: HOPF

Miracleman
Bd. 10–16, 18–20, 22, 23: Der Wundermann
Bd. 7, 21, 24, 25: Der Wunder Mann
Aachen: Bildschriftenverlag
Oktober 1966–1969
17,5 × 25 cm
Heft
Einfarbig
Bd. 1–25
Inhalt:
Der Unsichtbare: Bd. 10, 11
Besuch vom anderen Planeten (Z.: FORTE): Bd. 21
Geschätzt und verdammt: Bd. 21
Meteorengefahr im Weltraum: Bd. 22
Der seidene Umhang: Bd. 22
Schau' auf die Sterne!: Bd. 23
Der große Goldrausch: Bd. 24

Mister Magoo
Der kurzsichtige
Aachen: Bildschriftenverlag
1963
17 × 24,5 cm
Heft
Farbig, Innenumschlag einfarbig

Mister Magoo
Das große Fernseh-Comic für jung und alt
Frankfurt/M.: Condor Verlag
1974–1975
Bd. 1–7: 20,9 × 29,8 cm,
Bd. 8–12: 18 × 26 cm
Heft
Farbig
Bd. 1–12
Inhalt:
Mister Magoo: Bd. 1–12
Tiffy, Uron & Max (Z.: ERIK): Bd. 1–2
Bullwinkel & Rocky (Z.: FUNG): Bd. 1–8, 11–12
Der rosarote Panther: Bd. 3, 12
Der Inspektor: Bd. 4–5
Dudley DoRight: Bd. 4–10
Klassisches Märchen in moderner Form: Bd. 4, 7, 9–11
Gerald McBoing Boing: Bd. 7
Das Wurfspiel: Bd. 7
Professor Peabody: Bd. 11

Mit Charme, Schirm und Melone
Krimi Klassiker
Aachen: Bildschriftenverlag
1967
18 × 25 cm
Heft
Einfarbig
Bd. 1–2

Modern Art
Frankfurt/M.: Zweitausendeins
Oktober 1980
21,5 × 28 cm
Buch
Farbig
Z.: SWARTE
T.: WILLEM (nur 1. Story)

Mo-Dettes
Das erste Fotoromanzine der Welt mit den
Karlsruhe: Ralf, Michael, Karin, Sigrid (Selbstverlag)
1980
21 × 29,6 cm
Geklammerte Einzelblätter
Einfarbig
Bemerkungen:
Fotocomic Parodie.
2seitige Fotokopien.

Mollah
Comic
Stuttgart: Unipart-Verlag
April 1975
21 × 28,5 cm
Broschüre
Farbig
Z.: BORIS

Mona C.
Bremen: Kai Stellmann Verlag
1980
21,3 × 15 cm
Broschüre
Einfarbig
Z./T.: FUNKE
Bemerkungen:
1. Auflage: roter Schutzumschlag, 2. Auflage: braun, 3. Auflage: rot. Auf der Liste der jugendgefährdenden Schriften.

Monsieur Lambert
Zürich (Schweiz): Diogenes Verlag
1973
Buch
Z./T.: SEMPÉ

Das Monster am Ende dieses Buches
Köln: Inter-Verlag
1972
16,1 × 20,4 cm
Heft
Farbig
Z.: SMOLLIN
T.: STONE
Bemerkungen:
Sesamstraßen-Comic.

Das Monster von Frankenstein
Siehe: ***Frankenstein***

Mosaik
Berlin (DDR): Verlag Neues Leben, ab Bd. 38: Berlin (DDR): Verlag Junge Welt
Dezember 1955–Serie erscheint noch
16 × 24 cm
Heft
Farbig
Bd. 1–229
1976: Bd. 1–2
1977: Bd. 13, 2–12
1978–1984: jeweils Bd. 1–12
Z.: Bd. 1–229: KOLLEKTIV HEGEN
ab 1976: Zeichner- und Texterkollektiv: DRÄGER (künstl. Leiter),

ARFERT, BEHM, BOCHE, BORKNER, LEHMANN, REITZL, RIETSCHEL, REUTER, SOTT, STEPHANS, WITTIG, ZAHL UND ZIMMERMANN
Bemerkungen:
Innerhalb des Amerika-Blockes (Bd. 152–211) existiert eine West-Ausgabe auf besserem Papier und mit meist nur 5zeiligem Impressum.
Bd. 224–229 ist ein Nachdruck der Hefte 90–95. Von Bd. 62–229 ohne Sprechblasen, der Text unterhalb des Bildes.
Inhalt:
Dig, Dag und Digedag: Bd. 1, 2, 4, 6–229
Die Bimmel-Bummelbahn: Bd. 3
Wer wagt – gewinnt: Bd. 5
Abrax, Brabax und Califax: ab 1976

Mosaik
(Sammelband)
Berlin (DDR): Verlag Junge Welt
1965–1966
16,6 × 24,5 cm
Buch
Farbig
Bd. 1–4
Z.: KOLLEKTIV HEGEN
Bemerkungen:
Nachdrucke aus ***Mosaik*** *mit geringen Änderungen. Bd. 1 in zwei unterschiedlichen Auflagen bekannt. Auch sonst mehrere Auflagen, zum Teil unnumeriert.*
Titel:
1: Die Reise nach Venedig (Mosaik Bd. 90–97)
2: Auf der Spur von Digedag (Mosaik Bd. 98–103)
3: In den Bergen Dalmatiens (Mosaik Bd. 104–109)
4: Abenteuer am Bosporus (Mosaik Bd. 110–115)

Mosaik
Dortmund: Weltkreis-Verlags-GmbH
1974–Herbst 1978
16,5 × 24 cm
Buch
Farbig
Bd. 1–10
Z.: KOLLEKTIV HEGEN
Bemerkungen:
Nachdruck der ***Mosaik****-Hefte 152–211 (meist ohne die Originaltitelbilder). In der DDR für die Bundesrepublik hergestellt.*
1: Die Digedags in Amerika
2: Die Digedags am Mississippi
3: Die Digedags bei den Indianern
4: Die Digedags in den Rocky Mountains
5: Die Digedags in New Orleans
6: Die Digedags am Missouri
7: Die Digedags und der Goldschatz
8: Die Digedags in Panama
9: Die Digedags und die Pirateninsel
10: Die Digedags in New York

Motor Maus
Bd. 1–3: Großer Spaß auf heißen Rädern
Bd. 4–56: Der Fernseh-Spaß in 80 Ländern
Bergisch Gladbach: Bastei Verlag
Juni 1977–August 1979
18 × 26 cm
Heft
Farbig
Bd. 1–56
Z.: HANNA-BARBERA-PRODUCTION
Inhalt:
Motor Maus
Scooby Doo
Hong Kong Pfui
Top Cat
Siegfried Squirrel
Squiddly Diddly

Mucki und Matzi
Hamburg: Martin Kelter Verlag
August 1973–November 1973
21,3 × 14,7 cm
Heft
Farbig
Bd. 1–14
Inhalt:
Mucki und Matzi (Z.: KÖRNER): Bd. 1–7, 12–14
Käpt'n Snuffy (Z.: KÖRNER): Bd. 2, 5, 10
Krekel (Z.: KÖRNER): Bd. 7–9, 11, 14
3 Musketiere: Bd. 8, 10

Münchhausen
und andere lustige Abenteuer
Eulenspiegel Sonderheft
München: Verlag der G. Franz'schen Buchdruckerei
Vertrieb: Rastattt/Baden: Erich Pabel
1954
17 × 25,5 cm
Heft
Farbig, 1. Innenumschlag einfarbig
Z.: KAUKA COMIC PRODUCTIONS
Bemerkungen:
Mit 3-D-Brille als Beilage.
Inhalt:
Knickebein und Brummel
Fridolin
Münchhausen's tolle Abenteuer (3-D-Comic)
Emil und die Spatzenkinder
Fix und Foxi

Münchhausen
Siehe: ***Klassiker-Comics***

Mündungsfeuer
Siehe: ***Rauchende Colt***

Muffel und Plums
München: Heinrich Ellermann Verlag
1972–1976
18,3 × 21,5 cm
Buch
Einfarbig
Bd. (1)–3
Z./T.: FROMM

Muffel und Plums
München: Deutscher Taschenbuch-verlag
Mai 1976
10,9 × 18 cm
Taschenbuch dtv-junior 7214
Einfarbig
Z./T.: FROMM
Bemerkungen:
Auswahlband aus Bd. 1 und 2 der Buchausgabe.

Mumin
München: Schneider Verlag
60er Jahre
18,5 × 11,5 cm
Heft
Zweifarbig
Bd. (1–2)
Z./T.: TOVE JANSSON UND LARS JANSSON
Titel:
Best.-Nr. 1040. Mumin findet seine Eltern
Best.-Nr. 1041: Mumin baut ein Haus

Mumin
Ravensburg: Otto Maier Verlag
1973–1974
11,5 × 18 cm
Taschenbuch
Einfarbig
Z.: Bd. 260, 285: TOVE JANSSON
Z.: Bd. 308: LARS JANSSON
T.: TOVE JANSSON
Bemerkungen:
Taschenbücher 118, 147 und 179 sind keine Comics.

Titel:
260: Mumintal wird ein Dschungel
285: Mumin baut ein Haus
308: Die Mumins erben ein Schloß

Mumin
Neue Geschichten zur Fernsehserie
Bergisch Gladbach: Bastei Verlag
Dezember 1980–1981
18,1 × 26,1 cm
Heft
Farbig
Bd. 1–16

Mumps und Tilli kehren zurück
Zürich (Schweiz): Diogenes Verlag
1978
22,7 × 31,1 cm
Broschüre
Farbig
Z.: FIX
T.: SCHMIDMAIER UND MANZ

Mumps und Tilli reisen mit der Zeitmaschine
Zürich (Schweiz): Diogenes Verlag
1977
22,9 × 31,7 cm
Buch
Farbig
Z.: FIX
T.: SCHMIDMAIER UND MANZ

Die Musketiere
ab 2. Jg. Bd. 7: ***Roy, der Musketier***
bis 2. Jg. Bd. 6: Kämpfer für Frieden, Recht und Freiheit.
Köln: Walter Feldmann Verlag
November 1954–November 1955
20 × 15 cm
Heft
Einfarbig
1. Jg. Bd. 1–4
2. Jg. Bd. 2–12

MV
Siehe: ***Mickyvision***

MV Comix
Siehe: ***Mickyvision***

MV Mickyvision
Siehe: ***Mickyvision***

N

Nabur
Weinheim: Arno Dierl, ab Bd. 3: Oberteisendorf: Otto Haberlander
1979–1980
14,7 × 20,9 cm
Heft
Einfarbig
Bd. 1–(2), 3
Z.: UHL

Nach Strich und Faden
Bad Salzig und Boppard: Karl Rauch Verlag
1949
12,5 × 19,5 cm
Broschüre
Zweifarbig
Z.: WENDLING
Bemerkungen:

Basiert auf dem Titel
»Oh, diese Jugend« (1939).

»Na, Du?«
Hamburg: Broschek Verlag
1972
15,9 × 17 cm
Buch und Broschüre
Einfarbig und zweifarbig
Z./T.: SCHLOTE

Nana
International
Das freche Porno Comic Magazin für alle
Stockholm (Schweden):
Prince Press AB
1975
17 × 23,8 cm
Heft
Einfarbig
Bd. 2/75
Z.: U. A. LEFFE
Bemerkungen:
Mehr nicht bekannt. Enthält auch einen Fotocomic.

Napoleon Solo
der Mann von U.N.C.L.E.
Stockholm (Schweden): Semic Press, Auslieferung: Aachen: Bildschriftenverlag
Dezember 1967–April 1969
17 × 26 cm
Heft
Einfarbig
Bd. 1–9
Bemerkungen:
Nach der Fernsehserie.
Inhalt:
Jet Dream weiblicher Agent: Bd. 7–9

Der Nazi-Man
Herr Knäckermann. Ein Träumer?
Berlin: Verlag Klaus Bär
1972
21 × 29,8 cm
Broschüre
Einfarbig
Z.: STEINGÄSSER

Nero
Siehe: ***Die Abenteuer von Nero und Co***

Neue Bon(n)bons
Bergisch Gladbach: Gustav Lübbe Verlag
1966
23 × 16,5 cm
Buch
Einfarbig
Foto-Comic von KORTMANN UND WOLF
Bemerkungen:
Dieser Band gehört in die Reihe ***»Bon(n)bons«.***

Der neue Fotoroman
Paris photo-strips
Düsseldorf: Fotoroman-Verlag (G. Herrmann)
November 1963–1964
21 × 30 cm
Heft
Einfarbig
1. Jg. Bd. 1–4
2. Jg. Bd. 1–7?
Bemerkungen:
Foto-Comic.

Neue Mickyvision
Siehe: ***Mickyvision***

Die neuen Abenteuer der Barbarella
München: Wilhelm Heyne Verlag
1971
20,7 × 29,4 cm

Broschüre
Zweifarbig
Z.: FOREST

Die neuen Abenteuer der Barbarella
Buchgemeinschaftsausgabe (Bertelsmann u. a.)
1971
20,7 × 29,4 cm
Buch
Zweifarbig
Z.: FOREST
Bemerkungen:
Nachdruck der Heyne-Ausgabe mit anderem Cover.

Neue Serie Akim
Siehe: ***Akim, Neue Serie***

Neues von Prof. Filutek
Berlin (DDR): Eulenspiegel-Verlag
1958
11 × 23,5 cm
Buch
Zweifarbig
Z.: LENGREN

Neue Super
auch: ***Neue Super Witze***
Lund (Schweden):
RA-Press Förlags AB
1980–1981
20,5 × 27,5 cm
Heft
Einfarbig
Bd. 1–11 bekannt
Bemerkungen:
Geringer Comicanteil.
Z.: AMRO
ERALP
HAU
LINDKVIST
STOBY

Das Neujahrsopfer
Peking(China). Vlg. für fremdsprachige Literatur
1978
25,5 × 18,4 cm
Broschüre
Einfarbig
Z.: YUNG, HUNG UND YAO

1941
Die Geschichte im Bild
Rastatt: Arthur Moewig Verlag
März 1980
20,6 × 27,6 cm
Broschüre
Farbig
Z.: BISSETTE UND VEITCH
T.: ASHERMAN

Das Neuste von gestern
Herisau (Schweiz): Edition C AG
1979–1980
24,4 × 17,9 cm
Buch
Farbig
Bd. 1–2
Z.: NYDEGGER
T.: BAUMANN

Nezha bekämpft den Drachenkönig
Peking (China): Vlg. für fremdsprachige Literatur
1980
ca. 26 × 18 cm
Buch?
Farbig

Nibelungen
Baden Baden: Neue Verlagsges.m.b.H.
1952
24,2 × 19 cm
Broschüre

Einfarbig
1. Teil
Z./T.: SCHAAL
Bemerkungen:
Unklar, ob kostenlose Werbeausgabe.

Nick
der Weltraumfahrer
Hannover: Walter Lehning Verlag
Januar 1958–September 1960
17 × 7,5 cm
Heft
Einfarbig
Bd. 1–139
Z.: WÄSCHER

Nick
Pionier des Weltalls
Bd. 112–121: der Weltraumfahrer
Weltraum Magazin
Bd. 86–111:: ***Nick*** Pionier des Weltalls
Blitz Abenteuer im Weltraum
Hannover: Walter Lehning Verlag
Januar 1959–Juli 1963
17 × 24 cm
Heft
Farbig, ab Bd. 62: Farbig und zweifarbig, ab Bd. 112: einfarbig
Bd. 1–121
Z.: WÄSCHER
Inhalt:
Rex, der Held des Jahres 2000 (Nachdruck aus Raka) (Z.: V. CHIOMENTI, Bleistiftvorz.: A. CHIOMENTI/ T.: DALMASSO):
Bd. 11–22: Raka Bd. 1–12, *Bd. 23*: Raka Bd. 13 Seite 1–10, 28, 16, 23, 24, 29, 30, Raka Bd. 14 Seite 7 (1. Bild), 5 (2. Bild), 8–14, 16–23, *Bd. 24*: Raka Bd. 14 Seite 24, 25, 28, 29, 31, Raka Bd. 15 Seite 3, 8–17, 23–27, Raka Bd. 16 Seite 2, 3, 6–12 (1. Bild), 13, (2. Bild), *Bd. 25*: Raka Bd. 16 Seite 16 (2. Bild)–32, Raka Bd. 17 Seite 1–7 (1. Bild), 8 (2. Bild), 9, 11, 12 (1. Bild), 15 (2. Bild)–21 (1. Bild), *Bd.26*: Raka 17 Seite 21 (2. Bild)–32, Raka Bd. 18 Seite 1–21 (1. Bild), *Bd. 27*: Raka Bd. 18 Seite 21 (2. Bild)–32, Raka Bd. 19 Seite 1–21 (1. Bild), *Bd. 28*: Raka 19 Seite 21 (2. Bild)–32, Raka Bd. 20 Seite 1–6 (1. Bild), 7 (2. Bild), 8–17 (1. Bild), 18 (2. Bild), 19–23 (1. Bild), *Bd. 29*: Raka Bd. 20 Seite 23 (2. Bild), 24–32, Raka Bd. 21 Seite 1–13, 15, 23 (1. Bild), *Bd. 30*: Raka Bd. 21 Seite 23 (2. Bild), 24–32, Raka Bd. 22 Seite 1–23 (1. Bild), *Bd. 31*: Raka Bd. 22 Seite 23 (2. Bild), 24–32, Raka Bd. 23 Seite 1–23 (1. Bild), *Bd. 32*: Raka Bd. 23 Seite 23 (2. Bild), 24–32, Raka Bd. 24 Seite 1–23 (1. Bild), *Bd. 33*: Raka Bd. 24 Seite 23 (2. Bild), 24–32, Raka Bd. 25 Seite 1–23 (1. Bild), *Bd.34*: Raka Bd. 25 Seite 23 (2. Bild), 24–32, Raka Bd. 26 Seite 1–23 (1. Bild), *Bd. 35*: Raka Bd. 26 Seite 23 (2. Bild), 24–32, Raka Bd. 27 Seite 1–23 (1. Bild) *Bd. 36*: Raka Bd. 27 Seite 23 (2. Bild), 24–32, Raka Bd. 28 Seite 1–23 (1. Bild), *Bd. 37*: Raka Bd. 28 Seite 23 (2. Bild), 24–32, Raka Bd. 29 Seite 1–17, 19–24 (1. Bild), *Bd. 38*: Raka Bd. 29 Seite 24 (2. Bild), 25–32, Raka Bd. 30 Seite 1–24 (1. Bild), *Bd. 39*: Raka Bd. 30 Seite 24 (2. Bild)–32, Raka Bd. 31 Seite 1–24 (1. Bild), *Bd. 40*: Raka Bd. 31 Seite 25–32, Raka Bd. 32 Seite 1–24, *Bd. 41*: Raka Bd. 32 Seite 25 (2. Bild), 26–32, Raka Bd. 33 Seite 1–25 (1. Bild), *Bd. 42*: Raka Bd. 33 Seite 25 (2. Bild), 26–32, Raka Bd. 34 Seite 1–25 (1. Bild), *Bd.43*: Raka Bd. 34 Seite 25 (2. Bild), 26–32, Raka Bd. 35 Seite 1–13, 27–32, Raka Bd. 36 Seite 1–5 (1. Bild), *Bd. 44*: Raka Bd. 36

Seite 5 (2. Bild), 6–32, Raka Bd. 37 Seite 1–5 (1. Bild), *Bd. 45*: Raka Bd. 37 Seite 5 (2. Bild), 6–32, Raka Bd. 38 Seite 1–5 (1. Bild), *Bd. 46*: Raka Bd. 38 Seite 5 (2. Bild), 6–30, 32, Raka Bd. 39 Seite 1–6 (1. Bild), *Bd. 47*: Raka Bd. 39 Seite 6 (2. Bild), 7–32, Raka Bd. 40 Seite 1–6 (1. Bild), *Bd. 48*: Raka Bd. 40 Seite 6 (2. Bild), 7–32, Raka Bd. 41 Seite 1–6 (1. Bild), *Bd. 49*: Raka Bd. 41 Seite 6 (2. Bild), 7–32, Raka Bd. 42 Seite 1–6 (1. Bild), *Bd. 50*: Raka Bd. 42 Seite 6 (2. Bild), 7–32, Raka Bd. 43 Seite 1, 2, 4–7 (1. Bild), *Bd. 51*: Raka Bd. 43 Seite 7 (2. Bild), 8–32, Raka Bd. 44 Seite 1–7 (1. Bild), *Bd. 52*: Raka Bd. 44 Seite 7 (2. Bild), 8–32, Raka Bd. 45 Seite 1–4, 6, 7
Alle Hefte retuschiert mit umgeschriebenen Sprechblasen.
Blitz Abenteuer im Weltraum (Nachdruck aus Fulgor) (Z.: PEDRAZZA/ T.: RENZI) Titelkopf: WÄSCHER:
Bd. 85–94: Fulgor Bd. 1–10,
Bd. 95–105: Fulgor Bd. 14–24,
Bd. 105–111: Fulgor Bd. 26–31

Nick
Sonderband
Hannover: Walter Lehning Verlag
März 1966
17 × 24 cm
Broschüre
Farbig
Bd. 1
Z.: WÄSCHER
Bemerkungen:
Nachdruck: Seite 1–40: *Nick Pionier des Weltalls Bd. 1, 2,* Seite 41–48: *neu gezeichnet.*

Nick
Pionier des Weltalls
Buchschlag: Abi Melzer Productions
Februar 1976–Juli 1976
16,5 × 24 cm
Heft
Farbig
Bd. 1–20
Z.: WÄSCHER
Bemerkungen:
Nachdruck der Nick-Großband-Serie Bd. 1–30 ohne Raka/Rex.

Nick
der Weltraumfahrer
Frankfurt/M.: Comic Buch Club
September 1977–Februar 1979
17 × 7,5 cm
Heft
Einfarbig
Bd. 1–139
Z.: WÄSCHER
Bemerkungen:
Nachdruck der Nick-Piccolo-Serie.

Nick
Pionier des Weltalls
Frankfurt/M.: Comic Buch Club
März 1979–April 1979
17 × 24 cm
Heft
Einfarbig
Bd. 31–46
Z.: WÄSCHER
Bemerkungen:
Nachdruck der Nick-Großband-Serie. Bd. 31–46 ohne Raka/Rex.

Nick Knatterton
Bd. 1: 100 Abenteuer des berühmten Meisterdetektivs
Bd. 2: 100 neue Abenteuer des berühmten Meisterdetektivs
Bd. 3: Die neuesten 100 Abenteuer des berühmten Meisterdetektivs

Bd. 4: Wieder 100 neue Abenteuer des berühmten Meisterdetektivs
Bd. 5: mit Toni Knatter nochmal 100 Abenteuer
Bd. 6: ... nochmal 100 neue Abenteuer
Bd. 7: 100 neue Abenteuer
München/Konstanz: Südverlag,
ab Bd. 5: München: Verlag Th. Martens & Co GmbH
1952–1959
27 × 17 cm
Broschüre
Einfarbig
Bd. 1–7 (Bd. 1 von der 1.–3. Auflage unnumeriert)
Z.: SCHMIDT
Bemerkungen:
Mehrere Auflagen.
Inhalt:
1: Der Schuß in den künstlichen Hinterkopf/ Die Rasierseifen-Geheimwaffe (1952)
2: Die Goldader von Bloody Corner/ Die Verbrechen der losen Schraube (1952)
3: Der indische Diamantenkoffer/ Die gestohlene Hüftlinie (1953)
4: Der Schatz im Gispbein/ Ein Schloß fällt in die Tür/ Der Stiftzahn des Caprifischers (1953)
5: Der Drohbrief im Pyjama/ Die Erbschaft in der Krawatte (1955)
6: Veridium 275/Die Million im Eimer (1957)
7: Das Geheimnis hinterm Bullauge/ Freitag abend um neun/ Affen, Frauen und Brillanten (1959)

Nick Knatterton
Die aufregendsten Abenteuer des berühmten Meisterdetektivs
Gedenkausgabe
Oldenburg und Hamburg (Bd. 2 nur Oldenburg): Gerhard Stalling Verlag
1971–1972
25,7 × 19,4 cm
Buch, Einfarbig
Bd. (1)–2
Z.: SCHMIDT
Bemerkungen:
Bd. 1 und 2 zusammen als Nachdruck bei Stalling und Bertelsmann.

Nick Knatterton
Reinbek: Rowohlt Taschenbuchverlag
Februar 1977–September 1977
12,5 × 19 cm
Taschenbuch 4033 und 4102
Einfarbig
Bd. 1–2
Z.: SCHMIDT
Bemerkungen:
Nachdruck der Stalling-Ausgabe.

Nickus mit dem roten Schal
Düsseldorf: L. Schwann Verlag
1972
19,3 × 19,4 cm
Buch
Farbig und zweifarbig
Bd. (1–2)
Z.: GOLDBERG
T.: PESTUM
Bemerkungen:
Obere Hälfte der Seite Comics, untere Hälfte Text.
Titel:
1: Die Piratenbande
2: Die Gespensternacht

Nihilit Comix
Neulußheim: Die Sturmglocke
Herbst 1975

14,9 × 21 cm
Heft
Einfarbig
1. Jg. Bd. 1
Bemerkungen:
Geringer Comic-Anteil.

Niki's lustige Abenteuer
Siehe: ***Fix und Foxi***

Nixi
Die Lebensgeschichte einer Seejungfrau
Dresden (DDR): Verlag der Kunst
1954
Buch, Reihe Frischer Wind, Bd. 5
Einfarbig
Z.: SCHMITT

Nixi
Die Lebensgeschichte einer Seejungfrau
Berlin (DDR): Eulenspiegel-Verlag
1962
12 × 16,5 cm
Heft
Einfarbig
Z.: SCHMITT
Bemerkungen:
Nachdruck von Nixi.

Nizar
der Tiger-Boy
Hannover: Heinrich Kölling & Sohn Verlag
1964
14,5 × 21 cm
Heft
Zweifarbig
Bd. 1–25
Z.: WÄSCHER

Nizar
der Tiger-Boy
Bd. 1,2: Berlin: Heinrich Kölling & Sohn Verlag, Bd. 3: ohne Verlag
1968
14,5 × 21 cm,
Bd. 3: 17 × 23 cm
Heft
Farbig
Bd. 1–3
Z.: WÄSCHER
Bemerkungen:
Bd. 1 existiert ohne Nummer sowie mit Nummer und Preiskorrektur auf 0,60 DM. Bd. 2 existiert mit verschiedenen Innencovern: a) »normale« Fassung: vorderes Innencover (S.2) wie in Bd. 1 und 3 (Texte zu Nizar und Ulf), hinteres Innencover (S. 35) mit 88 Felder-Kreuzworträtsel, b) vorderes Innencover bis auf Impressum leer (dafür kein Impressum auf S. 36), hinteres Innencover mit 216 Felder-Kreuzworträtsel (das gleiche wie in Ulf Bd. 2). Bd. 3 auch mit rauhem Umschlagpapier (dies ist der einzige derartige Band aus den Serien (einschließlich Ulf), daher auffallend.

Nizar
der Tiger-Boy
Frankfurt/M.: Comic Buch Club
Februar 1978– August 1978
14,5 × 21 cm
Heft
Einfarbig
Bd. 1–25
Z.: WÄSCHER
Bemerkungen:
Nachdruck der Serie von 1964.

Noah
Noch eine alte Geschichte
Bochum: domini sumus Verlag
1978
11 × 16,8 cm

Taschenbuch
Einfarbig
Z.: STEINMANN
T.: KOHL

Noahs Arche
Gießen:
Brunnen Verlag
1978
26,7 × 20,4 cm
Buch
Farbig
Z.: SPIER

Noco Novellen-Comic
Klassische Novellen in Bilderform für Kinder und Erwachsene
Hamburg: Terrapex Handels- und Verlagsgesellschaft
September 1972–März 1973
21 × 29,7 cm
Bd. 1: Heft
Bd. 2–3: Broschüre
Farbig
Bd. 1–3
1: Der Flaschenteufel (Z.: ATELIER BERCA/T.: DUDO)
2: Dr. Jekyll und Mr. Hyde (Z.: ATELIER BERCA/T.: DUDO, Textbearbeitung: ASTOR)
3: Der Leichenräuber (Z.: ATELIER BERCA/T.: DUDO)

Non
Der Gigant ohne Gesicht
Hamburg:
Michael Götze und Otto Krause
1975
14,6 × 21 cm
Heft
Einfarbig
Bd. 1
T.: GÖTZE

Norman Bethune in China
Peking (China): Vlg. für fremdsprachige Literatur
1975
18,5 × 17,2 cm
Broschüre, Einfarbig
Z.: GU, HSÜ JUNG-TSCHU, HSÜ YUNG UND WANG
T.: DSCHUNG

Nyoka
Die Heldin des Dschungels
Hamburg: Alfons Semrau Verlag
Februar 1955
17 × 24 cm, ab Bd. 2: 16,5 × 23 cm, ab Bd. 7: 17 × 24 cm
Heft
Einfarbig, ab Bd. 2: zweifarbig, ab Bd. 7: dreifarbig
Bd. 1–12
Z.: JETTER
Bemerkungen:
Bd. 1–10: Fototitelbild,
Bd. 1: 2: Geschichte: Nachdruck von Die Gelben Hefte Serie B Bd. 1
Inhalt:
Fizzy Bd. 2
Händler Tom (auch Kaufmann Tom): Bd. 2–7, 9, 12
Egbert: Bd. 2, 3, 5, 7, 9, 11
Bally Barney (auch Ballyhoo): Bd. 3–9
Sharpe: Bd. 3
Kanvasback: Bd. 3
Lippy und Lappy: Bd. 3
Whipper Snappers: Bd. 3
Colonel Corn und Korny Kobb (auch Kobb und Korn): Bd. 4–6
Tick und Tack: Bd. 5
Doc Sorgenlos: Bd. 6
Butzi Biber und Fredy Bär: Bd. 6
Bill Botton:Bd. 6
Frank: Bd. 7
Vagabunden-Harry: Bd. 7
Buck und Bunny: Bd. 8

Der kleine Peter: Bd. 8
Patricia: Bd. 9
Bebe: Bd. 9
Clem und Clam: Bd. 10
Inspektor Bumbke: Bd. 10
Cactus Jimmy: Bd. 10
Der große Bogen und der kleine Pfeil: Bd. 11
Charly Dickens: Bd. 11
Tucksedo: Bd. 11
Der verschlafende Juan: Bd. 12
Adlerauge: Bd. 12

Nyoka
Siehe: ***Die gelben Hefte***

O

Oberschwester Monika
Berlin (DDR): Eulenspiegel-Verlag
1960
12 × 17 cm
Buch, spätere Auflagen: Heft
Einfarbig
Z.: SCHMITT
Bemerkungen:
Mehrere Auflagen.

O diese Bösen
50 lustige Bildgeschichten
Reutlingen: Ensslin & Laiblin
1962
Buch
Einfarbig
Z.: POMMERHANZ
Bemerkungen:
Mit Schutzumschlag.

Ö-Comic
Frankfurt/M.: Jugend & Politik
1978–1980
18,3 × 23,6 cm
Broschüre
Einfarbig
Bd. 1–2
Z.: Bd. 1: CUYPERS
Z.: Bd. 2: FRITSCHE
T.: Bd. 2: HIPPE
Bemerkungen:
Von Bd. 1 existieren zwei Auflagen. 1. Auflage: Titelbild ocker/dunkelblau. 2. Auflage: Titelbild gelb/blau/grün.

Oh Muvie
Frankfurt/M.: Heinrich Heine Verlag
1969
12,6 × 21 cm
Taschenbuch
Einfarbig
Fotos: OH MUVIE
T.: PRAUNHEIM
Bemerkungen:
Fotocomic. Streit-Zeit-Bücher 5. Einzige weitere Comic-Nummer siehe ***Glamour Girl.***

Oh, Tochter . . .
Reinbek: Rowohlt Verlag
November 1979–November 1980
12,5 × 19 cm
Taschenbuch rotfuchs 231 und 259
Einfarbig
Bd. (1)–2

Z./T.: RAUSCHENBACH
Bemerkungen:
Rückseiten-Comic von SCHNIEBEL.

Oje, du fröhliche
München:
C. Bertelsmann Verlag
1979
21,2 × 23,7 cm
Buch
Farbig
Z./T.: BRIGGS

Oktobriana
Der erste Comic-Strip aus dem UdSSR-Underground
Darmstadt: Melzer Verlag
1972
20 × 28,8 cm
Broschüre
Einfarbig
Z.: SADECKY

Olé! Serie
beetle bailey
Aachen:
Verlag »Der Freibeuter«
1973
18,5 × 26,4 cm
Broschüre
Farbig
Bd. 1–2
Inhalt:
Herr Berger (Z.: BREGER): Bd. 1
Sergeant Spiess (Z.: WALKER): Bd. 1–2
Leutnant Stoffel (Z.: WALKER): Bd. 2

Oltretomba
Aachen: Verlag »Der Freibeuter«
1974
13,2 × 18 cm
Taschenbuch
Farbig
Bd. 1–4

On The Scene
Beusheim: Jan Huwer
ca. 1973
16,8 × 22,5 cm
Heft, Einfarbig
Z./T.: HUWER

Das Original Bonanza-Buch
München/Offenburg: Burda Verlag
1968
18 × 26 cm
Heft
Farbig
Bemerkungen:
Fotocomic nach der Fernsehserie.

Orphi und Eura
Berlin: Propyläen Verlag
1970
16,5 × 24,5 cm
Broschüre
Farbig
Z.: BUZZATI

Oskar
Frankfurt/M.: Verlagshaus Frankfurter Societäts-Druckerei, ab Bd. (4): Frankfurt/M.: Verlag der Frankfurter Bücher, ab Bd. (6): Frankfurt/M.: Verlag Frankfurter Bücher
1954–1960
12 × 20 cm
Buch
Zweifarbig
Bd. 1–7 (unnumeriert)
Z.: CEFISCHER
(mit dem Mund gezeichnet)
Bemerkungen:
Von Bd. (1)–(3) gibt es zwei Auflagen.
Titel:
1: Oskar der Familienvater
2: Oskars Abenteuer
3: Frech wie Oskar
4: Oskars Lausbubereien

5: Oskar und Lumpi
6: Oskar der Schloßherr
7: Oskars Seereise

Oskar der Familienvater
Frankfurt/M.: Societäts-Verlag
1979
19 × 25 cm
Buch
Z.: CEFISCHER

Oskar ist die Supermaus
Das Comic zur Fernsehserie
Frankfurt/M.: Condor Verlag
1979
13,1 × 18,5 cm
Taschenbuch
Farbig
Bd. 1
Inhalt:
Oskar
Heckel + Jeckel

Oskar ist die Supermaus
Das COMIC zur Fernsehserie
Frankfurt/M.: Condor Verlag
1980–1981
17,6 × 26,1 cm
Heft
Farbig
Bd. 1–3
Inhalt:
Oskar: Bd. 1–3
Heckel + Jeckel: Bd. 1–2
Paul der rosarote Panther: Bd. 3

P

»Die paar Pfennige!«
Reinbek: Rowohlt Taschenbuch-verlag
Februar 1979
12,5 × 19 cm
Taschenbuch rotfuchs 208
Einfarbig
Z.: MARCKS
Bemerkungen:
Hierzu gibt es auch ein Lehrerheft.
Rückseiten-Comic von SCHNIEBEL.

Pam Pam
Die Seeschlacht vor Knödelpotanien
Goslar: ohne Verlag
70er Jahre
15 × 20,9 cm
Heft, Einfarbig

Panda
Schweiger & Pick Verlag Georg Pfingsten
1951
Bd. 1–2
Z.: TOONDER-STUDIOS
Titel:
1: Panda und der Meisterdieb
2: Panda und der Meisterdetektiv

Panda und der Meisterdieb
Eine lustige illustrierte Geschichte für große und kleine Kinder
Wiesbaden: Verlag v. Graberg & Görg
Anfang der 50er Jahre
23,5 × 31,5 cm
Heft
Einfarbig

Bd. 1
Z.: TOONDER-STUDIO
Bemerkungen:
Nur Bd. 1 im Handel erhältlich. Anschlußbände waren ausschließlich als Präsentationsmaterial für Lizenznehmer gedacht: »Serie« läuft noch.

Die Pandas
Rastatt-Baden:
Hebel-Verlag
1959–1962
19 × 26,5 cm
Heft
Farbig
Bd. 1–4
Z.: ZEMANN
Bemerkungen:
Bd. 1: Nachdruck von ***Die Teddys.***

Pandora
Comics für Verwachsene
Heppenheim: Kastner
1979
21 × 29,7 cm
Heft
Einfarbig
Bd. 1
Z.: CHRISTIAN KASTNER
GERO KASTNER
KOCH

Papa Moll
Zürich/Frankfurt/Wien: Hug Verlag,
Bd. 4: Zürich (Schweiz): Globi-Verlag
1968–Serie erscheint noch
25 × 18 cm
Buch
Farbig
Bd. 1–4 (Ende 1977) (Bd. 1 unnumeriert)
Z.: OPPENHEIM
Bemerkungen:
Mehrere Auflagen.

Paradies der Engel
Freiburg: Hyperion-Verlag
1961
6,5 × 9,5 cm
Buch, Einfarbig
Z.: EFFEL

Paris Photo-Strips
Siehe: ***Der neue Fotoroman***

Paul
der Marsianer
Berlin: Jörg Lieser
September 1978–November 1979
19,2 × 7 cm
Heft
Einfarbig
Bd. 1–7
Z.: LIESER
Bemerkungen:
Mehrere Auflagen mit Änderungen.

Paulchen, der rosarote Panther
Das große Ferien-Sonderheft
Frankfurt/M.: Condor Verlag
1974
22,5 × 30 cm
Heft
Farbig und zweifarbig
Inhalt:
Der rosarote Panther
Der Inspektor
Uron, Tiffy & Max (Z.: ERIK)
Pavis der Indianer (Z.: DOUAY)

Paulchen, der rosarote Panther
Siehe: ***Der rosarote Panther***

Paulchen Panther
Frankfurt/M.: Condor Verlag
März 1977–1978
21,4 × 29,1 cm
Broschüre, Farbig
Bd. 1–4

Paulette
München: Bahia Verlag
1980
20,4 × 29,5 cm
Broschüre
Einfarbig
Bd. 1–2
Z.: PICHARD
T.: WOLINSKI
Bemerkungen:
Auf der Liste der jugendgefährdenden Schriften.

Paulinchen's Abenteuer..!
Itzehoe: Tempo-Verlag
1957
24 × 17 cm
Broschüre
Einfarbig
Z.: BOWITZ

Paulo
Politischer Comic aus Angola
Münster:
Periferia Verlag
1978
23,3 × 15,4 cm
Broschüre
Einfarbig

Pauls Abenteuer
Reinbek:
Carlsen Verlag
1975
19,2 × 26,9 cm
Broschüre
Farbig
Bd. 1–4
Z.: LÖÖF

Pax macht Geschichten
Hamm: Klambt Verlag
ca. 1951
21,4 × 15 cm
Heft
Einfarbig
Bd. 1–2?
Z.: BECHERLE

Peanuts
Aachen: gvm – Gesellschaft für Verlagsmanagement
Dezember 1974–April 1975
29,1 × 21,2 cm
Heft
Farbig
1974: Bd. 1–2
1975: Bd. 1–11
Inhalt:
Peanuts (Z.: SCHULZ) : Bd. 1/74–11/75
Der Käptn (Z.: DIRKS): Bd. 1/74–11/75
Brun-Hilda (Z.: MYERS):
Bd. 2/75–11/75
Hans und Fritz (Z.: DIRKS):
Bd. 5/75–7/75, 9/75
Üggdrasil (Z.: FUCHS): Bd. 9/75
Der Philosoph (Z.: DIRKS): Bd. 9/75

Peanuts
Siehe: ***Aar-Cartoon***

Peanuts für jedermann
Siehe: ***Das große Peanuts Buch***

Pecos Bill
Bd. 1–47: Der Held von Texas
ab Bd. 48: Santa Cruz auf Weltreise
Hamburg: Mondial Verlag GmbH
April 1953–Februar 1956
16,5 × 22,5 cm
Heft
Farbig, ab Bd. 48: einfarbig, Rückseite farbig
Bd. 1–65
Z.: PAPARELLA, D'AMY, VITA, CANALE, GAMBA (auch D'ANTONIO, BATTAGLIA UND CIMPELLIN?)
T.: MARTINA

Bemerkungen:
*Abschluß der Geschichte in **Hallo** Bd. 1–4. Auf der Rückseite sind zum Teil ganzseitige Bilder von folgenden Zeichnern:*
Benvenuti: Bd. 21, 25–27
Paparella: Bd. 28, 30, 33–35, 45–46
Inhalt:
Santa Cruz auf Weltreise (d. i. Hein der Schiffsjunge) (Z.: TACCONI/ T.: BARBIERI): Bd. 48–65 (Nachdruck von Hein der Schiffsjunge von Bd. 1–10 sowie Neudruck ab Bd. 63 Seite 32, 3. Bild)

Pecos Bill
Bd. 1–9: Retter der Gerechtigkeit
Aachen: Bildschriftenverlag
Februar 1971–März 1972
17,6 × 25,1 cm
Heft
Farbig
Bd. 1–9, 11–12
Z.: BONATO (auch CIMPELLIN UND PAVONE?)
Bemerkungen:
Bd. 10 nicht erschienen.

Pecos Bill
Siehe: ***Taschencomics***

Peggy
die Reporterin
Hannover: Walter Lehning Verlag
September 1964–Dezember 1964
21 × 15 cm
Heft
Einfarbig
Bd. 1–16
Z.: BARBARA

Pelefant
Comic Gross Album Bd. 5, 10–12
Bd. 11: und Co.
Bd. 12: und seine Freunde
Aachen: Bildschriftenverlag
Bd. 11: Aachen/Alsdorf: Bildschriftenverlag, Bd. 12: Alsdorf: Bildschriftenverlag
1969–1971
19 × 26 cm
Broschüre
Farbig
Bd. 5, 10–12
Z.: ANDREASSON
Bemerkungen:
Mehr nicht erschienen.
Inhalt:
Captain Bark und Co (Z.: GIL): Bd. 11, 12
Das kleine Segelboot und der Waschbär! (Z.: NILSEN): Bd. 11
Susi (Z.: MAINOU): Bd. 11–12
Der Einmaster und das Modellflugzeug (Z.: NILSEN): Bd. 12
Jerry, das Gespenst (Z.: BOLTINOFF): Bd. 12

Pelefant
und seine Freunde
Alsdorf: Bildschriftenverlag
August 1972
12,5 × 17,9 cm
Taschenbuch
Farbig
Bd. 1
Inhalt:
Pelefant (Z.: ANDREASSON)
Susi (Z.: MAINOU)
Familie Tuff-Tuff

Pelefant
Siehe: ***Bildermärchen***
Comic Giganten

Penelope
Hamburg: Buske Verlag

1975
15,2 × 21 cm
Buch
Einfarbig
Z.: THELWELL

Pepe Gonzalez
Linden:
Volksverlag
1980
21,9 × 29,9 cm
Broschüre
Farbig und einfarbig
Z.: GONZALEZ

Pepito
Zug (Schweiz): Gevacur
Juni 1972–Oktober 1974
18,1 × 26 cm
Heft
Farbig und einfarbig
1. Jg. 1972: Bd. 25–52
2. Jg. 1973: Bd. 1–36
3. Jg. 1974: Bd. 1–20
Bemerkungen:
Von den ersten Heften gibt es auch eine österreichische Version mit großem Schilling-Preis-Aufdruck.
Inhalt:
Pepito (Z.: BOTTARO): Bd. 25/72–22/73, 24/73, 26/73, 28/73, 30/73–32/73, 34/73, 36/73, 2/74, 4/74, 6/74, 8/74, 10/74, 12/74, 14/74, 16/74, 18/74, 20/74
Die sieben Schnuckel (Z./T.: WEYNSTEIN UND RENOIR): Bd. 25/72–20/74
Kleks: Bd. 25/72–26/72, 31/72, 33/72, 35/72, 38/72–39/72, 43/72, 50/72, 52/72, 1/73, 4/73, 6/73, 8/73, 11/73–13/73, 27/73, 29/73, 31/73, 33/73, 35/73–1/74, 3/74–6/74, 9/74, 11/74–17/74,
Süffel & Sabbel (Z.: BOTTARO): Bd. 25/72–39/72, 41/72–42/72, 44/72–45/72, 47/72–50/72, 52/72–7/73, 9/73, 11/73, 14/73–16/73, 20/73, 25/73, 1/74, 5/74, 17/74
Quacki: Bd. 26/72
Puss oder Pussi (Z.: PEYO). Bd. 27/72–3/73, 5/73–7/73, 9/73–10/73, 18/73–22/73, 24/73, 26/73–29/73, 31/73, 34/73–3/74, 5/74, 7/74, 13/74, 17/74
Pony (Z.: GIETER): Bd. 10/73, 12/73–13/73, 17/73–19/73
Schweinchen Quiek: Bd. 20/73–24/73
Schweinchen Stink: Bd. 25/73
Tuffis Abenteuer (Z.: REMACLE): Bd. 22/73–26/73
Vier Freunde: Bd. 23/73, 25/73, 27/73, 29/73, 31/73, 33/73, 35/73, 1/74, 3/74, 5/74, 7/74, 9/74, 11/74, 13/74, 15/74, 17/74, 19/74
Pinko Ponko (Z.: BOTTARO): Bd. 24/73, 32/73, 35/73, 2/74, 8/74, 18/74
Hansi + Stink: Bd. 26/73–27/73
Sonny Sam (Z.: BOTTARO): Bd. 27/73
Die Blauen Boys (Z./T.: SALVÉRIUS UND CAUVIN): Bd. 27/73, 31/73, 36/73, 3/74,
Suse (Z.: ROQUE): Bd. 28/73, 30/73
Klein-Schweinchen: Bd. 28/73–30/73, 32/73–34/73, 36/73, 3/74–4/74, 6/74, 9/74, 11/74, 13/74, 15/74–16/74, 19/74
Das verflixte Kriegsbeil (Z./T.: DELIÈGE UND SALVÉ): Bd. 29/73 (Mini Buch)
Kater Franz (Z.: MACHEROT): Bd. 29/73, 35/73, 11/74
Das große Rennen: Bd. 30/73
Firlefanz (Z.: DEGOTTE): Bd. 30/73 (Mini-Buch)
Ein Spielchen in Ehren (Z.: HUBUC): 31/73 (Mini-Buch)
Maria D'Oro (Filmbilder-Comic): Bd. 32/73–33/73
Flossi, Flip und Fridolin (Z.: GIETER):

Bd. 33/73
Die lustige Lilli (Z./T.: JIDÉHEM UND VICQ): Bd. 34/73, 15/74
Der Baron (Z.: TISSOT): Bd. 36/73, 7/74 (Mini-Buch)
Der Diamantendreh: Bd. 36/73
Schwarzbart (Z.: REMACLE): Bd. 1/74
Moustache (Z.: MAINOU): Bd. 2/74, 4/74, 6/74, 8/74, 10/74, 12/74
Besuch von Auswärts: Bd. 2/74
Dad und Daddy Digger (Z.: MICHAUD): Bd. 3/74–4/74, 16/74
Krach um ein Kleinod (Z.: GIETER): Bd. 5/74
Florian (Z.: FOURNIER): Bd. 6/74
Cäsar (Z.: TILLIEUX): Bd. 7/74, 9/74, 11/74–20/74
Harro und Platte (Z.: TILLIEUX): Bd. 7/74
Smutje (Z.: DELIÈGE): 12/74
Edelhart (Z.: PEYO). Bd. 13/74
Pippin der Große (Z.: MAINOU): Bd. 14/74–15/74
Fix und Foxi: Bd. 18/74, 20/74
Pauli (Z.: KARABAJIC): Bd. 19/74
Tom & Biber: Bd. 20/74
Schnieff und Schnuff (Z.: ROBA): Bd. 20/74

Perry
unser Mann im All
ab Bd. 106: Das deutsche SF-Magazin
München: Arthur Moewig Verlag
Oktober 1968–Mai 1975
17,2 × 25,6 cm, ab Bd. 13: 17,2 × 25,3 cm, ab Bd. 17: 18 × 26 cm, ab Bd. 44: 17,5 × 24 cm, ab Bd. 93: 18 × 26 cm
Heft
Farbig und zweifarbig
Bd. 1–129
Z.: Bd. 1–36: U. A. CAESAR
T.: VOLTZ UND KNEIFEL
Z.: ab Bd. 37: GIOLITTI-STUDIO, GAMBIOTTI U. A.)
T.: KLING UND HESS
Inhalt:
Atlan: Bd. 1–36, 106–129 (Z.: BADESA, SIMONE U. A., ab Bd. 106: BELARDINELLI)
UFO: Bd. 61–63, 85–88 (als Beilage)
Verschiedene Science-Fiction-Comics, Bd. 106–129

Perry Rhodan im Bild
Abenteuer im Weltraum
München: Arthur Moewig Verlag
September 1967–Oktober 1968
17,5 × 25,5 cm
Heft
Farbig
Bd. 1–27
Z.: U. A. CAESAR/T.: SCHEER
Inhalt:
Atlan: Bd. 1–27
Gucky: Bd. 1–16
U.F.O. Agent: Bd. 13–26

Peterchens Angelerlebnisse
und noch 2 heitere Stückchen
Berlin-Frohnau: Condor-Verlag, Hugo Langethal
1946
13,5 × 20,5 cm
Heft
Einfarbig
Z.: MALISKAT
Inhalt:
Peterchens Angelerlebnisse. Lustige Geschichten in 24 Bildern/
Erika. Ein Zwischenfall in 8 Bildern/
Otto, der Frevler. Ein böser Streich in 32 Bildern

Peter, Ida und Minimum
Ravensburg: Otto Maier Verlag
1979
20,9 × 29,7 cm
Broschüre

Farbig (Eine Seite einfarbig)
Z.: HANSSON
T.: FAGERSTRÖM UND HANSSON
Bemerkungen:
Mehrere Auflagen.

Peter Kant
Hamburg: Michael Götze
1968?
21 × 29,7 cm
Heft
Einfarbig
Bd. 1
Z./T.: GÖTZE

Peterle
Hannover: Walter Lehning Verlag
Oktober 1953–Februar 1955
17 × 7,5 cm
Heft
Einfarbig
Bd. 1–69
Z.: PEDRAZZA
T.: RENZI
Bemerkungen:
Von Bd. 54 und 55 sind die Titelbilder vertauscht. Auf der Liste der jugendgefährdenden Schriften: Bd. 49: E Nr. 23 –BAnz. Nr. 207 vom 27. 10. 54

Peterle als Reporter
Freudenstadt: Schwarzwald-Verlag
1947–1949
15,5 × 23,5 cm,
Bd. 5: 14,5 × 19,3 cm
Heft
Einfarbig
Bd. 1–5 (nur Bd. 3 numeriert)
Z.: Bd. 1: DUTEURTRE
Bd. 2: NIEZAB
Bd. 3: DUTEURTRE
Bd. 4: NIEZAB
Bd. 5: UNBEKANNT (deutsche Produktion?)
T.: Bd. 1–4: BONNEAU
Bemerkungen:
Es existieren zwei Auflagen. In der 2. Auflage hat der 2. Band eine 5 als Nummer aufgedruckt.
Titel:
1: Peterle als Reporter (1947)
2: Peterle als Reporter bei den Cow-Boys (1947)
3: Peterle im Dschungel (1947)
4: Peterle als Reporter bei den Luftpiraten (1947)
5: Peterle als Reporter bei den Jivaros (1949)

Peter Pan
Chevron (Belgien): Hemma
1978
23,6 × 30,5 cm
Buch
Farbig
Bemerkungen:
Bd. (4) der ***Hemma-Märchenbände****, siehe dort.*

Peter + Alexander
Bd. 1–8: Die bunten Abenteuer von
Bd. 9–18: Die tollen Abenteuer von
Bd. 19–34: Tolle Abenteuer
Köln: Gemini Verlag, ab Bd. 19: Gent (Belgien): Europress
ab September 1971
21,5 × 29,7 cm
Broschüre
Farbig
Bd. 1–34
Z.: NYS
Bemerkungen:
Als Band 27 und 28 wurden Exemplare der Bände 24 und 25 mit entsprechenden Überklebern verwendet. Es gibt also nur 32 verschiedene Ausgaben.

Petzi
Kopenhagen (Dänemark): Illustrationsverlag, ab Bd. 3: Hamburg: Carlsen Verlag, ab 1967: Reinbek: Carlsen Verlag
1952–Serie erscheint noch
1. Auflage: Bd. 1–4: 29,5 × 21 cm, Bd. 5–6: 25 × 16,5 cm, Bd. 7–17: 17 × 24,5 cm, spätere Auflagen und ab Bd. 18: 16,5 × 24 cm
Broschüre, Buch (Halbleinen) und Heft
Farbig
Bd. 1–35 . . . (Bd. 1–17 der 1. Aufl. meist unnumeriert)
Z.: VILHELM HANSEN
T.: CARLA HANSEN
Bemerkungen:
Mehrere Auflagen, dadurch verschiedene Formate und Einbände.
1. Auflage: Bd. 1–4: je Buch und Broschüre (großes Querformat)
1. Auflage: Bd. 5–6: Heft (kleines Querformat)
1. Auflage: Bd. 7–12: je Buch und Heft (Hochformat)
1. Auflage: Bd. 13–34: Broschüre, später Heft.
Höhere Auflagen: als Buch, Heft und Broschüre.
Titel und Reihenfolge von Bd. 1–17 der 1. Auflage (weil unnumeriert):
1: Petzi baut ein Schiff (1952)
2: Petzi trifft Ursula (1954)
3: Petzi in den Pyramiden (1954)
4: Petzi am Nordpol (1954)
5: Petzi trifft Mutter Barsch (1954)
6: Petzi auf Schatzsuche (1954)
7: Petzi im Siebenschläferland (1956)
8: Petzi auf der Schildkröteninsel (1956)
9: Petzi als Bergsteiger (1957)
10: Petzi als Bauer (1958)
11: Petzi bei der Ernte (1959)
12: Petzi reist um die Erde (1960)
13: Petzi als Taucher (1961)
14: Petzi auf der Robinson-Insel (1962)
15: Petzi in Pingonesien (1963)
16: Petzi sucht Kuddel-Muddel (1964)
17: Petzi als König (1965)

Petzi
Ganz neue Zeitschrift für Kinder und alle seine Freunde
München: Gruner + Jahr
September 1977–November 1977
16,6 × 23,9 cm
Heft
Farbig
Bd. 20–23
Bemerkungen:
Mit Gimmick.
Inhalt:
Petzi (Z.: HANSEN): Bd. 20–23
Pimpa (Z.: AJAN): Bd. 20–23
Was passiert denn hier?: Bd. 20–23

Petzi baut ein Schiff
Petzi Jubiläumsausgabe
Reinbek: Carlsen Verlag
1978
20 × 21,3 cm
Buch
Farbig
Z./T.: CARLA UND VILHELM HANSEN

Pfadfinder Jim
Hamburg-Altona: Horrido-Jugendschriften-Verlag
Januar 1955–April 1955
21,5 × 14,5 cm, ab Bd. 3: 14,5 × 21,5 cm
Heft
Einfarbig
Bd. 1–4

Bemerkungen:
*Fortsetzung der Serie **Horrido Sonderhefte.***
Inhalt:
Die Gerechtigkeit siegt!
(Z.: REF.): Bd. 1
Rabintra der bengalische Jäger
(Z.: GRATON): Bd. 1
Der Überfall in den schwarzen Bergen
(Z.: CRAENHALS): Bd. 1
Oliver Cromwell (Z.: GRATON): Bd. 2
Der goldene Götze (Z.: WEINBERG):
Bd. 2
Die einsame Reise (Z.: REDING): Bd. 2, 3
Mit Pfadfindern in Afrika (Z.: REDING):
Bd. 3
Mit Nuvolari im Rennen (Z.: GRATON):
Bd. 3
Der Taiga-Räuber geht in die Falle:
Bd. 4
Wotan: Bd. 4
Die Meuterei auf der Bounty
(Z.: FUNCKEN): Bd. 4
Mittelseitenzeichnung in Bd. 2–4:
(Z.: WEINBERG)

Ein Pferdchen überquert den Fluss
Peking (China): Vlg. für fremdsprachige Literatur
1976
18,5 × 16,3 cm
Broschüre?
Farbig

Die phantastischen Abenteuer von Captain Rob
Siehe: ***Captain Rob***

Phantom
Stockholm (Schweden): Semic Press, Auslieferung: Aachen, Bildschriftenverlag
Oktober 1966–Mai 1969
17 × 26 cm
Heft
Einfarbig
Bd. 1–26
Z.: McCOY/T.: FALK
Bd. 26:
Z.: BARRY/T.: FALK
Bemerkungen:
*Bd. 14 ist ein Nachdruck aus **Phantom-Heft** Bd. 5/54 (aber vollständiger).*
*Bd. 15 ist ein Nachdruck aus **Phantom-Heft** Bd. 2/54 (aber vollständiger).*
*Bd. 21 ist ein Nachdruck aus **Phantom-Heft** Bd. 1/52, 6/52–7/52 (aber vollständiger)*
Inhalt:
Jonny Hazard (Z.: ROBBINS): Bd. 1–22
Texas Jim: Bd. 1–26
Detektivrätsel: Bd. 21, 22, 25, 26

Phantom
Bergisch Gladbach: Bastei Verlag
Juli 1974–August 1983
21,5 × 29 cm
Heft
Zweifarbig
Bd. 1–238
Z. u. T.:
BARRY
BESSIS
FALK
FROMMER (Leser-Story):
Bd. 213
McCOY: Bd. 66–67, 69, 72, 77, 84–90, 154 (Nachdruck von Bd. 84)
MOORE: Bd. 77, 94
VALLY
WORKER U. A.
Bemerkungen:
*Bd. 77 (2. Story) ist ein Nachdruck aus **Phantom-Heft** Bd. 15/53–16/53 (aber*

vollständiger).
Bd. 90 (1. Story) ist ein Nachdruck aus ***Phantom-Heft*** *Bd. 2/54 (aber vollständiger).*
Bd. 94 (2. Story) ist ein Nachdruck aus ***Phantom-Heft*** *Bd. 2/53 (aber vollständiger).*

Phantom
Bd. 1: Fünf neue Comic-Abenteuer
Bd. 2: Sechs neue Comic-Abenteuer
Bd. 3–4: 3 neue große Abenteuer
Bd. 5, 9, 13: 5 neue große Abenteuer
Bd. 6–8, 10–12: 4 neue große Abenteuer
Bd. 14: 6 neue große Abenteuer
Bd. 15: Die spannenden Taschenbücher von Bastei
Bergisch Gladbach: Bastei Verlag
Januar 1976–1979
13 × 18 cm
Taschenbuch
Farbig und zweifarbig
Bd. 1–15
Bemerkungen:
Bd. 2 ist ein Nachdruck aus ***Phantom-Heft*** *Bd. 10/52 (Affengott) (aber vollständiger).*
Inhalt:
Phantom (Z.: BARRY, McCOY U. A./T.: FALK): Bd. 1–15
Gora Gopal Sohn der Wildnis: Bd. 1–7, 10–11
Kalari: Bd. 10–13
Die Seeteufel von Sumatra: Bd. 13–15
Geheimagentin Eva Wong: Bd. 14–15

Phantom
Bd. 1–12: Die spannenden Comic-Bücher von Bastei
Bd. 23–24: Der spannende Bastei Comic
Bergisch Gladbach: Bastei Verlag
Mai 1980 – Serie erscheint noch
13 × 18 cm
Taschenbuch
Farbig
Bd. 1–24 . . .
Inhalt:
Phantom (Z.: BARRY U. A./T.: FALK): Bd. 1–24
Geheimagentin Eva Wong: Bd. 1
Die Seeteufel von Sumatra: Bd. 2–15

Phantom
spezial
Bergisch Gladbach: Bastei Verlag
Februar 1980–Januar 1982
Bd. 1–48: 18,1 × 26,1 cm
Bd. 49: 17,6 × 26,1 cm
Heft
Farbig
Bd. 1–49
Z. u. a.: CASABIANES
MORALES
PADROS

Phantom-Heft
1. Jg. Bd. 1–4, 6–10: ***Ein Phantom-Heft***
1. Jg. Bd. 5: ***Phantom Heft***
2. Jg. Bd. 1, 2: ***Ein Phantom-Heft***
2. Jg. Bd. 3–4. Jg. Bd. 2: ***Phantom-Heft***
Blondie: 1. Jg. Bd. 1, 2. Jg. Bd. 1
Hopalong Cassidy: 1. Jg. Bd. 2, 4
Prinz Eisenherz: 1. Jg. Bd. 3, 9, 2. Jg. Bd. 4, 6, 10, 12, 14, 16, 18, 20, 22, 24
Mandra: 1. Jg. Bd. 5
Phantom: 1. Jg. Bd. 6, 8, 10, 2. Jg. Bd. 2, 3, 5, 7, 11, 13, 15, 17, 19, 21, 23, 25, 3. Jg. Bd. 1–11, 4. Jg. Bd. 1, 2
King der Grenzreiter: 1. Jg. Bd. 7, 2. Jg. Bd. 26
Felix: 2. Jg. Bd. 8
Rip Korby: 2. Jg. Bd. 9
Kopenhagen (Dänemark): Allerpress,

ab 1. Jg. Bd. 6: Hamburg: Aller GmbH
April 1952–April 1955
18,5 × 25,5 cm
Heft
Farbig
1. Jg. 1952: Bd. 1–10
2. Jg. 1953: Bd. 1–26
3. Jg. 1954: Bd. 1–11
4. Jg. 1955: Bd. 1–2
Bemerkungen:
1. Jg. Bd. 10 ohne Jahrgangsangabe. Auf der Liste der jugendgefährdenden Schriften: 3. Jg. Bd. 6: E Nr. 8 – BAnz. Nr. 141 und 161 vom 27. 7. 54 und 24. 8. 54.
Inhalt:
Blondie (Z.: CHIC YOUNG): 1. Jg. Bd. 1, 6, 7, 9, 2. Jg. Bd. 1, 16, 17, 21, 22, 24, 25, 3. Jg. Bd. 3, 5–10
Phantom (Z.: MOORE, McCOY/T.: FALK): 1. Jg. Bd. 1, 6–10, 2. Jg. Bd. 1–3. 5, 7, 13, 15–19, 21, 23, 25, 3. Jg. Bd. 1–3, 5, 6, 8–11, 4. Jg. Bd. 1, 2
Hopalong Cassidy (Z.: MULFORD): 1. Jg. Bd.2, 4, 7–10, 2. Jg. Bd. 1, 2, 5, 7, 10, 12, 13, 15, 17, 19, 21, 23, 25, 3. Jg. Bd. 1, 2
Prinz Eisenherz (Z.: FOSTER): 1. Jg. Bd. 3, 5, 9, 2. Jg. Bd. 3, 4, 6, 8, 10, 12, 14, 16, 18, 20, 22, 24
Mandra (Z.: DAVIS/T.: FALK): 1. Jg. Bd. 3, 5, 2. Jg. Bd. 6, 11, 13, 15, 24, 3. Jg. Bd. 1, 5, 11, 4. Jg. Bd. 2
Rip Korby (Z.: RAYMOND): 1. Jg. Bd. 3, 5, 2. Jg. Bd. 4, 6, 9,11 (Bd. 9 und 11: Nachdruck von Rip Korby Bd. 1), 21, 3. Jg. Bd. 10 (Nachdruck von Rip Korby Bd. 2), 4. Jg. Bd. 1 (Nachdruck von Rip Korby Bd. 3)
Bernhard Breitbarth: 1. Jg. Bd. 6, 10
Der kleine König (Z.: SOGLOW): 1. Jg. Bd. 6, 9, 10
King der Grenzreiter (Z.: GARY): 1. Jg Bd. 7, 2. Jg. Bd. 8, 14, 26, 3. Jg. Bd. 4, 7, 9
Zwillinge (Z.: MacLEAN): 1. Jg. Bd. 7
Der Oberst und die Herzogin (Z.: CHIC YOUNG): 1. Jg. Bd. 7, 9, 2. Jg. Bd. 1, 9, 13, 24, 3. Jg. Bd. 6
Nipp und Nupp (Z.: PHILIPSEN): 1. Jg. Bd. 8, 2. Jg. Bd. 1, 3, 5, 26, 3. Jg. Bd. 2
Oma (Z.: KUHN): 1. Jg. Bd. 9
Der alberne Fredie: 2. Jg. Bd. 1
Bob und Frank (d. i. Jochen und Klaus) (Z.: LYMAN YOUNG): 2. Jg. Bd. 3, 4, 10, 12, 16, 20
Lilo (Z.: TEMY): 2. Jg. Bd. 4, 7, 8, 19, 3. Jg. Bd. 5
Steve Canyon (Z.: CANIFF): 2. Jg. Bd. 5, 7, 14, 24, 3. Jg. Bd. 2
Felix (Z.: MESSMER): 2. Jg. Bd. 8, 9, 18, 19, 21–23, 25, 3. Jg. Bd. 3, 5–11
Klein Margot (Z.: HATLO): 2. Jg. Bd. 11, 13, 15, 4. Jg. Bd. 1, 2 (d. i. Klein Eva)
Gordon (d. i. Flash Gordon) (Z.: RABOY/T.: DON MOORE): 2. Jg. Bd. 17, 19, 22, 3. Jg. Bd. 3, 4, 6
Alois: 2. Jg. Bd. 19
Bobo: 3. Jg. Bd. 3
Oliver: 3. Jg. Bd. 6
Asop: 3. Jg. Bd. 8
Petz: 3. Jg. Bd. 9, 10
Schifferkarl (d. i. Popeye) (Z. und T.: SIMS UND ZABOLY): 4. Jg. Bd. 1, 2
Theobald (d. i. Henry) (Z.: ANDERSON): 4. Jg. Bd. 1, 2

Phoebe Zeit-Geist
Siehe: ***Die Abenteuer der Phoebe Zeit-Geist***

Piccolo Abenteuerserie
Siehe: ***Piccolo Sonderband***

Piccolo Freak
Eschweiler: Theo Rick, ab Bd. 8–?:

Aachen: Theo Rick, 4. Jg. Bd. 1:
Stolberg: IPA Produktion (Josef Keldenich), 3. (=4.) Jg. Bd. 2 und 4. Jg.
Bd. 3: Gelsenkirchen: Theo Rick
August 1977 – Serie erscheint noch
Bd. 1–13: 15,2 × 7,2 cm,
4. Jg. Bd. 1 (14): 21 × 9,6 cm,
3. Jg. Bd. 2 (15) und 4. Jg. Bd. 3 (16),
Bd. 17, Jan. '83 (18): 15 × 21 cm
Heft
Einfarbig
Bd. (1)–13, 4. Jg. Bd. 1 (14), 3. Jg. Bd. 2 (15), 4. Jg. Bd. 3 (16), Bd. 17, Jan. '83 (18) ...
Z./T.: RICK
Bemerkungen:
Zum Teil nur wenig Comics.
3. Jg. Bd. 2 versehentlich falsche Jahresangabe auf dem Heft.

Piccolo-Grossband
Tibor Sohn des Dschungels
Kit der Ranger
Nick der Weltraumfahrer
Bd. 1–24: aus 1 mach 3
Hannover: Walter Lehning Verlag
Februar 1964–Dezember 1965
17 × 24 cm
Heft
Einfarbig
Bd. 1–90
Z.: Tibor und Nick: WÄSCHER
Kit: GAMBA
Titelbilder: WÄSCHER
T.: Kit: LAVEZZOLO
Bemerkungen:
Nick ist ein Nachdruck der Nick Piccolo Serie Bd. 1–90 mit neuen Titelbildern.

Piccolo Sonderband
Bd. 1: ***Akims grosses Abenteuer***
Bd. 2: ***Der grosse bunte Sonderband der Piccolo Bilderserie Sigurd***
Bd. 3: ***Carnera boxt sich durch***
Bd. 4–14: ***Piccolo Abenteuerserie***
Bd. 15, 25–33: ***Piccolo Sonderband***
Bd. 16, 17, 19–21, 23, 24: ***Akim-Sonderband***
Bd. 18, 22: ***Sigurd-Sonderband***
Hannover: Walter Lehning Verlag
Januar 1954–Dezember 1958
17 × 23,5 cm
Heft
Farbig
Bd. 1–33 (Bd. 1–3, 15–24 unnumeriert)
Titel:
1: Akims grosses Abenteuer (Z.: PEDRAZZA/T.: RENZI)
2: Sigurd auf der Insel der Dämonen (Z.: WÄSCHER/T.: ADLER)
3: Carnera boxt sich durch (Z.: PALUDETTI auch Cover/T.: TORELLI)
4: Akim in der grossen Stadt (Z.: PEDRAZZA auch Cover/T.: RENZI)
5: Fulgor: Piraten im Weltall (Z.: WÄSCHER/T.: ADLER)
6: Der rote Adler (Im Original: Blauer Pfeil) (Z.: V. CHIOMENTI auch Cover/T.: A. CHIOMENTI)
7: Peterle: Feinde im Dschungel (Z.: WÄSCHER/T.: ADLER)
8: Sigurd: Der letzte Pfeil (Z.: WÄSCHER/T.: ADLER)
9: Akim und die Spione des Dschungels (Z.: PEDRAZZA auch Cover/T.: RENZI)
10: El Bravo: Der Piratenschatz (Z.: BIGNOTTI auch Cover/T.: DALMASSO)
11: Jezab: Der schwarze Edelstein (Z.: WÄSCHER/T.: WÄSCHER/JAGELITZ)
12: Blauer Pfeil: Das große Rennen

(Z.: V: CHIOMENTI auch Cover/ T.: A. CHIOMENTI)
13: Raka: Planet des Grauens (Z.: WÄSCHER/T.: WÄSCHER/ JAGELITZ
14: Akim: Der Schatz im Dschungel (Z.: PEDRAZZA auch Cover/ T.: RENZI)
15: Sigurd: Das Geisterschiff (Z.: WÄSCHER)
16: Akim: Der Dschungelteufel (Z.: WÄSCHER)
17: Akim: Spuren im schwarzen Sumpf (Z.: WÄSCHER)
18: Sigurd: König der Berge (Z.: WÄSCHER)
19: Akim: Jagd durch den Dschungel (Z.: WÄSCHER)
20: Akim: Überfall auf S 13 (Z.: WÄSCHER)
21: Akim: Die goldene Axt (Z.: WÄSCHER)
22: Sigurd: Schatten über Hohenstein (Z.: WÄSCHER)
23: Akim: Kampf im Diamantental (Z.: WÄSCHER)
24: Akim: Das Geheimnis der Lagune (Z.: WÄSCHER)
25: Akim: Fluch der Dschungelfarm (Z.: WÄSCHER)
26: Akim: Morgo, der Schrecken des Dschungels (Z.: WÄSCHER)
27: Sigurd: Bund der schwarzen Teufel (Z.: WÄSCHER)
28: Akim: Trommeln des Todes (Z.: WÄSCHER)
29: Nick: Jagd auf R 3 (Z.: WÄSCHER)
30: Silberpfeil: Die grosse Herde (Z.: KELLERMANN)
31: Silberpfeil: Die Schlacht am Red River (Z.: KELLERMANN)
32: Nick: Schiffbruch im Weltraum (Z.: WÄSCHER)
33: Nick: Angriff aus dem Weltall (Z.: WÄSCHER)

Piccolo Sonderband
Frankfurt/M.: Comic Buch Club
September 1978–Februar 1979
Bd. 15: 21 × 29,7 cm,
Bd. 2, 5, 7, 17: 17 × 23,5 cm
Heft
Bd. 15: Farbig
Bd. 2, 5, 7, 17: Einfarbig
Bd. (15), (2), 5, 7, (17)
Bemerkungen:
*Nachdruck der **Piccolo Sonderband**-Serie.*
Titel:
15: Sigurd: Das Geisterschiff (Z.: WÄSCHER)
2: Sigurd auf der Insel der Dämonen (Z.: WÄSCHER/T.: ADLER)
5: Fulgor: Piraten im Weltall: (Z.: WÄSCHER/T.: ADLER)
7: Peterle: Feinde im Dschungel (Z.: WÄSCHER/T.: ADLER)
17: Kim: Spuren im schwarzen Sumpf (Z.: WÄSCHER)

Piccolo Sonderband
Schönau: Norbert Hethke Verlag
August 1979 – Serie erscheint noch
17 × 23,5 cm
Heft
Farbig
Bd. 1–5, 7–9, 13, 15–16, 18–19, 22, 29 (Bd. 1–3, 15–16, 18–19, 22: unnumeriert)
Bemerkungen:
*Nachdruck der **Piccolo Sonderband**-Serie.*
Titel:
1: Akims grosses Abenteuer

(Z.: PEDRAZZA/T.: RENZI)
2: Sigurd auf der Insel der Dämonen (Z.: WÄSCHER/T.: ADLER)
3: Carnera boxt sich durch (Z.: PALUDETTI auch Cover/ T.: TORELLI)
4: Akim in der grossen Stadt (Z.: PEDRAZZA auch Cover/ T.: RENZI)
5: Fulgor: Piraten im Weltall (Z.: WÄSCHER/T.: ADLER)
7: Peterle: Feinde im Dschungel (Z.: WÄSCHER/T.: ADLER)
8: Sigurd: Der letzte Pfeil (Z.: WÄSCHER/T.: ADLER)
9: Akim und die Spione des Dschungels (Z.: PEDRAZZA auch Cover/ T.: RENZI)
13: Raka: Planet des Grauens (Z.: WÄSCHER/T.: WÄSCHER/ JAGELITZ)
15: Sigurd: Das Geisterschiff (Z.: WÄSCHER)
16: Akim: Der Dschungelteufel (Z.: WÄSCHER)
18: Sigurd: König der Berge (Z.: WÄSCHER)
19: Akim: Jagd durch den Dschungel (Z.: WÄSCHER)
22: Sigurd: Schatten über Hohenstein (Z.: WÄSCHER)
29: Nick: Jagd auf R 3 (Z.: WÄSCHER)

Pif Pocket
Siehe: ***Yps Pif Pocket***

Pik-König
Stuttgart: Illu Press
Juni 1978
11,7 × 18 cm
Taschenbuch
Einfarbig
Bd. 1
Z.: BOTTARO

Pilzesammeln
Peking (China): Vlg. für fremdsprachige Literatur
1977
16,1 × 18,4 cm
Broschüre
Farbig
Z./T.: DSI, GU UND TJIU

Pim & Pam
Lustige Abenteuer in Bildern zum Ausmalen
Köln: Inter Verlag
1972
20,9 × 28,4 cm
Heft
Einfarbig und farbig
Bd. 1–4
Bemerkungen:
Inhalt jeweils nur die Titelserie und einige zusätzliche Beschäftigungsseiten. Jeder Band mit zusätzlichem Faltposter.

Ping und die Schatzinsel
Eine bunte Bild- und Versgeschichte von Cefischer
Frankfurt/M.: Heinrich Cobet Verlag
1950
29,9 × 21,1 cm
Buch
Farbig und zweifarbig
Z./T.: CEFISCHER
Bemerkungen:
Ein Teil der Auflage ging als Mitgliederausgabe an die Büchergilde Gutenberg (entsprechender Aufdruck auf der Rückseite).

Ping und die Schatzinsel
Eine bunte Bild- und Versgeschichte

von Cefischer
Deisenhofen: Dennoch-Verlag Stegmann KG
1975
30 × 20,6 cm
Buch
Farbig und zweifarbig
Z./T.: CEFISCHER
Bemerkungen:
Nachdruck der alten Ausgabe.

Pinky Pott
der Super-Detektiv
Wien (Österr.): Rolf Mauerhardt Verlag
50er Jahre
16,5 × 8 cm
Heft
Einfarbig
Bd. 1–4

Pinocchio
Bd. 1–15: Lustige Comic-Abenteuer für Jung und Alt
Bd. 16–21: und die tollen Comic-Abenteuer von Sindbad
Frankfurt/M.: Condor Verlag
August 1977–1979
18 × 26 cm
Heft
Farbig
Bd. 1–21
Inhalt:
Pinocchio (Z.: GÖTZE U. A.)
Heidi (Z.: SALAS)
Comic ohne Titel (Z.: HEINZ)
Max + Moritz (Z.: GÖTZE/CERBIAN U. A.)
Neues vom Miranda-Glucker (Werbecomic)
Sindbad, der Seefahrer (Z.: SIFRE UND GÖTZE)

Pinocchio
Ganz neue Abenteuer zur Fernseh-Serie
Bergisch Gladbach: Bastei Verlag
September 1977–November 1979
18,1 × 26,1 cm
Heft
Farbig
1–59

Pinocchio
Bergisch Gladbach: Bastei Verlag
Dezember 1977–August 1978
21,6 × 29 cm
Broschüre
Farbig
Bd. 1–2

Pinocchio
Stuttgart: Ehapa Verlag
Februar 1978
17,5 × 26 cm
Heft
Farbig
Inhalt:
Pinocchio
Jiminy Grille

Pinocchio
Lustige Comic-Abenteuer für Jung und Alt!
Frankfurt/M.: Condor Verlag
Mai 1978–Januar 1979
13,3 × 18,4 cm
Taschenbuch
Farbig
Bd. 1–4
Inhalt:
Pinocchio: Bd. 1–4
Merlin jr., der kleine Zauberer: Bd. 1
Max + Moritz (Z.: GÖTZE): Bd. 3–4

Pinocchio
Ganz neue Abenteuer zur Fernseh-Serie
Bergisch Gladbach: Bastei Verlag

Mai 1978–Juli 1978
12,9 × 17,9 cm
Taschenbuch
Farbig
Bd. 1–6

Pinocchio
Chevron (Belgien): Hemma Verlag
1978
23,5 × 30,5 cm
Buch
Farbig
Bemerkungen:
*Bd. (1) der **Hemma Märchenbände,** siehe da.*

Pinocchio
Neue, tolle Comic-Abenteuer
Frankfurt/M.: Condor Verlag
Januar 1979–März 1979
21,5 × 29,5 cm
Broschüre
Farbig
Bd. 1–2
Inhalt:
Pinocchio: Bd. 1–2
Merlin, der kleine Zauberer: Bd. 2

Pip
Bd. 1/71–4/71: International
ab Bd. 5/71: Comics für Erwachsene
ab Bd. 5/72: International
Zürich (Schweiz): Verlags Presse, ab Bd. 5/72: Zug (Schweiz): Presse-Verlag
Mai 1971–1973
19,5 × 26,6 cm, ab Bd. 5/72: 22 × 27,5 cm, ab Bd. 5/73: 21,8 × 27,9 cm
Heft, ab Bd. 5/73: Broschüre
Farbig, einfarbig und zweifarbig
Jg. 1971: Bd. 1–7
Jg. 1972: Bd. 1–12
Jg. 1973: Bd. 1–2, 3/4, 5–6
Bemerkungen:
Auf der Liste der jugendgefährdenden Schriften (Bd. 6/73).
Inhalt:
Scarlett Dream (Z.: GIGI/T.: MOLITERNI): Bd. 1/71–1/72
Jodelle (Z.: PEELLAERT/T.: BARTIER): Bd. 1/71–7/71
Schock Sketsch (Z.: FIGUERAS): Bd. 1/71–1/72
Siegfried (Z./T.: RINALDI/WEYNSTEIN): Bd. 1/71–2/72
Lord Applepie: Bd. 1/71–1/72
Natalie: Bd. 3/71
Chelsea-Girl Paula: Bd. 3/71
Ohne Titel (Z.: CINDY): Bd. 4/71
Paulette (Z.: PICHARD/T.: WOLINSKI): Bd. 4/71–7/72
Epoxy (Z.: CUVELIER/T.: HAMME): Bd. 6/71–6/72
Echo schriftlich (Z.: BARA): Bd. 7/71
Zwischenmenschliche Probleme: Bd. 1/72
Foto-Morgana (Fotocomic): Bd. 1/72
Dad + Daddy Digger (Z./T.: MICHAUD UND LECAMUS): Bd. 1/72–2/72
Jo-Jo (Z./T.: FRANQUIN UND JIDÉHEM): Bd. 1/72–2/72
Der vergrämte Totengräber (Z.: FIGUERAS): Bd. 1/72–3/72
Wat 69 (Z.: BERNET): Bd. 2/72–6/73
Wie ein Mann seinen Kopf verlor . . . (Fotocomic): Bd. 2/72
Testen Sie Ihren sexten Sinn . . .: Bd. 2/72
Lord Plumpudding (Z.: LORENTE): Bd. 2/72–11/72
Odysseus (Z./T.: GIMÉNEZ/WEYNSTEIN): Bd. 3/72–12/72
Ein Sprungtuch für den Springer (Fotocomic von WALD): Bd. 3/72
Biene (Z.: MASCARO): Bd. 3/72–11/72
Ehe- und andere Partner (Z.: ACIAN): Bd. 3/72

Pipex (Fotocomic von WALD): Bd. 4/72
Pip-Karriere-Beratung (Z.: ACIAN): Bd. 5/72
Ohne Titel (Z.: FIGUERAS): Bd. 5/72–11/72, 1/73–2/73
Otto Pip (Z.: BLASCO): Bd. 6/72–5/73
Fotocomic ohne Titel: Bd. 6/72
Bimba (Z.: MENDEZ): Bd. 7/72–6/73
Ohne Titel (Z.: LORENTE): Bd. 9/72
Korsar (Z.: GERMAN): Bd. 12/72
Korsar (Z.: MAROTO): Bd. 1/73–6/73
Ars Amandi (Z.: BLASCO): Bd. 12/72
Pravda (Z.: PEELLAERT/T.: PEELLAERT UND THOMAS): Bd. 1/73–5/73
Ars Amandi (Z.: LORENTE): Bd. 1/73
Na, denn viel Spaß im Fasching! (Z.: LORENTE): Bd. 2/73
Klaus-Egon's Kraftakt (Z.: LORENTE): Bd. 3/4/73
Graf Otger (Z.: BLASCO): Bd. 6/73

Pippi
Hamburg: Verlag Friedrich Oetinger
1970–1972
17,5 × 22 cm
Buch
Farbig
Bd. 1–6 unnumeriert
Z.: NYMAN/T.: LINDGREN
Bemerkungen:
Pippi d. i. Pippi Langstrumpf
Titel:
1: Pippi regelt alles
2: Pippi ist die Stärkste
3: Pippi zieht ein
4: Pippi gibt ein Fest
5: Pippi fährt zur See
6: Pippi will nicht gross werden

Pittje Pit
Berlin–Hamburg: Koralle Verlag
April 1979–Mai 1980
22 × 28,8 cm
Broschüre
Farbig
Bd. 1–5
Z./T.: RYSSACK

Pit & Alf
die beiden Detektive
Hannover: Walter Lehning Verlag
Dezember 1955–März 1957
17 × 7,5 cm
Heft
Einfarbig
Bd. 1–68
Z.: HEINZ

Pit & Alf
die beiden Detektive
ab Bd. 33: mit Jan Maat
Hannover: Walter Lehning Verlag
März 1957–Januar 1959
17 × 24 cm
Heft
Farbig
Bd. 1–46
Z.: HEINZ
Inhalt:
Meister Lampe (Z.: HEINZ): Bd. 1–32
Jan Maat (Z.: HEINZ): Bd. 33–46
Cowboy Tom (Z.: HEINZ): Bd. 33–46

Pixies
Siehe: ***Aar-Cartoon***

Planet der Affen
»... und machten sich die Erde untertan.«
Hamburg: Williams Verlag
Oktober 1975–Oktober 1976
20 × 27 cm
Heft
Farbig und einfarbig, Bd. 7: nur farbig
Bd. 1–13
Z. u. T.:
Titelbilder:

BARR: Bd. 12
LARKIN: Bd. 1–7, 10, 13
MORROW: Bd. 11
NOREM: Bd. 8
THEAKSTON: Bd. 9
Comics:
ALCALA: Bd. 7–11
CHIARAMONTE: Bd. 3–4
CLAREMONT: Bd. 3
CONWAY: Bd. 1
ESPOSITO: Bd. 1–6
GERANI: Bd. 2–3
HANNIGAN: Bd. 5
JOHNSON: Bd. 1
LAWRENCE: Bd. 1–2, 4
MOENCH: Bd. 1–13
MOONEY: Bd. 5
PLOOG: Bd. 1–4, 6, 8, 11, 13
RIVAL: Bd. 9–10, 12–13
SUTTON: Bd. 12
TUSKA: Bd. 1–6

Playmobil Comic
Zirndorf: Playmobil-Merchandising (Herausgeber)
1977–Februar 1978
21,4 × 28,5 cm
Broschüre
Farbig
Bd. 1–2
Z.: WILLINGSTORFER
Bemerkungen:
Bd. 1 gibt es in 3 Versionen: 1. Trostpreis für Preisausschreiben. 2. Mit Überkleber als kostenloses Werbeexemplar. 3. Mit neugedruckter Seite verkauft.
Titel:
1: Goldrausch in Klickytown
2: Schwere Zeiten in Bieberstein

Pleasure Comic
Bebra: Sass-Verlag
1979–1982
16,4 × 23,7 cm
Broschüre
Bd. 1: einfarbig
Bd. 2: farbig
Bd. 1–2
Bemerkungen:
Bd. 2 dreisprachig: deutsch, englisch und niederländisch.

Plop!
Bd. 1–9, 12, 15: ... und Die Trolls
Bd. 10, 13, 16: ... und Die Trolls ... und die Kiste
Bd. 11, 14, 17: ... und Die Kiste
Bd. 18–22: vertreibt mit Eile Langeweile! Die lustige Zeitschrift
München: Arthur Moewig Verlag
Juli 1968–Juli 1969
18 × 26 cm
Heft
Farbig
Bd. 1–22
Z.: REINDL UND ROSCHER/T.: DACHSEL
Inhalt:
Die Trolls (Z.: McNEILL): Bd. 1–21
Tschiko: Bd. 1–22
Die Kiste (Z.: REINDL/T.: DACHSEL): Bd. 1–22
Mädi: Bd. 6
Triefauge (d. i. Feuerauge) (Z.: BESS): Bd. 21, 22

Plopp
Siehe: ***Koz-Komix***

Das Plopp-Wu-U-Um-Whaaasch
Frankfurt/M.:
Insel Verlag
1970
19,6 × 26 cm
Broschüre
Farbig
Z.: SCHMÖGNER

Plumpaquatsch
Siehe: ***Fernseh Tele Comic***

Plurifax – Ein Plusterich
Weinheim: Verlag Julius Beltz
1971
30 × 21 cm
Heft, Einfarbig
Z.: WELLENDORF
Typographie: JÄGER
T.: D. UND P. HEYER

Pogo
Darmstadt: Brumm-Comix (Melzer)
1974
16 × 21,9 cm
Broschüre
Einfarbig
Z.: KELLY

Point 500
Leverkusen: Michael Maas
ca. 1978/79
21 × 29,7 cm
Geklammerte Einzelblätter
Einfarbig
Bd. 1–3
Z./T.: MAAS
Bemerkungen:
Bd. 1–2 nur jede 2. Seite bedruckt.

Pony
Die fröhliche Kinderzeitung
ab Bd. 8: Die Illustrierte für Dich!
ab Bd. 27: Die große Jugend-Illustrierte
ab Bd. 32: Die Jugend-Illustrierte
Bergisch Gladbach: Bastei Verlag
Oktober 1958–Juli 1960
23,5 × 30,5 cm, ab Bd. 13:
21 × 29 cm, ab Bd. 32: 18 × 26 cm
Heft
Farbig, zweifarbig, einfarbig, ab Bd. 33: farbig
Bd. 1–49
Bemerkungen:
In Bd. 43 Zeichnungen von LELOUP.
Titelbild von Bd. 16: Z.: SPRENGER.
Inhalt:
Bessy (Z.: VANDERSTEEN): Bd. 1–45
Mutz und Molli (auch Mutz und Molli) (Z.: LUTZ): Bd. 1–22
Bengo (Z.: TIM): Bd. 1–22, 25–27, 29
Mullex das Maultier (d. i. Muli) (Z.: MAIN): Bd. 1–5?
Pussy Tom (Z.: TOONDER-STUDIO): Bd. 5?–18?
Käptn Kopp (Z.: TOONDER-STUDIO): Bd. 5–31
Panda (Z.: TOONDER-STUDIO): Bd.9?–17
Rotes Gold und rauhe See (Z.: FUNCKEN): Bd. 15–35
Comics mit verschiedenen Titeln (Z.: FLEMIG): Bd. 14, 17
Bleib am Ball Bert (Z.: REDING): Bd. 18–28
Tim und Struppi (Z.: HERGÉ): Bd.21–49
André Garnier (Z.: GRATON): Bd. 27–28
Die Schatzinsel (Z. und T.: KOSER UND KOSER-MICHAELS): Bd. 29–43
Terry Kern (Z.: GRATON): Bd. 29, 30
Schnelle Männer, schlechte Kerle (Z.: GRATON): Bd. 32
Pat Bollie (Z.: GRATON?): Bd. 34, 35
Wird das gut geh'n, Bert? (Z.: REDING): Bd. 36–49
Haß über 1000 Meilen (Z.: GRATON): Bd. 36, 37
Yasmin und die goldene Pyramide (d. i. Uschis Abenteuer ?): Bd. 38–45
Felix (Z.: ORIOLO): Bd. 46

Pop Comix
Kamen: Yookx-Verlag
70er Jahre
15,4 × 21,5 cm

Heft
Einfarbig
Z.: CRUMB
WILSON (Eine Seite)

Popeye
Der Seemann
ab Bd. 39: der Spinatmatrose
Bd. 1–41: Die Abenteuer des weltberühmten Spinatmatrosen
Bd. 42–46: Die tollen Abendteuer des weltberühmten Seemanns
Bd. 47–55: Jetzt mit Plop
München. Arthur Moewig Verlag
Mai 1969–Oktober 1972
18 × 26 cm, ab Bd. 31: 18 × 24 cm
Heft
Farbig
Bd. 1–75
Z.: SAGENDORF
WILDMAN
Inhalt:
Professor O. G. Riesenrüssel: Bd. 25–28, 30–46, 48, 50–52, 54–66, 68–75
Plop (Z.: REINDL UND ROSCHER/ T.: DACHSEL): Bd. 47–55

Popeye
Die Abenteuer von
Stuttgart: Ehapa Verlag
Juli 1975–1982
21 × 27,8 cm
Broschüre
Farbig
Bd. 1–15
Z.: SAGENDORF

Popeye
Fernseh-Star
Stuttgart: Ehapa Verlag
Mai 1979–1982
13,3 × 18,4 cm
Taschenbuch
Farbig
Bd. 1–14

Popeye der Seemann
Darmstadt: Melzer Verlag
1972
26,5 × 18,9 cm
Buch
Einfarbig
Z.: SEGAR

Poppoff und Piezke
Ein Siebenschläfer ist kein Vogel
Eine Bildergeschichte
München: Parabel Verlag
1966
21,5 × 14,5 cm
Buch
Einfarbig
Z.: JANOSCH

Porky
Siehe: ***Schweinchen Dick***

Porno Comics
Neue Porno-Comics
Berlin: Klaus Bär Verlag
1971
14,5 × 20,8 cm
Broschüre
Einfarbig
Z.: PASSILÈWICZ UND LÜDDECKE
Bemerkungen:
Enthält etwa zur Hälfte Cartoons. Ein erster Band mit gleichem Haupttitel enthält nur wenige Comics.

Porno Star
Baden-Baden: Star Taschenbuch Verlag
70er Jahre
ca. 11,5 × 18 cm
Taschenbuch
Einfarbig

Bd. 1–11
Bemerkungen:
Mehr nicht bekannt.

Prärie
Hamburg: Alfons Semrau Verlag
September 1954–1955
17 × 23 cm
Heft
Farbig, ab Bd. 12: zweifarbig und Rückseite farbig
Bd. 1–21
Bemerkungen:
Auf der Liste der jugendgefährdenden Schriften:
Bd. 5: E Nr. 27 –BAnz. Nr. 214 vom 5. 11. 54.
Bd. 11–13: E Nr. 32 –BAnz. Nr. 241 vom 15. 12. 54.
Inhalt:
Kinowa (Z.: STUDIO ESSEGESSE/SARTORIS/GUZZON/SINCHETTO/T.: LAVEZZOLO) (Nachdruck von Kinowa):
Bd. 1–3: Kinowa Bd. 1–3, *Bd. 4:* Kinowa Bd. 4 Seite 1–8, *Bd. 5:* Kinowa Bd. 4 Seite 9–16, *Bd. 6:* Kinowa Bd. 4 Seite 17–24, *Bd. 7:* Kinowa Bd. 5 Seite 1–8, *Bd. 8:* Kinowa Bd. 5 Seite 9–19, *Bd. 9:* Kinowa Bd. 5 Seite 20, 22–24, 26–32, *Bd. 10:* Kinowa Bd. 6 Seite 1–14, *Bd. 11:* Kinowa Bd. 6 Seite 15–28, *Bd. 12:* Kinowa Bd. 7 Seite 1, 3, 5, 8 (2. Bild), 9, 10, 17–23, 26–32, *Bd. 13:* Kinowa Bd. 8 Seite 1–10, 12, 13, 14 (ohne 1. Bild), 15, 16, 20–24, *Bd. 14:* Kinowa Bd. 9 Seite 1–4 (ohne 3. Bild), 5–8, 10, 15, 17, 18 (ohne 3. Bild), 22–24 (ohne 3. Bild), 28 (1. Bild), 29–32, *Bd. 15:* Kinowa Bd. 10 Seite (Prärie-Heft nicht gesehen), *Bd. 16:* Kinowa Bd. 11 Seite 1–4, 7, 11, 12, 14, 16, 19–29, *Bd. 17:* Kinowa Bd. 12 Seite 1–5 (1. Bild), 9 (3. Bild), 11–13, 15, 17, 19, 20, 22, 24–28 (1. Bild), 31, 32, *Bd. 18:* Kinowa Bd. 13 Seite 1–10, 13–18, 29–32, *Bd. 19:* Kinowa Bd. 14 Seite 1, 2, 5, 6 (ohne 1. Bild), 8, 9, 11, 14, (1. Bild), 15, 18, 19, 21, 22 (1. Bild), 23 (2. Bild), 24, 25, 29–32, *Bd. 20:* Kinowa Bd. 15 Seite 1, 4, 8 (1. und 3. Bild), 9–16, 18, 22, 24–26, 29–32, *Bd. 21:* Kinowa Bd. 16 Seite 1–3 (1. Bild), 4, (2. Bild), 5 (ohne 3. Bild), 7–9, 12, 13, 19, 21–25, 27–30, 32
Der fliegende Pfeil (Z.: MEAGHER): Bd. 4, 8
Durango Kid (Z.: GUARDINEER): Bd. 5
Bobby Bensons (Z.: POWELL): Bd. 6, 7, 9
In den Händen der Pawnee-Indianer: Bd. 10
Silberpfeil: Bd. 11

Der Präriewolf
Ein Buchfilm
Kassel: Buchfilm-Verlag
1951
30 × 17 cm
Heft
Einfarbig
Bd. 1
Z.: STRIKER
Bemerkungen:
Präriewolf d. i. Lone Ranger.

Pravda
Bremen: Carl Schünemann Verlag
1968
22,5 × 29,5 cm
Buch
Farbig
Z.: PEELLAERT/T.: PEELLAERT UND THOMAS

Prima Volta
Der erste deutsche Fotoroman
Frankfurt/M.: Elke Betzel Verlag

1980
23,8 × 31,1 cm
Broschüre
Einfarbig
Fotos: BRÜLLMANN
Story: DÜBI, SCHMIDLIN UND SCHNEIDER
Bemerkungen:
Fotocomic.

Prima
Siehe: ***Primo***

Primo
1. Jg. Bd. 14–22: ***Prima***
ab 1. Jg. Bd. 23: ***Primo***
1. Jg. Bd. 14–2. Jg. Bd. 22, 24: Comic
ab 3. Jg. Bd. 16: Rolf Kaukas
Zug (Schweiz): Gevacur AG
März 1971–Dezember 1974
19 × 26,5 cm, ab 3. Jg.Bd. 1:
21 × 28 cm
Heft
Farbig, teilweise auch einfarbig und zweifarbig
1. Jg. 1971: Bd. 14–33,
2. Jg. 1972: Bd. 1–26,
3. Jg. 1973: Bd. 1–32,
4. Jg. 1974: Bd. 1–26
Bemerkungen:
Fortsetzung der Serie ***Kauka Comic.***
Bd. 14–33 (1. Jg.), 1–2, 4–8, 10, 12–13 (2. Jg.) mit Beilage.
Inhalt:
Prinz Eisenherz (Z.: FOSTER) (einfarbig, ab 2. Jg. Bd. 22 zweifarbig, ab 4. Jg. Bd. 13: farbig): 1. Jg. Bd. 14–33, 2. Jg. Bd. 1–8, 16–26, 3. Jg. Bd. 1–7, 15–26, 28, 29, 32, 4. Jg. Bd. 2, 4, 6, 8, 12–17, 19–26
Die Pichelsteiner (Z.: RINALDI): 1. Jg. Bd. 14–33, 2. Jg. Bd. 1–26, 3. Jg. Bd. 1–19, 22, 23, 25, 27, 28, 30, 32, 4. Jg. Bd. 7, 9, 17, 20
Cäsar (Z.: TILLIEUX): 1. Jg. Bd. 14–33, 2. Jg. Bd. 1–21
Flossi Flip und Fridolin (auch Flossi und Flip) (Z.: GIETER): 1. Jg. Bd. 14–33, 2. Jg. Bd. 1, 3–10
Sonny Sam (Z.: BOTTARO): 1. Jg. Bd. 14–33, 2. Jg. Bd. 1–14, 16–18, 20
Harro & Platte (Z.: TILLIEUX): 1. Jg. Bd. 14–33, 2. Jg. Bd. 1–13
Puss (Z.: PEYO): 1. Jg. Bd. 14–33, 2. Jg. Bd. 1–15
Jo-Jo (Z.: FRANQUIN): 1. Jg. Bd. 14–33, 2. Jg. Bd. 1–26, 3. Jg. Bd. 1–27, 30, 31, 4. Jg. Bd. 1, 2, 4–25
Marcus und Meister Müller (Z.: FRANCIS): 1. Jg. Bd. 27–32, 2. Jg. Bd. 1–16, 18–22, 24, 25, 3. Jg. Bd. 2, 6, 20, 21, 24, 26, 29, 32, 4. Jg. Bd. 1, 3, 4, 6, 9–12, 14
Lucky Luke (Z.: MORRIS/T.: GOSCINNY): 2. Jg. Bd. 9–12 (Nachdruck von Fix und Foxi Super Tip Top Bd. 1), 13–15 (Nachdruck von Fix und Foxi Super Tip Top Bd. 7), 3. Jg. Bd. 1–4 (Nachdruck von Kauka Super Serie Bd. 37)
Mischa (auch Mischa und Connie) (Z.: BERCKMANS U. A.): 2. Jg. Bd. 11–26, 3. Jg. Bd. 1–25, 27, 4. Jg. Bd. 3, 5, 6
Wow Man (Z.: NEUGEBAUER/T.: GEISLER): 2. Jg. Bd. 15, 17, 19, 21, 23, 25, 26
Der Sheriff (Z.: CASTILLO/T.: COLLINS): 2. Jg. Bd. 22–26, 3. Jg. Bd. 8, 11, 14, 25 (Nachdruck teilweise aus Lasso)
Manos Kelly (Z.: PALACIOS): 3. Jg. Bd. 1–7, 15–22, 4. Jg. Bd. 1
Steve Speed – Rallye durch 5 Kontinente (Z.: BIELSA): 3. Jg. Bd. 1–9
Peer Viking (Z.: MATENA): 3. Jg. Bd. 5–11, 23–26
El Cid (Z.: PALACIOS): 3. Jg. Bd. 8–14
Sammy & Jack (Z.: BERCK/T.: CAUVIN):

3. Jg. Bd. 9, 10, 12, 13, 20–22, 24, 25, 31, 32, 4. Jg. Bd. 2, 11–13, 22–26
Das Gespenst von Canterville (Z.: ARRANZ): 3. Jg. Bd. 10–16
Katja (Z.: WALTHÉRY): 3. Jg. Bd. 12–17, 29, 30, 4. Jg. 10, 14, 15
Katzenjammer Kids (Z.: WINNER): 3. Jg. Bd. 12 (im Comic-ABC)
Der kleine König (Z.: SOGLOW): 3. Jg. Bd. 14 (im Comic-ABC)
Little Nemo (Z.: McCAY): 3. Jg. Bd. 16 (im Comic-ABC)
Kronan (Z.: REMOHI): 3. Jg. Bd. 17–24, 4. Jg. Bd. 25, 26
Kuma (Z.: MENDEZ): 3. Jg. Bd. 18–24, 4. Jg. Bd. 5, 6, 13, 17, 18
Buster Brown (Z.: OUTCAULT): 3. Jg. Bd. 23 (im Comic-ABC)
Vater und Sohn (Z.: PLAUEN): 3. Jg. Bd. 24 (im Comic-ABC)
Andrax (Z.: BERNET/T.: WIECHMANN): 3. Jg. Bd. 27–28, 4. Jg. Bd. 7–8, 15–16, 19, 23 (Bisher einzige deutsche Comicproduktion, die in Lizenz in den USA übernommen wurde. Abdruck der ersten Episode in »The Barbarians« Bd. 1 von Atlas Comics)
Die Schatzinsel (Z.: GRUPO PREMIA 3): 3. Jg. Bd. 30, 31
Robinson Crusoe (Z.: ARRANZ): 4. Jg. Bd. 2, 3
Furor Teutonicus (Z.: MARTI): 4. Jg. Bd. 4, 5, 8, 13, 16, 19, 21
Kastor + Poly (Z.: MATENA): 4. Jg. Bd. 4, 9, 11
Schmerbauch (Bringing Up Father) (Z.: McMANUS): 4. Jg. Bd. 6 (im Comic-ABC)
Bang-Bang-Sam (Z.: VICAR): 3. Jg. Bd. 24–32, 4. Jg. Bd. 1–25
Capitan Terror (Z.: MAROTO, SOLÁ/T.: WIECHMANN): 4. Jg. 9–11, 14, 15, 24
Der Goldkäfer (Z.: FONT): 4. Jg. Bd. 10
Der Schatz der Götter (Z.: GUAL): 4. Jg. Bd. 12
Robert und die Zeitmaschine (Z.: CRUZ): 4. Jg. Bd. 14–20
Mikrokosmos (Z.: AZPIRI/T.: CIDONCHA): 4. Jg. Bd. 16
Moustache (Z.: MAINOU): 4. Jg. Bd. 16–18, 22, 23
Der General (Z.: SMET): 4. Jg. Bd. 16–22, 24
Air Hawk (Z.: DIXON): 4. Jg. Bd. 17, 18, 21, 22, 25, 26
Viva La Revolution (Z.: NADAL): 4. Jg. Bd. 18, 19, 21
Delta 99 (Z.: GIMÉNEZ): 4. Jg. Bd. 19–21
Cosmo Crew (Z.: MAROTO): 4. Jg. Bd. 22–26

Prince Casanova
Stockholm (Schweden): Prince Verlag
1975
17 × 24 cm
Heft
Bd. 1
Bemerkungen:
Porno-Comic.

Prinz Eisenherz
Freiburg: Badischer Verlag, ab Bd. 8: Düsseldorf: Verlag Welt am Sonnabend
1951–1968
21 × 27 cm
Broschüre
Einfarbig, ab Bd. 8: dreifarbig, ab Bd. 9: zweifarbig
Bd. 1–19
Z.: FOSTER
Bemerkungen:
Von Bd. 1 existieren drei Auflagen. 1. Auflage: blauer Kartonumschlag mit Wappen in Silberdruck und

Schutzumschlag, numeriert.
2. Auflage: Umschlag mit Prinz Eisenherz-Bild und ohne Nummer.
3. Auflage: wie 2. Auflage, jedoch mit Numerierung.

Prinz Eisenherz
Freiburg: Badischer Verlag
Oktober 1953–1963
17,3 × 25,7 cm, nur Bd. 5:
16,8 × 25 cm
Buch
Einfarbig
Bd. 1–11
Z.: FOSTER/T.: TRELL
Bemerkungen:
Roman mit Bildern aus dem Comic ***Prinz Eisenherz.***

Prinz Eisenherz
Bd. 4–6: Ein Bildererzählung aus sagenhaften Zeiten von Hal Foster
Wien (Österr.): Verlag Heinz Pollischansky
Mai 1970–Serie erscheint noch
20 × 27 cm
Broschüre
Einfarbig, ab Bd. 7: farbig
Bd. 1–48 . . .
Z.: FOSTER
In Bd. 30:
Folge 1757: Z.: MORROW
Folge 1760: Z.: MURPHY
Folge 1762: Z.: WOOD
Zwischen Folge 1760–1788 wechselten sich FOSTER und MURPHY ab.
Ab Folge 1789: Z.: MURPHY/T.: FOSTER
Bemerkungen:
Von Bd. 1 existieren 2 verschiedene Auflagen. 1. Auflage mit Stoffrücken. Von verschiedenen Bänden existieren Zweitauflagen mit anderen Titelbildern.

Prinz Eisenherz
Darmstadt/Frankfurt: Brumm-Comix/Melzer Verlag/Comic Companie
1972–1980
21,3 × 30,2 cm
Buch
Einfarbig
Bd. 1–11
Z.: FOSTER
Bemerkungen:
Bd. 1 der 1. Auflage: Broschüre.

Prinz Eisenherz
Darmstadt: Melzer Verlag
1973
17,3 × 25,6 cm
Buch
Einfarbig
Bd. 1–2
Z.: FOSTER
T.: TRELL
Bemerkungen:
Roman mit Comiczeichnungen.
Nachdruck der alten Ausgabe.
Titel:
1: In den Tagen König Arthurs
2: Kämpft gegen die Hunnen

Prinz Eisenherz
Darmstadt: Melzer Verlag
1974–1975
Bd. 1: 17 × 25,5 cm,
Bd. 2: 17 × 25 cm
Buch
Einfarbig
Bd. 1–2
Z.: FOSTER
T.: TRELL
Bemerkungen:
Roman mit Comiczeichnungen.
Nachdruck der alten Ausgabe.
Titel:
1: In den Tagen König Arthurs
Kämpft gegen die Hunnen

2: Im Mittelmeer
Auf gefährlichen Reisen

Prinz Eisenherz
Sonderband
Wien (Österr.): Heinz Pollischansky Verlag
1975–1980
19,9 × 27 cm
Broschüre
Farbig
Bd. 1–16
Z.: FOSTER
Bemerkungen:
Enthält die Seiten 1–879.

Prinz Eisenherz
Frankfurt/M.: Fischer-Taschenbuchverlag
Februar 1975–Januar 1976
12,5 × 19 cm
Taschenbuch 1541–1542, 1547, 1549
Einfarbig
Bd. 1–4
Z.: FOSTER

Prinz Eisenherz
Darmstadt: Melzer Verlag
1975
22,3 × 30,1 cm
Buch
Farbig
Bd. 1–3
Z.: FOSTER
Bemerkungen:
Die drei Bände enthalten die ersten 120 Seiten der Serie.

Prinz Eisenherz
In den Tagen König Arthurs
Gütersloh: Bertelsmann Lesering und andere Buchgemeinschaften
1975
22,3 × 30,1 cm
Buch
Farbig
Z.: FOSTER
Bemerkungen:
Enthält den Inhalt der drei Teilbände von 1975, d. h. die ersten 120 Seiten der Serie.

Prinz Eisenherz
Wien (Österr.): Heinz Pollischansky Verlag
1977–Serie erscheint noch
28,4 × 39 cm
Buch, Bd. 1954/1955: Kassette (Lose Blätter)
Einfarbig
Jg. 1937–1940, 1954–1960
Z.: FOSTER
Bemerkungen:
Zweisprachig englisch und deutsch. Bücher mit Schutzumschlag.

Prinz Eisenherz
Die Comic-Saga aus den Tagen König Arthurs
Der Ritter ohne Furcht und Tadel
Frankfurt/M.: Condor Verlag
1980–1982
13,2 × 18,5 cm
Taschenbuch
Farbig
Bd. 1–6
Z.: FOSTER

Prinz Eisenherz
Siehe: ***Phantom-Heft***

Prinz Eisenherz-Heft
Hamburg: Aller GmbH
Januar 1954–August 1955
18,5 × 25,5 cm
Heft
Farbig

3. Jg. Bd. 1–10
4. Jg. Bd. 1–5
Bemerkungen:
Filmtitelbilder: 3. Jg. Bd. 3–5, 7–10, 4. Jg. Bd. 1–5.
Inhalt:
Prinz Eisenherz (Z.: FOSTER): 3. Jg. Bd. 1–10, 4. Jg. Bd. 1–5
Blondie (Z.: CHIC YOUNG): 3. Jg. Bd. 1–4, 6–10, 4. Jg. Bd. 1
Bob und Frank (d. i. Jochen und Klaus) (Z.: LYMAN YOUNG): 3.Jg. Bd.1,5, 4. Jg. Bd. 2, 5
Hopalong Cassidy (Z.: MULFORD): 3. Jg. Bd.2–5
Mandra (Z.: DAVIS/T.: FALK): 3. Jg. Bd. 3, 4. Jg. Bd. 1
Nipp und Nupp (Z.: PHILIPSEN): 3. Jg. Bd. 3
Felix (Z.: MESSMER): 3. Jg. Bd. 4, 6–10, 4. Jg. Bd. 1
Lilo (Z.: TEMY): 3. Jg. Bd. 5
Rip Korby (Z.: RAYMOND): 3. Jg. Bd. 6, 10, 4. Jg. Bd. 3, 4
Hans Wagemut: 3. Jg. Bd. 7
Petz: 3. Jg. Bd. 8, 9
Der Oberst und die Herzogin (Z.: CHIC YOUNG): 3. Jg. Bd. 8–10
Karl Späher: 3. Jg. Bd. 9
Oma (Z.: KUHN): 3. Jg. Bd.9
Klein Margot (d. i. Klein Eva) (Z.: HATLO): 4. Jg. Bd. 2, 3
Theobald (d. i. Henry) (Z.: ANDERSON): 4. Jg. Bd. 3
Schifferkarl (d. i. Popeye) (Z.: SIMS/T.: ZABOLY): 4. Jg. Bd. 3

Prinz Namor
Siehe: ***Hit Comics***

Prinz Spatz
Hannover: Walter Lehning Verlag
Februar 1954
24 × 20,5 cm
Heft
Farbig
Z.: ZAMPERONI/T.: BONELLI
Bemerkungen:
Fortsetzung in ***Der Zaubertrank****.*

Professor Gallenstein
Siehe: ***Gallenstein***

Professor Pilasters Ballon-Wettfahrt
München: C. Bertelsmann Verlag
1975
23 × 28 cm
Buch
Farbig
Z.: TIMMERMANS

Prof. Filutek
Feldafing: Buchheim Verlag
1968
11 × 23,5 cm
Buch
Zweifarbig
Z.: LENGREN

Prof. Filutek und sein Hund
Berlin (DDR): Eulenspiegel-Verlag
1966
11 × 23,5 cm
Buch
Zweifarbig
Z.: LENGREN

Prontosaurus
Hamburg: Schniebels Comic Verlag
1972–1974
Bd. 1: 18,2 × 13,5 cm (2. Auflage: 15,6 × 12,7 cm)
Bd. 2: 15,6 × 11,5 cm
Broschüre
Einfarbig
Bd. (1)–2
Z./T.: SCHNIEBEL

Bemerkungen:
Bd. 1 als Wendeband gedruckt.

Pussys Abenteuer
Reinbek: Carlsen Verlag
1980–August 1981
22 × 29,5 cm
Broschüre
Farbig
Bd. 1–3
Z.: PEYO

Pussy & Prick
Malmö (Schweden): DUO Förlags AB
1971
18,1 × 25,6 cm
Heft
Farbig
Bd. (1)–2
Z.: TEUSCHLER

Putiputs Abenteuer
Innentitel: Die Abenteuer des Putiputs
Wiesbaden: Verlag Jos. Scholz-Mainz
1950
22 × 29,5 cm
Buch
Farbig
Z.: PETERSEN/Verse: PROBST

Putz und Patz
die Serienzeitschrift
Syke/Bremen: Fischer Verlag
März 1954–August 1954
16,5 × 25,5 cm
Heft
Farbig
Bd. 1–6
Bemerkungen:
Titelbilder: PEDERSÉN.
Inhalt:
Putz und Patz (kein Comic)
Die Neandertaler (Z.: ALMQVIST)
Jumbo (Z.: EN)
Olli Polli (auch Olli)
Teddy (Z.: ANDREASSON)

Q

Quadreipf
Mülheim: Neithard Anrich Verlag
1971
20,9 × 22,6 cm
Buch
Einfarbig, zweifarbig und dreifarbig
Z.: MIRJAM-SPECHT

Quark
Bildstreifen für Erwachsene
Paris (Frankreich): S. P. M.
Oktober 1977–November 1977
18,5 × 26,5 cm
Heft
Einfarbig
Bd. 1–2
Z.: CECILIA: Bd. 2
ENEG: Bd. 1–2
GOTLIB: Bd. 1
MOEBIUS: Bd. 1
MOUCHEL: Bd. 1
PÉTILLON: Bd. 2
PIERSON: Bd. 1
VOSS: Bd. 1

R

Radar
Siehe: ***Taschencomics***

Radical America Comix
Frankfurt/M., 2. Auflage: Darmstadt: Melzer Verlag/
Brummcomix
1970 und 1973
19 × 26 cm, 2. Auflage:
19,2 × 25,4 cm
Broschüre
Einfarbig
Bemerkungen:
1. Auflage laminiert, 2. Auflage (1973) matt. Von diesem Band existiert ein Raubdruck mit einfarbigem Umschlag. Auf der Liste der jugendgefährdenden Schriften: E Nr. 1032 – BAnz. Nr. 89 vom 12. 5. 73.
Inhalt:
Underground Comix mit folgenden Z.: CRUMB/GRIFFIN/MOSCOSO/WILSON/WILLIAMSON/IRONS/SHERIDAN/THOMPSON/SHELTON

Rächer
Bd. 1–7: ***Die Rächer***
Bd. 8–100: Die ruhmreichen
Hamburg: Williams Verlag, ab Bd. 10: Hamburg: Klaus Recht, ab Bd. 19: Hamburg: Williams Verlag
Januar 1974–November 1978
Bd. 1–5: 17,4 × 25,1 cm,
Bd. 6–20: 17,1 × 24,5 cm,
Bd. 21–100: 17,8 × 26 cm
Heft
Farbig
Bd. 1–100
Inhalt:
Rächer: Bd. 1–100
Captain Marvel: Bd. 1–42
Spinne (Auszug aus Spinne Bd. 68): Bd. 43
Fantastischen Vier (Auszug aus Fantastischen Vier Bd. 68): Bd. 44
Der Eiserne: Bd. 45–91, 93–100
Z. u. T.:
ABEL: Bd. 88
ADAMS: Bd. 92–96
ADKINS: Bd. 100
AUSTIN: Bd. 82–86
AYERS: Bd. 1, 7–8, 11–12, 15–18, 23–24, 31–36, 59–60, 63–70
BELL: Bd. 37–42
BRODSKY: Bd. 82
BUCKLER: Bd. 100
BUSCEMA, JOHN: Bd. 40–43, 45–61, 73–76, 78–84, 93, 96
BUSCEMA, SAL: Bd. 67–71, 77, 85–91, 97
COLAN: Bd. 4–11, 62–64, 87–91, 93–100
COLLETTA: Bd. 25–29, 31–33, 37–45, 51, 70
DEMEO: Bd. 59, 73–77, 79, 81
DRAKE: Bd. 12, 16–36
ELLISON: Bd. 87, 100
FRIEDRICH: Bd. 37–42
GIACOIA: Bd. 28–30, 72, 84, 86, 91, 95–100
GRAINGER: Bd. 64, 68–70, 88
HARTLEY: Bd. 77
HECK: Bd. 8–13, 16–39, 44–81
KIRBY: Bd. 1–7, 13–15, 44
KLEIN: Bd. 54–55, 57–58, 60–61, 63, 66
KOROK: Bd. 47–50
LAIKEN: Bd. 13

LEE: Bd. 2–33, 43–76, 78–81, 83–91, 93–100
MICHAELS: Bd. 82–87, 89–90, 93–94
MOONEY: Bd. 43, 85, 87
PALMER: Bd. 73–77, 79–83, 93–96
RAY: Bd. 25–27
REINMAN: Bd. 2–3
ROMITA: Bd. 43
ROUSSOS: Bd. 91
SEVERIN: Bd. 82
SHORES: Bd. 34–36, 65, 99
SINNOTT: Bd. 44, 99
SMITH: Bd. 65–66, 97–99
SPRINGER: Bd. 37–42
STONE: Bd. 10, 13, 71–72
SUTTON: Bd. 98
TARTAGLIONE: Bd. 12–15, 19–21
THOMAS: Bd. 4–11, 34–100
TUSKA: Bd. 46–47, 50, 53
WEINBERG: Bd. 82
WEISS: Bd. 95
WOOD: Bd. 19–20, 80

Die Rächer
Marvels große Superhelden
Frankfurt/M.: Condor Verlag
1979–Serie erscheint noch
13,5 × 18,5 cm
Taschenbuch
Farbig
Bd. 1–11 . . .
Inhalt:
Der mächtige Thor: Bd. 1–2, 7–9
Der unglaubliche Hulk: Bd. 1
Die Spinne und Captain America: Bd. 3
Geschichten aus Asgard: Bd. 6
Z. u. T.:
BELL: Bd. 6
BLACK: Bd. 10
BREEDING: Bd. 11
BROWN: Bd. 4, 6
BRYANT: Bd. 8
BUCKLER: Bd. 3
BUDIANSKY: Bd. 9
BUSCEMA, JOHN: Bd. 3, 6
BUSCEMA, SAL: Bd. 3, 11
BYRNE: Bd. 6
CLAREMONT: Bd. 3
COCKRUM: Bd. 3
COLAN: Bd. 9–10
COLLETTA: Bd. 4–6
CONWAY: Bd. 3
DITKO: Bd. 1
EDELMAN: Bd. 5
ENGLEHART: Bd. 3–6
ESPOSITO: Bd. 3–5
FALCO: Bd. 7
FINGEROTH: Bd. 9
GERBER: Bd. 7
GIACOIA: Bd. 7
GILLIS: Bd. 10
GLUT: Bd. 10
GORDON: Bd. 10
GRAINGER: Bd. 5
GRANT: Bd. 8, 10
GREEN: Bd. 9–11
GRUENWALD: Bd. 7–8
HALL: Bd. 10–11
HECK: Bd. 2, 5–6
ISABELLA: Bd. 5
KIRBY: Bd. 1–2, 6
KUPPERBERG: Bd. 7, 9–10
KWESKIN: Bd. 7
LEE: Bd. 1–2, 6
LIEBER: Bd. 2
MACCHIO: Bd. 7
MANTLO: Bd. 8–9
MARCOS: Bd. 6–8
MATTEIS: Bd. 11
MICHELINIE: Bd. 9
MILGROM: Bd. 11
MOONEY: Bd. 3
NEWTON: Bd. 9
PATTERSON: Bd. 7
PEREZ: Bd. 5, 7
PERLIN: Bd. 11

POLLARD: Bd. 5, 7
ROMITA: Bd. 8
ROTH: Bd. 6
RUBINSTEIN: Bd. 8
SEVERIN: Bd. 7
SHOOTER: Bd. 6–7, 10–11
SHORES: Bd. 7
SIMONS: Bd. 7
SINNOTT: Bd. 3, 10–11
STARLIN: Bd. 3
STERN: Bd. 11
STONE: Bd. 7
SUTTON: Bd. 4
TARTAGLIONE: Bd. 5
THOMAS: Bd. 3, 6
TUSKA: Bd. 3–4
WILSON: Bd. 10
ZELENETZ: Bd. 8

Die Rächer
Siehe: ***Hit Comics***

Raka
Der Held des Jahres 2000
Hannover: Walter Lehning Verlag
Juli 1954–Mai 1955
17 × 7,5 cm
Heft
Einfarbig
Bd. 1–45
Z.: V. CHIOMENTI
Bleistiftvorz.: A. CHIOMENTI
Titelbilder: V. CHIOMENTI
T.: DALMASSO
Bemerkungen:
Auf der Liste der jugendgefährdenden Schriften:
Bd. 35: E Nr. 99 – BAnz. Nr. 84 vom 3. 5. 55.

Raka
Der Held des Jahres 2000
Frankfurt/M.: Comic Buch Club
September 1977–Juni 1978
17 × 7,5 cm
Heft
Einfarbig
Bd. 1–51
Z.: V. CHIOMENTI
Bleistiftvorz.: A. CHIOMENTI
Titelbilder: V. CHIOMENTI
T.: DALMASSO
Bemerkungen:
Nachdruck der Raka-Serie Bd. 1–45. Bd. 46–51 sind deutsche Erstveröffentlichungen.

Ralf
der Pfadfinder
Hannover: Walter Lehning Verlag
März 1960–September 1960
17 × 7,5 cm
Heft
Einfarbig
Bd. 1–27
Bemerkungen:
Numerierung wurde unter dem Titel: ***Ralf der Sheriff*** *weitergeführt. Serie beendet in Bd. 27 (S. 29). Bd. 27, Seite 30–32 beinhalten Werbung für die Nachfolgeserie Ralf der Sheriff (S. 30 nur Text, S. 31 Abbildung des Covers von Bd. 28, S. 32 Abbildung der Seite 28 von Bd. 28).*

Ralf
der Sheriff
Hannover: Walter Lehning Verlag
September 1960–Februar 1961
17 × 7,5 cm
Heft
Einfarbig, ab Bd. 31: farbig und zweifarbig
Bd. 28–49
Z.: RASCHITELLI
T.: SOLINI
Titelbilder und Titelkopf: WÄSCHER
Bemerkungen:

Weiternumerierung der Serie: ***Ralf der Pfadfinder****. Numerierung wurde unter dem Titel:* ***Ralf der Scout*** *weitergeführt. Die zugrundeliegende italienische Serie von* RASCHITELLI *läuft bis* ***Ralf der Scout*** *Bd. 50, Seite 17.*

Ralf
der Scout
Hannover: Walter Lehning Verlag
Februar 1961–Januar 1962
17 × 7,5 cm
Heft
Farbig und zweifarbig, ab Bd. 76: einfarbig
Bd. 50–105
Z.: Bd. 50 bis S. 17: RASCHITELLI, COSSIO (bis etwa Bd. 81), danach DONATELLI (und SACCARELLO?)
T.: SACCARELLO
Titelbilder und Titelkopf: WÄSCHER
Bemerkungen:
Weiternumerierung der Serie: ***Ralf der Sheriff.***
Story ***Ralf der Scout*** *beginnt in* ***Ralf*** *Bd. 50 auf Seite 18 und läuft bis* ***Ralf*** *105, Seite 13. Sie ist hier nicht abgeschlossen, d. h. Publikation in der BRD unvollständig.*

Rate mit Schweinchen Dick
Siehe: ***Super Schweinchen Dick***

Rauchende Colts
Nur Bd. 1, 2: ***Mündungsfeuer***
Aachen: Bildschriftenverlag
1969–April 1971
18 × 25 cm
Heft
Einfarbig (Bd. 4: Rückseite farbig), ab Bd. 6: farbig
Bd. 1–15
Z.: GIOLITTI U. A.
Bemerkungen:
Comic nach der Fernsehserie.
Inhalt:
Gelbhaar: Bd. 2
Ben Bowie: Bd. 3
Rote Schwinge – Sohn des Häuptlings: Bd. 6
Doc Hunter: Bd. 7
Wahre Geschichten aus Dodge City: Bd. 13–15
Der Einsame Reiter (d. i. Lone Ranger) (Z.: TRIMPE/VERPOORTEN?): Bd. 1

Rauchende Colts
Bd. 1–2: Neue Abenteuer zur Western-Fernseh-Serie
Bergisch Gladbach: Bastei Verlag
Oktober 1977–Dezember 1978
18 × 26 cm
Heft
Zweifarbig
Bd. 1–32
Z.: BISHOP

Raumagent Alpha
Science Fiction
Bergisch Gladbach: Bastei Verlag
Juni 1973–Dezember 1974
18 × 26,1 cm
Heft
Farbig und zweifarbig
Bd. 1–39
Inhalt:
Raumagent Alpha (Z.: POIVET/T.: LECUREUX): Bd. 1–39
Bob Mallard (Z.: CHERET/T.: SANITAS): Bd. 1–39
Leo (Z.: MAS): Bd. 9–39

Raumschiff Enterprise
Bd. 2–3: ***Star Trek***
Bd. 1: Science Fiction Sonderheft
Bd. 2–3: Raumschiff Enterprise-Comic-Sonderheft
Bd. 4–7: Star Trek-Comic-Sonderheft

Frankfurt/M.: Condor Verlag
1978–1982
17,6 × 26,1 cm
Bd. 1–6: Heft
Bd. 7: Broschüre
Farbig
Bd. 1–7
Bemerkungen:
Bd. 7 ist ein Nachdruck von Bd. 2–3.
Inhalt:
Raumschiff Enterprise: Bd. 1–7
Die Hüter der Galaxis: Bd. 4
Z. u. T.:
Titelbild von Bd. 1: LARKIN
BARR: Bd. 3, 6–7
BROZOWSKI: Bd. 4
COCKRUM: Bd. 2–3, 7
COSTANZA: Bd. 2, 7
DAY: Bd. 5
HANNIGAN: Bd. 6
JANSON: Bd. 2–3, 7
KANE: Bd. 5
McDOWELL: Bd. 5
McWILLIAMS: Bd. 1
MILGROM: Bd. 4
PALMER: Bd. 4
PASKO: Bd. 4–5
SEVERIN: Bd. 2,7
STERN: Bd. 4
WIACEK: Bd. 4
WOLFMAN: Bd. 2–3, 7

Raumschiff Enterprise
Bergisch Gladbach:
Bastei Verlag
1979–1980
10,4 × 17,9 cm
Taschenbuch 71001–71002, 71005–71008
Farbig
Bd. 1–6
Bemerkungen:
Fotocomic nach der Fernsehserie.

Raumschiff Enterprise
Siehe: ***Enterprise***

Der Rebbe
München: Deutscher Taschenbuch Verlag (DTV)
November 1975
10,8 × 17,9 cm
Taschenbuch 1118
Einfarbig
Z.: THE TJONG KHING
T.: DEKKER

Reinhold das Nashorn
Stuttgart: Blüchert-Verlag
1954
21 × 14,5 cm
Broschüre, Zweifarbig
Z.: LORIOT/T.: UECKER UND DAHL
Bemerkungen:
Sternchen-Buch 1.

Reinhold das Nashorn
Gütersloh: Bertelsmann-Lesering
1954
21 × 14,5 cm
Broschüre
Zweifarbig
Z.: LORIOT/T.: UECKER UND DAHL

Reinhold das Nashorn
Ein kleines Diogenes Kinderbuch
Zürich (Schweiz): Diogenes Verlag
1968
17,5 × 19,5 cm
Buch
Zweifarbig
Z.: LORIOT
Verse: BASIL

Reinhold das Nashorn
Reinbek: Rowohlt Verlag
Juli 1976
12,5 × 19 cm

Taschenbuch rotfuchs 122
Zweifarbig
Z.: LORIOT
Verse: BASIL
Bemerkungen:
Leicht gekürzter Nachdruck des Diogenes-Buches. Rückseitencomic von SCHNIEBEL.

Reino – Ein kleiner Leitfaden für Liedermacher
Stuttgart: Burkhard Ihme
1980
20 × 15 cm
Heft
Einfarbig
Z./T.: IHME

Die Reise nach Jerusalem
und acht weitere Bildergeschichten in Memoriam Paul VI.
Frankfurt/M.: Zweitausendeins
1978
22,5 × 31 cm
Broschüre
Einfarbig
Z./T.: TRAXLER
Bemerkungen:
Mit einer »Mitteilung des Autors« auf Extra-Zettel.

Reise zum Meeresgrund
Aachen: Bildschriftenverlag
1968–November 1969
18 × 25 cm
Heft
Einfarbig
Bd. 1–3
Z.: GIOLITTI UND TICCI
Bemerkungen:
Comic nach der Fernsehserie.
Inhalt:
Erforscher im unbekannten Raum: Bd. 1–3
Ich war ein Gefangener der See: Bd. 3

Reportagen mit dem Zeichenstift
Dresden (DDR): Verlag der Kunst
1955
Buch
Z.: BIDSTRUP

Rettung in der Nacht
Marienheide: Bibellesebund e. V.
1979
21 × 29,7 cm
Heft
Einfarbig
Z./T.: JOHN UND GIBSON

Rex Danny
Die Abenteuer von
Bergisch Gladbach: Bastei Verlag
Januar 1973–1974
22 × 29 cm
Heft
Farbig
Bd. 1–30
Z.: HUBINON
T.: CHARLIER

Rex Danny
Die Abenteuer des Testpiloten
Bergisch Gladbach: Bastei Verlag
März 1977–1978
22 × 29 cm
Heft
Farbig
Bd. 1–30
Z.: HUBINON
T.: CHARLIER
Bemerkungen:
Neuauflage der Serie von 1973.

Rhendor
Karlsruhe: Jürgen Maier
April 1980
17,1 × 8,5 cm

Heft
Einfarbig
Bd. 1
Z.: BOLZ

Ricardo, Marx, Keynes & Co. für Anfänger
Siehe: ***Sach-Comic***

Der richtige Benimm
München: Kindler Verlag
1959
18,2 × 19,2 cm
Buch
Einfarbig
Z.: WINKLER
T.: ALTHAUS
Bemerkungen:
Nachdruck eines Benimm-Quiz in 77 Folgen aus der »Revue«.

Die Richtung stimmt
Bon(n)bons
Bern/München/Wien: Scherz Verlag
1969
15 × 24,3 cm
Buch
Einfarbig
Foto-Comic von KORTMANN
Bemerkungen:
Dieser Band gehört in die Reihe: ***»Bon(n)bons«.***

Rick Master
Berlin–Hamburg: Koralle Verlag
Mai 1978–1981
21,8 × 28,8 cm
Broschüre
Farbig
Bd. 2–5
Z.: TIBET
T.: DUCHATEAU
Bemerkungen:
Bd. 1 ist ***Zack Album*** *Bd. 17.*

Rikko
im Wilden Westen
Hannover: Walter Lehning Verlag
Juni 1960–Mai 1961
17 × 7,5 cm
Heft
Einfarbig, ab Bd. 19: farbig und zweifarbig
Bd. 1–48
Z.: ANGIOLINI
T.: BARBIERI
Titelbilder: ANGIOLINI
Titelköpfe: WÄSCHER

Ringgi + Zofi
Neue Abenteuer und Erlebnisse
Zofingen (Schweiz): Ringier
70er Jahre
24 × 32,5 cm
Buch
Farbig, zweifarbig und einfarbig
Z./T.: REINFRANK UND BONO
Bemerkungen:
Enthält ca. 40 % Comics, dazu u. a. Nachdruck der Textseiten aus ***Die Abenteuer von Ringgi und Zofi*** *Bd. 7, 8, 6 und 11 (in dieser Reihenfolge), siehe da.*

Ringgi + Zofi
Spannende Flieger-Abenteuer in aller Welt
Zürich (Schweiz): Ringier
ca. 1979
24,1 × 32,5 cm
Buch, Farbig und zweifarbig
Z.: KENNEL UND CHRISTIANSEN
T.: TABERTSHOFER
Bemerkungen:
Enthält ca. 60 % Comics.

Ringgi und Zofi
Siehe: ***Die Abenteuer von Ringgi und Zofi***

Ringo
Ein Kerl wie Dynamit
Frankfurt/M.: Condor Verlag
1972–1976
18 × 26 cm
Heft
Farbig
Bd. 1–34
Z./T.: ALCAZAR UND BERNAL

Rintintin
Furchtlos und treu
Alsdorf: Bildschriftenverlag
1972
17,5 × 25,1 cm
Heft
Farbig
Bd. 1–4
Z.: MARCELLO?
T.: SACCARELLO?
RENZI?

Rip Kirby
Wien (Österr.): Heinz Pollischansky Verlag
1978–Serie erscheint noch
28,4 × 39 cm
Buch
Einfarbig
Bd. 1–2 . . .
Z.: RAYMOND
Bemerkungen:
Mit Schutzumschlag.

Rip Korby
Der Meisterdetektiv
Kassel:
Hessische Verlagsanstalt
Oktober 1949, Bd. 2: Februar 1951
29,3 × 20,3 cm, ab Bd. 3:
30 × 20,7 cm
Broschüre
Einfarbig
Bd. 1–3 (Bd. 1: unnumeriert)
Z.: RAYMOND
Titel:
1: Kampf um Kai
2: Das Black-Water-Abenteuer
3: Das Geheimnis von Ödland

Rip Korby
Siehe: ***Phantom-Heft***

Robin Hood
ab Bd. 8: Kämpfer gegen Tyrannei
Hannover: Walter Lehning Verlag
September 1964–Januar 1965
15 × 21 cm
Heft
Einfarbig
Bd. 1–10
Bemerkungen:
Serie wurde in ***Ivanhoe*** *Bd. 77–92 fortgesetzt.*

Robin Hood
Der Herr der Wälder
Bergisch Gladbach: Bastei Verlag
1973–März 1977
18 × 26 cm
Heft
Farbig und zweifarbig
Bd. 1–97
Inhalt:
Robin Hood (Z.: POIVET, SIEVRE, GATY, NORTIER, KIEFER U. A./T.: LECUREUX, OLLIVIER): Bd. 1–97
Fanfan der Husar (Z.: GATY, NORTIER, SIEVRE/T.: SANITAS, OLLIVIER): Bd. 1–47
Torka der Tiger: Bd. 48–97

Robinson
Bd. 1–11, 14: Crusoe
Bd. 12: Crusoe mit Tajo
Bd. 13, 15–23: Dazu: Tajo Tagori der Tigerprinz
Darmstadt: Verlag für moderne Literatur, ab Bd. 12: Hamburg: Titanus

Verlag, ab Bd. 28: Hamburg: Verlag G. Gerstmayer, ab Bd. 29: Berlin: Rudolf Günther Auslieferung und Vertrieb, ab Bd. 30: Berlin: Herausgeber Rudolf Günther,
Bd. 126: ohne Verlag
Bd. 127–129, 135–142: Berlin: Druck- und Verlagsanstalt U. Gerstmayer,
Bd. 133, 134: ohne Verlag
ab Bd. 143: Berlin: Druck und Verlagsanstalt
Dezember 1953–Mai 1964
17 × 24 cm (Format schwankend), ab Bd. 191: 15,5 × 23 cm
Heft
Farbig, ab Bd. 24: zweifarbig, ab Bd. 26: einfarbig, ab Bd. 126: farbig, ab Bd. 130: einfarbig
Bd. 1–222
Z.: Bd. 1–18, 103–105, 126–129, 211–213: KOHLHOFF, Bd. 8 vorgezeichnet von KOHLHOFF, Reinzeichnung: NICKEL, Bd. 19 Seite 16, Bd. 20, 21, 129 Seite 16: STEINMANN, Bd. 19, 22–102, 124, 125, 130–210: NICKEL(auch unter dem Namen: HUMBERT), Bd. 106–123, 214–222: TASCHE

Bemerkungen:
Von Bd. 8 gibt es eine Auflage mit und eine ohne Hinweis auf die teilweise verbrannte Auflage der Nr. 7.
Von Bd. 23 gibt es einen Nachdruck mit anderem Titelbild: Inhalt der 1. Auflage: farbig mit einfarbigem Titelbild: Inhalt der 1. Auflage: farbig mit einfarbigem Innenumschlag, Inhalt der 2. Auflage: farbig mit einfarbigem Innenumschlag auf gelbem Untergrund.
Bd. 148 Seite 5: spiegelverkehrt gedruckt.
Bd. 165–173: mit 2. Titelbild in einfarbig.
Die Serie Robinson ist in folgenden Bänden nachgedruckt worden: Bd. 126: Bd. 16/Bd. 127: Bd. 17/Bd. 128: Bd. 18/Bd. 129: Bd. 19/Bd. 130: Bd. 22 (Seite 13 und 14 vertauscht)/ Bd. 131–152: Bd. 23–44/Bd. 153: Bd. 45 (Seite 3 und 4 vertauscht)/Bd. 154–167: Bd. 46–59/Bd. 168: Bd. 60 (Seite 4 und 5 vertauscht)/Bd. 169: Bd. 61 (Seite 10 und 11 vertauscht)/Bd. 170–175: Bd. 62–67/Bd. 176: Bd. 68 (Seite 14 und 15 vertauscht)/Bd. 177–194: Bd. 69–86/Bd. 195: Bd. 87 (Seite 4 und 5 vertauscht)/Bd. 196–222: Bd. 88–114

Inhalt:
Tajo Tagori der Tigerprinz (Z.: CHESS, ab Bd. 19: STEINMANN): Bd. 11–23, 126–134 (Nachdruck: *Bd. 126:* Bd. 11 bis Seite 22, *Bd. 127:* Bd. 11 Seite 23, 24 (gekürzt), Bd. 12 Seite 1–10, *Bd. 128:* Bd. 12 Seite 11–15, Bd. 13: Seite 12–19, *Bd. 129:* Bd. 13 Seite 20–24, Bd. 14 Seite 17–24 (um 4 Bilder gekürzt), *Bd. 130:* Bd. 15 Seite 17–24, Bd. 16 Seite 17–24, *Bd. 131:* Bd. 17 Seite 17–24, Bd. 18 Seite 16–23, *Bd. 132:* Bd. 19 Seite 17–24, Bd. 20 Seite 17–24 (Schluß gekürzt), *Bd. 133:* Bd. 21 Seite 17–24, Bd. 22 Seite 17 (gekürzt)–24, *Bd. 134:* Bd. 23 Seite 17–24
Der Graf von Monte Christo (Z.: ALBERT): Bd. 24–26 (Bd. 27 nur Text, um die Geschichte zum Abschluß zu bringen) (Fortsetzung aus den Piccolos), Bd. 154–160 (Nachdruck der Piccolos)
Garth (Z.: DOWLING): Bd. 27–32, 34, 35
Testpilot Speedy (Z.: Bd. 59–108: ROYAL) (ab Bd. 72: Raumpilot Speedy): Bd. 36–108, 203–222 (Nach-

druck Speedy Großband ab Bd. 2)
Zorros Abenteuer: Bd. 98, 99, 101–125, 179–202 (Nachdruck von Bd. 98 an)
Xury (Z.: Bd. 100, 135–140: ROYAL, Bd. 141–145, 148–152, 155, 156: STEINMANN, Bd. 157–159: BECKER-KASCH, Bd. 100, 135–145, 148–152, 155–159 (Nachdruck)
Onkel Archimedes: Bd. 120–125
Mico (Z.: RORI): Bd. 126–135, 171–173 (fälschlicherweise als Fruggy bezeichnet) (Nachdruck)
3 Musketiere (Z.: NICKEL): Bd. 134–153 (Nachdruck)
Joe the Kid (Z.: Bd. 145–147, 152–155, 163–165: STEINMANN, Bd. 160–162: ROYAL): Bd. 145–147, 152–155, 160–165
Wildtöter (Z.: KOHLHOFF): Bd. 160–166 (Nachdruck)
Fruggy (Z.: RORI): Bd. 166–170 (Nachdruck)
Kapitän Alvaro: Bd. 173–178
Prof. Düsenknall: Bd. 174–178

Robinson
Berlin: Gerstmayer Verlag
1957
17 × 7 cm
Heft
Einfarbig
Bd. 1–18
Bemerkungen:
Nachdruck aus Robinson (Z.: KOHLHOFF). Wahrscheinlich sind verschiedene Bände mit Nr. 18 erschienen: Vorliegende Titel:
Einsiedlerdasein
Die Kassette
Insel im Meer
Ausgleichende Gerechtigkeit
Böse Zwischenfälle

Robinson
Zürich (Schweiz): Verlag Arotal
Mai 1977–September 1977
18,2 × 26 cm
Heft
Farbig
Bd. 1–9
Bemerkungen:
Nachdruck von ***Robinson****.*
Inhalt:
Robinson (Z.: KOHLHOFF): Bd. 1–9
Wildtöter (Z.: KOHLHOFF): Bd. 1–9

Robinson
Schönau: Norbert Hethke Verlag
März 1979–März 1980
14,8 × 21 cm
Heft
Einfarbig
Bd. 1–32
Z.: KOHLHOFF, NICKEL, STEINMANN UND TASCHE
Bemerkungen:
Nachdruck der ***Robinson****-Serie Bd. 1–125.*

Robinsonaden
Berlin: Gerstmayer Verlag
1957
17 × 6,5 cm
Heft
Einfarbig
Bd. 101–110
Bemerkungen:
Nachdrucke von Robinson (Z.: KOHLHOFF) und Xury (Z.: STEINMANN) aus ***Robinson*** *und* ***Robinson Sonderheft****.*

Robinson Crusoe
Siehe: ***Robinson***

Robinson Sonderheft
ab Bd. 4: ***Das lustige Robinson Sonderheft***

ab Bd. 4: mit Xury und Joe the Kid
Hamburg: Titanus Verlag
Juli 1955–Januar 1956
17 × 23 cm
Heft
Farbig
Bd. 1–6
Z.: Bd. 1–5: STEINMANN
Bd. 6: BECKER-KASCH
Inhalt:
Xury
Joe the Kid

Rocky
Bd. 1–24: Sohn der grossen Wälder
Bd. 19–24: Titel des Nachdruckes aus Abenteuer der Weltgeschichte
Hannover: Walter Lehning Verlag
März 1964–Februar 1965
17 × 24 cm, ab Bd. 17: 15 × 21,5 cm
Heft
Farbig und zweifarbig, ab Bd. 17: einfarbig
Bd. 1–24
Z.: FERRI
T.: NOLITTA
Titelbilder: WÄSCHER
Bemerkungen:
Serie wurde in ***Lancelot*** *Bd. 39–54 fortgesetzt.*
Inhalt:
Bd. 17: Nachdruck von Abenteuer der Weltgeschichte Bd. 33 (Z.: BOOD) Seite 2–6, 8–14, 16–30, *Bd. 18:* Nachdruck von Abenteuer der Weltgeschichte Bd. 24 (Z.: BLUMENTRITT) Seite 3–7, 9–29, 31, *Bd. 19:* Nachdruck von Abenteuer der Weltgeschichte Bd. 16 (Z.: LINKERT) Seite 3–12, 14–19, 21–31, *Bd. 20:* Nachdruck von Abenteuer der Weltgeschichte Bd. 17 (Z.: HAHN) Seite 3–19, 21–27, 29–31 (nur Bildstreifen), *Bd. 21:* Nachdruck von Abenteuer der Weltgeschichte Bd. 21 (Z.: LINKERT) Seite 4 (ab Bild 3), 5–19, 21–30, *Bd. 22:* Nachdruck von Abenteuer der Weltgeschichte Bd. 9 (Z.: LINKERT) Seite 1–8, 10–21, 23–31, *Bd. 23:* Nachdruck von Abenteuer der Weltgeschichte Bd. 10 (Z.: HAHN) Seite 3–26, 28–30, *Bd. 24:* Nachdruck von Abenteuer der Weltgeschichte Bd. 13 (Z.: HAHN) Seite 3–22, 24–30, alle Hefte sind im Text bearbeitet

Rocky Lane
Western
Hamburg: Alfons Semrau Verlag
November 1954–Februar 1955
17 × 24 cm
Heft
Einfarbig
Bd. 1–8 (Bd. 1 unnumeriert)
Z.: CAMPBELL, ALASCIA, GIORDANO
Titelbild von Bd. 7: GIORDANO
Bemerkungen:
Auf der Liste der jugendgefährdenden Schriften:
Bd. (1): E Nr. 46 – BAnz. Nr. 32 vom 16. 2. 55
Bd. 5: E Nr. 48 – BAnz. Nr. 38 und 52 vom 24. 2. 55 und 16. 3. 55
Bd. 6 und für 6 Monate: E Nr. 69 – BAnz. Nr. 47 und 67 vom 9. 3. 55 und 6. 4. 55.
Inhalt:
Sagebrush: Bd. 1–3, 6–8
Fischgesicht: Bd. 1–3, 7, 8
Charly Dickens: Bd. 1–3, 7, 8
Old Smokey: Bd. 2
Die kleine Betty: Bd. 2, 5, 7, 8
Luke Miller: Bd. 3
Der grosse Bogen und Der kleine Pfeil: Bd. 4
Droppy: Bd. 4

Charlie Chipmunk: Bd. 4
Das rasende Zwerghuhn: Bd. 4
Freddy Freyman: Bd. 5
Sloppy: Bd. 6
Billy Boy: Bd. 6
Harry und Freddy: Bd. 6
Adlerauge: Bd. 6

Roland
Ritter Ungestüm
Reinbek: Carlsen Verlag
1975–1982
22 × 29,5 cm
Broschüre
Farbig
Bd. 1–10
Z.: CRAENHALS

Rolf Kaukas FF-Super
Siehe: ***Kauka Super Serie***

Rolf Kaukas Super Spass
Siehe: ***Kauka Super Serie***

Rollis und Flitzis Abenteuer
Berlin (DDR): Verlag Junge Welt
1970
20,5 × 29,5 cm
Buch
Farbig
Z.: PANSCH/T.: PAROCH

Roman-Comic Sonderband
International
Ohne Verlag (Bläcker)
Juni 1980
20,9 × 29,5 cm
Broschüre
Einfarbig
Bd. 1
Z.: KASSAU
Zeichner vom Prolog: ROOS
1: Die Coogah-Saga
Bemerkungen:
Für Abonnenten des Fanzines Roman-Comic-International wurde dieser Band als Doppelnummer 11/12 mit beigelegtem Anzeigenteil ausgeliefert.

Roman in Bildern
Siehe: ***Herzbuch***

Ronny
Siehe: ***Bonny***

Rosalie
Siehe: ***Die Abenteuer von Rosalie***

Der rosarote Panther
Paulchen ist
Das spaßige Bildschirm-Comic
Frankfurt/M.: Condor Verlag
1973–1979
18,1 × 26 cm
Heft
Farbig
Bd. 1–59
Bemerkungen:
Fortsetzung als Taschenbuch, s. d.
Inhalt:
Der rosarote Panther
Der Inspektor
Plumoo (Z.: DOUAY)
Pavis – der Indianer (Z.: DOUAY)
Tiffy, Uron & Max (Z.: ERIK)

Der rosarote Panther
Paulchen
Frankfurt/M.: Condor Verlag
März 1977–1978
13,2 × 18,4 cm
Taschenbuch
Farbig
Bd. 1–4
Inhalt:
Der rosarote Panther: Bd. 1–4
Weltraum-Ranger Robinson

(Z.: SPIEGLE): Bd. 1–4
Hexe Winnie: Bd. 1–4
Supermaus: Bd. 1–4
Woody Woodpecker: Bd. 1–4
Der Inspektor: Bd. 1–4
Die drei Musketiere: Bd. 2
Heckel & Jeckel: Bd. 3

Der rosarote Panther
Paulchen
Bd. 60–65, 68: Mit Oskar, der Supermaus
Bd. 66–67: und Oskar ist die Supermaus
Frankfurt/M.: Condor Verlag
1979–1981
13,5 × 18,6 cm
Taschenbuch
Farbig
Bd. 60–68
Bemerkungen:
Fortsetzung der Heftserie. Ab Bd. 69 nur noch Sammelbände.
Inhalt:
Der rosarote Panther
Der Inspektor
Oskar ist die Supermaus
Hexe Winnie
Heckel & Jeckel

Der rosarote Panther
Siehe: ***Paulchen, der rosarote Panther***

Der rote Adler
Hannover: Walter Lehning Verlag
Oktober 1953–Oktober 1954
17 × 7,5 cm
Heft
Einfarbig
Bd. 1–51
Z.: RESIO
T.: RENZI

Die rote Frauenkompanie
Peking (China): Verlag für fremdsprachige Literatur
1966
17,5 × 12,5 cm
Broschüre
Einfarbig
Z.: LI
T.: LIANG UND SUNG
Bemerkungen:
Von diesem Band existiert ein Raubdruck unter dem Titel: Das rote Frauenbatallion.

Der rote Korsar
Bergisch Gladbach: Bastei Verlag
Juli 1970–August 1971
18 × 26 cm
Heft
Farbig
Bd. 1–15
Z.: HUBINON/T.: CHARLIER

Roter Blitz
Superman präsentiert:
Stuttgart: Ehapa Verlag
1976–September 1983
17,5 × 26 cm
Heft
Farbig
Bd. 1–47
1980: Bd. 1–13
1981: Bd. 1–13
1982: Bd. 1–13
1983: Bd. 1–10
Inhalt:
Roter Blitz: alle Hefte
Superman: Bd. 3, 11, 13, 1/80–2/80, 2/82
Elastoman: Bd. 7, 10, 23–24, 11/80, 5/81, 9/81, 12/81
Der Falke: Bd. 7, 10, 2/80, 1/82
Lois Lane: Bd. 8, 20, 25, 10/80
Junge Giganten: Bd. 9, 6/83–9/83

Krypto: Bd. 12
Grüner Pfeil: Bd. 13
Robin: Bd. 14, 26–27
Nachtschwinge und Feuervogel (auch Flammvogel): Bd. 15, 41–42, 6/80
Grüne Leuchte: Bd. 17, 19, 34, 1/82–3/82
Supergirl: Bd. 18
Legion der Superhelden: Bd. 19
Jimmy Olsen: Bd. 21, 24
Batgirl: Bd. 26–27
Gerechtigkeitsliga: Bd. 31–32, 5/81
Superboy: Bd. 46
Shazam!: Bd. 3/80, 4/83–5/83
Deadman: Bd. 4/80, 13/82
Starman: Bd. 12/80–4/81
Firestorm (auch Feuersturm): Bd. 6/81, 9/81–11/81, 4/82–6/82, 3/83
Sargon: Bd. 8/81
Dr. Fate: Bd. 8/82–10/82
Roter Tornado: Bd. 1/83–2/83
Batman: Bd. 10/83
Wähle »H« für Held: Bd. 10/83
Z. u. T.:
ABEL: Bd. 19, 41, 12/80
ANDERSON: Bd. 2/80, 7/81
BARR: Bd. 1/83
BATES: Bd. 1–9, 11–29, 31–47, 1/80–3/81, 6/81–7/81, 9/81–1/82, 3/82–13/82, 2/83–4/83, 6/83–8/83, 10/83
BERCASIO: Bd. 38
BERNARD: Bd. 5/82–6/82
BERUBE: Bd. 19, 21
BLAISDELL: Bd. 1–2, 5–6, 11–12, 14
BRIDWELL: Bd. 7, 3/80, 4/83–5/83
BRODERICK: Bd. 5/82–6/82
BROOME: Bd. 10, 12, 7/80, 9/80, 11/80, 7/81–8/81, 2/82–3/82, 11/82–12/82
BUCKLER: Bd. 7, 34, 41–42
CALNAN: Bd. 42
CARDY: Bd. 9
CELARDO: Bd. 26–27
CHIARAMONTE: Bd. 39, 43–46, 3/80–1/81
COLLETTA: Bd. 14, 20, 22, 42, 4/80, 10/80
CONWAY: Bd. 30, 10/80, 4/81–6/81, 9/81–11/81, 4/82–6/82, 1/83–3/83
COWON: Bd. 11/81, 4/82, 3/83
D'ANGELO: Bd. 31–47, 2/80–3/81, 5/81–12/81, 2/82–10/82, 12/82–4/83
DAY: Bd. 8/83
DELBO: Bd. 8/81, 1/83–2/83
DILLIN: Bd. 31–32
DITKO: Bd. 12/80–4/81
ENGLEHART: Bd. 2/80
ESTRADA: Bd. 10
FALCO: Bd. 20–21, 24–25
FELIX: Bd. 8/83
FOX: Bd. 17, 1/82
GAFFORD: Bd. 7, 35, 39, 13/81–1/82, 11/82, 2/83, 6/83–8/83
GARCIA-LOPEZ: Bd. 5/80, 13/82
GELFER: Bd. 6/81
GIACOIA: Bd. 31, 12/82
GIELLA: Bd. 3, 10, 17–18, 25, 35, 43–47, 1/80–2/80, 7/80, 9/80, 11/80, 1/82–3/82, 11/82–12/82, 1/83–2/83
GIFFEN: Bd. 8/82–10/82
GIORDANO: Bd. 7–8, 16–17, 19, 31–32, 5/80
GONZALES: Bd. 5/82
GREENE: Bd. 12, 8/81
GUZMAN: Bd. 1/80
HARRIS: Bd. 18
HECK: Bd. 26–27, 43–45, 47, 5/80–3/81, 5/81–7/81, 2/82
HUNT: Bd. 1/80, 5/83
INFANTINO: Bd. 10, 12, 17, 7/80, 9/80, 11/80, 7/81–4/83, 7/83–8/83, 10/83
JANSON: Bd. 7
JENSEN: Bd. 9/82–11/82,

13/82–4/83, 6/83–7/83
KANE: Bd. 4/83
KARISHA: Bd. 42
KLEIN: Bd. 25, 37, 45, 10/81, 8/82–9/82, 12/82, 2/83–3/83
KUPPERBERG: Bd. 15, 37, 41–42, 6/80
LANDGRAF: Bd. 41–42
LAYTON: Bd. 34
LEFERMAN: Bd. 41
LeROSE: Bd. 20
LEVITZ: Bd. 19, 12/80–4/81
MAGGIN: Bd. 7, 13
MAHLSTEDT: Bd. 8/82–10/82
McLAUGHLIN: Bd. 1, 4–9, 12–13, 15–16, 19–21, 23–29, 32–40, 47
MILGROM: Bd. 15, 18, 6/81, 11/81, 5/82–6/82
MORSE: Bd. 21, 29, 34
MORTIMER: Bd. 20, 24–25
MULDER: Bd. 8/81
NASSER: Bd. 19, 4/80
NEWTON: Bd. 3/80, 5/83
NOVICK: Bd. 1–9, 12–29, 31–33, 35–40
ODA: Bd. 24–27, 33–36, 39–47, 2/80, 4/80–11/80, 7/81–8/81, 10/81–11/81, 3/82–4/82, 7/82, 10/82–11/82, 13/82, 2/83–7/83
OKSNER: Bd. 3, 42, 10/80
O'NEIL: Bd. 1/80–2/80
ORLANDO: Bd. 21, 24
PASKO: Bd. 46, 2/82, 8/82–10/82
PÉREZ: Bd. 4/81, 6/81, 6/83–8/83
POTTS: Bd. 15
RACHELSON: Bd. 11/81
RIVAL: Bd. 28
RODRIGUEZ: Bd. 4/81, 6/82, 3/83, 8/83
ROGERS: Bd. 6/80
ROY: Bd. 1/80, 3/80, 13/80–4/81, 4/83–8/83, 10/83
ROZAKIS: Bd. 12, 14, 26–27, 34, 8/81
RUBINSTEIN: Bd. 29
SALADINO: Bd. 3/80, 12/80–5/81
SAVIUK: Bd. 37, 39, 43–47, 3/80–4/80
SCHAFFENBERGER: Bd. 8, 13, 34, 1/80, 3/80
SCHULMAN: Bd. 21
SEN: Bd. 37
SERPE: Bd. 21–29, 41–42, 6/80, 4/81, 8/81–10/81, 4/82–6/82, 1/83, 3/83
SKEATES: Bd. 9–10
SKRENES: Bd. 7
SMITH: Bd. 37, 6/81, 9/81–1/82, 3/82–8/82
SNAPINN: Bd. 28, 31–32, 37, 3/80, 10/80, 1/81–4/81, 11/81, 1/83
STARLIN: Bd. 9/81–10/81
STEVENS: Bd. 38
STONE: Bd. 21
SWAN: Bd. 3, 11–13
TANGHAL: Bd. 41, 12/80–4/81, 6/83–7/83
TOLLIN: Bd. 23, 34
TRAPANI: Bd. 10/83
TUSKA: Bd. 9
VOSBURG: Bd. 18
WARNER: Bd. 9
WEIN, GLYNIS: Bd. 5/80,12/80
WEIN, LEN: Bd. 31–32, 5/80, 13/82
WEISS: Bd. 29
WIACEK: Bd. 9/81–11/81
WOLFMAN: Bd. 6/83–8/83
WOOD: Bd. 10

Rotkäppchen etwas freier als Grimm
Kamen: Yookx (Karlheinz Barwasser)
1970
Z./T.: BARWASSER

Rotkäppchen und der Wolf
Ein Bilderbuch für die Kleinen
Berlin-Spandau: Stückrath & Co
Juli 1946
21,1 × 14,7 cm
Heft

Dreifarbig
Z./T.: »ONKEL PAUL«

Roy der Musketier
Siehe: ***Die Musketiere***

Roy Stark
Untertitel im Impressum: Abenteuer ohne Nerven
Hannover: Walter Lehning Verlag
Mai 1967–Januar 1968
17 × 24 cm
Heft
Farbig
Bd. 1–18
Z.: WÄSCHER

Roy Tiger
Die fesselnden Abenteuer des Dschungelboys
ab Bd. 32: Der Dschungelboy und seine Freunde
Bergisch Gladbach: Bastei Verlag
August 1968–Juni 1970
18 × 26 cm
Heft
Farbig
Bd. 6–79
Z.: VERSCHIEDENE IM TEAM: MAROTO, GIMÉNEZ, GARCIA, USERO, RAMÒN
Bemerkungen:
*Bd. 1–5 sind in der Serie **Lasso** erschienen.*
*Serie wurde in **Wastl** Bd. 83–115 fortgesetzt.*

Roy Tiger
Siehe: ***Lasso***

Rudolf
Siehe: ***Williams Maxi Album***

Rüssel in Komikland
Darmstadt: Melzer Verlag
1972
24,5 × 32,4 cm
Buch
Farbig und einfarbig
Z.: LEONHARD
T.: JÄGERSBERG
Bemerkungen:
*Grenzfall. Siehe auch **Glücksucher in Venedig, Flucht aus den Bleikammern** und **Leben & Traum mit Schellenfusz**.*

Rüssel in Komikland
Frankfurt/M.: Fischer Taschenbuchverlag
Juni 1974
12,5 × 19 cm
Taschenbuch 1490
Farbig und einfarbig
Z.: LEONHARD
T.: JÄGERSBERG
Bemerkungen:
*Grenzfall. Siehe auch **Glückssucher in Venedig, Flucht aus den Bleikammern** und **Leben & Traum mit Schellenfusz**.*

S

Sach-Comic
Reinbek: Rowohlt Taschenbuch Verlag
Mai 1979 – Serie erscheint noch
12,5 × 19 cm
Taschenbuch
Einfarbig
Titel:
7531: Marx für Anfänger
(Z.: RIUS)
7532: Lenin für Anfänger
(Z.: ZARATE/T.: APPIGNANESI)
7533: Atomkraft für Anfänger
(Z.: SEMPLER/T.: CROALL)
7534: Einstein für Anfänger
(Z.: McGUINESS/T.: SCHWARTZ)
7535: Freud für Anfänger
(Z.: ZARATE/T.: APPIGNANESI)
7536: Mao für Anfänger
(Z.: RIUS)
7537: Trotzki für Anfänger
(Z.: EVANS/T.: ALI)
7538: Ricardo, Marx, Keynes & Co. für Anfänger
(Z./T.: CANAVAN)
7539: noch nicht erschienen
7540: Kapitalismus für Anfänger
(Z.: LOON/T.: LEKACHMAN)
7541: Umwelt für Anfänger
(Z.: RANKIN/T.: CROALL)
7542: noch nicht erschienen
7543: Welternährung für Anfänger
(Z.: PAIGE/T.: GEORGE)
7544: Darwin für Anfänger
(Z.: LOON/T.: MILLER)
7545: Frieden für Anfänger
(Z.: KELLAS)
7546: Die Französische Revolution für Anfänger
(Z.: MOULDER/T.: McCRORY)
7547: Das Kapital für Anfänger
(Z.: EVANS/T.: SMITH)
7548: Genetik für Anfänger
(Z.: LOON/T.: ROSENFIELD/ZIFF)
7549: Medizin für Anfänger
(Z.: PINCHUCK/T.: CLARK)

Die Sache mit der Maus
Ravensburg: Otto Maier Verlag
1972
11,6 × 18 cm
Taschenbuch, Mein erstes Taschenbuch Nr. 17
Zweifarbig und einfarbig
Z./T.: SCHMITT-MENZEL

Sacho und Stefan
Hannover – Zürich: Edition Lehner & Knigge, ab Bd. 2: Hannover: Edition Becker & Knigge
1977–1980
20,9 × 29,6 cm
Broschüre
Einfarbig
Bd. 1–2
Z.: GOHS

Safari
Köln: Rädler Verlag
1972–1973
20,2 × 26 cm
Heft
Farbig
Bd. 1–7
Z.: VANDERSTEEN

Samson
Bd. 14, 16: Der Mächtige
Aachen: Bildschriftenverlag
Dezember 1966–Januar 1970

18 × 25 cm
Heft
Einfarbig
Bd. 1–16
Z.: THORNE
Inhalt:
Tom Morrow: Bd. 7–16
Im vergessenen Wald: Bd. 10
Der fremde Hund (Z.: WILLIAMSON/ T.: OLIVETTI): Bd. 11
Hüter der Vergangenheit: Bd. 12
Die Insel der Marionetten: Bd. 13
Die farblose Welt des Peter Brandt!: Bd. 14
Hilfe für Planet Vulkan: Bd. 15

Sandokan
Der Tiger von Malaysien
Bergisch Gladbach: Bastei Verlag
April 1979–Juli 1980
Bd. 1–6: 21,5 × 29 cm,
Bd. 7–30: 18 × 26,1 cm
Heft
Farbig
Bd. 1–30
Titelbilder von ERTUGRUL

Sarius
Eine römische Tragödie
Marl: Info-Verlag
1980
14,8 × 21 cm
Broschüre
Einfarbig
Z./T.: KÖNIG (auch Hrsg.)

Satelliten
sf-comics
Berlin: Verlag Banemann & Groth
August 1971
21 × 29,6 cm
Broschüre
Einfarbig
Bd. 1
Bemerkungen:
Von diesem Band wurden 100 Exemplare numeriert und signiert.
Inhalt:
Mark Kennon (Z./T.: GROTH)
Gucky's Erzählungen (Z./T.: BANEMANN)
Der Zeitagent (Z./T.: BANEMANN)
Der Zeitagent (Z./T.: GROTH)

Sauer macht lustig
München: Wilhelm Heyne Verlag
1963
11,4 × 18 cm
Taschenbuch 210
Einfarbig
Z./T.: GROVE
Bemerkungen:
Enthält 34 Gag-Strips um das Mädchen »Bibi« sowie Cartoons.

Schatzinsel
Siehe: ***Felix Sonderheft***

Schiebor
von Purus durus
Ohne Verlag
ca. 1980
17 × 7,5 cm
Heft
Einfarbig
Bd. 1

Schindelschwinger
Der Kampf um Flohheim
Stuttgart: Illu Press
1975–Mai 1977
22 × 28,8 cm
Broschüre
Farbig
Bd. 1–5
Z.: Bd. 1–4: RYBA
T.: Bd. 1–4: SCHULZ

Schlax + Co
Zaandijk (Niederlande): Printing Service International b.v.
1972
23,8 × 29,1 cm
Broschüre
Farbig
Bd. 1–2
Z.: JEAN-POL

Schlipp + Schlapp
Otto Schneider
1948
Heft

Schluchtenflitzer
Reinbek: Rowohlt Taschenbuch Verlag
Oktober 1979
12,6 × 19 cm
Taschenbuch, Panther 4481
Einfarbig
Bilder: JÜRGES UND LIEBHART
T.: NÜCHTERN
Bemerkungen:
Fotocomic zum gleichnamigen Film.

Die Schlümpfe
Album
Zug (Schweiz): Gevacur
November 1976–1977
22 × 28 cm
Broschüre
Farbig
Bd. 1–4
Z.: PEYO

Die Schlümpfe
Reinbek: Carlsen Verlag
1979–Serie erscheint noch
22 × 29,5 cm
Broschüre
Farbig
Bd. 1–10 . . .
Z.: PEYO, zusätzlich Bd. 8–10: DELPORTE

Die Schlümpfe
Siehe: ***Wettkampf der Schlümpfe***

Schmunzelmagazin
Siehe: ***Blondie und Dankwart***

Schmutz Comix
Brummcomix (Herausgeber: Bernd Brummbär)
1970
15 × 20,5 cm
Heft, Einfarbig
Bd. 1
Z.: COLLINGWOOD, CRUMB UND WILSON
Bemerkungen:
Überwiegend Cartoons. Mit und ohne »Brumm Comix«-Sprechblase auf der Rückseite bekannt.

Schneidern in Bildern
Bayreuth: Gondrom Verlag
1977
16,4 × 22 cm
Buch, Einfarbig
Z.: BURTON
T.: ESSER (nach Violet K. Simons)

Schnick-Schnack
Weisheiten und Bosheiten
Stuttgart: Illu Press
April 1978
11,5 × 18,1 cm
Taschenbuch
Einfarbig
Bd. 1
Z.: REBUFFI (1. Teil)
COLANTUONI (2. Teil)

Schnieff und Schnuff
Das beste Comic-Buch von Todos

Zürich (Schweiz): Todos Verlag
1979–1980
21,5 × 29 cm
Broschüre
Farbig
Bd. 1–2
Z.: ROBA

Schnuffis größte Abenteuer
Hamburg: Schniebels Comic Verlag
1974
15,7 × 11,6 cm
Broschüre
Einfarbig
Z.: GERNHARDT
Bemerkungen:
Nachdruck von Strips aus »Pardon«.

Schnurrli gegen die Technokraten
Wien (Österr.): Heinz Pollischansky Verlag
1980
21,3 × 30,1 cm
Buch
Einfarbig
Z./T.: HERZIG

Schocker Comics
Hamburg: Kai-Uwe Wolff
April 1977
7,5 × 7 cm
Heft geleimt
Einfarbig
Bd. 1
Z./T.: WOLFF

Die schönsten Disney-Geschichten
Stuttgart: Ehapa Verlag, ab Bd. 13: Ehapa und Egmont Verlag, Wien und Zollikon
Juli 1978–Serie erscheint noch
21,5 × 28,6 cm
Broschüre
Farbig
Bd. 1–13 . . .
Bemerkungen:
Bd. 5–9 mit Riesenposter.
Titel:
1: Bernard und Bianca Die Mäusepolizei
2: Pinocchio
3: Peter Pan
4: Elliot das Schmunzelmonster
5: Die Hexe und der Zauberer
6: Herbie – Ein toller Käfer
7: Dschungelbuch
8: Pongo und Perdi – Abenteuer einer Hundefamilie
9: Cinderella
10: Aristocats
11: Dumbo, der fliegende Elefant
12: Cap und Capper Zwei Freunde auf acht Pfoten
13: Schneewittchen und die sieben Zwerge

Schuanghsi
Peking (China): Vlg. für fremdsprachige Literatur
1977
18,4 × 17,2 cm
Broschüre
Einfarbig
Z.: GU

Schütze A . . . .
»Der Witz in Uniform«
Stuttgart: Illu Press
1978
11,5 × 18 cm
Taschenbuch
Einfarbig
Bd. 1–5
Z.: WALKER
Bemerkungen:
Beetle Bailey-Geschichten.

Schulmeister Dungguo
Peking (China): Verlag für fremdsprachige Literatur
1956
19 × 14,8 cm
Broschüre
Einfarbig
Z.: LIU
T.: DUNG

Schwäbische Comics
Michael Schönemann
1978
21 × 19,5 cm
Broschüre
Z./T.: SPOHN
Bemerkungen:
Mundart-Comics.

Schwarzbart der Pirat
Bergisch Gladbach: Bastei Verlag
August 1980–1981
22,1 × 29,2 cm
Heft
Farbig
Bd. 1–22
Z.: REMACLE

Der schwarze Falke
Siehe: ***Top Comics***

Die schwarze Idiotin
Berlin: Brigitte Classen Verlag
Dezember 1980
20,7 × 29,4 cm
Heft
Einfarbig
Z.: KMÖLNIGER
T.: GOETTLE (unter Verwendung von Zitaten)
Bemerkungen:
Frauenzeitschrift »Die schwarze Botin« Nr. 17/Dez. 1980. Enthält auch einige Cartoons und Collagen.

Der schwarze Korsar
Freibeuter der Meere
Mai 1973
18,5 × 26,5 cm
Heft
Farbig
Bd. 1–3
Z./T.: ALCAZAR UND BERNAL

Das schwarze Loch
Stuttgart: Ehapa Verlag
November 1980–Januar 1981
178 × 26,1 cm
Heft
Farbig
Bd. 1–3
Bemerkungen:
Bd. 1 nach dem Film.

Der schwarze Mann und der grosse Hund
Weinheim und Basel: Beltz Verlag
1973
16,5 × 24 cm
Broschüre
Farbig
Z.: MAURER
T.: NÖSTLINGER
Bemerkungen:
Bilderbuch Nr. 2. Programm Beltz & Gelberg. Mehrere Auflagen. Die 3. Auflage erschien 1981 verändert als Buch in Format 20,5 × 26,5 cm.

Die schwarzen Falken
Siehe: ***Top Comics***

Schwarzer Alltag
Horrortrips in die perversen Zonen der Seele
Kelkheim: LAO-Verlagssippe
1970
15 × 21,1 cm
Broschüre

Einfarbig
Z.: BÜTHE

Der schwarze Reiter
Hannover:
Walter Lehning Verlag
September 1954–Januar 1955
Heft
Einfarbig
Bd. 1–20
Z.: STUDIO ESSEGESSE
Bd. 11–14 zum Teil: MUZZI
T.: BONELLI
Bemerkungen:
Auf der Liste der jugendgefährdenden Schriften: Bd. 8: E Nr. 34 – BAnz. Nr. 241 vom 15. 12. 54.

Der schwarze Reiter
Schönau: Norbert Hethke Verlag
Februar 1980
9 × 13 cm
Heft
Einfarbig
Bd. 1–20
Z.: STUDIO ESSEGESSE
Bd. 11–14 zum Teil: MUZZI
T.: BONELLI
Bemerkungen:
Nachdruck der Serie von 1954.

Schwarzer Wolf
Bergisch Gladbach:
Bastei Verlag
1975–August 1977
18 × 26 cm
Heft
Farbig
Bd. 1–68
Inhalt:
Schwarzer Wolf (Z.: KLINE/T.: OLLIVIER): Bd. 1–68
Teddy Ted (Z.: FORTON/T.: LECUREUX): Bd. 1–68

Schwarzweiße Geschichten
München: Schuler V.Ges.mbH und Mailand (Italien): Fratelli Fabbri
1976
21,4 × 30,1 cm
Buch, Einfarbig und farbig
Z.: BLECHER
T.: SCHWEIGGERT

Schweinchen Dick
Bd. 1–10: ***Porky***
Bd. 1–6: Neues von Schweinchen Dick und seinen Freunden
1–10: Spaß mit Schweinchen Dick
Bd. 11–115: Das spaßige Fernseh-Comic
Bd. 11–115: Porky ist
Bd. 116–137: Die schnellste Maus von Mexiko Speedy Gonzales und
Hamburg: Willms Verlag, ab Bd. 76: Frankfurt/M.: Condor Verlag
Juni 1972–Juli 1981
Bd. 1–12: 17,1 × 25,5 cm,
Bd. 13–44: 18,1 × 25,9 cm,
Bd. 45–137: 18 × 25,5 cm
Heft
Farbig
Bd. 1–125, 126/127, 128/129, 130/131, 132/133, 134/135, 136/137
Bemerkungen:
Ab Bd. 132/133 Nachdrucke aus älteren Heften, auch aus anderen Serien wie »Tom und Jerry«.
Inhalt:
Daffy
Tweety und Sylvester
Merlin die Zaubermaus
Pepe der Skunk
Bugs Bunny
Karl, der Kojote
Elmer
Speedy Gonzales
Die Roadrunner
Cicero

Hubba + Bubba's Abenteuer (Werbe-comic)
Droopy
Tom und Jerry
Barney Bär

Schweinchen Dick
Hamburg: Willms Verlag, ab Bd. 3: Frankfurt/M.: Condor Verlag
1975–1979
Bd. 1: 21,7 × 29,6 cm,
Bd. 2–3: 21,5 × 30,2 cm,
Bd. 4: 22,5 × 30 cm,
Bd. 5: 22 × 28,4 cm,
Bd. 6–8: 22,4 × 29,8 cm,
Bd. 9–13: 21,4 × 29,1 cm
Broschüre
Farbig
Bd. 1–13
Titel und Inhalt:
1: Bugs Bunny (Bugs Bunny, Schweinchen Dick, Karl, der Coyote, Tweety und Sylvester, Daffy Duck)
2: Daffy Duck (Daffy Duck, Tweety und Sylvester, Bugs Bunny, Carl der Coyote, Die Roadrunner)
3: Tweety & Sylvester (Tweety und Sylvester, Bugs Bunny, Daffy Duck, Schweinchen Dick, Speedy Gonzales)
4: Karl, der Coyote, und die Roadrunner (Karl der Coyote, Schweinchen Dick)
5: Bugs Bunny (Bugs Bunny)
6: Schweinchen Dick (Schweinchen Dick, Tweety und Sylvester)
7: Schweinchen Dick (Schweinchen Dick, Tweety und Sylvester)
8: Schweinchen Dick (Schweinchen Dick, Daffy Duck)
9: Schweinchen Dick (Schweinchen Dick, Daffy Duck, Tweety und Sylvester)
10: Schweinchen Dick (Schweinchen Dick, Tweety und Sylvester, Daffy Duck)
11: Schweinchen Dick (Tweety und Sylvester, Schweinchen Dick, Daffy Duck)
12: Schweinchen Dick (Schweinchen Dick, Daffy Duck, Bugs Bunny, Tweety und Sylvester)
13: Schweinchen Dick (Schweinchen Dick, Bugs Bunny, Daffy Duck)

Schweinchen Dick
Jubiläums-Comic-Sonderheft
Frankfurt/M.: Condor Verlag
Februar 1978
18 × 26,1 cm
Heft
Farbig
Bd. 1
Bemerkungen:
Zur 100. Ausgabe von Schweinchen Dick.
Inhalt:
Schweinchen Dick
Tweety und Sylvester
Daffy Duck

Schweinchen Dick
Siehe: ***Das spaßige Schweinchen Dick Taschenbuch***

Schwermetall
Fantastische Comics für Erwachsene
Linden: Volksverlag, ab Bd. 58: Nürnberg: Alpha-Comic-Verlag
Februar 1980 – Serie erscheint noch
21 × 29,6 cm
Heft
Farbig und einfarbig
Bd. 1–59 . . .
Bemerkungen:
Von Bd. 1 existiert eine Neuauflage.
Z. u. T.:

ALAIN: Bd. 1
ALEX: Bd. 9
ALEXIS: Bd. 2, 7, 48
ALIAS: Bd. 33–34, 36–38, 42
ARNO: Bd. 49–50, 57
ARNOLD: Bd. 45
BARET: Bd. 6
BEJA: Bd. 59
BENOIT: Bd. 5
BIHANNIC: Bd. 7, 27, 54–55
BILAL: Bd. 11–18, 37–44, 49–50
BLANC-DUMONT: Bd. 28, 32
BLOOM: Bd. 17
BOUSSEAU: Bd. 31
BRET: Bd. 45–51
BRUNIER: Bd. 30
CAZA: Bd. 10, 25, 28, 31–32, 34, 38–40, 42–48, 51–52, 55
CHALAND: Bd. 23–29, 31–35, 37–38, 43, 52, 56–57, 59
CLAVELOUX: Bd. 19, 21–23, 31–33, 37, 44
CLERC: Bd. 3, 9, 12–22, 25, 28–31, 39–40, 57
CONIN: Bd. 33
CORBEN: Bd. 1–22, 24–36, 40–43, 45–56
CORNILLON: Bd. 33–35, 47, 51–52, 57
CORTMAN: Bd. 14
COTHIAS: Bd. 19
CRESPIN: Bd. 17
DECAUX: Bd. 15
DERAZE: Bd. 47
DIONNET: Bd. 1–3, 11–18, 23–24, 31
DRUILLET: Bd. 1–9, 12, 14, 16–19, 21–31, 33–41, 50–51, 54–55
FERNANDEZ: Bd. 19–30
FERRANDEZ: Bd. 56
FLAUBERT: Bd. 25–31
F'MURR: Bd. 5, 9–13, 15–16
FORENT: Bd. 18
FRANZ: Bd. 58–59
GAL: Bd. 1, 16–17
GEMBERG: Bd. 48
GERIN: Bd. 3
GILLON: Bd. 19–24, 35–36, 51, 53, 58–59
GODARD: Bd. 34–36
GOURMELEN: Bd. 45–51
HALMOS: Bd. 15
HÉ: Bd. 43, 57
HISAUCHI: Bd. 58
HOLMES: Bd. 41
HUSCHKA: Bd. 48
JÉRONATON: Bd. 9–17, 33–35, 45–50, 56
JODOROWSKY: Bd. 18–28, 49–53
JONES, BRUCE: Bd. 17, 20
JONES, JEFF: Bd. 1–18, 20–40, 42–43, 46–47, 49–59
KIRCHNER: Bd. 41–42, 47, 49, 52–53, 55, 58–59
LAX: Bd. 32
LEDOUX: Bd. 42
LeSUEUR: Bd. 1
LETENDRE: Bd. 28
LOUSTAL: Bd. 55
MACEDO: Bd. 6, 10, 15–16, 21, 24, 26, 37–43, 54–59
MANARA: Bd. 45–55
MANDRYKA: Bd. 1–4
MANOEUVRE: Bd. 13–23, 25, 28, 30, 43, 59
MARGERIN: Bd. 3, 8, 13, 23–24, 31–32, 34, 44
MASSE: Bd. 2, 6, 8–9, 11, 18, 44
MAXIMY: Bd. 50, 57
MICHELANGELI: Bd. 18, 23, 33
MOEBIUS: Bd. 1–58
MONTELLIER: Bd. 5, 9, 11–12, 14–29
MORROW: Bd. 38–39
MOSSOLFF: Bd. 48
MOUCHEL: Bd. 8
NICOLLET: Bd. 17, 23, 32
O'BANNON: Bd. 2–3
OLSHAN: Bd. 44

PARCALI: Bd. 46, 48, 52, 54, 58
PECQUĚR: Bd. 58–59
PÉTILLON: Bd. 10, 13, 16, 22, 34, 41, 46–49
PICARET: Bd. 6
PICOTTO: Bd. 52–59
PIERSON: Bd. 8
PISU: Bd. 45–53
RAOY: Bd. 7
RENARD: Bd. 57
RIBERA: Bd. 34–36
RIVÈRE: Bd. 33
ROBERT: Bd. 31
RODOLPHE: Bd. 29, 52–59
ROUGÉ: Bd. 29
SCHEUCHL: Bd. 52, 59
SCHEUER: Bd. 32–33, 35, 37, 47–48, 53, 56
SCHUITEN, FRANCOIS: Bd. 30, 41, 43–46, 54–55, 57
SCHUITEN, LUC: Bd. 30, 44, 54
SCHWARZ: Bd. 48
SIRE: Bd. 12, 19–20, 23, 25, 27–30
STRNAD: Bd. 2–16, 18–19
TARDI: Bd. 14–15
TERPANT: Bd. 57
TIOMPKINS: Bd. 17–21, 29
TOBIAZE: Bd. 37–43
VEITCH: Bd. 50
VOLINE: Bd. 57
VOSBURG: Bd. 44, 50
VOSS: Bd. 2, 8–9, 22–23, 26, 34, 36–45, 47, 56, 58–59
ZHÂ: Bd. 31–33, 37, 44
Fotocomics: Bd. 32–33

Das Schwert und die Rose
Stuttgart: Ehapa Verlag
März 1954
17,5 × 26 cm
Heft, Farbig
Bemerkungen:
Nach dem Walt Disney-Film »Eine Prinzessin verliebt sich«.

Schwester Monika
Berlin (DDR):
Eulenspiegel-Verlag
1956
Einfarbig
Z.: SCHMITT
Bemerkungen:
Mehrere Auflagen in verschiedenen Formaten.

Segeln lernen – Kinderleicht!
Oldenburg:
Gerhard Stalling Verlag
1975
18,4 × 25 cm
Broschüre
Einfarbig
Z.: EXTER
T.: TOL

Sehpferdchen's muntere Abenteuer
Bad Godesberg-Mehlem: Fischerkoesen-Fernsehwerbung GmbH
1962
27 × 19 cm
Buch
Einfarbig umrahmt von farbigem Papier
Z.: FISCHERKOESEN UND BÄR/
T.: KLINGBERG

Seicherls Weltreise
Wien, Hamburg, Bern:
Forum Verlag
1962
17,5 × 10,8 cm
Buch
Einfarbig
Z./T.: KMOCH
Bemerkungen:
Geringfügig gekürzter Nachdruck des Comics aus den 30er Jahren. Im Wiener Dialekt.

Sergeant Bill
Siehe: ***Bill der rote Reiter***

Sergeant Bill und Jim der Cowboy
Siehe: ***Bill der rote Reiter***

Sesamstrasse
Das große Comic-Taschenbuch
Frankfurt/M.: Condor-Verlag
1978–1980
13,3 × 18,4 cm
Taschenbuch
Farbig
Bd. 1–4
Z./T.: U. A. PERERA, PÉREZ, RAFA UND VITAL
Bemerkungen:
Bd. 1 auch als Hardcover (14,1 × 19,3 cm) erschienen.
Inhalt:
Diverse Comics mit den Sesamstrassen-Figuren, dazu Rätsel- und Spielseiten

Sex in Comics
Darmstadt:
Brumm Comix (Melzer)
1973
20,9 × 26,5 cm
Broschüre
Einfarbig
Bd. 1–2

Shamango
der Rächer
Berlin: Jörg Lieser
Oktober 1978
7,5 × 17,6 cm
Heft
Einfarbig
Bd. 1
Z.: LIESER
Bemerkungen:
Auflage 25 Exemplare.

Shamango
der Rächer Extra
Berlin: Jörg Lieser
September 1978–November 1979
Bd. 1–8: 7,6 × 19,3 cm,
Bd. 9: 10,5 × 15,2 cm
Heft, Einfarbig
Bd. 1–9
Z.: LIESER
Bemerkungen:
Es existieren etliche Neuauflagen.
Bd. 2–3 auch als Doppelnummer.

Shamango
der Rächer Weihnachts-Special
Berlin: Jörg Lieser
Dezember 1978
7,3 × 19,1 cm
Heft
Einfarbig
Z.: LIESER
Bemerkungen:
Auflage 20 Exemplare.

Shayawaya
Bremen: Kai Stellmann Verlag, ab Bd. 5: Bremen: Blender Verlag
1979–1981
21 × 29 cm
Heft
Einfarbig
Bd. 1–5
Z./T.: ROOS
Bemerkungen:
Von Bd. 1–2 existieren zwei Auflagen.
Bd. 1: 1. Auflage Cover schwarz/weiß,
Bd. 1: 2. Auflage Cover blau,
Bd. 2: 1. Auflage Cover braun,
Bd. 2: 2. Auflage Cover rot.

Shazam!
Superhelden
Hamburg: Williams Verlag

1974
17,5 × 25 cm
Heft
Farbig
Bd. 1
Z.: BECK
T.: O'NEIL UND MAGGIN
Bemerkungen:
Wurde aus rechtlichen Gründen nicht ausgeliefert. Band nur im Ramsch erhältlich.

Sheriff Klassiker
Aachen: Bildschriftenverlag, ab Bd. 191: Alsdorf: Bildschriftenverlag
1964–Januar 1973
18 × 25 cm
Heft
Einfarbig, ab Bd. 163: farbig
Bd. 901–999, 100–212
Inhalt:
Rocky Lane: Bd. 901–904
Apachen-Kid: Bd. 903, 904, 906, 911
Kid aus Dodge-City (Z.: HECK): Bd. 903, 904
Dee Dickens: Bd. 903
Kid Barrat: Bd. 903
Kid Slade: Bd. 905, 906
Der Streifschuss (Z.: CAMPBELL): Bd. 905
Revolver-Hank (Z.: WILLIAMSON/ T.: LEE): Bd. 905
Der Wüsten-Adler: Bd. 906
Kugeln der Rache (Z.: GREENE): Bd. 906
Einzelgänger (Z.: BOLLE): Bd. 906, 936
Jesse James (Z.: EVERETT U. KINSTLER, Bd. 165: Z.: BOLLE): Bd. 907, 909, 913, 165
Der Robin Hood des Westens (Z.: EVERETT U. KINSTLER): Bd. 908
Tekumse: Bd. 909, 911
Gerono: Bd. 909, 910
Wild Bill Hickok (auch Der wilde Bill): Bd. 909, 910, 912–916, 918, 936
Gelber Mustang: Bd. 909
Der braune Bomber (Z.: RAVIELLI): Bd. 910
Kit Carson: Bd. 910, 913, 917, 918, 158
Häuptling Geierkralle: Bd. 911
Der Todesfluch (Z.: EVERETT U. KINSTLER): Bd. 911
Dunc Blackburn: Bd. 912
Butch Cassidy: Bd. 912
Texas-Ranger (Z.: ULMER): Bd. 913
Der weisse Häuptling: Bd. 914
Rhoda Trail: Bd. 915, 916, 920
Billy West (auch Bill West) (Z.: CELARDO): Bd. 915–919
Bat Masterson: Bd. 915
Snubby und Julie: Bd. 915
Buck Ranger (Z.: CELARDO): Bd. 916, 917
Der lahme Joe: Bd. 917
Büffeljäger: Bd. 917
Der schwarze Falke (Z.: CASTARILO): Bd. 919, 920
Bärenklaue: Bd. 919
General Fremont: Bd. 919
Der Afrika-Büffel (Z.: SITTON): Bd. 920
Kim Carson: Bd. 920
Pancho Villa!: Bd. 920
Rauhfell-Kid (Z. und T.: LEE, AYERS, KIRBY, SIMEK, ROSEN, LIEBER, REINMAN, HUBBELL, COLLETTA, FRIEDRICH, O'NEIL, TARTAGLIONE, WHYTE, DAVIS, THOMAS, EVERETT, IZZO, GOODWIN, SHORES, ROUSSOS):
Bd. 921, 943, 947, 950, 952, 954–956, 958, 960, 965, 970, 973, 975, 977–979, 981, 986, 987, 989–991, 993, 996–999, 101, 103, 105, 107, 109, 110, 112, 113, 115–120, 126, 127, 131, 132, 139–141, 149, 150, 152, 153, 155, 159, 163, 165, 171, 175, 177–179, 181, 182, 187–190,

199, 201, 203, 205, 207–210
Sam Riley: Bd. 922
Mörder im Spielsaal (Z.: CELARDO): Bd. 922
Harry Colt (auch Kid Colt) (Z. und T.: KELLER, LEE, BRODSKY, SIMEK, ROSEN, SKEATES, THOMAS, TRIMPE, O'NEIL, ROTH, COLLETTA, FRIEDRICH, FITE, COOPER, TARTAGLIONE): Bd. 923–935, 937, 939, 941, 944, 946, 955, 957, 959, 961–972, 974, 976, 978, 980, 982, 984, 986, 988, 992, 994, 995, 997, 999, 100, 102, 104, 108, 109, 111–113, 123–138, 142–148, 151, 189
Texas-Bill (Z.: SINNOTT): Bd. 924
Der Mörder kommt! (Z.: WILLIAMSON/ T.: LEE: Bd. 924
Krieg in Chicamaw (Z.: HECK): Bd. 925
Ein Desperado vor der Tür (Z.: MANEELY/T.: LEE): Bd. 928
Der Viehdieb (Z.: MANEELY): Bd. 930
Der schwarze Reiter: Bd. 931, 937, 957, 959, 127, 151
Pulver-Rob: Bd. 933
Jingles: Bd. 936
Ringo: Bd. 938
Rob Hammer: Bd. 940
Ein Mann mit Furcht (Z.: KELLER/ T.: LEE): Bd. 941
Cowboy Joe (Z.: AYERS/T.: LEE): Bd. 942
Ein Mann lernt schiessen (Z.: LIEBER): Bd. 942
Der Sieger (Z.: LIEBER): Bd. 943
Texas Rangers: Bd. 943
Im wilden Westen (Z.: BRODSKY/ T.: LEE): Bd. 944
Der Panther (Z. u. T.: LEE, SIMEK, AYERS, RAY, HARTLEY, HUBBELL, LIEBER, DEMEO, ROMAN, COLLETTA, WHYTE, WHITNEY, THOMAS, SHERIGAIL, KURZROK, BRODSKY, CARRABOTTA, FRIEDRICH, MARAIS, REINMAN): Bd. 945, 949, 951, 952, 957, 982, 983, 985, 988, 990, 991, 994–996, 998, 104–106, 108, 111, 112, 114, 121–126
In den alten Tagen (Z.: SIMEK/T.: LEE): Bd. 945
Lash LaRue: Bd. 946
Zwei Revolvermänner (Z. u. T.: LEE, AYERS, BELL, SIMEK): Bd. 948
Hart wie Metall! (Z.: KIRBY/T.: LEE): Bd. 948
Die Angst im Nacken! (Z. u. T.: LEE, REINMAN, SIMEK): Bd. 948
Der neue Marshal (Z. u. T.: REINMAN, LEE, SIMEK): Bd. 949
Klein aber . . . (Z. u. T.: LIEBER, LEE, SIMEK): Bd. 949
Falsch-Spiel (Z.: BOLLE): Bd. 952
Yak Yancy (Z.: AYERS/T.: LEE): Bd. 958
Wenn die Revolvermänner kommen! (Z. u. T.: LEE, LIEBER, SIMEK): Bd. 967
Sie nannten ihn »Feigling« (Z. u. T.: HARTLEY, BRODSKY, RAY): Bd. 968
Revolver-Mann! (Z.: REINMAN/ T.: LEE): Bd. 968
Der schnelle Schütze! (Z.: LIEBER/ T.: LEE): Bd. 968
Texas Kid (Z.: AYERS): Bd. 971, 972, 975, 977, 978, 980–981, 983–985, 987–989, 993, 996, 998, 117–120, 128
Sundance Kid (Z. u. T.: LEE, TOTH, COLLETTA): Bd. 973
Tumult auf der Strasse! (Z.: COLAN/ T.: LEE): Bd. 974
Revolver-Kid: Bd. 974
Das Verbrechen (Z.: REINMAN/T.: LEE): Bd. 976
Der Stern des Sheriffs (Z.: COLAN/ T.: LEE): Bd. 979
Renos Rache! (Z.: ULMER/T.: LEE U. O'NEIL): Bd. 983, 171 (Nachdruck von Bd. 983)
Der Räuber (Z.: AYERS/T.: LEE): Bd. 985
Ein Tagewerk (Z.: EVERETT/T.: LEE): Bd. 985

Der Tag des Duells (Z. u. T.: COLAN, LEE, SIMEK): Bd. 987
Der Westmann (Z.: KIRBY U. AYERS/ T.: LEE): Bd. 987
Überfall beim roten Felsen (Z. u. T.: LEE, AYERS, SIMEK): Bd. 989
Texas Kid: Bd. 989, 993, 996, 998, 117, 118–120, 128
Hogans Versteck (Z. u. T.: LIEBER, LEE, SIMEK): Bd. 989
Monk Murdocks Rache (Z.: COLAN/ T.: LEE): Bd. 990
Der Sheriff von Lazy River (Z.: LIEBER U. REINMAN/T.: LEE): Bd. 990
Das Ende eines Grobians! (Z.: HARTLEY/T.: LEE): Bd. 992
Der erste Gesetzeshüter (Z.: TRIMPE/ T.: LEE): Bd. 101
Die Wilden (Z.: SUTTON/T.: LEE): Bd. 101
Brüder (Z. u. T.: FRIEDRICH, SUTTON, LEE): Bd. 101
Rauhe Sitten! (T.: O'NEIL): Bd. 103
Revolvermann mit Racheplänen (Z.: REINMAN/T.: LEE): Bd. 103
Gewagtes Spiel (Z.: BRODSKY/T.: LEE): Bd. 103
Der Tapfere (Z. u. T.: LEE, EVERETT, MOLNE, COLLETTA): Bd. 106
Überfall auf die Silbermine (Z. u. T.: LEE, WHYTE, TRIMPE): Bd. 107
Der Wunderdoktor (Z.: EVERETT/ T.: LEE): Bd. 109
Der Geisterreiter (Z. u. T.: LEE, BELL, AYERS, FRIEDRICH, THOMAS, COLLETTA, KURZROK, TRIMPE): Bd. 110–114, 158, 174, 175, 178, 183
Targo (Z. u. T.: LEE, O'NEIL, HECK, NOEL): Bd. 111
Ein Duell steht bevor! (Z.: BRODSKY/ T.: LEE): Bd. 119
Auf der Fährte der Gewehrschmuggler (Z.: BRODSKY U. EVERETT/T.: LEE): Bd. 120
Die letzte Kugel! (Z.: LIEBER/T.: LEE): Bd. 121
Die Legende von Grislybär Baker (Z.: KELLER/T.: LEE): Bd. 121
Betrogene Betrüger! (Z.: EVERETT/ T.: LEE): Bd. 123
Mächtiger als die Waffe (Z.: LIEBER/ T.: LEE): Bd. 124
Masken-Kid: Bd. 128
Ein verzweifelter Mann (Z.: ESPI): Bd. 136
Eine Geschichte ohne Ende (Z.: ESPI): Bd. 137
Mit gleicher Münze (Z.: CABRERIZO): Bd. 147
Der Doppelgänger (Z. u. T.: DULCET U. MUSQUERA): Bd. 149
Das Geheimnis der Salomon Mine (Z. u. T.: SESEN U. ALDONA): Bd. 150
Mike und die Bankräuber (Z.: CABRERIZO): Bd. 150
Rodeo (Z.: MADOR): Bd. 153
Wyoming Kid: Bd. 157
Johnny Donner: Bd. 157
Starker Bogen: Bd. 157
Buffalo Bill (Z.: KUBERT): Bd. 157
Bobby Benson (Z.: POWELL): Bd. 157
Davy Crockett: Bd. 157
Durango Kid (Z.: GUARDINEER, BELFI): Bd. 158, 164, 167, 169, 172, 173, 177, 179, 183, 185, 187, 191, 193, 195, 197, 199, 204, 205, 209, 211
Der Falke: Bd. 158
Pow-Wow Smith: Bd. 158
Vigilante: Bd. 158
Marco Polo im Wilden Westen (Z.: PEREZ): Bd. 159
Überfall auf die Postkutsche (Z.: CABRERIZO): Bd. 162
Kattun Kid: Bd. 163
Billy the Kid (Z.: BOLLE): Bd. 164
Gerader Pfeil (Z.: MEAGHER): Bd. 164
Tim Holt (Z.: BOLLE): Bd. 164, 170, 171, 173, 177, 181, 183, 185, 187,

189, 191, 193, 195, 197, 204, 205, 207, 211
Jesse Jimmy: Bd. 164
Hopalong Cassidy: Bd. 165, 166, 168, 170, 172, 174, 176, 178–180, 182, 184, 186, 188, 190, 192, 194, 196, 198, 200, 202, 206, 208, 212
Der ritterliche Schütze (Z.: STEIN): Bd. 167
Der Wahrsager: Bd. 167
Willy Wiesel: Bd. 168, 169
Dan Brand und Tipi (auch Der weisse Indianer) (Z.: FRAZETTA, MEAGHER): Bd. 169, 172, 176, 180, 181, 184, 186, 188, 192–194, 196, 198, 200, 204, 206, 210, 212
Die Daltons (Z.: BOLLE): Bd. 169
Kleiner Kaktus: Bd. 170, 175
Sheriff Kuckuck: Bd. 173
Auf der Suche nach Larrabee! (Z.: WILLIAMSON/T.: LEE): Bd. 182
Kater Karson: Bd. 183, 185
Ein Tagewerk (Z.: EVERETT/T.: LEE): Bd. 190
Und es fiel kein Wort! (Z.: AYERS/T.: LEE): Bd. 190
Häuptling Heisser Fuss (Z.: BOLTINOFF): Bd. 193
Pecos Kid (Z.: ANDRU U. ESPOSITO/T.: LEE): Bd. 199
Kid aus Texas (Z.: SINNOTT): Bd. 199
Brüder (Z.: FRIEDRICH U. SUTTON/T.: LEE): Bd. 204
Der Mann mit dem Stern! (Z.: AYERS/T.: LEE): Bd. 207
Die letzte Kerbe (Z.: WILLIAMSON): Bd. 207
Der Coltmeister (Z.: MANEELY/T.: LEE): Bd. 208
Der Tausch (Z.: REINMAN/T.: LEE): Bd. 209
Red Hawkins und Große Feder: Bd. 210
Gib klein bei oder stirb! (Z.: WILDEY/T.: LEE): Bd. 210

Sheriff Teddy
Hannover: Walter Lehning Verlag
März 1954–November 1954
17 × 24 cm
Heft, Farbig
Bd. 1–33
Z./T.: D'AMI
Titelbilder: D'AMI
Bemerkungen:
Auf der Liste der jugendgefährdenden Schriften:
Bd. 24: E Nr. 14 – BAnz. Nr. 182 vom 22. 9. 54
Bd. 26: E Nr. 15 – BAnz. Nr. 182 vom 22. 9. 54
Bd. 28: E Nr. 22 – BAnz. Nr. 185 und 207 vom 25. 9. 54 und 27. 10. 54
Bd. 31 und für 3 Monate: E Nr. 22–BAnz. Nr. 198 und 207 vom 14. 10. 54 und 27. 10. 54.
Inhalt:
Flug ins Unbekannte (Z.: DONATELLI/T.: SOLINI?): Bd. 1–12
Hinterhalt im Walde (Z.: GALLEPPINI): Bd. 12–20
Das unheimliche Tal (Z.: GALLEPPINI/T.: BAGLIONI): Bd. 21–29
Blume der Prärie: (Z.: QUINTO/T.: BAGGIOLI): Bd. 29–33

Sheriff Teddy
Schönau: Norbert Hethke Verlag
Februar 1979–August 1979
17 × 24 cm
Heft
Einfarbig
Bd. 1–33
Z./T.: D'AMI
Titelbilder: D'AMI
Bemerkungen:
Nachdruck der Serie von 1954 mit

teilweise anderen Zusatzserien.
Inhalt:
Flug ins Unbekannte (Z.: DONATELLI/ T.: SOLINI?): Bd. 1–12
Tom Bill (Z.: V. CHIOMENTI, Bleistiftvorz.: A. CHIOMENTI/T.: A. CHIOMENTI): Bd. 13–33

Sheriff Trolly
Wien (Österr.): Rolf Mauerhardt Verlag
50er Jahre
16,5 × 8 cm
Heft
Einfarbig
Bd. 1–4

Sherlock Holmes und Das Geheimnis der blauen Erbse
Frankfurt/M.: Verlag Bärmeier und Nikel
1971
24,6 × 21,9 cm
Broschüre
Einfarbig
Z.: ERNSTING
Bemerkungen:
Nachdruck der Serie aus »Hör Zu«.

Die 7 Schnuckel
Frankfurt/M.: Condor Verlag
Januar 1979–1980
13,1 × 18,5 cm
Taschenbuch, Farbig
Bd. 1–6
Inhalt:
Die Sieben Schnuckel (Z./T.: WEYNSTEIN/RENOIR): Bd. 1–6
Pichelsteiner (Z.: RINALDI): Bd. 1–6
4 Freunde: Bd. 1–6
Tom und Biberherz: Bd. 1–6

7 Siegel Comix
Hardebeck: PAU und Velgen: Release
1971
21,1 × 29,7 cm
Heft
Einfarbig
Z./T.: THOMPSON
PÖTZ
Bemerkungen:
Mit ein- und zweifarbigem Cover bekannt.

Die 7te Reise der Fabulous Furry Freak Brothers
Frankfurt/M.: Zweitausendeins
Oktober 1979
16,5 × 24 cm
Broschüre
Einfarbig
Z.: SHELTON unter Mitarbeit von SHERIDAN, BROWN UND MROCZKOWSKI
Bemerkungen:
Auch als Sammelband zusammen mit ***Die 128 Seiten der Fabulous Furry Freak Brothers.***

Die 17 Gesichter des Robert Crumb
Frankfurt/M.: Zweitausendeins
1975
1.–2. Auflage: 16,6 × 23,9 cm,
3. Auflage: 16,9 × 24,5 cm
1.–2. Auflage:Broschüre
3. Auflage: Buch
Einfarbig
Z./T.: CRUMB
Bemerkungen:
Enthält u. a. ein langes Interview mit Robert Crumb.
1. Auflage: schwarz/weißes Cover.
2. Auflage: schwarz/grünes Cover.
3. Auflage: farbiges Cover.

Siegfried,
der Held vom Rhein
Duisburg: Walter Mohr Verlag

1957
14,8 × 6,8 cm
Heft, Einfarbig
Bd. 1
Z.: KADZIK

Siehste Extra
Hamburg: Axel Springer Verlag
Februar 1980–April 1980
21,3 × 28 cm
Broschüre, Farbig
Bd. Februar/80, März/80 und 3/80
Inhalt:
Mike Mondvogel (Z.: HIGGS): Bd. Feb., März, 3
Dennis (Z.: KETCHAM): Bd. Feb., März, 3
Ohne Titel (Z.: IBER): Bd. Feb.
Pussie (Z.: PEYO): Bd. Feb., März, 3
Porridge City (Z.: ERNSTING): Bd. Feb., März, 3
Arche Nova (Z.: ADDISON): Bd. Feb., März, 3
Ohne Titel: Bd. März
Carl Birne (Z.: KLOSS): Bd. 3
Neues von Holly Zolly: Bd. 3

Sie + Er
Zürich (Schweiz): Diogenes Verlag
1978
Mini-Tb 7

Sigma-Gigantic
Berlin–Hamburg: Koralle Verlag
September 1980
22 × 28,8 cm
Broschüre
Farbig
Bd. 1
Z.: CARDONA
T.: MORA

Sigurd
Hannover: Walter Lehning Verlag
Oktober 1953–Februar 1960
17 × 7,5 cm
Heft
Zweifarbig,
ab Bd. 13: einfarbig
Bd. 1–324
Z.: WÄSCHER, Bd. 202–206: KELLERMANN
T.: Bd. 1–61: ADLER
Bd. 62–95, S. 30: JAGELITZ
Bd. 95, S. 31–201: WÄSCHER
Bd. 202–206: ADLER
Bd. 207–304: WÄSCHER
Bemerkungen:
Auf der Liste der jugendgefährdenden Schriften:
Bd. 54: E Nr. 33 – BAnz. Nr. 241 vom 15. 12. 54
Bd. 269: E Nr. 618 – BAnz. Nr. 94 vom 21. 5. 59.

Sigurd
Hannover: Walter Lehning Verlag
August 1961–April 1963
17 × 7,5 cm
Heft
Einfarbig
Bd. 1–87
Z.: WÄSCHER
T.: ADLER UND JAGELITZ
Bemerkungen:
Nachdruck von Sigurd:
Bd. 1–9: *Bd. 1–9,* Bd. 10: *Bd. 10 Seite 1–31, 32 (Neu),* Bd. 11: *Bd. 11 Seite 1–24, 28, 26 (Neu), 27 (Neu), 29 (2. Bild), 30 (1. Bild), 31, 32,* Bd. 12, 13: *Bd. 12, 13,* Bd. 14: *Bd. 14 Seite 1–15, 16 (Neu), 16–24, 26 (Neu), 25–29, 32,* Bd. 15: *Bd. 15,* Bd. 16: *Bd. 16 Seite 1–5, 6 (2. Bild), 8, 8 (Neu), 9–32,* Bd. 17: *Bd. 17 Seite 1–9, 12–21, 20 (Neu), 22, 22 (Neu), 23–32,* Bd. 18: *Bd. 18 Seite 1–32,* Bd. 19: *Bd. 19 Seite 1–15, Bd. 20 Seite 16–32,* Bd. 20: *Bd.*

21 Seite 1–13, 14 (Neu), 15–32, Bd. 21: *Bd. 22,* Bd. 22–23: *Bd. 23–24,* Bd. 24: *Bd. 25 Seite 1–3, 5–24, 26, 27, 28 (1. Bild), 26 (2. Bild Neu), Bd. 27, Seite 27–32,* Bd. 25–27: *Bd. 28–30,* Bd. 28: *Bd. 31 Seite 1–6, 9, 10, 12–31, 32 (1. Bild), Bd. 32 Seite 1 (2. Bild), 2, 3, 4 (1. Bild),* Bd. 29: *Bd. 32 Seite 9 (2. Bild), 10–32, Bd. 33 Seite 2–7, 9, 10 (1. Bild),* Bd. 30: *Bd. 33 Seite 10 (2. Bild), 11–32, Bd. 34 Seite 1–8, 9 (1. Bild),* Bd. 31: *Bd. 34 Seite 10 (2. Bild), 11–31, Bd. 35 Seite 2–10, 11 (1. Bild),* Bd. 32: *Bd. 35 Seite 11 (2. Bild), 12–16, 21–32, Bd. 36 Seite 2–14, 15 (1. Bild),* Bd. 33: *Bd. 36 Seite 16 (2. Bild), 17, 19–32, Bd. 37 Seite 2–16, 17 (1. Bild),* Bd. 34: *Bd. 37 Seite 17 (2. Bild), 18–32, Bd. 38 Seite 2–16, 17 (1. Bild),* Bd. 35: *Bd. 38 Seite 18 (2. Bild), 19–32, Bd. 39 Seite 2–5, 8, 9, 11, 13–15, 21–23, 27, 29, 31, 32,* Bd. 36–42: *Bd. 41–47,* Bd. 43: *Bd. 48 Seite 1, 3, 16, 21–25, 29–31, Bd. 49 Seite 2–13, 15, 17, 20, 22–26, 32,* Bd. 44: *Bd. 50 Seite 1–9, 18–23, 25, 26, 29–32, Bd. 51 Seite 4–13, 32 (Neu),* Bd. 45: *Bd. 51 Seite 15 (2. Bild), 16, 18–29, Bd. 52 Seite 7–11, 16, 17, 20, 18, 25–28, 31, 32,* Bd. 46: *Bd. 53,* Bd. 47: *Bd. 54 Seite 1–3, 15–22, 24–27, 29–31, Bd. 55 Seite 6, 9–13, 16–18, 22–24, 30, 32,* Bd. 48, 49: *Bd. 56, 57,* Bd. 50: *Bd. 58 Seite 1, 3–22, Bd. 59 Seite 6, 7, 9, 11–16, 31, 32,* Bd. 51–70: *Bd. 60–79,* Bd. 71: *Bd. 80 Seite 1, 2, 4, 7, 11–14, 16, 17, 20, 21, 23, 25, 26, 28, 31, 32, Bd. 81 Seite 3, 5–7, 9, 11, 13, 15, 20, 26, 28, 30–32,* Bd. 72–84: *Bd. 82–94,* Bd. 85: *Bd. 95 Seite 1, 2 (Neu), 2–30, 32 (Neu),* Bd. 86, 87: *Bd. 96, 97*
Neue Titelbilder: Bd. 11, 19, 23, 28–87

Sigurd
Der ritterliche Held
Hannover: Walter Lehning Verlag
Juni 1958–April 1968
17 × 24 cm
Heft
Farbig, ab Bd. 76: Farbig und zweifarbig, ab Bd. 187: farbig
Bd. 1–257
Z.: WÄSCHER, Bd. 64–66 (1. Hälfte des Heftes): KELLERMANN
T.: ADLER, JAGELITZ UND WÄSCHER
Bemerkungen:
Auf der Liste der jugendgefährdenden Schriften:
Bd. 75 und 76: E Nr. 996 – BAnz. Nr. 198 vom 13. 10. 61
Nachdruck von Sigurd (1953):
Bd. 1–4: *Bd. 1–8,* Bd. 5: *Bd. 9, Bd. 10 Seite 1–31, 32 (Neu),* Bd. 6: *Bd. 11 Seite 1–24, 28, 26 (Neu), 27 (Neu), 29 (2. Bild), 30 (1. Bild), 29 (2. Bild Neu), 30 (2. Bild), 31, 32, Bd. 12,* Bd. 7: *Bd. 13, Bd. 14 Seite 1–29, 32,* Bd. 8: *Bd. 15, 16,* Bd. 9: *Bd. 17 Seite 1–9, 12–32, Bd. 18,* Bd. 10: *Bd. 19 Seite 1–22, 24, 25 (1. Bild), 27 (2. Bild), 28–32, Bd. 20 Seite 2–32,* Bd. 11, 12: *Bd. 21–24,* Bd. 13: *Bd. 25 Seite 1–3, 5–24, 26, 27, 28 (1. Bild), 26 (2. Bild Neu), Bd. 27 Seite 27–32, Bd. 28 Seite 1–32,* Bd. 14: *Bd. 29, 30,* Bd. 15: *Bd. 31 Seite 1–6, 9, 10, 12–31, 32 (1. Bild), Bd. 32 Seite 1 (2. Bild), 2–4, 9–32, Bd. 33 Seite 2–7, 9, 10 (1. Bild),* Bd. 16: *Bd. 33 Seite 10 (2. Bild), 11–32, Bd. 34 Seite 1–31, Bd. 35 Seite 2–10, 11 (1. Bild),* Bd. 17: *Bd. 35 Seite 11 (2. Bild), 12–16, 21–32, Bd. 36 Seite 2–17, 19–32, Bd. 37 Seite 2–16, 17 (1. Bild),* Bd. 18: *Bd. 37 Seite 17 (2. Bild), 18–32, Bd. 38 Seite 2–32, Bd. 39 Seite 2–5, 8, 9, 11, 13–15, 21–23, 27, 29, 31, 32,* Bd. 19: *Bd. 40 Seite 1–11,*

14, 16, 17, 21, 23, 24, 29, Bd. 41 Seite 7, 9, 13, Bd. 111 Seite 22–32, Bd. 112, Bd. 20–25: *Bd. 113–124,* Bd. 26: *Bd. 125 Seite 1–20, 27–31, Bd. 126 Seite 2–31, Bd. 127 Seite 3–11,* Bd. 27: *Bd. 127 Seite 1 (1. Streifen Neu), 12–15, 17–28, 30, Bd. 128 Seite 2–4, 6–22, 24–26, 28–30, Bd. 129 Seite 4, 6, 8–13, 17, 19, 21–30, 32* Bd. 28–96: *Bd. 130–267,* Bd. 97: *Bd. 268, 270,* Bd. 98–123: *Bd. 271–322,* Bd. 124: *Bd. 323, Bd. 324 Seite 1–30, 31 (Neu), 32 (Neu),* Bd. 125–257: *Neue Abenteuer*

Sigurd
Sonderband
Hannover: Walter Lehning Verlag
Februar 1965
17 × 24 cm
Broschüre
Comic einfarbig
Bd. 1
Z.: WÄSCHER
Bemerkungen:
48 Seiten, davon 13 Seiten Comic. Der Rest ist ein illustrierter Roman (teilweise farbig).

Sigurd
Der ritterliche Held
Hannover: Lehning Drachen Verlag
Mai 1971–Juli 1971
17 × 24 cm
Heft
Farbig
Bd. 1–7
Z.: WÄSCHER
T.: ADLER
Bemerkungen:
Nachdruck der Sigurd-Großband-Serie. Enthält die Bände 1–10 und das halbe Heft 11 (geringfügig gekürzt). Die Titelbilder stammen von folgenden Großbänden: Bd. 1=Bd. 1, 2/2, 3/5, 4/6, 5/7, 6/8, 7/11.

Sigurd
Bd. 2, 4: Neue Abenteuer
Bd. 17–20: Der ritterliche Held
Buchschlag: Abi Melzer Production
Februar 1976–Juli 1976
16,5 × 24 cm
Heft
Farbig
Bd. 1–20
Z./T.: WÄSCHER
Bemerkungen:
Nachdruck der Großband-Serie. Enthält die Bände 125–144.

Sigurd
Frankfurt/M.: Comic Buch Club
Januar 1977–Dezember 1978
17 × 7,5 cm
Heft
Einfarbig
Bd. 1–325
Z.: WÄSCHER, Bd. 202–206: KELLERMANN
T.: Bd. 1–61: ADLER
Bd. 62–95, S. 30: JAGELITZ
Bd. 95, S. 31–201: WÄSCHER
Bd. 202–206: ADLER
Bd. 207–325: WÄSCHER
Bemerkungen:
Nachdruck der ***Sigurd****-Serie von 1953 Bd. 1–324. Bd. 325 ist eine Erstveröffentlichung.*

Sigurd
Comic-Post präsentiert: Rolf Schumann, Hrsg. Rolf Schumann
Vertrieb: Albertshofen: Comic-Post Günther Philp
April 1979
17 × 24 cm
Heft

Einfarbig
Bd. 258
Z./T.: SCHUMANN
Bemerkungen:
Dieser mit Genehmigung der Familie Wäscher herausgegebene Fan-Comic bringt eine Abschlußversion zur Sigurd-Großband-Serie. Mit kleinem Beiblatt zur Titelbildgestaltung.

Sigurd
Bibliothek der grossen Comics
Schönau: Norbert Hethke Verlag
April 1980
23,5 × 32,7 cm
Buch
Einfarbig und farbig
Z.: WÄSCHER
Inhalt:
Wie die Schwarzfuss-Indianer zu ihrem Namen kamen
Akim Die Panther-Göttin (Nachdruck aus ***Harry)***
Kleiner Falke (Nachdruck aus ***Lasso-Sonderheft)***
Unveröffentlichte Seiten und Titelbilder
Sigurd Spuk auf Schloss Falkenstein (Nachdruck aus ***Harry)***
Lederstrumpf (Nachdruck aus ***Titanus)***
Sigurd Das Geheimnis der Donarbucht (Nachdruck aus ***Harry)***

Sigurd-Sonderband
Siehe: ***Piccolo Sonderband***

Silberpfeil
Im wilden Westen
Hannover: Walter Lehning Verlag
März 1957–Juni 1960
17 × 7,5 cm
Heft
Einfarbig
Bd. 1–165
Z.: Bd. 1–50: RESIO
Bd. 51–165: KELLERMANN
T.: Bd. 1–50: RENZI
Titelbilder: Bd. 1–36: WÄSCHER
Titelköpfe: Bd. 37–39: WÄSCHER
Bemerkungen:
Nachdruck von ***Der rote Adler:***
Bd. 1–36: Bd. 1–36 komplett,
Bd. 37–50: *Bd. 37–50, teilweise neue Bilder mit Originaltext aus Der rote Adler, teils leicht veränderter Text. Handlung nicht geändert.*
Ab Bd. 51: *Neue Abenteuer*

Silberpfeil
Der junge Häuptling
Bergisch Gladbach: Bastei Verlag
Juni 1970–Serie erscheint noch
18 × 26 cm
Heft
Farbig
Bd. 1–659 . . .
Z.: SELS, BONAVENTE, GIOLITTI-STUDIO, U. A.
Bemerkungen:
Zeitweise mit Werbung für Lego und Langnese als Comic (Z.: SIMIC)
Inhalt:
Ayak der weiße Wolf (Z.: COELHO/ T.: OLLIVIER): Bd. 541–618
Verschiedene Comics (Z.: BUXADE U. A.): ab Bd. 626
Pulverdampf und heißes Blei: ab Bd. 636
Belle Starr (Z./T.: FILIPOV UND LILLEY): ab Bd. 646

Simon Templar
Aachen: Bildschriftenverlag
1967
18 × 25 cm
Heft
Einfarbig

Bd. 1–4
Z.: VERSCHIEDENE

Sindbad
Bd. 1: Der Seefahrer
Bd. 2–30: Der neue Fernseh-Erfolg
Bd. 31–48: Der große Fernseh-Erfolg
Bergisch Gladbach: Bastei Verlag
August 1978–Juni 1980
18 × 26 cm
Heft
Farbig
Bd. 1–48

Sindbad
Das große Comic-Sonderheft
Bd. 1: Tolle Comics nach den Geschichten aus »1001 Nacht«
Bd. 2–3: Tolle neue Comics nach Geschichten aus »1001 Nacht«
Frankfurt/M.: Condor Verlag
Oktober 1978–1979
17,6 × 26,1 cm
Heft
Farbig
Bd. 1–3
Inhalt:
Sindbad (Z.: SIFRE UND SOLSONA): Bd. 1–3
Kleiner Adler (Z.: SIFRE). Bd. 1
Heidi (Z.: SALAS): Bd. 2–3
Comic ohne Titel: Bd. 3

Sindbad
Der neue Fernseh-Erfolg
Bergisch Gladbach: Bastei Verlag
November 1978–Juni 1979
12,7 × 17,6 cm
Taschenbuch
Farbig
Bd. 1–4

Sindbad
Die fröhlichen Taschenbücher von Bastei
Bergisch Gladbach: Bastei Verlag
1978
13 × 17,5 cm
Taschenbuch
Farbig
Bd. 1

Sindbad
Der neue Fernseh-Erfolg
Bergisch Gladbach: Bastei Verlag
Januar 1979–Juni 1979
21,6 × 29,1 cm
Broschüre
Farbig
Bd. 1–2

Sindbads Abenteuer
Aachen: Bildschriftenverlag
1969–Mai 1969
18 × 25 cm
Heft
Einfarbig
Bd. 1–2
Z.: SPIEGLE
Inhalt:
. . . unsterblichen Tiere!: Bd. 2

Ski-Schule mit Ingemar Stenmark
München: Wilhelm Goldmann Verlag
1976
11,5 × 18 cm
Taschenbuch 10619
Einfarbig
Z./T.: EKEBERG UND WILHELMSSON

Slapstick
Das Weltblatt des Humors
Frankfurt/M.: Pardon Verlag
April 1978–Juni 1979
21 × 27,5 cm
Heft
Einfarbig und farbig

Bd. 1–15
Bemerkungen:
Selbständige Fortsetzung der Beilage aus »Pardon«. Dort ab Oktober 1975 monatlich.
Z.: BALLESTA: Bd. 7
BARSOTTI: Bd. 1–9, 12
BOLLEN: Bd. 11
BONVI: Bd. 3, 6, 10
BOYKE (Kumulus-Studio): Bd. 14
BRETÉCHER: Bd. 1
BRÓCCOLI: Bd. 3
BRÖSEL: Bd. 10–11, 13–15
BROWN: Bd. 9
BUNK: Bd. 1, 3–5, 7–15
BUTSCHKOW: Bd. 10
CABU: Bd. 10
CHODOROWSKI: Bd. 11
CLUSELLAS: Bd. 5, 9
COCO: Bd. 11
DRÜHL: Bd. 11
FARRIS: Bd. 6
FEIFFER: Bd. 1, 7
FRED: Bd. 2, 10–14
GOT: Bd. 2–3, 6, 8
HART: Bd. 3–4, 9, 11, 14
HORX: Bd. 15
HÜRZELLER: Bd. 4
JACOVITTI: Bd. 6–7, 10–11
KALAMARAS: Bd. 12
KAMAGURKA: Bd. 3–4, 6–8
KERSTEN: Bd. 13
KOCHAN: Bd. 3, 5–15
KREWAL: Bd. 11–12
LAUZIER: Bd. 6
LOB: Bd. 1–5
LOHSE: Bd. 5,9
LORO: Bd. 8–9, 12–13, 15
LUCQUES: Bd. 15
MARGERIN: Bd. 11–12
MAROL: Bd. 12
MARTIN: Bd. 7, 9, 13–14
McMANUS: Bd. 1
MLECZKO: Bd. 3, 5–6, 9–15
MROZEK: Bd. 2, 7
MYERS: Bd. 3–4
NOVELLI: Bd. 4, 6, 10, 15
NYDEGGER: Bd. 11
ORIGONE: Bd. 3
PAIVA: Bd. 3
PARKER: Bd. 4, 9, 11, 14
PETILLON: Bd. 2–3, 6, 8–10
PETIT-ROULET: Bd. 11
PFARR: Bd. 6–15
PICHARD: Bd. 1–5
POST: Bd. 3
POTOCZEK: Bd. 7, 11
QUINO: Bd. 3–6, 8, 10
RAUSCHENBACH: Bd. 3, 8, 13
REICHE: Bd. 15
REISER: Bd. 7–10, 13, 15
RÜGNER: Bd. 13
STEIN, INGO: Bd. 7, 11
STEIN, W. O.: Bd. 13
STEINGROBE: Bd. 15
STRAATEN: Bd. 3–4, 7, 10–11, 13
TOMASCHOFF: Bd. 1–7, 9, 11–12
UGO: Bd. 13
WENNER: Bd. 1–9, 11–15
WESSUM: Bd. 4, 6, 10, 12, 14–15
WOLINSKI: Bd. 3, 5–8, 13–14
ZARBOCK: Bd. 8
ZIRALDO: Bd.9

Smash
Berlin: Peter Hasemann
1979
16,5 × 7,9 cm
Heft, Einfarbig
Bd. 1–4
Z.: SIEBER
Letterer: LEMKE

Snoopy
Siehe: ***Das große Peanuts Buch***

Snoopy-Bücher
Siehe: ***Die kleinen Snoopy-Bücher***

Snoopy Festival
Götzenhain: Aar Verlag
1975
16 × 23 cm
Buch
Einfarbig
Z./T.: SCHULZ

Snoopy's Philosophie
München: Hallmark
1971
10,2 × 13,6 cm
Buch
Zweifarbig
Z.: SCHULZ

Snoopy und der rote Baron
Reinbek: Carlsen Verlag
1967
13,5 × 20,5 cm
Buch und Broschüre
Einfarbig auf farbigen Seiten
Z.: SCHULZ

So dumm waren die Hebräer
Ja, so war's ein Comic von
Hamburg:
Schniebels Comic Verlag
1973
14,5 × 20,6 cm
Broschüre
Einfarbig
Z.: WAECHTER

So ein Dackel!
Stuttgart:
Ernst Klett Verlag
1974
14,7 × 21 cm
Heft
Einfarbig
Z.: KOSSATZ
Bearbeitung für den Sprachunterricht (also Fragen und Texte zu den Geschichten): SCHÜSSLER UND TZSCHOPPE
Bemerkungen:
Schulbuch mit Dackel Willi. Erschien 1983 in einer Neuausgabe, zu der es auch einen Diasatz gibt.

Soliman
Hamburg: Heiner Jahncke
September 1971
15 × 21,4 cm
Heft
Einfarbig
Bd. 1
Z./T.: JAHNCKE

Die sonderbaren Träume des Feinschmeckers, der immer nur Käsetoast ass
Darmstadt: Melzer Verlag
1975
24,4 × 34,4 cm
Buch
Farbig
Z.: McCAY

Sonderheft der Micky Maus
Siehe: ***Micky Maus Sonderheft***

Sonny
und seine Freunde
Berlin-Hamburg: Koralle Verlag
August 1975–1976
13 × 18 cm
Heft
Farbig
Bd. 1–4
Inhalt:
Sonny (Z.: PERONI/T.: TRIBERTI)
Kiko (Z.: GEESINK)

Sonny
Bd. 1: der lustigste Hase der Welt
Bd. 2–6: und seine Freunde
Berlin-Hamburg: Koralle Verlag

November 1980–Juli 1981
17,4 × 26 cm
Broschüre
Farbig
Bd. 1–6
Z.: PERONI
T.: PERONI UND SAMBO

So sagt's Snoopy
München: Hallmark
1971
10,2 × 13,6 cm
Buch
Zweifarbig
Z.: SCHULZ

Spähtrupp über den Yangtse
Peking (China): Verlag für fremdsprachige Literatur
1956
17,5 × 13 cm
Broschüre
Einfarbig
Z.: GU
T.: SCHEN
Bearbeitung: DSCHANG

Spannung exclusiv
Hannover: Abbog Verlag GmbH
1966
21 × 28 cm
Heft
Einfarbig
Bd. 1–3
Bemerkungen:
Foto-Comic.
Auf der Liste der jugendgefährdenden Schriften: Bd. 1: E Nr. 1717 – BAnz. Nr. 57 vom 23. 3. 66.
Titel:
1: Küss' mich, eh' Du morden gehst
2: Auf zwanzig Bräute eine Leiche
3: Bauchtanz für einen Toten

Das spaßige Schweinchen Dick Taschenbuch
Bd. 2–3, 6–17: ***Das spaßige Schweinchen Dick Comic-Taschenbuch***
Bd. 10–17: Die schnellste Maus von Mexiko Speedy Gonzales und
Frankfurt/M.: Condor Verlag
April 1976–Oktober 1982
13,4 × 18,5 cm
Taschenbuch
Farbig
Bd. 1–17
Inhalt:
Schweinchen Dick
Tweety und Sylvester
Karl, der Coyote
Daffy Duck
Bugs Bunny
Elmer
Neues vom Hühnerhof
Der kleine Pancho Vanilla
Die Reise zur Sonne (SF-Comic): Bd. 3
Sam der Pirat
Tiger Tom (oder Cool Cat)
Henry Hühnerhabicht
Speedy Gonzales
Petunia
Merlin

Special
Flensburg: Gerd M. Pontius
(Nur in Bd. 1 zusätzlich: Groß und Deutlich Verlag)
Mitte 1978–Dezember 1979
21 × 29,7 cm
Geklammerte Einzelblätter
Einfarbig (in Bd. 1–4 einige Seiten mehrfarbig)
Bd. 1–7
Bemerkungen:
Nachfolgeserie zu »Boogy«, einem Heft mit gemischtem Inhalt (Nov. 1977–1978, in Bd. 1–3 Comic von PONTIUS*).*

In Bd. 5 und 6 lose Anzeigenbeilage »Forum«, in Bd. 7 fest eingeklammert. In der 2. Ausgabe je eine Comicseite von SCHMIDT und JUNGE, *in der 3. Ausgabe eine von* PAUTNER *und ein Kurzstrip von* BOY.
Z.: JUNGE: Bd. 7
PONTIUS: Bd. 1–7
ROSINKE: Bd. 6
SCHMIDT: Bd. 7
SCHNABEL: Bd .1–7
TIEDEMANN: Bd. 4–7

Special-Comics
Reinbek: Carlsen Verlag
1975–1977
22,5 × 30,4 cm
Broschüre
Einfarbig
Bd. 1–5
Inhalt:
1: Li'l Abner (Z.: CAPP)
2: Modesty Blaise (Z.: HOLDAWAY/ T.: O'DONNELL)
3: Die Späher (Z.: BURNS/T.: LILLEY)
4: Modesty Blaise (Z.: HOLDAWAY/ T.: O'DONNELL)
5: Modesty Blaise (Z.: HOLDAWAY/ T.: O'DONNELL)

Speedy
Siehe: ***Testpilot Speedy***

Speedy Gonzales und Daffy Duck
Die schnellste Maus von Mexiko
Fernseh-Comic-Sonderband
Frankfurt/M.: Condor Verlag
Juli 1979–1983
17,5 × 26 cm
Heft
Farbig
Bd. 1–2
Inhalt:
Speedy Gonzales: Bd. 1–2
Daffy Duck: Bd. 1–2
Merlin, die Zaubermaus: Bd. 1
Tweety & Sylvester: Bd. 1–2

Speedy Gonzales und Schweinchen Dick
Das große Ferien Comic-Sonderheft
Frankfurt/M.: Condor Verlag
Juli 1979–1983
17,6 × 26 cm
Heft
Farbig
Bd. 1–2
Inhalt:
Speedy Gonzales: Bd. 1–2
Tweety & Sylvester: Bd. 1–2
Karl, der Koyote: Bd. 1
Daffy Duck: Bd. 1–2
Bugs Bunny: Bd. 1
Schweinchen Dick: Bd. 1

Spider
Spezialagent des amerikanischen I. S. International
Hannover: Walter Lehning Verlag
Dezember 1967–April 1968
17 × 24 cm
Heft
Farbig
Bd. 1–12

Spiel und Spass
Das Buch für 100 Stunden froher Unterhaltung
München: Jokus-Verlag, Bd. 2: Rastatt: Erich Pabel Verlag
1956–1957
18,5 × 26 cm
Broschüre
Einfarbig und farbig
Bd. 1–2 (unnumeriert, Bd. 2 innennumeriert)
Z.: KAUKA COMIC PRODUCTIONS

Bemerkungen:
Überwiegend Beschäftigungsseiten.
Inhalt:
Cowboy Jimmy: Bd. 1
Fix und Foxi: Bd. 1, 2
Bim und Bam: Bd. 1
Kizzi das Reh: Bd. 1
Dagobert: Bd. 1
Münchhausen: Bd. 1
Till und Dagobert: Bd. 1
Pauli: Bd. 2
Kalle und Pipsa: Bd. 2

Die Spinne
Hamburg: Williams Verlag,
ab Bd. 19: Hamburg: Klaus Recht, ab Bd. 37: Hamburg: Williams Verlag
Januar 1974–Mai 1979
Bd. 1–40: 17,5 × 25 cm,
Bd. 41–137: 18 × 26 cm
Heft
Farbig
Bd. 1–137
Inhalt:
Die Spinne:
Bd. 1–137
Aquarius (auch Prinz Namor):
Bd. 1–67
Geschichten aus Asgard!: Bd. 1, 4
Thor: Bd. 68–102, 104–137
Z. u. T.:
ADKINS: Bd. 21–26, 33–40, 56–67
ANDRU: Bd. 126–132, 134–137
AUSTIN: Bd. 1–8
AYERS: Bd. 9–10, 12–13
BUSCEMA, JOHN: Bd. 41–64, 73–74, 77–82, 85–86
BUSCEMA, SAL: Bd. 95–96
COLAN: Bd. 9–11, 13–14, 39–40
COLLETTA: Bd. 1–2, 4–8, 29–32, 68–102, 104–110, 113–122, 125–137
CONWAY: 112–137
DEMEO: Bd. 40, 51–65, 67, 84
DITKO: Bd. 1–40
EVERETT: Bd. 14–21, 27–32, 123–124
GAN: Bd. 118–119
GIACOIA: Bd. 47–55, 98–103, 105–108, 128–132, 134–137
GOLDBERG: Bd. 133
GOODWIN: Bd. 37–40
GRANDENETTI: Bd. 15
GREGORY: Bd. 37–38
HECK: Bd. 58–65, 67
HUNT, ANDREA: Bd. 120
HUNT, DAVE: Bd. 128–132, 134–135, 137
KANE: Bd. 90–93, 97–106, 122–125
KIRBY: Bd. 1, 4, 11–12, 40, 68–102, 104–137
LEE: Bd. 1–102, 104–137
MARAIS: Bd. 29–32
MOONEY: Bd. 66, 68–83, 85–89, 117–118, 127
MORTELLARO: Bd. 114–116, 118–119, 121–126, 133
REINMAN: Bd. 121, 133
ROMITA: Bd. 41–76, 78–79, 81–98, 107–126, 133
ROTH: Bd. 33–36
SEVERIN: Bd. 65–67
STARLIN: Bd. 114–115
THOMAS, ROY: Bd. 11, 25–30, 33–36, 41–67, 102–105

Die Spinne
Bd. 1–74, 76, 99, 102, 108: Der große Marvel-Superheld Spider-Man genannt
Bd. 75: Der erstaunlichste Superheld aller Zeiten! Peter Parker genannt:
Bd. 77: Der faszinierendste Superheld aller Zeiten: Peter Parker genannt
Bd. 78: In einem aussichtslos scheinenden Kampf: Spider-Man genannt
Bd. 79–80, 100, 103, 107, 109: Der schnellste Waldkletterer aller Zeiten: Spider-Man, genannt

Bd. 81: Der menschlichste alle Superhelden! Spider-Man, genannt:
Bd. 82: Der swingendste aller Superhelden! Spider-Man, genannt:
Bd. 83, 85: Peter Parker ist mehr als ein Held! Er ist...
Bd. 84, 92, 95, 98, 104–105: Der menschlichste aller Superhelden! Peter Parker, genannt
Bd. 86: Kennen Sie Peter Parker? Er ist Spider-Man...
Bd. 87: Marvels größter Superheld: Peter Parker, genannt
Bd. 88, 93, 97, 101, 110: Der erstaunlichste Superheld aller Zeiten: Spider-Man – genannt:
Bd. 89, 94: Peter Parker kennt keine Furcht! Denn er ist...
Bd. 90: Der schnellste Wandkletterer aller Zeiten Peter Parker, genannt
Bd. 91, 96: Marvel-Superstar Peter Parker ist...
Bd. 106: Der menschlichste aller Superhelden! Peter Parker,
Bd. 111–112, 114: New Yorks großer Superheld – Spider-Man genannt
Bd. 113: Jetzt im neuen Kostüm: Spider-Man, genannt
Bd. 115: Im neuen Kostüm: Spider-Man, genannt
Frankfurt/M.: Condor Verlag
März 1980–Serie erscheint noch
17,6 × 26 cm
Heft
Farbig
Bd. 1–115...
Bemerkungen:
In Bd. 92–94: schwarz/weiß-Pocket-Comic-Beilage.
Inhalt:
Die Spinne: Bd. 1–115
Der unglaubliche Hulk: Bd. 1–6
Gefangen im Labyrinth: Bd. 6
Der mächtige Thor!: Bd. 7–8, 13–14, 17–24, 43, 106–112, 115
Die Rächer: Bd. 9–12, 52–53
Der Silver Surfer: Bd. 15–16
Gruppe X. Bd. 35–36, 45–46, 50–51, 82–83
Geschichten aus Asgard: Bd. 40–44, 48–49, 95–99, 103
Die unvergleichlichen Unmenschen: Bd. 44, 55
Nachtfalke: Bd. 56
Der freundlichste Hund des Stadtviertels: Bd. 57
Störe nie einen Toten: Bd. 58
Der Falke: Bd. 77
Das Ding und der Unmögliche: Bd. 86–87
Mindgame: Bd. 90
Die fantastischen Vier: Bd. 94, 108
Captain America: Bd. 113–114
Hawkeye: Bd. 101–102
Z. u. T.:
ADKINS: Bd. 15–16
ANDERSON: Bd. 112
ANDRU: Bd. 2–4, 7–11, 14–15, 19–29, 33–34
BARR: Bd. 56, 66
BARTA: Bd. 82–83
BEATTY: Bd. 113–114
BELL: Bd. 99
BOLLE: Bd. 11–12
BREEDING: Bd. 52, 111
BRIGHT: Bd. 112
BUDIANSKY: Bd. 77
BUSCEMA, JOHN: Bd. 15–16, 19–24
BUSCEMA, SAL: Bd. 1–6, 12–13, 25, 32, 45–46
BYRNE: Bd. 16–18, 30–31, 38, 51
CHAN: Bd. 1–6, 115
CLAREMONT: Bd. 30–31, 82–83, 92–93
COCKRUM: Bd. 82–83
COLLETTA: Bd. 13–14, 41–44, 103, 109–112
CONWAY: Bd. 19–24

DAY: Bd. 51
DEE: Bd. 50–15
DITKO: Bd. 6, 56
DOWNS: Bd. 90
DRAKE: Bd. 35–36, 50–51
DZUBAN: Bd. 99
EDELMAN: Bd. 77
EFFROS: Bd. 84–85
ENGLEHART: Bd. 11–12
ESPOSITO: Bd. 3, 8–12, 14–15, 21–25, 29, 32–35, 37, 39, 48, 59–63, 65–66, 71–72, 75–76, 78–81, 84–85, 103–104
EVERETT: Bd. 17–18, 43
FALCO: Bd. 86–88, 93, 110–115
FLEISHER: Bd. 66
FRENZ: Bd. 103–104, 110–111, 114–115
FRIEDRICH: Bd. 29
GAMMILL: Bd. 29
GIACOIA: Bd. 3, 16, 24–26, 34, 41, 43, 81–82, 94, 96, 98
GOLDEN: Bd. 90, 92–93
GOODWIN: Bd. 1, 13
GORDON: Bd. 77
GRAINGER: Bd. 45–46
GREEN: Bd. 80, 102, 108
GRUENWALD: Bd. 48–49, 54
HALL: Bd. 68, 90, 94
HANDS: Bd. 42
HANNIGAN: Bd. 83, 85–86, 88, 105
HECK: Bd. 11–12, 40, 98
HUNT, DAVE: Bd. 13, 18, 30–31
JANSON: Bd. 53, 100, 109–110
KANE: Bd. 1
KIRBY: Bd. 7–8, 13–14, 17–18, 40–44, 84–85, 95–99, 103
KRAFT: Bd. 90
KUPPERBERG: Bd. 67, 109
LAYTON: Bd. 54, 97
LEE: Bd. 7–8, 15–16, 40–44, 84–85, 95–99, 103
LEONARDI: Bd. 74, 87, 107, 112–113
LIEBER: Bd. 73
MACCHIO: Bd. 48–49
MAGYAR: Bd. 88
MANTLO: Bd. 12–13, 16–18, 32, 68, 83–94, 103–104, 107
MARCOS: Bd. 49, 70
MATTEIS: Bd. 63–64, 69, 113–114
McDONNELL: Bd. 65, 84
McLEOD: Bd. 36, 53, 66
MICHELINIE: Bd. 50, 104
MILGROM: Bd. 43, 52–53, 62, 69, 85, 88–89, 91–93, 106
MOENCH: Bd. 106, 109
MOONEY: Bd. 26–28, 38–40, 43–47, 50, 56–62, 65, 67–68, 72–73, 75, 77–79, 84, 87, 89–93, 105
MORELLI: Bd. 66
MORTELLARO: Bd. 59–72, 75–76
MORTIMER: Bd. 59–72, 75–76, 78–81, 84–85, 88–89, 93–94
NOVAK: Bd. 88
O'NEIL: Bd. 52–62, 65, 67, 69
PERLIN: Bd. 29, 111
POLLARD: Bd. 35, 37, 39–42, 44, 47–50, 54, 106
REINMAN: Bd. 95–96
ROMITA: Bd. 2, 52, 54–62, 69–73, 75, 77–82, 95, 102, 106–109
ROSEN: Bd. 93
ROTH: Bd. 35, 51
RUBINSTEIN: Bd. 53, 113–115
SALICRUP: Bd. 71–73
SEVERIN: Bd. 106
SHAREN: Bd. 93
SIMONS: Bd. 74, 100–101
SINNOTT: Bd. 21–24, 44, 54–55
SMITH: Bd. 50–51
STARLIN: Bd. 36
STERN: Bd. 51, 54, 70–73, 75, 77–82, 95–102, 105–111
STONE: Bd. 48–49, 86–87, 97, 106–107
STRNAD: Bd. 74
TARTAGLIONE: Bd. 51
THACKRAY: Bd. 75–76

THOMAS, JEAN: Bd. 59–70, 78–81, 84–85
THOMAS, ROY: Bd. 45–46
TRIMPE: Bd. 63–64, 110, 115
VERPOORTEN: Bd. 35
WARFIELD: Bd. 66
WEIN, GLYNIS: Bd. 25, 32, 81
WEIN, LEN: Bd. 1–11, 14–15, 19–29, 88
WEISS: Bd. 53
WIACEK: Bd. 53, 71
WILSON: Bd. 86–87
WOLFMAN: Bd. 12, 25, 33–49
ZECK: Bd. 113–114
ZELENETZ: Bd. 110–112, 115

Die Spinne
Bd. 1, 3–23: Der große Marvel-Superheld Spider-Man genannt
Frankfurt/M.: Condor Verlag
1979 – Serie erscheint noch
13,5 × 18,5 cm
Taschenbuch
Farbig
Bd. 1–23 . . .
Inhalt:
Die Spinne: Bd. 1–23
Hulk: Bd. 1–6, 9, 11, 13–14
Geschichten aus der hyboreäischen Zeit: Bd. 4
Der Planet, den es nicht gab: Bd. 6
Roboterhasser: Bd. 6
Der Silver Surfer: Bd. 8
Der mächtige Thor: Bd. 10, 12, 19, 21
Geschichten aus Asgard: Bd. 15–16
Eine Saga aus einer anderen Dimension: Bd. 17
Gruppe X: Bd. 18
Captain America: Bd. 20
Der Dämon: Bd. 20
Die Fliege: Bd. 21
Galactus: Bd. 21
Geschichten aus einer anderen Realität: Bd. 21
Spider-Woman: Bd. 22–23
Z. u. T.:
ANDRU: Bd. 1–2, 4–5, 22
AUSTIN: Bd. 11
BARR: Bd. 13
BARRETO: Bd. 12
BINGHAM: Bd. 13
BRODERICK: Bd. 12, 19
BUCKLER: Bd. 12, 21
BUSCEMA, JOHN: Bd. 8, 10
BUSCEMA, SAL: Bd. 1–4, 6–9, 12, 17
BYRNE: Bd. 9, 11
CHAN: Bd. 3
CLAREMONT: Bd. 3, 9, 11–12, 17–18
COLLETTA: Bd. 8, 12, 15–16
CONWAY: Bd. 1–2, 4–6, 8
DITKO: Bd. 1, 11, 14
DZUBAN: Bd. 20
ELIAS: Bd. 10
ESPOSITO: Bd. 1–3, 7, 10, 13, 18–19
FALCO: Bd. 14
FRENZ: Bd. 20
GAMMILL: Bd. 18–19
GIACOIA: Bd. 2, 14
GILLIS: Bd. 19, 21
GLUT: Bd. 17, 20
GOODWIN: Bd. 1–2
GORDON: Bd. 9, 13
GRANT: Bd. 12–13
GREEN: Bd. 9, 14
GRUENWALD: Bd. 21
HALL: Bd. 11
HANNIGAN: Bd. 14, 16
HEMBECK: Bd. 21
HOBERG: Bd. 17
HUNT, DAVE: Bd. 2, 9, 17
INFANTINO: Bd. 13, 23
ISABELLA: Bd. 10
JANES: Bd. 13
KANE: Bd. 4–6
KIRBY: Bd. 1–2, 12, 15–16, 19, 21
KUNKEL: Bd. 9
KUPPERBERG: Bd. 13, 20–21
LEE: Bd. 1–5, 8, 12, 14–16, 19, 21

LEIALOHA: Bd. 10, 17
LEONARDI: Bd. 14–15
MACCHIO: Bd. 9
MAGGIN: Bd. 3
MANTLO: Bd. 2–3, 6–9, 14–17, 20–22
MATTEIS: Bd. 13, 18–19
McKENZIE: Bd. 13
McLEOD: Bd. 12
MEUGNIOT: Bd. 13
MILGROM: Bd. 11, 14, 20–23
MILLER: Bd. 17
MITCHELL: Bd. 10
MOENCH: Bd. 11
MOONEY: Bd. 2–6, 9, 11, 14–17, 20–23
NASSER: Bd. 12
PATTERSON: Bd. 10–13
PERLIN: Bd. 5
ROCQUE: Bd. 14, 16
ROMITA: Bd. 11
RUBINSTEIN: Bd. 12
SEVERIN: Bd. 3, 11, 15
SHAREN: Bd. 14
SHOOTER: Bd. 1, 15
SIENKIEWICZ: Bd. 18
SIMONS: Bd. 21
SPRINGER: Bd. 3, 13, 15, 17
STATON: Bd. 9
STERN: Bd. 10–11, 14–15
STONE: Bd. 14
TARANG: Bd. 3
THOMAS, ROY: Bd. 1, 4, 10
TRAPANI: Bd. 4
TRIMPE: Bd. 4–5
VOSBURG: Bd. 12
WEIN, LEN: Bd. 3–6, 9, 22
WENZEL: Bd. 9
WIACEK: Bd. 9, 14, 18
WILSON: Bd. 21
WOLFMAN: Bd. 10–11, 13, 23
ZECK: Bd. 10
ZUNIGA: Bd. 10, 22–23

Die Spinne
Der große Marvel-Superheld Spider-Man genannt
Frankfurt/M.: Condor Verlag
1979 – Serie erscheint noch
21,5 × 29,3 cm
Broschüre
Farbig
Bd. 1–22 . . .
Z. u. T.:
ANDRU: Bd. 2, 8
BURKETT: Bd. 21
BUSCEMA, SAL: Bd. 6
BYRNE: Bd. 8
CARLIN: Bd. 20
CLAREMONT: Bd. 8, 16
COLLETTA: Bd. 10–11, 14
CONWAY: Bd. 2–3
CRAIG: Bd. 13
DZUBAN: Bd. 19
ESPOSITO: Bd. 1, 15, 17, 20–22
FALCO: Bd. 12, 20–21
FRENZ: Bd. 19
GAMMILL: Bd. 17
GIACOIA: Bd. 4
GLUT: Bd. 14
GOODWIN: Bd. 9
GRAINGER: Bd. 14
HOBERG: Bd. 14
KANE: Bd. 2–4
KIRBY: Bd. 2–3, 10–11, 14
KRAFT: Bd. 4
LEE: Bd. 2–3, 5–7, 10–11, 14
MANTLO: Bd. 1, 5–7, 9, 18–19, 21
MARCOS: Bd. 4, 13
MATTEIS: Bd. 15, 17
MICHELINIE: Bd. 22
MILGROM: Bd. 18
MILLER: Bd. 11
MOENCH: Bd. 13
MOONEY: Bd. 1, 3, 5–7, 9–10
O'NEIL: Bd. 11
PALMER: Bd. 11
PERLIN: Bd. 9

ROCQUE: Bd. 20, 22
SHOOTER: Bd. 12
SPRINGER: Bd. 5, 7
STONE: Bd. 6
SUTTON: Bd. 13
THOMAS, ROY: Bd. 8, 13–14
TRIMPE: Bd. 12, 15
VOSBURG: Bd. 16
WEIN, LEN: Bd. 4
ZECK: Bd. 1

Die Spinne
Siehe: ***Hit Comics***

Der Spirit
Hamburg: Nelson-Verlag
Oktober 1977
21,5 × 28,5 cm
Heft
Farbig
Z.: EISNER

Sport-Billy
Bd. 1–38: und seine Abenteuer
Bd. 39–41: . . . ist das Maskottchen der Fußball-Weltmeisterschaft 1982
Bd. 42–74: Maskottchen der Fußball-Weltmeisterschaft 1982
Bd. 75–97: Mit Freizeit-Magazin
Bergisch Gladbach: Bastei Verlag
Januar 1980–November 1983
18,1 × 26,1 cm
Heft
Farbig
Bd. 1–97
Inhalt:
Sport-Billy (Z./T.: HALAS UND BATCHELOR): Bd. 1–97
Katinchen (Z.: BORILLO): Bd. 33–39, 45–46, 54–58, 68–70, 72–73, 75–86

Sport-Billys
lustige Abenteuer in aller Welt
Stuttgart: Ehapa Verlag
1977–1978
21,6 × 28,8 cm
Broschüre
Farbig
Bd. 1–6
Z.: NEUGEBAUER
T.: MARÉ

Sportschlümpfe gegen Schlappschlümpfe
Siehe: ***Wettkampf der Schlümpfe***

Sprechgeschichten
Hannover: Hermann Schroedel Verlag
1974
24 × 16,7 cm
Heft
Einfarbig
Bd. 1–2
Bemerkungen:
Es existiert ein »Lehrerheft«.
Inhalt:
Diverse Bildergeschichten, Foto-Bildergeschichten, Comics und einige Einzelbilder.
Z.: BEHNSEN: Bd. 1–2
MARCKS: Bd. 1–2
SCHÄLICKE: Bd. 2
SCHLOTE: Bd. 1–2
SEMPÉ: Bd. 1–2 (Nachdruck)
WELTER (Fotos): Bd. 1–2

Spuk Geschichten
Bergisch Gladbach: Bastei Verlag
Juli 1978 – Serie erscheint noch
18 × 25,6 cm
Heft
Farbig
Bd. 1–221 . . .
Z.: ACCIARI: Bd. 22, 29, 39, 44, 48, 58–59, 63, 77, 81–82, 88, 102, 108, 137, 145

ANDRES: Bd. 141, 170, 175
ANGADAR: Bd. 199, 201, 217
APARICI: Bd. 30
BALCELLS: Bd. 150, 196, 200, 214
BATALLA: Bd. 76, 81, 84–86, 99, 112
BATTAGLIA: Bd. 24, 32, 34, 39–40, 43–44, 46, 55, 59, 63–66, 72, 83, 101
BEA: Bd. 4
BELLALTA: Bd. 154, 171
BENET: Bd. 94, 130, 158
BEVIA: Bd. 218
BLASCO: Bd. 59, 133
BLAZQUEZ: Bd. 61, 80, 96, 120, 127, 143, 145, 173, 178, 203
BOIX: Bd. 113, 116, 118, 121, 124, 127–128, 131, 133, 135, 139, 142, 151, 162, 165
BUIXADERA: Bd. 111, 115, 128, 137, 142, 151, 165
CABRERIZO: Bd. 3, 12, 14, 18–22, 28, 41–42, 64, 73, 78, 97, 107, 114, 118, 123–124, 126, 129, 139, 148, 163, 169, 180, 186, 192
CARDONA: Bd. 147, 150
CARMELO: Bd. 56
CARONINI: Bd. 212
CARVION: Bd. 116
CECCHETTO: Bd. 79, 89, 93, 100–101, 104, 108, 132
CELAL: Bd. 6, 14, 25, 27, 35–36, 38–39, 41–43, 45–47, 62, 65, 73, 77, 84, 94–95, 103, 105, 110, 112–113, 115, 144, 151
COMOS: Bd. 23, 25, 82
CONSOLI: Bd. 44, 70, 110, 120, 131
CORREA: Bd. 54, 56–58, 60–61, 63
COSMOS: Bd. 74
D'ADDERIO: Bd. 189
DEMETRIO: Bd. 133, 136, 141
DEU: Bd. 1–10, 12–13, 15, 18, 20, 24, 30–31, 33–34, 39, 42, 45, 53, 55, 58–59, 62, 66, 69, 73–74, 78–79, 81, 85, 89–90, 93, 99, 101, 105, 112, 128, 161, 166
E.I.S.: Bd. 51–52, 54
EMIADES: Bd. 133
ENRIQUEZ: Bd. 87,99
ERTUGRUL: Bd. 2, 4–5, 7, 9, 11, 13, 18, 20–21, 26, 28–29, 31–33
ESPINOSA: Bd. 106
FALUGI: Bd. 211, 216
FERRER: Bd. 75, 148
FLORES: Bd. 131, 135
FORNS: Bd. 15, 19, 139
FUENTE: Bd. 69
GARMENDIA: Bd. 81, 90
GIOLITTI STUDIO: Bd. 31, 38, 45, 49, 54–55, 76, 85, 144, 149, 174
GOLDENHORN: Bd. 68, 74, 76–77, 82–83, 87–88, 90, 99
GOMEZ: Bd. 91
GONZALES: Bd. 57, 62, 66, 70, 85, 95, 104, 117, 121, 126, 129–130, 132, 136, 140, 142–143
GRANA: Bd. 10–11, 17
GUIRADO: Bd. 23, 27–28, 33, 35, 40, 45, 147
HASAN: Bd. 109, 116
HERNANDEZ: Bd. 24
ISTANBUL STUDIO: Bd. 83–84, 96, 106, 121
JANCO: Bd. 21, 40
LALIA: Bd. 188
LOSADA: Bd. 1, 9, 23, 30
MARCHETTI: Bd. 48, 69
MARCO: Bd. 65, 164, 177, 185, 190, 195, 220
MARTINEZ: Bd. 102, 119, 122, 136
MIRA: Bd. 71
MORALE: Bd. 125
MORALES: Bd. 69
MÜLLER: Bd. 207
NICOLINI: Bd. 37, 100, 119
NORMA STUDIO: Bd. 10, 12, 15–16
ORTEGA STUDIO: Bd. 49–53, 70
ORTIZ: Bd. 117, 157
PASCOLINI: Bd. 16, 22, 26–27, 29,

35–36, 38, 43–44, 48, 51, 54, 56–57, 60–61, 63–64, 70, 96, 102, 109, 119, 136, 141, 143, 145, 152
PEDRAZZINI: Bd. 206
PENA: Bd. 11, 78, 87, 92–94, 98, 100, 104, 106, 111, 114, 117, 122–123, 126, 129, 132, 137–138, 140, 144, 146, 149–150, 153, 155–157, 159, 163–164, 166–167, 169–177, 179–193, 196, 198, 200, 202–221
PEREZ: Bd. 202, 204–205
PRUNES: Bd. 58, 60, 167, 194, 210
PUERTA: Bd. 77–79, 92, 96
PUIGAGUT: Bd. 159
QUINONERO: Bd. 172
RICARD: Bd. 29
RIPA: Bd. 89, 97, 103
ROCA: Bd. 33, 36, 46–47, 179, 182–184, 191, 193, 197
ROZALEN: Bd. 221
RUBIO: Bd. 67, 72, 98
RUIZ, A: Bd. 18, 22, 26, 74, 98, 138, 146, 149, 219
RUIZ, E.: Bd. 138
RUIZ-OLIVERA: Bd. 91
SABAS: Bd. 138
SABATINI: Bd. 79, 108
SALINAS: Bd. 181
SANDELLI: Bd. 7–8, 13–14, 16–17
SARDA: Bd. 30, 32, 42
SOLÉ: Bd. 1–3, 5–6, 8–9, 11, 13–14, 17, 19, 21, 23, 25, 28, 32, 34, 37, 40–41, 46, 52, 57, 60, 65, 67–68, 71–72, 75–76, 80, 83–84, 91, 97, 103, 107, 110, 115, 134
SPADARI: Bd. 140
STIZZA: Bd. 68, 125, 130, 134, 148, 158, 161, 213
TAFALLA: Bd. 125
TORREGROZA: Bd. 123
TORRENTE: Bd. 88, 90, 92, 111, 134, 152, 160, 197–199, 201, 208
UGURCAN: Bd. 67, 107, 124
URBEZ: Bd. 92–93, 97
VITO: Bd. 105, 162
ZUIR: Bd. 20

Star Album
Die spannendsten Geschichten der Welt-Literatur
Bd. 1–4, 17, 18: Illustrierte Klassiker
Bd. 5–16: Illustrierter Klassiker
Aachen: Bildschriftenverlag
März 1970–Januar 1971
19 × 26 cm
Broschüre
Farbig
Bd. 1–18
Titel:
1: Moby Dick (Z.: NODEL) (Nachdruck von Illustrierte Klassiker Bd. 17)
2: 20 000 Meilen unter dem Meer (Z.: KIEFER) (Nachdruck von Illustrierte Klassiker Bd. 20)
3: König Salomons Schatzkammer (Z.: KIEFER) (Nachdruck von Illustrierte Klassiker Bd. 26)
4: Bill Hickok (Z.: TRAPANI UND IORIO) (Nachdruck von Illustrierte Klassiker Bd. 27)
5: Robinson Crusoe (Z.: CITRON) (Nachdruck von Illustrierte Klassiker Bd. 31)
6: Onkel Toms Hütte (Nachdruck von Illustrierte Klassiker Bd. 33)
7: Robin Hood (Z.: SPARLING) (Nachdruck von Illustrierte Klassiker Bd. 41)
8: Die Zeitmaschine (Z.: CAMERON) (Nachdruck von Illustrierte Klassiker Bd. 46)
9: Die Reise um die Welt in 80 Tagen (Z.: KIEFER) (Nachdruck von Illustrierte Klassiker Bd. 48)
10: Die schwarze Fregatte (Nachdruck von Illustrierte Klassiker

Bd. 54)
11: Kugeln und weisse Segel (Z.: COSTANZA) (Nachdruck von Illustrierte Klassiker Bd. 61)
12: Die ersten Menschen am Mond (Z.: WOODBRIDGE UND WILLIAMSON, TORRES?) (Nachdruck von Illustrierte Klassiker Bd. 68)
13: König der Freibeuter (Z.: EVANS UND JENNEY, Cover: SAUNDERS) (Nachdruck von Illustrierte Klassiker Bd. 74)
14: Reise durch die Sonnenwelt (Z.: McCANN) (Nachdruck von Illustrierte Klassiker Bd. 75)
15: Die drei Musketiere (Z.: EVANS UND CRANDALL) (Nachdruck von Illustrierte Klassiker Bd. 77)
16: Zwei Jahre vor dem Mast (Z.: WEBB UND HEAMES) (Nachdruck von Illustrierte Klassiker Bd. 176)
17: Oliver Twist (Z.: EVANS UND CRANDALL) (Nachdruck von Illustrierte Klassiker Bd. 107)
18: Der Freiheit verschworen (Z.: CRANDALL UND EVANS) (Nachdruck von Illustrierte Klassiker Bd. 131)

Star Fantasy
Die phantastische Welt von Fantasy und Science-fiction
München/Vaduz: Verlag Interman
Oktober 1978–Februar 1979
21 × 28 cm
Heft
Einfarbig und farbig
Bd. 10–12, 1, 14
Z. u. T.:
ALEXIS: Bd. 12
BAZZOLI: Bd. 14
BIHANNIC: Bd. 11
CAZA: Bd. 14
CHRISTIN: Bd. 10
CORBEN: Bd. 1, 14
DAVIS: Bd. 10–12, 1
DIONNET: Bd. 10–12, 1, 14
DRUILLET: Bd. 11–12, 1, 14
GAL: Bd. 10–12, 1
GULACY: Bd. 10
HÉ: Bd. 1, 14
KAHN: Bd. 11
LETENDRE: Bd. 14
MACEDO: Bd. 10, 14
MARRE: Bd. 10
McGREGOR: Bd. 10
McKIE: Bd. 1
MEZIERES: Bd. 10–11
MOEBIUS: Bd. 12, 1
MOENCH: Bd. 10–12
NEZIN: Bd. 10
NINO: Bd. 10–12
ROSILIO: Bd. 11
SOLÉ: Bd. 14
STRNAD: Bd. 1, 14
STURGEON: Bd. 10–12

Star-Klassiker
Aachen: Bildschriftenverlag
1968
17 × 24,5 cm
Heft
Einfarbig
Bd. 1–9
Titel:
1: Reise ins Grauen
2: Sturm über Ägypten! (Z.: PRUNÉS, auch Cover)
3: Der zweiköpfige Drache (Cover: NABAU)
4: Der Mann ohne Gesicht (Z.: PRUNÉS, auch Cover)
5: Mortal Casbah (Z.: PRUNÉS?, auch Cover)
6: Falsches Spiel in Somalia (Z.: PRUNÉS, auch Cover)
7: Der Mord-Satellit greift an (Z.: PRUNÉS, auch Cover)

8: Die Jagd auf Professor Briant
9: Afrika sehen und sterben (Cover: CORTTELLA)

Star Trek
Siehe: ***Raumschiff Enterprise***

Die Steinzeitkinder
Oldenburg/Hamburg: Gerhard Stalling Vlg.
1955
21 × 28 cm
Buch
Farbig
Bd. 1–2 (unnumeriert)
Z.: ALMQVIST/Verse: MERHART-WALLIN
Bemerkungen:
d. i. Die Neandertaler.
Titel:
(1): »Die fröhlichen Steinzeitkinder« Ihre Abenteuer mit Urax und den wilden Tieren (Stalling-Bilderbuch Nr. 125)
(2): »Die Steinzeitkinder in Ägypten« Ihre abenteuerliche Reise und glückliche Heimkehr (Stalling-Bilderbuch Nr. 127)

Sternchenbuch
Siehe: ***Reinhold das Nashorn***
Jimmy das Gummipferd

Die Sternenkämpfer
Siehe: ***UFO***

Sternfeuer
Berlin: Bernhard Groth Verlag
August 1980–Februar 1984
21 × 29,8 cm
Heft
Einfarbig und farbig
Bd. 1–6
Z.: BANEMANN: Bd. 1–6
BOXBERGER: Bd. 6
GROTH: Bd. 1–6
HOLL: Bd. 2, 4–6
KOHLHOFF: Bd. 6
KRÜGER: Bd. 3–4
SCHOLZ: Bd. 3

Das Steuermännlein
Frankfurt/M.: Insel Verlag
1975
10,8 × 17,7 cm
Taschenbuch it 105
Einfarbig
Z./T.: ARNOLD

Stips
Dortmund: Union Verlag, Bd. 2 zusätzlich: Verlag »Das grüne Blatt«
1952–1953
24 × 22,5 cm
Broschüre
Einfarbig
Bd. 1–2
Z.: OTTO
T.: FRANKE
Titel:
1: Stips abenteuert durch die Welt
2: Stips auf grosser Fahrt

Stress
Bd. o. Nr.: ***Kollaps***
Magazin für Comic-Kunst
Bd. 3a: Sonderband
Bd. 5: Dokumentation Comics aus Österreich
Bd. 5a und 8: Report
Bd. 6 (4 S.): Morgenausgabe
Bd. 6: Eugen Plan
Wien (Österr.): Dr. Hans-Jörg Konecny
Juni 1978–Mitte 1984
Je ca. 21 × 29,5 cm
Heft und Faltblatt
Bd. 1, 3: Einfarbig und farbig, Bd. 2: Einfarbig und zweifarbig, Bd. 6 (4 S.):

Zweifarbig, alle anderen: Einfarbig
Bd. 1–3, 3a, 3b, 4–5, 5a, 6 (4 S.), 6, 7, o. Nr., 8
Bemerkungen:
Umfang stark schwankend.
Die Zeitschrift war sehr experimentierfreudig, daher viele Beiträge Grenzfälle. 3b, 6 (4 S.) und 8 enthalten keine Comics. Bd. 5 enthält u. a. Tobias Seicherl-Nachdrucke. Bd. 6 mit Beiblatt zu Eugen Plan.
Bd. 7 als Beihefter in der Kunstzeitschrift »Vernissage« Bd. 4/82, Bd. o. Nr. als Beihefter in »Vernissage« Bd. 9/82.
Z. u. T.:
BONIVERT: Bd. 2
DWORAK: Bd. 1, 3
EBNER: Bd. 2
EISENKÖLBL: Bd. 3
FOREST: Bd. 5
FROHNER: Bd. 1, 4
GASBARRI: Bd. 3
HAVLIK: Bd. 2–4
KMOCH: Bd. 5
KNY: Bd. 2
LEIDERGOTT: Bd. 5
LICHTENSTEIN: Bd. 1
MACEDO: Bd. 1
MICHELANGELA: Bd. 3–4
MONTELLIER: Bd. 1
PASTEINER: Bd. 5
PETERKA: Bd. 3, 3a, 4
PLAN: Bd. 1–6, o. Nr.
SANDSTEIN: Bd. 2, 4
SIM: Bd. 3
TABATABAI: Bd. 1
WEBER: Bd. 2
WITTMANN: Bd. 3a, 4
WUKOUNIG: Bd. 3–4
ZECHYR: Bd. 1

Studio Sex
Neu Fotoroman
Offenburg: Studio Verlag
1974
20,9 × 29,9 cm
Heft
Einfarbig
Bd. 3–6

Die Sturmtruppen
So war Papis Wehrmacht:
Frankfurt/M.: Condor Verlag, ab Bd. 8: Frankfurt/M.: Beta Verlag, ab Bd. 12: Berlin: Beta Verlag
Juli 1978 – Serie erscheint noch
Bd. 1–3: 21,5 × 29,3 cm, ab Bd. 4: 21 × 29,3 cm
Broschüre
Farbig
Bd. 1–13 . . .
Z.: BONVI
Bemerkungen:
Bd. 8 auch als Hardcover (21,5 × 30,1 cm). Ab Juni 1982 existiert eine 2. Auflage.

Stuttgarter Comics
Stuttgart: Spectrum Verlag
1980
19,5 × 21 cm
Buch
Z./T.: SPOHN
Bemerkungen:
Mundart-Comics.

Suco
Bonn: Raymond Boy, ab Bd. 3: Wachtberg-Ließem: Raymond Boy
1980
21,1 × 29,7 cm
Geklammerte Einzelblätter
Farbig, einfarbig, dreifarbig und zweifarbig
Bd. 1–3
Z.: BOY: Bd. 1–3?
GANSWINDT: Bd. 3

Süsse Gwen
und: Gwendoline ist wieder da!
Hamburg: Koma Productions
1980
20,9 × 27,6 cm
Heft
Einfarbig
Z.: STANTON
Bemerkungen:
Nachdruck von ***Sweeter Gwen...***

Sun Wu-kung besiegt das Weisse-Knochen-Gespenst dreimal
Peking (China): Vlg. für fremdsprachige Literatur
1964
17 × 25 cm
Broschüre
Einfarbig
Z.: DSCHAO UND TJIÄN
T.: WANG
Bemerkungen:
Es existiert eine 2. Auflage von 1974. Siehe auch ***Affe besiegt den Weiss-Knochen-Geist.***

Super
Bd. 1–3, 5: Die Comic Explosion
München: Arthur Moewig Verlag, ab Bd. 17: Rastatt: Erich Pabel Verlag
November 1971–Mai 1973
21,4 × 29 cm
Broschüre
Farbig, Bd. 12: zweifarbig
Bd. 1–18
Inhalt:
1: Flip, Flap und Florian
2: Ponkraz (Z.: CANDOLFI)
3: Don Quichotte/Flip, Flap und Florian
4: Flip, Flap und Florian
5: Flip, Flap und Florian
6: Mumin (Z.: JANSSON)
7: Trigo (Z.: LAWRENCE/T.: BUTTERWORTH), d. i. Trigan
8: Phantom (Z.: MOORE/T.: FALK)
9: Ramses (Z.: JACOVITTI)
10: Anatol & Sohn
11: Popeye (Z.: SAGENDORF)
12: Die Fünf von Terra (Z.: MAROTO) Titelbild und Rückseite von FERNANDEZ
13: Jeremie (Z./T.: GILLON)
14: Jeremie (Z./T.: GILLON)
15: Jeremie (Z./T.: GILLON)
16: Phantom
17: Winnetou und Old Shatterhand (Z./T.: ARRANZ)
18: Winnetou und Old Shatterhand (Z./T.: ARRANZ)

Super Action
Ein kompletter Comic-Thriller
Zug (Schweiz): Gevacur
1974
12,9 × 17,9 cm
Taschenbuch
Farbig
Bd. 1–5
Inhalt:
1: Andrax (Z.: BERNET/T.: WIECHMANN)
2: Kuma (Z.: MENDEZ)
3: Air Hawk (Z.: DIXON)
4: Andrax (Z.: BERNET/T.: WIECHMANN)
5: Air Hawk (Z.: DIXON)

Super Adelheid
Fernseh-Comics, Rätsel und viel Spaß!
Frankfurt/M.: Condor Verlag
April 1975–1976
21,2 × 29,5 cm
Heft
Farbig und zweifarbig
Bd. 1–6
Inhalt:
Mister Magoo
Äsop & Sohn
Bullwinkel & Rocky (Z.: FUNG)

Der rosarote Panther
Tycoon Magoo
Dudley DoRight
Die geheimnisvolle Grotte
Klassisches Märchen in moderner Form
Ein schlechtes Geschäft
Adelheid & Co.
Fantomax

Superboy
Superman präsentiert:
Stuttgart: Ehapa Verlag
Januar 1980 – Serie erscheint noch
17,5 × 26 cm
Heft
Farbig
1980: Bd. 1–13
1981: Bd. 1–13
1982: Bd. 1–13
1983: Bd. 1–13
ab 1984: Bd. 14–25 . . .
Inhalt:
Superboy: Alle Hefte
Legion der Superhelden: Bd. 1/80–10/80, 12/80–13/80, 3/81, 5/81, 11/81–9/82
Krypto der Superhund: 2/81, 9/81, 11/82, 22
Superbaby: Bd. 4/81, 7/81
Wähle »H« für Held: Bd. 4/83–5/83, 7/83–13/83, 14–24
Z. u. T.:
ABEL: Bd. 7/83
ADKINS: Bd. 4/80, 11/82, 22, 24
ANDERSON: Bd. 25
APOLLO: Bd. 1/80
BATES: Bd. 6/80, 8/80–12/80, 1/81–2/81, 4/81–9/81, 11/81, 13/81–2/82, 9/82, 11/82–1/83
BENDER: Bd. 4/83, 18–25
BINDER: Bd. 7/80, 10/81
BLAISDELL: Bd. 7/81
BRIDWELL: Bd. 3/81–4/81, 4/83, 18–25
BROWN: Bd. 25
BUCKLER: Bd. 3/81
CALNAN: Bd. 5/80–6/80, 2/81, 7/81, 9/81, 3/83
CHIARAMONTE: Bd. 2/80, 12/80, 4/81, 11/81–2/82, 4/82, 6/82, 3/83, 24
COHN: Bd. 2/83
COLLETTA: Bd. 25
CONWAY: Bd. 2/80–9/80, 12/80–13/80, 11/81–2/82, 4/82–5/82
COSTANZA: Bd. 12/80, 3/81, 7/81, 13/81–1/82, 11/82, 2/83, 12/83, 19
D'ANGELO: Bd. 1/80–13/80, 2/81–3/81, 13/81–2/82, 4/82–9/82, 13/82, 2/83, 7/83
DELBO: Bd. 7/81, 1/83
DITKO: Bd. 4/80, 3/81, 5/81, 13/81–1/82, 8/82
DORFMAN: Bd. 25
ESTRADA: Bd. 6/80
FALCO: Bd. 13/82, 2/83
FELIX: Bd. 16, 23
GAFFORD: Bd. 8/83, 13/83
GEORGE: Bd. 25
GIELLA: Bd. 1/83, 4/83, 8/83–9/83, 12/83, 19–24
GIFFEN: Bd. 19
GUZMAN: Bd. 1/81
HARKINS: Bd. 20
HUNT: Bd. 1/80–6/80, 8/80–2/81, 4/81–9/81, 11/81, 13/81–2/82, 9/82–2/83, 18–19
INFANTINO: Bd. 8/83, 13/83
JANES: Bd. 8/80–10/80, 12/80–13/80, 11/81–12/81, 2/82, 4/82–7/82, 9/82
JENSEN: Bd. 8/83
KARISHA: Bd. 13/82
KLEIN: Bd. 3/80, 5/81, 13/81, 5/82, 11/82–13/82, 4/83, 13/83, 14, 18
KUBERT: Bd. 5/83–6/83, 18–19
KUPPERBERG: Bd. 5/81, 5/83–6/83, 8/83–13/83, 14–19, 21–23

LeROSE: Bd. 11/81–12/81, 25
LEVITZ: Bd. 1/80, 8/82–9/82
MATTEIS: Bd. 10/80, 3/81
McLAUGHLIN: Bd. 13/83, 25
MICHELINIE: Bd. 7/83
MISHKIN: Bd. 2/83
MULDER: Bd. 2/81, 4/81
ODA: Bd. 1/80, 8/80–12/80, 1/81–7/81, 9/81, 11/81–12/81, 1/82–2/82, 4/82, 6/82–10/82, 1/83, 3/83–4/83, 7/83–11/83, 13/83, 15, 17, 21–23, 25
PAPP: Bd. 10/81, 12/82
PASKO: Bd. 10/82
PATTERSON: Bd. 5/82, 7/82–9/82
PLASTINO: Bd. 7/80, 6/83
RACHELSON: Bd. 7/81
ROBINS: Bd. 2/83
ROZAKIS: Bd. 2/81, 4/81, 7/81, 9/81, 11/82, 1/83, 3/83–4/83, 8/83, 13/83, 18–25
SALADINO: Bd. 24
SAVIUK: Bd. 14–16
SCHAFFENBERGER: Bd. 6/80, 8/80–12/80, 1/81–2/81, 4/81–9/81, 11/81, 13/81–2/82, 9/82–6/83, 8/83–13/83, 14–19, 21–24
SERPE: Bd. 8/80, 10/80, 12/80, 1/81–9/81, 11/81, 13/81–2/82, 9/82–6/83, 8/83–13/83, 14–24
SHERMAN: Bd. 7/80
SNAPINN: Bd. 5/80, 10/80, 13/80, 2/81, 4/81, 8/81, 11/81, 1/83, 3/83, 24
STATON: Bd. 2/80–3/80, 5/80, 13/82, 2/83, 7/83
SWAN: Bd. 24
TANGHAL: Bd. 3/81, 4/81, 11/82
THOMAS: Bd. 4/82–9/82
WIACEK: Bd. 3/81

Super Comic
Spannung Spaß Abenteuer
Köln: Inter Verlag
1975
23,1 × 30,4 cm
Broschüre
Farbig und zweifarbig
Bd. 1
Z.: A.P.S.
Inhalt:
Ein Fall für Pitt Decker
Wyatt Earp
Toby & Tabs
Der Turm des Todes
Das Wunderauto
Die Tage des Grauens
Die Stadt unter dem Ozean
Der Pirat des Kaisers
Piff und Paff
Käpten Knurrhahn auf Schatzsuche

Super Comics
Bd. 1, 3, 5, 7, 9, 11, 13, 15, 17, 19, 21, 23, 25, 27: Metamorpho Herr der Elemente
Bd. 2, 4, 6, 8, 10, 12, 14, 16, 18, 20, 22, 24, 26, 28, 29, 30: Metall-Menschen
Aachen: Bildschriftenverlag
1968–August 1969
18 × 25 cm
Heft
Einfarbig
Bd. 1–30
Z.: Metamorpho: TRAPANI U. A.
Metall-Menschen: ANDRU UND ESPOSITO U. A.
Inhalt:
Horror- und Science Fiction-Stories (Bd. 21: Z.: PURCELL): Bd. 1–30
Professor Heureka (d. i. Professor Eureka) (Z.: BOLTINOFF): Bd. 5
Otto der Erfinder: Bd. 7
Die Schule als Bildungsvermittler: Bd. 11
Die Geschichte der Metalle: Bd. 12
Cap's Hobby-Vorschläge (Z.: BOLTI-

NOFF): Bd. 12–15, 21
Billy: Bd. 27
Dr. Eigenbrot: Bd. 15

Superdaniel
Bildgeschichten & Comics
Weinheim: Beltz Verlag
1972
16,5 × 24 cm
Broschüre
Farbig
Z.: SCHLOTE

Superfreunde
Superman präsentiert:
Stuttgart: Ehapa Verlag
1980 – Serie erscheint noch
21,6 × 28,7 cm
Broschüre
Farbig
Bd. 1–11 . . .
Z. u. T.:
BERUBE: Bd. 2
BRIDWELL: Bd. 1–11
COLLETTA: Bd. 4–6, 10
D'ANGELO: Bd. 3, 7–8
FRADON: Bd. 1–10
MULDER: Bd. 9
ODAI: Bd. 2, 4–6, 8–11
O'SHAUGHNESSY: Bd. 8, 10–11
PASCALE: Bd. 2, 9
ROBINS: Bd. 2
ROY: Bd. 4–5, 8–11
SCHAFFENBERGER: Bd. 5–6, 11
SERPE: Bd. 1–5, 11
SIMEK: Bd. 7
SMITH: Bd. 1–4, 6–11
SNAPINN: Bd. 4–5, 8, 10–11
TANGHAL: Bd. 6, 9

Die Superhelden
Siehe: ***Die Actionhelden***
Hit Comics

Super-Mädchen
Das Ende der Verkäuferin Jolly Boom
Streit-Zeit-Bilder
Frankfurt/M.: Heinrich-Heine-Verlag
1968
28,5 × 32 cm
Broschüre, Streit-Zeit-Bücher 1
Farbig und einfarbig
Z./T.: MEYSENBUG

Supermädchen
und andere Comics aus den letzten Tagen des großen Boom
Frankfurt/M.: Zweitausendeins
1975
16 × 19,1 cm
Broschüre
Z./T.: MEYSENBUG
T. von Glamour Girl: MANZ
Inhalt:
Supermädchen (stark bearbeitete und erweiterte Neufassung der Erstausgabe, siehe da)
Mini-Faust (Nachdruck von Mini-Faust)
Antaia Ernst Jüngers Muse
Glamour Girl (stark bearbeitete und erweiterte Neufassung der Erstausgabe, siehe da)

Superman
1967 Bd. 3 – 1969 Bd. 11: und Batman, 1969 Bd. 12 – heute: Batman
1976 Bd. 1–26: 10 Jahre Superman im Ehapa Verlag!
ab 1977 Bd. 1: wechselnde Untertitel
Stuttgart Ehapa Verlag
September 1966 – Serie erscheint noch
18 × 26 cm
Heft, Farbig
1966: Bd. 1–4
1967: Bd. 1–3, 4 (5+6), 7 (5 + 6), 8–26

1968: Bd. 1–26
1969: Bd. 1–26
1970: Bd. 1–26
1971: Bd. 1–26
1972: Bd. 1–26
1973: Bd. 1–26
1974: Bd. 1–26
1975: Bd. 1–26
1976: Bd. 1–26
1977: Bd. 1–26
1978: Bd. 1–26
1979: Bd. 1–27
1980: Bd. 1–26
1981: Bd. 1–26
1982: Bd. 1–26
1983: Bd. 1–26
1984: Bd. 1–26

Bemerkungen:
Bd. 21–26 von 1982 und Bd. 1–3 von 1983 enthalten eine einfarbige Beilage.

Inhalt:

Air Wave (Z./T.: CHIARAMONTE/COLLETTA/D'ANGELO/MARCOS/ODA/ROZAKIS/SAVIUK/ SERPE/SNAPINN): ab Bd. 2/79

Amethyst Z./T.: COHN/COLON/MARTIN/MISHKIN/BOB SMITH/ZIUKO): ab Bd. 1/84

Der Antistreik (Z.: BOLTINOFF): ab Bd. 5/71

Aquaman (Z./T.: ANDERSON/APARO/HANEY/LEVITZ/ODA/SERPE/LEN WEIN): ab Bd. 8/76

Atom (Z./T.: ANDERSON/APARO/AUSTIN/BERUBE/BLAISDELL/BUCKLER/CALNAN/DELBO/DILLIN/FOX/GIORDANO/GRELL/JANSON/GIL KANE/KUPPERBERG/MAGGIN/McLEOD/PASKO/ROGERS/ROZAKIS/STILES): ab Bd. 2/76

Batgirl (Z./T.: BURKETT/CHIARAMONTE/D'ANGELO/DELBO/GIELLA/HARRIS/HECK/MARCOS/ODA/O'NEIL/SERPE/SNAPINN): ab Bd. 17/68

Batman und Robin (Z./T.: ABEL/NEAL ADAMS/ADKINS/ALCALA/ALEXANDER/AMENDOLA/ANDERSON/ANDRU/APARO/AUSTIN/BARR/BRIDWELL/BROWN/BUCKLER/BURKETT/BUSIEK/CALNAN/CARLO/CHEN/CHIARAMONTE/CHUA/COHN/COLAN/CONWAY/COSTANZA/D'ANGELO/DAVIS/DELBO/DILLIN/ESPOSITO/ESTRADA/FELIX/FLEISHER/FONTES/GAFFORD/GARCIA-LOPEZ/GIACOIA/GIELLA/GIORDANO/GOLDEN/GONZALES/GOODWIN/HANEY/HARRIS/HECK/HUNT/BOB KANE/GIL KANE/KELLOG/KLEIN/KRAFT/KUPPERBERG/LEFERMAN/LeROSE/MAGGIN/MARCOS/MAZZUCCHELLI/McLAUGHLIN/MILGROM/MISHKIN/MITCHELL/MOENCH/MOORE/MULDER/NEWTON/NICHOLAS/NOVICK/ODA/O'NEIL/POLLARD/REED/ROBINS/RODRIGUEZ/ROGERS/ROY/ROZAKIS/RUBINSTEIN/SALADINO/SCHAFFENBERGER/SERPE/BOB SMITH/SNAPINN/SPRANG/STEVENS/TANGHAL/THOMAS/TOTH/TRAPANI/TUSKA/LEN WEIN/MARV WOLFMAN/MICHELE WOLFMAN/WALLACE WOOD): ab Bd. 3/67

Bizarro (Z./T.: BRIDWELL/D'ANGELO/HUNT/ODA/SWAN): ab Bd. 20/84

Black Lightning (Z./T.: FORTON/GUZMAN/LeROSE/MATTEIS): ab Bd. 25/80

Blitzschwalbe (Z./T.: AUSTIN/COLLETTA/CONWAY/EEDEN/HANEY/ODA/ROGERS/ ROZAKIS/SEN): ab Bd. 3/76

Brainiac (Z./T.: CHIARAMONTE/D'ANGELO/KLEIN/SWAN/MARV WOLFMAN): ab Bd. 13/82

Christopher Chance (Z./T.: CHAYKIN/GIORDANO/ODA/GLYNIS WEIN/LEN WEIN): ab Bd. 19/79

Congorilla: ab Bd. 9/84

Creeper (Z./T.: APARO/BURKETT/DITKO/HANEY/SERPE): ab Bd. 19/78

Dämon (Z./T.: JOE KUBERT/LEN WEIN/TATJANA WOOD): ab Bd. 3/84

Deadman (Z./T.: APARO/GARCIA-LOPEZ/HANEY/LEN WEIN): ab Bd. 11/75

Doctor Fate (Z./T.: BURKETT/NEWTON/ODA/SERPE/BOB SMITH): ab Bd. 4/80

Doppelgänger: ab Bd. 9/68
Der dürre Herkules (Z./T.: BINDER/INFANTINO/SACHS): Bd. 7/72
Elastoman (Z./T.: AUSTIN/BARR/CHUA/COLLETTA/COSTANZA/D'ANGELO/HUNT/KUPPERBERG/RODRIGUEZ/ROGERS/ROZAKIS/SCHAFFENBERGER/SWAN): ab Bd. 19/76
Falke (Z./T.: ANDERSON/APARO/AUSTIN/BARRETO/BATES/BRIDWELL/BUCKLER/CELARDO/CHIARAMONTE/CONWAY/GARCIA-LOPEZ/GIL/HANEY/HARRIS/LANDGRAF/MATTEIS/ODA/ROBINS/ROGERS/ROY/ROZAKIS/SERPE/SIMONS/STATON/TANGHAL/GLYNIS WEIN/LEN WEIN): ab Bd. 23/76
Ein Fall aus den Polizeiakten: Bd. 5/72
Eine Falle schnappt zu!: Bd. 7/71
Feuersturm (Z./T.: CONWAY/GARCIA-LOPEZ/MILGROM/MITCHELL): ab Bd. 7/80
Fingerabdrücke – ein alter Hut: Bd. 18/67
Fips hat Grips (Z.: BOLTINOFF): ab Bd. 23/70
Eine Geisterwelt: Bd. 13/69
Gerechtigkeitsliga (Z./T.: ANDERSON/CONWAY/McLAUGHLIN/PEREZ/SCHAFFENBERGER): ab Bd. 2/78
Grüne Leuchte (Z./T.: ADKINGS/BATES/BLAISDELL/BURKETT/KUPPERBERG/ NEWTON/ROY/SERPE/STATON/ SWAN): ab Bd. 17/77
Der grüne Pfeil (Z./T.: ADKINS/AUSTIN/BATES/BLAISDELL/CAVALIERI/COLLETTA/CONWAY/COSTANZA/DELBO/DILLIN/EEDEN/GIL/GIORDANO/GRELL/HANEY/JANES/KUPPERBERG/LEFERMAN/MAGGIN/McLAUGHLIN/ NEWTON/ROBINS/ROGERS/ROZAKIS/SERPE/SNAPINN/SWAN/ZIUKO): ab Bd. 3/71
Helden zweiter Garnitur (Z./T.: McLAUGHLIN/PASKO/SWAN): Bd. 2/77
Im Fundbüro geht nichts verloren: Bd. 23/72
Die Invasion (Z.: HECK): Bd. 4/73
Jimmy Olsen (Z./T.: ARUNS/CALNAN/COLLETTA/CONWAY/COSTANZA/DELBO/DOMINGUEZ/DORFMAN/JOHNDRAKE/FALCO/GAFFORD/GIELLA/GUZMAN/HECK/KLEIN/LEFERMAN/MITCHELL/ODA/SAVIUK/SCHAFFENBERGER/SERPE/SNAPINN/TUSKA): ab Bd. 3/66
John Jones – Meisterdetektiv vom Mars: Bd. 2/69–3/69, 1/70
Johnny Law – Kriminalinspektor: Bd. 16/72
Junge Giganten (Z./T.: GIELLA/NOVICK/ROZAKIS): ab Bd. 24/78
Krypto der Superhund (Z./T.: ORTIZ/PAPP/SEN/TOOMEY): ab Bd. 25/74
Kryptonitman (Z./T.: BARRETO/D'ANGELO/KUPPERBERG): ab Bd. 17/84
Legion der Superhelden (Z./T.: ABEL/CORY ADAMS/ANDERSON/BATES/BERUBE/BULANADI/CHAYKIN/COCKRUM/COLLETTA/CONWAY/COSTANZA/DRAUT/ESTRADA/GRELL/HARRIS/HUNT/JONES/KUPPERBERG/LEFERMAN/LEVITZ/McLEOD/ODA/ROBINS/ROY/RUBINSTEIN/SERPE/SHERMAN/SHOOTER/STARLIN/STATON/LEN WEIN/WIACEK): ab Bd. 22/71
LexLuthors geheimes Leben (Z./T.: ELISABETH SMITH/THOMAS SMITH/SCHAFFENBERGER): ab Bd. 21/78
Lois Lane (Z./T.: APARO/BLAISDELL/CALNAN/COLLETTA/CONWAY/COSTANZA/D'ANGELO/DELBO/ARNOLD DRAKE/FALCO/KANIGHER/KLEIN/KUNKEL/KUPPERBERG/LEFERMAN/LEVITZ/McLAUGHLIN/MITCHELL/MORTIMER/ODA/O'FLYNN/OKSNER/ROBINS/ROSENBERGER/ROTH/ROY/SCHAFFENBERGER/SEN/SERPE/SNAPINN/WARNER/WIACEK): ab Bd. 2/66
Lola Barnetts Metropolis: Bd. 3/75
Lotti (Z.: BOLTINOFF): ab Bd. 2/71
Manbat (Z.: CALNAN): Bd. 25/75
Metallmann (auch Metallos) (Z./T.: APARO/CALNAN/HANEY/SWAN): ab Bd. 23/76

Metamorpho (Z./T.: APARO/CONWAY/HANEY/McLAUGHLIN/NOVICK/SERPE): ab Bd. 2/80
Morgan Edge: Bd. 14/77
Mr. Mxyzptlk: Bd. 22/76
Mulah, der Fakir (Z.: BOLTINOFF): ab Bd. 25/67
Nachtschwinge und Flammvogel (Z./T.: BERUBE/D'ANGELO/KUPPERBERG/LANDGRAF/LEFERMAN/LeROSE/ROBINS/SCHULMAN/SERPE/TANGHAL): ab Bd. 26/77
Ollie (Z.: BOLTINOFF): ab Bd. 24/69
Otto: ab Bd. 11/71
Perry White (Z./T.: BLAISDELL/COLLETTA/ROZAKIS/SCHAFFENBERGER/SWAN/TOOMEY): Bd. 25/76, 15/77
Die phantastische Welt von Krypton (Z./T.: BUCKLER/COLLETTA/GIELLA/GIL KANE/KUPPERBERG/McLAUGHLIN/NEWMAN/PAPP/PASKO/ROGERS/ROZAKIS/SAVIUK/SPRINGER): ab Bd. 9/71
Pitt (Z.: BOLTINOFF): ab Bd. 14/71
Poldi der Polyp (Z.: BOLTINOFF): ab Bd. 18/69
Der Polizeihund: Bd. 10/71
Der Raketendoktor (Z.: BOLTINOFF): ab Bd. 7/67
Rip Hunter . . . Zeitmeister (Z./T.: COLLETTA/COSTANZA/SAVIUK/SERPE/ TIEFENBACHER): ab Bd. 10/84
Rose und die Rächerin (Z./T.: ANDRU/BUCKLER/ESPOSITO/GIORDANO/KANIGHER/SAAF): ab Bd. 6/71
Roter Blitz (auch Zack, der Rote Blitz) (Z./T.: BATES/BLAISDELL/GAFFORD/HUNT/INFANTINO/ODA/SERPE/SWAN): ab Bd. 12/68
Die Sage von der Herkunft Karate-Boys (Z./T.: GRELL/SHOOTER): Bd. 23/75
Shazam (Z./T.: BRIDWELL/CHIARAMONTE/NEWTON/ROY/SCHAFFENBERGER/ SNAPINN): ab Bd. 23/80
Sie sind der Detektiv!: Bd. 4/70
Stupps (Z.: BOLTINOFF): Bd. 15/71
Superboy (Z./T.: ABEL/ANDERSON/BATES/BERUBE/BROWN/CALNAN/CHIARAMONTE/COLLETTA/D'ANGELO/ESPOSITO/FALCO/GRELL/LAYTON/LEFERMAN/LEVITZ/NASSER/ODA/ORTIZ/ROY/ROZAKIS/SERPE/SHERMAN/STATON/TOLLIN): ab Bd. 2/66
Supergirl (Z./T.: BARRETO/COLLETTA/CONWAY/D'ANGELO/GIELLA/HARRIS/KLEIN/KUPPERBERG/MORTIMER/ROY/SAAF/SCHAFFENBERGER/SERPE/SNAPINN): ab Bd. 4/66
Superkrypta die Superschildkröte (Z.: BOLTINOFF): ab Bd. 1/67
Superman (Z./T.: ADKINS/ALEXANDER/ANDERSON/ANDRU/AUSTIN/BARR/BARRETO/BATES/BENDER/BERNARD/BLAISDELL/BREEDING/BRIDWELL/BUCKLER/BURKETT/BUSIEK/CALNAN/CARLO/CAVALIERI/CHEN/CHIARAMONTE/COHN/COLAN/COLON/COLLETTA/CONWAY/COSTANZA/COWON/D'ANGELO/DILLIN/DORFMAN/ELIAS/ESPOSITO/ESTRADA/FELIX/FLEISHER/FONTES/GAFFORD/GARCIA-LOPEZ/GERBER/GIACOIA/GIELLA/GIORDANO/GOLDEN/GONZALES/HUNT/INFANTINO/JANES/JENSEN/GIL KANE/KARISHA/KELLOG/KLEIN/KRAFT/JOE KUBERT/KUPPERBERG/LEFERMAN/LeROSE/MAGGIN/MARCOS/MARTIN/MAZZUCCHELLI/McLAUGHLIN/MILGROM/MITCHELL/MISHKIN/MOENCH/MOORE/NEWTON/NOVICK/ODA/OKSNER/ O'NEIL/PAPP/PASKO/POLLARD/RODRIGUEZ/ROY/ROZAKIS/ SALADINO/SAVIUK/SCHAFFENBERGER/SERPE/ JEAN SIMEK/SMITH/SNAPINN/SPRANG/STATON/SWAN/TANGHAL/TOLLIN/TOOMEY/TOTH/TRAPANI/TUSKA/GLYNIS WEIN/LEN WEIN/MARV WOLFMAN/MICHELE WOLFMAN/TATJANA WOOD/ZIUKO/ZUNIGA): ab Bd. 1/66
Super-Seppl (Z.: BOLTINOFF): ab Bd. 24/72
Teleman (Z./T.: MAGGIN/OKSNER/SWAN): Bd. 14/76
Terraman (Z./T.: NEAL ADAMS/BATES/

BLAISDELL/DILLIN/SERPE/SWAN): Bd. 5/75, 17/77
Tommy Tomorrow: Bd. 25/69
Totenstille: Bd. 7/69
Tricksy (Z.: BOLTINOFF): ab Bd. 25/67
Der unsichtbare Beweis: Bd. 24/72
Der verhexte Würfel: Bd. 26/68
Wächter des Universums (Z./T.: BURKETT/NOVICK/ZUNIGA): ab Bd. 24/83
Wundergirl (Z./T.: APARO/CONWAY): ab Bd. 8/80

Superman
Bd. 1: Einmalige Sonderausgabe!
ab Bd. 2: Sonderausgabe!
Stuttgart: Ehapa Verlag
Juni 1976 – Serie erscheint noch
22,6 × 30,7 cm
Broschüre
Farbig
Bd. (1–2), 3–9 . . .
Titel und Inhalt:
1: Superman gegen Super-Spider
2: Superman gegen Roter Blitz (Gerechtigkeitsliga)
3: Superman gegen Muhammad Ali
4: Superman gegen Shazam!
5: Superman und Die Vernichtung Kryptons
6: Superman gegen Mongul! (Supergirl/Spectra)
7: Superman gegen Mechano (Falkgirl/37 Seiten Superman-Roman)
8: Superman Das Geheimnis von Supermans Festung der Einsamkeit
9: Superman und die Energie-Giganten
Z. u. T.:
ADAMS, CORY: Bd. 3
ADAMS, NEAL: Bd. 3
ANDERSON: Bd. 5
ANDRU: Bd. 1–2, 8
AUSTIN: Bd. 3
BRIDWELL: Bd. 2
BUCKLER: Bd. 4
CAVALIERI: Bd. 9
CHAYKIN: Bd. 5
CHIARAMONTE: Bd. 5, 7
COCKRUM: Bd. 5
CONWAY: Bd. 1, 4, 7
COSTANZA: Bd. 6–7
D'ANGELO: Bd. 7
DILLIN: Bd. 2
ESPOSITO: Bd. 2
GIORDANO: Bd. 1–4, 9
KLEIN, GEORGE: Bd. 2
KLEIN, TODD: Bd. 6
KUPPERBERG: Bd. 5
LEFERMAN: Bd. 5
MAGGIN: Bd. 5
NOVICK: Bd. 9
ODA: Bd. 5–6, 9
O'NEIL: Bd. 3
ROY: Bd. 4–5
ROZAKIS: Bd. 9
SALADINO: Bd. 1, 3–4
SAVIUK: Bd. 9
SERPE: Bd. 1, 5–6, 9
SHOOTER: Bd. 2
STARLIN: Bd. 6–7
SWAN: Bd. 2, 7
TANGHAL: Bd. 6, 8
THOMAS: Bd. 7–8
TOLLIN: Bd. 9
WEIN, LEN: Bd. 2, 6

Superman der Film
Siehe: ***Ehapa Filmband***

Superman Extra
Stuttgart: Ehapa Verlag
Mai 1980 – Serie erscheint noch
13,2 × 18,4 cm
Taschenbuch
Farbig
Bd. 1–9 . . .
Inhalt:
Superman: Bd. 1–9

Robin: Bd. 1
Lois Lane: Bd. 1, 3–7
Mirakel: Bd. 1
Batman: Bd. 1, 3, 6, 8
Dr. Fate: Bd. 1
Captain Comet: Bd. 2
Supergirl: Bd. 2–4, 6
Superboy: Bd. 3–4
Falke: Bd. 5
Falkgirl: Bd. 5
Meister des Universums: Bd. 6
Plastic Man: Bd. 6
Grüne Leuchte: Bd. 7
Sternsaphir: Bd. 7
Gerechtigkeitsliga: Bd. 8
Z. u. T.:
ALBANO: Bd. 4
ANDERS: Bd. 2
ANDERSON: Bd. 1–5, 9
ANDRU: Bd. 3, 6
BARR: Bd. 2
BATES: Bd. 1–2, 4, 6–7
BLAISDELL: Bd. 2
BROWN: Bd. 3
CALNAN: Bd. 2, 6, 8
CARLO: Bd. 6
CHIARAMONTE: Bd. 4–5
COLLETTA: Bd. 1, 4, 6
COSTANZA: Bd. 4
D'ANGELO: Bd. 4–6
DILLIN: Bd. 1–2, 6–8
DORFMAN: Bd. 1
DOUGLAS: Bd. 2
ELIAS: Bd. 8
ENGLEHART: Bd. 1
ESPOSITO: Bd. 3, 6
FRIEDRICH: Bd. 1
GARCIA-LOPEZ: Bd. 9
GIACOIA: Bd. 8
GIELLA: Bd. 1, 6–8
GIORDANO: Bd. 8
GONZALES: Bd. 8
HANEY: Bd. 8
KANIGHER: Bd. 4
KUPPERBERG: Bd. 6
LANDGRAF: Bd. 5
LEFERMAN: Bd. 5
LeROSE: Bd. 5
McLAUGHLIN: Bd. 2
MISHKIN: Bd. 7
MOENCH: Bd. 8
MOORE: Bd. 8
MORTIMER: Bd. 4, 6
ODA: Bd. 2, 6
OKSNER: Bd. 5, 7
O'NEIL: Bd. 1–2, 6–7, 9
PASKO: Bd. 6
ROBBINS: Bd. 3
RODRIGUEZ: Bd. 5
ROSENBERGER: Bd. 7
ROTH: Bd. 1, 4
ROZAKIS, BOB: Bd. 5
ROZAKIS, LAURIE: Bd. 6
SAVIUK: Bd. 5
SCHAFFENBERGER: Bd. 7
SERPE: Bd. 2
SHOOTER: Bd. 2, 9
SMITH: Bd. 6
STATON: Bd. 6
SWAN: Bd. 1–2, 4–7, 9
TUSKA: Bd. 1
WEIN: Bd. 1–2, 8
WOLFMAN: Bd. 5
ZUNIGA: Bd. 7–8

Superman-Filmband
Siehe: ***Ehapa Filmband***

Superman Jubiläumsband
40 Jahre Superman
Stuttgart: Ehapa Verlag
Januar 1979
22,5 × 30,3 cm
Broschüre
Farbig
Inhalt:
Superman (Z.T.: PASKO/SCHROEDER/SWAN/CHIARAMONTE/ODA/ROY)

Die erste Superman-Geschichte (Z./T.: SIEGEL/SHUSTER)
Superman und die Metallos (Z./T.: LEN WEIN/GARCIA-LOPEZ/ODA/GLYNIS WEIN)

Supermann
Phantastische Geschichten
Phantastische Abenteuer des Unbesiegbaren
Stuttgart: Verlag »Supermann«
November 1950–Dezember 1950
18 × 25 cm
Heft
Einfarbig
Bd. 1–3
Inhalt:
Supermann: Bd. 1–3
Professor Zukunft: Bd. 1
Kapitän Aufrecht: Bd. 1
Unmöglich – aber wahr: Bd. 2
Fred Fix (d. i. Johnny Quick) (Z.: MAYO): Bd. 2
Der grüne Pfeil: Bd. 3
Falkenauge-Schmidt: Bd. 3

Supermann
Siehe: ***Buntes Allerlei***

Superman Superband
Stuttgart: Ehapa Verlag
1973 – Serie erscheint noch
19 × 28 cm
Broschüre
Farbig
Bd. 1–25 . . .
Bemerkungen:
Teilweise Nachdrucke aus der Heftserie.
Z. u. T.:
ABEL: Bd. 10
ADKINS: Bd. 12, 24
ANDERSON: Bd. 4, 6, 15–17
AUSTIN: Bd. 25
BATES: Bd. 2, 4–5, 7, 14–17, 20–21, 23–24
BENDER: Bd. 24
BLAISDELL: Bd. 3
BOLLAND: Bd. 25
BRIDWELL: Bd. 5, 19, 23
BROWN: Bd. 9
BUCKLER: Bd. 17–18
BYRNE: Bd. 25
CHAYKIN: Bd. 25
CHIARAMONTE: Bd. 11, 15–17, 19
COCKRUM: Bd. 24
COLLETTA: Bd. 4, 6, 9, 13–15, 22
CONWAY: Bd. 8–10, 14–15, 17
COSTANZA: Bd. 17, 21, 24
D'ANGELO: Bd. 14, 17
DAVIS: Bd. 25
DILLIN: Bd. 3, 6, 14
DITKO: Bd. 25
DRAUT: Bd. 7
EISNER: Bd. 25
GAFFORD: Bd. 21, 24
GARCIA-LOPEZ: Bd. 5–6, 8–9, 12, 16
GIACOIA: Bd. 6, 24
GIELLA: Bd. 14–15
GIFFEN: Bd. 21, 24
GIORDANO: Bd. 14, 17, 24
GRELL: Bd. 7, 10, 13, 21, 24–25
HANEY: Bd. 3, 6
HARRIS: Bd. 9
HUNT: Bd. 23
JANSON: Bd. 25
KALUTA: Bd. 25
KARIN: Bd. 15
KIRBY: Bd. 25
KLEIN, GEORGE: Bd. 7
KLEIN, TODD: Bd. 14
LEVITZ: Bd. 10, 13–14, 21, 24
MAGGIN: Bd. 3, 5, 22–23, 25
MAHLSTEDT: Bd. 24
McLAUGHLIN: Bd. 18
MICHELINIE: Bd. 12
MILLER: Bd. 25
MITCHELL: Bd. 16
MOEBIUS: Bd. 25

NASSER: Bd. 15
ODA: Bd. 12, 14–16, 23
OKSNER: Bd. 2–5, 8, 23
O'NEIL: Bd. 15–16
ORLANDO: Bd. 25
PASKO: Bd. 6, 12
PATTERSON: Bd. 21
PINI: Bd. 25
POLLARD: Bd. 22
ROBINS: Bd. 12
ROBINSON: Bd. 25
ROGERS: Bd. 25
ROSENBERGER: Bd. 4
ROY: Bd. 16
ROZAKIS: Bd. 15
SAAF: Bd. 22
SALADINO: Bd. 13
SCHAFFENBERGER: Bd. 14, 20
SCHWARTZ: Bd. 3, 11
SERPE: Bd. 11–16
SHERMAN: Bd. 10, 24
SHOOTER: Bd. 7, 10, 24
SIENKIEWICZ: Bd. 25
SIMONSON: Bd. 25
SNAPINN: Bd. 23
SPRINGER: Bd. 9
STARLIN: Bd. 16
STARR: Bd. 25
STATON: Bd. 10, 14–15, 24
STERANKO: Bd. 25
SWAN: Bd. 2–5, 7–8, 15–17, 19, 23–24
THOMAS: Bd. 17–18
TOLLIN: Bd. 15, 23
WIACEK: Bd. 10, 24
WILLIAMSON: Bd. 25
WOLFMAN: Bd. 16
WRIGHTSON: Bd. 25
ZUPA: Bd. 3

Superman Taschenbuch
Stuttgart: Ehapa Verlag
Januar 1976 – Serie erscheint noch
13,2 × 18,3 cm
Taschenbuch
Farbig
Bd. 1–61 . . .
Inhalt:
Superman: Bd. 1–61
Gerechtigkeitsliga: Bd. 1, 12–13, 15–16, 19, 23, 27, 30, 35, 51–52, 56
Man-Bat: Bd. 6, 37
Batman: Bd. 1–3, 5, 7–9, 12, 14–15, 20, 22, 27, 29, 36, 38–39, 41–42, 49–50, 54, 60–61
Superboy: Bd. 6, 8, 14, 16, 18, 20, 22
Legion der Superhelden: Bd. 2, 5, 8, 11, 14, 17, 20–21, 26–27, 37
Batgirl: Bd. 6, 8
Lois Lane: Bd. 2, 9, 13, 18, 25, 34–36, 47, 54–55, 58–59
Supergirl: Bd. 6–7, 13, 25, 39–40, 44, 46, 57, 59
Grüner Pfeil: Bd. 2, 22, 27, 48, 60
Krypto: Bd. 5, 13
Atom: Bd. 2, 47, 60
Der Joker: Bd. 4, 7–8, 10
Jimmy Olsen: Bd. 3–4, 7, 13, 18, 25, 34, 38, 41, 45, 48, 53, 55
Robin: Bd. 5, 8
Nachtschwinge und Flammvogel: Bd. 13
Grüne Leuchte: Bd. 19, 27, 60
Falke: Bd. 22, 27, 32, 42, 60
Liga der Superschurken: Bd. 24
Superteam: Bd. 26
Dr. Fate: Bd. 27, 29
Roter Blitz: Bd. 27, 60
Power Girl: Bd. 27, 35, 51
Liga für den Frieden: Bd. 27–28
Phantas: Bd. 30, 60
Blitzschwalbe: Bd. 34–35, 60
Shazam: Bd. 38, 45
Elastoman: Bd. 35, 60
Deadman: Bd. 38
Starman: Bd. 41
Wähle »H« für Held: Bd. 42
Die Hüter der Erde: Bd. 43

Aquaman: Bd. 45, 60
Superbaby: Bd. 45
Meister des Universums: Bd. 49
Blackrock: Bd. 51
Junge Giganten: Bd. 52
Omac: Bd. 53
Kamandi: Bd. 55
Madame Xanadu: Bd. 56
Metallos: Bd. 58
Teleman: Bd. 58
Adler: Bd. 58
Feuersturm: Bd. 60
Wundergirl: Bd. 60
Z. u. T.:
ABEL: Bd. 8, 11, 14, 16–17
ADAMS: Bd. 15
ANDERSON: Bd. 2, 6, 8, 10, 17, 20, 22, 25, 31–33, 36–37, 41, 43–44, 46–47, 57
APARO: Bd. 3, 6, 60
AUSTIN: Bd. 60
BARR: Bd. 50
BATES: Bd. 2–5, 8–10, 12–13, 15, 22, 24–26, 28–32, 35–37, 42–46, 48, 53
BERUBE: Bd. 8
BLAISDELL: Bd. 2, 5, 7–8, 12–13, 29, 38, 51, 58
BOLLAND: Bd. 60
BORING: Bd. 31, 54
BREEDING: Bd. 39, 60
BRIDWELL: Bd. 5, 7, 38, 40, 42–43
BRODERICK: Bd. 60
BROWN: Bd. 6, 9
BRYANT: Bd. 11
BUCKLER: Bd. 22, 36, 39, 42, 45, 50, 56
BURKETT: Bd. 39, 41, 50
CALNAN: Bd. 2, 7, 29, 34, 39, 41, 45, 49
CAVALIERI: Bd. 60
CHIANG: Bd. 45
CHIARAMONTE: Bd. 18–19, 21–25, 29, 35–36, 38, 40–41, 43
CHUA: Bd. 4–5
COHN: Bd. 45, 51
COLLETTA: Bd. 2, 6–11, 22, 24–26, 29, 34–37, 39–40, 42, 44, 46–48, 55, 59
CONWAY: Bd. 10–12, 15–16, 19, 21–22, 24–25, 34, 36–37, 56–57, 60
COSTANZA: Bd. 39–40, 46, 54, 58
CULLINS: Bd. 56
D'ANGELO: Bd. 14, 16, 18–19, 22, 25, 29, 37, 40–41, 46, 52, 57–59
DELBO: Bd. 38, 41, 45, 53, 55
DENNEHY: Bd. 7
DILLIN: Bd. 2, 15, 19–20, 23, 25, 27, 30, 35, 38, 47–49, 51, 54
DITKO: Bd. 37
DORFMAN: Bd. 4, 6, 14–15, 31, 33, 38, 41
DRAKE: Bd. 55
EEDEN: Bd. 50, 61
ENGLEHART: Bd. 20, 23, 30
ESTRADA: Bd. 11
EVANIER: Bd. 55, 58
FALCO: Bd. 13–14, 18
FELIX: Bd. 58
FOX: Bd. 32
GAFFORD: Bd. 12, 53–54, 61
GARCIA-LOPEZ: Bd. 3–4, 10, 27, 52
GIELLA: Bd. 17, 20, 25, 27, 34, 38, 39, 41, 45, 47–48, 53–55
GIFFEN: Bd. 49, 53
GIORDANO: Bd. 9, 20, 22, 29, 35, 51, 60
GONZALES: Bd. 39, 50
GOODWIN: Bd. 7
GRELL: Bd. 2, 5
HANEY: Bd. 2–3, 6, 8, 14, 38, 49
HARRIS: Bd. 39
HECK: Bd. 41
HOBERG: Bd. 53
HUNT: Bd. 21–22, 25–26, 38, 45, 49, 51, 59–60
INFANTINO: Bd. 42, 46, 57, 59–60
JANES: Bd. 39

JANKE: Bd. 61
JENSEN: Bd. 58
JONES: Bd. 12, 24
KANE: Bd. 52, 60
KANIGHER: Bd. 47
KELLOG: Bd. 54
KLACZAK: Bd. 5
KLEIN: Bd. 31, 44, 52
KRAFT: Bd. 54, 61
KUBERT, ADAM: Bd. 58
KUBERT, JOE: Bd. 32
KUNKEL: Bd. 7
KUPPERBERG: Bd. 11, 26, 41, 44–46, 49, 51, 53, 55–59
LAMARTINE: Bd. 10
LAYTON: Bd. 28
LEFERMAN: Bd. 12, 22, 41, 45
LEVITZ: Bd. 8, 11, 14, 17, 19–20, 24, 26–28, 30, 41, 46
LIGHTLE: Bd. 61
MAGGIN: Bd. 2–4, 6–7, 12, 22, 26, 29, 40, 44, 46–49, 51–53, 55, 58
MARCOS: Bd. 42–43, 53, 61
McLAUGHLIN: Bd. 5, 7, 15–16, 19, 23, 27, 30, 36, 42–43, 45–47, 51, 54–55
McLEOD: Bd. 11, 24
MICHELINIE: Bd. 16
MILGROM: Bd. 5
MISHKIN: Bd. 45, 47, 51
MOORE: Bd. 54
MORROW: Bd. 56
MORTIMER: Bd. 18, 25, 39, 44, 46
NANEY: Bd. 12
NASSER: Bd. 11
NEWTON: Bd. 22, 38
NOVICK: Bd. 5, 7–8, 10, 40, 42, 45–46, 58
ODA: Bd. 11, 14–16, 18–19, 21–26, 28–29, 40–41, 46, 52–53, 55, 57–59
O'FLYNN: Bd. 55, 58–59
OKSNER: Bd. 4, 6–7, 12, 25, 29, 34–36, 40, 49, 51–53, 55, 57–59
OLLERENSHAW: Bd. 59
O'NEIL: Bd. 4, 10, 20, 22, 24, 27, 29, 47, 51
ORZECHOWSKI: Bd. 56
PASKO: Bd. 6, 8–10, 21, 27, 29, 37–38, 40–41, 52
PEREZ: Bd. 53, 60
PLASTINO: Bd. 31
REED: Bd. 5
ROBBINS: Bd. 9, 13–14
RODRIGUEZ: Bd. 42
ROSA: Bd. 50
ROSENBERGER: Bd. 2, 37, 48, 55
ROTH: Bd. 47
ROUSSOS: Bd. 31
ROY: Bd. 14, 21, 25–26, 28–29
ROZAKIS: Bd. 5, 8, 29, 39, 41–42
RUBINSTEIN: Bd. 11, 13
SALADINO: Bd. 18
SAVIUK: Bd. 25, 34, 42–43, 47, 51, 55, 58
SCHAFFENBERGER: Bd. 3–4, 7, 9, 12–13, 16, 18, 22, 25, 37–38, 43–44, 52–53
SEKOWSKY: Bd. 7
SEN: Bd. 13
SERPE: Bd. 8–11, 18, 22–25, 28–29, 40–42, 44–46, 52
SHERMAN: Bd. 8, 11, 17
SHOOTER: Bd. 5, 31, 48
SIEGEL: Bd. 31
SIMONSON: Bd. 7, 14
SKEATES: Bd. 7
SMITH: Bd. 18, 39, 52
SNAPINN: Bd. 12–13, 16, 18–19, 22, 25, 30, 59
SPRINGER: Bd. 9
STARLIN: Bd. 41
STATON: Bd. 14, 16–18, 20–21, 26, 28–29, 43
SWAN: Bd. 2, 4–6, 8–10, 12–15, 19, 21–26, 28–38, 40–44, 46–49, 51, 53, 55, 57–60
TANGHAL: Bd. 12, 41, 56

THOMAS: Bd. 45
TOLLIN: Bd. 13, 30
TRAPANI: Bd. 49, 61
TUSKA: Bd. 11, 14, 16
WEIN, GLYNIS: Bd. 23–24
WEIN, LEN: Bd. 20–21, 23–26, 33, 35, 53–54
WIACEK: Bd. 11
WOLFMAN, MARV: Bd. 23, 34–35, 39, 43, 50, 52
WOLFMAN, MICHELE: Bd. 55
WOOD: Bd. 15
ZIUKO: Bd. 40, 57–59
ZUNIGA: Bd. 58

Supermaus
Siehe: ***Oskar ist die Supermaus***

Super Ronny
Siehe: ***Bonny***

Superschwein
Mülheim: Neithard Anrich Verlag
1972
13,8 × 21,2 cm
Buch
Einfarbig
Z./T.: ANRICH-WÖLFEL

Super Schweinchen Dick
Bd. 1–2: ***Rate mit Schweinchen Dick***
Fernseh-Comics, Rätsel und viel Spaß!
Frankfurt/M.: Condor Verlag
ab März 1973
Bd. 1–16: 22,3 × 30,5 cm,
Bd. 17–18: 21,2 × 29,2 cm
Heft
Farbig und zweifarbig
Bd. 1–18
Inhalt:
Schweinchen Dick: Bd. 1–18
Bugs Bunny: Bd. 1–2, 5–7, 9–12, 14–18
Tweety und Sylvester: Bd. 1–9, 11–13, 16–17
Uron, Tiffy & Max (Z.: ERIK): Bd. 1–18
Daffy und Elmer: Bd. 1
Rätselcomic: Bd. 3–8, 13
Daffy Duck und der Roadrunner: Bd. 3
Pavis – der Indianer (Z.: DOUAY): Bd. 3–5, 7–8, 10–18
Speedy Gonzales: Bd. 4
Daffy Duck: Bd. 5–13, 16–18
Carl der Coyote: Bd. 6, 10, 12–13
Verhör bei der BBC (Z.: HEMPAY/ T.: RAMPAL): Bd. 9
Der rosarote Panther: Bd. 14–16, 18
Diebstahl im Kaufhaus: Bd. 14–15
Merlin die Zaubermaus: Bd. 14–15
Der verschwundene Onkel: Bd. 16
Der Motorradfahrer: Bd. 17
Kommissar Blanchet: Bd. 17
Letztes Bankett für Trimalchi: Bd. 18
Die Roadrunner: Bd. 18

Super Tip Top
Siehe: ***Fix und Foxi Super Tip Top***

Super Zack
Siehe: ***Zack***

Susanne
Aachen: Bildschriftenverlag
1967
18 × 25 cm
Heft
Einfarbig
Bd. 1–3

Susi
Hamburg: Presse-Buch W. Hermann & Co
1950
18,5 × 26,3 cm
Heft
Farbig und einfarbig

Bd. 1–2 (Bd. 1 unnumeriert)
Z.: Titelbilder: SCHERRER
Inhalt:
Die Göttin vom Rio Beni (farbig) (Z.: MEISEL/T.: LÖF): Bd. 1, 2
Susi (einfarbig): Bd. 1, 2
Die geheimnisvolle Prinzessin (einfarbig): (Z.: GUSSELIN): Bd. 1, 2

Susi
Das erste Comic-Heft für Mädchen
Zug (Schweiz): Gevacur
April 1976–Juli 1976
18 × 26 cm
Heft
Einfarbig und farbig
Bd. 14–29
Bemerkungen:
Bd. 14 mit Beigabe: ein Seepferdchenkamm auf das Titelbild geklebt.
Inhalt:
Silke: Bd. 14–29
Tapfere Pat: Bd. 14–22
Die Trolle: Bd. 14–29
Biggi: Bd. 14–29
Der lange Weg . . . westwärts: Bd. 14–29
Gerti's listiger Flaschengeist: Bd. 14–29
Wirbel um Asta (Molly Braun): Bd. 14–24
»Ein Leben für die Pferde«: Bd. 25–29
Uta, das Sklavenmädchen: Bd. 14–27
Meine kleine Yum Yum Wong: Bd. 23–29
Willy, der schlaue Wolf: Bd. 24
Penny Lukas: Bd. 28–29

Susi
Comic-Taschenbuch
Zug (Schweiz): Gevacur
1976
13,2 × 17 cm
Taschenbuch
Farbig
Bd. 1–3
Bemerkungen:
Enthält Mädchen-Comics aus England.

Susi Sommerbuch
Zug (Schweiz): Gevacur
Juli 1976
17,6 × 25,9 cm
Broschüre
Einfarbig und farbig
Bd. 1
Bemerkungen:
*Enthält Mädchen-Comics, sowie Episoden der Serien aus **Susi**.*

Suske und Wiske
Köln: Rädler Verlag
Februar 1972–1973
20 × 25,9 cm
Broschüre
Farbig
Bd. 1–14
Z./T.: VANDERSTEEN

S. V. Knudde
Huizen (Niederlande): Classics Lektuur
Juni 1978–Januar 1980
21,1 × 28 cm
Broschüre
Farbig
Bd. 1–3
Z./T.: TOON UND JOOP

Sweeter Gwen & The Return Of Gwendoline
Frankfurt/M.: Bélier Press
70er Jahre
21,2 × 27,5 cm
Heft
Einfarbig
Z.: STANTON

Bemerkungen:
*Es existiert ein schlechter Nachdruck mit einfarbigem Titelbild, siehe **Süsse Gwen**.*

T

Die tätowierte Gärtnerin
Hamburg: Sugar Co.
1975
13,9 × 20,8 cm
Heft
Einfarbig
Z.: STANTON
Bemerkungen:
Enthält »Sweeter Gwen« in eigener Übersetzung.

Taktik der Verführung
Frankfurt/M.: Bärmeier und Nikel
1964
20 × 16,5 cm
Buch
Einfarbig
Z./T.: POTH

Taktik des Ehekrieges
Frankfurt/M.: Bärmeier und Nikel
1962
7 × 6 cm
Heft
Einfarbig
Z./T.: POTH
Bemerkungen:
Auszüge aus der Ausgabe von 1963.

Taktik des Ehekrieges
Frankfurt/M.: Bärmeier und Nikel
1963
19,9 × 16,5 cm
Buch
Einfarbig
Z./T.: POTH
Bemerkungen:
Erstauflage u. a. mit Werbung für »Pardon«. Spätere Auflagen mit anderer Werbung und etwas kleineren Format.

Taktik des Ehekrieges
Frankfurt/M.: Fischer Taschenbuchverlag
1980
12,5 × 19 cm
Taschenbuch 2484
Einfarbig
Z./T.: POTH

Taliko – Ein Indianerjunge in Südamerika
Reinbek: Carlsen Verlag
1980
21,5 × 27,8 cm
Buch
Farbig
Z.: FRANCOIS DAVOT
T.: MONIQUE DAVOT

Tante Mascha
Berlin (DDR): Verlag Junge Welt
1972 (3. veränderte Auflage)
16 × 22,4 cm
Buch
Farbig
Z./T.: STENGEL UND GÜRTZIG

Der tapfere Hans
Hannover: Walter Lehning Verlag
März 1954
20 × 23,5 cm
Heft
Farbig
Z.: FANTONI
T.: MADONIA

Das tapfere Schneiderlein
Siehe: ***Ein Märchen-»Buchfilm«***

Tarkan
London (England): Simavi Ltd.
März 1973–Februar 1975
20,5 × 26,6 cm
Heft
Farbig
Bd. 1–100
Z.: BURAK
Bemerkungen:
Bd. 94–100 nur in Österreich und der Schweiz erschienen.
Auf der Liste der jugendgefährdenden Schriften (Bd. 3, 5, 78, 81).

Taro
Hannover: Edition Becker & Knigge
1978–1980
21 × 29,6 cm
Broschüre
Einfarbig
Bd. 1–3
Z.: RICHTER-JOHNSEN
T.: RAAB

Tarros der Kelte
Chiandetti
1978
Broschüre

Tartarin von Tarascon
München und Zürich: Delphin Verlag
1980
23,1 × 30,6 cm
Buch
Farbig
Z.: GALL
T.: GALL (nach Daudet)

Taruk
Der Wildbeuter
Berlin: Bangro-Comic-Team, ab Bd. 3: Schöneck: Jörg Kaegelmann
November 1973–1974
Bd. 1–2: 19,8 × 9,5 cm,
Bd. 3: 14,9 × 21 cm
Heft
Einfarbig
Bd. 1–3
Z./T.: MESSERSCHMIDT
Titelbilder: Bd. 1–2: GROTH

Taruk
Der Wildbeuter
Konstanz: Lange-Haak Verlag
1976
16,7 × 8 cm
Heft
Einfarbig
Bd. (1–4)
Z./T.: MESSERSCHMIDT
Bemerkungen:
Von Bd. 1 existiert eine Testausgabe mit Numerierung.
Bd. 1–3 ist ein Nachdruck der Serie von 1973.

Tarzan
Bd. 1–77: die kühnsten Abenteuer des Urwaldmenschen
Bd. 117–138: stellt vor: »Der kleine Sheriff«
Bd. 139–144: »Der kleine Sheriff«
Bd. 145–169: Der kleine Sheriff
Hamburg: Mondial Verlag GmbH, ab Bd. 100: Rastatt: Pabel Verlag
September 1952–September 1958

16,5 × 22 cm schwankend,
ab Bd. 101: 18 × 27 cm,
ab Bd. 139: 16,5 × 24 cm
Heft
Farbig, ab Bd. 107: farbig, zweifarbig und einfarbig, ab Bd. 139: farbig und einfarbig
Bd. 1–169
Z.: Titelbilder hohe Bd. teilweise: ORDNER

Bemerkungen:
Von den ersten Bänden gibt es eine Nachauflage. Die Auflagen sind durch die verschiedenen Druckereien zu unterscheiden. Die 1. Auflage stammt von folgenden Druckereien: Bd. 1–18: Burda-Druck (Postversandort Offenburg), ab Bd. 19: Belser-Druck (Postversandort Stuttgart)

Inhalt:
Tarzan in Bd. 1–169 – Z.:
Bd. 1–7: HOGARTH
Bd. 8: HOGARTH Seite 1–24
Bd. 8: RUBIMOR Seite 25–30
Bd. 9: RUBIMOR
Bd. 10: CARDY Seite 1–21
Bd. 10: LUBBERS Seite 22–30
Bd. 11: LUBBERS
Bd. 12: HOGARTH Seite 1–7
Bd. 12: LUBBERS Seite 1, 7–30
Bd. 13: LUBBERS Seite 1–17
Bd. 13: REINMAN Seite 18–30
Bd. 14, 15: REINMAN
Bd. 16: REINMAN Seite 1–17
Bd. 16: CARDY Seite 18–30
Bd. 17: CARDY Seite 1–26
Bd. 17: HOGARTH Seite 27–30
Bd. 18, 19: HOGARTH
Bd. 20: HOGARTH Seite 1–3
Bd. 20: LUBBERS Seite 4–30
Bd. 21–23: LUBBERS
Bd. 24: LUBBERS Seite 1–6
Bd. 24: HOGARTH UND BARRY Seite 7–30
Bd. 25: HOGARTH UND BARRY
Bd. 26: HOGARTH UND BARRY Seite 1–7
Bd. 26: MAXON Seite 7–30
Bd. 27–35: MAXON
Bd. 36, 37: HOGARTH
Bd. 38–40: LUBBERS
Bd. 41, 42: BARRY?
Bd. 43: BARRY? Seite 1–3
Bd. 43: REINMAN Seite 4–30
Bd. 44: REINMAN Seite 1–28
Bd. 44: HOGARTH UND BARRY Seite 29, 30
Bd. 45, 46: HOGARTH UND BARRY
Bd. 47: LEHTI
Bd. 48: LEHTI Seite 1–8
Bd. 48: LUBBERS Seite 9–30
Bd. 49–52: LUBBERS
Bd. 53: LUBBERS Seite 1–5
Bd. 53: MAXON Seite 6–30
Bd. 54: LUBBERS
Bd. 55: LUBBERS Seite 1–4
Bd. 55: HOGARTH Seite 5–30
Bd. 56–73: HOGARTH
Bd. 74: HOGARTH Seite 1–7
Bd. 74: MAXON Seite 8–21
Bd. 74: ab Seite 22 Füllstory
Bd. 75–91: MAXON
Bd. 92: Comic mit eingebautem HOGARTH-Tarzan
Bd. 93: Roman mit HOGARTH- und LUBBERS-Zeichnungen
Bd. 94: Roman mit HOGARTH- und LUBBERS-Zeichnungen Seite 1–6
Bd. 94: MAXON Seite 7–14
Bd. 95: MAXON
Bd. 96: CELARDO Seite 1–18
Bd. 96: LUBBERS Seite 18, 19
Bd. 96: ab Seite 20 Füllstory
Bd. 97: LUBBERS Seite 1–10, 13–17
Bd. 97: CELARDO Seite 11, 12
Bd. 97: ab Seite 18 Füllstory
Bd. 98: LUBBERS Seite 1–5
Bd. 98: CELARDO Seite 5–19

Bd. 98: ab Seite 19 Füllstory
Bd. 99: CELARDO
Bd. 100: Roman mit HOGARTH- und LUBBERS-Zeichnungen Seite 1–9
Bd. 100: CELARDO Seite 10–18
Bd. 100: LUBBERS Seite 19–28
Bd. 101–103: LUBBERS
Bd. 103–112: CELARDO
Bd. 113, 114: LUBBERS
Bd. 115–150: CELARDO
Bd. 151–157: HOGARTH
Bd. 158–169: CELARDO
Panther der Meere: Bd. 70–72
Die schwarze Orchidee: Bd. 73–75
Tag des Ruhms: Bd. 77–80
Shandra das goldene Haupt (auch Chandra, auch Kronprinz Chandra) (Z.: NICOLÒ): Bd. 81–99, 101–114
Dicky der fröhliche Musketier (Z.: ROMOREAU): Bd. 81–89, 160–169
Roy der Held: Bd. 85–99, 101–115
Rückkehr zum Leben: Bd. 88–89
Der Götze von Malikbu: Bd. 90
Zum Wohle des Staates: Bd. 91
Der Herr der »Bahia«: Bd. 92
Unter falschem Verdacht: Bd. 93
Der geheimnisvolle John Clarence: Bd. 94
Der Greis von Lousville: Bd. 95
Micky und der Wolf: Bd. 96
Böse Hände am Staudamm: Bd. 97
Unruhe im Apatschenstamm: Bd. 98
Das Geheimnis des Rings: Bd. 99
Duck Hurricane Der Reiter aus dem Wilden Westen (Z.: COSSIO/T.: GRECCHI): Bd. 101–116
Die verlassene Ranch: Bd. 101
Pitt Langohrs Abenteuer (d. i. Bugs Bunny): Bd. 102
Der Oberst der 65er: Bd. 102
Die Trapper von Wool-Bay: Bd. 103
Der silberne Reiter: Bd. 104
Der Freund Bayoka's: Bd. 105
Die Korsarenbrüder: Bd. 106
Jerrys Rückkehr (Z.: HENPE): Bd. 107
Fort Santillo: Bd. 108
Bill Berry in Nevada: Bd. 109
Der tapfere Thomas: Bd. 110
Im Zirkuszelt: Bd. 111
Die Gefangenen der Höhle: Bd. 112
Der Einzelgänger: Bd. 113
Heck und Meck: Bd. Bd. 114
Signal in der Nacht: Bd. 114
Grosses Internationales Rennen: Bd. 115
Burschen aus dem Wilden Westen (Fotocomic): Bd. 116–124
Waldbrand (Z.: MARCULETA): Bd. 116
Die Schlacht am Norderkor: Bd. 117
Mathies der Seemann: Bd. 117
Der Blaufuchs: Bd. 118
Vorwärts General Carlos: Bd. 118
Der kleine Sheriff (Z.: ZUFFI/T.: TORELLI): Bd. 117–168
Der blaue Amethyst: Bd. 119
Der schwarze Ritter: Bd. 119
Der Ritter mit den drei Rosen: Bd. 120
Hauptmann Wagemut: Bd. 120
Die Piraten von Kap Barr: Bd. 121
Der Hirsch mit dem goldenen Ring: Bd. 121
Für den Kaiser!: Bd. 122
Jeff der Ranchman: Bd. 122
Der »Grosse Panther«: Bd. 123
Iwein der Harpunierer (Z.: DAN): Bd. 123
Der Felsen von Wenn: Bd. 124
Hier geschah es Cocheese: Bd. 124
Der singhalesische Tempel: Bd. 124
Der Sheriff Johnny Granger: Bd. 125
Der Freund der Cheyennen (Fotocomic): Bd. 125–132
Der Sohn des Seeräubers: Bd. 125
Für Johny: Bd. 126
Die Friedensbrüder: Bd. 126
Fort James: Bd. 127

Parahera! (Z.: MARCULETA): Bd. 127
Die Reise nach Guadeloupe (Z.: MARCULETA): Bd. 128
Kriegerherz: Bd. 128
Der schwarze Diamant: Bd. 129
Hauptmann Tenner: Bd. 129
Der rote Reiter: Bd. 130
Ein Spion an Bord: Bd. 130
Der beste Pilot: Bd. 131
Der schwarze Hengst Hasso: Bd. 131
Die Heimkehr des Kreuzritters: Bd. 132
Hier geschah es auf einer einsamen Insel (Z.: MARCULETA): Bd. 132
Luchsauge greift an: Bd. 132
Der Bergwolf: Bd. 133
Der Mann mit dem Köfferchen (Fotocomic): Bd. 133–136
Rennwagen Z. 5 D.: Bd. 133
Das Unternehmen der Rangers: Bd. 134
Die Stimme des Gewissens: Bd. 134
Die letzte Runde: Bd. 135
Das Geheimnis um Schloß Farmouth: Bd. 135
Tragödie im Walde (Z.: MARCULETA: Bd. 136
Der Stamm am Grossen See: Bd. 136
Der Tempel der Quichuas: Bd. 137
Der geheimnisvolle Reisende (Fotocomic): Bd. 137–139
Alan der Verstossene: Bd. 137
Der dankbare Curtis: Bd. 138
Der furchtlose Ritter de Lussac (Z.: MARCULETA): Bd. 138
Gefährliche Orchideensuche: Bd. 139
Die Blaupulver-Ranch (Fotocomic): Bd. 140, 142
Zimm und Bumm (Z.: CARTIER): Bd. 140
Ein Handschuh im Schnee: Bd. 140
In besonderer Mission: Bd. 141
Zug 118: Bd. 141
Die verschwundene Stadt: Bd. 141
Vorstoß ins Unbekannte: Bd. 142
Der Geheimagent: Bd. 142
Hier geschah es Allein in der Wildnis (Z.: ROCHELLE): Bd. 143
Ramphis Reiter des Pharaos: Bd. 143
Schatten an der Bucht: Bd. 143
Der rote Adler: Bd. 144
Frank's Wagnis: Bd. 144
Die vergessene Stadt: Bd. 145
Exil in Barrio Branco: Bd. 145
Tom im Reiche der Entdeckungen (Z.: ROCHELLE): Bd. 145, 146, 153, 155
Nike der Goldsucher: Bd. 146
Fort Yankee: Bd. 146
Patrick der Retter: Bd. 147
Satellit IV des Jupiter: Bd. 147
Der Unbekannte mit den Handschuhen: Bd. 148
Der Mann mit den 2 Gesichtern: Bd. 148
Verrat auf den Philippinen: Bd. 149
Johann vom Felsental: Bd. 149
Gefährliche Landung: Bd. 150
An der Grenze des hohen Nordens: Bd. 150
Sieger von Santa Paula: Bd. 151
Atomstadt Jahawa: Bd. 152
Trommelwirbel: Bd. 153
Der gestohlene Diamant: Bd. 154
Gefährliche Safari (Z.: GROUX): Bd. 155
Alarm im Weltall: Bd. 156
Die Ruinen von Tuhapelt: Bd. 156
Odongo: Bd. 157
Die hölzerne Mauer (Z.: GROUX): Bd. 157
Arzt oder Bandit?: Bd. 158
Der Herr der Welt: Bd. 158
Hier geschah es . . . Eher sterben, als sich ergeben: Bd. 159
Sieg im Ring (Z.: MARCULETA): Bd. 159
Der Wächter der Krone (Z.: GROUX): Bd. 160

Der Adler von Quito: Bd. 161
Hong Kong: Bd. 162
Elim der Schreckliche: Bd. 163
Unternehmen Merkur: Bd. 164
Asti die unnahbare Insel: Bd. 165
Das Rätsel von Castel-Roc (Z.: GROUX): Bd. 167
Im Lande der Diamanten: Bd. 168
Hier geschah es Ein Liebhaber der Mechanik: Bd. 169

Tarzan
Die Kindheit des Urwaldmenschen
Sonderheft Tarzans Kindheit
Hamburg: Mondial Verlag GmbH
Februar 1955
16,5 × 22 cm
Heft
Farbig
Z.: FOSTER

Tarzan
Die Jugend des Urwaldmenschen
Sonderheft Tarzans Jugend
Hamburg: Mondial Verlag GmbH
März 1955
16,5 × 22 cm
Heft
Farbig
Z.: FOSTER

Tarzan
Der König des Dschungels
Hannover: Walter Lehning Verlag
November 1959–September 1961
17 × 24 cm
Heft
Farbig, ab Bd. 34 einfarbig
Bd. 1–62
Z.: Titelbilder: Bd. 5–30: NICKEL
Bd. 31–62: EHRT
Inhalt:
Tarzan (Z.: Bd. 1–48 (Seite 7): MAXON, Bd. 48 (Seite 7)–55: BARRY oder CARDY, Bd. 56–59 (Seite 32): HOGARTH, Bd. 59 (Seite 33)–62: RUBIMOR): Bd. 1–62
Falk (Z.: WÄSCHER) (Nachdruck von Falk): *Bd. 38–50*: Falk Bd. 1–6 (Seite 31, 1. Bild), *in Bd. 39* fehlt von Falk Bd. 2 die Seiten 2, 7, *in Bd. 41* fehlt von Falk Bd. 2 die Seite31, *in Bd. 42* fehlt von Falk Bd. 3 die Seite 1, *in Bd. 44* fehlt von Falk Bd. 4 die Seite 1 (Bild), *in Bd. 46* fehlt von Falk Bd. 4 die Seite 32 und von Falk Bd. 5 die Seite 2 (gekürzt), *in Bd. 48* fehlt von Falk Bd. 5 die Seite 32 und von Falk Bd. 6 die Seite 1, *in Bd. 49* fehlt von Falk Bd. 6 die Seite 25
Nick (Z.: WÄSCHER) (Nachdruck von Nick): *Bd. 50–61:* Nick Bd. 1–6 (Seite 12), *in Bd. 51* fehlt von Nick Bd. 1 die Seite 11, *in Bd. 52* fehlt von Nick Bd. 1 die Seite 32 und von Nick Bd. 2 die Seite 1, *in Bd. 54* fehlt von Nick Bd. 2 die Seite 32 und von Nick Bd. 3 die Seite 1, *in Bd. 56* fehlt von Nick Bd. 3 die Seite 32 und von Nick Bd. 4 die Seite 1, *in Bd. 58* fehlt von Nick Bd. 4 die Seite 32 und von Nick Bd. 5 die Seite 1, *in Bd. 61* fehlt von Nick Bd. 5 die Seite 32 und von Nick Bd. 6 die Seite 1

Tarzan
der Herrscher des Urwalds
Hannover: Walter Lehning Verlag
Dezember 1960–Juli 1961
17 × 7,5 cm
Heft
Farbig und zweifarbig
Bd. 1–30
Z.: Bd. 1–12: REINMAN, HOGARTH, BARRY, LEHTI
Bd. 13–15: REINMAN
Bd. 16–30: REINMAN, CARDY
Titelbilder: EHRT

Bemerkungen:
Auf der Liste der jugendgefährdenden Schriften: Bd. 12: E Nr. 905 – BAnz. Nr. 98 vom 25. 5. 61
Bd. 13–15, 28, 29: E Nr. 959 – BAnz. Nr. 174 vom 9. 9. 61

Tarzan
Edgar Rice Burroughs
Bd. 37, 44–46, 48, 51, 52: der Affen
Bd. 39, 41–43, 49, 50, 53–85, 87–117: Sohn der Affen
Bd. 47: König des Dschungels
Bd. 118–209: Herr des Dschungels
Bd. 142–209: Abenteuer Comic
Aachen: Bildschriftenverlag, ab Bd. 110: Alsdorf: Bildschriftenverlag, ab Bd. 130: Alsdorf: Williams Verlag, ab Bd. 138: Alsdorf: Bildschriftenverlag Abt. Williams, ab Bd. 148: Hamburg: Bildschriftenverlag Abt. Williams, ab Bd. 150: Hamburg: Williams Verlag, ab Bd. 172: Hamburg: Klaus Recht GmbH, ab Bd. 204: Hamburg: Williams Verlag
Juli 1965–Juli 1976
18 × 25 cm, ab Bd. 188: 18 × 26 cm
Heft
Farbig
Bd. 1–209
Z.: Titelbilder von 110–112: LUBBERS
Bemerkungen:
Von Bd. 1 gibt es 3 Auflagen:
1.: Innencover mit Werbung für Sheriff Klassiker und Illustrierte Klassiker, –,75 DM.
2.: Innencover mit Werbung für Dick und Doof und Sheriff Klassiker, –,75 DM.
3.: 1,– DM.
Von Bd. 2 gibt es 2 Auflagen:
1.: –,75 DM.
2.: 1,– DM.
Inhalt:
Tarzan (Z.: Bd. 1–32, 47, 86: MARSH, Bd. 33–40, 42, 43, 45, 46, 52–57, 113–117, 208 und 209 (jeweils 1. Geschichte Nachdruck von Bd. 35): MANNING, Bd. 41, 58–64, 67, 69: WILDEY, Bd. 48–51: GIOLITTI, Bd. 44: SPIEGLE, Bd. 71, 72, 75, 76, 79, 80, 83, 84, 94, 98: NORRIS, Bd. 88, 91, 92, 110, 111: ROYER, Bd. 112: NORRIS und LUBBERS, Bd. 118–129: LUBBERS, Bd. 130–160: CELARDO, Bd. 181–183, 185, 187, 190–192, 194–196, 200, 205: SANTILLÁN): 1–209
Die Waffenbrüder (Z.: Bd. 1–28, 30–35, 37, 39, 40, 88 (Nachdruck aus Bd. 20), 92 (Nachdruck aus Bd. 22), 94 (Nachdruck aus Bd. 23), 96 (Nachdruck aus Bd. 24), 98 (Nachdruck aus Bd. 25), 102 (Nachdruck aus Bd. 26): MANNING, Bd. 29: MARSH, Bd. 106, 108: ROYER): Bd. 1–35, 37, 39, 40, 88, 92, 94, 96, 98, 102, 106, 108
Leopardenmädchen (Z.: SPIEGLE): Bd. 41–45, 47–51, 53, 54, 56, 58, 60, 62–64, 69, 71, 75, 79, 83
Bantu: Bd. 36, 38
Mabu der Dschungel-Junge (Z.: SPIEGLE): Bd. 44
Chako: Bd. 110
Poster auf den Mittelseiten:
Bd. 180: Z.: MANNING
Bd. 181: Z.: CELARDO
Bd. 200: Z.: KUBERT

Tarzan
Comic Gross Album
Aachen: Bildschriftenverlag
1969–1973
18,5 × 26 cm
Broschüre
Farbig
Bd. 1, 4, 10–15 (Bd. 1 unnumeriert)
Z.: Bd. 1, 10: MARSH

Bd. 4, 11: je eine Geschichte von MANNING, der Rest von MARSH Bd. 12–15: HOGARTH, in Bd. 15: 2. Geschichte von HOGARTH und BARRY (In Bd. 15 eine Geschichte völlig neu, eine Geschichte gekürzter Nachdruck aus Tarzan/Mondial Verlag)

Tarzan
Sohn der Affen,
ab Bd. 3: Herr des Dschungels
Aachen: Bildschriftenverlag, ab Bd. 4: Alsdorf: Bildschriftenverlag
1971–1973
12,5 × 18,2 cm
Taschenbuch
Farbig und einfarbig
Bd. 1–5
Z.: U. A. MANNING
Bemerkungen:
Bd. 5 hat einen geringeren Umfang. Nachdruck aus der Heftserie des Bildschriftenverlages.

Tarzan
Das große Tarzan-Buch
Aachen: Bildschriftenverlag
ab Januar 1972
24 × 33,5 cm
Broschüre
Bd. 1: Farbig und einfarbig
Bd. 2: Farbig
Bd. (1)–2
Z.: Bd. 1: MANNING
Bd. 2: HOGARTH

Tarzan
Herr des Dschungels
Hamburg: Williams Verlag
ab Januar 1976
Bd. 1–2, 4–5: 12,5 × 17,9 cm,
Bd. 3: 11,6 × 18,1 cm
Taschenbuch
Bd. 1–2, 4–5: Farbig
Bd. 3: Zweifarbig
Bd. 1–5
Z.: U. A. ANTONAYA, CRAS, GIOLITTI, MANILA UND MANNING
Bemerkungen:
Nachdrucke von Tarzan und Korak aus der Heftserie des Bildschriftenverlages.

Tarzan
bis Bd. 9/79: Der Neue!
Stuttgart: Ehapa Verlag
April 1979–Dezember 1984
17,7 × 26 cm
Heft
Farbig
1979: Bd. 1–9
1980: Bd. 1–13
1981: Bd. 1–13
1982: Bd. 1–13
1983: Bd. 1–14
1984: Bd. 15–25
Z. u. T.:
CABRERIZO
DEMETRIO
DRAGINČIĆ: ab Bd. 19
ELIAS
FIELDING: Bd. 22
FLORESE
GALVEZ
GIRO
GONZALEZ
KANIGHER
KERAC: ab Bd. 19
MARTINEZ
ORTIZ
PLAVŠIĆ: ab Bd. 19
RAD
SLAVKOVIĆ: ab Bd. 22
U. A.

Tarzan
Bd. 3: Jubiläumsband
1979–Dezember 1984

21,8 × 28,8 cm
Broschüre
Farbig
Bd. 1–7
Bemerkungen:
Bd. 7 nach dem Film »Greystoke«.
Z. u. T.:
EVANIER: Bd. 7
FIELDING: Bd. 2
MEUGNIOT: Bd. 7
ORTIZ: Bd. 2, 6
REMOHI: Bd. 1, 3–5
SPIEGLE: Bd. 7
VONO: Bd. 7

Tarzan
Siehe: ***Comic Giganten***
Die goldene Zeit des Tarzan
Williams Maxi Album

Tarzan Extra
Herr des Dschungels
Alsdorf: Williams Verlag
1972
27,7 × 41 cm
Zeitung
Farbig
Bd. 1–4
Inhalt:
Tarzan (Z.: Bd. 1: LUBBERS, Bd. 2: KUBERT, Bd. 3–4: ARBOL): Bd. 1–4
Korak (Z.: U. A. MANNING): Bd. 1, 3–4

Tarzans Sohn
Stuttgart: Ehapa Verlag
März 1980–Dezember 1981
17,6 × 26 cm
Heft
Farbig
1980: Bd. 3–13
1981: Bd. 1–13
Z.: FEITO
GONZALEZ
MARTINEZ U. A.

Taschencomics
Aachen: Bildschriftenverlag
November 1966–Dezember 1967
12,5 × 18 cm
Heft
Einfarbig
Bd. 1–28
Z.: Pecos Bill: PAVONE, DONATELLI (auch BONATO?)
Radar: DONATELLI
Top: FENZO
Totem: meist PAVONE
T.: Pecos Bill: RENZI?
Titelbilder: CANALE: Bd. 1–23
DONATELLI: Bd. 13, 15, 24
Titel/Inhalt:
1: Totem
2: Radar
3: Pecos Bill (+ Indianer-Legende)
4: Top
5: Totem
6: Radar (+ lustiger Comic Z.: BÖTT)
7: Pecos Bill (+ Indianer-Legende)
8: Top
9: Totem
10: Radar (+ lustiger Comic Z.: BÖTT)
11: Radar (+ lustiger Comic Z.: BÖTT)
12: Totem
13: Top
14: Pecos Bill (+ Indianer-Legende)
15: Top
16: Pecos Bill (+ Die Legende vom Wasser)
17: Radar (+ lustiger Comic)
18: Totem
19: Pecos Bill (+ Legende der Indianer)
20: Top
21: Radar (+ lustiger Comic Z.: CORDEROY)
22: Totem
23: Radar (+ lustiger Comic)
24: Totem
25: Totem

26: Pecos Bill (+ Johnny Flipper Z.: TONNA)
27: Top
28: Pecos Bill (+ Johnny Flipper Z.: TONNA)

Taschenstrip
Hamburg: Tessloff Verlag
1963–1965
12 × 18 cm
Heft
Einfarbig
Bd. 1–39
Titel/Inhalt:
1: Wyatt Earp (z.: MANNING) (Nachdruck aus Fernseh Abenteuer)
2: Fury (Nachdruck aus Fernseh Abenteuer)
3: Texas Rangers (Nachdruck aus Fernseh Abenteuer)
4: Lassie (Nachdruck aus Fernseh Abenteuer)
5: Rin Tin Tin (Nachdruck aus Fernseh Abenteuer) (+ Hardy Pechvogel/Korporal Blümchen)
6: Linda Lark (Z.: STANLEY)
7: Bonanza (Nachdruck aus Fernseh Abenteuer)
8: Velvet und King (Nachdruck aus Fernseh Abenteuer)
9: Am Fuß der Blauen Berge
10: 77 Sunset Strip (Z.: MANNING)
11: Der einsame Ranger (d. i. Lone Ranger) (Nachdruck aus Fernseh Abenteuer) (+ Junger Falke Z.: MAXON)
12: Velvet und King (Nachdruck aus Fernseh Abenteuer)
13: Bonanza (Nachdruck aus Fernseh Abenteuer)
14: 77 Sunset Strip (Z.: MANNING)
15: Linda Lark (Z.: STANLEY)
16: Bonanza (Nachdruck aus Fernseh Abenteuer)
17: Velvet und King (Nachdruck aus Fernseh Abenteuer)
18: 77 Sunset Strip
19: Der einsame Ranger (d. i. Lone Ranger) (Nachdruck aus Fernseh Abenteuer) (+ Der doppelte Texas Ranger/Junger Falke Z.: MAXON)
20: Bonanza (Nachdruck aus Fernseh Abenteuer)
21: Der maskierte Ranger (d. i. Lone Ranger) (Nachdruck aus Fernseh Abenteuer) (+ Junger Falke Z.: MAXON)
22: Kopf oder Zahl (Z.: SPIEGLE)
23: Lassie (Nachdruck aus Fernseh Abenteuer)
24: Der maskierte Ranger (d. i. Lone Ranger) (Nachdruck aus Fernseh-Abenteuer) (+ Junger Falke Z.: MAXON)
25: Am Fuß der Blauen Berge
26: Fury (Nachdruck aus Fernseh Abenteuer)
27: Wyatt Earp (Z.: MANNING) (Nachdruck aus Fernseh Abenteuer)
28: Schatten im Fenster
29: 77 Sunset Strip (Z.: 2. Hälfte von MANNING)
30: Bonanza (Nachdruck aus Fernseh Abenteuer)
31: Mein Colt schießt immer (Z.: GIOLITTI)
32: Der maskierte Ranger (d. i. Lone Ranger (Nachdruck aus Fernseh Abenteuer) (+ Junger Falke Z.: MAXON)
33: Steckbrieflich gesucht
34: Flaschspieler an Bord (Z.: GIOLITTI)
35: Mister Ed (Z.: CERTA)
36: Der maskierte Ranger (d. i. Lone Ranger) (Nachdruck aus Fernseh Abenteuer) (+ Junger Falke Z.: MAXON)

37: Texas Rangers (Nachdruck aus Fernseh Abenteuer)
38: Die Privatsekretärin
39: 77 Sunset Strip (Z.: MANNING) (Nachdruck von Bd. 14)

Taten und Meinungen des Herrn Piepmeyer
Berlin: Der Morgen
1961
29,4 × 19,4 cm
Buch
Einfarbig
Z.: SCHRÖDTER
T.: DETMOLD
Bemerkungen:
Neudruck des polit./satir. Comic von 1848, mit Schuber.

Tausend-Bilder-Bibel
Ein Bildbericht
Freiburg: Herder-Verlag
1953 (2. Auflage)
Buch
Z.: WALKER U. A.

Team
Amateur-Comic
Nidau (Schweiz): Küffer und Co Verlag, Beat Küffer
Oktober 1978–Dezember 1978
21 × 29,7 cm
Geklammerte Einzelblätter
Farbig
Bd. 1–2
Inhalt:
Die Drei (Z./T.: DUX): Bd. 1–2
The Tramps (Z./T.: KÜFFER): Bd. 1
Tim Flenning: Bd. 1
Jim Wood: Bd. 1
Steve Axton: Bd. 1
Das Biest der Vorzeit (Z./T.: KASSAU): Bd. 2

Die Teddys
Rastatt-Baden: Hebel-Verlag
1958
19 × 26,5 cm
Broschüre
Farbig
Bd. 1
Z.: ZEMANN
Bemerkungen:
Der Band wurde unter dem Titel ›Die Pandas‹ nachgedruckt.

Teddys Abenteuer
Berlin: Erich Schmidt Verlag
Dezember 1946
29,8 × 20,6 cm
Buch
Einfarbig
Z./T.: RIESEN

Tele-Max
I. Kinder Fernseh Magazin
Berlin: Tele-Max Verlag
Mai 1969
19 × 14,5 cm
Heft
Farbig und zweifarbig
Bd. 1–7?
Bemerkungen:
Grenzfall, da sehr wenig Comics.
Inhalt:
nur teilweise bekannt, da nicht alle Hefte gesehen:
Bonanza (Nachdruck aus Fernseh Abenteuer): Bd. 1–3?
Die Schreckensteiner (Z.: BARLOG): Bd. 1?
Der einsame Ritter (d. i. Lone Ranger) (Nachdruck aus Fernseh Abenteuer): Bd. 4–6?
Herr Pussikater (d. i. Tom und Jerry): Bd. 5?
Robinson (Z.: NICKEL) (Nachdruck aus Robinson Bd. 54 Seite 1–5 + Bild 1

von Seite 6): Bd. 7
Fernsehprogramm ist illustriert von verschiedenen Zeichnern u. a. NICKEL

Tennis-Tips von Stan Smith
München: Wilhelm Goldmann Verlag
1977
11,5 × 17,9 cm
Taschenbuch 10574
Einfarbig
Z.: McQUEEN
T.: SMITH
Bemerkungen:
Es handelt sich um gesammelte Strips von King Features Synd./Bulls.

Terroc
der Held des Alls
Berlin: Peter Bald
1980
21 × 29,7 cm
Heft
Einfarbig
Bd. 1–2
Inhalt:
Terroc (Z./T.: STRAUSS): Bd. 1–2
Tarkan (Z.: BURAK): Bd. 1–2

Testpilot Speedy
Ju-Ju Heft
Darmstadt: Jupiter Verlag
Mai 1955
17 × 7 cm
Heft
Einfarbig
Bd. 1

Testpilot Speedy
Ju-Ju Heft
Darmstadt: Jupiter Verlag, ab Bd. 21: ohne Verlagsangabe
September 1955–November 1956
17 × 24 cm
Heft
Einfarbig
Bd. 1–27
Bemerkungen:
*Bd. 1 bis Mitte von Seite 8: Nachdruck von **Testpilot Speedy** Piccolo. Serie wurde in **Robinson** Bd. 36–108 fortgesetzt.*

Testpilot Speedy
Berlin: Gerstmayer Verlag
1957
17 × 6,5 cm
Heft
Einfarbig
Bd. 1–18
Bemerkungen:
*Nachdruck aus **Testpilot Speedy**. Von Bd. 18 sind verschiedene Bände erschienen. Vorliegende Titel: »Was nun?«, »Entführt.«*

Der Texaner
Bilderzeitung
Bd. 8–13: Ju-Ju Heft
Darmstadt: Jupiter Verlag
1955
16 × 11 cm, ab Bd. 3: 17 × 8 cm, ab Bd. 12: 16,5 × 23 cm
Heft
Farbig, ab Bd. 14: einfarbig
Bd. 1–14
Z.: KUBE

Texas
Hamburg: Alfons Semrau Verlag
Oktober 1953
12,5 × 17 cm schwankend, ab Bd. 23–26: 14 × 18 cm, ab Bd. 27–28: 12,5 × 17 cm, ab Bd. 29–32: 14 × 18 cm schwankend
Heft
Einfarbig
Bd. 1–32

Bemerkungen:
0,30 DM-Serie.
Bd. 13 *Seite 16: Nachdruck von Bd. 6 Seite 17*, Bd. 13 *Seite14, 15: Nachdruck von Bd. 5 Seite 16, 17*, Bd. 13 *Seite18: Nachdruck von Bd. 3 Seite 15*, Bd. 16 *Seite16, 17: Nachdruck von Bd.12 Seite 18, 19*
Inhalt:
Kit Carson (Z.: EYLES, DAVIES, CAMPION U. A.): Bd. 1–32
Buck Jones (Z.: CAMPION U. A.) Bd. 1–14, 16–32

Texas
Hamburg: Alfons Semrau Verlag
1958–1959
12 × 17 cm
Heft
Einfarbig
Bd. 1–46
Bemerkungen:
0,40 DM-Serie.
*Serie wurde mit Bd. 47 als **Texas Ranger** fortgesetzt.*
*Nachdruck von **Texas** mit gleichen Titelbildern, wenn nicht anders vermerkt:*
Bd. 1: *Bd. 12 (Seite 8 Bild oben neu)*, Bd. 2: *Bd. 15*, Bd. 3: *Bd. 18*, Bd. 4: *Bd. 14*, Bd. 5: *Bd. 17*, Bd. 6: *Bd. 22*, Bd. 7: *Bd. 21*, Bd. 8: *Bd. 11*, Bd. 9: *Bd. 20, Bd. 10: Bd. 13 (Seite 16, 17 aus Texas Bd. 12 Seite 18, 19, Seite 18 aus Texas Bd. 11 Seite 31)*, Bd. 11: *Bd. 16*, Bd. 12: *Bd. 19 (Seite 32 aus Texas wurde ausgelassen, dafür Seite 18 aus Texas Bd. 12)*, Bd. 13: *Bd. 25*, Bd. 14: *Bd. 24*, Bd. 15: *Bd. 31*, Bd. 16: *Bd. 32*, Bd. 17: *Bd. 23*, Bd. 18: *Bd. 26*, Bd. 19: *Bd. 1*, Bd. 20: *Bd. 6*, Bd. 21: *Bd. 5*, Bd. 22: *Bd. 7*, Bd. 23: *Bd. 4, (Titelbild von Bd. 8)*, Bd. 24: *Bd. 3 (Titelbild von Bd. 30)*, Bd. 25: *Bd. 2 (Titelbild von Bd. 29)*, Bd. 26: *Bd. 29 (Titelbild von Bd. 27)*, Bd. 27: *Bd. ? (Seite 33 aus Texas Bd. 3 Seite 15) (Titelbild von Bd.10)*, Bd. 28: *Bd. 27 (Seite 8 Bild oben neu) (Titelbild von Bd.?)*, Bd. 29: *Bd. 28 (Seite 24, 25 aus Texas wurde ausgelassen, dafür Seite 16, 17 aus Texas Bd. 12 Seite 18, 19) (Titelbild von Bd.?) (Seite 31 Bild unten neu)*, Bd. 30: *völlig neu*, Bd. 31: *Seite 33 Nachdruck aus Texas Bd. 13 Seite 16, sonst völlig neu*, Bd. 32: *Seite 33 Nachdruck aus Texas Bd. 11 Seite 31, sonst völlig neu*, Bd. 33: *völlig neu*, Bd. 34: *völlig neu*, Bd. 35: *Seite 8 Nachdruck aus Texas Bd. 6 Seite 12, Seite 9 Nachdruck aus Texas Bd. 7 Seite 8, Seite 30, 31 Nachdruck aus Texas Bd. 5 Seite 16, 17, Seite 32 Nachdruck aus Texas Bd. 3 Seite 15, sonst völlig neu*, Bd. 36: *Bd. 10 (1. Geschichte). 2. Geschichte völlig neu, Seite 33 Nachdruck aus Texas Bd. 11 Seite 31*, Bd. 37: *Seite 33 Nachdruck aus Texas Bd. 3 Seite 15, sonst völlig neu*, Bd. 38: *Seite 32 Nachdruck aus Texas Bd. 11 Seite 31, Seite 33 Nachdruck aus Texas Bd. 12 Seite 18*, Bd. 39: *völlig neu*, Bd. 40: *völlig neu*, Bd. 41: *völlig neu*, Bd. 42: *völlig neu*, Bd. 43: *Seite 9 Nachdruck aus Texas Bd. 39 diese Serie Seite 33, Seite 19 Nachdruck aus Texas Bd. 6 Seite 12, Seite 29 Nachdruck aus Texas Bd. 3 Seite 15, Seite 30, 31 Nachdruck aus Texas Bd. 12 Seite 18, 19, Seite 32 Nachdruck aus Texas Bd. 6 Seite 17, sonst völlig neu*, Bd. 44: *völlig neu*, Bd. 45: *Seite 15, 16 Nachdruck aus Texas Bd. 12 Seite 18, 19, Seite 31 Nachdruck aus Texas Bd. 39 diese Serie Seite 33, Seite 32 Nachdruck aus Texas Bd. 3 Seite 15, sonst völlig neu*, Bd. 46: *völlig neu*
Inhalt:

Kit Carson (Z.: EYLES, DAVIES, CAMPION U. A.): Bd. 1–29, 32–33, 42–46
Buck Jones (Z.: CAMPION U. A.): Bd. 1, 3–31, 34–41
In Bd. 42 Seite 33 eine Zeichnung von: JENNEY

Texasboy
Berlin: Gerstmayer Verlag
1957
17 × 6,5 cm
Heft
Einfarbig
Bd. 101–110
Bemerkungen:
Nachdruck aus Robinson Sonderheft: Joe the Kid (Z.: STEINMANN), Wildtöter (Z.: KOHLHOFF), ab Bd. 105 ist Wildtöter völlig neu, Der Texaner (Z.: KUBE), Lederstrumpf (Z.: WÄSCHER) Nachdruck aus Titanus Bd. 4, 5 in Bd. 108–110

Texas Ranger
Western
Hamburg: Alfons Semrau Verlag
Juli 1955–August 1955
16 × 23 cm
Heft
Einfarbig
Bd. 1–4 (Bd. 1 unnumeriert als Sonderausgabe)
Inhalt:
Tex Ritter (T.: CAMPBELL): Bd. 1
Charly Dickens: Bd. 1
Jack und Jim: Bd. 2
Sergeant Jim Montana: Bd. 3
Pat Corner: Bd. 4
Mac-Keron (Z.: TERY): Bd. 4

Texas Ranger
Western
Hamburg: Alfons Semrau Verlag
1959
16 × 23 cm
Heft
Einfarbig
Bd. 47–86
Bemerkungen:
*Fortsetzung der Serie **Texas**.*
Inhalt (ohne Kurzstrips):
Gene Autry: Bd. 47–50
Texas Ranger Jack: Bd. 51–52
Sergeant Jim Montana: Bd. 52–53
Sergeant King: Bd. 54
Sergeant Preston: Bd. 55 (Nachdruck aus Wild West Bd. 133, 134)
Colorado Kid: Bd. 56
Sheriff Hale: Bd. 57
Bill Hickok: Bd. 57
Annie Oakley: Bd. 57
Einsame Ranger (auch Der maskierte Reiter) (d. i. Lone Ranger): Bd. 58 (Nachdruck aus Yabu 59), 60, 62, 64 (Nachdruck aus Yabu 59), 72 (Nachdruck aus Wild West Bd. 129), 73 (Nachdruck aus Wild West Bd. 145), 74 (Nachdruck aus Wild West Bd. 128)
Bill Ellison: Bd. 59 (Nachdruck aus Yabu Bd. 57)
Tex Rodgers: Bd. 61, 63
Tex Ritter (Z.: CAMPBELL): Bd. 64 (Nachdruck aus Yabu Bd. 51)
Jonny Mac Millan: Bd. 65
Rex Allan: Bd. 66 (Nachdruck aus Yabu Bd. 61), 69 (Nachdruck aus Wild West Bd. 137)
Jonny Green (Z.: CHIOMENTI): Bd. 67 (Nachdruck aus Yabu 46)
Joe Pudding: Bd. 67, 68 (beide Nachdruck aus Yabu 50, dort unter Jack Pudding)
Billy Rock (Z.: BONATO): Bd. 68 (Nachdruck aus Yabu Bd. 46)
Blitz und Bullet: Bd. 69 (Nachdruck aus Wild West Bd. 137)
Dick: Bd. 70 (Nachdruck aus Wild

West Bd. 131)
Jack Perrow: Bd. 71 (Nachdruck aus Wild West Bd. 141)
Tonto (Z.: GIOLITTI): Bd. 72
Ted Ellison: Bd. 73
Ricki West: Bd. 75
Jonny McBrown: Bd. 76 (Nachdruck aus Wild West Bd. 130)
Kapitän Micki (Z./T.: ESSEGESSE-STUDIO): Bd. 77–86 (Nachdruck aus Wild West Bd. 97–103 (Seite 20), 103 (Seite 22)–104)

Texasreiter Hot Jerry
Traisa bei Darmstadt: Jupiter Verlag
Mai 1950
20 × 27,5 cm
Heft
Einfarbig
Bd. 1–4
Z.: KOHLHOFF

Tex Norton
Teufelsfahrer auf heißen Rädern
Bergisch Gladbach: Bastei Verlag
August 1980–Juni 1981
18 × 26,2 cm
Heft
Farbig
Bd. 1–22
Inhalt:
Tex Norton (Z.: CELAL, CORREA, FORNS ANDRES, COMOS UND STUDIO GIOLITTI): Bd. 1–22
Ron Camaro (Z.: CELAL, CORREA, FORNS, ANDRES, COMOS UND STUDIO GIOLITTI): Bd. 1–22
Von Auspuff bis Zylinderkopf (Z.: DOMENECH): Bd. 1–22

Tex Willer
Aachen: Bildschriftenverlag
Februar 1971–August 1971
Bd. 1–6: 14,8 × 20,5 cm,
Bd. 7–8: 14,7 × 19,5 cm
Taschenbuch
Einfarbig
Bd. 1–8
Z.: GALLEPPINI
T.: BONELLI

Thor
Der mächtige
Hamburg: Williams Verlag, ab Bd. 10: Hamburg: Klaus Recht, ab Bd. 19: Hamburg: Williams Verlag
Januar 1974–September 1976
Bd. 1–5: 17,4 × 25,1 cm,
Bd. 6–20: 17,1 × 24,5 cm,
Bd. 21–33: 17,8 × 26 cm
Heft
Farbig
Bd. 1–33
Inhalt:
Thor:
Bd. 1–33
Der galaktische Silberstürmer:
Bd. 1–32
Geschichten aus Asgard: Bd. 5–8, 22, 28–33
Die Spinne (Auszug aus Spinne Bd. 68): Bd. 33
Z. u. T.:
ADKINS: Bd. 27–28, 30–32
AYERS: Bd. 2, 6–7, 11
BELL: Bd. 28
BERNS10–14
BUSCEMA, JOHN: Bd. 1–32
BUSCEMA, SAL: Bd. 10–15, 19–21
COLLETTA: Bd. 1, 29–33
FORBUSH: Bd. 1
HARTLEY: Bd. 8
HECK Bd. 5, 15–18
KIRBY: Bd. 1–8, 11, 15, 19–33
LEE: Bd. 1–33
LIEBER: Bd. 4, 6–9
MOONEY: Bd. 33
RAY: Bd. 33

REINMAN: Bd.7
ROMITA: Bd. 33
SINNOTT: Bd. 1–10, 12–14
STONE: Bd. 20, 24–29, 31–32

Thor
Siehe: ***Hit Comics***

Thorfinn
Berlin: Verlag Klaus Guhl
1976
20,9 × 29,2 cm
Broschüre
Einfarbig
Z.: DELEURAN

Thyl Ulenspiegels Abenteuer
Hannover: Edition Becker & Knigge
1980–1981
21 × 29 cm
Broschüre
Einfarbig
Bd. 1–2
Z.: VANDERSTEEN

Tibor
Sohn des Dschungels
Hannover: Walter Lehning Verlag
September 1959–April 1963
17 × 7,5 cm
Heft
Einfarbig, ab Bd. 56: farbig und zweifarbig, ab Bd. 101: einfarbig
Bd. 1–187
Z.: WÄSCHER

Tibor
Held des Dschungels
Hannover: Walter Lehning Verlag
April 1961–April 1968
17 × 24 cm
Heft
Farbig, ab Bd. 2: farbig und zweifarbig, ab Bd. 113: farbig
Bd. 1–183
Z.: WÄSCHER
Bemerkungen:
Titelbilder von Bd. 1–3 sollten einmal Akim-Titelbilder sein.
Die Serie besteht nur aus Nachdrukken: Bd. 1–17: *Akim neue Abenteuer Bd. 32–65,* Bd. 18: *Akim neue Abenteuer Bd.66, 68,* Bd. 19–82: *Akim neue Abenteuer Bd. 69–196,* Bd. 83–92: *Tibot Sohn des Dschungels Bd. 10–29,* Bd. 93: *Tibor Bd. 30 Seite 1, 3–8, 10–24, 26–31, Tibor Bd. 31 Seite 2–21 (1. Bild),* Bd. 94: *Tibor Bd. 31 Seite 21 (2. Bild)–25, 27–31, Tibor Bd. 32 Seite 2–11, 13–31, Tibor Bd. 33 Seite 2–4, 6–10, 12 (1. Bild),* Bd. 95: *Tibor Bd. 33 Seite 12 (2. Bild)–16, 18–20, 22–31, Tibor Bd. 34 Seite 3–11, 13–31, Tibor Bd. 35 Seite 3, 4 (1. Bild),* Bd. 96: *Tibor Bd. 35 Seite 4 (2. Bild)–7, 9–12, 14–31, Tibor Bd. 36 Seite 2, 4–24 (1. Bild),* Bd. 97: *Tibor Bd. 36 Seite 24 (2. Bild)–31, Tibor Bd. 37 Seite 3–31, Tibor Bd. 38 Seite 2–9, 11–13 (1. Bild),* Bd. 98: *Tibor Bd. 38 Seite 13 (2. Bild)–31, Tibor Bd. 39 Seite 2–28, 30, 31 (1. Bild),* Bd. 99: *Tibor Bd. 39 Seite 31 (2. Bild), Tibor Bd. 40 Seite 2–31, Tibor Bd. 41 Seite 2–17, 19 (1. Bild),* Bd. 100: *Tibor Bd. 41 Seite 19 (2. Bild)–31, Tibor Bd. 42 Seite 3–31, Tibor Bd. 43 Seite 2–7 (1. Bild),* Bd. 101: *Tibor Bd. 43 Seite 7 (2. Bild)–31, Tibor Bd. 44 Seite 2–23, 25 (1. Bild),* Bd. 102: *Tibor Bd. 44 Seite 25 (2. Bild)–31, Tibor Bd. 45 Seite 2–31, Tibor Bd. 46 Seite 2–11, 13 (1. Bild),* Bd. 103: *Tibor Bd. 46 Seite 13 (2. Bild)–31, Tibor Bd. 47 Seite 2–26, 28–30 (1. Bild),* Bd. 104: *Tibor Bd. 47 Seite 30 (2. Bild), 31, Tibor Bd. 48 Seite 2–10, 12–31, Tibor Bd. 49 Seite 2–12, 14–18 (1. Bild),* Bd. 105: *Tibor*

Bd. 49 Seite 18 (2. Bild)–31, Tibor Bd. 50 Seite 2–31, Tibor Bd. 51 Seite 2–5 (1. Bild). Bd. 106: *Tibor Bd. 51 Seite 5 (2. Bild)–31, Tibor Bd. 52 Seite 3–23 (1. Bild),* Bd. 107: *Tibor Bd. 52 Seite 23 (2. Bild)–31, Tibor Bd. 53 Seite 3–31, Tibor Bd. 54 Seite 2–10, 12 (1. Bild).* Bd. 108: *Tibor Bd. 54 Seite 12 (2. Bild)–31, Tibor Bd. 55 Seite 2–26, 28–30 (1. Bild),* Bd. 109: *Tibor Bd. 55 Seite 30 (2. Bild), 31,* Achtung, von Tibor 56–106 fängt der Comicteil mit Seite 3 an. *Tibor Bd. 56 Seite 4–31, Tibor Bd. 57 Seite 5–22 (1. Bild),* Bd. 110: *Tibor Bd. 57 Seite 22 (2. Bild)–31, Tibor Bd. 58 Seite 4–31, Tibor Bd. 59 Seite 4–13 (1. Bild),* Bd. 111: *Tibor Bd. 59 Seite 13 (2. Bild)–31, Tibor Bd. 60 Seite 4–31, Tibor Bd. 61 Seite 5 (1. Bild),* Bd. 112: *Tibor Bd. 61 Seite 5 (2. Bild)–31, Tibor Bd. 62 Seite 4–24 (1. Bild),* Bd. 113: *Tibor Bd. 63, 64,* Bd. 114: *Tibor Bd. 65, 66,* Bd. 115: *Tibor Bd. 67 Seite 3–31, Tibor Bd. 68 Seite 4, Tibor Bd. 67 Bild von Seite 32, Tibor Bd. 68 Bild von Seite 3, 5–32,* Bd. 116: *Tibor Bd. 69 Seite 3–31, Tibor Bd. 70 Seite 4–6, 8–32,* Bd. 117–131: *Tibor Bd. 71–100,* Bd. 132: *Tibor Bd. 101 Seite 3–33, Tibor Bd. 102 Seite 5, 7–34,* Bd. 133: *Tibor Bd. 103 Seite 3–28, 30–33, Tibor Bd. 104 Seite 5–34,* Bd. 134: *Tibor Bd. 105 Seite 3–33, Tibor Bd. 106 Seite 5–10, 12–34,* Bd. 135: *Tibor Bd. 107 Seite 1–8, 10–19, 21–31, Tibor Bd. 108 Seite 2–32,* Bd. 136: *Tibor Bd. 109 Seite 1–31, Tibor Bd. 110 Seite 2–24, 26–28, 30–32,* Bd. 137: *Tibor Bd. 111 Seite 1–4, 6–31, Tibor Bd. 112 Seite 2–5, 7–32,* Bd. 138: *Tibor Bd. 113 Seite 1–8, 10–31, Tibor Bd. 114 Seite 3–32,* Bd. 139: *Tibor Bd. 115 Seite 1–5, 7–31, Tibor Bd. 116 Seite 3–15, 17–32,* Bd. 140: *Tibor Bd. 117 Seite 1–8, 10–31, Tibor Bd. 118 Seite 2–10, 12–32,* Bd. 141: *Tibor Bd. 119 Seite 1–13, 15–31, Tibor Bd. 120 Seite 2–21, 23–32,* Bd. 142: *Tibor Bd. 121 Seite 1–31, Tibor Bd. 122 Seite 2–31, Tibor Bd. 123 Seite 3–13 (1. Bild),* Bd. 143: *Tibor Bd. 123 Seite 13 (2. Bild)–31, Tibor Bd. 124 Seite 2–31, Tibor Bd. 125 Seite 2–24 (1. Bild),* Bd. 144: *Tibor Bd. 125 Seite 24 (2. Bild)–31, Tibor Bd. 126 Seite 3–31, Tibor Bd. 127 Seite 2–31, Tibor Bd. 128 Seite 4–8 (1. Bild),* Bd. 145: *Tibor Bd. 128 Seite 4 (2. Bild)–31, Tibor Bd. 129 Seite 3–31, Tibor Bd. 130 Seite 2–20 (1. Bild),* Bd. 146: *Tibor Bd. 130 Seite 20 (2. Bild)–31, Tibor Bd. 131 Seite 2–31, Tibor Bd. 132 Seite 4–31, Tibor Bd. 133 Seite 2, 3 (1. Bild),* Bd. 147: *Tibor Bd. 133 Seite 3 (2. Bild)–31, Tibor Bd. 134 Seite 2–31, Tibor Bd. 135 Seite 2–13, 15 (1. Bild),* Bd. 148: *Tibor Bd. 135 Seite 15 (2. Bild)–31, Tibor Bd. 136 Seite 2–31, Tibor Bd. 137 Seite 2–26 (1. Bild),* Bd. 149: *Tibor Bd. 137 Seite 26 (2. Bild)–31, Tibor Bd. 138 Seite 3–31, Tibor Bd. 139 Seite 3–31, Tibor Bd. 140 Seite 2–9 (1. Bild),* Bd. 150: *Tibor Bd. 140 Seite 9 (2. Bild)–31, Tibor Bd. 141 Seite 2–31, Tibor Bd. 142 Seite 4–21, 23 (1. Bild),* Bd. 151: *Tibor Bd. 142 Seite 23 (2. Bild)–31, Tibor Bd. 143 Seite 2–31, Tibor Bd. 144 Seite 2–31, Tibor Bd. 145 Seite 2, 3, 5 (1. Bild),* Bd. 152: *Tibor Bd. 145 Seite 5 (2. Bild)–31, Tibor Bd. 146 Seite 2–31, Tibor Bd. 147 Seite 2–16 (1. Bild),* Bd. 153: *Tibor Bd. 147 Seite 16 (2. Bild)–31, Tibor Bd. 148 Seite 2–31, Tibor Bd. 149 Seite 2–27 (1. Bild),* Bd. 154: *Tibor Bd. 149 Seite 27 (2. Bild)–31, Tibor Bd. 150 Seite 2–31, Tibor Bd.*

151 Seite 2–31, Tibor Bd. 152 Seite 3–9 (1. Bild), Bd. 155: Tibor Bd. 152 Seite 9 (2. Bild)–31, Tibor Bd. 153 Seite 2–31, Tibor Bd. 154 Seite 2–19, 21 (1. Bild), Bd. 156: Tibor Bd. 154 Seite 21 (2. Bild)–31, Bd. 155 Seite 3–31, Tibor Bd. 156 Seite 3–29, 31, Tibor Bd. 157 Seite 2–5 (1. Bild), Bd. 157: Tibor Bd. 157 Seite 5 (2. Bild)–31, Tibor Bd. 158 Seite 3–31, Tibor Bd. 159 Seite 2–17 (1. Bild), Bd. 158: Tibor Bd. 159 Seite 17 (2. Bild)–31, Tibor Bd. 160 Seite 2–31, Tibor Bd. 161 Seite 2–28 (1. Bild), Bd. 159: Tibor Bd. 161 Seite 28 (2. Bild)–31, Tibor Bd. 162 Seite 2–31, Tibor Bd. 163 Seite 3–31, Tibor Bd. 164 Seite 2–9 (1. Bild), Bd. 160: Tibor Bd. 164 Seite 9 (2. Bild)–31, Tibor Bd. 165 Seite 3–31, Tibor Bd. 166 Seite 2–21 (1. Bild), Bd. 161: Tibor Bd. 166 Seite 21 (2. Bild)–31, Tibor Bd. 167 Seite 2–31, Tibor Bd. 168 Seite 2–32, Bd. 162: Tibor Bd. 169 Seite 1–31, Tibor Bd. 170 Seite 3–31, Tibor Bd. 171 Seite 3–14 (1. Bild), Bd. 163: Tibor Bd. 171 Seite 14 (2. Bild)–31, Tibor Bd. 172 Seite 2–31, Tibor Bd. 173 Seite 2–25 (1. Bild), Bd. 164: Tibor Bd. 173 Seite 25 (2. Bild)–31, Tibor Bd. 174 Seite 3–31, Tibor Bd. 175 Seite 2–31, Tibor Bd. 176 Seite 2–7 (1. Bild), Bd. 165: Tibor Bd. 176 Seite 7 (2. Bild)–31, Tibor Bd. 177 Seite 3–31, Tibor Bd. 178 Seite 2–19, 21 (1. Bild), Bd. 166: Tibor Bd. 178 Seite 21 (2. Bild)–31, Tibor Bd. 179 Seite 2–31, Tibor Bd. 180 Seite 2–32, Bd. 167: Tibor Bd. 181 Seite 1–31, Tibor Bd. 182 Seite 3–31, Tibor Bd. 183 Seite 4–15 (1. Bild), Bd. 168: Tibor Bd. 183 Seite 15 (2. Bild)–31, Tibor Bd. 184 Seite 2–31, Tibor Bd. 185 Seite 2–18, 20–27 (1. Bild), Bd. 169: Tibor Bd. 185 Seite 27 (2. Bild)–31, Tibor Bd. 186 Seite 2–31, Tibor Bd. 187 Seite 2–31, Tibor in Piccolo Großband Bd. 3 Seite 1–7 (1. Bild), Bd. 170: Piccolo GB Bd. 3 Seite 7 (2. Bild)–31, Piccolo GB Bd. 4 Seite 2–31, Piccolo GB Bd. 5 Seite 2–17, 19 (1. Bild), Bd. 171: Piccolo GB Bd. 5 Seite 19 (2. Bild)–31, Piccolo GB Bd. 6 Seite 2–31, Piccolo GB Bd. 7 Seite 2–28, 30, 32, Bd. 172: Piccolo GB Bd. 8 Seite 1–31, Piccolo GB Bd. 9 Seite 2–31, Piccolo GB Bd. 10 Seite 2–11, 13 (1. Bild), Bd. 173: Piccolo GB Bd. 10 Seite 13 (2. Bild)–31, Piccolo GB Bd. 11 Seite 2–31, Piccolo GB Bd. 12 Seite 3–12, 14–26 (1. Bild), Bd. 174: Piccolo GB Bd. 12 Seite 26 (2. Bild)–31, Piccolo GB Bd. 13 Seite 2–31, Piccolo GB Bd. 14 Seite 4, 5, 7–31, Piccolo GB Bd. 15 Seite 2–5, 7–11 (1. Bild), Bd. 175: Piccolo GB Bd. 15 Seite 11 (2. Bild)–31, Piccolo GB Bd. 16 Seite 3–31, Piccolo GB Bd. 17 Seite 2–23 (1. Bild), Bd. 176: Piccolo GB Bd. 17 Seite 23 (2. Bild)–31, Piccolo GB Bd. 18 Seite 2–31, Piccolo GB Bd. 19 Seite 2–31, Piccolo GB Bd. 20 Seite 2, 4, Piccolo GB Bd. 19 Seite 32, Bd. 177: Piccolo GB Bd. 20 Seite 1, 3, 5–31, Piccolo GB Bd. 21 Seite 3–31, Piccolo GB Bd. 22 Seite 4–16, 18 (1. Bild), Bd. 178: Piccolo GB Bd. 22 Seite 18 (2. Bild)–31, Piccolo GB Bd. 23 Seite 3–7, 9–31, Piccolo GB Bd. 24 Seite 2–26, 28–32, Bd. 179: Piccolo GB Bd. 25 Seite 1–27, 29–31, Piccolo GB Bd. 26 Seite 2–31, Piccolo GB Bd. 27 Seite 2–13 (1. Bild), Bd. 180: Piccolo GB Bd. 27 Seite 13 (2. Bild)–29, Piccolo GB Bd. 28 Seite 2–31, Piccolo GB Bd. 29 Seite 2–26 (1. Bild), Bd. 181: Piccolo GB Bd. 29 Seite 26 (2. Bild)–31, Piccolo GB Bd. 30 Seite 2–31, Piccolo

GB Bd. 31 Seite 2–31, Piccolo GB Bd. 32 Seite 2–7 (1. Bild), Bd. 182: *Piccolo GB Bd. 32 Seite 7 (2. Bild)–30, Piccolo GB Bd. 33 Seite 4–31, Piccolo GB Bd. 34 Seite 2–21 (1. Bild),* Bd. 183: *Piccolo GB Bd. 34 Seite 21 (2. Bild)–31, Piccolo GB Bd. 35 Seite 2–31, Piccolo GB Bd. 36 Seite 2–32*

Tibor
Sonderband
Hannover: Walter Lehning Verlag
März 1965
17 × 24 cm
Broschüre
Farbig
Bd. 1
Z.: WÄSCHER
Bemerkungen:
48 Seiten, davon 13 Seiten Comic, der Rest illustrierter Roman (teilweise farbig)

Tibor
Der Held des Dschungels
Hannover: Lehning Drachen Verlag
Mai 1971–Juli 1971
17 × 24 cm
Heft
Farbig
Bd. 1–7
Z.: WÄSCHER
Bemerkungen:
Nachdruck von Tibor Held des Dschungels Bd. 1–10 und 1. Hälfte von Bd. 11 mit leichten Kürzungen. Nachdruck der Titelbilder: Bd. 1 ist das Titelbild von Bd. 1, Bd. 2 = 3, Bd. 3 = 5, Bd. 4 = 6, Bd. 5 = 7, Bd. 6 = 8, Bd. 7 = 10.
Von Bd. 1 existieren zwei verschiedene Ausgaben mit gelbem und rotem Titelkopf.

Tibor
Siehe: ***Comic Taschen Buch***

Tick Trick & Track
Bd. 1/80–11/80: Spannend – lustig – interessant
Stuttgart: Ehapa Verlag
März 1980–März 1981
20,5 × 24,1 cm
Heft
Farbig
1980: Bd. 3–12
1981: Bd. 1–3
Bemerkungen:
Wenig Comics.

Till Eulenspiegel
Siehe: ***Fix und Foxi***

Tim
Die Zeitung für Jugendliche von 7 bis 77 Jahren
Genf (Schweiz): Atar AG
November 1959 – Serie erscheint noch
17 × 24 cm, später 15 × 21 cm
Heft
Farbig und einfarbig
10. Jg. Bd. 11, 12
11. Jg. Bd. 1–12
12. Jg. Bd. 1–12 ff.
Bemerkungen:
Fortsetzung der Serie Miggis Kinderpost. Teilweise sehr wenig Comics.
Inhalt:
Nur einige Serien, weil nicht alle Hefte vorlagen.
Tim und Struppi (Z.: HERGÉ)
George Washington (Z.: FUNCKEN)
Migg und Magg
Die Abenteuer seiner Hoheit des Prinzen Riri (Z.: VANDERSTEEN)
Baltazar (Z.: MOOR)
Max der Forschungsreisende

(Z.: BARA)
Teilweise Illustrationen von LELOUP

Tim
der kleine Vagabund
Chico-Strips
Itzehoe: Carlos Lohmann Verlag
November 1953–Januar 1954
15 × 7 cm
Heft
Zweifarbig und dreifarbig
Bd. 1–8
Z.: INGAM
T.: DALMASSO

Tim
der kleine Vagabund
Bd. 1: Die spannenden Abenteuer
Hamburg: Alfons Semrau Verlag
Juli 1955–Mai 1956
17 × 24 cm
Heft
Einfarbig
Bd. 1–21
Inhalt:
Tim (Z.: INGAM/T.: DALMASSO): Bd. 1–21 (*Bd. 1*: Nachdruck von Tim Piccolo Bd. 1, 2 (von Seite 21 fehlt 2. Bild), 3 (Seite 5 fehlt, Seite 22 fehlt 2. Bild), 4, 5, *Bd. 2*: Nachdruck von Tim Piccolo Bd. 6, 7 (Seite 29 fehlt 1. Bild, Seite 32 fehlt), 8 (Seite 2 fehlt 2. Bild, Seite 32 fehlt), die Nachdrucke sind retuschiert, mit anderen Texten, teilweise andere Reihenfolge der Bilder. Ab Bd. 2, 9. Kapitel: neue Abenteuer.
Bunny Bull: Bd. 1
Felix und Nestor: Bd. 1–5
Der kleine Peter: Bd. 1 (Nachdruck aus Wild West Bd. 71)
Conny: Bd. 2, 20
Sloppy: Bd. 4 (Nachdruck aus Yabu Bd. 29)
Feuerpfeile (Filmcomic): Bd. 5
Charles Dickens: Bd. 6
Plum Pudding: Bd. 6
Muffin the Mule (auch: Muli das Maultier, auch: Neue Abenteuer mit Muli) (Z.: MAIN): Bd. 7–9, 11–18
Serafino (Z.: GHERLIZZA): Bd. 7, 8
Tim (auch: Jim) (Z.: MANBERTO): Bd. 9, 10, 20, 21 (Nachdruck aus Yabu)
Der kleine Elch (Z.: TERY): Bd. 18
Herrn Kluges Sportstag: Bd. 19–21
Buffalo Brill (Z.: PEREGO): Bd. 19
Teddy Bär der Reporter und Detektiv Spürnase: Bd. 21 (Nachdruck aus Die gelben Hefte)
Farmerlatein: Bd. 21 (Nachdruck aus Yabu Bd. 17)

Tim
der pfiffige Reporter
Paris (Frankreich): Casterman
1952–1961
23 × 30,5 cm
Buch
Farbig
Bd. 1–12 (unnumeriert)
Z.: HERGÉ
Bemerkungen:
Es existieren bearbeitete Neuauflagen (Textveränderungen, neues Vorsatzpapier, neues Logo usw.).
Als 13. Band angekündigt: »Das gespaltene Ohr« (d. i. Der Arumbaya-Fetisch). Ob der Band erschienen ist, ist unbekannt.
Titel:
(1): Das Geheimnis der »Einhorn«
(2): Der Schatz Rackhams des Roten
(3): König Ottokars Zepter
(4): Die Krabbe mit den goldenen Scheren
(5): Der geheimnisvolle Stern
(6): Die schwarze Insel
(7): Die 7 Kristallkugeln

(8): Der Sonnentempel
(9): Reiseziel Mond
(10): Schritte auf dem Mond
(11): Im Reiche des schwarzen Goldes
(12): Tim in Tibet

Tim-Tam
Stuttgart: Bodensee-Verlag
Juli 1947–1948
20,5 × 15 cm
Buch
Farbig
Bd. 1–2 (unnumeriert)
Z.: KUSNEZOW/T.: CASTIÈL
Titel:
1: Tim-Tams Abenteuer
2: Tim-Tams Geburtstagsgeschenk

Tim und Struppi
Reinbek: Carlsen Verlag
1967–1977
22 × 29,5 cm
Broschüre
Farbig
Bd. 1–23
Z.: HERGÉ
Bemerkungen:
*12 Bände sind Nachdrucke von **Tim der pfiffige Reporter,** siehe dort. In den ersten Auflagen sind die Bände unnumeriert. Spätere Auflagen sind numeriert, außer »Tim und der Haifischsee«.*
Titel:
(1): König Ottokars Zepter (1967)
(2): Die Krabbe mit den goldenen Scheren (1967)
(3): Tim in Tibet (1967)
(4): Reiseziel Mond (1967)
(5): Schritte auf dem Mond (1967)
(6): Im Reich des schwarzen Goldes (1967)
(7): Die schwarze Insel (1968)
(8): Der Fall Bienlein (1968)
(9): Flug 714 nach Syndey (1969)
(10): Kohle an Bord (1970)
(11): Die Juwelen der Sängerin (1970)
(12): Die sieben Kristallkugeln (1970)
(13): Der Sonnentempel (1970)
(14): Das Geheimnis der »Einhorn« (1971)
(15): Der Schatz Rackhams des Roten (1971)
(16): Der geheimnisvolle Stern (1972)
(17): Die Zigarren des Pharaos (1972)
(18): Der Arumbaya-Fetisch (1973)
(19): Tim in Amerika (1974)
(20): Der blaue Lotos (1975)
(21): Tim im Kongo (1976)
(22): Tim und die Picaros (1977)
(23): Tim und der Haifischsee (1973)

Tim und Struppi
Berlin–Hamburg: Koralle Verlag
September 1975
21,9 × 28,8 cm
Broschüre
Farbig
Bd. 1
Z.: HERGÉ
1: Kohle an Bord

Tim und Tobby
Siehe: ***Bambino***

Tina
Bd. 10–14: Die bunte Bilder-Zeitschrift für Dich!
Bd. 15–25: Die bunte Bilderzeitschrift für junge Mädchen!
München: Buch- und Pressedienst
Februar 1967–Juni 1967
23,5 × 30 cm
Heft
Farbig, zweifarbig und einfarbig
Bd. 10–25
Inhalt:

Geheimagentin Jane Bond (einfarbig): Bd. 10–25
Gi-Gi das Zirkusmädchen und sein Pferd Go-Go (zweifarbig): Bd. 10–25
Weltraum Girls (farbig): Bd. 10–25
»Auf in den Westen« (zweifarbig und einfarbig): Bd. 10–25
Barbie (einfarbig): Bd. 10–25
Meine Freundin Yam Yam (zweifarbig): Bd. 10–25
Jackie und die Wild Boys (einfarbig): Bd. 10–25
Die Sonnenschule (einfarbig): Bd. 10–25
Der Hengst Blacky (farbig) (Z.: ROUME): Bd. 10–22
Zwei auf einer Insel (zweifarbig und einfarbig): Bd. 10–25
Die Trolls (einfarbig) (Z.: McNEILL): Bd. 10–25
Squiek (einfarbig): Bd. 10–17
Willy Der schlaue Wolf (zweifarbig) (Z.: McNEILL): Bd. 10–25
Dick und Dinah (einfarbig): Bd. 11–17
Moira Sklavenmädchen in Rom (einfarbig) (Z.: SALINAS): Bd. 18–25
Betty und ihre Schwestern (farbig): Bd. 23–25

Die Tinten-Männchen

Weinheim und Basel: Beltz Verlag
1974
16,3 × 23,9 cm
Broschüre
Einfarbig und zweifarbig
Z.: SCHÄLICKE
Bemerkungen:
BilderBuch Nr. 7.
Programm: Beltz & Gelberg.

Tip Top

Siehe: ***Lupo***

Tischlein deck dich und Knüppel aus dem Sack

Reinbek: Rowohlt Taschenbuchverlag
April 1972
12,5 × 19 cm
Taschenbuch rotfuchs 2
Farbig
Z./T.: WAECHTER
Bemerkungen:
Auch als Hardcover erschienen.

Titania

Berlin: Gerstmayer Verlag
1957
17 × 6,5 cm
Heft
Einfarbig
Bd. 101–110
Z.: Bd. 101–108: NICKEL (Titanus)
Bd. 109–110: WÄSCHER (Terry Star)
T.: Bd. 109–110: JAGELITZ (Terry Star)
Titelbilder von Bd. 106–110: WÄSCHER
Bemerkungen:
Nachdruck aus Titanus (Titanus und Terry Star), Testpilot Speedy Großband bis Heft 8 Seite 20.

Titanus

Bd. 1–2: Der Eroberer des Weltalls
Bd. 1: Die plastische Bilderzeitung
Bd. 2–5: Die utopische Bilderzeitung
Bd. 4–5: Mit Lederstrumpf
Hamburg: Titanus Verlag
Dezember 1954–Juni 1955
17 × 24 cm
Heft
Bd. 1: 3-D-Druck, Bd. 2, 3: farbig, Bd. 4, 5: einfarbig
Bd. 1–5
Bemerkungen:
Bd. 1 in 3-D mit beigelegter Brille.
Inhalt:
Titanus (Z.: NICKEL) (basierend auf dem

Roman von Claus Eigk »Der Tag Null«): Bd. 1–3
Terry Star (Z.: WÄSCHER/T.: JAGELITZ): Bd. 4–5
Lederstrumpf (Z.: WÄSCHER/ T.: JAGELITZ): Bd. 4–5

Titanus
Bd. 1–2: Der Eroberer des Weltalls
Bd. 1: Die plastische Bilderzeitung
Bd. 2–5: Die utopische Bilderzeitung
Bd. 4–5: Mit Lederstrumpf
Frankfurt/M.: Comic Buch Club
September 1978
17 × 24 cm
Heft
Einfarbig
Bd. 1–5
Bemerkungen:
Nachdruck der Serie von 1954. Bd. 1 nicht als 3-D-Heft gedruckt.
Inhalt:
Titanus (Z.: NICKEL): Bd. 1–3
Terry Star (Z.: WÄSCHER/T.: JAGELITZ): Bd. 4–5
Lederstrumpf (Z.: WÄSCHER/ T.: JAGELITZ): Bd. 4–5

Tobias Seicherl
Siehe: ***Stress***

Die tollen Abenteuer von Peter + Alexander
Siehe: ***Peter + Alexander***

Die tollen Taten des Don Quichotte
Siehe: ***Brönner Klasse Comix***

Die tollsten Geschichten von Donald Duck
Bd. 1–16, 38–81: Sonderheft
Stuttgart: Ehapa Verlag
Mai 1965 – Serie erscheint noch
17,5 × 26 cm
Heft
Farbig
Bd. 1–81 ...
Z.: BARKS: Bd. 1–5, 7–36, 38–40, 42–74, 76–81
Bemerkungen:
Die Serie enthält Nachdrucke von Barks-Geschichten und anderen Klassikern aus der ***Micky Maus*** *(Bd. 6, 37, 41, 75 enthalten keine mehrseitigen Geschichten von Barks). Bd. 1–3, 66, 73, 77–81 enthalten Ehapa-Erstveröffentlichungen langer Barks-Geschichten. Zweitnachdrucke einzelner Geschichten siehe* ***Walt Disneys Grossband*** *und* ***Goofy*** *sowie* ***Ich Donald Duck.*** *Es existiert eine 2. Auflage ab Bd. 40.*

Tomba
Aachen: Verlag »Der Freibeuter«
1972–1974
Bd. 1–11: 13,2 × 20 cm,
Bd. 12–24: 13 × 18 cm
Taschenbuch
Einfarbig
Bd. 1–24

Tom Berry
Der pfiffige Vagabund mit Herz und Colt
Bd. 10–33: Pabel's großer Comic
Bd. 34–99, 101–218: Pabel's große Jugendzeitschrift
Bd. 100: Jubiläumsband
Bd. 100–123: Der neue Tom Berry
Bd. 124–218: Adlerfeder
Rastatt: Erich Pabel Verlag
1968–Dezember 1972
18 × 26 cm, ab Bd. 173: 17,5 × 24 cm
Heft
Farbig, einige Serien einfarbig

Bd. 1–218
Z.: ROJO, CASTILLO, RAMÒN, MAINOU, CANOVAS, GIMÉNEZ U. A.
Inhalt:
Jonny und sein Freund Diamond: Bd. 14–16
Bill und sein Puma Blacky: Bd. 21
Das Schloß der tausend Gefahren: Bd. 44
Auf den Spuren der Bankräuber: Bd. 47
Der Schnüffler auf dem Dach: Bd. 48
Bill Crowney wird gerettet: Bd. 52
Pussy wird entführt: Bd. 56
Adlerfeder: Bd. 100, 102, 104, 106, 108, 110, 112, 114, 116, 118, 120, 122, 124–218

Tom Berry
Bd. 1: Der große Sonderband
Bd. 1: Pabel's großer Comic
Bd. 2: Das große Weihnachts-Sonderheft
Bd. 2: Pabel's große Jugendzeitschrift
Rastatt: Erich Pabel Verlag
1969
18 × 26 cm
Heft
Farbig
Bd. 1–2
Z.: Bd. 1: ROJO

Tom Bill
Chico-Strips
Itzehoe: Carlos Lohmann Verlag
November 1953–Januar 1954
15 × 7 cm
Heft
Zweifarbig und dreifarbig
Bd. 1–8
Z.: V. CHIOMENTI (auch Cover)
Bleistiftvorz.: A. CHIOMENTI
T.: A. CHIOMENTI

Tom Bill
Hamburg: Bildstreifenverlag
50er Jahre
17 × 7,5 cm
Heft
Einfarbig
Bd. 1
Z.: V. CHIOMENTI (auch Cover)
Bleistiftvorz.: A. CHIOMENTI
T.: A. CHIOMENTI
Bemerkungen:
Nachdruck von Tom Bill Bd. 1.

Tom Lee
Das Leben eines Gun-Man
Hamburg: Michael Götze
1975
14,9 × 21 cm
Heft
Einfarbig
Bd. 1
Z.: GÖTZE

Tom Mix
1953 Bd. 1–1954 Bd. 5: Die Bilderserien-Jugendzeitschrift
1954 Bd. 4–7: mit Buffalo Bill
1954 Bd. 6–7: Die Jugendzeitschrift
Herausgeber: Stockholm (Schweden): Serieförlaget, Verlagsauslieferung Hellmuth Fischer, Syke/Bremen
März 1953–April 1954
16,5 × 25,5 cm
Heft
Farbig außer Innenumschlag, ab 1953 Bd. 21: farbig und dreifarbig
1953: Bd. 1–21
1954: Bd. 1–7
Inhalt:
Thomas Hawk: 1953 Bd. 1, 2, 7, 9, 12
Tom Mix: 1953 Bd. 1–21, 1954 Bd. 1–7
Adlerauge: 1953 Bd. 1–14
»Lash« LaRue: 1953 Bd. 1–21, 1954

Bd. 1–7
Bill Bauer: 1953 Bd. 3–6, 8, 11–15, 1954 Bd. 6
Buffalo Bill (Z.: MEAGHER): 1953 Bd. 15–21, 1954 Bd. 1–7
Roland der Riese: 1953 Bd. 15–21, 1954 Bd. 1–7
Ugh (Z.: HAU): 1953 Bd. 16–21, 1954 Bd. 1–7
Hill Billy: 1954 Bd. 1
Titelbilder: Z.: CAMITZ

Tom Sawyers Abenteuer
Siehe: ***Berühmte Geschichten***

Tom Tiger + Co
Aus dem Alltag einer Grossstadt-Zeitung
Frankfurt/M.: Condor Verlag
September 1980 – Serie erscheint noch
20,8 × 29,3 cm
Broschüre
Farbig
Bd. 1–15 . . .
Z.: IBANEZ

Tom und Biber
Fix und Foxi Sonderausgabe
Grünwald: Kauka Verlag, ab Bd. 3: Ascona (Schweiz): Gevacur AG
Juli 1969–September 1969
18 × 26 cm
Heft
Farbig
Bd. 1–5
Inhalt:
Sonny Sam (Z.: BOTTARO): Bd. 1–5
Tom und Biberherz (Z.: MAGDIC): Bd. 1–5
Dad + Daddy Digger (Z.: MICHAUD UND LECAMUS): Bd. 1–5
Die blauen Boys (Z.: SALVÉRIUS/ T.: CAUVIN): Bd. 1–5

Tom und Jerry
Hamburg: Alfons Semrau Verlag
November 1955–1958
18 × 26 cm
Heft
Farbig, einige Serien teilweise zweifarbig und einfarbig
Bd. 1–68
Z.: BARBERA
Inhalt:
Flic und Floc (auch: Fix und Fox, auch: Flick und Flock): Bd. 1–8, 10–14, 16, 17, 19, 21–31, 34, 37, 38
Fritz und Fratz (auch: Fritz und Fritzi): Bd. 5, 9, 16, 37, 46, 55, 56, 61, 63
Fiffi: Bd. 5, 9, 19, 20, 22, 24–30, 32–36, 40, 44–55, 57, 59–62, 64–67
Kalle und Pepsi (auch: Onkel Kalle): Bd. 6, 7, 18, 57
Jerry und Mausi: Bd. 7, 9, 10, 17–20, 57, 65, 68
Toms Abenteuer: Bd. 8, 9, 42, 43
Bob und Bobby: Bd. 10–17, 20, 32, 33, 35, 36, 39, 44, 49, 58, 59, 62–64, 66–68
Bobby: Bd. 31
Ted und Teddy: Bd. 43, 45, 55, 56
Die Mäuse-Musketiere (auch: Die beiden Musketiere, auch: Die tapferen Musketiere): Bd. 53, 54, 56, 57, 60–62

Tom und Jerry
Hamburg: Neuer Tessloff Verlag (Bd. 1–36: Auslieferung: München: Moewig Verlag)
Januar 1959–1965
18 × 25,5 cm
Heft
Farbig
Bd. 1–261
Z.: BARBERA
Bemerkungen:
Zwischen Bd. 180 und 181 längere

Pause. Es existieren Neuauflagen mit anderem Inhalt.
Erstauflage: Glatter Umschlag, 36 Seite, ab Bd. 37: 24 Seiten, ab Bd. 141: 20 Seiten. Bd. 1–36: Auslieferung Moewig. Zweitauflage: Glattes Papier, 20 Seiten, Bd. 1–36: 0,60 DM, statt 0,75 DM. Drittauflage: Rauhes Papier mit rauhem Umschlag, 20 Seiten.

Tom und Jerry
Sonderheft
Bd. 1: Sonderausgabe
Hamburg:
Alfons Semrau Verlag
Februar 1956–November 1958
18 × 26 cm
Heft
Farbig, einige Serien teilweise zweifarbig und einfarbig
Bd. 1–33 (Bd. 1: unnumeriert)
Z.: BARBERA
Bemerkungen:
Bd. 22 mit zwei verschiedenen Umschlägen. Ein Band mit Hintergrund in Gold. Ein Band mit Hintergrund in Gelb.
Inhalt:
Bob und Bobby (auch: Bob und Boby): Bd. 1–13, 15–18, 21–27, 29–33
Flick und Flock: Bd. 1–3, 6–18, 20–23, 25–32
Fritz und Fratz (auch Fritz und Fritzi): Bd. 1–3, 5–8, 12, 14, 17, 18, 21, 23, 24, 27
Kalle und Pepsi: Bd. 1–9, 14, 18, 20, 24, 33
Fiffi: Bd. 1–4, 7–15, 17–33
Ted und Teddy: Bd. 4, 7, 9–13, 15–17, 19, 21–23, 25, 27, 29
Jerry und Mausi: Bd. 7–10, 14, 16–18, 21, 23, 33
Toms Abenteuer: Bd. 5, 10, 11, 14, 20
Mäuse-Musketiere (auch: Die Musketiere): Bd. 25, 27, 33

Tom und Jerry
Weihnachts-Sonderheft
Hamburg: Alfons Semrau Verlag
Dezember 1956
18 × 26 cm
Heft, Farbig
Z.: BARBERA
Inhalt:
Fritz und Fritzi (d. i. Fritz und Fratz)
Bob und Bobby
Ted und Teddy
Flick und Flock
Toms Abenteuer
Jerry und Mausi

Tom und Jerry
Bd. 13–32: und andere Geschichten
Hamburg: Neuer Tessloff Verlag, Auslieferung: Aachen: Bildschriftenvlg.
1970–1975
17 × 24 cm
Broschüre
Farbig
Bd. 1–32
Z.: BARBERA
Inhalt:
Flip und Dip (d. i. Fritz und Fratz): Bd. 2, 21, 30
Vogel Bertie: Bd. 1, 2, 7
Droopy (d. i. Fiffi): Bd. 2–5, 18, 19, 23, 26, 29, 32
Großer Spike und Kleiner Tyke (d. i. Bob und Bobby): Bd. 1–18, 20, 22–32
Barney Bär (auch: Fuzzy und Wuzzy) (d. i. Ted und Teddy): Bd. 1–3, 5–7, 10, 11, 13, 15, 16, 19–22, 27–29, 31, 32
Eichhörnchen Grinsie: Bd. 3

Tom und Jerry
Bd. 1: Das lustige Film-Comic
Bd. 2–54: Das lustige Fernseh-Comic
Bd. 55–99: Der große Fernseherfolg
Frankfurt/M.: Condor Verlag
Oktober 1976 – Serie erscheint noch
18,1 × 26,1 cm
Heft
Farbig
Bd. 1–99 . . .
Inhalt:
Tom und Jerry
Spike und Tyke
Barney Bär
Droopy
Fuzzy und Wuzzy
Heidi (Z.: SALAS)
Comic ohne Titel (Z.: HEINZ)

Tom und Jerry
Bd. 1–2, 5–6: Die tollsten Comic-Abenteuer der beliebten Fernseh-Helden
Bd. 3: Tolle, neue Comic-Abenteuer
Bd. 4: Die tollsten Comic-Abenteuer der beliebten Fernseh- und Film-Helden
Frankfurt/M.: Condor Verlag
Juni 1977–1980
21,5 × 29,5 cm
Broschüre
Farbig
Bd. 1–6
Inhalt:
Tom und Jerry
Barney Bär
Droopy
Fuzzy und Wuzzy
Spike und Tyke

Tom und Jerry
Bd. 1: De vrolijke strip-paperback
Bd. 2–20: Das lustige Comic-Taschenbuch
Frankfurt/M.: Condor Verlag
1977 – Serie erscheint noch
13,4 × 18,5 cm
Taschenbuch
Farbig
Bd. 1–20 . . .
Inhalt:
Tom und Jerry
Droopy
Emil, das Eichhörnchen
Die drei Mausketiere
Spike und Tyke
Fuzzy & Wuzzy
Flip & Dip
Bertie Bird
Edelbert Erpel
Barney Bär
Professor Tüftel
Drops
Wuff der Präriehund
Der Esel

Tom und Jerry
München: Merchandising München KG
1978
19,8 × 24,5 cm
Buch
Farbig
Bd. 6
Bemerkungen:
Übrige Bände keine Comics.

Top
Siehe: ***Taschencomics***

Top Comics
Bd. 1, 5, 13, 17, 100–121: Der schwarze Falke
Bd. 9: Die schwarzen Falken
Bd. 2, 10, 14: Der Wassermann
Bd. 6, 18, 100–121: Wassermann
Bd. 3, 7, 11, 15, 19, 100–107, 109–113, 115, 119–121: Die grüne

Laterne
Bd. 108, 118: Grüne Laterne
Bd. 114: Grüne Laterne und Grüner Pfeil
Bd. 116, 117: Grüne Laterne & Grüner Pfeil
Bd. 4, 8, 12, 16, 20, 100–121: Blitzmann
Aachen: Bildschriftenverlag, ab Der schwarze Falke Bd. 116, Blitzmann Bd. 116, Wassermann Bd. 117 und Grüne Laterne Bd. 117: Alsdorf: Bildschriftenverlag
1969–Januar 1973
18 × 25 cm
Heft
Einfarbig, ab Bd. 108 (alle Serien): farbig
Bd. 1–20
Der schwarze Falke Bd. 100–121
Wassermann Bd. 100–121
Die grüne Laterne Bd. 100–121
Blitzmann Bd. 100–121
Der schwarze Falke: T. und Z.: HERRON, DILLIN U. A.
Wassermann: T. und Z.: LEE, APARO, GIORDANO, SKEATES U. A.
Grüne Laterne: T. und Z.: O'NEIL, SPARLING, FOX, SEKOWSKY, GIELLA, BROOME, KANE, ANDERSON, COLLETTA, ADAMS U. A.
Blitzmann: T. und Z.: FRIEDRICH, ANDRU, ESPOSITO, BROOME, KANE, KANIGHER, COLLETTA U. A.
Titelbilder: Bd. 108 (Wassermann): Z.: CARDY
Bd. 107 (Blitzmann): Z.: KUBERT
Inhalt:
Die unglücklichen Schönheiten: Bd. 5
Die Handschellen des Zauberers: Bd. 9
In der schwarze Falke:
Freddie, der Froschmann: Bd. 107
Peter Puptent (Z.: BOLTINOFF): Bd. 107
In Wassermann:
Die Taucher der Antike: Bd. 107
Professor Eureka (auch Heureka): Bd. 108, 113, 121
Shorty (Z.: BOLTINOFF): Bd. 108
Dexter (Z.: BOLTINOFF): Bd. 109
Tim Tom, der Schiffsjunge (Z.: BOLTINOFF): Bd. 111
Homer (Z.: BOLTINOFF): Bd. 113
Tricksy (Z.: BOLTINOFF): Bd. 120
Peter Puptent (Z.: BOLTINOFF): Bd. 121
In Grüne Laterne:
Der Krieg der Zinnsoldaten: Bd. 103
Professor Aureka (d. i. Eureka) (Z.: BOLTINOFF): Bd. 106
Erfinder Otto hat Pech (Z.: BOLTINOFF): Bd. 107
Moolah der Magier (Z.: BOLTINOFF): Bd. 107
Der Polizist (Z.: BOLTINOFF): Bd. 112
Die Zeitmaschine im Fernseher (Z.: GIELLA/T.: FOX): Bd. 112
In Blitzmann:
Moolah der Magier (Z.: BOLTINOFF) Bd. 107
Peter Puptent (Z.: BOLTINOFF): Bd. 113
Der Mann, der die Zukunft sah (Z.: INFANTINO UND SACHS/T.: FOX): Bd. 113
Tricksy (Z.: BOLTINOFF): Bd. 119
Johnny Quick: Bd. 120

Top Comix
Ohne Verlag
Ohne Jahr
Heft
Bemerkungen:
Verschiedene Underground-Comix.

Topix
Comics der Spitzenklasse
Bergisch Gladbach: Bastei Verlag
1976–September 1978

21,3 × 28,9 cm
Heft
Farbig und zweifarbig
Bd. 1–29

Inhalt:
1: Dennis ist der Beste (Z.: KETCHAM)
2: Joko Zuno (Z.: LELOUP)
3: Archie Cash (Z.: MALIK)
4: Dennis ist der Beste (Z.: KETCHAM)
5: Joko Zuno (Z.: LELOUP)
6: Rahan (Z.: CHERET/T.: LÉCUREUX)
7: Phantom (Z.: BARRY/T.: FALK)
8: Dennis ist der Beste (Z.: KETCHAM)
9: Joko Zuno (Z.: LELOUP)
10: Kosmi (Z.: GOOSSENS)
11: Phantom (Z.: BARRY/T.: FALK)
12: Rahan (Z.: CHERET/T.: LÉCUREUX)
13: Billi Bombom (Z.: CEZARD)
14: Joko Zuno (Z.: LELOUP)
15: Dennis ist der Beste (Z.: KETCHAM)
16: Die Schiffbrüchigen der Zeit (Z./T.: GILLON UND FOREST)
17: Joko Zuno (Z.: LELOUP)
18: Die Schiffbrüchigen der Zeit (Z./T.: GILLON UND FOREST)
19: Kimba
20: Die Schiffbrüchigen der Zeit (Z./T.: GILLON UND FOREST)
21: Norbert und Kari (Z.: GODARD)
22: Die Schiffbrüchigen der Zeit (Z./T.: GILLON UND FOREST)
23: Phantom (Z.: BARRY/T.: FALK)
24: Norbert und Kari (Z.: GODARD)
25: Joko Zuno (Z.: LELOUP)
26: Rahan (Z.: CHERET/T.: LÉCUREUX)
27: Norbert und Kari (Z.: GODARD)
28: Die Schiffbrüchigen der Zeit (Z./T.: GILLON UND FOREST)
29: Rahan (Z.: CHERET/T.: LÉCUREUX)

Top Secret
Siehe: ***Kobra Top Secret***

Torture
Stories
Bd. 1: Köln: Marina-Verlag
Bd. 2: Ohne Verlag
Bd. 3: Frankfurt/M.: Nachtblau-Verlag
1972
21 × 29,4 cm
Broschüre, Einfarbig
Bd. (1)–3
Z.: RUIZ und REX: Bd. 1
Bemerkungen:
Amerikanische Porno Comics. Bd. 3 nur Grenzfall.

Tor und Chee-Chee
Siehe: ***3-D Bilderheft***

Totem
Siehe: ***Taschencomics***

Die Träume des Caza
Linden: Volksverlag
1979
22,1 × 28,7 cm
Broschüre
Farbig
Z.: CAZA

Tramway
Österreichische Comics
Wien (Österr.): Wolfgang Alber
Juli 1980–1982
Bd. 1–3: 20,3 × 29,3 cm,
Bd. 4–5: 21,1 × 29,7 cm
Heft
Einfarbig
Bd. 1–5
Z. u. T.:
BAUCH: Bd. 2
BRAUNSTEINER: Bd. 2–3
GÖSCHL: Bd. 1–3
KIESEL: Bd. 1–4
KMOCH: Bd. 5

KNOTZINGER: Bd. 2
KOLLER: Bd. 1, 3
MITROVIC: Bd. 2, 4
MOSER: Bd. 1–3
NEUGSCHWENTNER: Bd. 2
PECHER: Bd. 4
SHARPER: Bd. 3–4
WOLF: Bd. 4

Trashman
Ohne Verlag
1971
21 × 29,8 cm
Geleimte Einzelblätter
Einfarbig
Z.: RODRIGUEZ

Der Traum des Karl Marx
oder Die Reise nach Algier
Zürich (Schweiz): Eco-Verlag
1976
21 × 29,8 cm
Heft
Einfarbig
Reihe Neue Szene Nr. 1
Z.: SPECK

Trigan
Die Geschichte des fantastischen Reiches
Zug (Schweiz): Gevacur
März 1977–Februar 1978
21,9 × 28 cm
Broschüre
Farbig
Bd. (1)–5
Z.: LAWRENCE
T.: BUTTERWORTH

Trinkmann's Traumreisen
Weinheim und Basel: Beltz Verlag
1974
16,3 × 23,9 cm
Broschüre
Farbig, dreifarbig und zweifarbig
Z./T.: BRANDIS
Bemerkungen:
BilderBuch Nr. 12.
Programm Beltz & Gelberg.

Die Tröpfe
Hornburg: Hagenberg-Verlag
ab Januar 1979
Bd. 1: 15,2 × 21,2 cm,
Bd. 2: 14,7 × 20,7 cm
Heft
Farbig
Bd. 1–2
Z.: MÖNNICH
T.: MACHALETT
Bemerkungen:
Grenzfall.

Der Trommler
Hannover: Walter Lehning Verlag
Februar 1954
24 × 20,5 cm
Heft
Farbig
Z.: ZAMPERONI
T.: ZAMPERONI (nach Gebrüder Grimm)

Trotzki für Anfänger
Siehe: ***Sach-Comic***

Tschau Bambola
Zürich (Schweiz): Limmat Verlag
1979
22,1 × 27,9 cm
Buch
Farbig
Z./T.: TURIN UND SACCARO

Tüchtige Kinder
Peking (China): Vlg. für fremdsprachige Literatur
1974
25,5 × 9,7 cm

Buch
Farbig
Z./T.: MIAO

Tullus
Aßlar: Verlag Schulte + Gerth
April 1979–September 1983
15,2 × 21,1 cm
Heft
Farbig
1. Jg. 1979: Bd. 1–6
2. Jg. 1980: Bd. 1–8
3. Jg. 1981: Bd. 1–8
4. Jg. 1982: Bd. 1–8
5. Jg. 1983: Bd. 1–6
Inhalt:
Tullus: Bd. 1/79–5/80, 7/80–6/83
Biblische Geschichte in Bildern: Bd. 1/79–2/83
Ben Hur: Bd. 1/79–1/80
Sadhu Sundar Singh: Bd. 3/80–4/80
Gladys: Bd. 6/80–1/81
Dr. Paul White: Bd. 2/81–4/81
Tanja: Bd. 8/81
Der Furchtlose: Bd. 1/82–6/82
Mission unter Kopfjägern: Bd. 7/82–1/83
Krankenschwester bei den Ngambai: Bd. 2/83 3/83
Gefährlicher Auftrag: Bd. 4/83–6/83

Die Tupamaros
Hardebek: PAU (Kollektiv Hardebek) und Velgen: Release
1972
21,1 × 29,6 cm
Heft
Einfarbig
Z.: RIUS

Turok
Bd. 1–10: Sohn der Steine
Bd. 11–17: Sohn der Steinzeit
Aachen: Bildschriftenverlag
1967–November 1970
18 × 25 cm
Heft
Einfarbig, ab Bd. 17: farbig
Bd. 1–17
Z.: Bd. 1–4, 6–17: GIOLITTI UND TICCI
Bd. 5: MAXON
Inhalt:
Junge Erde (auch Junge Erde!, Die junge Erde, in Bd. 11: Aus früheren Zeiten): Bd. 1–17
Der freundliche Urmensch (Z.: FORTE): Bd. 13

Turtels
Hamburg: Jan P. Schniebel
1971–1976
Bd. 1: 17,9 × 13 cm
Bd. 2: 15,6 × 11,5 cm
Broschüre
Einfarbig
Bd. 1–2
Z./T.: SCHNIEBEL
Bemerkungen:
Es existiert von Bd. 1 eine 2. Auflage im selben Format wie Bd. 2.

Tweety & Sylvester
Die tollen Comic-Späße des Fernseh-Katers
Hamburg: Willms Verlag, ab Bd. 3: Frankfurt/M.: Condor Verlag
1975–April 1981
18,5 × 26,2 cm
Heft
Farbig
Bd. 1–10
Inhalt:
Tweety und Sylvester: Bd. 1–10
Pancho Vanilla: Bd. 1
Karl, der Coyote: Bd. 1
Schweinchen Dick: Bd. 1, 3, 6, 10
Merlin die Zaubermaus: Bd. 1
Speedy Gonzales: Bd. 2

Daffy Duck: Bd. 2–3, 5, 7–8, 10
Porky: Bd. 2, 8–9
Bugs Bunny: Bd. 3–5, 7
Pepe der Skunk: Bd. 9
Cicero: Bd. 9

U

U-Comix
Nürnberg: UPN-Volksverlag
1969–1979
21 × 29,7 cm
Heft
Einfarbig, Bd. 15–16 auch farbig
Bd. 1–17
Bemerkungen:
Von Bd. 1 existiert eine 2. Auflage mit anderem Cover (1972) und ohne die Comics von Walker und Gilbert, dafür mehr Freak Brothers-Geschichten.
Von Bd. 2 existiert eine zensierte Ausgabe mit Schwärzungen.
Auf der Liste der jugendgefährdenden Schriften (Bd. 1, 2. Auflage).
Z. u. T.:
ADKINS: Bd. 6
BODÉ, MARC: Bd. 17
BODÉ, VAUGHN: Bd. 14
BROCKERHOFF: Bd. 8, 12
CAZA: Bd. 16
CORBEN: Bd. 12, 15
CRAWFORD: Bd. 1
CRUMB: Bd. 1, 7
FRANQUIN: Bd. 8
FRUTKOFF: Bd. 7
GEERDES: Bd. 17
GERADTS: Bd. 15–17
GILBERT: Bd. 1
GROSS: Bd. 13
HAUSER COMPANY: Bd. 14–15
HOFFMANN: Bd. 11
HOLMES: Bd. 4–10, 12, 14–15, 17
IRONS: Bd. 14
JAXON: Bd. 14
JONES: Bd. 14, 16
KLAUS: Bd. 6
KORGE: Bd. 12
KRÜGER: Bd. 13
KURTZMAN: Bd. 1
LEINER: Bd. 6
MALI: Bd. 14–17
MARTIN: Bd. 6, 8
McCAY: Bd. 1
METZGER: Bd. 6, 17
NASTVOGEL: Bd. 6
NEUMANN: Bd. 13
NEUMEYER: Bd. 13
PAPE: Bd. 13
PFARR: Bd. 17
PONITKA: Bd. 14, 16
PONTIAC: Bd. 14
RICHARDS: Bd. 16
ROBB: Bd. 14
RODRIGUEZ: Bd. 16
RUSCH: Bd. 6–7
SCHERZER: Bd. 17
SCHRIER: Bd. 12
SCHULZ: Bd. 7
SECKER: Bd. 17
SEELIG: Bd. 17
SEYFRIED: Bd. 17
SHELTON: Bd. 1–13
SHERIDAN: Bd. 3, 6, 11–13
SIEMSEN: Bd. 13

SIMONS: Bd. 9
SPIEGELBERG: Bd. 14
STEIN: Bd. 14–17
THOME: Bd. 14
TOMASCHOFF: Bd. 7–8, 11, 13
TOMCZAK: Bd. 8
VOGEL: Bd. 9–10, 13
WALKER: Bd. 1
WALTER: Bd. 1, 13, 17
WERNER: Bd. 14–17
WILSON: Bd. 1

U-Comix
Comics Strips für Erwachsene
Linden: Volksverlag, ab Bd. 51:
Nürnberg: Alpha-Comic-Verlag
September 1980–Serie erscheint noch
21 × 29,6 cm
Heft
Farbig und einfarbig
Bd. 1–52...
Z. u. T.:
ALEXIS: Bd. 1–2, 4–12, 16, 49–50
ANDRIAN: Bd. 45
AUBRY: Bd. 24
BARBÉ: Bd. 12
BAUMGART: Bd. 3, 30
BAXTER: Bd. 24, 46
BÉCHENNEC: Bd. 3, 51
BÉCOURT: Bd. 3, 6, 21
BELL: Bd. 7
BERROYER: Bd. 48
BINET: Bd. 1, 3–39, 41, 44–45, 48, 50, 52
BLANC: Bd. 12
BODÉ, VAUGHN: Bd. 3, 5, 9, 14
BOUCQ: Bd. 19, 51
BOUTET: Bd. 46
BOYKE: Bd. 38–39
BROWN: Bd. 15, 18
BUNK: Bd. 16–17
CABANES: Bd. 12, 15, 26, 40, 42, 48
CARALI: Bd. 34
CAZA: Bd. 6
CLAP: Bd. 29
CLAVELOUX: Bd. 15–16
CORBEN: Bd. 2
COUCHO: Bd. 30, 33, 38, 44–45, 47–49, 51
CRUMB: Bd. 40
CRUSE: Bd. 21
CULLIFORD: Bd. 15
DELANN: Bd. 19
DELPORTE: Bd. 13, 26, 34
DIAMENT: Bd. 21
DISTER: Bd. 1–9, 11–13, 40
DRUILLET: Bd. 10
DUPÉ: Bd. 1, 24
EDIKA: Bd. 11, 14, 17, 19–52
EMERSON: Bd. 10–11, 29, 31, 35–36, 52
FLEAGLE: Bd. 3
F'MURR: Bd. 7, 27–39, 43
FOERSTER: Bd. 43
FOSDICK: Bd. 3
FRANQUIN: Bd. 3, 5–6, 8, 10–52
FRÉMION: Bd. 43
GALLARDO: Bd. 17, 25, 30–31, 33–34, 36–42
GEARY: Bd. 22, 27
GÉGÉ: Bd. 45, 47
GÉRARE: Bd. 12, 14
GIBRAT: Bd. 48, 51
GOOSSENS: Bd. 7, 10, 13, 16, 21, 31, 35, 40, 43, 47–49, 51–52
GOTLIB: Bd. 1–34, 37, 40, 42–52
GRIFFIN: Bd. 40
GRIFFITH: Bd. 1–49, 51–52
HALLER: Bd. 1
HAUSMAN: Bd. 48
HOLMES: Bd. 1, 6, 8, 10, 12–18, 22–23, 25, 28–32, 34–35, 37–39, 43–46, 52
HUGOT: Bd. 52
IRONS: Bd. 36, 47, 49–51
JANNIN: Bd. 15, 40
JANO: Bd. 49
KESEN: Bd. 45–47, 51–52

KINNEY: Bd. 27–28, 31
LACROIX: Bd. 1, 47, 50
LAUZIER: Bd. 28, 30, 41, 43–44, 48–50, 52
LÉANDRI: Bd. 2–4, 6–7, 20–21, 46, 48, 51
LESUEUR: Bd. 39, 41–42
LETENDRE: Bd. 26
LOB: Bd. 43–48, 51–52
LOUP: Bd. 9, 40
LUCE: Bd. 33, 38, 41, 46
LUCQUES: Bd. 2–3, 17, 21, 24–30, 32, 34–38, 41–42, 44–52
MALI: Bd. 1, 25, 35
MANDRYKA: Bd. 23, 29–36, 38–39, 43–47, 50, 52
MARE: Bd. 11
MARGERIN: Bd. 6–7, 17–39, 41–42, 45–46, 48–49, 51–52
MARTIN: Bd. 13, 37
MASSE: Bd. 1, 29
MAVRIDES: Bd. 2, 4–5, 18–19, 27–28, 30–31, 34–39, 44
MAX: Bd. 9–11, 13–22, 28, 38–40, 42–43, 45, 47–48
MEDIAVILLA: Bd. 17, 25, 30–31, 33–34, 36–42
METZGER: Bd. 29
MOSCOSO: Bd. 40
MROCZKOWSKI: Bd. 1
NAZARIO: Bd. 18, 50
PÉTILLON: Bd. 25–27, 29–31, 33–35, 43–44, 48, 50–52
PICHARD: Bd. 48
PICHON: Bd. 41, 44
PONS: Bd. 42, 45–46, 49
PONTIAC: Bd. 34
POUTOUT: Bd. 43, 48
RADINKA: Bd. 45
REICHE: Bd. 33, 39–45
RICHARDS: Bd. 1–24, 26–27, 47
ROBA: Bd. 32
ROBBINS: Bd. 30, 32
RODRIGUEZ: Bd. 40
SCHÖN: Bd. 43
SCHRIER: Bd. 5, 8, 20, 37, 42
SERVÉ: Bd. 10
SHELTON: Bd. 1–49
SHERIDAN: Bd. 1–13, 18–20, 22–23, 27–28, 30–31, 34, 44–45, 51
SIEGEL: Bd. 11
SOLÉ: Bd. 1–14, 24, 26, 28–29, 32–34, 39–48, 51–52
STOUT: Bd. 46–47
STRIL: Bd. 26, 47–48
STRNAD: Bd. 2
TARTEMPION: Bd. 22, 24, 26–52
TIFON: Bd. 47
TITCHOA: Bd. 12
TRAMBER: Bd. 49
VOLNY: Bd. 12, 14, 20
VOSS: Bd. 48–52
WERNER: Bd. 1, 25, 35
WILLIAMS: Bd. 40, 47
WILSON: Bd. 40
WRIGHTSON: Bd. 3, 5, 9, 14

Fotocomics: Bd. 1–8, 10–26, 29, 33, 43, 46, 48

U-Comix Extra
Linden: Volksverlag
1977–1981
Bd. 1–4, 6–11: 21 × 29,6 cm,
Bd. 5: 29,6 × 42 cm
Heft: Bd. 5: Zeitung
Einfarbig
Bd. 1–11
Inhalt:
1: Cartoons (Z.: COBB), keine Comics
2: Cartoons (Z.: HOLMES), keine Comics
3: Rowlf (Z.: CORBEN)
4: Comics (Z.: MALI UND WERNER)
5: Der Ideograf (Z.: BOOGAARD)
6: Das Kämpf (Z.: VAUGHN BODÉ), keine Comics
7: Comics (Z.: GERADTS)
8: Comics (Z.: CLEMENTE)

9: Comics (Z.: METZGER)
10: Comics (Z.: GIMÉNEZ)
11: Atom Comics (Z./T.: RIFAS), entspricht inhaltlich weitgehend der Lübecker Ausgabe. Eigene Übersetzung. Siehe auch ***Atom Comic*** und ***Atom Komix.***

U-Comix Sammelband
Linden: UPN-Volksverlag
1974–1975
20,8 × 29,7 cm
Broschüre
Einfarbig
Bd. 1–2
Bemerkungen:
*Nachdruck der Serie **U-Comix** von 1969.*
Z. u. T.:
ADKINS: Bd. 1
BROCKERHOFF: Bd. 2
BURACK: Bd. 1
CRAWFORD: Bd. 1
CRUMB: Bd. 1
EGON: Bd. 1
FRANQUIN: Bd. 2
HOFFMANN: Bd. 2
HOLMES: Bd. 1–2
KURTZMAN: Bd. 1
LEINER: Bd. 1
McCAY: Bd. 1
METZGER: Bd. 1
NASTVOGEL: Bd. 1
RUSCH: Bd. 1–2
SCHULZ: Bd. 2
SHELTON: Bd. 1–2
SHERIDAN: Bd. 1–2
SIMONS: Bd. 2
TOMASCHOFF: Bd. 2
TOMCZAK: Bd. 2
VOGEL: Bd. 2
WALTER: Bd. 1
WILSON: Bd. 1

U-Comix Sonderband
Linden: UPN-Volksverlag
1973–1982
21 × 29,7 cm
Broschüre
Einfarbig
Bd. 1–36
Bemerkungen:
Auf der Liste der jugendgefährdenden Schriften (Bd. 3, 6, 11, 13, 16, 18–19, 24). Zum Teil mehrere Auflagen.
Inhalt:
1: Comics (Z.: CRUMB)
2: Comics (Z.: METZGER)
3: Comics (Z.: CORBEN)
4: Comics (Z.: SCHRIER)
5: Comics und Cartoons (Z.: COBB)
6: Comics (Z.: SHERIDAN)
7: Anthologie: Zukunft (Z.: METZGER, HOLMES, IRONS, POUND, CORBEN, JAXON UND VEITCH)
8: Comics (Z.: VAUGHN BODÉ)
9: Comics (Z.: IRONS)
10: Comics (Z.: JAXON)
11: Anthologie: Sex (Z.: JANES, CRUMB, PINKOSKI, GREEN, RYAN, ROBBINS, HOLMES, FACADE, CHIDLAW. STEEL UND GRIFFITH)
12: Comics (Z.: MALI UND WERNER)
13: Comics (Z.: ROBBINS)
14: Comics (Z.: GERADTS)
15: Comics (Z.: RICHARDS)
16: Comics (Z.: COLWELL)
17: Das Beste aus »Bizarre Sex« (Z.: BUDGETT, DUMM, PEKAR, CRUSE, ROBBINS, VOSBURG, MITCHELL, GLASSFORD, BHARUCHA, HERRING, BUCKINX, PUGH, LOFT, DALLAS, RUDAHL, BECK, ERLING UND STILES)
18: Comics (Z.: PINKOSKI)
19: Comics (Z.: RODRIGUEZ)
20: Comics (Z.: WILSON)
21: Comics und Cartoons (Z.: COBB)
22: Comics (Z.: HOLMES)

23: Comics (Z.: GRIFFITH)
24: Deutsche Zeichner (Z.: MALI, WERNER, REICHE, PFARR, SECKER, GUTMANN, STEIN, NEMETH, KIEFERSAUER, BOYKE, LANG, HELLMICH, ROBB, BROKKERHOFF, JELINSKI, MEMMLER, RÖDING, MOSER, HAAG, ZÖPFL, PONITKA, POETZSCH, PERTOFT, BLICKENSDORF, VOGEL, TOMASCHOFF, WALTER, SCHERZER UND HAUSER COMPANY)
25: Comics (Z.: BOOGAARD)
26: Australische Zeichner (Z.: McCAUSLAND, McLEAN, SHARP, PINDER, LAUREL OLSZEWSKI, PIOTR OLSZEWSKI, CARR, ALTHOFF, ANDREW, LILLIE, DIKKIE, PRIDE, ROZYCKI, PORTER, PUCKRIDGE, DALY, GREG, GRAE UND BROMLEY)
27: Comics (Z.: BUNK)
28: Comics (Z.: GEARY)
29: Comics (Z.: TODD)
30: Comics (Z.: GIMÉNEZ)
31: Comics (Z.: KIRCHNER)
32: Comics (Z.: KINNEY)
33: Comics (Z.: EMERSON)
34: Comics (Z.: BUCKINX)
35: Comics (Z.: WELZ)
36: Comics (Z.: LONDON)

UFO

Bd. 1–2, 5–7: Comic-Taschenbuch
Bd. 1–2, 5: Begegnungen der dritten Art
Bd. 3: UFO-Supercomic-Taschenbuch
Buck Rogers
Das Science Fiction-Comic zum Film
Bd. 4: UFO-Comic-Taschenbuch
Die Sternenkämpfer
Spannende Science Fiction-Comics
Bd. 6–7: Science Fiction-Stories bedeutender Autoren – jetzt als Comic
Frankfurt/M.: Condor Verlag
1978–1982
13,4 × 18,5 cm
Taschenbuch
Farbig
Bd. 1–7
Inhalt:
1: UFO-Comics aus amerikanischen Gold Key-Heften
2: UFO-Comics aus amerikanischen Gold Key-Heften
3: Buck Rogers (Z.: BOLLE, McWILLIAMS UND DELBO/T.: NEWMAN UND TEITELBAUM)
Professor Harbinger (Z.: CRAWFORD)
4: Science Fiction-Comics (Z.: BOLLE UND McWILLIAMS/T.: ANDERSON, CAMPBELL, ECKARDT, HECK, BANKS, HOLLY, SCHAUB, BLOCH, VOGT, KOONTZ, OLIVER, ASIMOV, McCAFFREY UND ARLOFF)
5: UFO-Comics aus amerikanischen Gold Key-Heften
Professor Harbinger (Z.: CRAWFORD)
6: Science Fiction-Comics (Z.: GIOLITTI, GARCIA-LOPEZ, BOLLE, BUYLLA, CAMBIOTTI UND DELBO/T.: BAYLEY, DAWES, GOLDSMITH, STURGEON, SILVERBERG UND NIVEN)
Samson (Z.: THORNE)
7: Science Fiction-Comics
Samson (Z.: THORNE)
Dr. Solar (Z.: BOLLE)

Ulf

der edle Ritter
Bd. 1 ohne Verlag, Bd. 2: Berlin: Heinrich Kölling & Sohn Verlag, Bd. 3: Hannover: Heinrich Kölling & Sohn Vlg.
1968
14,5 × 21 cm, ab Bd. 3: 17 × 23 cm
Heft
Farbig
Bd. 1–3 (Bd. 1 unnumeriert)
Z.: WÄSCHER
Bemerkungen:

Von Bd. 1 gibt es eine 2. Auflage mit Überdruck 0,60 DM und Aufdruck Band 1 und Verlagsangabe Berlin: Heinrich Kölling & Sohn Verlag.

Ulli, Ulla und die Kinder
Die Comic-Serie für die ganze Familie
Rastatt: Favorit-Verlag
1980
21,9 × 28,9 cm
Broschüre
Farbig
Bd. 1–3
Z.: KRUIS

Umwelt für Anfänger
Siehe: ***Sach-Comics***

Die Unbesiegbaren
Siehe: ***Hör Zu Comics***

Underground Odyssey
Science Fiction – Fantasy – Horror
Karlsruhe: Venus Press (Jürgen Maier)
1979
17 × 24,4 cm
Heft
Einfarbig
Bd. 1
Z.: KASSAU

Und waruum
Mülheim: Neithard Anrich Verlag
1970
19 × 21 cm
Heft
Einfarbig
Z./T.: BRAUCKMANN

... und was macht Tarzan wenn ...
Hamburg: Quer-Verlag
1971
14,2 × 20,2 cm
Broschüre
Einfarbig
Z.: SIEGERT
Bemerkungen:
Eine Marks Reihe 8–11.

Das unendliche Buch
Frankfurt/M.: Insel Verlag
1973
10,8 × 17,7 cm
Taschenbuch it 40
Farbig
Z./T.: SCHMÖGNER
Bemerkungen:
Das Mittelstück jedes Bildes ergibt – vergrößert – das nächste Bild.

Unheimliche Begegnung der dritten Art
Siehe: ***Marvel Sonderausgabe***

Die Unschuld von Bonn
Berlin: Rotbuch Verlag
1976
11,5 × 19,9 cm
Taschenbuch Rotbuch 160
Einfarbig
Z.: MALI UND WERNER
I.: THOMSEN
Bemerkungen:
In den Comic sind ca. 40 Textseiten mit Informationen eingebaut.

Unsere Welt Illustrierte
Hamburg: Bildschriftenverlag, ab Bd. 24: Aachen: Bildschriftenverlag
ca. 1962
18 × 25 cm
Heft
Bd. 1–34
Titel:
1: fliegen das grosse Abenteuer (Z.: EVANS, INGELS, CRANDALL)
2: Piraten (Z.: DISBOW, INGELS)

3: Pferde unsere treuen Helfer (Z.: FORTE U. A., Cover: COLE)
4: Rätselvolle Tierwelt der Urzeit (Z.: WILLIAMSON, MORROW U. A.)
5: Vorstoß in den Welten-Raum (Z.: INGELS)
6: Hunde Gefährten der Menschen
7: FBI (Z.: DISBROW, EVANS, INGELS)
8: Die Kreuzzüge
9: Pioniere der Wissenschaft (Z.: CRANDALL, EVANS, TORRES, WILLIAMSON, MORROW)
10: Die Französische Revolution (Z.: CRANDALL, EVANS)
11: Geheimnisvolle Wildnis (Z.: GLANZMAN, CRANDALL, WILLIAMSON, MORROW)
12: Sieg über Zeit und Raum (Z.: CRANDALL, EVANS)
13: Gibt es Gespenster? (Z.: MORROW, EVANS)
14: Große Entdecker (Z.: CRANDALL, EVANS)
15: Die Magie (Z.: EVANS, MORROW)
16: Männer bezwingen Berge (Z.: CRANDALL, EVANS, MORROW, TORRES)
17: Auf Walfang (Z.: CRANDALL, EVANS, MORROW)
18: Die Wikinger (Z.: CRANDALL, EVANS, TORRES, MORROW)
19: Im Schoße des Meeres (Z.: CRANDALL, EVANS, KIRBY)
20: Die Jagd (Z.: CRANDALL, EVANS, INGELS, KINSTLER, KIRBY)
21: Gold und Abenteuer (Z.: MORROW, KIRBY, CRANDALL, EVANS)
22: Spione (Z.: KIRBY, EVANS, MORROW)
23: Mit Netz und Angel (Z.: CRANDALL EVANS, INGELS)
24: Berühmte junge Menschen (Z.: TORRES, CRANDALL, EVANS)
25: Kampf gegen den Tod (Z.: KIRBY)
26: Der Tag D
27: Wasser hat Balken (Z.: MORROW)
28: Das Meer
29: Im letzten Moment
30: Menschen auf dem Mars?
31: Die Nordwest-Passage
32: Die goldene Horde
33: Die Kosaken (Z.: DOMINGUEZ U. A.)
34: Aufruhr der Elemente

Unser täglich Frust
Siehe: ***Mein progressiver Alltag***

Unten ist oben
Frankfurt/M.: Comic Companie
1978
24,4 × 34,4 cm
Buch
Farbig
Z.: VERBEEK

Uranella
Phantastische Abenteuer
München: Arthur Moewig Verlag
September 1968–August 1969
13 × 18 cm
Taschenbuch
Einfarbig
Bd. 1–12
Z.: BOZZI

V

Valentina
Bern (Schweiz): Lukianos Verlag AG
1970
20,5 × 27,5 cm
Buch
Einfarbig
Z./T.: CREPAX

Valentina
Bad Honnef: Valentina Verlag
1971
20,8 × 26,9 cm
Broschüre
Einfarbig
Z./T.: CREPAX
Bemerkungen:
Um eine Klapptafel gekürzter Neudruck der Lukianos-Ausgabe.

Valentina
Psycho Strips und viele Comics
Bad Honnef: Verlag Interscal
Juli 1971
21 × 27 cm
Heft, Einfarbig
Bd. 1
Z.: BARA, BESS, CAPP, CASTELLI, COCO, CREPAX, GOMBOLI, HARGREAVES, HART, OSKI, PARKER, PICHARD, POST, QUINO, ZANIBONI
T.: CARPI, LEONE, LOB, PERONI

Valerian und Veronique
Reinbek: Carlsen Verlag
1978 – Serie erscheint noch
22 × 29,5 cm
Broschüre
Farbig
Bd. 1–11 . . .
Z.: MÉZIÈRES
T.: CHRISTIN

Valerie
mit dem großen Kitzler und ihre militanten Freundinnen. Ein Polit-Porno-Comic mit Texten von Peter P. Dahl und vielen, vielen anderen.
Berlin:
Verlag Klaus Bär
1971
15 × 21 cm
Broschüre
Einfarbig
T.: DAHL
Bemerkungen: Es existert eine 2. Auflage von 1974.
1. Auflage: orange/grünes Cover,
2. Auflage: rot/blaues Cover.

Vampir-Comic
Aus der Welt des Übersinnlichen
Rastatt:
Erich Pabel Verlag
Oktober 1974–Mai 1975
21,1 × 29,5 cm
Heft
Farbig
Bd. 1–15
Bemerkungen:
Auf der Liste der jugendgefährdenden Schriften.
Z. u. T.:
ABELLAN: Bd. 5
ADAMS: Bd. 5
AURALEON: Bd. 3, 11–14
BARR: Bd. 2
BOLLE: Bd. 10
BOUDREAU: Bd. 1, 12–15
BUCKLER: Bd. 8
BUTTERWORTH: Bd. 5, 13
COLON: Bd. 4
CONWAY: Bd. 2

CORBEN: Bd. 1–2, 5, 8–10
CRANDALL: Bd. 2, 9, 12
CUTI: Bd. 3, 14
DUBAY: Bd. 7–8
DUBE: Bd. 6
EATON: Bd. 3
FERNANDEZ: Bd. 4, 11
GARCIA-LOPEZ: Bd. 1
GLUT: Bd. 4
GOODWIN: Bd. 2–5, 9
GRANDENETTI: Bd. 11
HENDERSON: Bd. 5
HERNDON: Bd. 3
JACOBSON: Bd. 2, 4–5, 15
JENNEY: Bd. 8
MAROTO: Bd. 1, 3, 6–15
MAS: Bd. 3, 10, 13, 15
MASTROSERIO: Bd. 4
MILGROM: Bd. 3, 6
MOENCH: Bd. 1
MONES: Bd. 12–15
MOORE: Bd. 5
MUNES: Bd. 5
MURPHY: Bd. 3
NEBOT: Bd. 1
OTT: Bd. 1, 15
PASKO: Bd. 10
PLOOG: Bd. 15
POTTER: Bd. 8–10
REMOHI: Bd. 6–11
ROCA: Bd. 3
SALVADOR: Bd. 6
SAUNDERS: Bd. 12
SEVERIN: Bd. 5
SKEATES: Bd. 6–14
SUTTON: Bd. 6–7, 13–14
TORRENTS: Bd. 2, 4
TORRES: Bd. 2–4
WRIGHTSON: Bd. 14

Vampirella
Das Internationale Horrormagazin
Rastatt: Erich Pabel Verlag
September 1973–Oktober 1974
Bd. 1–11: 21 × 27 cm,
Bd. 12–15: 21 × 29,5 cm
Heft, Farbig
Bd. 1–15
Bemerkungen:
Auf der Liste der jugendgefährdenden Schriften.
Z. u. T.:
ARCHER: Bd. 9
AURALEON: Bd. 2–6, 11, 15
BARR: Bd. 7
BEA: Bd. 5
BENETT: Bd. 12
BOLLE: Bd. 12
BOUDREAU: Bd. 15
BRENNAN: Bd. 4, 7–9
CORBEN: Bd. 14
CUTI: Bd. 4
DUBAY: Bd. 14
ENGLEHART: Bd. 11–12
ESCOLANO: Bd. 15
FERNANDEZ: Bd. 8, 11–12, 15
GARCIA-LOPEZ: Bd. 1–2, 4, 6–7, 9
GLUT: Bd. 12, 14
GONZALEZ: Bd. 1–9, 11–15
GOODWIN: Bd. 1–3, 5–6, 10
GRANDENETTI: Bd. 1
IRVING: Bd. 1
JACOBSON:. Bd. 2
MAROTO: Bd. 2, 12–15
MAS: Bd. 9, 14
McGREGOR: Bd. 1, 4, 6
MOENCH: Bd. 2–3, 5–7, 11, 13–14
MUNES: Bd. 7
NEWSOME: Bd. 9
REESE: Bd. 13
ROSEN: Bd. 3
SAUNDERS: Bd. 8
SKEATES: Bd. 5, 7, 9, 13
SUTTON: Bd. 8, 10
TORRENTS: Bd. 3, 9, 13–14
WEHRLE: Bd. 2
WEIN: Bd. 15
WOOD: Bd. 5, 13

Vanna
Kronberg: Axel Schauberger
Anfang 1980
21 × 29,7 cm
Geklammert
Einfarbig
Inhalt:
Der Lord (Z./T.: AXEL SCHAUBERGER)
Wilhelm Tell (Z./T.: KÖNIG)
Die Götter der Mayas
(Z./T.: ALBERT SCHAUBERGER)
De Dardaniér (Z./T.: HAUCK)

Vater und Sohn
Konstanz: Südverlag
1949, 1951 und 1952
23 × 21,5 cm
Broschüre
Einfarbig
Bd. 1–3
Z.: PLAUEN

Vater und Sohn
Fünfundsiebzig Streiche und Abenteuer
Frankfurt/M.:
Büchergilde Gutenberg
1957–1958
23,5 × 22 cm
Buch
Nur für Mitglieder
Einfarbig
Bd. 1–2
Z.: PLAUEN

Vater und Sohn
Streiche und Abenteuer gezeichnet von E. O. Plauen
Stuttgart:
Deutscher Bücherbund
21,5 × 22 cm
Buch
Nur für Mitglieder
Einfarbig
3 Bände in einem Band
Z.: PLAUEN

Vater und Sohn
München: Wilhelm Heyne Verlag
1961
11,6 × 18 cm
Taschenbuch 123
Einfarbig
Z.: PLAUEN

Vater und Sohn
Ravensburg: Otto Maier Verlag
1964–1981
11,5 × 18 cm
Taschenbuch 20, 409, 721
Einfarbig
Bd. (1)–3
Z.: PLAUEN
Bemerkungen:
Viele Neuauflagen.

Vater und Sohn
Berlin (DDR): Eulenspiegel-Verlag
1965
21 × 21 cm
Broschüre
Einfarbig
Z.: PLAUEN

Vater und Sohn
Freiburg: Hyperion-Verlag
1965
6,5 × 9,5 cm
Buch
Einfarbig
Z.: PLAUEN

Vater und Sohn
München: Max Hueber Verlag
1971
23 × 21 cm
Broschüre
Einfarbig

Z.: PLAUEN
Bemerkungen:
Ausgewählte Vater und Sohn-Geschichten mit Sprachmaterial von FRANZ EPPERT *zu Unterrichtszwecken.*

Vater und Sohn
Reinbek: Rowohlt Verlag
1976
9,5 × 14,9 cm
Buch
Einfarbig
Z.: PLAUEN
Bemerkungen:
Reihe »Rowohlt-Nachttisch-Büchlein«. Mit Schutzumschlag.

Vera Moon
Siehe: ***Mill's Comic-Leckerbissen***

Die verstossene Prinzessin
Hannover: Walter Lehning Verlag
April 1954
24 × 20,5 cm
Heft
Farbig
Z.: ZAMPERONI

Ein Vertrag mit Gott
Und andere Mietshaus-Stories aus New York
Frankfurt/M.: Zweitausendeins
August 1980
15,8 × 23,3 cm
Buch
Einfarbig
Z.: EISNER

Das verwunschene Schloss
Hannover: Walter Lehning Verlag
April 1954
24 × 20,5 cm
Heft, Farbig
Z.: ZAMPERONI

Viechereien
Siehe: ***Die gelben Hefte***

Die Vier
Reinbek:
Carlsen Verlag
1973–1982
22 × 29,5 cm
Broschüre
Farbig
Bd. 1–10
Z.: CRAENHALS
Entwurf: CHAULET

Das vierte große Peanuts Buch
Siehe: ***Das große Peanuts Buch***

Ville
und Palme und SM
Reinbek:
Carlsen Verlag
1977
22 × 29,4 cm
Broschüre
Farbig
Z.: LÖÖF

Voltfeder
Sarzbüttel: Michael Götze und Gitta Kaufert
1979 – Serie erscheint noch
Bd. 1–4, 6–7: 20,5 × 28,7 cm,
Bd. 5: 20,7 × 29,7 cm,
Bd. 8: 30,2 × 40,6 cm
Bd. 1–7: Heft,
Bd. 8: Buch
Einfarbig, farbig und zweifarbig
Bd. 1–8 . . .
Inhalt:
Meckermann + Co. (Z.: GÖTZE): Bd. 1–2, 8
Welten (Z.: GÖTZE): Bd. 1
Die Sichtung (Z.: GÖTZE): Bd. 1
Das Schwert Skaldor (Z.: GÖTZE): Bd. 2

Commander Mantell (Z.: GÖTZE): Bd. 1–5, 8
Ohne Titel (Z.: GÖTZE): Bd. 2
Sadamezon (Z.: GÖTZE): Bd. 2
Der letzte Mann (Z.: GÖTZE): Bd. 2
Astra (Z.: ZEGER): Bd. 3
Der Königssprung (Z.: GÖTZE): Bd. 4
Siffkopp (Z.: GÖTZE): Bd. 1–5, 7
Artus (Z.: GÖTZE): Bd. 1–8
Der Kampf beginnt (Z.: GÖTZE): Bd. 4
Frühe Comics (Z.: GÖTZE): Bd. 4
Die schreckliche Nacht (Fotocomic): Bd. 4, 6
Dicki + Donar (Z.: GÖTZE): Bd. 1–6
Bubi (Z.: GÖTZE): Bd. 4
Die Eumels (Z.: GÖTZE UND KRAUSE): Bd. 4, 7
Ufo (Z.: GÖTZE): Bd. 1–8
Die Erfindung (Z.: GÖTZE): Bd. 5
Abflug (Z.: GÖTZE): Bd. 5
Der Dreizack der Anden (Z.: GÖTZE): Bd. 5
Brahma (Z.: GÖTZE): Bd. 5
Die Waffe (Z.: GÖTZE): Bd. 6
Willi Wahnwitz (Z.: GÖTZE): Bd. 6
Die Helden von Raffstadt (Z.: GÖTZE): Bd. 1, 3, 6
Willy der Nachtarbeiter (Z.: BOYKE): Bd. 7
Reise mit no return (Z.: LEHNER): Bd. 7
Ohne Titel (Z.: PONITKA): Bd. 7
Ein Bahnwiesencomic (Z.: PONITKA): Bd. 7
Egon Eierblank (Z.: GÖTZE): Bd. 7
S' muss alles seine Ordnung haben (Z.: HUTH): Bd. 7
Schneemann (Z.: BOYKE): Bd. 7
Ballermann + Bulle (Z.: GÖTZE): Bd. 7
Rooster Kits (Z.: GÖTZE): Bd. 8
Gut + Böse (Z.: GÖTZE): Bd. 8
Siggis K. O. (Z.: MICHAELIS): Bd. 8
Die Bestie (Z.: GÖTZE): Bd. 8
Cyborg Bronsloff (Z.: GÖTZE): Bd. 8

Vom Fischer und seiner Frau
Siehe: ***Ein Märchen-»Buchfilm«***

Vom Paktieren wird nur die Oligarchie fett
Hamburg: Spanien-Initiative
Juli 1978
21 × 29,7 cm
Geklammerte Einzelblätter
Comic: zweifarbig
Rest: einfarbig
Bemerkungen:
Wendeband Comic/Zeitschrift. Spanien im Kampf Nr. 4. Auflage 750 Exemplare.

Von Canzler aufs Korn genommen
Freiburg: Hyperion-Verlag
1963
6,5 × 9,5 cm
Buch
Einfarbig
Z.: CANZLER
Bemerkungen:
Enthält knapp die Hälfte Cartoons.

Von früh bis spät Radieschen
Ravensburg: Otto Maier Verlag
1976
16 × 16,1 cm
Buch
Farbig
Z./T.: ROLF UND MARGRET RETTICH

Von Tauschern zu Täuschern
oder: Die Blütezeit der Tara
Kassel: AK 1, Gesamthochschule Kassel
1973
21 × 29,8 cm
Heft
Einfarbig

Z./T.: METZ UND SCHÜTZ (an der Theorie wirkten zusätzlich KERSTING und SCHINDLER mit)
Bemerkungen:
Beruht auf einer DIN A 2 Siebdruckmappe zur Ausstellung »Warenästhetik« 1973 Ingolstadt.

Von Tauschern zu Täuschern
oder: Die Blütezeit der Tara
Wunstorf: Soak-Verlag
1974
20,5 × 29,1 cm
Broschüre
Einfarbig
Z./T.: METZ und SCHÜTZ (an der Theorie wirkten zusätzlich KERSTING und SCHINDLER mit)
Bemerkungen:
Nachdruck des Heftes von 1973.

Vrenelis Skizzenbuch
Oldenburg: Gerhard Stalling Verlag
1979
20,7 × 27,9 cm
Heft
Farbig
Z./T.: MOESCHLIN?
Bemerkungen:
Sonderausgabe eines zuerst 1933 erschienenen Bandes.

W

Wahre Geschichten
erlogen von Loriot
Zürich (Schweiz): Diogenes Verlag AG
1959
11,7 × 17 cm
Buch
Einfarbig
Z.: LORIOT
Bemerkungen:
Spätere Auflagen mit anderem Cover und zum Teil mit Schutzumschlag.

Wahrscheinlich guckt wieder kein Schwein
Zürich (Schweiz): Diogenes Verlag
1978
22,1 × 27 cm
Broschüre
Einfarbig, farbig, zweifarbig und dreifarbig
Z./T.: WAECHTER
Bemerkungen:
57. Werk im »Club der Bibliomanen«. Enthält auch Cartoons.

Waldi wird berühmt
München: Scholz-Mainz Verlag
1972
17,5 × 21,6 cm
Buch
Farbig
Z./T.: HELD

Wald & Wiesen Comix
Zeitschrift für Naturfreunde
Nürnberg: UPN-Volksverlag
1972–1974
15 × 21,1 cm
Heft

Einfarbig
Bd. 1–4
Bemerkungen:
Bd. 1 mit Poster.
Z.: BREMER: Bd. 3–4
CRUMB: Bd. 1–4
LEINER: Bd. 2–3
LINDNER: Bd. 4
NIGGLI: Bd. 3
RUSCH: Bd. 3–4
TOMASCHOFF: Bd. 3–4
WITTING: Bd. 3

Walt Disney-Grossband
Donald als Feuerwehrmann
Stuttgart: Ehapa Verlag
September 1974
22 × 28 cm
Broschüre und Buch
Farbig
Bd. 1
Z.: BARKS
Bemerkungen:
Es existiert eine Hardcover-Ausgabe.

Walt Disneys lustige Taschenbücher
Stuttgart: Ehapa Verlag
Okt. 1967–Serie erscheint noch
12,5 × 19 cm
Taschenbuch
Farbig und einfarbig
Bd. 1–100 . . .
Z.: BARKS: Bd. 8, 30, 53
Bemerkungen:
Bd. 7 (1. Auflage) enthält auf Seite 94 eine Szene, die in späteren Auflagen durch andere Bilder ersetzt wurde.
Inhalt:
1: Donald Duck
2: Micky Maus
3: Dagobert Duck
4: Donald Duck
5: Dagobert Duck
6: Micky Maus
7: Donald Duck
8: Donald Duck
9: Micky Maus
10: Dagobert Duck
11: Micky Maus
12: Donald Duck
13: Donald Duck
14: Micky Maus
15: Micky Maus und Goofy
16: Donald Duck
17: Micky Maus und Minni
18: Donald Duck
19: Panzerknacker
20: Dagobert Duck
21: Dagobert Duck
22: Donald Duck
23: Donald Duck
24: Donald Duck
25: Tick, Trick und Track
26: Dagobert Duck
27: Donald Duck
28: Dagobert Duck
29: Micky Maus
30: Dagobert Duck
31: Donald Duck
32: Donald Duck
33: Dagobert Duck
34: Micky Maus
35: Donald Duck
36: Donald Duck
37: Dagobert Duck
38: Donald Duck
39: Dagobert Duck
40: Micky Maus
41: Donald Duck
42: Micky Maus
43: Dagobert Duck
44: Donald Duck (Phantomias)
45: Donald Duck
46: Micky Maus
47: Die Ducks
48: Micky Maus
49: Dagobert Duck

50: Dagobert Duck
51: Donald Duck
52: Micky Maus
53: Dagobert Duck
54: Micky Maus
55: Dagobert Duck
56: Dagobert Duck
57: Donald Duck (Phantomias)
58: Donald Duck
59: Donald Duck
60: Donald Duck
61: Donald Duck
62: Micky Maus
63: Micky Maus
64: Dagobert Duck
65: Micky und Minni
66: Donald Duck
67: Micky Maus
68: Donald Duck
69: Dagobert Duck
70: Micky Maus
71: Dagobert Duck
72: Donald Duck
73: Micky Maus
74: Donald Duck
75: Donald Duck (Phantomias)
76: Micky Maus
77: Donald Duck
78: Dagobert Duck
79: Dagobert Duck
80: Micky Maus
81: Donald Duck
82: Donald Duck
83: Donald Duck (Phantomias)
84: Micky Maus
85: Donald Duck
86: Dagobert Duck
87: Micky Maus
88: Donald Duck
89: Dagobert Duck
90: Micky Maus
91: Donald Duck
92: Donald Duck
93: Dagobert Duck
94: Micky Maus
95: Dagobert Duck
96: Donald Duck
97: Goofy
98: Micky Maus
99: Dagobert Duck
100: Donald Duck

Walt Disneys Sonderhefte
Siehe: ***Bernard und Bianca***
Micky Maus Geburtstagsheft
Micky & Goofy auf Entdekkungsreise
Micky 40 Jahre jung!
Pinocchio
Das Schwert und die Rose

Was geschieht dann?
München: Franz Schneider Verlag
70er Jahre
17,3 × 23,5 cm
Buch
Farbig
Bemerkungen:
Enthält Geschichten mit mechanisch erzeugbaren Schlußbildern. Aus der Reihe »Kinder Kolleg/Sesamstrasse«.

Was macht der Weihnachtsmann im Juli?
Gütersloh: Bertelsmann Verlag
1977
Buch
Farbig
Z./T.: BRIGGS

Was macht der Weihnachtsmann im Juli?
Zürich (Schweiz): Diogenes Verlag
1980
15,6 × 19 cm
Taschenbuch Kinder detebe 45
Farbig
Z./T.: BRIGGS

Bemerkungen:
Diese Ausgabe enthält drei zusätzliche Comic-Seiten.

Wasn jetzt los?!!!
Dortmund: Weltkreis-Verlag
1976
21,1 × 29,7 cm
Broschüre
Einfarbig und farbig
Z.: ALFF
Bemerkungen:
Von diesem Band gibt es auch einen 20seitigen Werbeauszug, dessen Innencover Infos zum Band enthält.

Wassermann
Siehe: ***Top Comics***

Das Wasserverlies
Peking (China): Vlg. für fremdsprachige Literatur
1977
26,4 × 18,2 cm
Broschüre
Farbig
Z.: SCHÜ
T.: TSCHEN UND LIU

Wastl
Bd. 23–173: Wastl-Band
ab Bd. 26: Der starke Mann mit dem goldenen Herzen
ab Bd. 116: Wastl und Käpten Knaller zwei tolle Geschichten
Bergisch Gladbach: Bastei Verlag
Mai 1968–Januar 1972
18 × 26 cm
Heft
Farbig
Bd. 1–173
Z.: VANDERSTEEN
Bemerkungen:
Bd. 28 »Piraten schlagen zu« teilweise falsch als Bd. 29 numeriert.
Inhalt:
Roy Tiger: Bd. 83–115
Käpten Knaller (Z.: MAINOU): Bd. 116–173

Wastl
Siehe: ***Felix Sonderheft für 20 Pfennig***

Was will Trebor denn bei uns?
Ravensburg: Otto Maier Verlag
1974
18,5 × 25,5 cm
Heft
Farbig
Z./T.: LAPOINTE

Der Wawel-Drache und die Königstochter Wanda
Warschau (Polen): Sport i Turystyka
1975
18,9 × 25,6 cm
Broschüre
Farbig
Z.: GRONUDI
Bemerkungen:
Zweisprachig deutsch/polnisch.

Die Weisheiten von Charlie Brown
München: Hallmark
1971
10,2 × 13,6 cm
Buch
Zweifarbig
Z.: SCHULZ

Weisse Göttin
Rote Serie
Hamburg: Selbstverlag Gertraude Kristekat, nur Bd. 19, 20: Hamburg: »Drei Heinzelmännchen« Verlag
Oktober 1950–Dezember 1950
21 × 29 cm

Heft
Zweifarbig, 1. Innenumschlagseite: einfarbig
Bd. 15, 17, 19–22
Z.: INGAM
T.: DALMASSO
Bemerkungen:
Bd. 15, 17, 19 alternierend mit Michael Track erschienen.
Inhalt:
Uschis Abenteuer: Bd. 19–22

Der weiße Hai 2
Siehe: ***Marvel Sonderausgabe***

Weltberühmte Geschichten in Bildern
Berlin (DDR): Verlag Junge Welt
1957–1958
ca. 13,5 × 10 cm
Heft
Farbig
Bd. (1–9) bekannt
Das Dschungelbuch (1. Teil)
Das Dschungelbuch (2. Teil)
Der Gänsehirt
Spartacus (1. Teil)
Spartacus (2. Teil)
Bettler und Königssohn (1. Teil)
Bettler und Königssohn (2. Teil)
Der treue Freund
Wolfsblut

Welt-Bestseller
Berühmte Bücher in mehr als 200 Bildern nacherzählt
Bergisch Gladbach: Bastei Verlag
Januar 1977–November 1978
18,2 × 26 cm
Heft
Farbig
Bd. 1–48
1: Der Kurier des Zaren
2: Die drei Musketiere
3: Robinson Crusoe
4: Huckleberry Finn
5: Die Flußpiraten des Mississippi
6: Gustav Adolfs Page
7: Ivanhoe
8: Durch die Wüste und Wildnis
9: In 80 Tagen um die Welt
10: Die Meuterei auf der Bounty
11: Onkel Toms Hütte (Z.: BALCELLS)
12: Sigismund Rüstig
13: Die Schatzinsel
14: Tom Sawyer als Detektiv
15: Nicholas Nickleby
16: Moby Dick
17: Der letzte der Mohikaner
18: Der Graf von Monte Christo
19: Durch die Wüste
20: Die geheimnisvolle Insel
21: Abenteuer in Wildwest
22: David Copperfield
23: Quentin Durward
24: Der schwarze Korsar
25: Der goldene Skarabäus
26: Der Lotse
27: Taras Bulba
28: Ben Hur
29: Das Gespensterschiff
30: Die Reise zum Mond
31: Der Abenteuer-Kapitän
32: Die kleine Dorrit
33: Abenteuer in den Anden
34: Königs Salomons Diamanten (Z.: PARDO)
35: Die Insel ohne Wiederkehr
36: Die Königin der Seen
37: Fünf Wochen im Ballon
38: Der Ritter mit dem Flammenschwert
39: Spione im All
40: Eis-Spinx
41: Die Skalpjäger
42: Tartarin
43: Münchhausens Abenteuer
44: 20000 Meilen unter dem Meer

(Z.: GALILEO)
45: Die Abenteuerinsel
46: Der jüngste Admiral
47: Reise zum Mittelpunkt der Erde
48: Die Abenteuer des David Balfour

Die Welt des Comic
Eine Enzyklopädie in Einzellieferungen
Frankfurt/M.: Comic Buch Club
Januar 1977–Juni 1977
29,9 × 40 cm
Lose Blätter
1. Lieferung: 50 Seiten
2. Lieferung: 40 Seiten
3. Lieferung: 42 Seiten
Einfarbig
1.–3. Lieferung
Z. der Randfiguren: RAYMOND
Bemerkungen:
Auflage je Lieferung 200 Exemplare.
Inhalt:
Lieferung 1:
Sally Forth (Z.: WOOD)
Patamousse (Z./T.: CALVO)
Florian (Z./T.: CUVELIER)
Ein freundlicher, frischer Morgen (Z./T.: GOTLIB)
Drama auf der Straße (Z.: SOLÉ)
Idyl (Z./T.: JONES)
»Danach« (Z.: AUCLAIR/T.: GIRAUD)
Saisons (Z./T.: LORO/Tusche: ZEGHIDOUR)
The Spirit (Z.: EISNER), nur eine Illustration
Ungeziefer (Z./T.: CORBEN)
Lieferung 2:
Patamousse (Z./T.: CALVO)
Florian (Z./T.: CUVELIER)
Sally Forth (Z.: WOOD)
Conan the Barbarian (Z.: SMITH/T.: THOMAS)
Die Stadt im Meer (Z.: FRAZETTA/T.: POE/Übersetzung: WOLLENSCHLÄGER)
Lieferung 3:
Patamousse (Z./T.: CALVO)
Sally Forth (Z.: WOOD)
Conan the Barbarian (Z.: SMITH/T.: THOMAS)
Florian (Z./T.: CUVELIER)
A Double Tour (Z./T.: TALLIN)
Scheiss-Job (Z.: FONT/T.: COTHIAS)

Welternährung für Anfänger
Siehe: ***Sach-Comic***

Die Welt von Schmerz und Leidenschaft
Los Angeles (USA): Moon Brothers Inc.
70er Jahre
20,7 × 29,5 cm
Broschüre
Einfarbig
Z./T.: SOMAX?

Wenn ich großen Hunger hab, fang ich an zu kochen
Weinheim und Basel: Beltz-Verlag
1974
16,5 × 24 cm
Broschüre
Einfarbig und rote Schrift
Z./T.: SCHINDLER
Bemerkungen:
Programm Beltz & Gelberg. Bilder-Buch Nr. 6. Comic-Kochrezepte.

Werbegrafik
Nicht so . . . . . . tierisch ernst bitte . . .!
Hannover: Peter Haselmann
1978
21 × 29,6 cm
Heft
Einfarbig
Z.: HASELMANN

Wettkampf der Schlümpfe
Bergisch Gladbach: Bastei Verlag
April 1980
21,5 × 28,8 cm
Broschüre
Farbig
Z.: PEYO
Bemerkungen:
Es existiert ein Nachdruck von Bastei mit neuem Titel und neuem Titelbild »Sportschlümpfe gegen Schlappschlümpfe«.

Whisky & Gogo
Siehe: ***Ketchup***

Wickie
Bd. 1–63: Das tolle Fernseh-Comic
Bd. 64–77: Der große Fernseherfolg
Frankfurt/M.: Condor Verlag
1974–1980
18 × 26 cm
Heft
Farbig
Bd. 1–69, 70/71–76/77
Z.: SIFRE U. A.
Bemerkungen:
Es existiert eine 2. Auflage: Bd. 1–59.
Inhalt:
Wickie
Heidi: ab Bd. 48

Wickie
Bd. 1–3: Das neue Comic-Taschenbuch mit vielen tollen Abenteuern
Bd. 4–6: Das neue Comic-Taschenbuch mit tollen Comic-Abenteuern zur beliebten Fernseh-Serie!
Frankfurt/M.: Condor Verlag
April 1977–1980
13,2 × 18,6 cm
Taschenbuch
Farbig
Bd. 1–6
Z.: CERBIAN

Wickie
Die tollsten neuen Comic-Abenteuer von Wickie und seinen Freunden
Frankfurt/M.: Condor Verlag
Oktober 1977–1978
21,5 × 29,5 cm
Broschüre
Farbig
Bd. 1–3

Wickie
Siehe: ***Fernseh Tele Comic***
Fernseh Tele Comic-Album

Widdi Hupf
Bd. 1–3: Comic Gross Album
Aachen: Bildschriftenverlag
Mai 1970
18,5 × 26 cm
Broschüre
Farbig
Bd. 1–4
Inhalt:
Bags Banny (d. i. Bugs Bunny): Bd. 1–4
Windi und Lufti (Z.: LANTZ): Bd. 1
Daffy Duck: Bd. 1, 3, 4
Widdi Hupf (Z.: LANTZ) (d. i. Woody Woodpecker): Bd. 1, 2
Astronauten Maus (Z.: LANTZ): Bd. 1, 4
Pinguin Willi (Z.: LANTZ): Bd. 2, 4
Tweety und Sylvester: Bd. 4
Porki (d. i. Schweinchen Dick): Bd. 4
Andi, der Panda und Charlie, das Huhn (Z.: LANTZ): Bd. 4

Wie man das Volk vertritt
Szenen aus dem Leben eines Bundestagsabgeordneten
Frankfurt/M.:

Fischer Taschenbuchverlag
November 1980
12,5 × 19 cm
Taschenbuch 2491
Einfarbig
Z./T.: POTH

Wie Vater und Sohn einen Esel kauften
Siehe: ***Ein Märchen-»Buchfilm«***

Wie verführe ich die Frauen?
Zürich (Schweiz): Diogenes Verlag
1974
10,6 × 15,7 cm
Buch
Einfarbig
Z.: SEMPÉ
Bemerkungen:
Enthält auch einige Cartoons. Mit Schutzumschlag. Als Taschenbuch nachgedruckt.

Wie verführe ich die Männer?
Zürich (Schweiz): Diogenes Verlag
1974
10,6 × 15,7 cm
Buch
Einfarbig
Z.: SEMPÉ
Bemerkungen:
Enthält auch einige Cartoons. Mit Schutzumschlag. Als Taschenbuch nachgedruckt.

Wigor
Frankreich: Artima
Auslieferung: Defra, Essen
Oktober 1960–April 1961
17,5 × 23 cm
Heft, Einfarbig
Bd. 1–6
Z.: Hauptserie: GIORDAN (auch Cover)
Nebenserien: BOIXCAR

Wild Abenteuer
Schlawigurd-Wild-Abenteuer
Oldenburg: RCI (Bläcker)
1980
14,6 × 21 cm
Heft
Einfarbig
Bd. 1
Inhalt:
Schlawigurd
Emmerich (Z.: BOYKE)

Der wilde wilde Westen
Aachen: Bildschriftenverlag
1968–Februar 1970
18 × 25 cm
Heft
Einfarbig
Bd. 1–4
Z.: TRAPANI
Bemerkungen:
Comic nach der Fernsehserie.
Inhalt:
Bedrock Barnes, Prospector: Bd. 4

Wildtöter
ab Bd. 7–11: Ju-Ju Heft
Darmstadt:
Jupiter Verlag
1955
17 × 8 cm, ab Bd. 10: 17 × 23 cm
Heft
Farbig, ab Bd. 12: einfarbig
Bd. 1–12
Z.: KOHLHOFF

Wildtöter
Berlin:
Gerstmayer Verlag
1957
17 × 7 cm
Heft
Einfarbig
Bd. 1–18

Z.: KOHLHOFF
Bemerkungen:
Von Bd. 18 sind verschiedene Bände erschienen. Vorliegende Titel: »Black Eagle«, »Pater Peter«
Inhalt:
Nachdruck von Wildtöter mit Änderung und Auslassungen.

Wild West
Hamburg: Alfons Semrau Verlag
Oktober 1953–Januar 1958
17 × 8 cm, ab Bd. 67: 17 × 24 cm (Format schwankend)
Heft
Einfarbig
Bd. 1–169
Bemerkungen:
Auf der Liste der jugendgefährdenden Schriften:
Bd. 70: E Nr. 49 – BAnz. Nr. 52 vom 16. 3. 55
Bd. 93 und 94: E Nr. 149 – BAnz. Nr. 12 vom 18. 1. 56
Bd. 100: E Nr. 185 – BAnz. Nr. 75 vom 18. 4. 56
Inhalt:
Kapitän Micki (Z./T.: ESSEGESSE-STUDIO): Bd. 1–48, 55–58, 62–169
Rocky Cellar (d. i. Rocky Lane): Bd. 49–54, 59–61
Nyoka und das ägyptische Grabmal (Z.: JETTER): Bd. 67–69
Kit Carson (Z.: EYLES): Bd. 67, 68 (Nachdruck aus Texas Bd. 18), 69, 70 (Nachdruck aus Texas Bd. 3)
Tucksedo: Bd. 70 (Nachdruck aus Die gelben Hefte)
Glacéhandschuh: Bd. 71
Krämer Tom: Bd. 71
Oberst Walross: Bd. 71, 72
Der tapfere Leo: Bd. 71
Buck und Bunny: Bd. 71, 121 (Nachdruck von der selben Serie Bd. 71)
Der kleine Peter: Bd. 71
Teddy-Bär der Reporter: Bd. 72 (Nachdruck aus Die gelben Hefte), 121 (Nachdruck von der selben Serie Bd. 72)
Milly Moo: Bd. 71, 121
Willi der Wurm: Bd. 72, 81, 84, 105, 118
Buck und Joko: Bd. 73
Die Tür mit den sieben Schlössern (T.: WALLACE): Bd. 73–77
Der schwarze Abt (T.: WALLACE): Bd. 77–80 (Nachdruck von Kriminal Bild Roman Bd. 10)
Hank und Pete: Bd. 81
Conny: Bd. 82, 84 (Nachdruck von der selben Serie Bd. 82), 89
Kitty Naseweis und Boxer Bullenbeiss: Bd. 82
Freddy Freyman: Bd. 83
Egbert: Bd. 84
Sagebrush: Bd. 87, 167, 168
Fischgesicht: Bd. 87, 105 (Nachdruck von der selben Serie Bd. 87), 167, 168
Sloopy: Bd. 87 (Nachdruck aus Yabu Bd. 29)
Der Tagesspiegel: Bd. 88
Muli (Z.: MAIN): Bd. 90
Baffos (Z.: REBUFFI): Bd. 90, 107, 108
Tim (Z.: MANBERTO): Bd. 100, 106
Fiffi: Bd. 100, 108 (Nachdruck von der selben Serie Bd. 100), 117, 118, 120, 125, 127, 131, 132, 139, 145, 149, 150, 152, 155, 157
Abenteuer des kleinen Elch (Z.: TERY): Bd. 101
Cherry Bim (Z.: WOLVERTON): Bd. 102
Tommy: Bd. 105
Die Sachen mit der Uhr: Bd. 125
Tom und Jerry (Z.: BARBERA): Bd. 126
Der einsame Ranger (auch: Der maskierte Reiter) (d. i. Lone Ranger): Bd. 128, 129, 145, 152, 167, 168

Jonny McBrown: Bd. 130
Dick: Bd. 131
Waco Durand: Bd. 131
Der rote Reiter (Z.: HARMAN): Bd. 132
Bob und Bobby: Bd. 133
Sergeant Preston: Bd. 133, 134
Ted und Teddy: Bd. 133–135
Das rasende Zwerghuhn: Bd. 134
Bunny Bull: Bd. 134
Bunny Elliott: Bd. 135, 136
Trigger und Bullet: Bd. 137, 152
Rex Allen: Bd. 137, 148
Roy Rogers: Bd. 138
Gene Autry: Bd. 139, 148, 153
Der weisse Wolf: Bd. 140
Jace Pearow: Bd. 141, 146, 147, 149
Junge Otter: Bd. 142
Der fliegende Pfeil: Bd. 142
Ranger: Bd. 143
Weisser Engel: Bd. 144
Die Wolfshündin: Bd. 146, 148
Der kleine Habicht: Bd. 147
Annie Duchess (auch: Tante Duchess) (Z.: HARMAN): Bd. 149, 154
Fritz und Fratz: Bd. 150
Champ (auch: Champion): Bd. 150, 151, 155
Das Doppelspiel: Bd. 151
Jick Perry: Bd. 153
Tonto (Z.: GIOLITTI): Bd. 155
Johnny Mack Brown: Bd. 159
Billy Bill: Bd. 165
Das gestreifte Pony: Bd. 167
Herrn Kluges Sportstag: Bd. 114, 115

Wild West Extra
Bd. 10–12, 14: Zwei packende Comic-Abenteuer
Bd. 13: Ein großes Comic-Abenteuer
Zug (Schweiz): Gevacur
1975–April 1976
13 × 18 cm
Taschenbuch
Zweifarbig
Bd. 10–14
Bemerkungen:
Siehe auch ***Karl May Extra.***
Inhalt:
Karl May (Z.: ARRANZ): Bd. 10–12
Westwärts: Bd. 10
Feuerwasser und Gewehre: Bd. 11
Fort Alamo: Bd. 12
Comancheros: Bd. 13
Das Gold von Kalifornien: Bd. 14
Die Totenstadt: Bd. 14

Wild-West Story
Berlin: Günter Schumann-Verlag
1966
14,5 × 21,5 cm
Heft
Farbig
Bd. 1
Inhalt:
Herr Pussikater (d. i. Tom und Jerry) (Z.: BARBERA)
Bonanza
Lone Ranger

Wilhelm Busch
Berlin: Gerstmayer Verlag
1957
17 × 6,5 cm
Heft
Farbig
Bd. 1–9 und 3 Hefte unnumeriert
Z.: BUSCH
Bemerkungen:
Nur weil Piccolos, wurde diese Serie aufgenommen.
Titel der 3 unnumerierten Hefte:
Die beiden Enten und der Frosch
Der Lohn des Fleißes
Die Strafe der Faulheit

Wilhelm Busch
100 Jahre »Comic«
Stuttgart: Illu Press

März 1978–Juni 1978
11,5 × 18 cm
Taschenbuch
Einfarbig
Bd. 1–4
Z.: BUSCH
Bemerkungen:
Nur im Rahmen der Illu Press-Comic-Taschenbücher aufgenommen.

Williams Maxi Album
Bd. 10–11: ***Maxi Album***
Alsdorf: Williams Verlag, ab Bd. 6: Alsdorf: Bildschriftenverlag Abt. Williams, ab Bd. 11: Hamburg: Williams Verlag
1973–Anfang 1974
21,1 × 28,1 cm
Broschüre
Farbig
4×Bd. 1, 5–11, zwei Bände unnumeriert
Inhalt und Titel:
1: Tarzan (Z.: CELARDO)
1: Casper der kleine Geist (Überkleber mit Bd. 2)
1: Buffalo Bill (Z.: R. T.) (Überkleber mit Bd. 3)
1: Ricki Reich (Überkleber mit Bd. 4)
Ricki Reich, Das dicke Lottchen, Spooky der lustige Geist, Wendy die gute Fee, Melvin und Malvine, Casper der kleine Geist
5: Oum der weiße Delphin (Z.: MUNE)
6: Dick & Doof (Z.: HARMON UND MAINOU)
7: Doppel & Decker (Z.: GOFFE)
8: Motormaus und Autokatze
9: Sandmännchen (Z.: GIL)
10: Doktor Dolittle und der kurzsichtige Stier (Z.: GOFFE/T.: POMMIER-LEYRARGUES)
11: Oum der weisse Delphin (Z.: BONNET)
ohne Nr.: Calimero (NINO UND TONY PAGOT)
ohne Nr.: Rudolf Das Rentier mit der roten Leuchtnase

Willi und Familie Kaiser
Stuttgart: Verlag Illustrierte Presse GmbH
1957
21 × 15 cm
Buch
Einfarbig
Z.: KOSSATZ

Willi Wacker
Verschiedene Verlage, bekannt sind: Hamburg: Hamburger Morgenpost
Berlin: BZ
1967–1970
15 × 14,5 cm
Broschüre
Einfarbig
Bd. 1–4
Z.: SMYTHE
Bemerkungen:
Bd. 1 und 4 sind unnumeriert. Bd. 4 hat ein rotes Cover.

Winnetou
Bd. 1–20: Das farbige Wild-West-Magazin mit Winnetou, Davy Crokkett und dem Sammelbild »Berühmte Indianer«
Bd. 21–24: Vereinigt mit »Karl May« – Das farbige Wild-West-Magazin mit Winnetou, Old Shurehand, Davy Crockett, Kit Carson, Kara Ben Nemsi und dem Sammelbild
Bd. 25–80: Das einzige Jugendmagazin Deutschlands für Indianerkunde
September 1964–Dezember 1966
Hannover: Walter Lehning Verlag

17 × 24 cm
Heft
Farbig und einfarbig
Bd. 1–80
Z.: Bd. 1–54, 55 Seite 1–8: NICKEL
ab Bd. 55 Seite 9: EHRT
Bemerkungen:
Bd. 1–48, 49 bis Seite 3: Nachdruck aus Karl May (nur Geschichten nach Karl May), ab Bd. 49 Seite 4: Neue Abenteuer.
Inhalt:
Winnetou: Bd. 1–80
Davy Crockett: Bd. 1–20, 22, 24, 26, 28, 30, 32, 34, 36, 38, 40, 42, 44, 46, 48–80
Kit Carson (Z.: A.L.I.-STUDIO U. A.): Bd. 21, 23, 25, 27, 29, 31, 33, 35, 37, 39, 41, 43, 45, 47–80
Old Shurehand: Bd. 21, 23, 25, 27, 29, 31, 33, 35, 37, 39, 41, 43, 45, 47
Kara Ben Nemsi: Bd. 22, 24, 26, 28, 30, 32, 34, 36, 38, 40, 42, 44, 46, 48

Winnetou
Siehe: ***Zeichenfilmbuch***

Winnetou nach Karl May
Siehe: ***Karl May***

Winnetou und Old Shatterhand
Ein Western-Comic nach Karl May
Frankfurt/M.:
Condor Verlag
April 1977–Oktober 1978
18 × 26 cm
Heft
Farbig
Bd. 1–19
Inhalt:
Winnetou (Z.: RAMÒN UND GÖTZE): Bd. 1–19
Kleiner Bär: Bd. 6–8
Nevada-Smith (Z.: FRISANO): Bd. 9–19

Winnie Puuh
Stuttgart: Ehapa Verlag
Juni 1980–Oktober 1981
17,6 × 26 cm
Heft, Farbig
1980: Bd. 6–12
1981: Bd. 1–9

Wir alle haben unsre Fehler
Snoopy's Philosophie
München: Hallmark
1969
10,4 × 13,7 cm
Buch
Zweifarbig
Z.: SCHULZ

Das wirklich Neue Testament
Bremen: Schöngeist Verlag
1971
28,5 × 28,5 cm
Broschüre
Farbig
Z.: HOIER
T.: MICHELERS UND HOIER

Wir Supermänner
Wien (Öster.): Frischfleisch & Löwenmaul
September 1979
17 × 24 cm
Taschenbuch
Einfarbig
Z./T.: BERGER
Bemerkungen:
Enthält zu etwa einem Drittel Cartoons. Aus der Buchreihe zum gleichnamigen Literaturmagazin. Im Rahmen eines Abos dieses Magazins erhielt man die Taschenbücher als Doppelnummern, den vorliegenden z. B.

als Bd. 23/24. Die übrigen Taschenbücher enthalten keine Comics.

Witz auf Witz
Berlin (DDR): Kinderbuchverlag
Frühjahr 1980
Buch
Z.: LENGREN
Bemerkungen:
Enthält eine Auswahl von Prof. Filutek-Geschichten.

Wolinski s Hammer
Buchenbach: Hammer-Presse
August 1971
16 × 14 cm
Heft
Einfarbig
Z.: WOLINSKI

Die Wombels
Die fröhliche Zeitschrift zur Fernseh-Serie
Bergisch Gladbach: Bastei Verlag
Juni 1977–November 1977
21,5 × 29 cm
Heft
Farbig und einfarbig
Bd. 1–11

Woody Woodpecker
Frankfurt/M.: Condor Verlag
1977–März 1981
13,5 × 18,5 cm
Taschenbuch
Farbig
Bd. 1–21
Inhalt:
Woody Woodpecker
Andy Panda & Hansi Hahn
Bodo Bussard & Wally Walross
Bongo und Bingo Bär
Chilly Willy
Hugo Hase und Karlchen Kroko
Inspektor Willoughby
Supermaus
Sam und Shampus
Homer Taube
Hippie Haubentaucher
Die Bärenfamilie
Hasenfuss, das Pferd
Oskar die Supermaus: Bd. 11–21
Heckel und Jeckel

Woody Woodpecker
Neue lustige Comic-Abenteuer von Woody und seinen Freunden
Frankfurt/M.: Condor Verlag
November 1977–November 1979
21 × 29,4 cm
Broschüre, Farbig
Bd. 1–3
Inhalt:
Woody Woodpecker
Oskar ist die Supermaus
Andy Panda und Hansi Hahn
Inspektor Willoughby

Worte Worte
Stuttgart: Radius-Verlag
1975
19,3 × 19,3 cm
Broschüre, Einfarbig
Z.: FUCHS

Wo soll das alles enden
Berlin: Rotbuch Verlag
1978
13,1 × 19,9 cm
Taschenbuch, Rotbuch 189
Einfarbig
Z.: SEYFRIED
Bemerkungen:
Mehrere Auflagen.

Das Wunder der Kürbisse
Peking (China): Vlg. für fremdsprachige Literatur

1980
12,9 × 16,5 cm
Heft
Farbig
Z./T.: MA

Wundergirl
Superman präsentiert:
Stuttgart:
Ehapa Verlag
Juni 1976–September 1983
17,5 × 26 cm
Heft
Farbig
Bd. 1–47
1980: Bd. 1–13
1981: Bd. 1–13
1982: Bd. 1–13
1983: Bd. 1–10

Inhalt:
Wundergirl: alle Hefte
Blitz-Schwalbe: Bd. 8
Elastoman: Bd. 8–9, 6/80
Falke: Bd. 9
Batman: Bd. 10, 29
Lois Lane: Bd. 10, 1/80, 10/81, 3/82–4/82, 7/82, 10/83
Superman: Bd. 12–13, 17, 47, 6/80, 8/80, 9/81, 13/81
Jimmy Olsen: Bd. 14, 29
Legion der Superhelden: Bd. 14
Superbaby: Bd. 15
Krypto: Bd. 15
Gerechtigkeitsliga: Bd. 19
Grüne Leuchte: Bd. 21–22, 34
Clark Kent: Bd. 22
Supergirl: Bd. 23–28, 41–43, 47, 9/80–10/80, 12/80, 2/81, 7/81, 13/81–1/82, 2/83
Grüner Pfeil: Bd. 30
Speedy: Bd. 30
Aus dem Geschichtsbuch der Amazonen: Bd. 34–35
Atom: Bd. 37
Aquaman: Bd. 38
Superboy: Bd. 40
Liga für den Frieden: Bd. 2/80–5/80, 7/80, 13/80
Feuersturm: Bd. 1/81
Huntress: Bd. 3/81–9/81, 11/81–12/81, 5/82, 12/82–1/83, 8/83–9/83
Robin: Bd. 5/82
Shazam: Bd. 8/82
Zatanna: Bd. 3/83–4/83
Z. u. T.:
ABEL: Bd. 27–28, 31–33, 36, 39, 44, 47, 2/82
ADAMS: Bd. 28
ADKINS: Bd. 38
ANDRU: Bd. 11, 13, 39, 5/83
APARO: Bd. 10, 29
AUSTIN: Bd. 8
BARR: Bd. 8, 6/80
BARRETO: Bd. 6/80
BATES: Bd. 2, 7, 13–14, 16–17, 4/82
BERUBE: Bd. 21, 23–25
BINDER: Bd. 7/81
BINGHAM: Bd. 30
BLAISDELL: Bd. 1–2, 6, 12, 15, 17, 22
BRENNERT: Bd. 18
BRIDWELL: Bd. 9, 15, 6/80, 8/80, 9/81, 8/82
BROWN: Bd. 18
BUCKLER: Bd. 5/83–6/83
BURKETT: Bd. 34, 11/80
CALNAN: Bd. 15, 8/80
CARLO: Bd. 13/82
CAVALIERI: Bd. 8/83–9/83
CHIARAMONTE: Bd. 30, 41, 8/80
COLAN: Bd. 5/82–5/83, 7/83–10/83
COLLETTA: Bd. 3, 5, 7–9, 11–18, 20–25, 32–33, 35, 39, 43–46, 1/80–3/80, 5/80–6/80, 8/80–12/80, 2/81, 8/81–10/81, 3/82–4/82, 2/83, 10/83
CONWAY: Bd. 12, 20–27, 30–32, 37, 41–43, 45–46, 1/80–7/81, 9/81–3/

82, 6/82, 3/83, 10/83
COSTANZA: Bd. 13/80, 3/81, 6/81–7/81, 9/81–12/81, 4/82–5/82, 8/82–9/82, 13/82, 3/83–5/83, 7/83
D'ANGELO: Bd. 32–33, 36, 38, 40–42, 46–47, 10/80–11/80, 1/81–3/81, 10/81
DELBO: Bd. 6, 8, 12, 14–17, 21–26, 28, 30–36, 38–46, 2/80–7/81, 10/81–3/82
DILLIN: Bd. 19, 22, 8/81
DUURSEMA: Bd. 5/83–6/83
EDELMAN: Bd. 43
ENGLEHART: Bd. 19
ESPOSITO: Bd. 11, 13
ESTRADA: Bd. 31, 4/80, 8/80
FALCO: Bd. 29, 40
FELIX: Bd. 9/83
GAFFORD: Bd. 23, 4/82, 6/82–5/83, 7/83–10/83
GARCIA-LOPEZ: Bd. 8–9
GIACOIA: Bd. 28, 33
GIELLA: Bd. 15, 26–28, 31, 34–36, 38, 40, 42, 46–47, 6/80–7/80, 5/81, 9/81
GIFFEN: Bd. 5/83
GIORDANO: Bd. 4, 9, 27, 5/83–6/83
GOLDSTEIN: Bd. 32
GRELL: Bd. 8, 22
HANEY: Bd. 10, 29
HARRIS: Bd. 23–28, 30–36, 38–42, 44, 47, 9/80–10/80, 12/80, 2/81, 2/82
HECK: Bd. 16, 20, 26, 47, 4/82
HUNT: Bd. 4/80–5/80, 13/80–4/81, 6/81–7/81, 10/81–3/82
JONES: Bd. 37, 41–43
KANIGHER: Bd. 11, 13, 10/81, 3/82
KARISHA: Bd. 39–40, 2/82
KLEIN, DOUG: Bd. 6/80
KLEIN, TODD: Bd. 47, 8/80, 4/81–5/81, 7/81, 3/82, 5/82
KUBERT: Bd. 2/83, 4/83
KUPPERBERG: Bd. 38, 46, 8/82, 2/83, 4/83
LAYTON: Bd. 30, 13/80
LEFERMAN: Bd. 30, 33–34, 41, 46, 1/80–2/80, 5/80–6/80, 8/80, 9/81, 10/83
LEROSE: Bd. 22, 7/81
LEVITZ: Bd. 14, 43–46, 2/80–5/80, 7/80, 13/80, 3/81–12/81, 5/82, 9/82–13/82, 8/83
MAGGIN: Bd. 3, 12, 8/81
MAHLSTEDT: Bd. 5/83
MANDRAKE: Bd. 5/83–6/83
MARTIN: Bd. 30
McLAUGHLIN: Bd. 8, 19, 45, 9/82–5/83, 7/83–10/83
McMILLAN: Bd. 27
MISHKIN: Bd. 13/82–5/83, 7/83–10/83
MITCHELL: Bd. 3/81–9/81, 11/81–12/81, 8/82
MOONEY: Bd. 13/81
MORSE: Bd. 25
MORTIMER: Bd. 9/80–10/80, 12/80, 2/81, 2/82
NASSER: Bd. 14
NEWTON: Bd. 38, 8/82
NOVICK: Bd. 2
ODA: Bd. 24–25, 33–35, 37–38, 42–47, 2/80–4/80, 6/80–7/80, 9/80–11/80, 13/80–5/81, 8/81, 11/81–1/82, 6/82–8/82, 10/82–1/83, 8/83–10/83
OKSNER: Bd. 1/80, 3/82, 10/83
O'NEIL: Bd. 21–22
ORDWAY: Bd. 8/83
PASKO: Bd. 4–6, 8–9, 11, 14–18, 47
PATTERSON: Bd. 12/82
PEREZ: Bd. 1/81
PLASTINO: Bd. 7/81
POLLARD: Bd. 5/83–6/83
ROBINS: Bd. 27, 29–30, 32
ROSENBERGER: Bd. 3, 7, 13
ROTH: Bd. 10/81, 4/82
ROY: Bd. 27–28, 34, 38–39, 2/80–9/

80
ROZAKIS, BOB: Bd. 8–9
ROZAKIS, LAURIE: Bd. 8
RUBINSTEIN: Bd. 25
SCHAFFENBERGER: Bd. 6, 14, 16, 29, 6/80, 8/80, 9/81
SEN: Bd. 29, 31, 33–35
SERPE: Bd. 18, 20, 25–26, 29–30, 37, 39–47, 1/80–7/81, 9/81, 11/81–3/82
SIEGEL: Bd. 13/81
SIMEK: Bd. 28, 31, 34
SMITH, BOB: Bd. 26, 11/80, 5/82, 3/83
SMITH, ELISABETH: Bd. 22
SNAPINN: Bd. 25–28, 31–32, 35–36, 38, 40–41, 44, 1/80, 5/80, 7/80–8/80, 12/80, 2/81, 6/81, 9/81, 2/82, 2/83–3/83
SPIEGLE: Bd. 4/83
STATON: Bd. 21, 27, 34, 40, 45, 47, 2/80–5/80, 7/80, 13/80, 4/81–9/81, 11/81–12/81, 5/82, 12/82–13/82, 8/83–9/83
STEVENS: Bd. 42–43
SWAN: Bd. 1, 5, 9, 11–12, 17
TANGHAL: Bd. 37, 41–43, 1/81, 4/82–8/82
THOMAS, DANETTE: Bd. 5/83
THOMAS, ROY: Bd. 5/82–1/83, 5/83
TOLLIN: Bd. 19, 13/80, 13/82, 9/83
TOOMEY: Bd. 15, 34–35
WALDINGER: Bd. 22–24
WEIN: Bd. 1
WEISS: Bd. 25
WHITMAN: Bd. 34–35
WIACEK: Bd. 14
WOLFMAN: Bd. 4/82, 12/82
WOOD, KARIN: Bd. 36
WOOD, WALLACE: Bd. 11/80
ZIUKO: Bd. 4/83

Wurzel
München: Wilhelm Goldmann Verlag
1976
11,6 × 18 cm
Taschenbuch
Einfarbig
Bd. (1–3)
Z.: GRAHAM
3420: Wurzel
3432: Wurzel's neueste Abenteuer
3449: Wurzel der Lebenskünstler

X

X-Männer
Siehe: ***Hit Comics***

X-Menschen
Siehe: ***Hit Comics***

Y

Yabu
Bd. 1, 4–9: ***Yabu'***
Sonthofen: Western Verlag (Auslieferung: Semrau), ab Bd. 4: Hamburg: Alfons Semrau Verlag (Western Verlag), ab Bd. 40: Hamburg: Alfons Semrau Verlag
Februar 1955–Juli 1957
16,5 × 23 cm, ab Bd. 7:
16,5 × 24 cm, ab Bd. 43:
15,5 × 23 cm
Heft
Einfarbig, ab Bd. 7: zweifarbig, ab Bd. 9: einfarbig
Bd. 1–37, 39–64
Bemerkungen:
Bd. 38 nicht erschienen, dafür Bd. 4, 6, 8 und 11 mit Aufkleber Bd. 38 erschienen.
Inhalt:
Yabu (Z.: BONATO): Bd. 1–37, 39–43
Ritter Tüpfel: Bd. 2
Onkel Windy: Bd. 3
Neues vom Hexer (T.: WALLACE): Bd. 7–10 (Nachdruck von Kriminal Bild Roman Bd. 8)
Die kleine Betty: Bd. 8
Prinz Eisenherz-Filmbilder-Comic: Bd. 9
Mac Keron (Z.: TERY): Bd. 11, 22, 42
Cherry Bim (Z.: WOLVERTON): Bd. 14, 52
Baffos (Z.: REBUFFI): Bd. 15
Tim (Z.: MANBERTO): Bd. 16, 18, 20, 37
Farmerlatein: Bd. 17
Abenteuer des kleinen Elch (Z.: TERY UND TERENGHI): Bd. 41, 44
Milly Moo. Bd. 19
Teddy-Bär der Reporter und Detektiv Spürnase: Bd. 21 (Nachdruck aus Die gelben Hefte)
Der kleine Peter: Bd. 23
Buck und Bunny: Bd. 23
Oberst Walross: Bd. 23
Pitt und Pott: Bd. 24
Conny: Bd. 25, 27, 28, 30–33, 40
Jim (d. i. Tim) (Z.: MANBERTO): Bd. 29
Sloopy: Bd. 29, 53
Freddy Freyman: Bd. 30, 57 (Nachdruck von der selben Serie Bd. 30)
Baldur: Bd. 34
Buffalo Brill (Z.: PEREGO): Bd. 35, 43
Bingo Bongos: Bd. 26, 36
Marcello: Bd. 39
Jack Pudding: Bd. 41–43, 48, 50
Muli das Maultier (Z.: MAIN): Bd. 43, 44
Jimmy Silverton (Z.: CHIOMENTI): Bd. 44
Arizona (Leutnant Frawell): Bd. 45
Jonny Green (Z.: CHIOMENTI): Bd. 46
Billy Rok (Z.: BONATO): Bd. 46
Drei W (Z.: PFLEONE): Bd. 47
John Devis: Bd. 48
Joe Fox: Bd. 49
Der Einzelgänger (Z.: CHIOMENTI): Bd. 50
Tex Ritter (Z.: CAMPBELL): Bd. 51–54
Charly Dickens: Bd. 51, 53
Kinnhaken Harry: Bd. 52
Lippy und Lappy: Bd. 52
Scheriff San: Bd. 53
Harry und Freddy: Bd. 53
Steve Larrabee: Bd. 54
Bill Elliot: Bd. 54, 57
Jonny Mc Brown: Bd. 55
Tonto (Z.: GIOLITTI): Bd. 56, 61
Charly Ricker: Bd. 57
Der einsame Ranger (d. i. Lone Ranger): Bd. 58–60

Rex Allan: Bd. 61
Roy Rogers: Bd. 62–64
Charly erzählt: Bd. 63

Yakari
Reinbek: Carlsen Verlag
1978–Serie erscheint noch
22 × 29,5 cm
Broschüre
Farbig
Bd. 1–9 . . .
Z.: DERIB
T.: JOB

Yogi Bär
Bd. 1–7: Familie Feuerstein, Hucky, die Jetsons & Co
Bd. 8–13: mit Bubu, Familie Feuerstein, Hucky & Co.
Bd. 14–18: mit Familie Feuerstein, Hucky & Co.
Frankfurt/M.: Condor Verlag
August 1976–März 1978
18,2 × 26,4 cm
Heft
Farbig
Bd. 1–18
Bemerkungen:
*Fortgesetzt unter dem Titel **Familie Feuerstein.***
Inhalt:
Familie Feuerstein
Yogi Bär
Die Jetsons
Hucky
Schnorchi
Wolfi
Ohne Titel (Z.: HEINZ)

Young Love
. . . das ist junge Liebe
Stuttgart: Ehapa Verlag
Juni 1975–1977
Bd. 1: 19 × 28 cm,
Bd. 2–4: 13 × 18,8 cm
Bd. 1: Broschüre
Bd. 2–4: Taschenbuch
Farbig
Bd. 1–4

Yps
mit Gimmick
München: Verlag Gruner + Jahr
Juni 1975, Oktober 1975 – Serie erscheint noch
19,5 × 26,7 cm, ab Bd. 290: 17,9 × 25 cm
Heft
Farbig und einfarbig
Bd. 17–21, 1–475 . . .
Bemerkungen:
*Im Juni 1975 erschienen die Bände 17–21 als Testausgaben. Ein großer Teil des Materials daraus wurde in den ersten Nummern der eigentlichen Serie wieder verwendet. Die Gimmicks lagen in einigen Bänden in verschiedenen Versionen bei. Folgende Bände erschienen als Doppelnummern: Bd. 274/275, 324/325 und 376/377. »Hector« aus Bd. 17–21, 5. Seite, wurde als Broschüre nachgedruckt, siehe **Hector der Held von Aragon***
Inhalt:
Gulliver (Z.: RAMOS/T.: GRIS): Bd. 17–21
Yps (Z./T.: GERBER, REMENYIK UND LITRIC). Bd. 1–475
Yinni + Yan (Z./T.: KÖRNER, SCHMIDMAIER, HOCHE UND FORSTER): Bd. 1–475
Der Ritter und der Drache (Z.: CARNEVALI): Bd. 1–22, 63–67, 69–72, 74
Die Abenteuer von Blacky Beauty (Fotocomic): Bd. 17–21 (Nachruck in Bd. 1–5), 1–32
Prosper (Z.: SLOEG): Bd. 1–4, 6–21, 25–26, 28, 48

Robin Ausdemwald (Z./T.: TURK/DEGROOT): Bd. 17–21 (Nachdruck in Bd. 1–5), 1–77, 79–136, 138–143, 146, 148–150, 152, 154–155, 163, 169–172, 174, 176, 178, 184, 187, 196, 200–201, 207–208, 216, 225, 227–252, 254–256, 258, 269, 271–283, 285–291, 293, 295, 298, 301–311, 313–314, 316–317, 323–325, 327–328, 331–332, 340, 343–344, 346, 357–358, 363, 367, 380, 385, 394, 397, 402, 420, 427, 438, 440, 457, 459–461, 463–466, 468, 470, 475

Die Herrscher des Donners (Die Indianer: Z.: KRESSE): Bd. 17–21 (Nachdruck in Bd. 1–5), 1–7

Hector (Z.: FUENTE/T.: SESÉN): Bd. 17–21 (Nachdruck in Bd. 1–11, 1. Seite), 1–27

Die Erben des Windes (Die Indianer: Z.: KRESSE): Bd. 8–14

Ohne Titel (Z.: HACHEL): ab Bd. 2 (nicht in allen)

Ohne Titel (Z.: BORT): ab Bd. 7 (nicht in allen)

Die Gefährten des Bösen (Die Indianer: Z.: KRESSE): Bd. 15–21

Rätsel-Krimi (Z.: GIRGL/DIETL/CIOU): ab Bd. 18

Der Ruf der Coyoten (Die Indianer: Z.: KRESSE): Bd. 22–28

Im Lande Löwenzahn (Z.: BOLLEN): Bd. 23–62

Die Pfeile der Rache (Die Indianer: Z.: KRESSE): Bd. 29–35

Aladin und die Wunderlampe (Z.: FUENTE): Bd. 28–36

Der Kampf um das schwarze Gold (Z.: SALMERON/STUDIO A.L.I.): Bd. 33–56

Sheriff Dooley (Z.: R.R.): ab Bd. 34

Buddy Longway (Z.: DERIB): Bd. 36–63

Die Reise zum Mittelpunkt der Erde (Z.: FUENTE): Bd. 37–45

Schwyps & Gryps (Z.: FORSTER): Bd. 41–87

Baron Münchhausen (Z.: FUENTE): Bd. 46–54

Fotocomic: Bd. 49

Mammut (Z.: R.R.): Bd. 54–87

Tom Sawyer (Z.: FUENTE): Bd. 55–63

Die Abenteuer des Herlock Sholmes: Bd. 57–67

Die gute Tat des Monats (Z.: ROSADO): Bd. 63

Ragnar der Wikinger (Z.: COELHO/T.: OLLIVIER): Bd. 64–92, 94, 100–101, 107–108, 115–116, 123–124, 131–132, 140–141, 148–149

Davy Crockett (Z.: KLINE/COELHO/T.: OLLIVIER): Bd. 68–93, 96, 103–104, 111–112, 119, 126, 129, 137–138, 143–144, 150–151, 157, 161, 166, 172, 177, 182–183

Pif (Z.: NADAUD/CANCE/ARNAL): Bd. 75–475

Ohne Titel (Z.: TABER): ab Bd. 77

Brauner Bär (Werbecomic: Z.: KAIP): Bd. 79, 81, 83

Yps-Zoo (Z.: LEOGETT): ab Bd. 81

Archibald, der Wolf (Z.: VERHEYE): Bd. 88–119

Wangaroo das Dschungelkind (Z.: ARRANZ/T.: LECUREUX): Bd. 93–95, 98, 103, 106, 108, 110, 114, 117, 120, 125, 128, 131, 137, 146, 153, 158, 162, 168, 172, 177, 182, 189, 198, 206, 212, 218, 224, 231, 238, 245, 258, 265, 271, 278, 284, 290, 296, 302, 308

Captain York (Z.: MARCELLO/T.: LECUREUX): Bd. 95–97, 99, 104, 106, 109, 111, 116, 119, 122, 128, 135, 138, 142, 149, 155, 160, 164, 170, 175, 180, 186, 195, 204, 211, 217, 223, 230, 237, 244, 251, 256, 263, 269, 276, 282, 288, 294, 300, 306

Knappe Kuno: ab Bd. 96

Gerfried (Z.: COELHO/T.: OLLIVIER): Bd. 97–99, 102, 105, 109, 113, 117, 120, 127, 130, 135, 139, 145, 153, 158, 163, 169, 174, 180, 188, 197, 221, 228, 235, 242, 249, 254, 261, 267, 273, 280, 286, 292, 298, 304, 310, 314, 318, 322

Peter Horn (Z.: KLINE/T.: OLLIVIER): Bd. 100–102, 105, 107, 110, 115, 118, 121, 127, 133, 142, 148, 154, 160, 164, 171, 176, 181, 191, 200, 207

Berni: ab Bd. 104

Ben's Bande (Z.: MARTI/T.: WIECHMANN): Bd. 112–114, 118, 121, 124, 129, 134, 139, 144, 150, 154, 159, 163, 169, 174, 178, 183, 190, 199, 205, 213, 219, 225, 232, 239, 246, 251, 255, 260, 266, 272, 279, 285, 291, 297, 303, 309, 313, 317, 321, 327, 331

Mister Melone (Z.: ADOLFO/T.: WIECHMANN): Bd. 122–123, 125–126, 130, 136, 141, 147, 152, 156, 161, 168, 171, 176, 181, 185, 194, 203, 210, 216, 222, 229, 236, 243, 250, 253, 259, 264, 270, 277, 283, 289, 295, 301, 307, 312, 316, 320, 326, 328, 330, 334, 338, 342, 346, 350, 354, 357, 359

Piffi (Z.: MAS): Bd. 131, 151–154, 158–160, 163–181, 183–185, 187–188, 191–198, 200–206, 209–210, 217, 219–230, 232–264, 266–333, 335, 338–340, 343–345, 347, 349 355, 357–363, 365–367, 369–370, 374–386, 388, 391, 394, 396–397, 399, 402–406, 409–411, 414–415, 419–420, 423–436, 438–441, 443–448, 451–453, 455–461, 463–466, 468, 470–472, 474–475

Thomas, der Trommler (Z.: GUAL/SAROMPAS/KLINE/T.: WIECHMANN/OLLIVIER): Bd. 132–134, 136, 140, 143, 151, 156–157, 162, 167, 173, 179, 187, 196

Üps-Humor (Z.: U. A. TIPPIT/HIN): ab Bd. 138

Hombre (Z.: MENDEZ/T.: WIECHMANN): Bd. 145–147, 152, 155, 159, 165, 173, 178, 184, 193, 202, 209, 215, 226, 233, 240, 247, 252

Willi Wendig (Werbecomic): Bd. 157, 159

Gespenster GmbH (Z.: ROJAS/JOSIP/T.: COMICON/WIECHMANN): Bd. 165–167, 170, 175, 179, 184, 192, 201, 208, 214, 220, 227, 234, 241, 248, 252–253, 257, 262, 268, 274–275, 281, 287, 293, 299, 305, 311, 315, 319, 324–325, 329, 333, 336, 340, 344, 348, 352, 356, 358, 360–380, 450–455, 463–469, 473–475

Daniel der Drache (Z.: HOPPE): ab Bd. 180

Otto der Ausbrecher (Z.: HOPPE): ab Bd. 180

Lucky Luke (Z.: MORRIS/T.: GOSCINNY): Bd. 185–190, 197–202, 209–214, 221–226, 233–238, 245–250, 260–265, 272–278, 285–291, 299–305, 321–328, 336–342, 350–356, 396–403, 418–425, 442–449, 465–472

Asterix (Z.: UDERZO/T.: GOSCINNY): Bd. 191–196, 203–208, 215–220, 227–232, 239–244, 254–259, 266–271, 314–320, 329–335, 343–349, 381–387, 404–411, 434–441, 458–464

Herkules: Bd. 230, 232, 236, 239, 241–255, 264, 269–270, 272–276, 279, 282, 285–289, 314

Percy Pickwick (Z./T.: TURK/DEGROOT): Bd. 279–284, 292–298, 306–313, 388–395, 412–417, 426–433, 450–457, 470–475

Im Tal der Tiere (Z./T.: GEELEN/TOONDER STUDIOS): Bd. 279–289, 291, 297, 304–307, 314

Hubert & Muzo (Z.: NICOLAOU): Bd.

323, 328, 332, 335, 339, 343, 347, 351, 355, 358, 360, 361–385
Alix die Piraten-Tochter: Bd. 337, 341, 345, 349, 353, 357, 359
Mix vom Mars
Professor Ypsus
Lisa, die Kuh mit Herz (Z.: ENGHOLM)
Arthur das Gespenst (Z.: CEZARD): Bd. 386–421, 429–432, 440–442
Gries, Gram + Grimm: Bd. 400–417
Jimmy das Gummipferd (Z./T.: COMICON): Bd. 421–428, 433–439, 443–449, 456–462

Yps Pif Pocket
München: Verlag Gruner + Jahr
1980–März 1982
12,6 × 12,1 cm
Taschenbuch
Einfarbig
Bd. 1–16
Bemerkungen:
Bd. 1 als Gimmick zu Yps 239, Bd. 6 zu Yps 298. Test ab Mai 1980 mit Bd. 2–5.
Inhalt:
Pif und Herkules

Yps präsentiert: Comic-Band Nr. 1
Siehe: ***Hector der Held von Aragon***

Yum Yum
Frankfurt/M.: Zweitausendeins
1975
14,5 × 20,5 cm
Buch
Farbig
Z./T.: CRUMB

Z

Zack
Siehe: ***Koz-Komix***

Zack
Bd. 51/52/74, 6/75, 15/75–16/75, 1/76–13/76: ***Super Zack***
Bd. 17/72–23/74, 24/74–40/74: Jede Woche·Spaß·Spannung·Abenteuer
Bd. 41/74–50/74, 1/75–5/75, 7/75–14/75, 17/75–26/75: Spaß Spannung Abenteuer
Bd. 14/76–15/79, 17/79–25/79, 1/80–3/80, 5/80: Die großen Abenteuer unserer Zeit
Bd. 11/80–14/80, 17/80–32/80: Das große europäische Comic-Magazin
Berlin–Hamburg: Koralle Verlag
April 1972–Juli 1980
21 × 28,5 cm, ab Bd. 14/76: 21,2 × 28 cm
Heft
Farbig, sehr wenig einfarbig und zweifarbig
1972: Bd. 17–53
1973: Bd. 1–52
1974: Bd. 1–40, 41/42, 43/44, 45/46, 47/48, 49/50, 51/52
1975: Bd. 1–24, 25/26
1976: Bd. 1–26
1977: Bd. 1–26
1978: Bd. 1–26
1979: Bd. 1–26

1980: Bd. 1–5, 11–32
Inhalt:
Abu Simpel (Z./T.: LACOSTE): Bd. 22/80, 26/80–27/80, 29/80, 31/80
Andrax (Z.: BERNET/T.: WIECHMANN): Bd. 6/76
Andy Morgan (Z.: HERMANN/T.: GREG): Bd. 17/72–18/72, 23/72–24/72, 31/72–36/72, 46/72–51/72, 53/72, 13/73–16/73, 8/74–13/74, 29/74, 47/74–52/74, 7/76, 14/76–15/76, 23/77–26/77, 11/78–15/78
Balthazar (Z.: MOOR): Bd. 24/72–25/72
Barracuda (Z./T.: WEINBERG): Bd. 25/73–30/73, 33/73–39/73, 13/75–17/75, 24/76–26/76, 3/77, 6/77, 11/77, 13/77, 15/77
Belvedere (Z.: GRENSHAW):Bd. 1/75–5/75, 7/75–26/75, 3/76, 13/76–14/76, 16/76–18/76, 1/77–7/78, 10/78–11/78, 13/78, 17/78, 19/78–24/78, 26/78, 2/79–5/79, 7/79–14/79, 16/79–18/79, 20/79–1/80, 3/80–5/80, 23/80, 25/80–27/80, 29/80–32/80
Benjamin (Z.: HACHEL): Bd. 23/72
Big Joe (Z./T.: MALIK): Bd. 22/80, 24/80, 27/80, 31/80
Bob Morane (Z.: VANCE/T.: VERNES): Bd. 26/76–3/77, 12/77–15/77
Bomm Giovanni (Z.: BERTRAND): Bd. 1/76, 3/76, 5/76, 10/76
Boogie & Woogie (Z./T.: VICQ/GUILMARD): Bd. 17/72, 22/72, 25/72, 27/72, 31/72, 38/72, 9/73, 1/76, 3/76, 5/76, 7/76, 23/76, 26/76, 5/77
Bruno Brazil (Z.: VANCE/T.: ALBERT): Bd. 39/72–45/72, 2/73–7/73, 19/73–25/73, 51/73–4/74, 14/74–21/74, 35/74–37/74, 3/76, 6/76, 25/76, 1/77, 6/77, 8/77, 16/77, 22/77, 6/78–10/78
Caine, Meister des Kung-Fu (auch Kung-Fu) (Z.: ASBURY): Bd. 22/75–5/76
Capitan Terror (Z.: GUAL/T.: WIECHMANN): Bd. 8/76, 10/76–11/76
Colonel Clifton (Z./T.: MACHEROT/TURK/DEGROOT/GREG): Bd. 5/74–14/74
Comanche (auch Red Dust) (Z.: HERMANN/T.: GREG): Bd. 24/72–26/72, 33/72–35/72, 42/72—45/72, 44/73–45/73, 47/73, 49/73–50/73, 1/74, 1/76, 11/76, 26/77–4/78
Corto Maltese (Z./T.: PRATT): Bd. 4/74–20/74
Cubitus (Z./T.: DUPA): Bd. 10/73–18/73, 20/73–22/73, 27/73–31/73, 39/73, 50/73, 22/74, 25/74–28/74, 35/74–36/74, 39/74, 15/75–16/75, 22/75, 24/75–26/75, 1/76–10/76, 13/76–18/76, 21/76–24/76, 26/76–1/79
Dan Cooper (Z./T.: WEINBERG): Bd. 4/73–9/73, 24/73–37/73, 51/73–5/74, 15/74–18/74, 30/74–32/74, 34/74, 6/75–21/75, 12/76–15/76, 18/76–24/76, 1/77, 5/77, 12/77, 16/77–15/78, 22/78–5/79, 15/79–17/79, 20/79, 23/79, 3/80, 11/80, 19/80, 24/80–32/80
Dany Futuro (Z.: GIMÉNEZ/T.: MORA): Bd. 22/72–23/72, 25/72, 33/72–36/72, 1/74–3/74,
David Walker (Z./T.: HERMANN): Bd. 20/78–24/78, 24/79–2/80
Enterprise: Bd. 43/72–9/73, 46/73–48/73, 51/52/74, 10/76, 12/76–19/76, 25/76
Gentlemen GmbH (Z.: TACCONI/T.: CASTELLI): Bd. 51/73–52/73, 3/74, 6/74–7/74, 17/74–18/74, 51/52/74, 6/75–7/75, 10/75–11/75, 6/76, 16/76, 21/76–22/76, 24/76, 1/77, 7/77–8/77, 20/77–21/77, 23/77, 1/78, 4/78, 8/78, 11/78, 17/78, 20/78, 23/78, 26/78, 3/79, 8/79–14/79, 18/79, 21/79–22/79, 1/80, 11/80–

12/80, 14/80, 18/80, 22/80, 27/80–28/80, 32/80
Häuptling Feuerauge (Z./T.: BESS): Bd. 10/74–18/74, 21/74–25/74, 30/74, 33/74, 36/74–38/74, 43/74–50/74, 1/75–2/75, 2/76–3/76, 10/76, 13/76–19/76, 21/76, 23/76–1/77, 3/77–26/77, 8/77–13/77, 15/77–17/77, 22/77, 1/78, 3/78, 6/78, 9/78, 11/78, 13/78–15/78, 17/78, 19/78, 21/78–23/78, 3/79–9/79, 11/79–14/79, 16/79, 18/79–21/80, 23/80, 25/80–27/80, 29/80–30/80
Hill-Billy (Z.: RYAN): Bd. 10/75–24/75, 13/76–17/76, 19/76–21/76, 25/76
Hondo (Z.: VANCE/T.: ACAR): Bd. 45/74–1/75
Howard Flynn (Z.: VANCE/T.: DUVAL): Bd. 23/72–25/72, 38/72–42/72
Johnny Focus (Z./T.: MICHELUZZI) Bd. 28/80–32/80
Jugurtha (Z.: HERMANN/T.: LAYMILIE): Bd. 26/72, 30/72–31/72, 38/72, 4/77–5/77, 7/77, 9/77–10/77, 14/77
Julie Wood (Z./T.: GRATON): Bd. 13/77–21/77, 1/78–5/78, 16/78–21/78, 2/79–7/79, 14/79–15/79, 20/79–23/79
Kai Falke (Z.: REDING/T.: HUGUES): Bd. 24/74–28/74, 10/79–15/79, 22/79–26/79, 23/80–31/80
Kalle (Z./T.: SEGURA): Bd. 28/73, 31/73, 35/73, 37/73, 41/73, 44/73, 50/73, 2/74
Karlemann & Co (Z.: CLOD/T.: GAROFALO): Bd. 29/80–30/80
Kasimir (Z.: BERCKMANS/T.: GOSCINNY/ACAR/DUVAL): Bd. 34/72–37/72, 25/73–34/73, 26/74–27/74, 6/76, 10/76
Kevin Keegan (Z./T.: AMADOR): Bd. 11/80–27/80
Kommissar Spada (Z.: LUCA/T.: GONANO): Bd. 41/73–45/73, 48/73–50/73, 13/74–16/74
Kung-Fu, siehe Caine – Meister des Kung-Fu
Leutnant Blueberry (Z.: GIRAUD/T.: CHARLIER): Bd. 19/72–23/72, 28/72–32/72, 36/72–41/72, 46/72–52/72, 2/73–7/73, 16/73–43/73, 6/74–12/74, 19/74–25/74, 26/76–4/77, 10/77–11/77, 16/77–22/77, 5/78–16/78, 1/79–7/79, 24/80–27/80
Los Gringos (Z.: FUENTE/T.: CHARLIER): Bd. 12/79–17/79, 15/80–23/80
Lucky Luke (Z.: MORRIS/T.: GOSCINNY): Bd. 44/72–4/73, 16/73–23/73, 35/73–42/73, 51/73–5/74, 15/74–21/74, 28/74, 30/74–31/74, 37/74–40/74, 49/74–3/75, 7/75–26/75, 12/76–4/77, 8/77–11/77, 13/77–16/77, 22/77–4/78, 6/78–10/78
Luc Orient (Z.: PAAPE/T.: GREG): Bd. 17/72–21/72, 27/72–32/72, 37/72–42/72, 10/73–22/73, 27/74–28/74, 30/74, 41/74–46/74, 4/75–8/75, 20/76–22/76, 17/78–21/78, 24/78–2/79
Magnus der Magier (Z.: PARKER/T.: HART): Bd. 13/79–16/79, 18/79–25/79, 1/80–3/80
Manila (Z.: ROMERO/T.: WIECHMANN): Bd. 2/76, 4/76, 8/76
Max (Z.: BARA): Bd. 17/72–20/72, 26/72, 40/72, 11/73–12/73, 1/78–5/79, 7/79–1/80, 3/80–5/80
Michel Vaillant (Z./T.: GRATON): Bd. 17/72–21/72, 26/72–30/72, 32/72–37/72, 44/72–49/72, 52/72–8/73, 10/73–15/73, 17/73–23/73, 26/73–32/73, 38/73–47/73, 49/73–5/74, 11/74–14/74, 22/74–23/74, 33/74, 35/74–37/74, 51/74–5/75, 9/75–13/75, 22/75–24/75, 9/76, 16/76–17/76, 21/76–22/76, 2/77–5/77, 22/77–26/77, 6/78–15/78, 22/78–1/79,

8/79–13/79, 2/80–5/80, 13/80–22/80, 32/80
Mick Tangy (Z.: UDERZO/JIJÉ/T.: CHARLIER): Bd. 19/72–23/72, 25/72–29/72, 33/72–45/72, 48/72–1/73, 12/73–24/73, 40/73–50/73, 7/77–11/77, 16/78–21/78, 24/79–26/79, 2/80, 4/80–5/80
Mike Merlin (Z.: BAGNOLI/T.: CASTELLI): Bd. 32/80
Mondbasis Alpha (Z.: CARDONA/T.: FARINAS): Bd. 20/77–21/77, 23/77–26/77, 2/78–3/78, 6/78–7/78, 9/78–10/78, 12/78–16/78
Pancho Bomba (Z.: GUILMARD/MIKE/T.: VICQ/HUBUC): Bd. 21/72, 24/72, 26/72, 32/72, 11/73–15/73
Papyrus & Co (Z./T.: L. UND F. ORIGONE): Bd. 5/79–9/79, 12/79, 14/79, 18/79
Pascha (Z.: HULET/T.: BLAREAU): Bd. 1/77, 3/77, 5/77–7/77, 9/77–11/77, 16/77
Peter O'Pencil (Z.: CAVAZZANO/T.: QUASIMODO/CORTEGGIANI): Bd. 16/79–22/79, 24/79, 4/80–5/80, 11/80, 13/80, 15/80, 17/80, 19/80, 21/80, 23/80, 26/80, 28/80, 30/80
Pharao (Z.: HULET/T.: DUCHATEAU): Bd. 21/80, 23/80, 26/80, 29/80
Pittje Pit (Z.: RYSSACK/T.: BROENLAND/ALEXANDER): Bd. 22/74–25/74, 32/74–33/74, 35/74–36/74, 41/74–48/74, 6/77–7/77, 12/77, 18/77–21/77, 5/78, 15/78–19/78, 2/79–8/79, 15/79, 19/79, 23/79, 25/79–3/80, 12/80, 18/80, 20/80, 25/80, 29/80
Prinz Eisenherz (Z./T.: FOSTER): Bd. 15/75 (Originalfolgen: 899–917), 16/75 (Originalfolgen: 934–955), 18/75 (Originalfolgen: 996–1005), 19/75 (Originalfolgen: 890–896), 20/75 (Originalfolgen: 582–589), 21/75 (Originalfolgen: 1024–1029), 23/75 (Originalfolgen: 989–995), 24/75 (Originalfolgen: 1035–1046), 25/26/75 (Originalfolgen: 956–971, 981–982)
Red Dust, siehe Comanche
Rick Master (Z.: TIBET/T.: DUCHATEAU): Bd. 50/72–3/73, 8/73–12/73, 40/73–46/73, 19/74–21/74, 18/76–19/76, 23/76–25/76, 5/77–8/77, 15/77–19/77, 1/78–5/78, 16/78–19/78, 25/78–3/79
Roland der Ritter (Z./T.: CRAENHALS): Bd. 38/74–44/74, 10/75
Rolf Thomsen (Z.: DENAYER/T.: DUCHATEAU): Bd. 14/75–21/75
Der rote Pirat (Z.: HUBINON/JIJÉ/LORG/T.: CHARLIER): Bd. 6/79–11/79, 26/79–5/80
Samuel Colt (Z./T.: KALENBACH): Bd. 6/75
San Tomato: Bd. 7/76, 9/76
Section R (Z.: REDING): Bd. 18/72, 22/72, 46/72, 1/73
Siegfried der Germane (Z/T.: BARA): Bd. 9/79–14/79
Sigma Gigantic (Z.: CARDONA/T.: MORA): Bd. 4/79–15/79, 18/79–22/79, 3/80–5/80, 12/80–14/80, 16/80, 24/80, 28/80, 31/80
Snuffy Smith/Ede Emsig (Z.: LASSWELL): Bd. 18/75–24/75, 13/76–26/77
Stein-Zeiten (Z./T.: BARA): Bd. 21/77–2/78, 5/78, 7/78–9/78, 11/78–15/78, 17/78–19/78, 21/78, 26/78–13/79, 15/79–17/79, 20/79, 22/79–3/80, 5/80, 12/80–18/80, 20/80–22/80, 24/80, 27/80–28/80, 30/80–32/80
Sunday (Z.: FUENTE/T.: MORA): Bd. 6/75
Sven Janssen (Z.: AIDANS/T.: DUVAL): Bd. 8/73–11/73, 38/74–40/74, 17/76, 23/76
Taka Takata (Z.: AZARA/T.: VICQ):

Bd. 18/72, 20/72, 22/72–23/72, 25/72, 33/72, 37/72, 41/72
Tiger (Z./T.: BLAKE): Bd. 22/79–24/79, 2/80–4/80, 12/80–13/80, 15/80–18/80, 20/80, 25/80, 27/80, 30/80
Timmi Tambour (Z.: BERCKMANS/T.: DUVAL): Bd. 2/76, 4/76, 8/76
Tim und Struppi (Z./T.: HERGÉ): Bd. 46/73–50/73, 2/75–6/75
Tony Stark (Z.: AIDANS/T.: LAVERDURE): Bd. 21/78–25/78, 4/79–9/79, 15/80–23/80
Tunga (Z./T.: AIDANS): Bd. 25/74–26/74, 31/74–33/74, 1/75–5/75, 8/75, 12/75, 15/75–16/75, 20/75, 6/77–9/77, 17/77–19/77
Turi und Tolk (Z.: KALENBACH/T.: ERKA nur 1. Episode, sonst KALENBACH): Bd. 33/73–40/73, 2/77, 4/77, 10/77–14/77, 16/79–21/79, 13/80, 15/80, 20/80, 30/80
Umpah-Pah (Z.: UDERZO/T.: GOSCINNY): Bd. 17/72–20/72, 27/72–30/72, 39/72–43/72, 5/73–10/73, 43/73–48/73
Valerian (Z.: MÉZIÈRES/T.: CHRISTIN): Bd. 23/73–39/73, 5/74–10/74
Yalek (Z.: DENAYER/GÉRON/T.: DUCHATEAU): Bd. 16/79–19/79, 23/79–1/80, 11/80–12/80, 17/80, 25/80

Zack Album

Bd. 4–10: ***Lucky Luke***
Berlin–Hamburg: Koralle Verlag
1973–1977
22 × 28,7 cm
Broschüre und Buch
Farbig
Bd. 4–20
Bemerkungen:
*Bd. 1–3 als **Zack Comic Box** 3, 5 und 7 erschienen. Bd. 6–9 auch als Hardcover erschienen.*
Inhalt:
4–14: Lucky Luke (Z.: MORRIS/T.: GOSCINNY)
15: Luc Orient (Z.: PAAPE/T.: GREG)
16: Luc Orient (Z.: PAAPE/T.: GREG)
17: Rick Master (Z.: TIBET/T.: DUCHATEAU)
18: Umpah-Pah (Z.: UDERZO/T.: GOSCINNY), Nachdruck von Zack Comic Box 2
19: Leutnant Blueberry (Z.: GIRAUD/T.: CHARLIER)
20: Luc Orient (Z.: PAAPE/T.: GREG)

Zack Comic Box

ab Bd. 19: ***Zack Box***
Berlin–Hamburg: Koralle Verlag
1972–1981
22 × 28,7 cm
Broschüre
Farbig
Bd. 1–43
Bemerkungen:
Bd. 30 auch mit Sondercover als Verlagswerbeausgabe erschienen.
Inhalt:
1: Michel Vaillant (Z./T.: GRATON)
2: Umpah-Pah (Z.: UDERZO/T.: GOSCINNY)
3: Lucky Luke (Z.: MORRIS/T.: GOSCINNY)
4: Leutnant Blueberry (Z.: GIRAUD/T.: CHARLIER)
5: Lucky Luke (Z.: MORRIS/T.: GOSCINNY)
6: Andy Morgan (Z.: HERMANN/T.: GREG)
7: Lucky Luke (Z.: MORRIS/T.: GOSCINNY)
8: Enterprise
9: Dan Cooper (Z./T.: WEINBERG)
Comanche (Z.: HERMANN/T.: GREG)
Luc Orient (Z.: PAAPE/T.: GREG)
10: Umpah-Pah (Z.: UDERZO/

T.: GOSCINNY)
11: Bruno Brazil (Z.: VANCE/T.: ALBERT)
12: Mick Tangy (Z.: UDERZO/ T.: CHARLIER)
13: Enterprise
14: Luc Orient (Z.: PAAPE/T.: GREG)
Michel Vaillant (Z./T.: GRATON)
Sven Janssen (Z.: AIDANS/ T.: DUVAL)
15: Häuptling Feuerauge (Z./T.: BESS)
16: Michel Vaillant (Z./T.: GRATON)
17: Mick Tangy (Z.: UDERZO/ T.: CHARLIER)
18: Dan Cooper (Z./T.: WEINBERG)
19: Andy Morgan (Z.: HERMANN/ T.: GREG)
20: Caine der Meister des Kung Fu (Z.: ASBURY)
21: Enterprise
22: Enterprise
23: Capitan Terror (Z.: GUAL/ T.: WIECHMANN)
24: Michel Vaillant (Z./T.: GRATON)
25: Dan Cooper (Z./T.: WEINBERG)
26: Michel Vaillant (Z./T.: GRATON)
27: Mick Tangy (Z.: UDERZO/ T.: CHARLIER)
28: Michel Vaillant (Z./T.: GRATON)
29: Dan Cooper (Z./T.: WEINBERG)
30: Cubitus (Z./T.: DUPA)
31: Mondbasis Alpha (Z.: CARDONA/ T.: FARINAS)
32: Mondbasis Alpha (Z.: CARDONA/ T.: FARINAS)
33: Umpah-Pah (Z.: UDERZO/T.: GOSCINNY), Nachdruck von Bd. 10
34: Gentlemen GmbH (Z.: TACCONI/ T.: CASTELLI)
35: Mick Tangy (Z.: JIJÉ/T.: CHARLIER)
36: Der rote Pirat (Z.: JIJÉ/LORG/ T.: CHARLIER)
37: David Walker (Z./T.: HERMANN)
38: Tony Stark (Z.: AIDANS/ T.: LAVERDURE)
39: David Walker (Z./T.: HERMANN)
40: Leutnant Blueberry (Z.: GIRAUD/ T.: CHARLIER)
41: Umpah-Pah (Z.: UDERZO/T.: GOSCINNY), Nachdruck von Bd. 2
42: Umpah-Pah (Z.: UDERZO/T.: GOSCINNY) Nachdruck von Bd. 10
43: Der rote Pirat (Z.: JIJÉ/LORG/ T.: CHARLIER)

Zack Lach Box
Berlin–Hamburg: Koralle Verlag
1974–Januar 1976
21,6 × 28 cm
Heft
Farbig, Innencover einfarbig
Bd. 1–4
Inhalt:
Sonny (Z.: PERONI/T.: TRIBERTI): Bd. 1–4
Cubitus (Z./T.: DUPA): Bd. 1–2
Jo Tiger (Z./T.: DELINX/GODARD): Bd. 2–3
Pachito Olé (Z.: BOSELLI/T.: BASARI): Bd. 3–4
Kiko's Abenteuer (Z.: GEESINK): Bd. 4

Zack Parade
Bd. 11: ***Zack Lach Parade***
Berlin–Hamburg: Koralle Verlag
Mai 1973–1981
12 × 18,8 cm
Taschenbuch
Farbig, zweifarbig und einfarbig
Bd. 1–44
Inhalt:
Der Adler (Z./T.: WEINBERG): Bd. 32–35, 38–39
Altai & Johnson (Z.: CAVAZZANO/ T.: QUASIMODO): Bd. 41, 44
Andrax (Z.: BERNET/T.: WIECHMANN): Bd. 16
Andy Morgan (Z.: HERMANN/T.: GREG): Bd. 1–2, 7, 24
Aquila (Z./T.: WEINBERG): Bd. 7–8, 10,

12, 14
Barracuda (Z./T.: WEINBERG): Bd. 7, 12–13, 17–19, 21–22, 42
Belvedere (Z.: GRENSHAW): Bd. 11
Billy Press (Z.: MENDEZ): Bd. 16
Bob Barry (Z.: GIOVANNI/T.: BASARI): Bd. 18–19, 21
Bob Morane (Z.: VANCE/T.: VERNES): Bd. 25, 27, 30–32
Boogie & Woogie (Z./T.: VICQ/GUILMARD): Bd. 1, 3–4, 18, 23–24
Capitan Terror (Z.: GUAL/T.: WIECHMANN): Bd. 17
Colonel Clifton (Z.: TURK/DEGROOT/T.: GREG, außer Band 6): Bd. 4–6, 20
Comanche (auch Red Dust) (Z.: HERMANN/T.: GREG): Bd. 1–2, 42 und 44 (Nachdruck von Bd. 1–2)
Cubitus (Z./T.: DUPA): Bd. 1–11, 14, 16–17, 19–20, 23–32, 41–44
Dan Cooper (Z./T.: WEINBERG): Bd. 1–10, 13–14, 17–31, 33, 36, 38, 44
Delta 99 (Z.: GIMÉNEZ): Bd. 40
Detektiv Jo Martin (Z.: PFEIFER): Bd. 39–40
Enterprise: Bd. 14, 17–20
Galveston (Z.: MENDEZ): Bd. 15
Gentlemen GmbH (Z.: TACCONI/T.: CASTELLI): Bd. 7–10, 12–14, 16–18, 20, 22–26, 38, 41, 43
Häuptling Feuerauge (Z./T.: BESS): Bd. 10–12, 17, 20–25, 27–29, 31, 33, 35, 37–41, 43–44
Hondo (Z.: VANCE/T.: ACAR): Bd. 8
Howard Flynn (Z.: VANCE/T.: DUVAL): Bd. 3
Jim & Joker (Z.: CHÉRY): Bd. 9, 36–39, 41–44
Johnny Focus (Z.: MICHELUZZI): Bd. 39–40
Julie Wood (Z./T.: GRATON): Bd. 33–35
Kai Falke (Z.: REDING/T.: HUGUES): Bd. 37
Käpt'n Rotbart (auch Der rote Pirat) (Z.: HUBINON/T.: CHARLIER): Bd. 4–5, 37
Kalle (Z./T.: SEGURA): Bd. 11, 13
Kasimir (Z.: BERCKMANS/T.: Bd. 2: GOSCINNY/Bd. 16: BERCKMANS): Bd. 2, 16
Kid der Kühne (Z.: TIBET): Bd. 30
Kiko (Z.: GEESINK): Bd. 11
Kommissar Spada (Z.: LUCA/T.: GONANO): Bd. 12
Kuma (Z.: MENDEZ): Bd. 15
Larry Yuma (Z.: BOSCARATO/T.: NIZZI): Bd. 10, 13–14, 18–24, 26
Leutnant Blueberry (Z.: GIRAUD/T.: CHARLIER): Bd. 1–6, 27–29
Lucky Luke (Z.: MORRIS/T.: GOSCINNY): Bd. 1–3, 5–8, 11, 13–14, 20
Luc Orient (Z.: PAAPE/T.: GREG): Bd. 1, 41
Magnus (Z.: PARKER/T.: HART): Bd. 35–37
Manila (Z.: ROMERO/T.: WIECHMANN): Bd. 15
Michel Vaillant (Z./T.: GRATON): Bd. 1–10, 12–14, 22–32, 36–37
Mick Tangy (Z.: JIJÉ/T.: CHARLIER): Bd. 1–6, 9, 37–38
Mike Merlin (Z.: BAGNOLI/T.: CASTELLI): Bd. 42–44
Mondbasis Alpha (Z.: CARDONA/T.: FARINAS): Bd. 26–30
Nick Carter: Bd. 7
Otto Schulze (Z./T.: HUBUC): Bd. 11
Pachito (Z.: BOSELLI/T.: BASARI): Bd. 11
Pampa Joe (Z.: FUENTE/T.: ASIÁN): Bd. 11
Papyrus (Z./T.: L. UND F. ORIGONE): Bd. 34–35
Peter O'Pencil (Z./T.: CAVAZZANO): Bd. 37, 41, 43–44
Pichelsteiner (Z.: RINALDI): Bd. 16
Piefke (Z.: MACHEROT): Bd. 15
Pittje Pitt (Z.: RYSSACK/T.: RYSSACK/BAKKER/ALEXANDER): Bd. 6, 8–13, 15, 18–

19, 21–28, 30–33, 35–36, 39
Prinz Eisenherz (Z./T.: FOSTER): Bd. 16–17
Red Dust, siehe Comanche
Rick Master (Z.: TIBET/T.: DUCHATEAU): Bd. 1–10, 19–32, 41
Ringo (Z./T.: GIMÉNEZ): Bd. 40
Ritter Wanzfried (Z.: LACOSTE): Bd. 38
Roland (Z./T.: CRAENHALS): Bd. 3–10, 12, 14, 41–44
Der rote Pirat, siehe Käpt'n Rotbart
San Tomato: Bd. 16
Sigma Gigantic (Z.: CARDONA/T.: MORA): Bd. 34, 36–37, 39–40, 42
Sonny (Z.: PERONI/T.: TRIBERTI): Bd. 10–13
Speedy (Z./T.: MAHAUX): Bd. 11
Stein-Zeiten (Z./T.: BARA): Bd. 27–29, 31, 33–35, 39
Sunday (Z.: FUENTE/T.: MORA): Bd. 35, 37–40
Sven Janssen (Z.: AIDANS/HARDY/T.: CHARLIER/DUVAL/AIDANS): Bd. 2–4, 6–10, 12–13, 18–19, 41–44
Taka Takata (Z.: AZARA/T.: VICQ): Bd. 5–6
Tiger (Z./T.: BLAKE): Bd. 36–42, 44
Tiki (Z.: ALESSANDRINI/T.: BERAR): Bd. 35
Timmi Tambour (Z.: BERKMANS/T.: DUVAL): Bd. 15
Tony Stark (Z./T.: AIDANS/LAVERDURE/ARDAN/LUCE/FRANCOTTE/HAMME/TILMANNE): Bd. 10, 12–13, 17, 19–22, 28–31, 33–37, 40
Tunga (Z./T.: AIDANS): Bd. 4, 6–7, 9–10, 12–13, 17, 19–21, 23, 25–27, 32, 34–35
Turi & Tolk (Z./T.: KALENBACH): Bd. 4–7, 13–15, 18, 20–21, 23, 27–31, 33–34, 38, 40–44
UFO: Bd. 21–22, 24
Umpah-Pah (Z./T.: UDERZO): Bd. 11, 19, 42–43
Valerian (Z.: MÉZIÈRES/T.: LINUS): Bd. 2–6
Yalek (Z.: DENAYER/T.: DUCHATEAU): Bd. 14, 32–40
Yorik (Z.: PAAPE/T.: DUCHATEAU): Bd. 8–9, 20, 43–44
Die 2 Musketiere (Z.: MAZEL/T.: VICQ): Bd. 4

Zack Pocket

Berlin–Hamburg: Koralle Verlag
Mai 1980–1981
11,9 × 18,8 cm
Taschenbuch
Farbig
Bd. 1–14
Bemerkungen:
Nachdrucke aus ***Zack Parade.***
Inhalt:
1: Dan Cooper (Z./T.: WEINBERG)
2: Pittje Pit (Z./T.: RYSSACK)
3: Barracuda (Z./T.: WEINBERG)
4: Pittje Pit (Z./T.: RYSSACK)
5: Dan Cooper (Z./T.: WEINBERG)
6: Gentlemen GmbH (Z.: TACCONI/T.: CASTELLI)
7: Dan Cooper (Z./T.: WEINBERG)
8: Cubitus (Z./T.: DUPA)
9: Michel Vaillant (Z./T.: GRATON)
10: Pittje Pit (Z./T.: RYSSACK)
11: Gentlemen GmbH (Z.: TACCONI/T.: CASTELLI)
12: Dan Cooper (Z./T.: WEINBERG)
13: Pittje Pit (Z./T.: RYSSACK)
14: Barracuda (Z./T.: WEINBERG)

Zap Comix

ohne Verlag
1970
21,5 × 31 cm
Heft
Einfarbig
Bd. 1
Bemerkungen:

1. Auflage mit farbigem, 2. mit einfarbigem Cover. Bis aus Cover, Reihenfolge der Geschichten und einige Bearbeitungen inhaltsidentisch mit der DIN-A5-Ausgabe. Fortsetzung als ***Hammer Komiks.***
Auf der Liste der jugendgefährdenden Schriften: Bd. 1: E Nr. 2311 – BAnz. Nr. 88 vom 12. 5. 71.
Inhalt:
Underground-Comix von folgenden
Z.: CRUMB, WILSON, SHELTON, WILLIAMS, CRAWFORD UND MOSCOSO

Zap Comix
Hammer Press
ca. 1970
16,3 × 22,9 cm
Heft
Einfarbig
Z.: CRUMB
MOSCOSO
SHELTON
WILLIAMS
WILSON
U. A.

Zargo
Herr der grünen Hölle
Hamburg: Michael Götze
1975
14,7 × 6,7 cm
Heft
Einfarbig
Bd. 1
Z.: GÖTZE

Der Zauberer Wu
Chevron (Belgien): Hemma Verlag
1978
23,7 × 30,6 cm
Buch
Farbig
Bemerkungen:
Bd. (3) der ***Hemma-Märchenbände****, siehe da.*

Der Zaubertrank
Hannover: Walter Lehning Verlag
März 1954
24 × 20,5 cm
Heft
Farbig
Z.: ZAMPERONI/T.: BONELLI
Bemerkungen:
Fortsetzung von ***Prinz Spatz.***

Die zehn Gebote
Comic Bestseller
Hamburg: Williams Verlag
1973
16,5 × 24,8 cm
Broschüre
Farbig
Bd. 2
Bemerkungen:
Bd. 1: ***King Kong.***

Zeichenfilmbuch
Winnetou
Schaan (Liechtenstein): Europress Verlagsanstalt
1963
21 × 30 cm
Broschüre
Farbig
Bd. 1
Z.: NEUGEBAUER
Bemerkungen:
Nachdruck aus ***Fix und Foxi*** *Bd. 377–386 (Bd. 377 wurde neu gezeichnet, sonst nur leichte Änderungen).*

Zeichentrickfilm Klassiker
Bd. 1–13: ***Bags Banny***
Aachen: Bildschriftenverlag
1966–1969
18 × 25 cm

Heft
Farbig
Bd. 1–39
Inhalt:
1–15: Bags Banny (d. i. Bugs Bunny)
16: Daffy Duck
17: Bags Banny
18: Woody Woodpecker (Z.: LANTZ)
19: Space Mouse – Astronauten Maus (Z.: LANTZ)
20: Bags Banny
21: Daffy Duck
22: Woody Woodpecker (Z.: LANTZ)
23: Astronauten Maus (Z.: LANTZ)
24: Bags Banny
25: Daffy Duck
26: Woody Woodpecker (Z.: LANTZ)
27: Astronauten Maus (Z.: LANTZ)
28: Bags Banny
29: Daffy Duck
30: Woody Woodpecker (Z.: LANTZ)
31: Astronauten Maus (Z.: LANTZ)
32: Bags Banny
33: Daffy Duck
34: Woody Woodpecker (Z.: LANTZ)
35: Astronauten Maus (Z.: LANTZ)
36: Bags Banny
37: Astronauten Maus (Z.: LANTZ)
38: Daffy Duck
39: Woody Woodpecker (Z.: LANTZ)

Der Zeichner als
Göttingen: Studentenwerk
April 1978
20,9 × 14,8 cm
Broschüre
Einfarbig
Z./T.: BERNSTEIN
Bemerkungen:
Von 104 Seiten nur ca. 40 Seiten Comics, der Rest Cartoons, Texte u. ä.

Zen Comics
Ohne Verlag
1974
14,3 × 21 cm
Heft
Einfarbig
Z.: SALAJAN

Zero
Kamen: Fantasia Press
1973
21 × 29,5 cm
Heft
Einfarbig
Bd. 2/73
Bemerkungen:
Mehr nicht bekannt.
Inhalt:
Faux-Pas (Z.: GRIFFITI)
Nard n' Pat (Z.: LYNCH)
Maryjane (Z.: CRUMB)
Whiteman (Z.: CRUMB)
Ohne Titel (Z.: JFKLN)
Myron Clitsnif
Foto-Booth
Mara
Gehirnwäsche (Z.: REESE)
Bo Bo Bolinski (Z.: CRUMB)
Jederzeit kann es passieren (Z.: JFKLN)
Na denn
Das Ende (Z.: CRUMB)
Danach
Fritz the Cat (Z.: CRUMB)
Feeding Time (Z.: RODRIGUEZ)

Zerstörer der Welt
Linden: Volksverlag
1980
15,1 × 21,4 cm
Buch
Einfarbig
Z.: MOEBIUS

Zeus & Co.
Die großen klassischen Abenteuer
Herzberg: Kruef-Verlagsgesellschaft

Oktober 1976–April 1977
21,1 × 29,2 cm
Broschüre
Farbig
Bd. 1–3

Zip
Comic
Bd. 19–24: und Jacula die Königin der Vampire
Aachen: Verlag »Der Freibeuter«
1972–1974
Bd. 1–11: 16,8 × 24,5 cm,
Bd. 12–24: 13 × 18 cm
Paperback, ab Bd. 12: Taschenbuch
Einfarbig
Bd. 1–24
Inhalt:
Joanna Zip: Bd. 1–24
Die Abenteuer der Madam Brutal: Bd. 1–5, 7, 9–12
Demona: Bd. 1–2
Walalla: Bd. 3
Belfagor: Bd. 6
Coriolano Rossi: Bd. 8
Tim Piccolo: Bd. 9
Ursula: Bd. 12–18
Jacula: Bd. 19–24

Zir-Kan
Der Held von Ordan
Hamburg: Michael Götze
1973
14,8 × 21,2 cm
Heft
Einfarbig
Bd. 1–8
Z.: GÖTZE

Zir-Kan
Der Held von Ordan
Hamburg: Michael Götze
1975
14,6 × 20,9 cm
Heft
Einfarbig
Bd. 1–3
Z.: GÖTZE
Bemerkungen:
Selbe Story wie ***Zir-Kan****-Serie von 1973, aber andere Zeichnungen.*
Inhalt:
Zir-Kan: Bd. 1–3
Die Abenteuer des Raumschiff »Hurrikan«: Bd. 1–2 (je eine Seite)
Starzahn Der Herr des Dschungels: Bd. 1–2 (je eine Seite)

Zizi und Peter Panpan
Siehe: ***Die aussergewöhnlichen Abenteuer von Zizi und Peter Panpan***

Zolloberinspektor »Dirk«
von der Zollfahndung
Konstanz: Lange-Haak Verlag
1976
16,8 × 8 cm
Heft
Einfarbig
Bd. 1
Z.: SCHMIDT

Zomix
Bd. 1–5, 8–10: Deutsches Komiks-Heft
Bd. 7: Sonderband Bernd Boogie & andere Delikatessen
Bd. 11: Deutsch Comix viel gutt!
Wessling: Nemeth/Lang, ab Bd. 6: München: Lang, ab Bd. 10: Bremen: Blender
1979–1983
Bd. 1–6, 8–11: 20,8 × 29,6 cm,
Bd. 7: 17 × 23,9 cm
Heft
Einfarbig
Bd. 1–11

Z. u. T.:
ANDY: Bd. 8
BOOG: Bd. 6
BOYKE: Bd. 1–6, 8–11
BRÖSEL: Bd. 11
BUNK: Bd. 10–11
DETLEF: Bd. 2
DORGATHEN: Bd. 10–11
FUCHSI: Bd. 8–11
KIEFERSAUER: Bd. 1–11
PETRI: Bd. 10–11
PFARR: Bd. 8, 11
PHILIP: Bd. 1–6, 8–10
PIERRE: Bd. 8
PINÄGRE: Bd. 2
REICHE: Bd. 11
SCHULMEYER: Bd. 8–11
SEIFRIED: Bd. 3
SKIP: Bd. 3–4
STEIN: Bd. 9–11
TSCHAP: Bd. 1–6, 8–9

Zorro
Western-Comic-Taschenbuch
Frankfurt/M.: Condor Verlag
November 1978–Mai 1982
13,5 × 18,5 cm
Taschenbuch
Farbig
Bd. 1–12
Inhalt:
Zorro (Z./T.: PAPE/CHERAQUI/CAPEL/FERSEN/MARIJAC/PATELOUX/YALAZ/KARPAT/MAX/RIBOCHON): Bd. 1–12
Winnetou & Old Shatterhand (Z.: RAMON): Bd. 2–3

Zorro
Stuttgart: Ehapa Verlag
Oktober 1979–Dezember 1981
17,6 × 26,1 cm
Heft
Farbig
1979: Bd. 1–3
1980: Bd. 4–12
1981: Bd. 1–12
Z.: u. a. TOTH

Zorro
Siehe: ***Ehapa-Sonderband***

Zum Beispiel ein Birnenschwein
München: Heinrich Ellermann Verlag
1970
27,1 × 22,1 cm
Buch
Farbig
Z.: ZACHARIAS

Zurga
Weinheim: Arno Dierl
1979
14,8 × 20,9 cm
Heft
Einfarbig
Bd. 1
Z.: HARMS

Zwei an einem Dienstag
Weinheim und Basel: Beltz Verlag
1974
16,3 × 23,9 cm
Broschüre
Farbig, dreifarbig, zweifarbig und einfarbig
Z./T.: GEBERT
Bemerkungen:
BilderBuch Nr. 13. Programm Beltz & Gelberg.

Zwei kleine Schwestern im Schneesturm
Peking (China): Vlg. für fremdsprachige Literatur
1974
Broschüre Querformat

Das zweite große Peanuts Buch
Siehe: ***Das große Peanuts Buch***

Der II. Weltkrieg in Bildern
Frankfurt/M.: Condor Verlag
1976–1978
22,5 × 29,8 cm
Broschüre, Farbig
Bd. 1–8
Z./T.: DUPUIS
Inhalt:
1: Die Blitzkriege
2: Die Luftschlacht um England
3: Die Schlacht um Dünkirchen
4: Der Rußlandfeldzug
5: Von Stalingrad nach Berlin
6: Der Wüstenfuchs
7: Der Krieg im Pazifik
8: Der Luftkrieg

Die Zwerge gehn in volle Deckung
München:
Feder Verlag
G. Tomkowitz
1959
21,3 × 30,4 cm
Buch
Einfarbig
Z./T.: LANG

Die Zwielicht Zone
Aachen:
Bildschriftenverlag
1967
18 × 25 cm
Heft
Einfarbig
Bd. 1

PERSONENREGISTER

(Aufgenommen sind alle Zeichner und Texter mit ihren Pseudonymen)

Abel, Jack (Ps.: Gary Michaels): 35, 83, 96, 139, 176, 185, 191, 234, 315, 316, 328, 367, 370, 371, 372, 375, 377, 437
Abellan, Adolfo: 419
Acar, Jacques: 121, 268, 269, 446, 450
Acciari: 145, 149, 360
Acian: 303, 304
Aco: 100, 211
Adams, Cory: 35, 185, 371, 373
Adams, F.: 163
Adams, Neal (s. a. Adams-Giordano Studio): 32, 33, 34, 35, 73, 160, 182, 185, 315, 370, 372, 373, 377, 408, 419, 437
Adams-Giordano Studio (Ps.: Crusty Bunkers): 73
Addams, Jo: 70
Addison (d. i. Mort Walker)
Adkins, Dan L.: 23, 32, 33, 34, 35, 73, 81, 83, 96, 160, 177, 178, 185, 315, 355, 356, 367, 370, 371, 372, 375, 395, 437
Adkins, Lieuen: 98, 412, 415
Adler, Gerhard: 50, 51, 207, 208, 299, 300, 301, 346, 347, 348
Adolfo: 443
Aidans, Edouard (auch Studio): 269, 447, 448, 449, 451
Aidnemaig: 149
Aigner, Friedrich: 22
Ajan: 295
Akhilananda, Swami: 173
Akin, Ian: 86
Alain: 338
Alan: 144, 152
Alascia, Nicholas: 244
Alascia, Vincent: 325
Albano, Christian: 185
Albano, John: 139, 185, 374
Albert, Louis (d. i. Michel Regnier)
Albert, Otto: 323
Albistur, Jo: 185
Albrecht, Fritz: 220, 221
Albrecht, Helmut F.: 21
Albrecht, Jürgen: 67
Alcala, Alfredo Pidz: 32, 33, 34, 35, 185, 191, 305, 370
Alcatena: 145, 149
Alcazar, Vicente: 185
Alcazar, Victor: 322, 325
Aldona: 343
Alessandrini, G.: 451
Alex: 338
Alexander: 213
Alexander: 447, 450
Alexander, Mark: 370, 372
Alexis (d. i. Dominique Vallet)
Alférez, Pédro: 45, 57
Alff, Reinhard: 427
Ali, Tariq: 331
A.L.I.-Studio: 39, 101, 106, 110, 435, 442
Alias (d. i. Claude Lacroix)
Allard, John: 273
Allikas, David: 185
Almqvist, Bertil: 314, 364
Aloisi, Franco (Ps.: Franco): 243
Altenburger, Wolfgang: 27
Althaus, Peter Paul: 321
Althoff, Ernie: 416
Altmann, Rolf (Ps. Roxy Royal): 323, 324
Amador: 233, 446
Amendola, Sal John: 33, 86, 370
Amendola, Vin: 33, 185
Amro: 245, 280

An Chung-min: 248
Anders, C.: 374
Andersen, Olé: 30
Anderson, Bill: 356
Anderson, Carl Thomas: 60, 99, 210, 298, 313
Anderson jr., Murphy: 34, 35, 86, 160, 185, 229, 269, 328, 367, 370, 371, 372, 373, 374, 375, 377, 408
Anderson, Pat: 209
Anderson, Poul: 416
Andrada: 149
André, Robert 237
Andreasson, Rune: 46, 48, 69, 216, 291, 314
Andres (d. i. Andres Balcells)
Andrew, Peter: 416
Andrews, C. Barret: 185
Andrian: 413
Andru, Ross: 34, 47, 178, 269, 344, 355, 356, 358, 359, 370, 372, 373, 374, 408, 437
Andy: 455
Angadar: 149, 361
Angeli-Cossu, de: 149
Angelis, de: 149
Angiolini, Sandro: 184, 321
Anglo, Mick: 208
Anobile, Richard J.: 86
Anrich-Wölfel, Bettina: 379
Antoine: 117
Antonaya: 229, 388
Aparici: 361
Aparo, James (Jim) N.: 23, 32, 33, 34, 35, 185, 370, 371, 372, 373, 377, 408, 437
Apollo, Steve: 367
Appignanesi, Richard: 331
A.P.S. (Studio): 218, 222, 368
Aragonés, Sergio: 185, 245, 247
Arbo, Del: 78, 236
Arbol, Del: 56, 145, 389
Archer, Chad: 420
Ardan: 451
Arendt, M.: 67
Arfelli: 53
Arfert, J.: 276
Argilli, M.: 26
Arloff, H. E. (d. i. Arnold Drake)
Arnal, José Cabréro: 442
Arndt, Ully: 245
Arno (d. i. Arnaud Dombre)
Arnold, Herb: 338
Arnold, Karl: 364
Arranz, Juan: 119, 141, 215, 310, 366, 433, 442
Arriagada Rios, Victor José (Ps.: Vicar): 262, 310
Art Studium: 164
Aruns, Jane: 371
Asbury, Martin: 61, 72, 445, 449
Asefi, A.-Basefir: 67
Asherman, Allan: 280
Asián, F.: 450
Asimov, Isaac: 416
Astalos, Ivica: 245, 247
Astor, Sandra: 285
Attanasio, Edoardo (Dino): 99, 270
Aubry, Sophie: 413
Auclair, Claude: 156, 429
Augustin: 46, 255
Auraleon, Rafael: 419, 420
Austin, Adam (d. i. Gene Colan)
Austin, Terry: 33, 35, 159, 160, 231, 254, 370, 371, 372, 373, 375, 377, 437
Autorengruppe aus dem Distrikt Chunsha: 31
Avenell: 68, 69, 71
Ayala, F. G. P. de: 85
Ayers, Richard (Dick) B.: 83, 89, 96, 139, 176, 178, 181, 182, 183, 185, 190, 255, 315, 341, 342, 343, 344, 355, 395
Axip: 216
Azara, Joël (d. i. Joseph-F. Loeckx)
Azpiri, Alfonso: 310

Bach, Franz: 154
Bachmeister: 67
Badajos, Ed: 115
Badesa: 293
Badia, Jordi: 149
Badra, K.: 142
Bär: 230
Bär, Rudolf: 339
Baggioli, Vincenzo: 344
Baglioni, Franco: 344
Bagnoli, Enrico: 447, 450
Bagsal, Valentin: 230
Baily, Bernard: 185, 213
Bakker, Jacques: 450
Balcells, Andres (Ps.: Andres, s. a. Studio Ortega): 38, 58, 101, 104, 145, 149, 236, 361, 395, 428
Bald, Kenneth (Ken) B.: 49
Bali, Nihat: 56, 101, 106
Ballesta, Juan: 351
Balluf: 75
Bama, James: 80
Banda, Lodewijk Hartog van: 242
Banemann, Heinrich: 30, 54, 231, 332, 364
Banks, Mannie: 139
Banks, Raymond: 416
Bara (d. i. Guy Herzog)
Barbara, Carmen: 291
Barbaud, Jean: 92
Barbé, André-Francois: 413
Barbera, Joseph (Joe) (s. a. Hanna-Barbera-Studio, teilweise zus. mit William Hanna): 405, 406, 432, 433
Barbieri, Renzo: 51, 166, 170, 224, 291, 321
Baret: 338
Barillé, Albert: 92
Barker, Edward: 162
Barks, Carl: 155, 193, 194, 262, 264, 265, 266, 268, 403, 425
Barlog, Ferdinand: 391
Barqallo, L.: 77
Barr, Kenneth (Ken) John: 305
Barr, Mike W.: 32, 33, 34, 35, 86, 158, 159, 160, 191, 319, 328, 356, 358, 370, 371, 372, 374, 377, 419, 420, 437
Barreto, Eduardo (Ed): 358, 371, 372, 437
Barry, Daniel (Dan): 14, 69, 70, 71, 137, 221, 273, 383, 386, 388
Barry, Seymour (Sy): 69, 296, 297, 409
Barsotti, Charles: 351
Barta, Hilary: 97, 191, 356
Bartels, Joachim: 13
Barth, C.: 213
Bartier, Pierre: 207, 303
Bartolo, Dick de: 247
Barwasser, Karlheinz: 329
Basari: 449, 450
Basil: 194, 319, 320
Bastian, Jacques: 66
Batalla: 149, 361
Batchelor: 360
Bates, Cary Norman: 25, 86, 146, 185, 269, 328, 367, 371, 372, 374, 375, 377, 437
Batet, Francisco: 75
Battaglia, Dino: 118, 149, 290, 361
Bauch, Heidi: 409
Bauhofer, Richard: 152
Baum, K.: 27
Baumann, Annette: 67
Baumann, Peter: 280
Baumberger, Horst Werner: 165
Baumgart, Don: 413
Baumgart, Erich: 19
Baumi: 162
Baur, S.: 88
Baxter: 413
Bayley, Barrington J.: 416
Bayo: 26
Bazzoli: 260, 363
Bea, Jose M.: 149, 361, 420
Beatty, John: 146, 191, 254, 356

Béchennec, Franjacq: 413
Becherle, Titus: 12, 290
Beck, Charles Clarence: 81, 341
Beck, Hans: 245
Beck, Joel: 163, 415
Beck, Ralf: 245
Becker, Franziska: 256
Becker, Roland: 142, 167, 183
Becker-Kasch (d. i. Texter: Becker und Zeichner: Karl Schmidt): 30, 217, 324, 325
Beckhaus, Peter: 71
Beckhaus, Rainer: 24
Bécourt, J.-C.: 413
Bédu (d. i. Bernard le Duveteux)
Behm, I.: 276
Behnsen, Elisabeth: 360
Beja: 338
Belardinelli, Massimo: 293
Belfi, John: 343
Bell, George (d. i. George Roussos)
Bell, Tony: 40, 165, 413
Bellalta, José Maria: 145, 149, 361
Bellmann, I.: 27
Bemackl (d. i. Roland Becker und Walter Madel)
Bender, Howard: 367, 372, 375
Benet: 149, 361
Benett: Vern: 420
Benni: 149
Benoit, Ted: 338
Benvenuti, Giovanni: 84, 291
Berar: 451
Berca, Hajo (auch Atelier): 198, 285
Bercasio, Edgar: 185
Berck (d. i. Arthur Berckmans)
Berckmans, Arthur (Ps. Berck): 118, 119, 120, 135, 217, 243, 309, 446, 448, 450, 451
Berend, Rainer: 67
Berg, David: 245, 247
Berger, Charles: 198
Berger, Karli: 435
Bermejo, Luis: 172
Bernal, Antonio: 322, 335
Bernard jr., Pierre: 328, 372
Bernardinello: 145
Berndt: 67
Bernet, Jorge: 68, 233, 303, 310, 366, 445, 449
Bernhard: 162
Berns, R. (d. i. Robert Bernstein)
Bernstein, F. W.: 453
Bernstein, Robert (Ps.: R. Berns): 89, 395
Berroyer, J.: 413
Bertheau, Jürgen: 173
Berthold, Franz: 245
Berti, V.: 26
Bertina, M.: 13
Bertram, Klaus: 216
Bertrand, Francis (Ps.: Francis): 121, 122, 129, 132, 136, 309, 445
Berube, Liz (d. i. Elizabeth Safian)
Bess, Gordon: 70, 71, 114, 305, 419, 446, 449, 450
Bessis, Georges: 296
Betcke: 27
Beuth. (d. i. Beuthin)
Beuthin (Ps.: Beuth.): 256
Bévère, Maurice de (Ps.: Morris): 119, 120, 135, 170, 217, 241, 242, 309, 443, 446, 448, 450
Bevia: 145, 149, 361
B.g.: 185
B. G.: 258
Bhakdibutr, Apichai: 245
Bharucha, Fershid: 415
Bidstrup, Herluf: 29, 88, 152, 320
Bielsa, José Maria Fernandez: 309
Bierce, Ambrose: 185
Biggs, Geoffrey: 197
Bignotti, Franco: 57, 184, 251, 299
Bigot, Al: 213
Bihannic, Serge: 338, 363
Bilal, Enki: 338
Bilbrew, Gene (Ps.: Eneg): 314
Bill, Frank Dick: 96

Binder, Otto Oscar: 185, 367, 371, 437
Binet, Christian: 413
Bingham, Jerry: 185, 191, 358, 437
Birnbauer, Hans: 220, 221
Bishop, Harry: 273, 318
Bissette, Stephen: 280
Bissot, Noël: 118, 136
Bistur, Al: 185
B. K.: 55
Black, Bill: 191, 316
Blaisdell, Phillip (Tex): 25, 33, 34, 36, 160, 185, 269, 270, 271, 328, 367, 370, 371, 372, 373, 374, 375, 377, 437
Blake, Bud: 71, 72, 210, 448, 451
Blanc, Bernard: 413
Blanc-Dumont, Michel: 157, 158, 338
Blareau: 120, 447
Blasces, Jo.: 149, 152
Blasco: 145, 149, 361
Blasco, Adriano: 75
Blasco, Alejandro: 75
Blasco, Jesus: 75, 304
Blasques: 58
Blazquez, Joaquin: 145, 149, 361
Blecher, Wilfried: 336
Bleckmann, Theodor: 235
Blesteau: 37
Blevins, Bret: 254
Blickensdorf, Lo: 416
Bloch, J.-M.: 250
Bloch, Robert: 83, 139, 416
Bloom, Eric: 338
Blotta, Oskar: 213, 214
Blubacher, H.: 216
Blum, Alex Anthony: 196, 197, 198
Blumentritt, Eugen: 10, 61, 235, 325
Blyton, Enid: 39
Boatner, Charlie: 32
Boche, H.: 276
Bodé, Marc V.: 412
Bodé, Vaughn, F.: 74, 163, 412, 413, 414, 415
Böllhoff, Klaus: 168
Bönisch, Michael: 69
Bönnemann, Barbara: 67
Börresen, Börre (Ps.: Theo): 75
Bött (d. i. Luciano Bottaro)
Boix: 149, 361
Boixcar: 431
Bolland, Brian: 158, 159, 375, 377
Bolle, Frank W.: 53, 81, 105, 107, 110, 137, 185, 341, 342, 343, 344, 356, 416, 419, 420
Bollen, Rog: 70, 351, 442
Bollermann, Lore: 207
Bollmeyer, Matthias: 73
Boltinoff, Henry und Murray (Ps.: von Murray: Al Case, Bill Dennehy und Bob Donnelly?): 60, 177, 178, 186, 210, 269, 270, 291, 344, 368, 370, 371, 372, 373, 377, 408
Bolz, Wolfgang: 321
Bonato, Armando: 212, 291, 389, 394, 440
Bonavente: 349
Bonelli, Giovanni Luigi: 84, 94, 183, 184, 313, 336, 395, 452
Bonelli, Sergio (Ps.: Guido Nolitta): 235, 325
Bonivert, Jeff: 365
Bonneau, Albert: 138, 294
Bonnet, Marc: 434
Bono, Reno: 321
Bonsma, Dirk: 162
Bonvi (d. i. Franco Bonvicini)
Bonvicini, Franco (Ps.: Bonvi): 213, 214, 351, 365
Bood, Charlie: 10, 61, 166, 167, 184, 185, 202, 203, 235, 325
Boog, Pierangelo: 455
Boogaard, Theo J. A, van den: 23, 209, 414, 416
Borchers, Elisabeth: 21
Borillo, Alfonso: 43, 56, 62, 99, 101, 102, 103, 104, 105, 106, 108,

109, 110, 169, 360
Boring, Wayne Douglas: 269, 377
Boris: 48
Boris: 275
Borkner, S.: 276
Bort: 442
Bosc, Jean Maurice: 202
Boscarato, Carlo: 450
Bosch, Julio: 159
Boselli: 449, 450
Bossert: 230
Bottaro, Luciano (Ps.: Bött): 14, 122, 136, 217, 219, 243, 244, 245, 292, 301, 309, 405
Bouchez: 268
Boucq, Francois: 413
Boudreau, Gerry: 419, 420
Bouhuys, Mies: 30
Bourgo, Maurice del: 196, 197
Bousseau: 338
Boutet, D.: 413
Bowitz, T. S.: 290
Boxberger, Jürgen: 364
Boxell, Tim: 213
Boy, Raimond (Raymond): 354, 365
Boyette, Pat: 137
Boyke, Rolf (auch Kumulus-Studio): 173, 233, 273, 274, 351, 413, 416, 423, 431, 455
Bozzi, Floriano: 418
Bradbury, John (Jack): 262, 266, 271
Bradley, Marvin: 70
Brandel, Max: 245
Brandis, Sophie: 410
Brantonne, René: 166, 260
Brauckmann, Anna-Louise: 417
Braunsteiner, Paul: 409
Brea: 122
Breda: 162
Breeding, Brett: 146, 254, 316, 356, 372, 377
Breeding, Trevor: 160
Breger, Dave: 287
Brembs, Dieter: 46
Bremer, Alexander: 425
Brennan, Terrence Casey: 420
Brennert, Alan: 33, 34, 36, 437
Bret, Lionel: 338
Bretécher, Claire: 121, 142, 143, 165, 224, 351
Bri, G. (d. i. Gerhard Brinkmann)
Bridwell, Nelson Edward: 86, 146, 160, 186, 328, 367, 369, 370, 371, 372, 373, 375, 377, 437
Briefer, Richard (Dick): 83
Briggs, Austin: 137
Briggs, Raymond: 146, 257, 287, 426
Bright, Mark: 356
Brinkmann, Gerhard (Ps.: G. Bri): 172, 210
Brinkmann, W.: 67
Bróccoli: 351
Brockerhoff, Johannes (Jo): 412, 415, 416
Broderick, Pat: 328, 358, 377
Brodsky, Sol: 89, 139, 180, 255, 315, 342, 343
Broeck, Jean-Pol (Ps.: Jean-Pol): 333
Broenland, Piet Hein: 447
Brösel (d. i. Rötger Feldmann)
Bromley, Dave: 416
Broome, John (Ps.: John Osgood): 34, 160, 328, 408
Brouxene, J. M.: 223
Brown jr., Joe E.: 40, 345, 413
Brown, Mary Kay: 351
Brown, William Robert (Bob): 33, 34, 36, 83, 139, 186, 316, 367, 370, 372, 374, 375, 377, 437
Browne, Geoff: 269
Browne, Richard (Dik): 47, 69, 71, 87, 88, 163, 221, 270
Brozowski, Joe: 231, 319
Brüllmann, Dave: 309
Bruggmann, A.: 153
Bruggmann, Robert: 74
Bruhin, Anton: 230
Brummbär, Bernd: 192

Brunier, Julot: 338
Brunner, Frank F.: 83, 139
Brush, Al: 159
Bryant, Rick: 316, 377
Bubenheim, Frank: 46
Buch, Juliana: 258, 259
Buckinx, Harry: 415, 416
Buckler, Richard (Rich): 33, 73, 97, 146, 191, 315, 316, 328, 358, 367, 370, 371, 372, 373, 377, 419, 437
Budgett, Greg: 415
Budiansky, Bob: 316, 356
Büchi, Werner: 153
Bücking, Bernd: 13
Bülow, Bernhard Victor Christoph-Karl von (Ps.: Loriot): 46, 194, 241, 319, 320, 424
Büsch-Beinhorn (Ps.: Mali und Werner): 16, 38, 412, 413, 414, 415, 416, 417
Büthe, Rolf: 336
Buettner, Carl von: 263
Buffolente, Lina (s. a. Giolitti Studio): 50, 236, 237
Buixadera: 145, 149, 361
Bulanadi, Danilo (Danny): 186, 371
Bummer: 62
Bunk, Tomas Maria: 173, 351, 413, 416, 455
Bunkers, Crusty (d. i. Adams-Giordano Studio)
Burack, Gary: 415
Burak, Sezgin: 382, 392
Burgos, Carl: 181
Burkett, Cary: 32, 33, 34, 36, 146, 159, 186, 359, 370, 371, 372, 373, 377, 437
Burkhard: 230
Burnett: 210
Burns, John M.: 17, 71, 354
Burns, Robert C.: 199
Burton, Alan: 333
Burzon: 231
Bus, Bert: 226
Buscema, John: 73, 74, 96, 97, 139, 176, 177, 178, 179, 180, 181, 182, 183, 190, 191, 232, 253, 315, 316, 355, 356, 358, 395
Buscema, Sal: 97, 182, 183, 191, 253, 254, 315, 316, 355, 356, 358, 359, 395
Busch, Wilhelm: 46, 49, 72, 210, 216, 433, 434
Buser, Andreas: 162
Busiek, Kurt: 370, 372
Busom: 258, 259
But, Hein: 28
Butschkow, Alfred Paul Peter: 351
Butter, B.: 28
Butterworth, Jack: 419
Butterworth, Jenny: 70
Butterworth, Mike: 226, 366, 410
Buxade, George (Jordi): 40, 41, 55, 100, 102, 104, 142, 236, 349
Buylla, Adolfo: 149, 186, 416
Buzzati, Dino: 287
Bynum, C.: 213
Byrne, John Lindley: 97, 159, 191, 254, 316, 356, 358, 359, 375

Cabanes, Max: 413
Cabrerizo, Fulgencio: 145, 149, 343, 361, 388
Cabu: 351
Caesar, Kurt: 293
Caino, Oswaldo: 213
Calnan, John: 32, 34, 36, 186, 328, 367, 370, 371, 372, 374, 377, 437
Calvo, Edmond-Francois: 13, 41, 68, 168, 429
Cambiotti: 416
Cambo, G.: 98
Camboa, Romy: 186
Cameron, Lou: 196, 197, 199, 362
Camille, Roger (Ps.: Kiko): 100, 101, 103
Camitz: 405

Camp, George: 191
Campani, Paolo (Paul): 22
Campbell jr., John W.: 416
Campbell, Stan: 47, 197, 325, 341, 394, 440
Campion: 393, 394
Can Xi: 82
Canale, Antonio: 290, 389
Canavan, Bernard: 331
Cance, Louis: 442
Candolfi: 366
Canelo: 149
Caniff, Milton Arthur Paul: 70, 71, 298
Canovas, José: 109, 404
Canzler, Günter: 46, 423
Capel, G.: 455
Capili, Pit: 186
Caplan, Elliott: 43
Caplin, Alfred Gerald (Ps.: Al Capp): 70, 71, 354, 419
Capp, Al (d. i. Alfred Gerald Caplin)
Caprioli, Franco: 209
Caracu: 213
Carali: 165, 413
Caravana, Tony: 186
Cardona, Jose: 145, 149, 152, 159, 346, 361, 447, 449, 450, 451
Cardy, Nick (d. i. Nicholas Viscardi)
Carley, Russell: 186
Carlin, Mike: 359
Carlo, Dan de: 211
Carlo, Mike de: 32, 34, 158, 159, 160, 370, 372, 374, 437
Carm, M.: 52
Carmelo: 149, 361
Carmona: 145
Carnivali: 441
Caronini: 149, 361
Carpenter, Curt (d. i. Richard Hughes)
Carpi, Pier: 419
Carr, Gerald: 416
Carrabotta, Vic: 96, 139, 342
Carrillo: 39, 41
Carrillo, Wilfredo (Fred) L.: 186
Carrion: 149
Cartier, Roger: 164, 225, 385
Carvion: 149, 361
Casabianca: 236
Casabianes: 297
Case, Al (d. i. Murray Boltinoff)
Case, Bernard (Bernie): 186
Case, Jerry: 186
Castarilo: 341
Castelli, Alfredo: 146, 419, 445, 447, 449, 450, 451
Castièl, Nina: 401
Castillo, Arturo del: 122, 236, 309, 404
Castillo, J.: 270
Castillo, José M. (Ps.: Chumy Chumez): 51
Catalán, M.: 270
Catalano, Joe: 213
Cathomas, Andy: 139
Catrinus (d. i. Catrinus N. Tas)
Cauvin, Raoul: 120, 121, 122, 134, 217, 292, 309, 405
Cavalieri, Joey: 371, 372, 373, 377, 437
Cavalli, Dick: 70
Cavazzano, Giorgio: 447, 449, 450
Caza (d. i. Philippe Cazaumayou)
Cazaumayou, Philippe (Ps. Caza): 226, 260, 338, 363, 409, 412, 413,
Cazzo, P.: 213
Cecchetto: 145, 149, 361
Ceccon, Claudius: 90
Cecilia: 314
Cefischer (d. i. Karl Fischer)
Celâl: 62, 145, 149, 152, 361, 395
Celardo, John: 36, 160, 328, 341, 342, 371, 383, 384, 387, 434
Cem: 46
Centner, Chris: 21
Cerbian, Antonio: 169, 213, 214, 302, 430

Cerón: 102, 215
Cerreto: 150
Certa, Joe: 390
Cézard, Jean: 31, 100, 102, 103, 104, 105, 106, 107, 108, 109, 110, 409, 444
Chaillet, Gilles: 238
Chaland, Yves: 338
Chan, Ernie: 74, 97, 186, 191, 356, 358
Chao Hung-pen: 16
Chapolow, Paul: 256
Charlier, Jean-Michel: 157, 158, 170, 238, 242, 269, 320, 327, 446, 447, 448, 449, 450, 451
Chaulet, Georges (d. i. Francois Georges)
Chaykin, Howard: 74, 86, 96, 139, 231, 273, 370, 371, 373, 375
Chen, Michael (Mike): 370, 372
Chén Yün-hua: 248
Chendi, Carlo: 75
Cheraqui, Y.: 455
Chéret, André: 40, 102, 106, 107, 108, 318, 409
Chéry, Pierre: 450
Chess, Bill (d. i. Willi Kohlhoff)
Chestney (d. i. Lillian Zuckerberg)
Chiang, Janice: 32, 34, 160, 231, 377
Chiaramonte, Francisco (Frank): 25, 32, 34, 36, 146, 160, 305, 328, 367, 370, 371, 372, 373, 374, 375, 377, 437
Chidlaw, Rich: 415
Ch'ien Hsiao-ai: 16, 65
Chierchini, Giulio: 244
Chiomenti, Antonio: 52, 53, 54, 206, 207, 281, 299, 300, 317, 345, 404
Chiomenti, Vincenzo (Enzo): 44, 52, 53, 54, 206, 207, 252, 281, 299, 300, 317, 345, 394, 404, 440
Chiqui (d. i. José Luis de la Fuente)
Chodorowski, Antoni: 351
Chris: 11
Christiansen, Anne: 321
Christin, Pierre (Ps.: Linus): 363, 419, 448, 451
Chu Hsiang-chun: 248
Chua, Ernesto (Ernie): 32, 34, 74, 83, 139, 186, 269, 370, 371, 377
Chumez, Chumy (d. i. José M. Castillo)
Cicuendez, J. Manuel: 119, 136
Cidoncha, Carlos S.: 310
Cimpellin, Leone: 243, 290, 291
Cindy: 303
Ciou: 442
Citron, Sam: 196, 362
Clap: 413
Claremont, Chris: 97, 159, 191, 231, 254, 305, 316, 356, 358, 359
Clark, Richard: 331
Clarke, Bob: 245, 247
Clarke, Henry: 246
Claveloux, Nicolé: 168, 218, 338, 413
Clement, Stephen (Steve) Francis: 186
Clemente, Fernando: 414
Clerc, Serge: 338
Clod: 446
Clusellas, Ernesto: 351
Cobb, Ron: 230, 414, 415
Cobrerilo: 150
Cockrum, David (Dave) E.: 90, 160, 254, 316, 319, 356, 371, 373, 375
Coco: 351, 419
Coelho, Etcheveri (Eduardo) Teixeira: 66, 349, 442, 443
Cohen, Janice: 191, 231
Cohn, Bob: 70
Cohn, Gary: 32, 158, 159, 160, 367, 370, 372, 377
Coker jr., Paul: 246, 247
Colan, Eugene (Gene) (Ps.: Adam Austin): 32, 34, 35, 36, 81, 83, 96, 139, 175, 176, 177, 178, 179, 180, 181, 182, 183, 254, 315, 316, 342, 343, 355, 358, 370,

372, 437
Colantuoni, Tiberio: 122, 333
Cole, Leonard (Len) B.: 197, 418
Coledang, Barney: 64
Colletta, Vince: 25, 32, 34, 35, 36, 83, 96, 97, 139, 158, 160, 175, 176, 181, 182, 183, 186, 190, 191, 231, 253, 254, 269, 315, 316, 328, 341, 342, 343, 355, 356, 358, 359, 367, 369, 370, 371, 372, 374, 375, 377, 395, 408, 437
Collingwood, Crank: 333
Collins, Dennis: 36
Collins, Ray (d. i. Eugenio Zappietro)
Colomer: 87, 270
Colón, Ernest (Ernie): 32, 158, 159, 370, 372, 419
Colwell, Guy: 415
Comicon: 443, 444
Comos, Edmond: 58, 150, 170, 361, 395
Conin, Clau.: 338
Consoli: 145, 150, 361
Conway, Gene: 36
Conway, Gerard (Gerry) Francis: 23, 32, 34, 35, 36, 71, 74, 83, 96, 97, 146, 160, 183, 186, 191, 234, 253, 305, 316, 328, 355, 356, 358, 359, 367, 370, 371, 372, 373, 375, 377, 419, 437
Conway, Ralph: 21
Cooke, Tom: 49
Cooper, Herb: 232, 342
Cooper, John: 138
Copuse, Roger (Ps.: Hubuc): 118, 292, 447, 450
Corben, Richard Vance: 29, 77, 189, 338, 363, 412, 413, 414, 415, 420, 429
Corderoy: 389
Cornejo, Carlos Alberto: 223
Cornelius, Cosper: 70
Cornillon, Luc: 338
Correa: 145, 150, 361, 395
Corsi: 150
Corteggiani, Francois: 447
Cortman: 338
Corttella, R.: 364
Cosmos: 361
Cosper: 141
Cossio, Carlo: 139, 318, 384
Cossio, Gino: 206, 207
Costa, Fernando: 236
Costa, Jon: 83
Costa, S. S.: 141, 223
Costanza, John: 23, 32, 34, 35, 36, 146, 158, 159, 160, 231, 232, 319, 367, 370, 371, 372, 373, 374, 375, 377, 438
Costanza, Peter: 81, 196, 197, 363
Cothias, Patrick: 338, 429
Coucho: 413
Couts, John Alexander Scott (Ps.: John Willie, J. W. Stanton?): 9
Coville: 186
Cowon, Denys: 328, 372
Craenhals, Francois (Franz): 185, 210, 296, 326, 422, 447, 451
Craig, John (Johnny, Jim) Thomas Alexis: 41, 96, 98, 180, 183, 186, 359
Crandall, Reed: 41, 53, 197, 198, 199, 363, 417, 418, 420
Crane, Roy: 69, 71, 273
Cras: 388
Crawford, Bill: 162, 230, 412, 415, 452
Crawford, Phil: 163
Crepax, Guido: 42, 89, 147, 260, 419
Crespi: 102, 107
Crespin, Michel: 338
Crisse: 120
Croall, Stephen: 331
Crosby, Percy: 70
Crumb, Robert: 62, 65, 74, 96, 141, 163, 165, 168, 173, 184, 189, 226, 230, 260, 273, 307, 315, 333, 345, 412, 413, 415, 425,

444, 452, 453
Cruse, Howard: 413, 415
Cruz: 310
Cruz, Eufronio R.: 186, 195
Cruz, Nardo: 186
Cueto, Francisco: 141, 270
Culliford, Pierre (Ps.: Peyo): 37, 117, 118, 119, 120, 121, 122, 123, 124, 125, 126, 129, 132, 134, 135, 136, 208, 217, 258, 292, 293, 309, 314, 333, 346, 430
Culliford, Thierry: 413
Cullins, Paris: 377
Curtis, Manny: 246
Cuti, Nicola (Nick): 186, 420
Cutsem, William van (Ps.: William Vance): 268, 269, 445, 446, 449, 450
Cuvelier, Paul: 76, 91, 303, 429
Cuypers, Jari Pekka: 212, 286

Dachsel, Josef: 99, 102, 103, 106, 108, 305, 307
D'Adderio: 150, 361
D'Agostino, Jon: 98, 254
Dahl, Günther: 319
Dahl, Peter P.: 419
Dahlke, Paul: 170
Dallas, Charles C.: 415
Dallis, Nicholas: 70
Dallos, Jenö: 93
Dalmasso, Gian Giacomo: 53, 57, 251, 281, 299, 317, 400, 428
Daly, Bob: 416
Dami, Rinaldo D. (Ps.: Roy D'Amy) (auch Studio): 53, 84, 118, 290, 344
D'Amico, Santo: 45, 235
D'Amy, Roy (d. i. Rinaldo D. Dami)
Dan, Bob (d. i. Robert Dansler)
Dancette, Victor: 41
D'Angelo, Gene: 32, 34, 35, 36, 146, 160, 328, 367, 369, 370, 371, 372, 373, 374, 375, 377, 438
Dani: 62
Dansler, Robert (Ps.: Bob Dan): 51, 225, 384
D'Antonio, Gino: 290
Dard, Patrice: 31
Dargai, Attila: 85
Darlin, Jim: 83
Darnis, Francisco: 75
Daudet, Alphonse: 382
David (d. i. Jack Davis)
Davies, Roland: 393, 394
Davis, Ed E.: 363
Davis, Jack (Ps.: David): 41, 246, 247, 341, 370, 375
Davis, Phil: 60, 70, 72, 250, 298, 313
Davot, Francois: 381
Davot, Monique: 381
Dawes, Harry: 416
Day, Bruce: 213, 246
Day, Dan: 36
Day, Gene: 98, 231, 319, 328, 357
Deborst, Jan: 258
Decaux, A.: 338
Dee, Ellis: 213
Dee, Michael: 357
Degotte, Charles: 118, 122, 125, 243, 292
Degroot (d. i. Bob Robert)
Deitch, Kim: 65, 96, 163
Deitch, Simon: 65
Dekker, Don: 319
Delann: 413
Delany, Samuel R.: 96
DeLara, Phil: 264, 266
Delbó: 244
Delbo, José: 35, 36, 160, 186, 328, 367, 370, 371, 377, 416, 438
Deleuran, Claus: 396
Deliège, Paul: 117, 118, 119, 121, 122, 125, 127, 132, 134, 135, 136, 217, 292, 293
Delinx, Mic (d. i. Michael Houdelinckx)
Delporte, Yvan: 37, 120, 333, 413

Demarc, Alfred: 242
Demeo, Mickey (d. i. Mike Esposito)
Demetrio: 145, 150, 361, 388
Demiani: 150
Demmer, Elly und Helga: 220, 221
Denayer, Christian: 447, 448, 451
Dennehy, Bill (d. i. Murray Boltinoff)
Dennis, Jim: 83
Deraze, Shann: 338
Deregoslei, K.-H.: 27
Derib (d. i. Claude de Ribeaupierre)
Desclez, Henri (auch Studio): 31, 102, 104, 109
Detlef: 16, 455
Detmold, Johann Hermann: 391
Deu: 145, 150, 361
Dewisme, Charles Henri (Ps.: Henri Vernes): 445, 450
Diament: 413
Dickenson, Fred: 17, 69, 70, 72, 250
Dickie, Peter: 416
Dierckx, Rik: 236, 237
Dierl, Arno: 21, 24, 221
Dietl, E.: 442
Dietrich, Paul: 67
Dill, Klaus: 38, 40, 253
Dillin, Richard (Dick) Allen: 25, 35, 146, 160, 186, 271, 328, 370, 371, 372, 373, 374, 375, 377, 408, 438
Din, Stanley George: 213
Dionnet, Jean-Pierre: 96, 165, 260, 338, 363
Dipreta, Tony: 83, 139
Dirks, John: 290
Dirx, J. Pit: 16
Disbrow, Jayson (Jay): 417, 418
Disney, Walter (Walt) Elias: 167
Diso, Roberto: 235
Dister, Alain: 413
Ditko, Steve (s. a. Stanton): 81, 83, 89, 96, 98, 139, 175, 177, 178, 179, 180, 181, 182, 183, 186, 190, 191, 316, 328, 355, 357, 358, 367, 370, 375, 377
Dittmann, Erich: 10, 61
Divito: 150
Dixon, John Dangor: 217, 310, 366
Djiang M.: 80
Djin Hsin: 225
Dmitrjuk, W.: 28
Dodd, Ed: 253
Dodd, Maurice: 36
Dombre, Arnaud (Ps.: Arno): 338
Domenech, Georges: 58, 170, 395
Domi, Dom: 242
Dominguez, Luis: 186, 371, 418
Donatelli, Franco (Frank): 222, 318, 344, 345, 389
Donnelly, Bob (d. i. Murray Boltinoff)
Doorn, Maria van: 30
Doré, Gustave: 174
Dorfman, Leo: 186, 367, 371, 372, 374, 377
Dorgathen, Hendrik: 455
Douay, Michel: 31, 99, 101, 102, 104, 236, 289, 326, 379
Douglas, C.: 374
Douglas, P.: 17
Dowling, Stephen (Steve) P.: 273, 323
Downs, Bob: 357
Doxsee, Richard: 89
Doyer, Alan: 215
Dräger, L.: 275
Draginčić, Slavko: 388
Drake, Arnold (Ps.: H. E. Arloff): 90, 180, 183, 186, 315, 357, 371, 377, 416
Drake, John: 371
Drake, Stanley (Stan) Allen: 173, 221, 273
Drappier, Franz (Ps.: Franz): 338
Draut, William (Bill): 186, 371, 375
Dreher, Ingo C.: 73
Dresser, Lawrence T.: 197
Dreves, Peter: 91
Driel, Toon van (Ps.: Toon): 380

Driesch, Ursula: 225
Drucker, Mort: 246, 247
Drühl, Jörg: 173, 351
Druillet, Philippe: 260, 338, 363, 413
Drummond, B.: 232
Dschang Tschen: 353
Dschao Hung-ben: 366
Dschou-li: 144
Dschou Si-tsung: 200
Dschung Dschi-tscheng: 285
Dschung Hsiän-tschang: 233
Dsi Tjiang: 301
Dsuo Yi: 233
Du We: 219
Dubay, William (Bill) Bryan: 213, 420
Dube: 420
Dubois, Gaylord: 14
DuBouillon: 230
Duc, H.: 121
Duchâteau, André-Paul: 268, 320, 447, 448, 451
Dudley, Ernest: 232, 245
Dudo, Fernand de: 285
Dübi, Carmen: 309
Duffy, Mary Jo: 231, 254
Dulcet, S.: 343
Duly, Jowis: 213
Dumas, Jacques (Ps.: Marijac): 455
Dumas, Jerry: 70
Dumm, Gary G.: 415
Dung Djü-Hsien: 335
Dunn, Saul: 158, 227
Dupa (d. i. Luc Dupanloup)
Dupanloup, Luc (Ps.: Dupa): 100, 101, 104, 109, 121, 445, 449, 450, 451
Dupé, Pierre: 413
Dupuis, Pierre: 456
Dupuy, Francois (Ps.: Volny): 414
Duranona, Leopoldo: 186
Duteurtre: 294
Duursema, Jan: 159, 438
Duval, Yves: 119, 243, 446, 447, 448, 449, 450, 451
Duveteux, Bernard le (Ps.: Bédu): 120
Dux, Jörg: 273, 391
Dworak, Peter: 365
Dzuban, Kevin: 357, 358, 359

Eaton, W.: 420
Ebel: 27
Eberli, J.: 210
Ebner, F.: 365
Eckardt, Pamela: 416
Eckert, Horst (Ps.: Janosch): 46, 204
Edelman, Scott Jeffrey: 161, 186, 254, 316, 357, 438
Edeltraut: 225
Edgington: 70
Edika: 413
Edmond: 258
Edward, Scott (d. i. Eli Katz)
Edwing, Don: 186, 213, 246, 247
Eeden, Trevor von: 32, 34, 35, 146, 370, 371, 377
Effel, Jean: 223, 244, 289
Effinger, George Alec: 83
Effros, Bill: 357
Egerbrandt, Nils: 210
Egg, Gerti: 13
Egon: 415
Ehrt, Harry: 57, 202, 215, 251, 252, 386, 435
Eichner, Marion: 96
E. I. S.: 150, 361
Eisele, Martin: 73
Eisenberg, Harvey: 263, 266, 271
Eisenhauer, E. A.: 221
Eisenkölbl, Kurt: 365
Eisermann: 232
Eisner, William (Will) E.: 68, 71, 229, 237, 360, 375, 422, 429
Ekeberg: 350
Elder, William (Will) W.: 240
Elias: 388
Elias, Leopold (Lee): 186, 358, 372, 374
Elischer, Ladislaus: 28

Elkin, Martin: 139
Ellison, Harlan: 96, 315
Ely, William (Bill) J.: 186
Emerson, Hunt: 413, 416
Emiades: 361
EN: 314
Endrödi, István: 84, 85
Eneg (d. i. Gene Bilbrew)
Engelmann, Gerda: 223
Engholm: 444
Englehart, Stephen (Steve) Kerfoot: 34, 36, 74, 139, 146, 234, 254, 316, 328, 357, 374, 377, 420, 438
Enriado: 150
Enrich: 41
Enriquez: 150, 361
Ensikat, Klaus: 46
Entelmann, J. Fr.: 225, 235
Epistolier, Théophraste (Ps.: Yves Frémion): 413
Eppert, Franz: 422
Eralp: 280
Erdmann, Ruth: 28
Erik (d. i. André Joly)
Erka (d. i. Ralf Kläsener)
Erling, George: 415
Ernst, H.: 76
Ernsting, Volker: 345, 346
Ertuǵrul: 150, 332, 361
Escolano: 150, 420
Escosia: 258
Esphid: 186
Espi, Coper: 343
Espinosa, Pedro: 145, 150, 361
Esposito, Michael (Mike) (Ps.: Mickey Demeo): 35, 97, 98, 175, 181, 190, 191, 234, 254, 269, 305, 315, 316, 342, 344, 355, 357, 358. 359, 368, 370, 372, 373, 374, 408, 438
EsseGesse-Studio (Z.: Giovanni Sinchetto, Pietro Sartoris und Dario Guzzon): 222, 308, 336, 395, 432
Esser, Marlene: 333
Estrada, Ricardo (Ric) Leon: 53, 83, 186, 328, 367, 370, 371, 372, 377, 438
Et: 269
Euler, Norbert: 246
Evanier, Mark: 186, 377, 389
Evans, George R.: 116, 196, 197, 198, 199, 363, 417, 418
Evans, Philip (Phil): 331
Everett, William (Bill): 83, 96, 175, 176, 177, 179, 183, 190, 191, 253, 341, 342, 343, 344, 355, 357
Evers, Klaus-G.: 67
Everson, Brad (d. i. Richard E. Hughes)
Ewers, Maria: 223
Ewig, Rainer: 73
Exter, Jan Dirk van: 339
Eyles, D. C.: 393, 394, 432

Fabe, Maxine: 186
Fabian: 225
Fabri, Léo: 16
Facade, Renaude: 415
Fagerström, Grethe: 294
Falco, Thomas (Tom) Philip de: 98, 191, 316, 328, 357, 358, 359, 367, 371, 372, 377, 438
Falk, Lee: 59, 60, 69, 70, 72, 250, 296, 297, 298, 313, 366, 409
Falkenberg, Erwin: 40
Falugi: 150, 152, 361
Fang Pengnian: 28
Fansky, N. A.: 70
Fantoni, Liliana: 382
Fariñas: 447, 449, 450
Farkas, Viktor: 14
Farrés, Vicente: 144
Farris, Joseph: 351
FAR-SE Studio (Z.: Pfarr, Secker und Schlacht): 173
Fauche, Xavier: 242
Fé: 216
Fechner, Amrei: 46

Fédor: 270
Fedory, Edward (Ed): 186
Feiffer, Jules: 351
Feininger, Lyonel: 220
Feito, E.: 233, 389
Feldmann, C.: 93
Feldmann, Rötger (Ps.: Brösel): 351, 455
Felix, Philip (Phil): 35, 146, 161, 328, 367, 370, 372, 377, 438
Feng I-Fu: 248
Fenuma: 201
Fenzo, Stelio: 389
Fernandez: 145
Fernández, Fernando: 111, 252, 338, 366, 420
Ferrandez, Jacques: 338
Ferrer: 150, 361
Ferri, Gallieno: 235, 325
Fersen, N.: 455
Feustel, G. 28
Fielding, Derek: 388, 389
Figueras, Alfons: 303, 304
Filipov, Ljubomir: 349
Finger, William (Bill): 186
Fingeroth, Danny: 316
Fischer, Karl: 27
Fischer, Karl (Ps.: Cefischer): 287, 288, 301, 302
Fischer, Ludwig: 117
Fischerkoesen, Hans: 339
Fite, Linda A.(d. i. Linda Trimpe)
Fix, Philippe: 278
Flaubert, Gustave: 338
Fleagle: 413
Fleher: 67
Fleischmann, Michael: 186
Fleisher, Michael (Mike) Lawrence: 34, 35, 36, 186, 231, 357, 370, 372
Flemig, Kurt: 99, 306
Fleming, Homer: 196, 198
Fleming, Ian: 68, 69
Flenniken, Shary: 260
Flores: 145, 150, 361
Florese, Rudy: 186, 388
Flury: 230
F'murr (d. i. Richard Peyzaret)
Foerster, Philippe: 413
Förster, Gerhard (Rasputin): 273
Font, Alfonso: 429
Font, Senhor: 310
Fontes, Ron: 370, 372
Forbes, Tom, 213
Forbush, Irving: 97, 176, 395
Forent: 338
Forest, Jean-Claude: 30, 280, 365, 409
Forns: 58, 145, 150, 170, 361, 395
Forster: 441, 442
Forte, John: 139, 190, 274, 411, 418
Forton, Gerald: 336, 370
Fosdick: 413
Foster, Bob M.: 74
Foster, Harold (Hal) Rudolph: 13, 68, 70, 72, 121, 122, 220, 240, 298, 309, 310, 311, 312, 313, 386, 447, 451
Fountis, Philip: 168
Fournier, Jean-Claude: 118, 135, 293
Fox, Gardner F.: 25, 35, 83, 139, 160, 190, 328, 370, 377, 408
Fradon, Ramona: 186, 253, 369
Franchioni, Arnoldo: 246
Francis (d. i. Francis Bertrand)
Franco (d. i. Franco Aloisi)
Francotte, J. Ch.: 451
Frank (d. i. Frank Rori)
Franke: 107
Franke, André: 68
Franke, Fred: 364
Franklin: 189
Franquin, André: 99, 103, 105, 108, 118, 120, 121, 122, 123, 125, 126, 127, 129, 132, 134, 135, 136, 170, 214, 217, 242, 303, 309, 412, 413, 415
Franz (d. i. Franz Drappier)

Franz, Xaver: 220, 221
Frazetta, Frank: 72, 246, 344, 429
Fred (d. i. Aristhides Othon)
Fredericks jr., Harold (Fred): 53, 77, 235, 250
Freeman, George: 191
Freiberg, Peter: 25
Freitag, Hajo: 67
Freixa, Carlo: 258
Frello, Otto: 95
Frémion, Yves (d. i. Théophraste Epistolier)
Fremura, Alberto: 46
Frenz, Ron: 231, 232, 357, 358, 359
Frey, R.: 230
Friebel, I.: 28
Friebel, U.: 16
Friedrich, Gary E.: 139, 178, 179, 180, 191, 315, 341, 342, 343, 344, 357
Friedrich, Hartmut: 219
Friedrich, Michael (Mike): 35, 36, 269, 374, 408
Frisano: 435
Fritsche, Burkhard: 286
Frohner, Stefan: 365
Fromm, Lilo: 277
Frommer, Michael: 296
Frost, Kevin: 139
Frutkoff, Gary: 412
Fu To: 248
Fuchs, Martin: 436
Fuchs, Peter (Ps.: Fuchsi): 14, 455
Fuchs, Wolfgang J.: 290
Fuente, José Luis de la (Ps.: Chiqui): 122, 169, 223, 442, 450
Fuente, Ramòn de la: 66
Fuente, Victor de la: 66, 150, 361, 446, 447, 451
Füsser, Hans: 203
Fujitani, Robert (Bob): 14, 81
Fuller, John M.: 186
Funcken, Fred und Liliane: 185, 269, 296, 306, 399
Fung jr., Paul: 16, 274, 366
Funke, Jürgen: 275

Gaasch, Cl.: 250
Gaff, Irv W.: 231
Gafford, Carl: 23, 32, 34, 96, 146, 158, 161, 231, 328, 367, 370, 371, 372, 375, 377, 438
Gal, Jean-Claude: 260, 338, 363
Galep (d. i. Aurelio Galleppini)
Galileo: 101, 429
Gall, Yvon le: 382
Gallardo: 413
Galleppini, Aurelio (Ps.: Galep): 183, 344, 395
Galvez, Badia: 388
Gamba, Francesco: 118, 290, 299
Gamba, Pietro: 94, 222
Gambiotti, Giorgio (s. a. Giolitti Studio): 293
Gammill, Kerry: 231, 254, 357, 358, 359
Gan Li-yue: 146
Gan, Stan: 234, 355
Gan, Steve: 74
Gan Wu-yän: 144
Gan Wuyan: 82
Ganswindt, Manfred: 365
Gantz, David: 83
Gao Yang: 28
Gao Yü-bao: 144
Garcia, Louis: 330
Garcia-Lopez, Jose Luis (Ps.: Lopez): 32, 34, 36, 186, 328, 370, 371, 372, 374, 375, 377, 416, 420, 438
Garel, Roland: 41
Garion: 145
Garmendia: 150, 361
Garofalo: 446
Garvey, Brian: 86
Gary, Jim: 59, 70, 298
Garzon, Carlos: 137, 231, 232
Gasbarri, Fabio: 365
Gascard, Gilbert (Ps.: Tibet): 268,

270, 321, 447, 448, 450, 451,
Gasparovic, Damir: 21
Gately, Geo: 210
Gaty, Christian: 322
Gavin, Jay (d. i. Werner Roth)
Gavioli, Gino: 171
Gay, Claude-Bernard: 260
Geary, Rick: 413, 416
Gebert, Helga: 46, 201, 455
Gebhard, R.: 28
Geelen, Harrie: 443
Geerdes, Clay: 412
Geesink, Joop: 352, 449, 450
Gégé: 413
Geisler, Ralf: 119, 309
Gelfer, Lynne: 328
Gemberg, Michael: 338
Gems: 162
Gentile, Sal: 137
Gentina: 243, 244
George, David (d. i. Leo Dorfman)
George, Happy: 273, 274
George, Susan: 331
Georges, Francois (Ps.: Georges Chaulet): 210, 422
Geradts, Evert: 412, 414, 415
Gerani, Gary: 305
Gérare: 413
Gerber, Hannes: 441
Gerber, Peter: 162
Gerber, Stephen (Steve) Ross: 83, 90, 139, 316, 372,
Gere: 162
Gerhardt: 16
Gerin, L.: 338
Gerlach, Wolf: 249
German: 304
Gernale, Buddy: 186
Gernhardt, Robert (Ps.: Lützel Jeman): 206, 307, 334
Géron, Jacques: 448
Gerson, Marlies: 254
Gewessler, Peter: 46
Gherlizza, Egidio: 244, 400
Giacoia, Frank B. (Ps.: Frank (Frankie) Ray und Phil Zupa): 32, 35, 36, 96, 97, 139, 160, 161, 176, 179, 181, 186, 190, 191, 231, 315, 316, 328, 342, 355, 357, 358, 359, 370, 372, 374, 375, 376, 395, 438
Giau Ju-bau: 28
Gibbons, David (Dave): 32, 161
Gibrat, Jean Pierre: 413
Gibson, Gwen: 12, 20, 89, 320
Gielen: 67
Giella, Joe: 32, 36, 160, 161, 186, 328, 367, 370, 371, 372, 374, 375, 377, 408, 438
Gieter, Lucien de: 121, 122, 125, 243, 292, 293, 309
Giffen, Keith: 328, 367, 375, 377, 438
Giffey, René: 58, 164
Gigi, Robert: 303
Gil (d. i. José Larraz)
Gil, Armando: 191 371
Gilbert, Steve: 412
Gill, Joe: 186
Gill, Tom: 235
Gillain, Joseph (Ps.: Jijé): 135, 170, 205, 242, 272, 447, 449, 450
Gillain, Laurent (Ps.: Lorg): 447, 449
Gillain, Philippe: 205
Gillis, Peter: 254, 316, 358
Gillon, Paul: 338, 366, 409
Giménez, Carlos (Ps.: Jiménez): 14, 101, 303, 310, 330, 404, 415, 416, 445, 450, 451
Giménez, Juan: 152
Giolitti, Albert (auch Studio, Z.: u. a. Lina Buffolente und Giorgio Gambiotti): 14, 38, 58, 90, 99, 101, 145, 150, 221, 229, 236, 237, 241, 270, 293, 318, 320, 349, 361, 387, 388, 390, 395, 411, 416, 433, 440
Giordan, Raoul und Robert: 260, 261, 431

Giordano, Richard (Dick) J. (s. a. Adams-Giordano Studio): 23, 26, 32, 34, 35, 36, 49, 74, 146, 161, 234, 253, 270, 325, 328, 370, 371, 372, 373, 374, 375, 377, 408, 438
Giovannetti, Pericle Luigi: 255
Giovanni: 450
Gir (d. i. Jean Giraud)
Giraud, Jean (Ps.: Gir und Moebius): 96 157, 158, 205, 238, 260, 269, 314, 338, 363, 375, 429, 446, 448, 449, 450, 453
Gire, Eu. (d. i. Eugène Giroud)
Girgl: 442
Giro: 388
Giroud, Eugène (Ps.: Eu. Gire): 56
Giroud, Michel Paul: 56
Giunta, John: 160, 186
Glanzman, Samuel (Sam) J.: 49, 50, 116, 186, 418
Glassford, Don: 415
Gleis, Ulrich: 73
Gluck, Wolfgang: 67
Gluschke, Torsten: 21
Glut, Donald (Don) F.: 14, 186, 231, 316, 358, 359, 420
Godard, Christian: 66, 102, 104, 106, 109, 114, 121, 253, 338, 409, 449
Godwin, Francis (Frank): 60, 216
Göschl, Klaus: 409
Goethe, Johann Wolfgang von: 85
Goettle, Gabriele: 335
Götze, Michael: 86, 95, 169, 171, 213, 214, 285, 294, 302, 404, 422, 423, 435, 452, 454
Goffe, Toni: 434
Goger, Bill: 246
Goha: 142
Gohs, Rolf: 331
Gola, Lloyd: 246
Goldberg, Isolde: 46, 283
Goldberg, Petra: 231, 355
Golden, Mike: 35, 36, 97, 186, 231, 254, 357, 370, 372
Goldenhorn: 150, 361
Goldsmith, Howard: 416
Goldstein, Izzy: 438
Goller, Fritz: 82
Golz, K.: 27
Gomboli, Mario: 419
Gomez: 361
Gonano: 446, 450
Gonick, Larry R.: 147
Gonzales, Adrian: 32, 328, 370, 372, 374, 377
Gonzales, José: 252
Gonzales, Ramon: 145, 150, 361
Gonzalez, F. J.: 388, 389
Gonzalez, Jose: 420
Gonzalez, Pepe: 292
Good, Elmar: 162
Goodwin, Archie: 16, 21, 34, 83, 97, 178, 179, 180, 182, 183, 191, 221, 231, 232, 254, 341, 355, 357, 358, 359, 370, 377, 420
Goossens, Daniel: 413
Goossens, Roland (Ps.: Gos): 37, 409
Gordon, Al: 254, 316, 357, 358
Gordon, Eva: 84, 85
Górny, Alfred: 154
Gos (d. i. Roland Goossens)
Goscinny, René: 25, 72, 99, 103, 118, 119, 120, 135, 156, 170, 202, 217, 241, 242, 268, 269, 309, 443, 446, 448, 449, 450
Gosnell, Kelvin: 158, 159
Goßmann, Franz: 91
Got, Yves: 351
Gotlib (d. i. Marcel Gotlieb)
Gotlieb, Marcel (Ps.: Gotlib): 165, 314, 413, 429
Gottfredson, Floyd: 194, 263, 264, 266
Goulart, Ronald (Ron) Joseph: 83, 140
Gould, Chester: 70

Gourmelen, Jean-Pierre: 157, 158, 338
Grae: 416
Graff, Mel: 49, 50
Graham, Alex: 439
Graham, Lorenz: 199
Grainger, Sam: 98, 182, 315, 316, 357, 359
Grana: 150, 361
Granch, H. C.: 75
Grandenetti, Jerry: 176, 186, 213, 355, 420
Grant, Steven: 316, 358
Grassi, Alfredo J.: 273
Grasso, Mario: 260
Graton, Jean: 87, 185, 209, 261, 268, 296, 306, 446, 448, 449, 450, 451
Gratsch-Dorner, Innichen: 220, 221
Gray, Clarence: 53, 250
Gray, Harold: 70
Grecchi, Luigi: 384
Green, Al: 191
Green, Dan: 97, 140, 254, 316, 357, 358
Green, Richard »Grass«: 415
Greene, Alfonso: 341
Greene, Sidney (Sid): 26, 161, 328
Greenwood, Nat: 70
Greg (d. i. Michel Regnier)
Greg: 416
Gregory, L. P.: 355
Grell, Michael (Mike) Jon: 33, 158, 159, 161, 269, 370, 371, 372, 375, 377, 438
Grenshaw, George: 445, 450
Greve, Gesine: 67
Grey, Zane: 59
Griessbeck, Robert: 152
Griffel, Rudolf: 165
Griffin, Rick: 163, 260, 315, 413
Griffith, Bill: 413, 415, 416
Griffiti: 453
Gris: 441
Grohs, Johannes: 22
Gronudi: 427
Groot, Bob de (siehe: Bob Degroot)
Grosa, Torre: 64, 99
Gross, C. Knig: 412
Gross jr., Sam: 213
Groth, Bernhard: 30, 172, 219, 332, 364, 382
Groux, W. Yves: 385, 386
Grove, Pit: 246, 332
Grube, H.: 28
Gruber, Andreas: 273
Grünewald, Dietrich: 273
Gruenwald, Mark: 192, 254, 316, 357, 358
Grupo Premia 3: 68, 310
Gu Bing-hsing: 353
Gu Dseng-ping: 334
Gu Liän-tang: 285
Gu Ping: 301
Gual, Jose: 100, 310, 443, 445, 449, 450
Guanlao, Ernie: 186
Guardineer, Frederic (Fred): 308, 343
Guarnieri, Giovanni: 53
Guay, Jean le (Ps.: Jano): 413
Günter, Bernd: 28
Günther, Jürgen: 27
Guerney, Alec: 46
Gürtzig, Inge: 28, 381
Guhl, Klaus-Dieter: 168
Guice, Butch: 86
Guilmard, R.: 121, 445, 447, 450
Guirado: 145, 150, 236, 237, 361
Gulacy, Paul: 234, 363
Gulbransson, Olaf: 195
Gumen, Sururi: 213
Gusselin, André: 380
Gutierrez, Domy: 186
Gutmann, Michael: 173, 416
Guzmán: 162
Guzman, Albert (Al) de: 161, 328, 367, 370, 371
Guzzon, Dario (Z. beim EsseGesse-Studio): 308

Haasteren, Jan van: 214
Haag, Thomas: 173, 416
Haase, Hellmut: 96
Hachel (d. i. Hubert Lambert)
Haëm, Hans: 152
Hämmerle, Wilhelm: 85
Hagen, Hans Rasmus: 67
Hahn, Herbert: 10, 203, 325
Hahn, Rochus: 88
Hain, Günter: 27
Halas, John und Paul: 165, 244, 256, 360
Hall, Robert (Bob): 98, 254, 316, 357, 358
Haller, Bernard: 413
Hallgren, Gary: 152
Halmos: 338
Halter, Claude (Ps.: Kadett): 162
Hama, Larry: 231
Hambach, Richard: 27, 28
Hamme, Jean van: 91, 303, 451
Hammerich, Inge-Maren: 58
Hample, Stuart (Stu): 71, 87, 88
Hanan, Harry: 70
Hanck, Sigrid: 46
Handlgruber-Rothmayer, Veronika: 221
Hands, M.: 357
Hanerfeld, Mark: 186
Haney, Robert (Bob): 33, 34, 35, 36, 146, 161, 186, 370, 371, 372, 374, 375, 377, 438
Hanna, William (s. a. Hanna-Barbera-Studio)
Hanna-Barbera-Studio (s. a. Joseph (Joe) Barbera und William Hanna): 29, 76, 81, 94, 162, 189, 206, 276
Hannigan, Edward (Ed): 36, 98, 192, 305, 319, 357, 358
Hansen, Pete: 69
Hansen, Vilhelm und Carla: 295
Hansson, Gunilla: 294
Hao Shih: 248
Harder, Alexander: 76
Hardy, Marc: 122, 451
Hargreaves: 419
Harkins, Tim: 367
Harlé, Laurence: 157, 158
Harman, Fred: 433
Harmon, Larry: 49, 78, 79, 434
Harms, Dieter: 201, 455
Harms, Rüdiger: 89, 201
Harper, Clifford Peter: 66
Harris, John (Jack) C.: 33, 36, 161, 187, 328, 370, 371, 372, 375, 377, 438
Hart, E. H.: 244
Hart, Ernest (Ps.: H. E. Huntley): 180, 182, 183
Hart, Johnny: 8, 69, 70, 71, 72, 87, 88, 351, 419, 446, 450
Hart, Stan: 246
Hartl, Gerta: 221
Hartley, H. Allen (Al): 140, 183, 315, 342, 343, 395
Hartmann, Heinz: 134
Harvey, W. F.: 187
Hasan: 150, 361
Haselmann, Peter: 15, 429
Hasen, Irwin Hanan: 187
Hatlo, James (Jimmy): 54, 99, 298, 313
Hau: 280
Hau, Helge: 405
Hau, Michael (Ps.: Michaelis): 423
Hauck, Werner: 421
Hauser Company: 412, 416
Hausman: 413
Haux: 67
Havlik, Ernst: 240, 365
Hayes, Robert: 165
Hazel, Chester: 187
Hazét: 41
Hé, Dominique: 338, 363
Heames, David: 196, 197, 199, 363
Heath jr., Russell (Russ): 140
Hebel, Johann Peter: 85
Hébert, F.: 67

Heck, Don: 23, 33, 36, 83, 89, 140, 147, 161, 176, 177, 178, 179, 180, 181, 182, 183, 187, 190, 192, 253, 254, 315, 316, 328, 341, 342, 343, 355, 357, 370, 371, 377, 395, 416, 438
Hegen, Hannes: 275, 276
Heidacker, Gudrun: 165
Heide, Dorul van der: 117
Height, Lefty: 213
Heiking, Stefan: 68
Heil, Günther: 162
Heiliger, Charlotte: 28
Heinz, Hermann Wilhelm (Bob): 55, 68, 76, 100, 142, 166, 183, 184, 185, 202, 204, 205, 211, 244, 272, 302, 304, 407, 441
Held, Hans: 424
Hellmich, Friedrich: 22, 416
Hembeck, Fred: 358
Hempay, Guy: 379
Henares: 150
Henderson, George: 420
Henkel, Vernon (Vern): 140
Henpe, B.: 384
Henson, Teny: 187
Heras, Arturo: 21
Hercsuth, Attila: 273
Hergé (d. i. Georges Remi)
Hermann (d. i. Hermann Huppen)
Hermann, Julius 116
Hernandez: 361
Herndon, Larry: 420
Herriman, George: 70, 230
Herring, Dave L.: 415
Herron, France Edward (Eddie): 408
Herst: 30
Hertel, Andy: 222
Herzig, Thomas: 334
Herzog, Christoph: 168
Herzog, Guy (Ps.: Bara): 121, 209, 303, 400, 419, 446, 447, 451
Herzog, Michael: 67
Hess, Dirk: 236, 293
Heyer, D. und P.: 306
Hicks, Arnold Lorne: 196, 197
Higgs, Mike: 346
Hill, Tom: 253
Hillmann, Hans: 9
Hin, Ch.: 443
Hinze, E.: 28
Hipkiss, G. L.: 75
Hipp, Jean: 161
Hippe, Wolfgang: 286
Hisauchi, Michio: 338
Hitler, Adolf: 257
Hius, Arnold: 141
H. J. V.: 214
Ho Yü-men: 225
Ho Yu-chih: 65, 248
Hoberg, Rick: 35, 98, 147, 161, 231, 358, 359, 377
Hoche: 441
Hodge, Paul: 140
Högerle, Eberhard: 85
Höllen, Dieter: 246
Hoest: 213
Hofer, Polo: 162
Hoffmann, Arnold: 412, 415
Hoffmann, Horst: 73
Hoffmann, Pete: 274
Hoffmann's Comic Theater: 50
Hogarth, Burne: 83, 155, 383, 384, 386, 388
Hoier, Heiner H.: 16, 241, 435
Holdaway, Jim: 69, 70, 71, 221, 273, 354
Holl, Christian: 73, 364
Holley, Lee: 71
Holly, Joan Carol Hunter: 416
Holmes, Randolph (Rand) H.: 338, 412, 413, 414, 415
Holtrop, Bernhard Willem (Ps.: Willem): 275
Holzbrücke, Georg (d. i. George Woodbridge)
Hoolahan, Nansi: 161
Hopen, Stuart: 187

Hopf, Andreas: 274
Hopf, Angela: 243, 274
Hopfe, Peter: 67
Hoppe: 443
Hortelano: 93
Horvath, Tibor: 27
Horx, Matthias: 351
Houdelinckx, Michel (Ps.: Mic Delinx): 102, 104, 106, 109, 449
Howard, Robert E.: 74, 81, 140
Howard, Wayne Wright: 187
Hsia Hui: 65
Hsiao Jen: 144
Hsin Sheng: 248
Hsü Chin: 248
Hsü Jung-tschu: 285
Hsü Yung: 285
Hu Bo-dsung: 212
Hu Tsu-ch'ing: 248
Huang-Dscheng: 144
Hubbard. Allan (Al): 263, 264, 266, 271, 272
Hubbell, Carl: 341, 342
Hubinon, Victor (d. i. Victor Hughes)
Hubuc (d. i. Roger Copuse)
Hübbe, Astrid M.: 46
Hürzeller, Peter: 351
Huéscar: 144
Huff, Hartmut: 140
Huffespoke, Hugh F. (d. i. Helmut Nickel)
Hughes, Richard E. (Ps.: Curt Carpenter, Brad Everson, Greg Olivetti und Shane O'Shea): 81, 175, 249
Hughes, Victor (Ps.: Victor Hubinon): 170, 320, 327, 447, 450
Hugot: 413
Hugues, Francoise: 211, 446, 450
Hulet, Daniël: 447
Humbert, Helmuth (d. i. Helmut Nickel)
Humphrys, Dave: 192
Hung Jen: 280
Hunt, Andrea: 355
Hunt, David (Dave): 33, 36, 98, 161, 187, 192, 328, 355, 357, 358, 367, 370, 371, 372, 375, 377, 438
Hunter, Head: 246
Huntley, H. E. (d. i. Ernest Hart)
Huppen, Hermann (Ps.: Hermann): 157, 158, 159, 269, 445, 446, 448, 449, 450
Huschka, Peter: 338
Husmann: 67
Husser, André: 69
Huth, H.: 122
Huth, Werner: 423
Huwer, Jan: 287

Ibañez, Francisco: 66, 67, 100, 102, 103, 105, 107, 108, 110, 405
Iber: 346
Igente, Johnny D.: 187
Ignatius, Alex: 252
Ihme, Burkhard: 320
Illitch, C. R.: 246
Infante: 145, 150
Infantino, Carmine M.: 33, 35, 83, 86, 159, 161, 191, 231, 328, 358, 367, 371, 372, 377, 408
Ingam (d. i. Enzo Magni)
Ingels, Graham: 41, 197, 417, 418
Ingersoll, Robert: 187
Iocet, H. A.: 109
Iorio, Medio: 196, 362
Ippolito, Marylyn: 214
Ipsen, Per: 67
Irons, Greg: 165, 189, 226, 260, 315, 412, 413, 415
Irving, Washington: 420
Isabella, Anthony (Tony) Louis: 140, 316, 358
Isac: 150
Isenberg, J.: 67
Istanbul Studio: 150, 361
Izzo, Jean: 341

Jackson, Jack (Ps.: Jack Jaxon): 165,

189, 228, 412, 415
Jacobs, Edgar Pierre: 12
Jacobs, Frank: 246
Jacobson jr., John: 187, 420
Jacobsson, Oscar: 15, 46, 70
Jacovitti, Benito Franco: 67, 90, 209, 351, 366
Jacoby: 30
Jacquette, Rodolphe (Ps.: Rodolphe): 339
Jäger, H.: 306
Jägersberg, Otto: 138, 154, 237, 238, 330
Jaffee, Allan (Al): 214, 246, 247
Jagelitz, Rasmus: 51, 147, 172, 173, 207, 208, 299, 300, 301, 346, 347, 348, 402, 403
Jahncke, Heiner: 352
Jakes, John: 74, 140
Jakobsohn, Eduard: 73
Jameson, Barry (d. i. Paul Levitz und David Michelinie)
Jana, Caramit: 150
Janco: 150, 361
Janes, James (Jim, Jimmy): 358, 367, 371, 372, 377, 415
Janke, Dennis: 187, 378
Jannin, Frédéric: 413
Jano (d. i. Jean le Guay)
Janosch (d. i. Horst Eckert)
Janson, Klaus: 33, 34, 36, 140, 187, 192, 254, 319, 328, 357, 370, 375
Jansson, Tove und Lars: 277, 366
Jarry, Ch.: 269
Jaxon, Jack (d. i. Jack Jackson)
Jazdzewski, E.: 28
Jean-Pol (d. i. Jean-Pol Broeck)
Jeffery, Graham: 42
Jefko: 250
Jelinski, Andreas: 416
Jeman, Lützel (d. i. Robert Gernhardt)
Jenney, Robert (Bob) L.: 76, 197, 363, 394, 420
Jensen, Dennis: 36, 161, 328, 367, 372, 378
Jéronaton (d. i. Jean Torton)
Jetter, Al: 146, 285, 432
JFKLN: 453
Jian Wen: 82
Jidéhem (d. i. Jean de Mesmaeker)
Jijé (d. i. Joseph Gillain)
Job (d. i. André Jobin)
Jobin, André (Ps.: Job): 441
Jochen, E.: 67
Jodloman, Jess M.: 71, 187
Jodorowsky, Alexandro: 338
John, Patricia St.: 12, 20, 89, 320
Johnson, David: 305
Joly, André (Ps.: Erik): 16, 113, 114, 274, 289, 326, 379
Jonas, Edith (d. i. Edith Oppenheim)
Jones, Arvell Malcolm: 371, 378, 438
Jones, Bob: 246
Jones, Bruce: 33, 338
Jones, Jeffrey (Jeff) Durwood: 53, 205, 338, 412, 429
Joop (d. i. John le Noble)
Jordan, Sydney: 71, 205
Joredo: 213
Josip: 443
Jost, Torsten: 67
Jou, F.: 215
Juanola, C.: 259
Jürges, Jürgen: 333
Julian: 39, 101
Julino, Florian: 117, 219
Jung, Armin: 73
Junge, Jens: 273, 274, 354
Jurgens, Dan: 36, 159
Justen, Al: 140

Kaar, Don: 187
Kadett (d. i. Claude Halter)
Kadzik, G.: 346
Kahn, Iso: 363
Káhnán, Jenö: 84
Kaip, Boris: 82, 442
Kaiser, Peter: 68

Kalamaras, Antonis: 351
Kalenbach, Dieter: 447, 448, 451
Kaltenbach: 210
Kaluta, Michael (Mike) William: 187, 375
Kamagurka (d. i. Luc Zeebroek)
Kamen, Jack: 41
Kane, Gil (d. i. Eli Katz)
Kane, Robert (Bob): 60, 370
Kanigher, Robert (Bob): 34, 36, 187, 229, 371, 372, 374, 378, 388, 408, 438
Kara (d. i. Branco Karabajic)
Karabajic, Branco (Ps.: Kara): 117, 120, 121, 122, 123, 124, 125, 126, 127, 128, 129, 130, 131, 132, 133, 135, 136, 293
Karin: 375
Karisha: 329, 367, 372, 438
Karnath, Hildegard: 200
Karpat, E. von: 455
Kasakove, David: 187
Kashdan, George: 90, 187
Kassau, Sven Ove: 326, 391, 417
Kaster, Petra: 253
Kastner, Christian: 289
Kastner, Gero: 289
Katz, Eli (Ps.: Scott Edward und Gil Kane): 26, 34, 35, 36, 73, 81, 83, 160, 161, 177, 180, 181, 190, 192, 269, 319, 329, 355, 357, 358, 359, 370, 372, 378, 408
Kauka Comic Productions: 48, 92, 117, 123, 243, 277, 354
Kawecki, Annette: 161
Kellas, Ian: 331
Keller, Jack: 255, 342, 343
Kellermann, R. Walter: 300, 346, 347, 348, 349
Kellermann, Wolfgang: 173
Kelley, Bill: 187
Kellner, Werner: 67
Kellog, L. B.: 370, 372, 378
Kelly (d. i. John Severin)
Kelly, Walter (Walt) Crawford: 70, 306
Kempf, Felicitas: 250
Kennel, Beat: 321
Kent, Jack: 246
Kerac, Branislav: 388
Kerschbaumer, Anna: 220
Kersten, Detlef: 351
Kersten, Werner: 84, 273
Kersting, Tim G.: 424
Kesen, Nihat: 413
Ketcham, Henry (Hank) King: 87, 88, 100, 101, 102, 104, 105, 106, 107, 109, 110, 113, 269, 346, 409
Khivez, R.: 213
Kidd, Lenot: 161
Kiefer: 322
Kiefer, Henry Carl: 196, 197, 198, 362
Kiefersauer, Hans (Hansi): 416, 455
Kienbeck, Norbert: 67
Kiesel, Reinhard: 409
Kieser, Jürgen: 27, 116
Kiesewetter, Rolf H.: 62
Kiko (d. i. Roger Camille)
Killeen, Bill:40
King, Ed: 232
Kinney, Jay: 260, 273, 414, 416
Kinstler, Everett Raymond (Ray): 341, 418
Kip, Ley: 125
Kiraz, Edmond: 240
Kirby, Jack (d. i. Jack Kurtzberg)
Kirchner, Paul: 187, 338, 416
Kirschen: 214
Kitchen, Denis: 260, 273
Klaczak, Ken: 378
Kläsener, Ralf (Ps.: Erka): 448
Klaus: 162, 412
Klein, Doug: 438
Klein, George D.: 97, 179, 315, 373, 375
Klein, Patty: 214
Klein, Todd: 33, 35, 36, 147, 158,

161, 329, 367, 370, 371, 372, 373, 375, 378, 438
Klemke: 142
Kliban, B.: 96
Kline, R.: 41, 236, 336, 442, 443
Kling, Bernhard (Bernt): 293
Klingberg, Eva: 339
Klinke, Manfred: 119
Klöpfel, Horst: 27, 28
Kloss, H.: 28
Kloss, Hans: 346
Klusemann, Georg: 46
Kmoch, Ladislavs (Ludwig): 339, 365, 409
Kmölniger, Elisabeth: 335
Kneifel, Hans: 293
Knerr, Harold Hering: 54, 70
Knigge, Andreas C.: 231
Knoop, Dr. Wilhelm: 10, 11
Knotzinger, Richard: 410
Kny, Gerhard A.: 365
Koch, Rolf B.: 289
Kochan, Stano: 246, 351
Köhli, Urs: 162
Koeleman, J. H.: 12
König, Anton: 213, 214
König, Christoph: 421
König, Ralf: 332
Köpf, Steffen E.: 21
Körber, Henry: 168
Körner, Heinz: 218, 277, 441
Kofler, Werner Reinfried: 22
Kohl, Dieter: 208, 285
Kohlhoff, Willi (Ps.: Bill Chess): 189, 323, 324, 364, 394, 395, 431, 432
Kohlsaat, Roland: 207, 209
Koller, Leopold: 410
Koontz, Dean R.: 416
Kordon, Renate: 93
Korge, G.: 412
Korn, Ilse: 27
Kornblum, M. M.: 31, 117
Korok, N. (d. i. Don Rico)
Kortmann, Erhard: 41, 56, 279, 321
Kortum, Roger: 67
Kosak, Berthold: 168
Koser, Martin: 306
Koser-Michaels, Ruth: 306
Kossatz, Hans: 46, 234, 352, 434
Kostanjsek, Vjekoslav: 122, 123, 134, 243
Kotzke, G.: 67
Koza, K. H.: 155
Krähenbühl: 230
Kraft, David Anthony: 98, 191, 254, 357, 359, 370, 372, 378
Krause, Otto: 86, 95, 423
Kresse, Bill: 213
Kresse, Hans George: 201, 442
Kretschmer, Michael (Mike): 65
Krewal: 351
Krigstein, Bernard B.: 41
Krisp, Peter: 243
Krüger, Helmut: 364
Krüger, Siggi: 412
Kruis, Jan: 417
Krumbach, Walter: 27
Krumme, Raimund: 220
Kruse, Werner (Ps.: Robinson): 226
Ku Ping-hsin: 65
Kuang Ming-yin: 233
Kube: 392, 394
Kubert, Adam: 33, 35, 161, 367, 378, 438
Kubert, Joe: 84, 343, 370, 372, 378, 387, 389, 408
Kübler, Hansjörg: 230
Küffer, Beat: 391
Künstlerkollektiv der chinesischen Akademie für bildene Kunst: 92
Kuhn, Chas.: 54, 60, 99, 298, 313
Kuhn, Pieter Joseph (Ps.: QN):11, 62
Kultzscher, K.: 88
Kumulus-Studio (siehe Rolf Boyke)
Kunkel, William (Bill): 187, 358, 371, 378
Kunsti, Berta: 220
Kupny, Gunter: 73

Kupperberg, Alan Edward: 97, 98, 231, 254, 316, 357, 358
Kupperberg, Paul: 33, 36, 147, 161, 187, 329, 367, 370, 371, 372, 373, 374, 378, 438
Kuppinger, J.: 93
Kure: 162
Kuriger, Bice: 230
Kurtzberg, Jack (Ps.: Jack Kirby): 83, 89, 97, 98, 140, 175, 176, 177, 178, 179, 180, 181, 182, 183, 187, 190, 191, 192, 198, 199, 234, 253, 255, 315, 316, 341, 342, 343, 355, 357, 358, 359, 375, 395, 418
Kurtzman, Harvey: 240
Kurtzman, Meredith: 412, 415
Kurzrok, Allan (Al): 342, 343
Kusnezow, Konstantin: 203, 401
Kutscher, Vollrad: 234
Kwach: 230
Kweskin, Samuel (Sam): 140, 316

Lacoste: 445, 451
Lacroix, Claude (Ps.: Alias und Tartempion): 338, 414
Lagas: 118, 121, 122, 136
Lahr, G.: 27
Laiken, Paul: 315
Lalia: 150, 361
Lamartine, J.: 378
Lambert, Hubert (Ps.: Hachel): 442, 445
Landgraf, Ken: 187, 329, 371, 372, 374
Landolfi, Lino: 57, 102, 104, 106, 107, 109
Lang, Ernst Maria: 456
Lang, Ewald (Ps.: Philip): 416, 455
Langenfass, Evi: 69
Langenfass, Hansjörg: 69, 82
Langton, Dennis (d. i. Basil Wolverton)
Lankor, Edit: 16
Lantz, Walter: 163, 430, 453
Lapointe, Claude: 427
Lardner, Walt: 213
Larkin, Bob: 232, 254, 305, 319
Larraz, José (Ps.: Gil): 211, 291, 434
Lasky, Mark: 187
Lasswell, Fred: 70, 221, 255, 447
Laubi, Hugo: 13
Lautenschläger, Franz: 13
Lautenschläger, Joachim: 67
Lauzier, Gérard: 29, 351, 414
Lavano, Joaquin Salvador (Ps.: Quino): 205, 248, 351, 419
Laverdure, O.: 448, 449, 451
Lavezzolo, Andrea: 222, 299, 308
Lawrence, Donald (Don) Southam: 158, 159, 226, 227, 366, 410
Lawrence, Ed: 305
Lawrence, James (Jim) Duncan: 70
Lawrence, Mort: 83, 140
Lax: 338
Laymilie (d. i. Jean-Luc Vernal)
Layton, Bob: 147, 187, 192, 329, 357, 372, 378, 438
Lazarus, Mell: 69, 70, 71
Léandri, Bruno: 414
Leandro: 150
Lecamus: 117, 217, 303, 405
Lécureux, Roger: 40, 58, 66, 102, 106, 107, 108, 136, 318, 322, 336, 409, 442
Ledger, Peter: 232
Ledoux, A.: 338
Lee, Stan (d. i. Stanley Lieber)
Leferman, Shelly: 23, 147, 161, 231, 329, 370, 371, 372, 373, 374, 378, 438
L. E. F.-Studio: 99, 237
Leffe: 279
Legrazie, Paul: 73
Leguen, Pierre: 41
Lehmann, B.: 276
Lehmann, Roland: 28
Lehner, René (Ps.: René): 214, 423

Lehti, John (Jack): 60, 383, 386
Leialoha, Steve: 96, 231, 254, 359
Leidergott: 365
Leifeld, G.: 67
Leiner, Roger: 412, 415, 425
Leiser, Christa: 273
Lekachman, Robert: 331
Lekatsa, Rouli: 67
Leloup, M.: 121
Leloup, Roger: 306, 400, 409
Lemke, Daniel: 351
Lemke, Stefan: 86
Lengren, Zbigniew: 28, 192, 238, 280, 313, 436
Lensen: W.: 220
Leogett: 442
Leonardi, Rick: 357, 359
Leone, Alessandro: 419
Leonhard, Leo: 138, 154, 237, 238, 330
Lepoer, Sean (d. i. John Severin)
Lequeitio: 100
LeRose, Bob: 34, 147, 187, 329, 368, 370, 372, 374, 438
Lesueur, P.: 338, 414
LeTendre, Serge: 338, 363, 414
Léturgie, Jean: 242
Levitz, Paul (Ps.: zusammen mit David Michelinie = Barry Jameson): 23, 36, 96, 147, 187, 329, 368, 370 371, 372, 375, 378, 438
Lewis, J.: 213
Leyton, Jim: 236
Li Ch'i-huang: 248
Li Chun: 248
Li Dsi-dschun: 327
Li Pai-Ying: 248
Liang Hsin: 248, 327
Lichtenstein, Roy: 365
Liebenau, Herbert: 248
Lieber, Larry D.: 83, 89, 140, 179, 180, 181, 182, 183, 190, 254, 316, 341, 342, 343, 357, 395
Lieber, Stanley (Ps.: Stan Lee): 81, 83, 89, 96, 98, 140, 177, 179, 180, 181, 182, 183, 190, 191, 192, 211, 234, 253, 254, 255, 316, 341, 342, 343, 344, 355, 357, 358, 359, 395, 408
Liebhart, Herbert: 333
Liégeois, Philippe (Ps.: Turk): 121, 125, 136, 243, 442, 443, 445, 450
Lieser, Jörg: 289, 340
Lightle, Steve: 36, 378
Lilley, Les A. J.: 71, 349, 354
Lillie, Peter: 416
Lillian III, Guy H.: 187
Limmroth, Manfred: 239
Lin Wenxiao: 28
Linden, Hans-Jürgen: 10, 11
Lindgren, Astrid: 304
Lindkvist: 280
Lindner, Jörg: 425
Liney jr., John J.: 99
Linkert, Lothar: 10, 196, 203, 325
Linus (d. i. Pierre Christin)
Lionni, Leo: 193
Lions, G.: 103, 107, 108
Lipking, Ronald: 163
Lips, Robert: 74, 153
Litric: 441
Liu Chi-ch'ih: 65
Liu Dji-yu: 335
Liu Dschi-gui: 427
Liu Hou-min: 146
Liu We-hsiung: 233
Liu We-jen: 201
Livingstone, M.: 162
Llucia: 150
Lob, Jacques: 351, 414, 416
Lobe, Mira: 41
Lochmann, Stefan: 22
Lodewijk, Martinus (Martin) Spyridon Johannes: 158, 242
Loeckx, Joseph-F. (Ps.: Joël Azara): 119, 121, 447, 451
Löf: 380
Lööf, Jan: 70, 290, 422

Loft, Peter: 415
Lohmann, Willy: 214
Lohse, Norbert: 351
London, Bobby: 260, 416
Longaron, Jorge: 70
Loon, Borin van: 331
Loophole, J. Cheever: 187
Lopez (d. i. Jose Luis Garcia-Lopez)
López, Francisco Solano: 226
Lorente, Garcia: 303, 304
Lorenz, Christa: 142, 167, 183
Lorg (d. i. Laurent Gillain)
Loriot (d. i. Bernhard Victor Christoph-Karl von Bülow)
Loro: 351, 429
Lortac, R.: 166, 260, 261
Losada, Rafael: 145, 150, 152, 361
Lou Tji-gui: 143
Loup, Pierre: 414
Loustal, Jacques de: 338
Lu Chu-kuo: 248
Lu Chung-chien: 248
Lu Qing: 28
Lu Tan: 144
Lubbers, Bob: 383, 384, 387, 389
Luca, Giano de: 446, 450
Luce: 414, 451
Lucques: 351, 414
Lü Chao-chi: 65
Lüddecke, Hermann: 307
Luguy, Ph.: 103, 107, 108, 110
Lugoze: 213
Luini, Mario: 156
Lundgren, Carl: 163
Lung Chiang-hai: 65
Lutz: 306
Lux: 270
Lynch, Jay: 65, 163, 165, 453
Lynde, Stan: 70, 71
Lynder, Frank: 273

M., Carlos: 75
Ma De: 156, 174, 257, 437
Ma Jung: 248
Maas, Michael: 67, 306
Macchio, Ralph: 97, 254, 316, 357, 359
Macedo, Sergio: 260, 338, 363, 365
Machalett, Günther: 410
Macherot, Raymond: 31, 76, 292, 445, 450
MacLean, Bill: 54, 298
Madel, Walter: 142, 167, 183
Madonia, Giuseppe: 382
Mador: 343
Maenner, Hellmut (Ps.: Hellmut Maenner-Yo): 143
Maenner-Yo, Hellmut (d. i. Hellmut Maenner)
Maerz, Monika: 67
Maezelle, Luc (Ps.: Mazel): 121, 122, 134, 451
Magdic, Vlado: 117, 405
Maggin, Elliot S.: 26, 33, 35, 161, 269, 270, 271, 329, 341, 359, 370, 371, 372, 373, 375, 378, 438
Magni, Enzo Duffloco (Ps.: Ingam): 53, 400, 428
Magpieo, Joel P.: 187
Magyar, Rick: 192, 357
Mahaux: 451
Mahlstedt, Larry: 33, 36, 147, 161, 329, 375, 438
Main: 306, 400, 432, 440
Mainou, Jaime: 48, 69, 78, 79, 100, 106, 119, 122, 123, 134, 136, 141, 155, 223, 291, 292, 310, 404, 427, 434
Maiwald, Lois: 187
Malgapo, Nestor: 187
Mali (d. i. Büsch-Beinhorn)
Malik (d. i. William Tai)
Maliskat, Herbert: 170, 200, 293
Mallorqui, José: 75
Maltaite, Willy (Ps.: Will): 119, 121, 122, 127, 134, 135, 136, 217
Manak, David: 187
Manara, Maurillo (Milo): 66, 156,

338
Manberto (d. i. Umberto Manfrin)
Mandrake, Tom: 254, 438
Mandryka, Nikita: 165, 338, 414
Maneely, Joseph (Joe): 83, 140, 187, 190, 342, 344
Manfrin, Umberto (Ps.: Manberto): 84, 244, 400, 432, 440
Manila: 229, 388
Manning, Russell (Russ): 14, 111, 112, 113, 229, 230, 249, 387, 388, 389, 390, 391
Manoeuvre, Philippe: 338
Mantlo, William (Bill): 98, 140, 191, 192, 234, 316, 357, 359
Manz, Editha: 369
Manz, Hans: 278
Mao Yong-kun: 146
Marais, Raymond: 177, 342, 355
Marc: 230
Marcello, Carlo Raffaele (Raphael): 41, 50, 233, 322, 442
Marcenaro, Ro: 152
Marchetti: 361
Marcinello: 109
Marcks, Marie: 21, 46, 92, 200, 288, 360
Marco: 41, 100, 145, 150, 152, 361
Marcos, Pablo: 34, 36, 97, 98, 147, 158, 161, 192, 316, 357, 359, 370, 372, 378
Marculeta: 55, 215, 384, 385
Maré, Mara: 360
Mare, Walter de la: 414
Margerin, Frank: 338, 351, 414
Margolis, Matthew: 239
Maria: 150
Marien: 213
Marijac(d. i. Jacques Dumas)
Markus (d. i. Jörg Mark-Ingraban von Morgen)
Marol: 351
Maroto, Esteban: 14, 68, 71, 145, 304, 310, 330, 366, 420
Maroulakis, Nikolas: 144
Marre, Jean Sebastien: 260, 363
Marrs, Annette Lee: 187
Marschall, Richard: 254
Marsh, Jesse Mace: 229, 230, 387, 388
Marsh, Wesley: 187
Marti: 136, 310, 443
Marti: 270
Martin, Andreu: 145, 150
Martin, D. R.: 187, 438
Martin, Don: 246, 247
Martin, Gary: 33, 370, 372
Martin, Hans: 184
Martin, Jacques: 21, 238
Martin, José Luis: 351
Martin, Raymond: 412, 414
Martin, Vic: 213
Martina, Guido: 164, 290
Martinez, Felix: 145, 151, 361
Martinez, S.: 388, 389
Maru: 40
Marunde, Wolf-Rüdiger: 246
Mas, Felix: 420
Mas, René: 318, 443
Mascaro: 100, 303
Mason, Patrick C.: 96
Masse, Francis: 165, 338, 414
Massey, Tom: 216
Mastroserio, Rocco A.: 244, 420
Matena, Dick: 158, 309, 310
Matteis, J. Marc de: 23, 33, 74, 97, 98, 187, 192, 254, 316, 357, 359, 368, 370, 371
Matucenio, Jose: 187
Maurer, Norman: 84
Maurer, Werner: 335
Mavrides, Paul: 414
Max: 414
Max: 455
Maximy, Hubert de: 338
Maxon, Rex Hayden: 55, 88, 113, 383, 386, 390, 411
Maydell, Hans: 85

Mayer, Alfred: 233
Mayer, Sheldon: 139, 187
Mayerik, Val: 74, 140, 187
Mayer-Skumanz, Lene: 42
Mayo, Ralph: 200, 375
Mayrhofer, Günther: 65, 144
Mazel (d. i. Luc Maezelle)
Mazzucchelli, David: 370, 372
McCaffrey, Anne: 416
McCann, Gerald (Jerry): 197, 198, 363
McCartney: 213, 214
McCarthy, Paul: 54
McCausland, Ian: 416
McCay, Winsor: 28, 68, 240, 241, 310, 352, 412, 415
McCoy, Wilson: 70, 296, 297, 298
McCrory, Martin: 331
McDonnell, Luke: 254, 357
McDowell, Luke: 90, 319
McGinty, Frank: 161
McGregor, Donald (Don) Francis: 83, 190, 363, 420
McGuiness, Michael: 331
McKenzie, Roger: 36, 187, 359
McKie, Angus: 363
McLaughlin, Frank: 33, 34, 35, 36, 147, 161, 234, 329, 368, 370, 371, 372, 374, 375, 378, 438
McLean, Neil: 416
McLeod, Robert (Bob): 23, 33, 74, 97, 140, 191, 234, 254, 357, 359, 370, 371, 378
McLusky, John: 68, 69
McManus, George: 60, 68, 70, 310, 351
McMillan, Jean: 438
McNeill, Hugh: 305, 402
McQueen, J.: 392
McTurk: 213
McWilliams, Alden (Al): 14, 69, 81, 90, 319, 416
Meagher, Fred: 308, 343, 344, 405
Mediavilla: 414
Meisel: 380
Meixner, Thomas: 273
Memmer, Thomas: 416
Mendez, Rafael: 68, 100, 304, 310, 366, 443, 450
Meng Hsi-yüan: 201
Meng Tjing-djiang: 241
Merhart-Wallin, Karin von: 364
Meskin, Morton (Mort): 187
Mesmaeker, Jean de (Ps.: Jidéhem): 118, 119, 122, 129, 132, 134, 136, 217, 242, 293, 303
Messerschmidt, Harry: 24, 204, 382
Messick, Dale: 70
Messmer, Otto: 99, 298, 313
Metz, Jürgen: 424
Metzger, George: 412, 414, 415
Meugniot, Jo: 359, 389
Meyer, Hansgeorg (Ps.: Myr): 116
Meyer, Hansgeorg: 27
Meyer, Günter: 246
Meyer, Hansjürgen: 159
Meyer, S.: 187
Meyer, Ute: 219
Meyer-Bothling, Jörg: 96
Meys, Lucien: 270
Meysenbug, Alfred von: 153, 154, 274, 369
Mézières, Jean-Claude: 363, 419, 448, 451
Miao Yin-tang: 411
Michaelis (d. i. Michael Hau)
Michaels, Gary (d. i. Jack Abel)
Michaud: 117, 121, 217, 293, 303, 405
Michel, W.: 27
Michelangela, Beate: 365
Michelangeli: 338
Michele: 260, 273
Michelers, D.: 435
Michelinie, David Barry (Ps.: zusammen mit Paul Levitz = Barry Jameson): 23, 86, 97, 187, 231, 316, 357, 359, 368, 375, 378

Micheluzzi, Attilo: 446, 450
Middel, Bernd: 213
MIK (d. i. Henning Dahl Mikkelsen)
Mike: 118, 447
Mikkelsen, Henning Dahl (Ps.: MIK): 69, 70
Milgrom, Allen (Al): 74, 90, 187, 192, 231, 234, 254, 270, 316, 319, 329, 357, 359, 370, 371, 372, 378, 420
Miller, Frank: 33
Miller, Frank: 70, 98, 359, 375
Miller, Jack: 160
Miller, Jonathan: 331
Milte, Kurt: 226
Milton, P. K.: 232
Mira, D.: 151, 361
Mirabella: 151
Miralles, José Maria: 252
Mirjam-Specht, Cornelia: 314
Mischwitzky, Holger (Ps.: Rosa von Praunheim): 286
Mishkin, Dan: 33, 158, 159, 161, 368, 370, 372, 374, 378, 438
Mitacq (d. i. Michel Tacq)
Mitchell, Jim: 415
Mitchell, Steven (Steve): 23, 33, 36, 161, 192, 359, 370, 371, 372, 375, 438
Mitrovic, Dušan: 273, 410
Mitté: 121
Mitton, J. Y.: 254
Mleczko, Andrezej: 351
Moallic, M.: 102, 107, 210
Modigliani, Vito: 213
Moebius (d. i. Jean Giraud)
Möllendorf, Horst von: 38
Moench, Douglas (Doug): 33, 34, 35, 36, 97, 98, 140, 159, 187, 191, 232, 234, 254, 273, 305, 357, 359, 363, 370, 372, 374, 420
Mönnich, Thomas: 410
Moeschlin, Elsa: 424
Moese, Willy: 27, 59
Mogensen, Jörgen: 70, 71
Mohler, Heidi: 13
Mohr, Walter: 12
Moldoff, Sheldon: 140
Molins, Jordi: 58, 213
Moliterni, Claude: 158, 159, 303
Molne, William (Bill): 343
Mones, Isidro: 58, 420
Monnier, Henry le: 260
Montanari: 151
Montano, Yong: 74
Montellier, Chantal: 338, 365
Mooney, James (Jim) Noel (Ps.: Jay Noel): 81, 97, 98, 140, 160, 178, 179, 180, 181, 187, 305, 316, 343, 355, 357, 359, 395, 438
Moor, Robert (Bob) de: 238, 399, 445
Moore, Don: 60, 298
Moore, Frederick: 420
Moore, Jerome: 161, 370, 374, 378
Moore, Ray: 59, 70, 296, 298, 366
Moore, Steve: 233
Moores, Richard (Dick): 262, 263, 264, 266, 271
Mora, Victor (d. i. Eugenio Roca)
Moraga, Ernesto: 187
Morale, G.: 151, 361
Morales: 145, 297, 361
Morandière, Norbert (Ps.: Norma): 58, 136
Mordillo, Guillermo: 153
Moreau, Clement: 257
Moreira, Ruben (Ps.: Rubimor): 269, 383, 386
Morelli, John: 231, 357
Morez: 46
Morgen, Jörg Mark-Ingraban von (Ps.: Markus): 148
Morris (d. i. Maurice de Bévère)
Morrissey, Richard: 187
Morrow, Dwight Graydon (Gray): 187, 198, 199, 305, 311, 338, 378, 418
Morse, Bill: 329, 438

Mortellaro, Tony: 355, 357
Mortimer, James Winslow (Win): 36, 140, 187, 190, 329, 357, 371, 372, 374, 378, 438
Moscoso, Victor: 163, 230, 260, 315, 414, 452
Moser: 271
Moser, Erwin M.: 273, 410, 416
Mosher, Bob: 73
Mossolff, Thomas: 338
Mostowicz, Arnold: 154
Mouchel: 314, 338
Moulder, Robert: 331
Mouly, F.: 231
Mroczkowski, Manfred: 345, 414
Mrozek, Slawomir: 351
Much, Rudolf: 22
Mühlenthaler, Martin (Timu): 162
Müll, Wolf (d. i. Wolfgang Müller)
Müller: 151, 361
Müller, Christa: 30
Müller, Heinz: 27
Müller, Peter: 84
Müller, Wolfgang (Ps.: Wolf Müll): 72
Mukharjee, Glenn: 213
Mulder, Kim de: 26, 329, 368, 369, 370
Mulford, Clarence E.: 298, 313
Mune, F.: 434
Munes: 420
Murek, Helmut: 121, 122
Murphy, Anne: 420
Murphy, James (Jimmy) Edward: 60
Murphy, John Cullen: 43, 60, 71, 311
Murphy, Willy: 152
Murray, Alex: 244
Murry, Paul: 262, 263, 264, 265, 266, 271
Musial, Joseph (Joe): 99
Musio, Cosimo: 66
Musquera, Xavier: 151, 343
Mutter, E.: 96
Muzzi, Virgilio: 336
Myers, Russell: 70, 290, 351
Myr (d. i. Hansgeorg Meyer)

Nabau: 100, 363
Nadal, Angel: 122, 310
Nadaud, J. M.: 442
Naney, E.: 378
Nash, J. K. Melwyn: 254
Nasser, Michael (Mike): 36, 96, 329, 359, 372, 376, 378, 438
Nastvogel, Uwe: 412, 415
Nawrot, Stephan: 137
Nawrotzki, L.: 27
Nazario: 414
Nebot: 420
Nebres, Rudy D.: 187, 232
Neels, Marc (Ps.: Marc Sleen): 12
Neidhardt, Wolfgang: 165
Nemeth, Gabriel (Ps.: Tschap): 416, 455
Neubauer, Willi: 71
Neugebauer, Norbert: 117
Neugebauer, R.: 122
Neugebauer, Walter: 117, 118, 119, 136, 309, 360, 452
Neugschwentner, Maia: 410
Neumann, Volker: 73
Neumann, Werner: 412
Neumeyer, Uwe: 412
Newman, Paul S.: 14, 372, 416
Newsome, Ed: 420
Newton, Don L.: 23, 33, 34, 35, 36, 161, 187, 316, 329, 370, 371, 372, 378, 438
Nezin, Stuart: 363
Nicholas, Charles: 187, 370
Nickel, Helmut (Ps.: Hugh F. Huffespoke und Helmuth Humbert): 11, 85, 115, 155, 166, 184, 189, 200, 215, 323, 324, 386, 391, 392, 402, 403, 435
Nicolaou: 443
Nicolini: 145, 151, 361
Nicollet, Jean-Michel: 338
Nicolò, Erio: 384

Niedermeier: 258
Nieto, Miguel A.: 214
Niezab (d. i. Gaston Henri Niezabytowski)
Niezabytowski, Gaston Henri (Ps.: Niezab): 138, 294
Niggli, Paul-Ulrich: 425
Nilsen, Sten: 48, 211, 291
Nino, Alex N.: 187, 195, 363
Nireves, Dutch (d. i. John Severin)
Niven, Larry: 416
Nizzi, Claudio: 209, 450
Nobis, Coram (d. i. David Reed)
Noble, John le (Ps.: Joop): 380
Noble, M.: 52, 138
Nocerino: 151
Nodel (d. i. Norman J. Nodell)
Nodell, Norman J. (Ps.: Nodel): 49, 196, 197, 198, 199, 362
Noel, Jay (d. i. James Noel Mooney)
Nöstlinger, Christine: 335
Nolitta, Guido (d. i. Sergio Bonelli)
Norem, Earl: 305
Norma (d. i. Norbert Morandière)
Norma Studio: 145, 151, 361
Norman, Dean: 246
Norris, Paul Leroy: 20, 23, 387
North, Harry: 246
Nortier, Lucien: 322
Nostrand, Howard Oliver: 213
Noto, Clara: 273
Novak, Jim: 159, 231, 357
Novelli, Luca: 351
Novick, Irving (Irv) H.: 33, 34, 35, 36, 161, 269, 329, 370, 371, 372, 373, 378, 438
Nüchtern, Rüdiger: 333
Nydegger, Werner: 280, 351
Nyman, Ingrid Vang: 304
Nys, Jef: 294

O'Bannon, Dan: 96, 338
Obst, L.: 28
Ocampo, Abe: 187
Oda, Ben: 23, 33, 34, 35, 36, 147, 158, 161, 329, 368, 369, 370, 371, 372, 373, 374, 375, 376, 378, 438
O'Donnell, Peter: 16, 69, 70, 71, 221, 273, 354
O'Donoghue, Michael: 9, 260
O'Flynn, Tamsyn: 371, 378
Oh Muvie: 286
Ohrt, Gesine: 67
Ohser, Erich (Ps.: E. O. Plauen): 46, 49, 194, 310, 421, 422
Oksner, Robert (Bob): 269, 329, 371, 372, 374, 376, 378, 438
Oldden: 72
Oleck, Jack: 187
Oliver, Chad: 416
Olivetti, Greg (d. i. Richard E. Hughes)
Olivieri: 11
Ollerenshaw, Rod: 378
Ollivier, Jean: 41, 45, 57, 66, 202, 233, 235, 236, 252, 322, 336, 349, 442, 443
Olschewski, Ulrich: 98, 116
Olshan, Mike: 338
Olszewski, Laurel: 416
Olszewski, Piotr: 416
O'Neal, Frank: 70
O'Neil, Dennis (Denny) J. (Ps.: Sergius O'Shaughnessy): 26, 33, 34, 35, 36, 83, 161, 187, 191, 269, 329, 341, 342, 343, 357, 359, 369, 370, 372, 373, 374, 376, 378, 408, 438
O'Neill, Dan: 157
O'Neill, Marian: 157
Onkel Paul: 330
Oppenheim, Edith (geborene Jonas): 210, 289
Oppenheim, E. Phillips: 232
Orazi, Arnoldo: 57
Ordner, Paul: 383
Ordway, Jerry: 438

Orehek, Don: 213
Orel, Lucie: 142, 167, 183
Origone, Franco: 351, 447, 450
Origone, L.: 447, 450
Oriolo, Joe: 99, 306
Orlando, Joe: 41, 93, 97, 158, 187, 192, 196, 197, 246, 329, 376
Ortega Studio (Z.: Andres, Rojo und Solé): 39, 101, 151, 236, 361
Ortiz, Jose: 225, 233, 388, 389
Ortiz, Juan: 33, 36, 187, 371, 372
Ortiz, Leopoldo: 151, 233, 361
Orzechowski, Tom: 159, 232, 378
Osborne, Jim: 62, 65, 163
Osgood, John (d. i. John Broome)
O'Shaughnessy, Sergius (d. i. Dennis O'Neil)
O'Shea, Shane (d. i. Richard E. Hughes)
Oski: 419
Othon, Aristhides (Ps.: Fred): 351
Ott, Fred: 420
Otto, Max A.: 50, 207, 364
Outcault, Richard Felton: 310
Owen, Garry: 213

Paape, Eddy: 269, 446, 448, 449, 450, 451
Pachet: 151
Padros: 297
Pagot, Nino und Tony: 62, 434
Paige, Nigel: 331
Paiva, Miguel: 351
Pak, James: 187
Palacios, Antonio Hernandez: 68, 157, 158, 309
Palais, Rudolph (Rudy): 196, 197, 198, 199
Palais, Walter: 197
Palme, Friedrich: 13
Palmer, Thomas (Tom) John: 74, 81, 83, 90, 140, 192, 231, 232, 254, 316, 319, 359
Paludetti, Franco: 51, 63, 166, 299, 301
Panaligan, Noly: 188
Pang Wen-chieh: 65
Pansch, Dietrich: 326
Papan: 22, 174
Paparella, Raffaele: 164, 290, 291
Pape, Jean: 455
Pape, Wilfred: 412
Papp, George Edward: 368, 371, 372
Parcali, Ibrahim Kemal: 339
Pardo, Ancel: 428
Parker, Brant: 69, 71, 72, 87, 88, 351, 419, 446, 450
Parker, Rick: 231
Paroch, Roswitha: 326
Partch, Virgil: 70
Pascal, Claude: 119
Pascale, Nicholas (Nick): 369
Pascolini: 145, 151, 361
Pasko, Martin (Marty) Joseph (d. i. Jean-Claude Rochefort)
Passiléwicz, W.: 307
Passingham, Oliver: 273
Pasteiner: 365
Pasto, Tomás: 198
Pateloux, G.: 455
Patricio, Ernesto B.: 188
Patrick: 165
Patterson, Bruce D.: 36, 97, 158, 159, 161, 188, 192, 316, 359, 368, 376, 438
Patton, Chuck: 147, 161
Paue, L.: 28
Paul: 71
Paul, Michel: 56
Pautner, Norbert: 354
Pavone, Ivo: 291, 389
Payne, William: 188
Pecher, Ander: 410
Pecquěr: 339
Pedersén: 314
Pedrazza, Augusto: 17, 18, 19, 52, 53, 137, 143, 172, 173, 200, 236, 282, 294, 299, 300, 301

Pedrazzini: 151, 362
Pédro: 16
Peellaert, Guy: 207, 303, 304, 308
Pekar, Harvey: 415
Pellizzi, Giorgio: 38
Pellowski, Michael (Mike) J.: 188
Peltz, George: 47
Pen Cing-ju: 28
Pen Tsching-yü: 144
Pena: 145, 151, 362
Peng Guo-liang: 148
Pepe, Don: 100, 101
Perego, Giuseppe: 244, 400, 440
Perera, Alba: 340
Pérez, A.: 151, 362
Pérez, E.: 340, 343
Pérez, George: 98, 147, 234, 254, 316, 329, 371, 378, 438
Perlin, Don: 140, 188, 192, 198, 316, 357, 359
Peroni, Carlo: 352, 353, 419, 449, 451
Pertlwieser, Hans: 75
Pertoft, Björn: 173, 416
Pestum, Jo: 283
Peterka, Johann: 14, 73, 365
Peters, Major K.: 27
Petersen, Carl Olaf: 314
Petersen, Robert Storm: 46, 228, 229
Pétillon, René: 165, 314, 339, 351, 414
Petit-Roulet: 351
Petri, Peter: 455
Petrides, Heidrun: 46
Peynet, Raymond: 240
Peyo (d. i. Pierre Culliford)
Peyzaret, Richard (Ps.: F'murr): 338, 413
Pfarr, Bernd: 173, 351, 412, 416, 455
Pfeifer: 450
Pfleone: 440
Philip (d. i. Ewald Lang)
Philipps, Herbert: 239
Philipsen: 298, 313
Phillips, Jack: 188
Piana: 151
Piana, Theo: 20
Picaret: 339
Piccardo: 244
Picco, Laura: 98
Pichard, Georges: 290, 303, 351, 414, 419
Pichon: 414
Picotto: 339
Pielert, Klaus: 59
Pierre: 455
Pierson, Pauline: 314, 339
Pignon, Benoit: 16
Pike, Jay Scott: 83, 140
Piks, K.: 272
Pinägre: 455
Pinchuck, Tony: 331
Pinckernelle, Anneke: 46, 96
Pinder, Phil: 416
Pini, Segna: 53, 63
Pini, Wendy: 376
Pinkoski, Jim A.: 415
Pinto, Ziraldo: 246
Piqueras: 151
Pisa, Torre: 151
Pisu, Silverio: 339
Plan, Eugen: 365
Plant, Peter: 214
Plastino, Alfredo (Al) J.: 368, 378, 438
Plauen, E. O. (d. i. Erich Ohser)
Plavšić, Branko: 388
Pletsch, Oigen: 162
Plöckinger, K.: 148, 212
Ploeg: 121
Ploog, Michael (Mike) George: 74, 140, 213, 305, 420
Plunkett, Sandy: 188
Poe, Edgar Allan: 429
Pönninghaus, Michael: 195
Pötz, Edgar: 345
Poetzsch, Lothar: 416
Poïvet, Raymond: 66, 318, 322
Pokro (d. i. Viktor Poschenburg-

Okrotny)
Polch, Boguslaw: 154
Pollard, Keith: 161, 253, 254, 317, 357, 370, 372, 376, 438
Polls: 151
Polster, Josef: 142, 167, 183
Pommerhanz, Karl: 286
Pommier-Leyrargues, Gaston: 434
Pomplitz, Hans-Jürgen: 95
Ponitka, Lota: 412, 416, 423
Pons: 414
Pontiac, Peter: 412, 414
Pontius, Gerd M.: 88, 353, 354
Poole, Gary: 137
Popp, Werner H.: 246
Porges, Paul Peter: 246, 247
Porter, Carol: 416
Portmann, Antonholz: 65, 230
Poschenburg-Okrotny, Viktor (Ps.: Pokro): 193
Post, Howard: 351, 419
Poth, Chlodwig: 29, 89, 195, 257, 381, 431
Potoczek, Waclaw: 351
Potter, Greg: 188, 420
Potts, Carl: 36
Potts, Paul: 329
Poullenot: 114
Pound, John M.: 415
Poutout, Christine: 414
Powell, S. Robert (Bob, Bobby): 97, 181, 183, 190, 308, 343
Powers, Bill (d. i. John Severin)
Powers, Noel (d. i. John Severin)
Powers, Richard: 81
Pratt, Hugo: 445
Praunheim, Rosa von (d. i. Holger Mischwitzky)
Pregizer, Irene: 168
Premiani, Bruno: 197
Prentice, John: 17, 69, 70, 72, 250
Press, Hans Jürgen: 46, 257
Prichard: 46
Pricken, Marie-Luise: 86
Pride, David: 416
Probst, Hans: 314
Prohias, Antonio: 246, 247
Prunés: 145, 151, 362, 363
Pu Jiaxiang: 28
Puckridge, Jon: 416
Puerta: 145, 151, 362
Pugh, Wendel: 415
Puglisi, N.: 63
Puigagut: 145, 151, 362
Purcell, Howard E.: 188, 368

QN (d. i. Pieter Joseph Kuhn)
Quasimodo (d. i. Tiziani Sclavi)
Quino (d. i. Joaquin Salvador Lavano)
Quinonero: 145, 151, 362
Quinto, Nadir: 344

Raab, Fritz: 382
Raboy, Emanuel (Mac): 60, 298
Rachelson, Phil: 329, 368
RAD: 229, 388
Radinka: 414
Räde, Hans: 27
Rämisch, W.: 233
Raf: 38, 101, 104
Rafa: 340
Ragonad: 151
Rainer: 72
Rallic, Etienne le: 272
Ralph: 213
Ralph, Graham: 256
Rammelt, H.: 27
Ramòn, Juan Lòpez: 114, 121, 170, 330, 404, 435, 455
Ramos, Ed: 188
Ramos, Serna: 441
Rampal: 379
Ramsey, Harry (Ray): 196
Ranke, Waltraut: 195
Rankin, William: 331
Raoy, Patrice: 339
Raphaël: 66
Raschitelli: 317, 318

Ratky, Martha: 221
Rausch, Erika: 91
Rauschenbach, Erich: 16, 287, 351
Ravielli, Louis: 341
Ray, Frank (Frankie) (d. i. Frank B. Giacoia)
Raymond, Alexander (Alex) Gillespie: 17, 54, 59, 68, 70, 71, 136, 137, 250, 298, 313, 322, 429
Raymond, Antoine (Ps.: Vicq): 121, 136, 241, 293, 445, 447, 450, 451
Rebuffi, Giorgio: 75, 115, 333, 432, 440
Reding, Raymond: 76, 211, 296, 306, 446, 447, 450
Redondo, Francisco (Frank) (Ps.: Quico Redondo): 188
Redondo, Nestor Puruggananán: 188, 254
Redondo, Quico (d. i. Frank Redondo)
Redondo-Studio (das sind: Frank Redondo, Nestor Redondo und Virgil Redondo): 188, 254
Redondo, Virgil (siehe: Redondo-Studio)
Reed, David Vern (Ps.: Coram Nobis): 33, 34, 35, 36, 187, 370, 378
Reed, Rod: 16, 221
Reese, Ralph: 83, 140, 420
Reese, Wayne: 260, 273, 453
Ref.: 296
Regnier, Michel (Ps.: Greg, Louis Albert): 20, 99, 102, 103, 104, 105, 106, 107, 109, 110, 118, 119, 135, 155, 157, 158, 269, 270, 445, 446, 448, 449, 450
Rehfeldt, R.: 27
Reiche, Volker: 82, 173, 239, 260, 351, 414, 416, 455
Reichelt, Peter: 28
Reichow, Thies: 230
Reig: 151
Reilly, William (Bill): 188
Reincke, Dieter: 239
Reindl, Max: 99, 102, 103, 105, 108, 256, 305, 307
Reinfrank, Robi: 321
Reinknecht, Erwin: 22
Reinman, Paul: 83, 89, 97, 140, 180, 190, 249, 316, 341, 342, 343, 344, 355, 357, 383, 386, 396
Reiser, Jean-Marc: 165, 351
Reitz, Joerk: 82
Reitzl, E.: 276
Remacle, Marcel: 31, 91, 119, 121, 135, 136, 217, 223, 242, 292, 293, 335
Remenyik: 441
Remi, Georges (Ps.: Hergé): 12, 29, 70, 76, 119, 210, 306, 399, 400, 401, 448
Remohi, Jaime Brocal: 66, 68, 158, 159, 310, 389, 420
Renard, Claude: 339
Renat: 162
René (d. i. René Lehner)
Renk, Rudolf: 246
Renoir: 136, 154, 292, 345
Renzi, Roberto: 17, 18, 19, 52, 53, 137, 143, 172, 173, 200, 282, 294, 299, 300, 301, 322, 327, 389
Reschke, Herbert: 27, 28
Resio, Benedetto: 327, 349
Rettich, Rolf und Margret: 168, 173, 218, 219, 423
Reuter, J.: 276
Rex: 409
Rex, Thilo: 231
Reyes, Franc: 188
Rezzonico: 151
R. G. D.: 213, 214
RH: 229
Ribeaupierre, Claude de (Ps.: Derib): 31, 155, 441, 442
Ribera, Julio: 66, 253, 339
Ribochon, M.: 455
Ricard: 151, 362

Richard, Willy: 156
Richards, Ted S.: 152, 412, 414, 415
Richardson, Roy: 254
Richter, Felix: 29
Richter, Harald: 56, 100
Richter, Ota: 138
Richter, Trude: 29
Richter-Johnsen, Friedrich-Wilhelm: 273, 382
Ricig: 213
Rick, Theo: 22, 299
Rickard, Jack: 246, 247
Ricky (d. i. Bernd-Hans Schnell)
Rico, Don (Ps.: N. Korok): 315
Riebe: 27
Rieder, Ferdinand: 67
Riediger, Siegfried: 28
Riesen, A. von: 391
Rietschel, L.: 276
Rifas, Leonard: 26, 415
Rinaldi, Riccardo: 120, 121, 122, 135, 136, 154, 217, 242, 243, 303, 309, 345, 450
Rio, Eduardo del (Ps.: Rius): 214, 232, 331, 411
Ripa: 151, 362
Risamo: 113
Ritt, William: 53, 250
Ritter Jörg: 184
Rius (d. i. Eduardo del Rio)
Rival, Rico: 188, 305, 329
Rivière, Fr.: 339
Roba, Jean: 117, 119, 120, 121, 122, 123, 124, 125, 126, 127, 128, 129, 131, 132, 134, 136, 217, 242, 293, 334, 414
Robb, Alex: 412, 416
Robbins, Frank: 33, 34, 35, 36, 68, 188, 296, 374, 378
Robbins, Trina: 414, 415
Robert: 339
Robert, Bob (Ps.: Degroot): 121, 125, 136, 242, 243, 442, 443, 445, 450
Robertson, Jennifer H.: 198
Robins, Clem: 36, 231, 368, 369, 370, 371, 372, 376, 438
Robinson (d. i. Werner Kruse)
Robinson, Jerry: 376
Robinson, Paul: 60
Roca, Eugenio (Ps.: Victor Mora): 159, 346, 445, 447, 451
Roca, Luis M.: 145, 151, 233, 362, 420
Roca, Luis: 70
Roche, André (auch Atelier): 42, 43
Rochefort, Jean-Claude (Ps.: Martin (Marty) Joseph Pasko): 23, 26, 33, 34, 90, 147, 188, 270, 319, 329, 368, 370, 371, 372, 374, 376, 378, 420, 438
Rochelle: 385
Rocksien, Olaf: 84
Rocque, Greg la: 359, 360
Rodolphe (d. i. Rodolphe Jacquette)
Rodrigues, Charles: 213, 214
Rodriguez, Rodin L.: 34, 35, 147, 159, 161, 329, 370, 371, 372, 374, 378
Rodriguez, Manuel (Spain): 62, 163, 260, 273, 410, 412, 414, 415, 453
Roe, Owen: 213
Röbu, André: 162
Röding, Thomas: 416
Rogan, Mark: 232
Roger: 56
Rogers, Marshall: 35, 36, 188, 329, 370, 371, 372, 376
Rohde, Dirk: 138
Rohmer, Sax: 232
Rojas: 443
Rojo (s. a. Ortega Studio): 58, 236, 404
Roman, Bill: 342
Romero, Badero: 446, 450
Romero, Enrique: 16, 68, 69, 71
Romita jr. und sr., John (Johnny): 81, 97, 175, 176, 177, 178, 179, 180, 181, 182, 190, 316, 317, 355,

357, 359, 396
Romoreau: 164, 225, 384
Ron: 213
Roos, Christoph: 326, 340
Ropertz, Günter: 118
Roque: 121, 151, 292
Rore: 119
Rori, Frank (Ps.: Frank): 17, 115, 143, 324
Rosa, Sam de la: 161, 254, 378
Rosado, Pius: 442
Roscher, Franz: 117, 256, 305, 307
Roscher, Volker: 67
Rosen, Joe: 231
Rosen, Robert: 420
Rosen, Sam: 97, 175, 176, 180, 341, 342, 357
Rosenberger, John Francis: 371, 374, 376, 378, 438
Rosenfield, Israel: 331
Rosenthal, I.: 16
Rosilio, Phil: 363
Rosinke, Gunnar: 354
Rosiński, Grzegorz: 227
Roso, Vicente: 75
Rosset, Claude: 209
Rosy, Maurice: 31, 117, 121, 135, 217
Roth, Rony: 30
Roth, Werner (Ps.: Jay Gavin): 176, 177, 178, 179, 180, 182, 183, 188, 190, 317, 342, 355, 357, 371, 374, 378, 438
Rothfuß, Kristine: 46
Rothkirch, Thilo: 56
Roudolph: 209
Rougé, Michel: 339
Roume, Carlos: 402
Rousseau, Pierre: 205
Roussos, George (Ps.: George Bell): 83, 96, 177, 188, 231, 254, 315, 316, 341, 342, 343, 356, 378, 395
Rover, Mike: 33
Rovin, Jeff: 188
Rovira: 151
Royal, Roxy (d. i. Rolf Altmann)
Roy, Adrienne: 23, 33, 34, 35, 36, 147, 158, 159, 161, 188, 329, 369, 370, 371, 372, 374, 376, 378, 438
Roy, Michael (Mike): 14
Royer, Michael (Mike): 188, 249, 387
Rozakis, Laurie: 374, 439
Rozakis, Robert (Bob) H.: 23, 26, 33, 34, 35, 36, 147, 161, 269, 329, 368, 370, 371, 372, 373, 374, 376, 378, 439
Rozalen: 151, 362
Rozycki, Jack: 416
R. R.: 442
R. T.: 434
Rubeny (d. i. Ruben Yandoc)
Rubimor (d. i. Ruben Moreira)
Rubin, Mann: 160
Rubinstein, Josef (Joe): 36, 192, 317, 329, 357, 359, 370, 371, 378, 439
Rubio: 151, 362
Rudahl, Sharon Kahn: 415
Rudek, Bernd: 73
Rudin, Kay: 163
Rué, Albert: 20, 38, 108, 110
Rügner, Wolfgang: 351
Ruino: 151
Ruiz: 409
Ruiz, A.: 151, 362
Ruiz, Eugenio: 151, 362
Ruiz-Olivera: 145, 151, 362
Ruoss, Christof: 67
Ruppert, George: 188
Rusch, Jens: 412, 415, 425
Rusch, Swanni: 85
Russell, Clarence D.: 60, 216
Russell, P. Craig: 36, 83, 96, 140
Ryan, Pat: 415
Ryan, Tom K.: 8, 70, 221, 446
Ryba, Michael: 213, 214, 332
Rybiczka, L.: 220, 221
Ryssack, Eddy: 304, 447, 450, 451

Saaf, Arthur (Art, Artie): 188, 372, 376
Saba: 151
Sabas: 145, 151, 362
Sabatini: 151, 362
Saccarello, Angelo: 318, 322
Saccaro, Margherita: 410
Sachs, Bernhard: 371, 408
Sackmann, Eckart: 28
Sadecky, Petr: 287
Safian, Elizabeth (Ps.: Liz Berube): 23, 158, 185, 328, 369, 370, 371, 372, 377, 437
Sagédition: 55
Sagendorf, Bud: 70, 71, 87, 210, 221, 270, 307, 366
Saichmann: 151
Saladino, Gaspar: 329, 368, 370, 372, 373, 376, 378
Salajan, Ioanna: 453
Salas, Alex: 302, 350, 407
Salicrup, Jim: 357
Salinas, Alberto: 227, 362, 402
Salinas, José Luis: 16, 221, 273
Salmeron: 442
Salvador, Martin: 233, 420
Salvé (d. i. Louis Salvérius)
Salvérius, Louis (Ps.: Salvé): 136, 217, 292, 405
Salzmann, K.: 28
Sam., V.: 39
Sambo: 353
Sanchez, Leopoldo: 140
Sandelli: 151, 362
Sandstein, Herbert: 365
Sanitas, Jean: 318, 322
Santillán: 387
Santos, Jesse F.: 14
Santuario, I.: 22
Sarda: 151, 362
Saroa: 151
Sarompas: 443
Sartoris, Pietro (Z. beim EsseGesse-Studio): 308
Sattler, Warren Allen: 213
Saunders, Buddy: 420
Saunders, John: 69
Saunders, Norman B.: 197, 363
Sauri: 151
Savi, Carlo: 53
Saviuk, Alex: 26, 35, 161, 329, 368, 370, 371, 372, 373, 374, 378
Scarpelli, Henry: 76
Scarpelli, Otello: 45, 202
Schaal, Walter: 281
Schabanow, A.: 28
Schäfer, Wolfgang: 72
Schälicke, Christian: 46, 360, 402
Schaffenberger, Kurt P.: 33, 36, 161, 197, 269, 329, 368, 369, 370, 371, 372, 374, 376, 378, 439
Schaffer, Bernhard (Ps.: F. J. Sharper): 273, 410
Schatzl, Hubert: 22
Schaub, Mary: 416
Schauberger, Albert: 421
Schauberger, Axel: 421
Scheele, Christie: 232
Scheer, Karl Herbert: 293
Schellschmidt, Kathrin: 168
Scheltens, Coq: 30
Schen Mo-dschun: 353
Scherrer, G.: 380
Scherzer, Markus: 412, 416
Scheucher, Dr. Franz: 220
Scheuchl, Erwin: 339
Scheuer, Chris: 339
Schiele, J. K.: 153
Schimmade, Jörg: 67
Schindler, Edith: 46, 429
Schindler, Klaus: 424
Schippers, Wim T.: 209
Schitters, A.: 28
Schlegel, Harry: 27, 28
Schlote, Wilhelm: 89, 111, 279, 360, 369
Schlunk, Cathrin und Volker: 46
Schmer, Alan: 163

Schmezer, Guido: 13
Schmidlin, Beat: 309
Schmidmaier, Werner: 278, 441
Schmidt, Friedel: 195
Schmidt, Kim: 354
Schmidt, Manfred: 46, 283
Schmidt, P.: 62, 454
Schmitt, Erich: 15, 24, 75, 78, 86, 214, 224, 228, 234, 284, 286, 339
Schmitt-Menzel, Isolde: 331
Schmitz-Mohr, W.: 67
Schmögner, Walter: 82, 162, 305, 417
Schnabel, Klaus: 20, 172, 354
Schneider: 85
Schneider, Barbara: 309
Schneider-Esleben, Claudia: 67
Schnell, Bernd-Hans (Ps.: Ricky): 84
Schniebel, Jan P.: 69, 156, 195, 204, 274, 313, 411
Schnurrer, Achim: 79
Schochet: 213
Schön, Peter: 414
Schönfelder, Horst: 20
Schönwald, Gilli: 154
Schönwald, Rudolf: 154
Scholz, Andreas M.: 364
Scholz, Claus D.: 213, 214
Schrier, Fred: 74, 412, 414, 415
Schroeder, Al: 374
Schrödter, Adolf: 391
Schröer, Ewald: 20
Schubel, Heinz: 243
Schubert, Klaus: 67
Schü Heng-yü: 427
Schüßler, Ingrid: 352
Schüttler-Janikulla, Klaus: 219
Schütz, Charly G.: 424
Schuiten, Francois: 339
Schuiten, Luc: 339
Schulman, Debra: 329, 372
Schulmeyer, Heribert: 455
Schulz, Charles Monroe: 8, 64, 69, 70, 87, 88, 143, 159, 163, 194, 210, 224, 239, 240, 256, 290, 352, 353, 427, 435
Schulz, Käthe: 412, 415
Schulz, Peter: 332
Schulz, Werner: 27
Schulze, H.-H.: 28
Schumann, Rolf: 349
Schwab, H. Peter: 171
Schwartz, Joseph: 331
Schwartz, Julius: 376
Schwarz, Horst: 339
Schweiggert, Alfons: 20, 336
Sclavi, Tiziani (Ps.: Quasimodo): 447, 449
Scotto, Augie: 161
Sean, Ben: 159, 231
Secker, Winfried (Winni): 173, 412, 416
Seelig, Paul: 412
Seemann, Harald: 214
Segar, Elzie Chrisler: 70, 194, 307
Segura, Antonio: 151, 446, 450
Seidel, Gerhard: 119
Seidler, Barbara: 227
Seifried, E. P. J.: 233, 455
Sekowsky, Michael (Mike): 188, 378, 408
Sels, Frank: 40, 99, 349
Sempé, Jean Jacques: 63, 237, 249, 275, 360, 431
Sempler, Kaianders: 331
Sen, Mario: 36, 188, 329, 370, 371, 378, 439
Sendak, Maurice: 200, 239
Senol, K.: 222
Seron, Pierre: 118, 119, 122, 134, 136
Serpe, Jerry: 23, 33, 34, 35, 36, 147, 161, 188, 329, 368, 369, 370, 371, 372, 373, 374, 376, 378, 439
Serrat: 78, 100
Servais, Jean Claude: 151
Servé: 414
Sesarego, Leandro: 188

Sesen: 343
Sesén, Fernando M.: 169, 442
Setvei: 151
Severin, John Powers (Ps.: Kelly, Sean Lepoer, Dutch Nireves, Bill Powers, Noel Powers): 74, 197, 199, 213, 214, 420
Severin, Marie: 74, 98, 177, 178, 179, 180, 183, 190, 191, 192, 231, 254, 316, 317, 319, 355, 357, 359
Seyboth: 67
Seyfried, Gerhard: 140, 412, 436
Shanghaier Studio für Trickfilme: 164, 225
Sharen, Bob: 159, 231, 232, 357, 359
Sharp, Martin: 416
Sharper, F. J. (d. i. Bernhard Schaffer)
Shelton, Gilbert: 40, 65, 74, 96, 98, 141, 152, 163, 165, 192, 230, 260, 273, 315, 345, 412, 414, 415, 452
Shephard, Tom: 70
Sheridan, David (Dave) V.: 74, 315, 345, 412, 414, 415
Sherigail: 342
Sherman, Howard John: 188
Sherman, James (Jim): 368, 371, 372, 376, 378
Shi You-fu: 98
Shooter, James (Jim) Charles: 98, 191, 192, 269, 317, 359, 360, 371, 372, 373, 374, 376, 378
Shores, Sydney (Syd) Lawrence: 83, 97, 140, 191, 316, 317, 341
Shuster, Joseph (Joe): 375
Sichert, Andreas: 231
Sidobre, Jean: 39, 114
Sieber, Guido: 351
Siebertz, L.: 67
Siegel, Don: 414
Siegel, Jerome (Jerry): 92, 375, 378, 439
Siegert, Stefan: 417
Siegrist, Kurt: 162
Siemsen: 412
Sienkiewicz, Bill: 97, 98, 191, 232, 359, 376
Sievre, Martin: 322
Sifre, Francisco: 302, 350, 430
Sigrist, Heinz C.: 67
Silverberg, Robert: 416
Silverstone, Lou: 247
Sim, Dave: 365
Simek, Art (Artie): 140, 175, 176, 341, 342, 343
Simek, Jean: 36, 369, 372, 439
Simić, Cvetko (David): 99, 101, 102, 103, 104, 105, 106, 107, 108, 109, 110, 142, 349
Simon, Allen: 199
Simone, de: 293
Simons, Bud: 161
Simons, Christof: 413, 415
Simons, Dave: 317, 357, 359, 370
Simons, Violet K.: 333
Simonson, Louise: 232
Simonson, Walter (Walt): 21, 34, 36, 231, 254, 376, 378
Sims, Tom: 54, 99, 298, 313
Sinchetto, Giovanni (auch Z. beim EsseGesse-Studio): 63, 308
Sindall, Alfred: 49, 71
Sinnott, Joseph (Joe) L.: 47, 74, 83, 89, 97, 98, 140, 175, 176, 180, 182, 183, 190, 191, 192, 253, 316, 317 342, 344, 357, 396
Siper: 67
Sire, Denis: 339
Sitton, M.: 341
Skeates, Stephen (Steve): 23, 83, 140, 188, 329, 342, 378, 408, 420
Skelly, Jerry und Hale: 273
Skip: 455
Skrenes, Mary: 329
Slatner, Erich: 220, 221
Slavković, Sibin: 388
Sleen, Marc (d. i. Marc Neels)

Slifer, Roger Allen: 34, 98
Sloeg: 441
SM., H. und B.: 48
Smet, Peter de: 136, 310
Smigula: 100
Smith, Barry Windsor: 14, 73, 74, 97, 179, 180, 182, 316, 357, 429
Smith, David: 331
Smith, Elisabeth: 371, 439
Smith, Robert (Bob) A.: 23, 33, 34, 35, 36, 147, 158, 161, 188, 329, 369, 370, 372, 374, 378, 439
Smith, Stanley (Stan) R.: 392
Smith, Thomas: 371
Smolinski, A. J.: 247
Smollin, Mike: 275
Smythe, Reginald (Reg): 69, 70, 71, 72, 87, 88, 434
Snapinn, Milton (Milt): 23, 26, 35, 36, 161, 329, 368, 369, 370, 371, 372, 376, 378, 439
Snyder, Robin: 33
So Sê: 248
Sölmund, Olar: 220
Soglow, Otto: 46, 54, 70, 221, 224, 298, 310
Solâ: 68, 310
Solé, Albert (s. a. Ortega Studio): 58, 145, 151, 236, 362
Solé, Jean: 363, 414, 429
Solini, Cesare: 206, 207, 317, 344, 345
Solsona, Alberto: 169, 350
Somax: 429
Sonnenberg, Georg: 273
Sontowski, Jo: 25
Sott, H.: 276
Sousa, Mauricio de: 140
Spadari: 151, 362
Sparling, John (Jack) Edmond: 80, 177, 188, 197, 199, 362, 408
Specht, Reinhard: 67
Speck, Thomas Chr.: 410
Speer, Tony: 25
Spesshardt, Hans J.: 37, 153
Spiegelberg, Volki: 413
Spiegelman, Art: 226
Spiegle, Dan: 14, 25, 33, 34, 35, 113, 114, 159, 216, 229, 249, 255, 265, 268, 269, 327, 350, 387, 389, 390, 439
Spier, Peter: 285
Spira, W. R.: 67
Spohn, Michae: 335, 365
Sprang, Richard (Dick): 370, 372
Sprenger, Henk J.: 306
Springer, Frank: 9, 90, 192, 231, 260, 316, 359, 360, 372, 376, 378
Spyra: 67
Sregente, J. B.: 188
Stack, Frank (Ps.: Foolbert Sturgeon): 65, 162, 165
Stäheli, Jakob: 153
Stange, Rainer: 91
Stanley, John: 390
Stanton, J. W. (Ps.: mehrere Z. u. a. Steve Ditko?, John Willie?): 90, 168, 204 366, 380, 381
Stark, Bruce: 247
Starlin, Jim: 36, 74, 140, 234, 317, 329, 355, 357, 371, 373, 376, 378
Starr, Leonard: 49, 70, 269, 376
Starzer, Hans W.: 73
Staton, Joe Thomas: 36, 97, 161, 192, 254, 359, 368, 371, 372, 374, 375, 378, 439
Ste: 46
Steel, Barney: 415
Steeman, Jan: 214
Stein: 230
Stein, Dieter: 247
Stein, Ingo: 351, 413, 416, 455
Stein, Marvin (Mike): 344
Stein, Uli: 247
Stein, W. O.: 351
Steiner, Allen: 78
Steingässer, Ernst: 279
Steingrobe, Fritz: 351

Steinmann, Friedel: 208, 285
Steinmann, Helmuth: 323, 324, 325, 394
Stender, Petra: 238
Stengel, Hansgeorg: 381
Stephans, U.: 276
Steranko, Jim: 376
Stern, Roger Lowell: 191, 192, 317, 319, 357, 359
Stern, Simon: 91
Sterrett, Cliff: 60, 70
Stevens, Mike: 36, 329, 370, 439
Stiles, Steve: 370, 415
Stimm, Thomas: 273
Stizza: 151, 362
Stoby: 280
Stolze, Stefan: 46
Stone, Charles (Chic) Eber: 97, 98, 140, 181, 182, 188, 190, 192, 232, 254, 316, 317, 329, 357, 359, 360, 396
Stone, Jon: 275
Stout, William G.: 414
Straaten, Peter von: 351
Strauss, Charly: 392
Streich, Friedrich: 148
Striker, Fran: 60, 308
Stril: 414
Strnad, Jan: 339, 357, 363, 414
Strobel, Wolf: 51
Strobl, Anthony (Tony) J.: 262, 263, 264, 265, 266, 268, 271,
Stummi: 72
Sturgeon, Foolbert (d. i. Frank Stack)
Sturgeon, Theodore: 363, 416
Subirats: 43, 55
Sullivan, Pat: 99, 101
Sung Yü-djiä: 327
Suso: 58, 233
Sutejew, V.: 192
Suter, Adrian: 230
Suter, J.: 230
Suter, Peter: 230
Sutton, Laurie S.: 161
Sutton, Thomas (Tom) F.: 86, 159, 188, 305,316, 317, 343, 344, 360, 420
Swan, Curtis (Curt) Douglas: 34, 35, 86, 269, 270, 329, 368, 370, 371, 372, 373, 374, 376, 378, 439
Swarte, Joost: 275
Szakmáry, László: 84
Szewczuk, Mirko: 256
Szypura, Wolfgang: 73, 247

Tabary, Jean: 202, 269
Tabatabai, Assad: 365
Taber: 442
Tabertshofer, Lothar: 321
Tacconi, Ferdinando: 51, 57, 146, 166, 170, 250, 291, 445, 449, 450, 451
Tacq, Adolphe: 52
Tacq, Michel (Ps.: Mitacq): 52, 170
Tafalla: 151, 362
Tai, William (Ps.: Malik): 409, 445
Takenaka, Tomoyuki: 191
Talaoc, Gerry: 188
Talat: 152
Taliaferro, Charles Alfred: 262
Tallin: 429
Tama: 151
Tang Cheng: 28
Tanghal, Romeo: 26, 33, 35, 147, 161, 188, 329, 368, 369, 370, 371, 372, 373, 378, 439
Tanner, Juerg Robert: 78
Tao Dschi-an: 144
Tarang, J.: 359
Tardi, Jacques: 339
Tartaglione, John: 97, 176, 179, 183, 190, 199, 316, 317, 341, 342, 357
Tartempion (d. i. Claude Lacroix)
Tas, Catrinus N. (Ps.: Catrinus): 235
Tasche, Fritz: 323, 324
Taylor, Jeff: 188
Taylor, Robert (Bob): 213
Teitelbaum, Michael: 416

Temy, Hilda: 298, 313
Terenghi, Antonio (Ps.: Tery): 115, 244, 394, 400, 432, 440
Terpant: 339
Terry, Paul: 84
Tery (d. i. Antonio Terenghi)
Tesch, Manfred: 148
Tessler, O.: 28
Teuschler, Hans-Arnold: 203, 314
Texiera, Mark: 158, 159
Thackray, Pat: 357
Theakston, Greg: 305
Thelwell: 292
Theo (d. i. Börre Börresen)
Theodorou, Charilaos: 122, 123, 134, 243
Theuerkauf, E.: 220
Thiel, Sonja: 67
Thivollier, P.: 205
Thomas, Danette: 439
Thomas, Jean: 358
Thomas, Pascal: 304, 308
Thomas jr., Roy William: 14, 73, 74, 81, 83, 97, 98, 158, 159, 161, 176, 177, 178, 179, 180, 181, 182, 183, 190, 191, 192, 231, 232, 253, 254, 273, 316, 317, 341, 342, 343, 355, 358, 359, 360, 368, 370, 373, 376, 379, 429, 439
Thome: 413
Thompson, John: 163, 260, 315, 345
Thomsen, Winfried: 417
Thorne, Frank: 188, 273, 332, 416
Thurber, James: 238
Thyroff: 27
Tibet (d. i. Gilbert Gascard)
Ticci, Giovanni: 320, 411
Tiedemann, Harald: 354
Tiefenbacher, Mike: 372
Tifon, Ricardo: 414
Tillieux, Maurice Jules Alexandre Florent: 31, 121, 122, 129, 132, 136, 217, 293, 309
Tilmanne: 451
Tim: 306
Timmermans, Gommaar: 157, 171, 313
Ting Hung: 248
Tiompkins, Nikolas: 339
Tippit, Jack: 443
Tischler, Johannes: 247
Tissot: 293
Titchoa: 414
Tjiän Hisiao-dai: 366
Tjiu Yi: 301
Tjong Khing, The: 319
Tobiaze: 339
Todd, Larry S.: 189, 416
Töpffer, Rodolphe: 228, 233
Tol, Gé: 339
Tolentino, Danny: 188
Tollin, Anthony: 34, 35, 147, 161, 329, 372, 373, 376, 379, 439
Tomaschoff, Jan: 351, 413, 415, 416, 425
Tomczak, Manfred: 413, 415
Tonn, Dirk: 22
Tonna, P.: 390
Toomey, Bob: 161, 188, 371, 372, 439
Toon (d. i. Toon van Driel)
Toonder, Marten (Studio): 71, 210, 200, 289, 306, 443
Toppi, Sergio: 250
Torchio, Aldo: 166
Torelli, Tristano: 51, 63, 166, 224, 299, 301, 384
Torregroza: 145, 151, 362
Torrente: 145, 151, 362
Torrents, Ramon: 420
Torres, Angelo: 41, 197, 198, 199, 247, 363, 418, 420
Tors, Ivan: 76
Torton, Jean (Ps.: Jéronaton): 338
Toth, Alexander (Alex): 87, 188, 191, 265, 268, 342, 370, 372, 455
Tourret, Pat: 70
Trabert, Jen: 220

Trachte, Don: 210
Tramber: 414
Trapani, Salvatore (Sal) A.: 33, 36, 192, 196, 329, 359, 362, 368, 370, 372, 379, 431
Trautmann, Rolf: 247
Traxler, Hans: 320
Treiber, Josef: 42
Trell, Max: 311
Tres (d. i. Tresckow, Egon von)
Tresckow, Egon von (Ps.: Tres): 248, 274
Triailles: 152
Triay: 152
Triberti: 352, 449, 451
Trimpe, Herbert (Herb): 55, 88, 179, 180, 183, 191, 192, 232, 241, 318, 358, 359, 360
Trimpe, Linda (Ps.: Linda A. Fite): 342, 343
Trinidad, Sonny: 188
Trösch, Urban: 162
Troll-Obergfell, Wolfgang: 220, 221
Trommer, G.: 67
Tschap (d. i. Gabriel Nemeth)
Tschen Dsö-yüan: 427
Tschen Shi-fa: 37
Tschen Yän-ning: 164
Tschudi, Fridolin: 13
Tśui Chia-chun: 248
Türke, Punni: 173
Tüttelmann: 67
Tufts, Warren: 229, 268
Turin, Adela: 410
Turk (d. i. Philippe Liégeois)
Turner, Gil: 264
Turner, Hans-Joachim: 67
Tusco, F.: 30
Tuska, George: 83, 97, 178, 179, 180, 183, 188, 305, 316, 317, 329, 370, 371, 372, 374, 379
Tzschoppe, Rosemary: 352

Uderzo, Albert: 25, 72, 118, 120, 156, 242, 268, 443, 447, 448, 449, 451
Uecker, Wolf: 319
Uggeri, Mario: 58
Ugo, Sajimi: 351
Ugurcan: 145, 152, 362
Uhl, Hans: 278
Ullner, G. T.: 213
Ulmer, Allen (Al): 341, 342
Ung Sciu-jang: 28
Unger, Jim: 87, 88
Urbez: 145, 152, 362
Ursinus, Lothar: 247
Usero, Adolfo: 330
Ushler, John: 268
Uslan, Michael (Mike) Elliot: 34, 188
Uszkoreit, Hans Jürgen: 85
Utzelmann, Maria: 142, 167, 183

Valeriani, F.: 38
Valiente: 85
Vallet, Dominique (Ps.: Alexis): 165, 338, 363, 413
Vallotton, Annie: 65
Vally, Jaime: 296
Vance, William (d. i. William van Cutsem)
Vandemeulebroucke, Erik: 122
Vanderspoel, Klaas: 273
Vandersteen, Willibrord (Willy) Jan Frans Maria (auch Studio): 40, 76, 99, 101, 103, 104, 105, 106, 108, 110, 142, 185, 223, 236, 237, 306, 331, 380, 396, 399, 427
Varga, Dario: 22, 67
Varley, Lynn: 35
Veitch, Rick: 232, 280
Veitch, Tom: 339, 415
Ventura, Enrique: 214
Verbeek, Gustave: 418
Verheye, A.: 442
Verli (d. i. Hubert Verlinden)
Verlinden, Hubert (Ps.: Verli): 121
Vernal, Jean-Luc (Ps.: Laymilie): 446

Vernes, Henri (d. i. Charles Henri Dewisme)
Verpoorten, John: 55, 88, 92, 97, 140, 241, 318, 358
Verschuere, Karel (Karl): 40, 58, 236, 237
Vetto, di: 152
Vicar (d. i. Arriagada Rios, Victor José)
Vicatan jr.: 188
Vicq (d. i. Antoine Raymond)
Vielmeister, Frank: 247
Vila: 145, 152
Vilas: 152
Villagran: 86, 152
Villamonte, Ricardo: 90, 98, 188, 191
Vincent, Eric: 73
Viscardi, Nicholas (Ps.: Nick Cardy): 34, 186, 328, 383, 386, 408
Vita, Pier Lorenzo de: 118, 164, 290
Vitacca: 152
Vital: 340
Vito, de: 145, 152, 362
Vittorio, Leonardo: 31, 121
Völker, Manfred: 165
Vogel, Hies: 412, 415, 416
Vogl, H.: 247
Vogrin, Hak: 163
Vogt, Alfred Elton van: 416
Voilier, Claude: 39
Voline, M.: 339
Volland, Ernst: 141
Volny (d. i. Francois Dupuy)
Volz, Willi (Ps.: William Voltz): 293
Voltz, William (d. i. Willi Volz)
Vono, Sharman di: 389
Vosburg, Michael (Mike) Louis John: 188, 234, 329, 339, 359, 360, 415
Voss, Alain (Al): 260, 314, 339, 414
Vries, Erna de: 21

Wachsenegger: 75
Waechter, Friedrich Karl: 46, 58, 352, 402, 424
Wäscher, Hansrudi: 10, 11, 17, 18, 44, 45, 51, 55, 58, 68, 72, 93, 94, 147, 152, 166, 167, 172, 173, 203, 206, 207, 208, 219, 236, 237, 251, 281, 282, 284, 299, 300, 301, 317, 318, 321, 325, 330, 346, 347, 348, 349, 386, 394, 396, 399, 402, 403, 416
Wagner, Andrea: 86
Wagner, Klaus: 22
Wagner, Michael: 239
Wald, H.: 303, 304
Waldinger, Morris: 196, 439
Walduck, Desmond: 233
Walker, Elsie: 391
Walker, Addison Mortimer (Mort) (Ps.: Addison): 69, 70, 71, 72, 87, 88, 221, 287, 334, 346, 412
Wallace, Edgar: 232, 432, 440
Walsh, Brandon: 70
Walter, Gerhard: 412, 415, 416
Walthers, Bruce: 74
Walthéry, Francois Gilles Emile: 37, 122, 217, 310
Wan Chia-ch'un: 248
Wang Hsien-pei: 16
Wang Hsing-be: 366
Wang I-ch'iu: 65
Wang Meng-Tji: 212
Wang Pe-djia: 143
Wang Shü-yang: 144
Wang Schu-huei: 239
Wang Tschun-hsin: 143
Wang Tse: 65
Wang Wen-fang: 65
Wang Yi-scheng: 285
Ward, William (Bill) H.: 213
Warfield, Don: 232, 358
Warner, John David: 137, 329, 371
Warresh: 213
Waster: 119
Watanabe, I.: 191
Watson, B. S.: 14
Waugh, Coulton: 70

We Djiang-fan: 200
Webb, Robert Hayward: 196, 197, 199, 363
Weber: 67
Weber: 365
Weber, Bob: 70, 72
Weber, Hans: 247
Weber, Prof. J. P.: 67
Weber, Klaus: 42
Wegener, Peter: 67
Wehrle, Joe: 420
Weigel, Liselotte: 220
Weigel, Susi: 41
Wein, Glynis: 33, 34, 35, 83, 140, 159, 161, 232, 329, 358, 370, 371, 372, 375, 379
Wein, Len: 23, 26, 33, 34, 35, 36, 98, 147, 161, 188, 191, 192, 254, 270, 329, 358, 359, 360, 370, 371, 372, 373, 374, 375, 379, 420, 439
Weinberg, Albert: 16, 77, 185, 221, 268, 269, 272, 296, 445, 448, 449, 450, 451
Weinberg, Flo: 316
Weisinger, Mort: 23
Weiss, Alan Lee: 83, 234, 316, 329, 358, 439
Weiss, Konrad: 100, 101, 104, 106, 109
Wellendorf, Elisabeth: 46, 306
Welter, Urs: 360
Welz, Larry D.: 62, 65, 416
Wên P'iao: 248
Wendling, Wilhelm: 278
Wenner, Tom: 351
Wenzel, David (Dave): 359
Werfel, Franz: 240
Werkman, Evert: 11, 62
Werner (d. i. Büsch-Beinhorn)
Werner, Johannes: 16
Weser, Joel: 22
Wesser, Sieglind: 67
Wessler, Carl O.: 188
Wessum, Jan van: 351
Weynstein: 136, 154, 292, 303, 345
White, Ron: 163
Whitman, Maurice: 439
Whitney, Ogden: 175, 342
Whyte, Ron: 341 ff.
Wiacek, Robert (Bob): 33, 98, 232, 254, 319, 329, 358, 359, 368, 371, 376, 379, 439
Wickert, Wolfram: 56
Wiechmann, Peter: 68, 310, 366, 443, 445, 446, 449, 450
Wiese, Klaus: 239
Wigme, M.: 52
Wilde, Oscar: 154
Wildey, Doug: 83, 344, 387
Wildman, George: 307
Wilhelm, Hans: 65
Wilhelmsson: 350
Wilinski, Klaus: 71
Will (d. i. Willy Maltaite)
Willem (d. i. Bernhard Willem Holtrop)
Williams, Alfred (Bill, Bob) Alfred O.: 79
Williams, Robert: 163, 414, 452
Williamson, Al: 16, 41, 53, 57, 98 137, 197 199, 221, 232, 332, 341, 342, 344, 363, 376, 418
Williamson, Skip: 163, 165, 260, 315
Willie, John (d. i. John Alexander Scott Couts, s. a. J. W. Stanton)
Willingham, Bill: 33
Willingstorfer, Rainer: 305
Wilson, Ron: 98, 191, 192, 254, 317, 358, 359
Wilson, S. Clay: 163, 165, 260, 307, 315, 333, 413, 414, 415, 452
Winkler, Karl: 321
Winn, David: 97
Winner, Charles (Doc) H.: 60, 216, 310
Winter, Charles (Chuck) A.: 140
Wittig, I.: 276

Witting, Hugo: 425
Wittmann, Michael: 365
Witzig, Hans: 226
Wohl, Denise: 232
Wohl, Jack: 8
Wolf, Fritz: 45, 56, 239, 279
Wolf, Heinz: 410
Wolfe, Fred: 188
Wolff, Angelika: 67
Wolff, Kai-Uwe: 84, 334
Wolff, Philipp Gregor: 65
Wolfman, Marvin (Marv) Arthur: 33, 35, 36, 83, 86, 97, 98, 161, 188, 253, 319, 329, 358, 359, 370, 372, 374, 375, 379, 439
Wolfman, Michele: 370, 372, 379
Wolfram, G.: 148, 212
Wolinski, Georges: 193, 290, 303, 351, 436
Wollenschläger, Hans: 429
Wolverton, Basil (Ps.: Dennis Langton): 191, 212, 213, 247, 432, 440
Wondratschek, Wolf: 192
Wood, David (Dave): 188
Wood, Karin T.: 439
Wood, Tatjana: 34, 158, 159, 188, 370, 372, 379
Wood, Wallace (Wally) Allen: 41, 74, 83, 97, 188, 247, 311, 316, 329, 370, 420, 429, 439
Woodbridge, George (Ps.: Georg Holzbrücke): 197, 199, 246, 247, 363
Worker, Norman: 296
Workman, John: 36, 73, 188
Wotschke, Luise: 168
Wray, Bill: 231
Wright, William (Bill) George: 264
Wrightson, Bernard (Bernie) Albert: 34, 73, 189, 376, 414, 420
Wu Djin-yü: 98
Wu Yän-hsiu: 200
Wukounig, Reimo S.: 365
Wurl, Joachim: 67
Yalaz, Suat: 455
Yan Dingxian: 28
Yandoc, Ruben (Ps.: Rubeny): 188, 189
Yang Dschao-lin: 225
Yang Scha: 143
Yao Tjiao: 280
Yomtou, Constanz: 97
Yomtov, Nel: 232
Young, Bob: 71
Young, Lyman: 71, 72, 207, 216, 298, 313
Young, Murat (Chic): 54, 59, 60, 70, 71, 72, 99, 298, 313
Yü Sung-yän: 164
Yüeh Hung-pen: 65
Yung Hsing: 280

Zabok, Boris: 36
Zaboly, Bela (Bill): 54, 99, 298, 313
Zacharias, Wolfgang: 455
Zahl, S.: 276
Zahlut: 152
Zahn, Bob: 213
Zam, Guy (d. i. Guido Zamperonni)
Zamora, Noly: 189
Zamperoni, Guido: 313, 410, 422, 452
Zamperonni, Guido (Ps.: Guy Zam): 40
Zaniboni, Sergio: 419
Zansky, Louis: 196, 198, 199
Zappietro, Eugenio (Ps.: Ray Collins): 122, 236, 309
Zarate, Oscar: 331
Zarbock, Gerhard: 351
Zech, S.: 67
Zechmeister, H.: 75
Zechyr, Othmar: 365
Zeck, Mike: 192, 254, 358, 359, 360
Zeebroek, Luc (Ps.: Kamagurka): 351
Zeger, Rainer: 423
Zeghidour: 429
Zelaz: 152

Zelenetz, Alan: 254, 317, 358
Zemann, Georg: 105, 110, 220, 289, 391
Zhâ: 339
Zhang Daping: 82
Ziewer, Christian: 239
Ziff, Edward: 331
Zilber, Jay L.: 189
Zimmermann, G.: 276
Zipelius, Jens: 67
Zippermayr, Ph.: 144
Ziraldo: 351
Ziuko, Tom: 33, 35, 159, 161, 370, 372, 379, 439
Zöpfl, Alfred: 416
Zorad, Ernò: 27
Zoran, Ivor von: 120
Zuckerberg, Lillian (Ps.: Lillian Chestney): 196, 199
Zühlke, H.: 28
Zuffi, Camillo: 224, 384
Zuir: 152, 362
Zuniga, Tony de: 36, 74, 98, 158, 159, 189, 234, 359, 372, 373, 374, 379
Zupa, Phil (d. i. Frank Giacoia)
Zwoha, Ernst Friedrich Georg: 171

Andreas C. Knigge

Sex im Comic

Mit vielen Illustrationen
Originalausgabe

Ullstein Buch 36518

populäre Kultur

Kein Thema ist für unsere Kultur so problematisch wie die Sexualität. Schon Ende der sechziger Jahre begannen sich im Zuge der »sexuellen Revolution« auch barbusige Blondinen auf den Seiten der Comics zu tummeln.

Dieses Buch, die bislang umfassendste Abhandlung des Themas Sex im Comic, untersucht, wie sich die Darstellung der Sexualität vor dem Hintergrund sozialer und politischer Bedingungen in den vergangenen neunzig Jahren verändert hat. Es spürt den schmerzhaften Verdrängungen sexueller Wünsche und den Neurosen nach, die bestimmte Frauen- und Männerbilder produziert haben. Und es kommt schließlich zu dem Ergebnis, daß die konservativen Argumente, die sich gegen die Darstellung der Sexualität richten, die gleichen Argumente sind, die mit der Begründung des Sittenverfalls gegen die Sexualität selbst gerichtet werden.